KB190804

요한복음 주해

철학 박사 김수홍 지음

도서출판 언약

Exposition of John

by

Rev. Soo Heung Kim, S.T.M., Ph.D.

Published by
Eonyak Publishing Company
Suwon, Korea
2024

"성경의 원어를 읽든지 혹은 우리 번역문을 읽든지,
성경을 읽는 것은 성부 하나님, 성자 예수님, 성령 하나님을 읽는 것이고,
본문을 아는 것이 하나님을 아는 것이며,
성경 본문을 붙잡는 것이 하나님을 붙잡는 것이고,
성경본문을 연구하는 것이 하나님을 연구하는 것(신학)이다".

머리말

성경주해(exposition of the Bible)에 관심을 기울인지 어언 43년째다. 신학교에 입학하기 전에도 성경주해에 특이하게 관심을 두었고 또 사당동 소재 총회신학교를 졸업하고 미국으로 건너가 세 곳의 신학교에서 공부할 때도 주경신학을 중심하여 연구하였다. 그리고 이민의 땅에서 30년 동안 목회하면서도 성경 주해를 출판할 것을 준비하며 정열을 쏟았다. 이제 하나님께서 필자에게 수원 소재 합동신학대학원에서 주경신학을 강의할 수 있는 기회를 주셔서 학우들에게 강의하면서 동시에 주해를 집필하여 세상에 내놓게 되었다. 이 모든 것으로 인해 하나님께 한없는 영광과 감사를 드린다.

필자는 성경을 해석하면서 문법적 해석, 역사적 해석, 그리고 정경적(신학적) 해석을 시도했다. 그러면서 동시에 주님께 성경을 풀어주시기를 간절히 기도했다. 그 이상 더 좋은 주해는 없으리라고 확신한 것이다. 주님은 세상에 계실 때 제자들에게 성경을 풀어주셨다. 사두개인들이 부활을 부인하면서 주님을 시험했을 때 주님은 출애굽기 3:6의 말씀을 들어 부활의 확실함을 논증하셨다. "나는 아브라함의 하나님이요 이삭의 하나님이요 야곱의 하나님이로라"는 말씀을 가지고 놀랍게도 부활을 논증하신 것이다(마 22:23-33; 막 12:18-27; 눅 20:27-38). 예수님은 또 부활하시던 날 엠마오를 향하여 가던 두 제자들에게 성경을 풀어주셨다. 그때 그들의 마음은 뜨거워졌다(눅 24:32). 지금도 예수님께서 성경을 풀어주실 때 우리의 마음이 뜨거워지리라고 확신한다. 세상에 여러 해석법이 있지만, 필자는 예수님께서 풀어주시는 것 이상의 좋은 주해가 없다는 생각으로 주님께 기도하면서 성경을 풀어왔고 또 풀어나갈 것이다. 그리고 다른 학자들의 건전한 깨달음을 인용한다. 다른 학자들의 건전한 깨달음도 그리스도께서 풀어주신 것이니 말이다. 또한 필자는 과거 1970년대에 한국에서의 5년간의 목회 경험과 그 후 미국에서의 30년간의 이민교회 목회 경험을 살려 주해의 적용면을 살릴 것이다.

지금은 참으로 위태한 때이다. 신학사상이 혼탁하고 민족의 윤리가 땅에 떨어졌다. 너무 어두워졌고 너무 음란해졌다. 안상무신(眼上無神), 안하무인의 시대가 되었고 서로 간에 너무 살벌해져서 소름 끼치는 시대를 만났다. 한 치 앞을 분간하기 힘든 때를 만난 것이다. 이때를 당하여 필자는 하루도 쉴 사이 없이 이 땅의 교회들과 민족을 생각하며 성경주해를 써서 내 놓는다. 이 성경주해가 세상에 나가서 세상을 밝혔으면 하는 일념(一念)뿐이다. 주님이시여, 이 나라의 교계와 민족을 살려주옵소서!

2007년 9월

수원 원천동 우거에서

저자 김수홍

일러두기
: 본 주해를 쓰면서 주력한 것

1. 성경을 성경으로 해석해야 한다는 원리를 따랐다. 따라서 외경이나 위경에서는 인용하지 않았다.
2. 본 주해를 집필함에 있어 문법적 해석, 역사적 해석, 정경적 해석의 원리를 따랐다. 성경을 많이 읽는 중에 문단의 양식과 구조와 배경을 파악해냈다.
3. 문맥을 살펴 주해하는 일에 심혈을 기울였다.
4. 매절마다 빼놓지 않고 주해하였다. 난해 구절도 모두 해결하느라 노력했다.
5. 매절을 주해하면서도 군더더기 글이 되지 않도록 노력했다. 군더더기 글은 오히려 성경을 더 복잡하게 만들어 놓기 때문이다.
6. 절이 바뀔 때마다 독자의 편의를 위하여 한 줄씩 떼어놓아 눈의 피로를 덜도록 했다.
7. 본 주해를 집필하는 데 취한 순서는 먼저 개요를 쓰고, 다음 한절 한절을 주해했다. 그리고 실생활을 위하여 적용을 시도했다.
8. 매절(every verse)을 주해할 때 히브리어 원어의 어순을 따르지 않고 한글 개역개정판 성경의 어순(語順)을 따랐다. 이유는 우리의 독자들을 위해야 했기 때문이다.
9. 구약 원어 히브리어는 주해에 필요한 때에만 인용했다.
10. 소위 자유주의자의 주석이나 주해 또는 강해는 개혁주의 입장에 맞는 것만 참고했다.
11. 주해의 흐름을 거스르는 말은 각주(footnote)로 처리했다.
12. 본 주해는 성경학자들과 목회자를 위하여 집필했지만 일반 성도들도 얼마든지 이해할 수 있도록 평이하게 집필했다. 특히 남북통일이 되는 날 북한 주민들도 읽고 이해할 수 있도록 가능한 쉽게 집필했다.

13. 영어 번역이 필요할 경우는 English Standard Version(ESV)을 인용했다. 그러나 때로는 RSV(1946-52년의 개정표준역)나 NIV(new international version)나 다른 번역판들(NASB 등)을 인용하기도 했다.

14. 틀린 듯이 보이는 다른 학자의 주석을 반박할 때는 "혹자는"이라고 말했고 그 학자의 이름은 기재하지 않았다. 그러나 단지 필자와 다른 견해를 제시하는 학자의 이름은 기재했다.

15. 성경 본문에서 벗어난 해석들이나 주장들을 반박할 때는 간단히 했다. 너무 많은 지면을 쓰는 것은 바람직하지 않고 독자들을 피곤하게 만들기 때문이다.

16. 성경 장절(Bible references)을 빨리 알아볼 수 있도록 매절마다 장절을 표기했다(예: 창 1:1; 출 1:1; 레 1:1; 민 1:1 등).

17. 가능한 한 성경 장절을 많이 넣어 주해 사용자들의 편의를 도모했다.

18. 필자가 주해하고 있는 성경 책명 약자는 기재하지 않았다(예: 1:1; 출 1:1; 막 1:1; 눅 1:1; 요 1:1; 롬 1:1 등). 제일 앞의 1:1은 욥기 1장 1절이란 뜻이다.

19. 신구약 성경을 지칭할 때는 '성서'라는 낱말을 사용하지 않고 줄곧 '성경'이라는 용어를 사용했다. '성서'라는 용어는 다른 경건 서적에도 붙일 수 있는 용어이므로 반드시 '성경'이라는 용어를 사용했다.

20. 목회자들의 성경공부 준비와 설교 작성을 염두에 두고 집필했다.

21. QT에도 적절하게 사용할 수 있도록 주해했다.

22. 가정 예배의 교재로 사용할 수 있도록 쉽게 집필했다.

23. 오늘날 믿음을 잃은 수많은 젊은이들이 주님 앞으로 돌아오기를 바라면서 주해를 집필하고 있다.

요한복음 주해

Exposition of John

■ 총 론

A. 요한복음의 정경성

1. 고대교회가 요한복음이 정경(canon)임을 증언했음

고대교회의 이레니우스(Irenaeus, A. D. 130-220)는 요한복음이 요한 사도의 저술이라고 증언했고, 터툴리안(Tertullian, A. D. 150-220), 알렉산드리아의 클레멘트(Clement of Alexandria, A. D. 155년경-220년경)도 역시 요한복음이 요한 사도의 글임을 증언했다. 익나티우스(Ignatius)는 그의 저서 "에베소서"에 요한복음을 회상케 하는 글을 많이 남겼다.

2. 요한복음이 정경임을 부인하는 사람들의 이론

1)요한복음의 기독론이 너무 사색적임으로 1세기의 글이 아닐 것이라고 주장한다. 그러나 마태 사도나 바울 사도도 1세기 사람이지만 그의 서신에 사색적인 기독론을 발표했다. 마 11:27-28; 롬 9:5; 빌 2:6; 골 2:9 참조.

2)요한복음은 공관복음서와 달리 예수님이 메시야라고 하는 사상이 처음(요 1:1)부터 농후하게 나타났음으로 사도가 요한복음을 썼다고 할 수 없다는 것이다. 그러나 공관복음도 처음부터 예수님이 메시야라고 말한다. 막 1:7-8; 24, 34; 3:11 참조.

B. 저작자

1. 내증

1)요한복음의 저자는 여러 정황으로 보아 유대인이었다. (1)그는 구약 성경

을 잘 알고 있는 유대인이었다(2:17; 10:34-35; 12:40; 13:18; 17:12; 19:24, 28, 36-37). (2)그는 메시야의 강림을 기다리고 있었던 유대인이었다(1:41, 46, 49; 4:25; 6:15; 7:27, 42; 12:34). (3)그는 유대의 종교적 상황, 그리고 정치적 상황에 정통하고 있는 유대인이었다(4:9; 7:35; 11:49; 18:13, 28, 31, 39). (4)그는 유대의 절기와 정결 예식에 정통하고 있던 유대인이었다(2:13, 23; 5:1; 6:4; 7:2, 37-38; 10:22-23; 13:1; 18:28). (5)그는 유대의 혼례식과 장례식에 정통한 유대인이었다(2:1-10; 11:38, 44; 19:40).

2)요한복음의 저자는 팔레스타인에서 살고 있었던 유대인이었다. 그는 팔레스타인의 지형에 대해 정통했고(1:28; 2:1, 12; 3:23; 4:11, 20, 11:54; 12:21), 예루살렘 근교에 대해서도 정통했으며(5:2; 9:7; 11:18; 18:1; 19:17), 또한 예루살렘 성전에 대해서도 잘 알고 있었다(2:14, 20; 8:2, 20; 10:22-23; 18:20).

3)요한복음의 저자는 실제로 사건을 목격하고 기록했다는 표를 나타내고 있다. 그 저작자는 숫자를 정확하게 기록하고 있고(1:40; 2:6; 4:6, 40, 52; 21:8, 11), 또 "우리가 그의 영광을 보았다"고 말씀하고(1:14), "이를 본 자가 증언하였다"(19:35)고 말씀하는 등 저작자가 실제로 목격하고 집필한 사실을 드러낸다.

4)요한복음의 저자는 12제자 중의 한 사람이었다. (1)저자가 주님과 함께 성만찬에 참여한 제자였다는 것은 저자가 12제자 중의 한 사람이었다는 것을 알 수 있다(13:23). (2)저자는 베드로와 친한 사람이었다(1:35-42; 13:23-24; 18:15-16; 20:2; 21:20-23).

그러면 사건을 실제로 목격한 제자가 누구일 것인가? 그는 예수님의 "사랑하시는 제자"(13:23; 19:26; 21:20)이고 베드로와 단짝으로 사역한 "다른 제자"이다(18:15-16; 20:3-4, 8). 그 사람이 바로 요한 사도인 것은 명백하다. 이유는 제 4복음서에는 요한 사도의 이름이 나오지 않고 "사랑하시는 제자" 혹은 "다른 제자"라는 말로만 나오기 때문이다.

2.외증

유스티노(Justinus, A. D. 100년-165년)는 요한복음이 요한 사도의 저작임을 나타냈고 무라토리 정경(Canon Muratorianus, 180-200년경)도 요한복음을 요한 사도의 저술로 여겼다. 그리고 이레니우스(Irenaeus, A. D. 130년-220년)도 요한복음의 저자는 요한 사도라고 증언하였으며(Adv. Haer., 1, 9, 2), 알렉산드리아의 클레멘트(Clement of Alexandria, A. D. 155년경-220년경)도 요한복음의 저자는 요한 사도라고 알았고, 터툴리안(Tertullian, A. D. 150-220/240)도 요한 사도가 요한복음의 저자라고 알았다(Adv. Marc., 4:2).

C. 요한복음의 저작 연대와 장소

1. 저작 연대: 요한 사도가 밧모섬으로 정배를 떠나기 전, A. D. 90년 이전에 요한복음을 저술한 것으로 보인다. 이유는 A. D. 90-100년 어간에 나온 로마의 클레멘트의 글에 요한복음의 사상이 반영되었기 때문에 요한복음은 90년 이전에 기록된 것으로 보아야 한다. 요한복음은 공관복음이 세상에 나온 후에 기록되었다.

2. 저작 장소: 요한 사도는 제 4복음서를 에베소에서 기록했다. 이렇게 보아야 하는 이유는 1)이 복음서 안에 헬라 철학 사상을 반박하는 사상들이 많이 기록되어 있기 때문이다. 요한이 에베소에 있을 때에 그리스도의 성육신을 반대하는 게린터스(Cerinthus) 이단이나 에비온(Ebion) 이단들의 교훈이 퍼져 있었다. 그러므로 요한은 그리스도의 성육신을 반대하는 이단들에 대하여 답변하지 않을 수 없었다. 2)교부들의 증언을 보아도 역시 요한 사도가 에베소에서 본서를 기록한 것으로 보인다. 교부 이레니우스(Irenaeus)는 "아시아(에베소가 있는 곳)에 거주하던 주님의 제자 요한을 본 장로들이 요한은 트라얀(Trajan) 황제 때까지 거기서 살았다"고 증언했다(Adv. Haer., 2. 22, 5). 그리고 2세기 말의 에베소 교회 감독이었던 폴리크라테스(Policrates)는 요한 사도가 별세하여 에베소에 묻힌 사실까지 말했다(Eusebius, V. 24:3).

D. 요한복음이 다른 사상의 영향을 받았는가

1. 어떤 학자들은 요한복음이 유대의 계시문학의 영향을 받았을 것이라고 말한다. 배렛트(C. K. Barrett)도 말하기를 "요한은 자기의 특수한 사상을 가졌음에도 불구하고 의심 없이 유대의 계시문학과 접촉을 가졌다"고 하였고, 특히 요한의 "인자(人子)"라는 말이 유대의 계시문학에 관련을 가졌을 것이라고도 하였다(C. K Barrett, Commentary on the Gospel according to St. John, p. 26). 그러나 배렛트는 "인자"라는 말이 구약의 다니엘 7장에서 온 것임을 간과한 것이다. 유대의 계시문학은 본래의 유대 사상에다가 이교적인 사상을 포함하였고 또한 바벨론 사상과 파사 사상을 포함한 그릇된 사상체계이다. 예수님과 사도들은 "인자"란 말을 다니엘서에서 인용했다.

2. 어떤 학자들은 요한복음이 영지주의(Gnosticism)에서부터 많은 영향을 받았다고 말한다. 영지주의는 수많은 갈래를 가지고 있으나 대체적으로 헬라의 플라톤(Platon) 사상을 받아드린 것으로 물질은 악하고 영은 선하다고 일관되게 주장하였고 또한 번잡한 우주론을 가지고 있다. 그러나 요한복음에는 번잡한 우주론도 없고 또한 물질을 정죄하지도 않는다.

3. 또 어떤 학자들은 요한이 헬라적인 유대주의 사상을 받았다고 말한다. 헬라적인 유대주의 대표자 필로(Philo)가 사용한 용어들이 요한이 사용한 용어들과 비슷한 것이 있다는 것이다. 예를 들면 "로고스"(Logos)라는 말을 양자가 함께 사용하여 요한이 헬라적인 유대주의의 영향을 받았다고 말한다. 그러나 술어가 같다고 하여 사상도 같은 것이 아니다. 필로(Philo)는 로고스라는 말을 사용할 때 무인격한 "로고스"를 말하나 요한은 인격적인 "로고스," 곧 '말씀'이라는 뜻으로 사용하고 있다. 요한은 어디까지나 성령의 감동으로 복음서를 기록한 것이다.

E. 저자가 요한복음을 쓴 목적은 무엇인가

1. 저자는 공관복음서를 보충하기 위해 본 복음을 썼다. 하나님은 공관복음서를 보충하기 위하여 요한 사도를 성령으로 감동하셔서 쓰게 하셨다 (2:1-11; 3:16; 4:25-26; 5:17-18; 6:40; 7:37-38; 8:36, 46, 51; 11:2, 40; 13:3; 18:13).

2. 요한 사도는 세례 요한의 영향력이 물러가도록 하기 위해 요한복음을 썼다. 요한 사도는 세례 요한이 역사의 무대에서 물러가면서 그리스도를 높인 사실을 기록하고 있다(1:19-23, 25-27, 29, 36; 3:27-36).

3. 저자는 게린터스(Cerinthus) 이단의 영향력을 물리치기 위하여 본 복음을 썼다. 게린터스는 예수님은 단순한 사람이며 예수께서 세례를 받으실 때 그리스도가 비들기 형태로 그 위에 오셨다가 수난 당하시던 밤에 그리스도는 떠남으로 고난 당하여 죽고 다시 산 것은 그리스도가 아니라 예수였다고 주장했다(Irenaeus, *Against Heresies* 1, xxvi 1; Hyppolytus, *The Refutation of All Heresies* VII, xxi).

4. 저자는 예수님께서 하나님의 아들이시며 인류의 구주이심을 사람들로 하여금 믿게 하기 위해 본서를 썼다(20:30-31).

F. 요한복음과 공관복음과의 관계

요한 사도가 그의 복음을 기록하기 전에 공관복음의 책들 중에서 어느 책들을 읽었을 것이라고 학자들은 말한다. 그러나 요한이 그의 복음서를 기록할 때 공관복음 책들 중에서 그 어떤 책을 참조한 것으로 보이는 곳을 찾을 수가 없다. 성령님께서는 공관복음에 기록되지 않은 것을 요한 사도로 하여금 기록케 하신 것이다. 요한복음과 공관복음과의 차이점들은 다음과 같은 것들을 들 수 있다.

1. 강조점의 차이

1) 요한복음은 예수님께서 유대에서 활동하신 것을 주로 기록한 반면(5:2-47; 7:10-52; 8:1-59; 9:1-10:39; 11:1-57; 12:1-50; 13:1-20:31), 공관복음은 예수님께서 갈릴리에서 활동하신 것을 중심하여 기록하였다(2:1-12; 4:43-54; 6:1-7:9; 10:40-42; 21:1-25).

2) 요한복음은 예수님께서 세례 요한의 투옥 전에도 많이 활동하신 것을 기록하였으나 공관복음은 주로 세례 요한의 투옥 후부터 기록했다.

3) 요한복음은 예수님과 원수들과의 긴 논쟁을 기록한 반면, 공관복음에는 그런 기록이 별로 없다.

4) 요한복음은 예수님의 성전청결 사건 중에서 성역 초기의 것을 기록하였고 공관복음은 예수님의 성역 말기의 것을 기록하였다.

5) 요한복음은 진술한 사건들의 시간과 장소를 기록함에 있어서 공관복음의 기록보다 훨씬 자세하다.

6) 요한복음은 많은 경우 강화 형식으로 기록되었고 공관복음에서는 비유로 기록되었다.

2. 같은 사건을 두고 기록에 차이가 있다

1) 5,000 이상의 군중에게 떡을 먹이신 사건을 기록함에 있어서 공관복음은 제자들이 전도보고를 마친 후에 생겨진 것으로 기록하고 있으나 요한복음은 그런 기록이 없을 뿐 아니라, 그 이적이 있은 후에 무리들이 예수님을 찾아와 억지로 임금 삼으려는 운동이 있었던 것을 기록한다(요 6:15).

2) 마리아가 예수님에게 기름을 부은 사건을 기록함에 있어서 마가복음은 예수님의 머리에 기름을 부은 것으로 기록하였고(막 14:3-9), 요한복음은 예수님의 발에 부었다고 말한다(요 12:1-8). 그리고 마가복음에는 예수님의 머리에 기름 부은 분량이 "한 옥합"이라고 하였는데 요한복음에는 "한근"이라고 하였다. 또 마가복음에는 그 때 기름 부은 사건을 두고 어떤 사람들이 비평했다고 했는데 요한복음에는 "가룟 유다"가 비평했다고 기록하고 있다. 또한 마가복음

에서는 "온 천하에 어디서든지 이 복음이 전파되는 곳에는 이 여자의 행한 일을 말하여 기념하리라"고 했는데 요한복음에는 그런 기사가 없다.

3) 그리스도의 십자가 고난과 부활 사건에 있어서도 서로 다른 점들을 보이고 있다. 위에 기록한 것 이외에도 많은 차이가 있는데 요한복음은 공관복음에 기록하지 않은 것을 기록하고 있다. 성령님은 요한 사도를 감동하셔서 공관복음에 없는 것을 기록하게 하신 것이다.

G. 요한복음의 특징

1. 내용상의 특징

1) 요한복음은 사건 자체보다 그 사건의 의의에 대하여 중점적으로 말한다. 예를 들면 그리스도의 탄생을 두고 공관복음에서는 예수님께서 탄생하신 지방과 연대 같은 것을 중점적으로 기록한 반면, 요한복음에서는 예수님께서 탄생하시기 전, 영원 전에 계시다는 것과 또 예수님께서 만세 전에 하나님과 함께 교제하고 계시다는 것과 그리고 예수님의 탄생은 성육신이라는 차원에서 기록하고 있다(요 1:14).

2) 개인적인 면담이 복음서의 앞부분에 많이 배열되어 있다. 니고데모와의 면담과 교훈(3:1-15), 사마리아 여인과의 면담과 교훈(4:1-26), 가나에서의 왕의 신하와의 면담과 교훈(4:43-53), 38년 된 환자와의 면담과 교훈(5:1-15), 소경과의 면담과 교훈(9:1-38), 베다니 지방의 마르다 마리아와의 대화와 교훈(11:17-44) 등이다. 예수님은 개인의 문제에 관심을 가지시고 해결해주시는 분이심을 나타내고 있다.

3) 요한복음은 예수님의 이적을 말함에 있어서도 언제나 "표적"이란 말을 사용하였다. 다시 말해 요한은 예수님의 기적은 기적 이상의 표적이라는 것이다. 곧 그 이적이 가리키고 있는 영적인 의의를 드러내는데 주력하고 있다. 예를 들면 38년 된 병자를 고치신 사건 뒤에 요한은 그 이적이야 말로 예수님께서 사람들에게 생명을 주시는 분, 구원하시는 분이라는 것을 길게 알려주고 있다(요 5장). 또 5,000명 이상의 군중에게 떡을 먹이신 이적을 행하신 후에

요한은 예수님께서 생명의 떡이심을 길게 논술한다(요 6장).

4) 요한은 예수님의 신성을 강조하고 있다.

요한복음에는 예수님을 지칭할 때 하나님의 보내신 자라는 표현을 많이 사용하고 있다. 예수님은 바로 하나님이시고 또한 하나님께서 보내신 자라는 표현이 요한복음에 너무 많이 나온다. 요한복음은 사람들로 하여금 하늘을 금방 느끼게 하고 하늘을 바라보게 한다.

2.문체상의 특징

1) 간단명료한 헬라어 문장을 사용하였다.

2) "나는...이다"(-"I am")라는 표현을 여러 차례 사용했다(6:48; 8:12; 10:7, 11; 14:6; 15:1 등). 예수님은 자신이 "나는...이다"라고 말씀하여 자신이 하나님의 아들이심을 보여준다.

3) 요한복음은 중복 식 문투를 많이 사용한다. 요한이 말을 중복하는 것은 공연한 중복이 아니라 확신을 표현한 것이고 또한 간절함을 보여주기 위한 중복이다.

H. 요한복음의 핵심 단어들

1. 믿음. 요한복음 전서를 통하여 흐르고 있는 사상은 '믿음'(faith)이다. 요한복음은 "모든 사람으로 자기를 인하여 믿게 하려 함이라"(1:7)는 말씀으로 시작하여 "너희로 믿고 그 이름을 힘입어 생명을 얻게 하려 함이니라"(20:31)는 말로 끝맺을 만큼 '믿음'을 강조하고 있다. "믿는다"는 단어는 요한복음에 98회가 나와서 누구든지 하나님의 아들을 믿는 자들은 즉시 영생을 얻지만 그를 믿지 않는 자들은 번써 심판을 받은 자들이라고 말한다(3:36; 5:24-29; 10:27-29).

2. 영생. 요한은 본서에서 예수님은 창세전부터 하나님과 함께 계셨으며 영생의 근원이시라고 묘사한다. 우리의 영생은 하나님으로부터 예수 그리스도를 통하여 성령으로 말미암아 임하는 놀라운 은혜이다(3:1-16; 10:10; 20:31)

▣ 내용분해

I.말씀(λόγος)의 성육신(成肉身) 1:1-18

1.말씀(λόγος)은 하나님이시다 1:1-5

2.세례 요한이 말씀(λόγος)에 대하여 증언하다 1:6-8

3.말씀(λόγος)은 세상에 오서서 계속해서 비추고 계시다 1:9-13

4.육신이 되신 그리스도는 아버지의 독생자의 영광을 나타내시다 1:14-18

II.세례 요한이 그리스도를 증언함 1:19-34

1."네가 누구냐"는 질문을 받고 그리스도를 높임 1:19-23

2."어찌하여 세례를 베푸느냐"는 질문을 받고 그리스도를 높임 1:24-28

3."세상 죄를 지고 가는 하나님의 어린 양"이라고 증언함 1:29

4.자신보다 위대하신 분이라고 증언함 1:30

5.세례를 베푸는 이유를 말함 1:31

6.하나님의 아들이라고 증언함 1:32-34

III.예수님의 처음 제자들 1:35-51

1.안드레와 베드로를 부르시다 1:35-42

2.빌립과 나다나엘을 부르시다 1:43-51

IV.물로 포도주를 만드시다 2:1-12

1.혼례 집에 포도주가 떨어지다 2:1-3

2.예수님께서 물로 포도주를 만드시다 2:4-11

3.가버나움 집에 잠시 들르시다 2:12

V.성전을 청결케 하시다 2:13-25

1.성전을 장터로 만든 것을 보시다 2:13-14

2.성전을 청결케 하시다 2:15-16

3.예수님의 성전 청결을 지켜본 제자들의 반응 2:17

4.예수님의 성전 청결을 지켜본 유대교권자들의 반응 2:18-20

5.요한은 예수님께서 말씀하신 것을 해설함 2:21

6.제자들이 예수님의 부활 후에야 예수님의 말씀을 깨달았다고 말함 2:22

7.예수님께서 예루살렘에서 더 많은 표적들을 행하시다 2:23-25

VI.니고데모와의 대화 3:1-21

1.사람이 거듭나야 천국을 볼 수도 있고 천국에 들어갈 수도 있다 1:1-15

2.하나님께서 독생자를 보내신 목적 3:16-21

VII.세례 요한의 최후 증언 3:22-36

1.예수님과 세례 요한이 서로 가까운 곳에서 사역함 3:22-24

2.세례 요한의 제자들이 스승으로 하여금 예수님을 시기케 함 3:25-26

3.세례 요한이 그리스도를 높이는 위대한 증언 3:27-30

4.세례 요한과 예수님을 비교함 3:31-36

VIII.예수님께서 사마리아에서 전도하시다 4:1-42

1.예수님께서 유대를 떠나서 갈릴리를 향하시다 4:1-2

2.수가에 도착하시다 4:3-6

3.예수님께서 사마리아 여자에게 전도하시다 4:7-26

4.제자들과 대화를 나누시다 4:27-38

5.복음이 사마리아에 널리 퍼지게 되다 4:39-42

IX.왕의 신하의 아들을 고치시다 4:43-54

1.예수님께서 갈릴리로 가시다 4:43-45

2.왕의 신하의 아들을 고치시다 4:46-54

X.예수님께서 38년 된 병자를 고치시다 5:1-18

1.38년 병자를 고치시다 5:1-9a

2.38년 된 병자를 고치심으로 예수님께서 박해를 받으시다 5:9b-18

XI.38년 동안 앓은 병자를 고치시고 난후 예수님께서 설교하시다 5:19-47

1.하나님 아버지와 예수님은 일체이시다 5:19-30

2.예수님에 대한 여러 증언자들 5:31-40

3.예수님을 향한 유대인들의 불신앙에 대해 탄식하시다 5:41-47

XII.오병이어의 표적 6:1-15

XIII.예수님이 바다위로 걸으시다 6:16-21

XIV.예수님은 우리의 생명의 떡이시다 6:22-59

1.유대인들이 예수님을 찾아 나서다 6:22-25

2.영생의 양식을 위하여 일하라 6:26-27

3.유대인들의 질문과 예수님의 답변 6:28-33

4.유대인들의 소원에 대한 예수님의 답변 6:34-40

5.생명의 떡을 먹어라 6:41-51

6.그리스도와 영적인 교제를 가져라 6:52-59절

XV.예수님의 가르침에 따른 두 가지 반응 6:60-71

XVI.예수님이 형제들로부터 오해를 받으시다 7:1-9

XVII.예수님은 자신을 계시하시다 7:10-36

1.예수님에 대하여 수군거리는 유대인들 7:10-13

2.율법의 핵심을 올바로 알라 7:14-24

3.예수님은 하나님으로부터 오셨다고 자증하시다 7:25-31

4.승천하실 것을 발표하시다 7:32-36

XVIII.예수님은 생수의 근원이시다 7:37-53

1.나에게 와서 생수를 마셔라 7:37-39

2.나에게 와서 생수를 마시라는 말씀에 대한 세 가지 반응 7:40-44

3.예수님의 설교에 대한 산헤드린 공의회의 반향 7:45-53

XIX.예수님은 간음하다가 잡힌 여인을 용서하시다 8:1-11

XX.예수님은 세상의 빛이시다 8:12-20

1.세상의 빛 되신 예수님을 따르는 자들은 복이 있다 8:12

2.예수님의 자증에 대해 바리새인들이 반발하다 8:13

3.예수님은 자신의 증언이 참되다고 하시다 8:14-18

4.예수님은 나를 알지 못하면 아버지를 알지 못한다고 하시다 8:19

5.원수들이 예수님을 잡지 못한 이유를 저자가 해설하다 8:20

XXI.죽음에 대해 예고하시다 8:21-30

XXII.예수님은 사람을 자유롭게 만들어주신다 8:31-59

1.진리가 사람을 자유롭게 만들어주신다 8:31-32

2.유대인들은 죄의 종이라고 지적하시다 8:33-37

3.유대인들은 마귀의 자녀들이다 8:38-50

4.예수님의 말씀을 지키면 영생을 얻는다 8:51-59

XXIII.예수님께서 맹인을 치유하시다 9:1-41

1.예수님께서 맹인을 치유하시다 9:1-12

2.맹인이 신앙을 고백하다 9:13-34

3.예수님께서 영적 맹인들에게 교훈하시다 9:35-41

XXIV.목자와 양의 비유 10:1-21

1.선한 목자와 거짓 목자를 대조하시다 10:1-6

2.예수님이 양 우리의 문이시다 10:7-10

3.예수님은 선한 목자 10:11-18

4.선한 목자 비유에 대한 유대인들의 반향 10:19-21

XXV.솔로몬 행각에서 가르치시다 10:22-42

1.예수님이 그리스도이심을 말씀하시다 10:22-26

2.양들의 특징과 양들이 받을 복에 대해 가르치시다 10:27-29

3.예수님은 아버지와 일체이시다 10:30-39

4.요한 사도가 예수님께서 가르치신 결과에 대해 말씀하다 10:40-42

XXVI.나사로가 죽다 11:1-16

XXVII.예수님께서 표적을 행하시다 11:17-44

1.마르다와 대화하시다 11:17-27

2.마리아와 대화하시다 11:28-32

3.유대인들의 행동 11:33-37

4.나사로를 살리신 이적 11:38-44

XXVIII.예수님의 표적에 대한 반응 11:45-57

1.두 갈래로 갈라진 사람들 11:45-53

2.예수님의 은퇴 11:54-57

XXIX.베다니의 잔치 12:1-11

XXX.왕(王)의 예루살렘 입성 12:12-19

XXXI.예수님의 죽으심과 온 세상 사람들과의 관계를 말씀하시다 12:20-36a

1.헬라인들의 방문을 받으시다 12:20-22

2.그리스도의 대속의 죽음과 성도의 구원 12:23-26

3.예수님께서 기도하시다 12:27-28a

4.그리스도의 기도에 대하여 하나님께서 응답하시다 12:28b-30

5.그리스도의 죽으심이 온 세상 사람들에게 미치는 결과 12:31-34

6.예수님이 계신 동안 예수님을 믿어라 12:35-36a

XXXII.유대인들의 불신앙과 예수님의 경고 12:36b-50
1.유대인들의 불신앙과 그 원인 12:36b-41
2.숨어서 믿는 관리들의 신앙 12:42-43
3.유대인들의 불신앙에 대한 예수님의 경고 12:44-50
XXXIII.제자들의 발을 씻으시다 13:1-20
1.예수님께서 제자들의 발을 씻으신 동기 13:1-3
2.발을 씻으신 의의 13:4-11
3.서로 섬겨라 13:12-20
XXXIV.가룟 유다가 예수님을 배신하리라는 구체적인 예고 13:21-30
XXXV.예수님께서 새 계명을 주시다 13:31-38
XXXVI.예수님께서 제자들을 위로하시다 14:1-31
XXXVII.그리스도와 제자들 15:1-17
1.예수님 안에서 살라 15:1-11
2.서로끼리 희생적으로 사랑하라 15:12-17
XXXVIII.제자들은 세상에서 미움과 박해를 받는다 15:18-27
XXXIX.성령이 오실 것이다 16:1-15
1.제자들은 세상에서 박해를 받을 것이다 16:1-4
2.성령이 오실 것이다 16:5-7
3.성령의 여러 역할을 말씀하시다 16:8-15
XL.십자가 죽음과 부활에 대한 예언 16:16-33
1.슬픔이 오고 그 뒤에 기쁨이 올 것이다 16:16-24
2.환난 많은 세상에서 담대하라 16:25-33
XLI.대제사장이 기도하시다 17:1-26
1.예수님께서 자신을 위하여 기도하시다 17:1-5

2.예수님께서 제자들을 위하여 기도하시다 17:6-19

3.고금동서의 모든 교회를 위하여 기도하시다 17:20-26

XLII.예수 그리스도께서 당하신 여러 가지 어려움들 18:1-40

1.예수님께서 체포당하시다 18:1-11

2.안나스가 심문하고 베드로가 예수님을 부인하다 18:12-27

3.빌라도가 심문하다 18:28-40

XLIII.빌라도가 예수님에게 사형을 언도하다 19:1-16

1.총독 관저 안팎에서 그리스도는 여러 능욕을 당하시다 19:1-7

2.빌라도가 예수님을 다시 심문하고 석방을 시도하다 19:8-12

3.빌라도가 예수님을 군중들에게 내주다 19:13-16

XLIV.예수님께서 십자가에서 처형되시다 19:17-30

XLV.예수님께서 매장되시다 19:31-42

1.예수님께서 십자가 위에서 창으로 찔리시다 19:31-37

2.요셉과 니고데모가 예수님의 시신을 매장하다 19:38-42

XLVI.예수님께서 죽은 자 가운데서 부활하시다 20:1-18

XLVII.예수님께서 제자들에게 나타나시다 20:19-31

1.예수님은 부활하신 날 저녁 때 제자들에게 나타나시다 20:19-23

2.예수님께서 도마에게 나타나시다 20:24-29

3.요한이 복음서를 기록한 목적을 말하다 20:30-31

XLVIII.예수님께서 세 번째로 나타나시다 21:1-14

XLIX.예수님께서 베드로에게 사명을 맡기시다 21:15-23

참고도서

1. 박윤선. *요한복음,* 성경주석. 서울: 영음사, 1994.

2. 모리스, 레온. *요한복음 상,* 성경주석 뉴 인터내셔널, 이상훈역. 서울: 생명의 말씀사, 1971.

3. 벵겔, J. A. 고린도전서-갈라디아서, 벵겔신약주석. 나용화, 김철해 공역. 서울:도서 출판로고스, 1992.

4. 보이스, 제임스. 요한복음강해1, 제 1권, 서문강 옮김. 인천: 크리스챤 다이제스트사, 1988.

5. 블름, 에드윈 A. *요한복음,* 두란노강해주석시리즈 22. 임성빈 옮김. 서울: 두란노서원, 1983.

6. 알버트 반즈. *요한복음,* 알버트 반즈 성경주석. 정중은 역. 서울: 크리스찬서적, 1987.

7. *누가복음, 요한복음,* 그랜드 종합주석. 경기도 고양시: 성서아카데미, 1999.

8. *요한복음,* 호크마종합주석, 강병도편. 서울: 기독지혜사, 1991.

9. 윌렴 헨드릭슨. *요한복음* (상), 헨드릭슨 성경주석, 문창수역. 서울: 아가페출판사, 1983.

10. 윌렴 헨드릭슨. *요한복음* (중), 헨드릭슨 성경주석, 문창수역. 서울: 아가페출판사, 1981.

11. 윌렴 헨드릭슨. *요한복음* (하), 헨드릭슨 성경주석, 문창수역. 서울: 아가페출판사, 1984.

12. 이상근. *요한복음,* 신약주해. 대구직할시: 대한예수교장로회 총회교육부, 1991.

13. 이순한. 요한복음서강해. 서울: 한국기독교교육연구원, 1993.

14. Barclay, W. *The Gospel of John.* 2 vols, Edinburgh: St. Andrew Press, 1956.

15. Barrett, C. K. *The Gospel According to St. John.* London: Beccles & Colchester, 1978.

16. Beasley-Murray, G. R. *John,* Word Biblical Commentary. Waco, Texas: Word Books Publishing Company, 1987.

17. Berkeley, James P. *Reading the Gospel of John.* Chicago: Judson Press, 1953.

18. Bernard, J. H. *The Gospel According St. John.* Edinburgh: Clark, 1828.

19. Brown, R. E. *The Gospel According to John.* Garden City, NY: Doubleday, 1966-70.

20. Bruce, F. F. *요한복음,* 서문강역. 서울: 도서 출판 로고스, 1996.

21. Bruce, F. F. *The Gospel of John.* Grand Rapids: William B. Eerdmans Publishing Company, 1983.

22. Bultmann, R. *The Gospel of John,* Trans. G. R. Beasley-Murray, Philadelphia: The Westminster Press, 1971.

23. Calvin, John. *The Gospel According to St. John.* Calvins Commentaries. Translated by T. H. L. Parker. Grand Rapids: Eerdmans, 1974.

24. Carson, D. A. *The Gospel According to John.* Grand Rapids: Eerdmans, 1991.

25. Comfort, Philip W. and Hawley Wendell C. *Opening the Gospel of John.* Wheaton: Tyndale House Publishers, Inc. 1994.

26. Cullmann, O. *A New Approach to the Interpretation of the Four Gospel.* London: SCM, 1959-60.

27. Dabney, R. L. *Lectures in Systematic Theology.* Grand Rapids: Baker Book House, 1985.

28. Dodd, C. H. *The Interpretation of the Fourth Gospel.* Cambridge: Cup, 1953.

29. Godet, F. *Commentary of the Gospel of St. John*, 3 vols. Edinburgh: T & T. Clark, 1899-1900.

30. Harrison, Everett F. "The Gospel According to John," *The Wycliffe Bible Commentary,* ed. by Everett F. Harrison. Chicago: Moody Press, 1981.

31. Henry, Matthew. *A Commentary on the Holy Bible.* London: Funk & Wagnalls Co.

32. Jacomb, Thomas. *Sermons on the Eighth Chapter of the Epistle to the Romans.* Carlisle, Pa.: Banner of Truth Trust, 1869.

33.Lange, J. P. *John,* Lange's Commentary on the Holy Scriptures. Grand Rapids: Zondervan Publishing House, n.d.

34. Lenski, R. C. H. *The Interpretation of St. John's Gospel*. Columbus: Lutheran Book Concern, 1932.

35. Lightfoot, R. H. St. *John's Gospel.* Ed. C. F. Evans. London E. C. 4: Oxford University Press, 1960.

36. Lloyd-Jones, Martin. *God the Holy Spirit.* Wheaton, Ill.: Crossway Books, 1997.

37. Meyer, H. A. W. *Critical and Exegetical Handbook to the Gospel of John.* Winona Lake: Alpa Pub., 1980.

38. Morgan, G. Campbell. *Studies in the Four Gospels.* New Jersey: Fleming H. Rerell Co., 1931.

39. Pascal, Jr., R. Wade. "Sacramental Symbolism and Physical Imagery in the Gospel of John," *Tyndale Bulletin* 32, 1981.

40. Pink, A. W. *요한복음강해 제 1집*. 서울: 도서출판 엠마오, 1989.

41. Plummer, A. *The Gospel According to St. John*. New York: Cambridge University, 1882.

42. Ryle, J. C. 요한복음서강해(II), 죤 라일 강해 시리즈 (6). 지상우역. 서울: 기독교문서선교회, 1985.

43. Ryle, J. C. *John 1:1- John 10:30,* Expository Thoughts on the Gospels. Grand Rapids: Baker Book House, 1982.

44. Strachan, R. H. *The Fourth Gospel: Its Significance and Environment.* 56 Bloomsbury Street, London, W. C. I: Student Christian Movement Press LTD, 1946.

45. Tasker, R. V. G. *The Gospel According to St. John.* London: Tyndale, 1960.

46. Tenney, Merrill G. *John: The Gospel of Belief.* Grand Rapids: Eerdmans, 1980.

47. Terry, Milton S. *Biblical Hermeneutics: A Treatise on the Interpretation of the Old and New Testament.* Grand Rapids: Academie Books, n.d.

48. Thomas, David. *The Gospel of John*, Expository and Homiletical Commentary. Grand Rapids: Kregel Publications, 1980.

49. Westcott, B. F. *The Gospel According to St. John.* London: 1980.

50. Wiersbe, Warren W. *Be Transformed: An Expository Study of John 13-21.* Wheaton, Ill., Victor Books, 1987.

제 1 장
그리스도의 성육신과 세례 요한의 증언 및 그리스도의 초기 제자들

I.말씀(λόγος)의 성육신(成肉身) 1:1-18

요한 사도는 복음의 시작부터 예수님은 하나님이시라는 것을 여러모로 드러낸다.[1] 요한은 복음의 처음부터 예수님은 하나님이라고 말씀하고(1-5절), 세례 요한의 사역도 역시 예수님이 하나님이시라는 것을 드러내는 것을 목적하였다고 말한다(6-8절). 그리고 요한 사도는 빛 되신 예수님께서 세상에 오셔서 비추셨으나 그 빛을 받지 않는 사람도 있고 또 한편 받는 사람도 있다고 말씀한다(9-13절). 요한은 또 말씀이신 그리스도께서 육신을 입고 이 땅에 오셨지만 그리스도께서는 아버지의 독생자의 영광을 나타내시며 동시에 은혜와 진리가 충만하시다는 것을 말한다(14-18절).

1.말씀(λόγος)은 하나님이시다 1:1-5

요 1:1.태초에 말씀이 계시니라 이 말씀이 하나님과 함께 계셨으니 이 말씀은 곧 하나님이시니라.

요한은 그의 복음서를 쓰기 시작하면서 폭탄선언을 한다. 요한 당시나 오늘이나 이 엄청난 선언 앞에서 모든 인간은 그리스도 앞에서 침묵하고 오직 찬양해야 한다. 요한은 먼저 "태초에 말씀이 (계속해서) 계셨다"고 말한다(잠 8:22-23; 골 1:17; 요일 1:1; 계 1:2; 19:13). 그리고 "이 말씀이 하나님과 함께 (교제하며)

---

1) 마태는 예수님을 유대인의 왕으로 묘사하기 위해 책 첫머리에 예수님과 관계된 유대왕가의 족보를 써 놓았고 마가는 예수님을 종으로 묘사하기 때문에 아예 족보를 기록하지 않았고 누가는 예수님을 사람으로 묘사하기 때문에 그 족보를 인류의 시조 아담에게까지 소급했으며 요한은 예수님을 하나님으로 묘사하기 위해 책 첫머리에 예수님을 하나님으로 묘사하고 있다(1-18절).

계셨다"고 말하고(17:5; 잠 8:30; 요일 1:2) 또 "이 말씀은 곧 하나님이시라"고 선언한다(빌 2:6; 요일 5:7).

위(上) 세 문장 중에 첫 문장의 "태초에"(ἐν ἀρχῇ)란 말은 '하나님의 창조사역 이전 영원 시대'를 지칭한다. 반면에 창세기 1:1의 "태초에"란 말은 '하나님께서 창조사역, 곧 계시사역을 시작하시는 그 시점'을 지칭한다. 문자(文字)상으로 똑같은 두 낱말의 해석이 달라지는 이유는 양편의 문맥 때문이다. 다음으로 "말씀"(λόγος)이란 말은 '계시자'(revealer)란 뜻이다(1:14; 요일 1:1; 계 19:13). 예수님은 하나님을 그대로 보여주시는 분이기에 이렇게 '계시자'라고 표현했다. 사람의 말도 그 사람을 그대로 보여준다. 말하는 것을 들으면 그 사람의 인격을 알 수 있다. 말하는 것을 들으면 그 사람이 저질(低質) 인간인지 혹은 고상(高尙)한 사람인지 알 수 있다. 예수님은 하나님의 품격과 능력, 지혜, 사랑, 자비 등을 그대로 드러내시기 때문에 "말씀"이시다. 혹자는 여기 "말씀"이란 말을 '우주의 이상(理想)'이라고 해석하기도 하고 '우주의 이법(理法)'이라고 해석하나 문맥에 맞지 않는 해석이다. 우리는 하나님을 그대로 보여주시는 예수님을 보고 하나님을 믿는다(요 12:45; 14:9).

그리고 "계시니라"(ἦν)라는 말은 미완료 시제(imperfect)로 예수님께서 태초에 계속해서 계셨다는 것을 뜻한다. 예수님은 어떤 시기가 되어 계시기 시작하신 분이 아니라 태초에 무궁시대에 계속해서 계셨다는 것이다. 하나님을 그대로 보여주시는 예수님은 영원하신 분이시다.

그리고 요한은 "이 말씀이 하나님과 함께 계셨다"고 선언한다. 여기 "하나님과 함께"(πρὸς τὸν θεόν)라는 말은 '하나님과 함께 친교 하는 중에'라는 뜻이다. 윌렴 헨드릭슨(William Hendriksen)은 "함께"(πρὸς)라는 전치사를 해석하면서 "이것은 어떤 장소를 향한 동작이나 방향을 나타내거나 이 경우에서처럼 친밀한 접근을 나타낸다. 이런 까닭에 본 문맥에서는 우정, 친교를 의미한다"고 주장한다. 로벗슨(Robertson)은 "말씀이 하나님과 함께"라는 전치사 구(句)를 해설하기를 '그리스도와 하나님 사이의 영화로우신 친교'를 드러내는 말이라고 하였다. 예수님은 태초에 하나님과 함께 친교를 하고 계셨다.

그리고 요한은 "이 말씀은 곧 하나님이시라"고 말한다. 이 말씀이야 말로 예수님을 인간이라고만 주장하는 사람에게 철퇴(鐵槌)를 가한다. 혹자는 여기 "하나님"(θεὸς)이란 말 앞에 관사가 없다고 하여 "말씀"이 절대적인 신성(神性)을 지닌 것은 아니라고 말하나 "하나님"이란 단어가 주어로 쓰이지 않고 보어(補語)로 쓰였기에 관사를 붙이지 않은 것이다. 요한의 주장은 말씀이신 예수님은 곧 바로 하나님이시라는 것이다(20:28).

요 1:2.그가 태초에 하나님과 함께 계셨고.

요한은 앞 절(1절)의 앞 두 문장을 다시 한 번 여기에 반복한다. 반복은 좋은 교육이기 때문이다(3절; 3:3, 5, 11). 말씀이신 그리스도께서는 창세전에 계속해서 하나님과 함께 친교 중에 계셨다는 것이다(창 1:1). 요한이 이렇게 성부 하나님과 성자 예수께서 태초에 함께 친교 중에 계셨다는 것을 강조하는 또 하나의 이유는 다음 절(3절)에 말씀할 창조사역을 위하여 말씀이신 그리스도께서 성부 하나님과 함께 사역하셨다는 것을 말하기 위해서이다.

요 1:3.만물이 그로 말미암아 지은바 되었으니 지은 것이 하나도 그가 없이는 된 것이 없느니라.

요한은 앞(1-2절)에서는 태초에 성부와 성자께서 함께 계셨다는 것을 말하고는 이제 본 절에서는 성자의 창조사역을 말한다. 곧 "만물이 그로 말미암아 지은바 되었다"는 것이다(시 33:6; 골 1:16; 엡 3:9; 히 1:2; 계 4:11). 여기 "만물"(πάντα)이란 어떤 특정한 시점의 만물이 아니라 모든 세대에 존재하는 '우주 만물'을 지칭하는 말이다(골 1:16). 이 우주 전체는 "그로 말미암아"(δι' αὐτοῦ), 곧 '예수 그리스도를 통하여'(롬 11:36) 창조되었다는 것이다(고전 8:6; 골 1:15-16). 성자는 성부 하나님과 인격적인 친교 중에 창조 사역에 임하신 것이다. 그리고 여기 "지은 바 되었다"(ἐγένετο)는 말은 부정(단순)과거 시제로 성자 예수께서 과거 어느 한 시점에서 단번에 지으셨다는 것을 뜻한다. 요한은 또 "지은 것이 하나도 그가 없이는 된 것이 없다"고 말하여 앞에 나온 문장을 다시 한 번 강조한다. 곧 그리스도께서 만물을 모두 창조하셨다는 것이다. 미물 중에 어느 것 하나라도 그리스도의 피조물이 아닌 것이 없다는 것이다. 요한이 말한 뒷부분의 말은 앞에 나온 말을 확실히 보증하는 말이다. 박윤선목사는 그리스도의 우주 창조를 보고 우리가 얻을 수 있는 교훈 네 가지를 말한다. 1) 우리는 우주 창조를 보고 겸손하게 되지 않을 수 없다. 본래 없던 인간들이 그리스도께서 지으심으로 있게 되었으니 현재에도 자신이 없는 것처럼 낮아지며 겸손해야 된다. 2)우리는 창조의 진리를 믿으며 창조의 권능을 기쁘게 믿게 되었다. 3)우리는 만물을 창조하신 하나님이 만물의 주인공이시니 만큼 우리는 만물을 취급하되 청지기의 자격으로만 취급할 수 있다. 곧 우리는 만물을 하나님의 거룩하신 뜻에 따라서 처분할 처지에 있다. 거기에 사랑의 사회가 성립될 수 있다. 4)하나님께서 사람을 그의 형상으로 지으셨으니 사람을 구원하실 것이다.[2)]

요 1:4.그 안에 생명이 있었으니 이 생명은 사람들의 빛이라.

요한은 말씀이신 그리스도께서 생명의 원천이라고 선언하고 또한 이 생명은 사람들을 비추는 빛이라고 말한다. "그 안에 생명이 있었으니"(ἐν αὐτῷ ζωὴ ἦν)란 말은 '로고스(말씀) 안에 영원한 생명이 계속해서 있었다'는 뜻이다(5:26; 요일 5:11). 다시 말해 말씀이신 그리스도는 영원 전부터 계속해서(ἦν) 생명이었다는 것이다(14:6; 17:3; 엡 4:18). 여기 "생명"(ζωὴ)이란 말이 육적인 생명(βίος)을 뜻하기도 하지만(눅 12:15; 16:25; 행 17:25; 약 4:14; 계 16:3) 그러나 본 절에서는 영적인 생명을 지칭한다고 할 수 있는 이유는 "있었다"(ἦν)는 동사가 영원 전부터 무궁시대를 통하여 계속해서 '있었다'는 뜻이기 때문이다. 그리스도께서 우주를 창조하시기 전 영원한 세대동안 그 안에 생명이 있었다는 뜻인 고로 본 절의 "생명"을 영적인 생명으로 보아야 한다. 이 생명이 우리의 생명이 되기 위해서는 그리스도를 영접함으로 되어 진다. 라일(J. C. Ryle)은

---

2) 박윤선, *요한복음*, 성경주석 (서울: 영음사, 1994), pp. 66-67.

"우주 만물을 창조하신 그리스도는 생명의 원천이시다. 그로부터 사람들은 생명을 얻는다"고 주장한다. 이 영적인 생명을 좀 더 상세히 말하자면 "성도가 하나님 안에서 계속적으로 누리는 가장 높고 가장 좋은 생명"이라고 할 수 있다(Thayer, Trench, Vincent).

영원한 생명만 아니라 육적인 생명도 그리스도로부터 얻는다고 성경은 말씀한다. 구약 성경은 하나님께서 생명을 죽이기도 하시고 살리기도 하신다고 말씀한다(시 36:9; 104:29-30). 우리의 육적인 생명이나 영적인 생명은 그리스도로부터 온 것이고 또 오는 것이다. 그러나 본문에서 말하는 생명은 영원 전에 말씀(λόγος)안에 있었던 생명인고로 영적인 생명을 지칭하는 것임은 의심의 여지가 없다.

요한은 "이 생명은 사람들의 빛이라"고 선언한다(8:12; 9:5; 12:35, 46). 여기서 조심해야 할 것은 요한이 '그리스도는 사람들의 빛'이라고 말하지 않고 "이 생명은 사람들의 빛이라"고 말했다는 것이다. 그러니까 말씀 안에 영원 전부터 생명이 있었고 이 생명이 곧 사람들을 위한 빛이라는 것이다. 요한은 생명과 빛을 동등한 것으로 말하고 있다(8:12). 곧 영원하신 생명이 나타나서 그 생명이 사람들을 비추시었다는 것이다. 다시 말해 "생명이 나타났을 때 이 생명을 빛이라 일컬은 것은 이 생명이 주위를 비추는 빛의 특성을 가지기 때문이다"(윌렴 헨드릭슨). 그리스도 안에 있는 영원한 생명이 이 땅에 나타나서 사람들의 심령을 비춘 것이다. 다시 말해 이 생명이 사람들의 심령 속에 다가가서 사람들로 하여금 하나님의 진리를 알게 하고 또 그들로 하여금 자신들이 죄인인 줄 알게 했다. 그리스도께서는 어디서든지 빛을 비추셔서 사람들로 하여금 그리스도를 알게 하고 또 자신들로 하여금 죄인임을 알게 한다. 아무도 그 심령이 밝아지기 전에는 그리스도와 교제하지 못한다. 그리스도의 빛은 죄를 들추어내고 또한 심령을 비추신다. 빛이 임하면 우리는 우리의 죄를 보게 되고 또 그리스도의 영광을 보게 된다. 오늘 우리는 생명이신 그리스도에게 더욱 가까이 가서 심령에 비추임을 받아야 할 것이다. 그래서 우리는 그리스도를 더욱 알고 또 우리 자신이 죄인임을 더욱 알아야 할 것이다.

요 1:5.빛이 어둠에 비치되 어둠이 깨닫지 못하더라.

그리스도의 빛이 지금도 어둠에 비치고 있는데도 어둠이 여전히 깨닫지 못하고 있다는 것이다. 요한은 빛이 "어둠"에 비치고 있다고 말한다. 여기 "어둠"(σκοτία)이라는 말은 문맥으로 보아 바로 앞 절(4절)에 나온 '사람들,' 그리고 9절에 나오는 '각 사람'을 지칭한다. 사람은 죄를 지어 어두워졌다. 그리고 "비치다"(φαίνει)라는 말은 현재형으로 계속해서 비치고 있다는 것이다. 그리스도께서 십자가에 못 박히시고 천국으로 가신 후에도 여전히 이 땅에서 사람들에게 비추시고 계신다. 그리스도께서 재림하시는 날까지 비추실 것이다.

그런데 요한은 "어둠이 깨닫지 못 하더라"고 말한다(3:19). 곧 '사람들이 깨닫지 못 하더라'는 것이다. 여기 "깨닫지"(κατέλαβεν)라는 말은 부정(단순) 과거 시제로 '굳게 잡았다'는 뜻이다. 그러니까 "깨닫지 못 하더라"는 말은 문맥으로 보아 '믿지 못 하더라'는 뜻이고(7절), '알지 못 하더라'는 의미이며(10절), '영접하지 아니 하더라'는 말이다(11절). 타락한 인간은 '빛보다 어둠을 더 사랑해서'(3:19) 빛 앞으로 나오지 않는다. 햇빛은 세상을 비추고 달빛은 세상을 비추어도 타락한 사람들은 그리스도의 빛 앞으로 나오지 않는다. 우리는 우리 심령속의 흑암을 그리스도에게 고백해야 한다(요일 1:9). 그러면 그리스도께서 우리 심령속의 흑암을 물리쳐 주신다.

2.세례 요한이 말씀(λόγος)에 대해서 증언하다 1:6-8

요한 사도는 앞(1-5절)에서 그리스도가 하나님을 그대로 보여주시는 분이며 또 창조주이시고 영원한 생명이시며 사람들의 빛이라고 말한 다음 이제는 세례 요한의 사역에 대해 말한다(6-8절). 세례 요한은 하나님의 보내심을 받아(6절) 빛에 대해 증언함으로 사람들로 하여금 그리스도를 믿게 하려했다는 것이다(7절). 요한 사도는 세례 요한의 역할을 설명하면서 세례 요한이 세례를 베푼 일이라든지 회개를 외친 일에 대해서는 별로 말하지 않고 예수님의 신성(神性)을 드러내는 일에 전념한 것을 기록하고 있다. 요한은 세례 요한이 예수님을 높인 일에 열중한 사실을 말하여 예수님의 위대하심을 드러내고 있다.

요 1:6.하나님께로부터 보내심을 받은 사람이 있으니 그의 이름은 요한이라.
요한 사도는 세례 요한이 "하나님께로부터 보내심을 받았다"고 말한다(33절; 말 3:1; 마 3:1; 눅 3:2). 여기 "보내심을 받았다"(ἀπεσταλμένος)는 말은 완료형수동태분사로 과거에 보내심을 받은 세례 요한의 사역이 지속되고 있음을 뜻한다. 하나님은 세례 요한(엘리야)을 보내시겠다고 말라기 선지자를 통하여 약속하셨는데(말 4:5-6) 세례 요한이 실제로 왔다고 예수님께서 증언하셨다(마 17:9-13). 세례 요한은 메시야를 위한 길을 예비하도록 보내심을 받았고 실제로 사람들로 하여금 예수님을 바라보도록 예수님의 위대하심을 지적하고 자신은 역사의 무대 뒤로 사라졌다. 요한 사도는 예수님의 사도가 되기 전 세례 요한의 제자였었는데 스승의 지시대로(1:36이하) 예수님의 사도가 된 후 자기의 옛 스승까지도 이렇게 예수님을 높이는 위치에 있다는 것을 부각시킨다.

요한 사도는 공관복음 저자들처럼 세례 요한의 이름을 쓸 때 세례 요한이라 쓰지 않고 그냥 "요한"이라고만 썼다(마 3:1; 막 6:14; 눅 7:20). 이유는 요한복음을 읽는 저자들이 요한 사도와 세례 요한을 혼동할 염려가 없기 때문이었다. 그러나 공관복음을 읽는 저자들은 요한 사도와 세례 요한을 혼동할 우려가 있기에 두 사람의 요한이라는 이름을 구별할 필요가 있었다.

요 1:7.그가 증언하러 왔으니 곧 빛에 대하여 증언하고 모든 사람이 자기로 말미암아 믿게 하려 함이라.
세례 요한이 이 땅에 온 목적은 "증언하기" 위한 것이었다(행 19:4). 곧 "빛에 대하여 증언하러" 온 것이다. 그는 자신의 이름을 내기 위해 온 것도 아니고 자기의 가문을 빛내기 위해 온 것이 아니라 예수님께서 빛 자체라는 것을 알리기 위해 온 것이다. "증언"이란 것은 듣고 보고 체험한 것을 그대로 말하는 것이다(1:29, 32, 34). 오늘날의 전도자들 역시 그리고 성도들 역시 예수님이 이 땅을 비추는 빛이라는 사실을 말하다가 가야 할 것이다. 세례 요한이 이 땅에 온 목적은 "증언하기" 위한 것이었다.

세례 요한의 증언의 목적은 "모든 사람이 자기로 말미암아 믿게 하려"는 것이었다. 여기 "모든 사람"은 4절에 나오는 "사람들"과 9절에 나오는 "각 사람"을 가리킨다. 세례 요한은 '모든 사람이' "자기," 곧 '자신의 증언'을 통하여 빛을 믿게 하는 것이었다.

요 1:8.그는 이 빛이 아니요 이 빛에 대하여 증언하러 온 자라.

요한 사도는 "그(세례 요한)는 이 빛이 아니라"고 말한다. 곧 세례 요한은 "이 빛," 곧 '예수님처럼 참 빛'이 아니라는 것이다(9절). 다시 말해 완전한 빛은 아니라는 것이다. 세례 요한이나 오늘 우리 성도들은 본래 심령 안에 빛을 가지고 있지 않았었다. 다만 세례 요한은 모태에서 성령의 충만을 입었기에 빛이 되었고(눅 1;15) 우리는 그리스도를 믿기 때문에 빛이 된 것이다(마 5:14). 그러나 세례 요한이나 우리들은 예수님처럼 완전한 빛은 아니다.

요한 사도는 세례 요한의 사역을 요약한다. 그는 "이 빛에 대하여 증언하러 온 자"라는 것이다. 세례 요한은 그리스도에 대한 증언자일 뿐이라는 것이다. 요한 사도는 자신이 목회하던 에베소 지방에 세례 요한의 제자들이 많이 있는 것으로 알고(행 19:2-3) 그 제자들 모두가 세례 요한을 바라보지 말고 참 빛이신 그리스도를 바라보게 하기 위해 이렇게 선(線)을 그은 것이다. 사실 세례 요한 자신도 이 땅에서 사역 하는 중에 제자들로 하여금 자기를 높이지 말도록 강하게 부탁하였다(마 3:11; 막 1:7; 눅 3:15-17). 그런고로 세례 요한의 제자들이나 오늘 우리 성도들도 증언자로만 살아야 한다.

3.말씀(λόγος)은 세상에 오셔서 계속 비추고 계시다 1:9-13

요한 사도는 앞에서(6-8절) 세례 요한의 사역을 설명하고는 이제 다시 4- 5절로 돌아가 그리스도께서 참 빛이심을 계속해서 설명한다. 요한 사도는 이 부분에서 그리스도를 믿지 않는 사람들과 믿는 사람들로 나뉘고 있음을 극명하게 대조한다(9-13절). 믿지 않는 사람들은 증거가 불충분해서 믿지 않는 것이 아니라 믿을만한 충분한 증거가 있는데도 믿지 않는다는 것이다. 요한 사도는 사람들이 그리스도를 믿을만한 증거로 첫째, 그리스도께서 참 빛이시고 (9a), 또 둘째, 이 땅에서 하나님을 보여주시는 계시 운동을 펼치셨으며(9b), 또 셋째, 그리스도께서 이 땅을 창조하신 창조주시라는 것이다(10a). 이런 증거들이 있는데도 그리스도를 알지 못하고 믿지 못하는 사람들이 있는가 하면 또 한편으로는 믿는 사람들이 있는데 그런 사람들은 하나님의 자녀가 되는 권세를 받는다고 말한다.

요 1:9.참 빛 곧 세상에 와서 각 사람에게 비추는 빛이 있었나니(Ἦν τὸ φῶς τὸ ἀληθινόν, ὃ φωτίζει πάντα ἄνθρωπον, ἐρχόμενον εἰς τὸν κόσμον)**.**
본문 헬라어는 두 가지로 번역될 수가 있다. 하나는, "참 빛 곧 세상에 오는 각 사람을 비추는 빛이 있었나니"로(KJV, TLB, Augustine, Calvin, Meyer). 또 하나는 "참 빛 곧 세상에 와서 각 사람에게 비추는 빛이 있었나니"(4절; 사 49:6; 요일 2:8)로 번역할 수가 있다(RSV, NASB, NIV, 개역개정판, Bengel, Westcott). 두 가지 번역이 다 가능하나 요한 사도가 "세상에 오는 각 사람"이란 용어를 사용하지 않는 것을 감안하여 우리 개역개정판의 번역과 같이 번역하는 것이 타당할 것이다. 여기 "참"(ἀληθινόν)이란 말은 '진짜의,' '신뢰할만한,' '거짓 없는'이란 뜻이다. 예수님은 '진짜 완전한 빛'이시라는 것이다. 세례 요한이나 구약 시대의 선지자들은 하나님으로부터 말씀을 받은 사람들로서 하나의 반사광(反射光)들에 지나지 않는다.

요한 사도는 참으로 완전하고 빛 되신 예수님께서 "세상에 와서 각 사람에게 비추셨다"고 말한다. 곧 '사람의 몸을 입으시고 불신 세상에 오셔서 각 사람(every man)에게 비추셨다(enlightened)'는 것이다. 여기 "각 사람"이란 '한 사람 한 사람'에게 비추셨다는 말이다. 예수님은 군중을 상대하시지 않고 한 사람 한 사람을 상대하여 비추신 것이다. 그리고 예수님께서 "각 사람에게 비추셨다"는 말은 문맥으로 보아 '한 사람 한 사람을 상대하여 예수님을 구주로 영접하고 믿으며 따르도록 조명해주셨다'는 것이다(11-12절). 예수님은 때로는 말씀으로 예수님이 구주이심을 알려주시며 때로는 이적으로 예수님의 신성을 보여주셨다. 예수님은 각 사람을 상대하여 자신이 누구이심을 보여주셨다. 사람들은 예수님의 말씀을 듣고 혹은 그 이적을 보고 예수님이 누구이신 줄 알고 예수님을 영접하며 믿고 따라야 했는데 오히려 배척하는 사람들이 더 많았다. 우리는 오늘도 성경을 보면서 예수님께서 끊임없이 비추시는 것을 그리스도를 믿고 따라야 한다.

요 1:10.그가 세상에 계셨으며 세상은 그로 말미암아 지은바 되었으되 세상이 그를 알지 못하였고.

요한 사도는 본 절에서도 예수님을 믿을만한 충분한 증거를 제시한다. 먼저 "그가 세상에 계셨다"는 것이다. 그리고 둘째 "세상은 그로 말미암아 지은바 되었다"는 것이다(3절; 히 1:2; 11:3). 예수님께서 세상에 계셨다는 말은 세상에 계시면서 예수님 자신이 누구이심을 보여주셨다는 것이다. 예수님은 그의 말씀 한마디 한 마디, 그리고 행하신 이적 한 가지 한 가지를 통하여 예수님 자신이 하나님의 아들이시며 우리의 구주이심을 보여주셨다.

그리고 요한은 예수님이 세상 만물을 창조하신 창조주시라고 말한다. 예수님은 풍랑을 잔잔케 하시며 물위를 걸으시고 또한 무화과나무를 저주하셔서 말리신 사건들을 통하여 자신이 만물을 창조하시고 만물을 주장하시는 분임을 보여주신다. 그럼에도 불구하고 "세상이 그를 알지 못하였다"는 것이다. 곧 '불신 세상이 그를 알지 못하였다'는 것이다. 여기 "알지 못하였다"(οὐκ ἔγνω)는 말은 '지식적으로 알지 못하였다는 뜻이 아니라 경험적으로 알지 못하였다'는 뜻이다. 불신 세상 사람들은 예수님에 대한 참 지식, 곧 경험적 지식을 가지지 못하였다는 것이다. 불신 세상 사람들은 죄로 가득차서 예수님을 몰라본 것이다. 사 59:1-2에 "여호와의 손이 짧아 구원하지 못하심도 아니요 귀가 둔하여 듣지 못하심도 아니라 오직 너희 죄악이 너희와 너희 하나님 사이를 갈라놓았고 너희 죄가 그 얼굴을 가리어서 너희에게서 듣지 않으시게 함이니"라고 하였다. 인생의 죄악이 너무 중(重)하여 그리스도를 알지 못하게 된 것이다(롬 1:21-23). 이사야는 인생의 죄악이 커서 하나님을 알지 못한다고 통탄하였다(사 1:2-3).

요 1:11.자기 땅에 오매 자기 백성이 영접하지 아니하였으나.

요한은 여기 또 예수님을 영접해야 할 충분한 증거를 제시한다. 곧 예수님은 "자기 땅에 오셨다"는 것이다. 자기 땅에 오셨을 때 자기의 백성들은 마땅히 영접해야 한다는 것이다. 여기 "자기 땅"(εἰς τὰ ἴδια)이란 말은 '자기의 것들' 혹은 '자기에게 속한 것들'이란 뜻으로 자기 백성들, 자기가 지은 땅을 가리키는 말이다. 예수님은 구약 시대부터 자기의 백성으로 훈련시킨 이스라엘 사람들에게 오셨고 또한 자신이 만드신 이스라엘 땅에 오신 것이다(출 19:5; 신 7:6). 오늘 우리도 영적으로 그리스도의 백성이고 또한 우리 땅도 그리스도께서 만드신 땅이다.

요한 사도는 자기 백성들 곧 자기 소속 사람들이 예수님을 "영접하지 않았다"고 말한다(눅 19:14; 행 3:26; 13:46). 여기 "영접하다"(παρέλαβον)는 말은 부정(단순)과거 시제로 '단호하게 받았다,' '단호하게 시인했다,' '단호하게 알았다'라는 뜻이다. 이스라엘 민족은 민족적으로 그리스도를 단호하게 거부하고 말았다는 것이다. 오늘을 사는 우리도 마찬가지이다.

요 1:12.영접하는 자 곧 그 이름을 믿는 자들에게는 하나님의 자녀가 되는 권세를 주셨으니.

본문 초두에는 반의어(反意語) 접속사(δὲ)가 있어서 본문의 내용이 앞 문장(11절)의 내용과 정 반대되는 문장임을 알 수 있다. 요한 사도는 앞에서 믿을만한 여러 증거에도 불구하고 이스라엘 사람들까지 불신했다는 것을 말하고는(9-11절) 이제 그리스도를 "영접하는 자 곧 그(그리스도의) 이름을 믿는 자들에게는 하나님의 자녀가 되는 권세를 주셨다"다고 말한다(롬 8:15; 갈 3:26; 벧후 1:4; 요일 3:1). 다시 말해 '그리스도를 환영하는 자, 곧 그리스도의 이름을 믿는 자들에게는 누구에게나 하나님의 자녀가 되는 권세를 주셨다'는 것이다. 여기 "영접하는 자"(ὅσοι ἔλαβον)이란 말은 부정(단순)과거 시제로 '전인격을 다하여 단번에 받아드린 자들' 혹은 '전인격을 다하여 환영하는 자들'이란 뜻이다. 그런데 요한은 "영접하는 자들"과 "그 이름을 믿는 자들"을 동의어로 간주한다. 한 가지 주의할 것은 영접하는 것은 단번에 영접하는 것을 뜻하고 그 이름을 믿는 것은 계속해서 믿는 것을 뜻한다.[3] 이유는 "믿는"(πιστεύουσιν)이란 말이 현재형으로 그리스도를 계속해서 믿는 것을 뜻하기 때문이다.

요한은 그리스도를 믿는 자들에게는 그리스도께서 "하나님의 자녀가 되는 권세를 주셨다"고 말한다. "하나님의 자녀가 되는 권세를 주셨다"는 말은 문맥으로 보아 '하나님께서 거듭나게 하는 힘 혹은 권세를 주셨다'는 뜻이다. 사람은 아무도 자신의 힘으로 거듭나지 못하고 하나님에 의해 중생되는 것이다(다음 절). 본문의 "권세"(ἐξουσίαν)란 말은 '권위,' '권력,' '권한,' '힘'이라는 뜻이고(5:27; 10:13; 17:2; 19:10-11), "되는"(γενέσθαι)이란 말은 부정(단순) 과거 시제로 한번 됨으로 영원히 되는 것을 뜻한다. 신자들은 단번에 하나님의 자녀가 되고, 믿는 것은 영원히 계속해야 하는 것이다.

요 1:13.이는 혈통으로나 육정으로나 사람의 뜻으로 나지 아니하고 오직 하나님께로부터 난 자들이니라.

본 절 처음에 있는 "이는"이란 말은 앞 절(12절)에 나온 "믿는 자들"을 가리키는 말이다. 곧 믿는 자들은 "혈통으로나 육정으로나 사람의 뜻으로 나지 아니하고 오직 하나님께로부터 난 자들이라"는 것이다(3:5; 약 1:18; 벧전 1:23). 믿는 자들은 세 가지에 의해서 중생되는 것은 아니라는 것이다. 첫째, 믿는 자들은 "혈통"(bloodline)으로 중생되는 것은 아니라는 것이다. 아브라함의 혈통이라고 해서 거듭나는 것은 아니다. 둘째, "육정"(the will of the flesh)으로 중생되는 것도 아니라는 것이다. 다시 말해 자연인의 의지로 중생되는 것은 아니라는

---

3) 그 이름을 믿는다는 것은 바로 그 이름의 소유자를 믿는 것을 뜻한다. 다시 말해 예수님을 개인의 구주로 믿는 것을 뜻이다.

것이다.[4] 이유는 "자연인의 의지는 하나님과 반대되기 때문이다"(Pink). 셋째, "사람의 뜻으로" 중생되는 것은 아니라는 것이다. 곧 '사람의 결단'이 있다고 해서 거듭날 수 있는 것은 아니다. 사람이 다른 사람의 권유를 받아서 아무리 결심해도 성령의 사람이 되는 것은 아니다. 요한은 세 가지를 부인하고 나서 이제 한 가지를 힘 있게 긍정한다. 곧 믿는 자들은 "하나님께로부터 난 자들이라"고 말한다. 곧 '하나님의 영에 의하여 중생한 것이고(3:5) 하나님의 말씀에 의해서(15:3) 중생한다'는 것이다. 아무튼 믿는 자들이 중생하는 것은 하나님의 초자연적 간섭에 의해서 되는 것이다. 그러면 믿음과 중생의 관계는 어떤 것인가. 이 둘은 동시에 일어나는 사건들이다. 사람이 믿을 때에 중생하고 또 중생할 때에 믿게 되는 것이다(행 11:17; 15:8-9; 고전 12:3, 13). 선후를 가리기가 어려운 사항이다. 다만 논리적인 선후가 있을 뿐이다. 논리적으로는 중생이 먼저이고 믿음이 그 뒤를 따르는 것으로 보아야 할 것이다.

4.육신이 되신 그리스도는 아버지의 독생자의 영광을 나타내시다 1:14-18

요한은 앞에서 말씀(λόγος)이 이 땅에 오셔서 계속해서 각 사람에게 비추신다고 말한(9-13절) 다음 이제는 육신을 입으신 말씀(그리스도)이 육신을 입으신 채 계속해서 아버지의 독생자의 영광을 나타내신다고 말한다.

요 1:14.말씀이 육신이 되어 우리 가운데 거하시매 우리가 그의 영광을 보니 아버지의 독생자의 영광이요 은혜와 진리가 충만하더라.

요한은 말씀(λόγος)이 육신을 입었어도 여전히 말씀(λόγος)으로서 아버지의 독생자의 영광을 나타내신다고 말한다. "말씀이 육신이 되어"(ὁ λόγος σὰρξ ἐγένετο)라는 말은 '말씀이 육신을 입으셨다' 혹은 '육신을 취하셨다'는 뜻이다(마 1:16, 20; 눅 1:31, 35; 2:7; 롬 1:3; 8:3; 고후 8:9; 갈 4:4; 빌 2:5-11;

---

4) 여기 "육정"이라는 말에 대해서 혹자는 '육체적인 욕망,' 곧 '성욕,' 혹은 '남자나 여자의 성적 충동,' '성욕을 비롯한 인간적인 본능,' 혹은 '인간적인 욕심' 등으로 해석한다.

딤전 3:16; 요일 4:2). 여기 "되어"(ἐγένετο)라는 동사는 부정(단순)과거 시제로 단번에 되었다는 뜻인데 이 동사는 "여기서 매우 특별한 의미를 가진다. 그의 이전의 신분이 중단된다는 의미의 '되어'가 아닌 것이다. 롯의 아내가 소금기둥이 될 때 그녀는 롯의 아내로서의 신분이 중단되었다. 하지만 롯이 모압과 암몬 족속의 조상이 될 때에 그는 롯 그대로였다. 여기서도 마찬가지다. 즉 말씀이 육신이 되시고서도 말씀으로서 하나님 그대로 계시게 된 것이다. 삼위일체의 제 2위는 신성을 벗지 않으시고 인성을 입으신 것이다."[5] 그리고 "우리 가운데 거하시매"(ἐσκήνωσεν ἐν ἡμῖν)란 말은 잠시 동안 사람들 가운데 거하셨다는 뜻이다. 여기 "거하다"(ἐσκήνωσεν)라는 말은 부정(단순)과거 시제로 '장막을 쳤다,' '천막 속에 잠시 살았다'는 뜻이다. 예수님의 육체는 천막이 되어 십자가에서 대속의 죽음을 죽기까지 잠시 세상에서 거하셨다는 것이다.

그런데 요한은 잠시 이 땅에 거하시던 그 말씀을 유심히 관찰했다고 말한다. 곧 "우리가 그의 영광을 보니 아버지의 독생자의 영광이요 은혜와 진리가 충만했다"고 말한다. 여기 "보니"(ἐθεασάμεθα)란 말은 부정(단순)과거 시제로 '사려 깊게 관찰했다,' '뚫어지게 바라보고 면밀하게 검토했다,' '깊이 연구하고 고찰했다'는 뜻이다(1:32; 4:35; 11:45; 행 1:11). 요한은 불신자의 관찰과는 다른 관찰을 할 수 있었다. 이유는 요한은 거듭난 신자이며 특히 사도로 부름 받은 사람이었기 때문이었다. 요한은 말씀(λόγος)의 영광을 관찰할 수 있었다(2:11; 11:40; 사 40:5; 마 17:2 벧후 1:17). 그리스도의 변화산의 변모(마 17:2-8; 막 9:2-8; 눅 9:28-36)와 공생애의 사역과 부활, 그의 승천에서 말씀(계시자)의 영광을 관찰할 수 있었다. 그 영광은 무한한 영광이었다. 그리스도 안에는 하나님의 온전함이 거하고 있어서 독생자의 영광은 무한하다. 핑크(A. W. Pink)는 그리스도의 영광을 네 가지로 요약한다. 첫째, 하나님의 아들로서의 영광, 곧 그의 거룩한 완전성, 둘째, 그의 도덕적 영광, 곧 그의 온유와

5) 윌렴 헨드릭슨, *요한복음* 상, p.120.

같은 영광, 셋째, 그의 직분의 영광, 곧 중보자적인 영광, 넷째, 그의 획득되어진 영광, 곧 그가 행하신 일에 대한 보상으로서의 영광을 들고 있다.[6] 요한은 그리스도의 영광을 "아버지의 독생자의 영광"이라고 말한다. 다시 말해 그리스도께서 가지고 계셨던 영광은 아버지의 독생자의 영광이었다는 것이다. 여기 "아버지의 독생자의 영광"(δόξαν ὡς μονογενοῦς παρὰ πατρός)이란 헬라어 원문의 "독생자"란 말 앞에 사용된 부사(ὡς)는 "...같이," "...만큼"이란 뜻으로 독생자이신 그리스도의 영광이 성부 하나님의 영광과 동등한 신적인 영광을 지니고 있음을 말하고 있다. "독생자"(μονογενοῦς)란 '하나이면서 유일한 아들,' '하나이면서 특유한 아들'이란 뜻이다. 캄포트(Philip W. Comfort)와 홀리(Wendell C. Hawley)는 주장하기를 "독생자란 말은 반드시 출생의 관념을 지니는 것은 아니다. 예를 들면, 이삭은 70인 역본에서 아브라함의 '독자'로 불리었다(창 22:2, 12, 16)-실제로 아브라함은 두 아들, 이스마엘과 이삭을 가지고 있었다. 그러나 이삭은 아브라함의 하나이면서 유일한 아들이었다(히 11:17). 하나님의 아들은 아버지의 오직 하나이면서 특유한 아들이었다. 아버지께는 수많은 아들들이 있었으나(1:12, 13) 이 아들들 중 아무도 하나님의 특유하신 아들 그리스도와 같지는 않았다. 그리스도의 자격(子格)은 영원한 것이었다. 그리스도는 하나님의 유일한 아들로서 특별한 영광을 지니고 있었고 또 비교할 수 없는 영광의 자리를 차지하고 있다"고 했다.[7]

요한은 말씀이 하나님의 독생자의 영광을 가지고 있을 뿐 아니라 "은혜와 진리가 충만하다"고 말한다(출 34:6; 삼하 2:6; 시 25:10; 40:10-11; 61:7; 골 1:19; 2:3, 9). 곧 '하나님의 은혜와 진리가 그리스도에게도 넘치는 것'을 지칭한다. 그리스도는 지상 사역 중에 우리 가운데 은혜와 진리를 충만하게 드러내셨다(10:30). 여기 "은혜"란 '인자'란 뜻이고(출 34:2) "진리"란 '참,' '사실'을 뜻한다. 그리스도는 자비와 진실로 충만하시다. 우리 역시 그리스도를 믿고

6) A. W. Pink, *요한복음강해,* 제 1 집, 지상우옮김 (서울: 도서출판엠마오, 1986), pp. 45-46.

7) Philip W. Comfort, Wendell C. Hawley, *Opening the Gospel of John: A fresh resource for teaching and preaching the fourth Gospel* (Wheaton: Tyndale House Publishers, 1994), p. 10.

따를 때 은혜를 얻게 되고 진실을 가지게 된다. 오늘 우리도 은혜와 진리를 풍성하게 소유할 수 있는 것이다.

요 1:15.요한이 그에 대하여 증언하여 외쳐 이르되 내가 전에 말하기를 내 뒤에 오시는 이가 나보다 앞선 것은 나보다 먼저 계심이라 한 것이 이 사람을 가리킴이라 하니라.

본 절 초두에 나오는 "요한"이란 말은 '세례 요한'을 뜻한다. 요한 사도가 세례 요한이 이전에(눅 3:16) 말한 것을 여기에 기록한 이유는 예수님의 위대하심과 선재(先在)하심을 드러내려는 것이다(8:58). 요한 사도는 세례 요한이 "그(그리스도)에 대하여 증언 한다"고 말한다(32절; 3:32; 5:33). 여기 "증언하다"(μαρτυρεῖ)는 말은 현재시제로 세례 요한의 증언이 요한 사도 당시에 계속해서 효력이 있다는 것을 드러낸다. 세례 요한의 증언, 곧 예수님께서 위대하시다고 증언하고 또 선재하시다고 증언한 것은 영원히 효력이 있다는 것이다(사 40:3).

세례 요한은 "내 뒤에 오시는 이가 나보다 앞선 것은 나보다 먼저 계심이라 한 것이 이 사람을 가리킴이라"고 증언한다(27절, 30절; 3:31; 마 3:11; 막 1:7; 눅 3:16). 곧 '세례 요한보다 6개월 뒤에 탄생하시고(눅 1:36) 또 늦게 사역을 시작하신(막 1:14-15) 예수님이 세례 요한보다 위대하신 것은 세례 요한보다 선재하신 분이기' 때문이라는 것이다. 예수님은 지구상을 다녀간 모든 사람보다 위대하시다. 세례 요한이 이전에 "내 뒤에 오시는 이"라고 말한 것은 다른 사람을 두고 말한 것이 아니라 바로 "이 사람을 가리킴이라"는 것이다. 곧 '예수님을 지칭하는 말이라'는 것이다. 요한 사도가 이렇게 세례 요한의 말을 여기에 쓴 이유는 세례 요한이 증언한대로 예수님은 세례 요한보다 비교할 수도 없이 위대하시다는 것을 드러내어 세례 요한을 따르는 제자들로 하여금 그리스도만 바라보도록 하기 위한 것이다. 예수님의 위대하심에 대하여 세례 요한은 예수님의 위대하심을 직접 증언하였고(3:22-30), 예수님을 가리켜 나보다 능력이 많으신 분이라고 하였으며(눅 3:16), "나는 굽혀 그의 신들메를 풀기도 감당치 못하겠노라"(막 1:7)고도 하였다.

요 1:16.우리가 다 그의 충만한데서 받으니 은혜 위에 은혜러라.

본 절은 세례 요한이 하는 말이 아니라 요한 사도가 하는 말이다(박윤선, 윌렴 헨드릭슨). 14절의 내용이 여기 계속되고 있는 것이다. 요한 사도는 "우리가 다 그의 충만한데서 받는다"고 말한다(3:34; 엡 1:6-8; 골 1:19; 2:9-10). 곧 '요한 사도를 비롯하여 그리스도를 믿는 자들이 그리스도의 충만한데서 받는다'는 것이다. 이 말씀에 대하여 14절을 참조하여라. 그리스도는 충만하신 분이다. 우리는 그리스도의 충만한데서 "은혜 위에 은혜"(χάριν ἀντὶ χάριτος)를 받는다. "위에"(ἀντι)라는 말은 "대신(대용)에"라는 뜻으로 "은혜 위에 은혜"를 받는다는 말은 '은혜 대신에 은혜'를 부단히 받는다는 뜻이다. 다시 말해 성도들은 예수님의 충만한데서 계속적으로 새 은혜를 받는다는 말이다. 윌렴 헨드릭슨은 "그리스도 안에서 하나님의 거저 주시는 은혜(호의)가 끊어지지 않으므로 다른 새 은혜가 도달하기 전에는 먼저 있던 은혜가 없어지는 법이 없다"고 말한다.[8] 예수님은 우리의 은혜가 없어지면 또 새 은혜를 주신다. 우리가 지쳐서 포기하려고 하면 또 새 힘을 주셔서 살게 하시고 지탱하게 하신다. 어느 교역자가 자기는 이제 망했다고 하나님께 고백했을 때 하나님께서 놀라운 은혜를 주셔서 부흥사가 되었다는 것이다. 우리는 그리스도의 충만함으로부터 영생을 받았고(10:28), 평안을 받았으며 (14:27), 기쁨을 받았고(15:11), 성령을 받았다(20:22). 우리는 부족함이 없다 (We lack nothing).

요 1:17.율법은 모세로 말미암아 주어진 것이요 은혜와 진리는 예수 그리스도로 말미암아 온 것이라.

본 절 초두에는 이유접속사(ὅτι-for)가 있어서 본 절이 바로 앞 절(16절)의

8) 윌렴 헨드릭슨, p. 126.

말씀 곧 "우리가 다 그의 충만한데서 은혜 위에 은혜를 받게 된" 이유를 말한다. 다시 말해 우리가 은혜 위에 은혜를 받게 된 이유는 "은혜(롬 3:24; 5:21; 6:14)와 진리(8:32; 14:6)가 예수 그리스도로 말미암아 왔기" 때문이라는 것이다. 우리가 은혜 위에 은혜를 받게 된 이유는 결코 모세를 통하여 우리에게 주어진 율법(출 20:1; 신 4:44; 5:1; 33:4) 때문이 아니라는 것이다. 율법은 은혜와 진리를 우리에게 온전하게 주지 못한다는 것이다. 율법은 우리로 하여금 심히 죄 되게 하였고 우리의 극악함을 알게 하였으며 우리를 정죄하였다.[9] 율법은 장차 올 그리스도의 그림자, 은혜의 그림자일 뿐이다. 그러나 은혜와 진리는 하나님 아버지의 독생자 예수 그리스도로 말미암아 이 땅에 온 것이기 때문에 우리는 그리스도로부터 은혜와 진리를 충만하게 받게 되었다. 예수 그리스도께서 세상에 오심으로 은혜와 진리는 나타났으며 또한 그의 십자가 죽음으로 더욱 확실하게 은혜와 진리가 실현된 것이다. 오늘 우리는 예수 그리스도로부터 은혜와 진리를 충만하게 받을 수 있는 줄 믿고 그리스도를 신뢰해야 한다. 우리가 아무리 초라한 사람이라 할지라도 은혜가 풍성하신 그리스도에게 가면 우리는 초라한 사람이 아니고 풍성한 사람이 되는 것이다.

요 1:18.본래 하나님을 본 사람이 없으되 아버지 품속에 있는 독생하신 하나님이 나타내셨느니라.

요한 사도는 앞 절(17절)에 이어 본 절에서도 사람(모세 포함)과 그리스도를 대조한다. 모세는 하나님의 영광을 보기 원했지만 결국은 하나님의 영광을 직접적으로 보지 못했는데(출 33:20)[10] 예수 그리스도는 하나님 자신을 드러

---

9) 핑크(Arthur Pink)는 말하기를 "예수 그리스도가 오시기 전에는 '은혜와 진리'가 없었는가? 틀림없이 있었다. 하나님께서는 우리의 첫 조상들이 범죄한 직후에 '은혜와 진리'를 따라 그들에게 행하셨다. 그들을 찾으시고 그들에게 입을 것을 주신 것은 은혜였다. 마찬가지로 그들에게 형벌을 선고하시고 그들을 에덴 동산에서 내쫓으신 것은 진리였다. 하나님께서는 애굽에서 유월절 밤에 이스라엘 백성에게 '은혜와 진리'로 행하셨다. 피를 바르게 하심으로써 그들을 보호하신 것은 은혜였다. 그리고 그들 대신에 죄 없는 대속물의 죽음을 공의롭게 요구하신 것은 진리였다. 그러나 '은혜와 진리'는 구세주 자신이 나타나실 때까지는 결코 온전하게 계시되지 않았었다. 그로 말미암아 은혜와 진리가 '온' 것이다. 그 안에서 은혜와 진리가 인격화되고 크게 드러나게 되며 영화롭게 되었다"고 했다. *요한복음 강해*, 제 1집, pp. 54-55.

냈다는 것이다. 요한 사도는 모세를 포함하여 사람은 누구든지 범죄 하였음으로 하나님을 볼 수 없게 되었다고 말한다(6:46; 출 33:20; 신 4:12; 눅 10:22; 딤전 1:17; 6:15-16). 만일 사람이 하나님을 보면 죽는다고 성경은 말씀한다(출 19:21; 33:20; 삿 13:22; 사 6:5).

그러나 "하나님 품속에 있는 독생하신 하나님"께서[11] 하나님을 드러내셨다는 것이다(14절; 3:16, 18절; 요일 4:9). 여기 "하나님 품속"이란 말은 '하나님 가슴속'을 가리키는 말로 장소적인 개념을 말하는 것이 아니라 성부와 성자께서 아주 친밀한 교제를 하고 계심을 나타내는 말이다. 그리고 "있는"(ὢν)이란 말은 현재시제로 '영원히 있는 것'을 지칭한다. 예수님은 아버지 품속에 영원히 계신 분이시다. 성육신 하신 후에도 영원히 아버지 품속에 있으시다는 것이다. 곧 영원히 아버지와 일체이시고 영원히 아버지와 개인적으로 친밀하시다는 것이다(10:30). 예수님은 하나님을 그대로 드러내신 분이시다. 곧 예수님은 하나님 설명자, 하나님 해설자, 하나님을 그대로 보여주는 분이시다. 그리스도는 하나님을 그대로 보여주시는 분으로 은혜와 진리가 충만하신 분인 고로 누구든지 그리스도에게 가면 충만히 받을 수 있는 것이다. 누구든지 그리스도를 떠나서는 하나님을 알 수가 없고 볼 수도 없으며 은혜와 진리도 받을 수가 없다. 본 절은 1:1을 그대로 반복하는 문장이다. 우리는 예수 그리스도께서 하나님을 그대로 보여주시는 분인 고로 그리스도에게 영원히 송영을 드려야 하고 감사를 드려야 한다.

II.세례 요한이 그리스도를 증언함 1:19-34

요한 사도는 앞에서(1-18절) 말씀이 육신이 되신 것을 말한 다음 이제는

---

10) 비록 모세가 여호와를 대면하기는 했지만(출 33:11; 신 34:10) 하나님의 본체를 본 것은 아니었다(출 33:17-34:9). 이유는 죄악된 인생이 거룩하고 영광스러우신 하나님을 본다는 것은 죽음을 의미했기 때문이었다(출 33:20).

11) '독생자'라는 독법을 가진 사본들도 있으나 "독생하신 하나님"이라는 독법은 가장 유력한 최상의, 최고대의 사본의 뒷받침을 받는다. 하나님 개념은 영원의 뜻을 함축함으로 "독생하신 하나님"이란 표현이 그리스도의 삼위 일체적 자격(子格-sonship)을 가리키는 것은 분명하다.

세례 요한의 증언을 인용하여 그리스도의 위대함을 드러낸다(19-34절). 세례 요한은 바리새인들로부터 보냄 받은 제사장들과 레위인들이 "네가 누구냐"는 질문에 자신은 그리스도도 아니고 엘리야도 아니며 그 선지자도 아니라고 분명하게 답변하고(19-23절), 그러면 "어찌하여 세례를 베푸느냐"는 질문에 세례 요한은 자신은 그리스도의 종 될 자격도 없는 사람이라고 말한다(24-28절). 그리고 세례 요한은 예수님에 대해 증언하면서 "세상 죄를 지고 가는 하나님의 어린 양"이라고 증언하고(29절), 자신보다 비교도 할 수 없이 위대하신 분이라고 말한다(30절). 그리고 세례를 베푸는 이유를 분명히 말하고(31절), 세례를 베푸는 중에 성령님이 예수님 위에 머무는 것을 보고 그 분이 하나님의 아들이신 줄 알게 되었다고 증언했다(32-34절).

1."네가 누구냐"는 질문을 받고 그리스도를 높임 1:19-23

요 1:19.유대인들이 예루살렘에서 제사장들과 레위인들을 요한에게 보내어 네가 누구냐 물을 때에 요한의 증언이 이러하니라.

여기 "유대인들"이란 '산헤드린 70인 공의회'를 지칭한다.12) 산헤드린 공의회는 "예루살렘에서 제사장들과 레위인들을 요한에게 보내어 네가 누구냐 물었다." 세례 요한의 종교 운동은 그 당시로서 상당한 영향력을 가지고 있었음으로 산헤드린 공의회는 가만히 있을 수가 없었다. 산헤드린 공회는 조사단을 파견하여 조사했다. 그들이 세례 요한에게 와서 무엇보다 먼저 신분에 대해 물었다. "네가 누구냐"는 것이었다. 신분을 묻는 조사단의 질문에 대해 세례 요한의 증언은 다음 절과 같았다(5:33).

요 1:20.요한이 드러내어 말하고 숨기지 아니하니 드러내어 하는 말이 나는 그리스도가 아니라 한 대.

---

12) "유대인들"이란 칭호는 본래 유다지파를 지칭하는 말이었으나, 남북이 분열된 왕국시대에는 남 유다에 속했던 유다와 베냐민 지파를 의미했으며, 포로기 후에는 이스라엘 전체를 의미하는 말이었다. 그리고 신약 시대에 이르러서는 산헤드린 공의회를 지칭하는 말로 사용하고 있다.

세례 요한이 숨기지 않고 "나는 그리스도가 아니라"고 말했다(3:28). 세례 요한은 당시에 퍼진 여론을 의식하고 자신은 그리스도가 아니라고 말했다. 당시 사람들 중에는 세례 요한을 메시야가 아닌가하는 생각까지도 했다(눅 3:15; 행 13:25). 그래서 세례 요한은 분명하게 자신이 그리스도가 아니라고 말한 것이다. 세례 요한은 그리스도를 증언하러 온 사람이다. 그는 그리스도를 증언한 최초의 증언자이며 또한 가장 중요한 증언자였다. 그는 끊임없이 사람들에게 그리스도에 대해서만 말했다. 오늘 우리 역시 끊임없이 사람들로 하여금 그리스도만 바라보게 해야 한다. 내가 영광을 받으면 그것은 나를 위해 비극이다.

요 1:21.또 묻되 그러면 누구냐 네가 엘리야냐 이르되 나는 아니라 또 묻되 네가 그 선지자냐 대답하되 아니라.

산헤드린 공회에서 보낸 조사단은 계속해서 묻는다. "그러면 누구냐. 네가 엘리야냐?"고 질문한다(말 4:5; 마 17:10). 세례 요한을 향하여 "네가 엘리야냐?"고 질문한데는 그만한 이유가 있었다. 당시 사람들은 세례 요한이 약대 털옷을 입고 메뚜기와 석청을 먹으며 또한 사람들을 향해서 회개를 외치는 것을 보고 혹시 엘리야가 다시 살아온 것이 아닌가 생각했었다(마 16:13-14; 마 17:9-10). 또 구약 성경 말라기 4:5-6에도 보면 "보라 여호와의 크고 두려운 날이 이르기 전에 내가 선지자 엘리야를 너희에게 보내리니 그가 아버지의 마음을 자녀에게로 돌이키게 하고 자녀들의 마음을 그들의 아버지에게로 돌이키게 하리라 돌이키지 아니하면 두렵건대 내가 와서 저주로 그 땅을 칠까 하노라 하시니라"고 예언하였다. 그런고로 "네가 엘리야냐?"고 질문할만했었다. 그러나 세례 요한은 단호하게 "나는 아니라"고 대답한다. 그 이유는 구약의 엘리야 자신이 그대로 살아온 것은 아니라는 것이다.

예루살렘 공의회에서 파견한 조사단은 세례 요한의 답변을 들은 다음 세례 요한을 향하여 "네가 그 선지자냐"고 질문한다. 다시 말해 신명기 18:15에 예언된 "그 선지자냐?"는 질문이었다. 곧 '메시야냐?'는 질문이었다. 세례 요한은 "아니라"고 명확하게 부인했다. 성령 강림 이후 사도들은 구약에 예언된 그 선지자가 바로 예수 그리스도라는 사실을 알고 선포하게 되었다(행 3:22; 행 7:37). 세례 요한의 명확한 증언 방식은 바로 오늘 우리의 증언방식이 되어야 할 것이다.

요 1:22.또 말하되 누구냐 우리를 보낸 이들에게 대답하게 하라 너는 네게 대하여 무엇이라 하느냐.

세례 요한의 증언이 모두 부정적인 증언으로 마쳤기 때문에 조사단은 끝으로 "누구냐 우리를 보낸 이들에게 대답하게 하라 너는 네게 대하여 무엇이라 하느냐"고 질문하기에 이르렀다. 그들은 무슨 답변이라도 듣고 싶었던 것이다. 그러나 세례 요한의 입에서는 그들이 기대했던 답변은 나오지 않았다. 그는 다음 절(23절)에 자신의 사명을 분명히 말한다. 부정적인 답변은 부정적인 사고방식과는 다른 것이다. 세례 요한의 부정적인 답변은 그리스도를 긍정하기 위해 내놓은 훌륭한 답변이었다.

요 1:23.이르되 나는 선지자 이사야의 말과 같이 주의 길을 곧게 하라고 광야에서 외치는 자의 소리로라 하니라.

세례 요한은 자기의 사명이 선지자 이사야가 말한바와 같이(사 40:3) "주의 길을 곧게 하라"고 외치는 자의 소리라고 말한다. 그는 유대 광야에서 유대 광야와 같이 메말라 빠진 유대인들에게 '주님의 길을 곧게 하라'고 외치는 자의 소리에 불과하다고 말한다. 그의 사명은 다른 복음에도 기록되어 있는 바와 같이 한낱 소리였다(3:28; 마 3:3; 막 1:3: 눅 3:4).

그는 유대인들에게 주의 길을 곧게 하라고 외쳤다. 유대인들은 패역했었고 구부러졌었다. 오늘 우리도 패역하고 구부러져있다. 하나님을 향하여도 바르지 못하며 사람을 향하여도 구부러져 있으며 이성을 향하여도 음흉하며 물질을 향해서도 탐욕적이고 사실을 바로 직시하지도 않는다. 그저 구부러져 있을 뿐이다. 주님을 맞이하고 주님을 마음 속 깊이 모시기에는 너무 완악해졌고 구부러지고 말았다. 주님께서 우리의 마음속에 들어 오시기에는 너무 길이 험하다. 길가와 같은 마음 밭이고 돌밭과 같은 마음 밭이며 가시밭과 같은 마음 밭이다. 회개가 필요하고 죄의 자복이 필요하다.

요한은 자신을 소개할 때 험해진 길을 곧게 하라고 외치는 자의 "소리"라고 소개한다. 보통 사람 같으면 자기를 이렇게까지 낮추지는 않을 것이다. 웬만하면 자신을 "외치는 자"라고 소개했을 것이다. 그러나 그는 단지 자신을 "소리"라고만 소개한다. 그는 자신을 감춘다. 그는 자신의 소리만 들리기를 원한다. 그저 사람들로 하여금 패역을 회개하고 구부러진 것을 펴서 그리스도만 영접하기를 소원한다. 사람들로 하여금 그리스도만 바라보게 하기를 소원한다. 오늘의 교역자나 전도자도 역시 사람들에게 그리스도만 믿으라고, 그리스도만 높이라고 소리만 외치다가 가야 할 것이다.

2."어찌하여 세례를 베푸느냐"는 질문을 받고 그리스도를 높임 1:24-28

요 1:24.그들은 바리새인들이 보낸 자라.

"그들," 곧 '제사장들과 레위인들'(19절)은 "바리새인들이 보낸 자"라는 것이다. 다시 말해 예루살렘 공의회의 '유대인들'(19절)이 보낸 자라는 것이다. 여기 바리새인들(본 절)이나 유대인들(19절)은 똑같이 예루살렘 공회원들을 지칭하는 말이다. 이들은 앞에서(19-23절) 세례 요한을 향하여 "네가 누구냐"고 물었는데 이제는 "어찌하여 세례를 베푸느냐"고 질문한다. 철저히 조사하고 있다. 먼저는 신분에 대해 묻고 이제는 사역에 대해 묻는다.

요 1:25.또 물어 이르되 네가 만일 그리스도도 아니요 엘리야도 아니요 그 선지자도 아닐진대 어찌하여 세례를 베푸느냐.

조사단은 다시 묻는다. "네가 만일 그리스도도 아니요 엘리야도 아니요 그 선지자도 아닐진대 어찌하여 세례를 베푸느냐"고 묻는다. '예루살렘 공회로부터 어떤 공식적인 직무(직책)도 받지 않았으면서 어찌하여 세례를 베푸느냐'는 것이다. 다시 말해 그리스도도 아니요 엘리야도 아니요 그 선지자도 아니라면 왜 세례를 베푸느냐고 따진 것이다. 의식 법을 세밀하게 지켰던 바리새인들은 세례 요한이 무슨 권위로 세례를 베푸는지에 대해 질문한 것이다. 당시 세례는 새삼스러운 것이 아니었다. 유대교로 개종하는 이방인들은 정결의식 겸 입문의 식으로 세례를 받아야 했다. 그러나 세례 요한은 이방인이 아닌 유대인들을 향하여 세례를 받도록 요청한 것이다. 그것에 대해서 세례 요한이 설명할 필요가 있다고 조사단이 느꼈던 것이다.

요 1:26.요한이 대답하되 나는 물로 세례를 베풀거니와 너희 가운데 너희가 알지 못하는 한 사람이 섰으니.

어찌하여 세례를 베푸느냐고 질문한 조사단의 질문에 대하여 요한은 직접적으로 대답하지 않고 조사단으로 하여금 예수님에게 눈을 돌리도록 예수님에 대해 말한다. 세례 요한은 "나는 물로 세례를 베풀거니와 너희 가운데 너희가 알지 못하는 한 사람이 섰다"고 말한다(마 3:11). 세례 요한은 자신이 물세례를 베풀 때 자신이 베푸는 물세례만 말하지 않고 꼭 사람들로 하여금 성령으로 세례를 베푸시는 그리스도를 바라보도록 만든다. 그 이유는 자신이 베푸는 물세례가 회개를 촉구하여 사람들로 하여금 그리스도의 성령 세례를 받도록 계획하는 것이기 때문이었다. 요한의 세례는 회개를 불러오는 것이었고 예수님의 세례는 사람들에게 성령을 공급하는 것이었다. 오늘 우리 성도들이 받는 물세례는 요한이 베풀었던 물세례와는 달리 그리스도의 죽음과 장례, 그리고 부활과 연합되었다는 것을 알려주는 것이며 동시에 새 생명 가운데서 산다는 것을 상징하는 것이다.

그리고 요한은 "너희 가운데 너희가 알지 못하는 한 사람이 섰다"고 말한다. 다시 말해 물세례가 아니라 성령으로 세례를 베푸시는 예수님이 현장(現場)에서 계시다는 것이다(말 3:1). 세례 요한은 예수님께서 그 현장에 계신 줄 알고 있었는데 조사단이나 일반사람들은 그리스도께서 그 현장에 계신 줄 알지 못했다. 세례 요한이 예수님을 벌써 알게 된 것은 세례 요한이 예수님께 세례를 베풀 때 성령님께서 예수님 위에 머무른 것을 보고 예수님이야 말로 성령으로 세례를 베푸시는 분인 줄 알았으며(33절) 동시에 그가 하나님의 아들이신 것도 알았고(34절) 또한 하나님의 어린 양이심을 알았던 것이다(29절). 위대하신 그리스도께서 바로 옆에 계시고 또 현장에 계셔도 알아보지 못하는 것은 성령을 받지 못한 탓이다. 오늘도 성령을 받지 못한 사람들은 그리스도를 알아볼 수가 없다(마 3:7; 눅 3:7).

요 1:27.곧 내 뒤에 오시는 그이라. 나는 그의 신발 끈을 풀기도 감당하지 못하겠노라 하더라.

세례 요한은 그 현장에 와서 계신 예수님을 가리켜 "내 뒤에 오시는 그이라" 하고 또 "그의 신발 끈을 풀기도 감당하지 못하겠다"고 말한다. 여기 "내 뒤에 오시는 그이"라는 말은 요한 보다 출생 순서가 늦다는 말이다. 비록 출생순서는 요한보다 늦지만 요한은 그리스도의 신발 끈을 풀기도 감당하지 못할 정도라고 하였다(15절, 30절; 행 19:4). 사실은 세례 요한은 세상 표준으로는 상당한 위치에 있는 사람이었다. 그는 구약 성경이 예언한 사람이었고(사 40:3), 제사장 집안에서 태어난 사람이었으며(눅 1:5-7), 하나님의 특별한 간섭으로 태어난 사람이었다(눅 1:8-23). 그리고 그는 태중에서부터 성령의 충만함을 입은 사람이었고(눅 1:15) 또한 능력의 사자이기에 사람들이 그를 그리스도로 혼돈할 정도였다. 그런 사람이 자신을 그리스도 앞에서 놀랍게도 낮추었다. 자기는 그리스도의 신발 끈을 풀기도 감당하지 못할 사람이라고 말한다. 신발 끈을 푸는 것은 당시 가장 천한 종이 하는 일이었다. 그런데 요한은 예수님의 가장 천한 종노릇도 할 수 없는 사람으로 인식하였다. 오늘 우리는 우리 자신이 예수님의 종(servant) 정도는 되는 줄로 알고 착각하고 살고 있다. 우리는 우리 자신들을 낮추고 그리스도만을 드러내며 높이는 일에 최선을 다해야 할 것이다.

요 1:28.이 일은 요한이 세례 베풀던 곳 요단강 건너편 베다니에서 일어난 일이니라.

요한 사도는 조사단이 세례 요한을 조사했던 곳이 바로 세례 요한이 세례 베풀던 곳이라는 사실을 말한다. 그런데 세례 요한이 항상 세례를 베풀던 곳이 "요단강 건너편 베다니"라고 말한다(10:40; 삿 7:24). 요한 사도가 이렇게 "요단강 건너편 베다니"라고 말한 것은 예루살렘 가까이에 있는 베다니와 구별하기 위해서였다. 요한은 팔레스타인의 지리에 대해서 소상하게 알고 있었음을 나타내고 있다. 자신의 그리스도에 대한 증언이 신임할만한 증언이라는 것을 나타내기 위해 이렇게 자세하게 썼을 것이다(20:31; 21:24).

그리고 아마도 요한 사도가 조사단이 세례 요한을 조사한 곳에 대해서 기록한 또 하나의 이유는 세례 요한이 항상 세례를 베풀던 곳, 곧 많은 사람이 왕래하며 세례 받고 세례 요한을 존경했던 바로 그곳에서 세례 요한이 조사단 앞에서 자신을 낮추고 예수님을 높인 사실을 더욱 돋보이게 하기 위함이었을 것이다. 큰 인물이었던 세례 요한이 그토록 예수님을 높인 것을 말하기 위해 이렇게 세례 베풀던 곳에서 조사단의 조사가 이루어진 것을 말했을 것으로 보인다.

3."세상 죄를 지고 가는 하나님의 어린 양"이라고 증언함 1:29

요 1:29.이튿날 요한이 예수께서 자기에게 나아오심을 보고 이르되 보라 세상 죄를 지고 가는 하나님의 어린 양이로다.

세례 요한은 예루살렘으로부터 파견된 조사단으로부터 조사를 받은 그 "이튿날 예수님께서 자기에게 나아오심을 보고 이르되 보라 세상 죄를 지고 가는 하나님의 어린 양이로다"라고 증언한다(36절; 출 12:3; 사 53:7; 행 8:32; 벧전 1:19; 계 5:6). 본서의 저자 요한 사도가 세례 요한의 증언 때의 상황과 또 증언자체를 그대로 옮길 수 있었던 것은 요한 사도 자신이 목격자였음을 암시하는 것이다. "이튿날"이라고 말한 것도 역시 저자가 생생하게 그 현장을 목격했음을 드러내고 또 "예수께서 자기에게(세례 요한에게) 나아오심을 보고"란 말도 역시 요한 사도가 그 현장에서 목격했음을 보여주는 말이다. 여기 "나아오심"(ἐρχόμενον)이란 말은 현재분사로 '예수님께서 세례 요한에게 나아오고 계시던 것'을 목격했음을 암시한다. 그리고 "보라"("Ἴδε)는 말은 감탄사로 세례 요한이 증언하던 메시야가 이제 드디어 자기를 향하여 가까이 나아오심을 보고 감탄하여 한 말인데 요한 사도가 그 현장을 목격했음을 암시해주고 있다.

세례 요한은 그리스도께서 가까이 나아오심을 보고 감탄하면서 "세상 죄를 지고 가는 하나님의 어린 양이로다"라고 말한다(사 53:11; 고전 15:3; 갈 1:4; 히 1:3; 2:17; 9:28; 벧전 2:24; 3:18; 요일 2:2; 3:5; 4:10; 계 1:5). 예수님은 "세상 죄를 지고 가는" 분이시다. 창세기 4장에서 아벨이 드린 제물은 개인을 위해 드려졌고, 출애굽기 12장에서 드려진 희생과 레위기 16장에서 드려진 희생은 전체 백성을 위해 드려졌으며, 본 절에서 예수님은 "세상 죄"를 지고 가는 분이심을 말한다.[13] 예수님은 온 세상의 죄를 지고 가시지만 그 효력에 동참하는 자는 오직 믿는 자들뿐이다(3:16).

예수님은 세상 죄를 지고 가는 "하나님의 어린 양"이시다. 여기 "하나님의 어린 양"(ὁ ἀμνὸς τοῦ θεοῦ)은 '유월절 양'을 지칭한다(출 12장; 레 14:12ff, 21, 24; 민 6:12; 사 53:7ff; 19:36; 행 8:32; 고전 5:7; 벧전 1:19). 본문에 보면 "하나님의 어린 양"과 "세상 죄를 지고 가는 분"이 동격으로 되어 있어 그리스도께서 어린 양으로 희생되셔서 세상 죄를 치우신다는 것이다. 세례 요한은 그리스도께서 세상 죄를 치우시는 분임을 성령을 통하여 알게 된 것이다. 세례 요한이 세례를 베풀 때 성령이 비둘기같이 내려오심을 보고 예수님이 바로 성령으로 세례를 주는 분으로 알았고 또한 세상 죄를 지고 가는 하나님의 어린 양으로 알게 된 것이다. 성령이 아니고는 예수님을 주님이라고 알 사람이 없는 것이다(고전 12:3).

4.자신보다 위대하신 분이라고 증언함 1:30

요 1:30.내가 전에 말하기를 내 뒤에 오는 사람이 있는데 나보다 앞선 것은 그가 나보다 먼저 계심이라 한 것이 이 사람을 가리킴이라.

---

13) Pink, A, *요한복음강해* 제 1집, p. 72.

세례 요한이 전날에 말하기를 "내(세례 요한) 뒤에 오는 사람이 있는데 나(세례 요한)보다 앞선 것은 그가 나보다 먼저 계심이라"고 말한 적이 있는데 바로 그 분이 오늘 세례 요한 자신에게 나아오셨다는 것이다. 세례 요한은 전날에 말하기를 '자기보다 출생이 늦으신 분이 있는데 그러나 그 분은 자기보다 위대하신데 그 이유는 자기보다 선재(先在)하신 분'이기 때문이라는 것이다(15절, 27절). 세례 요한은 자신과 그리스도와 비교할 때 비교도 안 될 정도로 그리스도께서 위대하신 분이라고 말한다. 그리스도는 영원 전부터 계신 분이시라는 것이다. 본 절에 대해서는 1:15절의 주해를 참조하여라.

5.세례를 베푸는 목적을 말함 1:31

요 1:31.나도 그를 알지 못하였으나 내가 와서 물로 세례를 베푸는 것은 그를 이스라엘에게 나타내려함이라 하니라.

세례 요한도 예수님을 알지 못했다는 것이다. 여기 "나도"(κἀγω)란 말은 '나도 역시'란 말로 세례 요한도 역시 그의 제자들이나 혹은 일반백성들이나 마찬가지로 예수님을 알지 못했다는 것이다. "알지 못하였으나"(οὐκ ᾔδειν)라는 말은 '영적으로 알지 못한 것'을 지칭하는 말이다(막 1:24; 고전 2:2). 그들이 서로 간에 친척인고로(눅 1:36) 인간적으로는 서로 안다고 해도 세례 요한이 예수님을 하나님의 아들로는 알지 못했다는 것이다. 혹자는 여기 서로 모른 이유가 세례 요한은 유대지역의 산에서 성장했고 예수님은 나사렛에서 성장하셨음으로 성장환경이 너무 달라서 개인적으로 서로 몰랐던 것을 지칭한다고 하나 그 보다는 문맥으로 보아 세례 요한이 예수님을 하나님의 아들로 모른 사실을 지칭하는 것으로 보아야 할 것이다.

세례 요한이 사람들에게 물세례를 베푸는 중요한 목적(마 3:6; 눅 1:17, 76-77; 3:3-4)은 "그(예수님)를 이스라엘에게 나타내기" 위함이라는 것이다. 곧 '예수님을 이스라엘 사람들한테 밝히 드러내기' 위함이라는 것이다. 사람들에게 세례를 베푸는 중에 성령님이 예수님 위에 머무셔서 예수님께서 성령으로 세례를 베푸는 분인 줄 알리기 위해 세례를 베푼다는 것이다.

세례 요한이 사람들에게 세례를 베푸는 최고의 목적이 결코 사람들로 하여금 회개하도록 하는 것이라기보다는 예수님을 만천하에 드러내기 위한 것이었다. 세례 요한이 이런 일을 하게 된 데는 하나님의 말씀을 받았기 때문이었다. 하나님은 세례 요한에게 "성령이 내려서 누구 위에든지 머무는 것을 보거든 그가 곧 성령으로 세례를 베푸는 이인 줄 알라"고 말씀하셨기 때문이었다(33절).

6.성령님이 예수님 위에 머무는 것을 보고 하나님의 아들이심을 증언함 1:32-34

세례 요한은 앞 절(31절)에서 자신이 예수님을 포함한 여러 사람들에게 세례를 베푼 목적을 말했고 이제 이 부분(32-34절)에서는 세례를 베풀다가 성령님이 예수님 위에 머무는 것을 보고 그가 성령으로 세례를 베푸는 분인 줄 알았다는 것을 말한다.

요 1:32.요한이 또 증언하여 이르되 내가 보매 성령이 비둘기 같이 하늘로부터 내려와서 그의 위에 머물렀더라.

세례 요한은 하나님의 명령을 따라(다음 절에 하나님의 명령이 나옴) 여러 사람들에게 세례를 베풀다가 성령님이 비둘기 같이 그리스도 위에 내려오심을 눈으로 보았다는 것이다(34절; 5:32; 마 3:16; 막 1:10; 눅 3:22). 성령님께서 하늘로부터 비둘기 같이 내려오신 것을 본 것은 세례 요한과 예수님뿐이시다(마 3:16).

"성령이 비둘기 같이 하늘로부터 내려와서 그의 위에 머물렀다"는 말은, 첫째, 성령님께서 비둘기 같이 온유하신 분이심을 말한다(마 12:18-21). 둘째, 성령님이 하나님께서 임재하신 하늘로부터 내려오셨다는 것을 말한다(전 5:2; 마 5:16; 막 11:25). 말씀이신 예수님께서 하나님과 함께 영원 전부터 계셨듯이(1-2절) 성령님께서도 하나님과 함께 영원 전부터 계셨음을 알 수 있다. 셋째, 성령님께서 예수님 위에 머물렀다는 것을 말한다. 성령님께서 예수님 위에 머무신 것은 성령님께서 사람들로 하여금 예수님을 바라보도록 가리키시고 또한 예수님을 깨닫게 하시며 동시에 예수님으로 하여금 사역을 시작하라는 뜻이며 또 예수님의 사역을 돕겠다는 뜻이다.

요 1:33.나도 그를 알지 못하였으나 나를 보내어 물로 세례를 베풀라 하신 그이가 나에게 말씀하시되 성령이 내려서 누구 위에든지 머무는 것을 보거든 그가 곧 성령으로 세례를 베푸는 이인 줄 알라 하셨기에.

세례 요한은 앞 절에서(32절) 세례를 베풀다가 성령님이 예수님 위에 머무신 사실을 알아보았다는 것을 말씀했고 이제 본 절에서는 세례 요한을 보내어 세례를 베풀라고 하신 하나님께서 세례 요한에게 말씀하신 것을 기록한다. 세례 요한은 "자신도 역시 예수님을 알지 못했다"는 것이다. 예수님의 형제들도 예수님이 하나님의 아들인지 몰랐듯이(7:3-5) 세례 요한도 예수님을 하나님의 아들로 알지 못했다는 것이다. 그러나 세례 요한은 "나를 보내어 물로 세례를 베풀라 하신 그이가 나에게 말씀하시되 성령이 내려서 누구 위에든지 머무는 것을 보거든 그가 곧 성령으로 세례를 주는 이인 줄 알라"고 하셨다고 말씀한다(마 3:11; 행 1:5; 2:4; 10:44; 19:6). 여기 "성령이 내려서 누구 위에든지 머무는 것을 보거든"이란 말은 중요한 말이다. 이사야 11:1-2에 보면 메시야에게는 "여호와의 영 곧 지혜와 총명의 영이요 모략과 재능의 영이요 지식과 여호와를 경외하는 영이 강림하실 것이라"고 묘사되어 있다. 그리고 이사야 61:1에도 "주 여호와의 영이 내게 내리셨다"고 기록되어 있다. 이와 같이 성령님이 그리스도 위에 임하는 것은 예수님으로 하여금 메시야 직을 수행하라는 분명한 사인(sign)인 것이다. 성령님이 임하신 후에 예수님은 그의 사역에서 줄곧 성령을 의지하여 사역하셨다(눅 4:14, 18).

그리고 하나님은 세례 요한에게 예수님을 가리켜 "성령으로 세례를 베푸는 이"라고 말씀하신다. 예수님은 사람들로 하여금 '성령으로 거듭나게 하시는 분'이라는 뜻이다. 예수님은 성령으로 사람들에게 세례를 베푸시며, 사람들로 하여금 성령을 받게 하신다. 그래서 사람들로 하여금 영원한 생명을 가지고 살게 만드신다. 복음서를 통하여 보면 예수님은 영원한 생명의 공급자로 묘사되어 있다. 예수님은 그를 믿는 사람들에게 하나님의 생명을 주신다. 세례 요한은 하나님께서 그로 하여금 예수님이 "성령으로 세례를 베푸시는 이"인 줄 알아보게 하는 비결을 주셨기에 요한은 결국 예수님이 누구이신지 알아보게 된 것이다(다음 절).

요 1:34.내가 보고 그가 하나님의 아들이심을 증언하였노라 하니라.

세례 요한은 하나님께서 말씀하신 비결대로 순종해서 예수님이 "그가 하나님의 아들이심을 증언하게" 되었다. 여기 "증언하였노라"(μεμαρτύρηκα)는 말은 완료시제로 과거에 증언한 것이 현재까지도 여전히 유효하다는 것을 뜻하는 말이다. 다시 말해 세례 요한이 증언한 것이 그 당시만 아니라 세세토록 유효하다는 것이다. 복음서에는 예수님이 하나님의 아들이라는 사실을 계속적으로 말씀하고 있다(마 4:1-11; 16:16-17; 26:63-64; 27:54; 막 3:11; 눅 4:41; 5:7; 요 20:28). 오늘 우리도 역시 영적으로 예수님이 하나님의 아들이심을 "보고" 믿었다면 그가 하나님의 아들이심을 증언해야 할 것이다.

III.예수님의 처음 제자들 1:35-51

요한 사도는 예수님이 누구이신가를 증언하고(1-18절), 또한 세례 요한이 그리스도에 대해 증언한 것을 기록하고는(19-34절), 이제 예수님의 처음 제자들에 대해 언급한다(35-51절). 저자는 먼저 안드레와 베드로 두 제자가 부름 받은 것을 기록하고(35-42절), 다음으로 빌립과 나다나엘이 부름 받은 것을 기록한다(43-51절).

1.안드레와 요한 사도 그리고 베드로를 부르시다 1:35-42

요 1:35.또 이튿날 요한이 자기 제자 중 두 사람과 함께 섰다가.

여기 "또 이튿날"이란 19-51절에서 말하고 있는 4일 중 제 3일째 날을 말한다. 첫째 날의 일은 19-28절에 기록되었고 둘째 날에 진행된 일은 29-34절에 기록되었으며 "또 이튿날"이란 말은 셋째 날에 해당한다. 세례 요한은 지난 이틀간 그리스도만 높였고 셋째 날은 세례 요한이 자기의 제자 중[14] 두 사람, 곧 안드레와 요한 사도[15]와 함께 요단강 가에 서서 그리스도를 증언하고 있었다. 본 절에 "섰다가"(εἱστήκει)란 말은 미완료 시제로 세례 요한은 자기의 제자 중 두 사람, 곧 안드레와 요한 사도와 함께 계속해서 서 있으면서 예수님에 관해 말하고 있었다.

요 1:36. 예수께서 거니심을 보고 말하되 보라 하나님의 어린 양이로다.

세례 요한은 예수님께서 걸어서 잠시 거하실 곳을 향하여(38-39절) 가고 계심을 보고 말을 했다. 여기 "보고"(ἐμβλέψας)란 말은 깊은 관심을 가지고 주의 깊게 관찰했다는 뜻이다. 세례 요한은 둘째 날과 마찬가지로 자기의 제자들에게 "보라. 하나님의 어린 양이로다"라고 증언한다(29절). 세례 요한이 이렇게 전날의 증언을 반복한 것은 자기의 제자들을 그리스도에게 보내려는 의도에서였다. 그는 자기의 제자들을 자기의 제자로 알지 않고 모두 그리스도의 제자로 알았다. 교회의 교인들은 목사의 양이 아니라 모두 그리스도의 양이다. 세례 요한은 그리스도는 흥하여야 하겠고 자신은 쇠하여야 하리라는 말을 몸소 실천하고 있었다(3:30). 오늘 우리는 그리스도만 높임을 받으면 족한 줄로 알아야 할 것이다.

요 1:37. 두 제자가 그의 말을 듣고 예수를 따르거늘.

두 제자, 곧 안드레와 요한 사도는 세례 요한의 말을 듣고 즉시 예수님을 따랐다. 여기 "따르거늘"(ἠκολούθησαν)이란 말은 누구의 말을 듣고 그 말에 동의를 표하면서 따르는 것을 뜻한다(43절; 마 8:19; 19:27-28; 막 6:1; 8:34). 두 제자는 예수님에게 전적으로 헌신하기로 작정하고 따른 것이다. 오늘 우리도 예수님의 제자들처럼 그리스도에게 헌신하기로 작정하고 따르기로 했음으로 끝까지 따라야 한다.

---

14) 당시 세례 요한의 제자는 두 사람 이상이었던 것을 알 수 있다.

15) 두 사람이 누구인가를 알기 위해서는 윌렴 헨드릭슨의 *요한복음 상*, pp. 32-37을 보라.

요 1:38.예수께서 돌이켜 그 따르는 것을 보시고 물어 이르시되 무엇을 구하느냐 이르되 랍비여 어디 계시오니이까 하니 (랍비는 번역하면 선생이라).
예수님께서 몸을 돌이켜 두 제자가 따르는 것을 보셨다는 것은 예수님께서 동정심이 많으시다는 것을 보여주신 말이다. 예수님은 그를 따르는 성도들에게 항상 긍휼이 풍성하시다. 예수님은 두 제자를 향하여 "무엇을 구하느냐"고 물으신다. 예수님은 사람들에게 은혜를 주시기 전에 먼저 소원을 물으신다(5:6; 눅 18:41). 우리는 분명한 소원을 가지고 기도해야 한다. 그러면 우리의 기도는 이루어진다.

두 제자는 "랍비여 어디 계시오니이까"하고 여쭈었다. 두 제자는 아직까지도 예수님을 "랍비여," 곧 '나의 존경하는 분,' '나의 큰 자'라는 칭호로만 부른다. 세례 요한은 두 제자들을 향하여 예수님이 어떤 분임을 소개해 주었다. 세례 요한은 예수님을 '하나님의 어린 양'(29절, 35절), 그리고 '하나님의 아들'로 소개하였는데 그들은 아직도 예수님을 선생님 수준으로 밖에는 알 수가 없었다. 오늘 우리는 예수님을 '주님'으로 알고 따라야 한다.

제자들은 '어디 계시오니이까'하고 여쭙는다. 다시 말해 예수님께서 계신 곳을 여쭌 것이다. 함께 교제하기 위하여 예수님의 주소를 여쭌 것이다. 예수님의 말씀도 듣고 교제하고자 했던 것이다. 우리는 무슨 다른 소원보다 예수님과 교제하기를 소원해야 한다(시 16:2). 우리는 너무 세상 것을 많이 구하고 있다. 우리는 예수님과 교제가 잘 되기를 소원해야 한다.

요 1:39.예수께서 이르시되 와서 보라 그러므로 그들이 가서 계신 데를 보고 그 날 함께 거하니 때가 제 열시 쯤 되었더라.
예수님의 현 주소를 묻는 세례 요한의 제자들에게 예수님은 "와서 보라"(ἔρχεσθε καὶ ὄψεσθε)고 하신다. "오라"(ἔρχεσθε)는 말은 현재 명령형, "그리고"(και)라는 말은 접속사;, "보다"(ὄψεσθε)라는 말은 미래 직설법인데 이 세 말이 합해서 한 문장이 된 것이다. '오라'는 말은 예수님께서 계신 현주소로 오라는 초청의 말씀이고 '보게 되다'는 말은 제자들이 추구하는 것을 실제로 보게 될 것이라고 확증하는 말이다. 예수님은 그들을 향하여 오게 되면 결국 보게 될 것이라는 강한 초청의 말씀을 하신 것이다. 오늘도 예수님은 예수님 계신 데로 오면 보게 될 것이라고 장담하신다. 우리는 주저 없이 그리스도께 가야 한다.

예수님의 "와서 보라"는 말씀에 응하여 "그들이 가서 계신 데를 보았다." 여기 "가서"(ἦλθαν)라는 말과 "보았다"(εἶδαν)는 말은 둘 다 부정(단순)과거 시제로 그들이 예수님의 말씀대로 실제로 예수님께서 계신 곳, 곧 베다니 근처의 어느 장소에 가서 보았다. 여기서 중요한 것은 장소가 문제가 아니라 예수님이 중요한 것이다. 우리는 예수님의 말씀을 듣고 교제하는 것이 무엇보다 중요함을 알아야 할 것이다.

요한 사도는 "그 날 함께 거하니 때가 제 열시 쯤 되었더라"고 한다. 저자의 정확한 묘사이다. 10시는 로마식 표기법을 따라서 오전 10시에 해당한다. 혹자는 10시를 계산할 때 유대 법으로 해가 뜰 때부터 계산하여 오후 4시에 해당한다고 하나 여러 가지 정황으로 보아 오전 10시로 보는 것이 더 옳을 것이다.[16)]

요 1:40.요한의 말을 듣고 예수를 따르는 두 사람 중의 하나는 시몬 베드로의 형제 안드레라.

세례 요한의 말을 듣고 순종하여 예수님을 따르는 두 사람 중의 하나는 시몬 베드로의 형제 "안드레"라고 한다(마 4:18). "안드레"를 그냥 소개하지 않고 시몬 베드로의 형제 안드레라고 한 것은 시몬 베드로의 이름이 많이 나 있었기 때문이었다. 그리고 요한 사도는 "두 사람 중의 하나는 시몬 베드로의 형제 안드레라"고 말하고는 다른 한 제자에 대해서는 말하지 않는다. 요한 사도가

---

16) 1)요한 사도는 1세기 말에 이방인 신자들을 위하여 본서를 기록한 고로 로마법을 사용하여 시각을 표현했을 것이다. 2)그는 본문에서도 로마법을 사용하여 시각을 표기했고 또 19:19에서도 역시 로마법을 사용하여 시각을 표기했다. 3)만약 유대 법을 사용하였다면 유대시간 10시는 오후 4시가 되는 고로 "그날 함께 거하니"라고 표현할 수가 없게 되고 "그날 저녁을 지냈다"고 표현했어야 했다. 그런고로 요한 사도는 로마식으로 오전 10시를 의미했을 것은 틀림없다(윌렴 헨드릭슨). 그러나 Arthur Pink와 Philip Comfort는 유대식으로 계산하여 오후 4시로 본다.

다른 제자에 대해서 말하지 않는 것으로 보아 이 역시 요한 자신이었던 것으로 보인다(35절 참조). 요한 사도는 한 번도 자신의 이름을 복음서에 밝히지 않고 있다.

요 1:41.그가 먼저 자기의 형제 시몬을 찾아 말하되 우리가 메시야를 만났다 하고 (메시야는 번역하면 그리스도라).

안드레가 그리스도와 함께 하루를 지낸 다음 예수님이 그리스도라는 확신을 얻어 먼저 자기의 형제 시몬을 찾아서 말하기를 "우리가 메시야를 만났다"고 했다. "만났다"는 말은 '찾아냈다'는 뜻이다. 그토록 오랫동안 찾아 헤매던 메시야를 이제 드디어 찾아냈다는 것이다. 여기 "우리"란 말은 '안드레와 요한 사도'이다. 안드레는 베드로보다는 큰 인물이 아니었다. 그러나 그가 큰 인물을 그리스도에게 인도했으니 그도 큰 인물인 것이다. 우리는 사람 표준으로 사람을 볼 것이 아니라 그리스도 표준하여 사람을 보아야 할 것이다.

"메시야"란 말은 히브리어이고 "그리스도"란 말은 헬라어인데 둘 다 똑같이 '기름 부음을 받은 자'라는 뜻이다. 구약 시대에는 왕, 제사장, 선지자가 기름 부음을 받았는데(출 29:7-9; 삼상 10:1; 16:13; 왕상 19:15-16) 예수님은 이 3직(職)을 모두 가지시고 인간을 죄 가운데서 구원하시며 하나님과 인간 사이의 중보가 되시고 또한 교회의 머리가 되셔서 구주(救主)의 역할을 감당하신다.

요 1:42.데리고 예수께로 오니 예수께서 보시고 이르시되 네가 요한의 아들 시몬이니 장차 게바라 하리라 하시니라 (게바는 번역하면 베드로라).

안드레는 메시야를 만난 기쁨을 감추지 못하고 베드로를 찾아 "데리고 예수께로 왔다." 안드레는 최초의 전도자였다. 요한 사도는 자기의 형제 야고보를 데리고 왔다는 말을 하지 않는다. 여전히 요한 사도의 자제의 모습을 보인다. 전도라는 것은 사람들을 교회로 데리고 오기보다는 예수님께로 데리고 오는 것이다. 교회로 데리고 와도 예수님께로 데리고 오지 못하는 수가 허다하니 말이다.

예수님은 베드로를 "보시고 네가 요한의 아들 시몬이니 장차 게바라 하리라"고 하신다(마 16:18). 예수님은 베드로를 '눈여겨보시고,' '주목하여 보시고'(ἐμβλέψας) 베드로가 장래에 어떤 사람이 될 것을 예언하신다. 곧 "게바,"곧 '반석'이 될 것이라고 내다보신다(게바는 아람어로 '반석'이란 뜻이다). 다시 말해 교회의 든든한 반석(베드로)이 될 것을 예언하신다(마 16:16-18; 벧전 2:4-5). 베드로는 예수님과 함께 사역하는 동안 반석(베드로)이 아니었는데 예수님께서 부활 승천하시고 오순절 성령을 체험한 후 흔들리지 않는 반석이 되었다(행 15:15-25; 갈 2:9; 엡 2:20). 예수님은 사람 속을 보실 뿐 아니라 사람이 하나님의 놀라운 역사에 의해서 변화될 것까지도 보신다.

2.빌립과 나다나엘을 부르시다 1:43-51

요 1:43.이튿날 예수께서 갈릴리로 나가려 하시다가 빌립을 만나 이르시되 나를 따르라 하시니.

예수님은 "이튿날," 곧 '19-51절에서 말하고 있는 4일 중 마지막 날에' "갈릴리로 나가려 하셨다." 예수님은 '요단강 건너 베다니 동네(28절)에 계시다가 멸시 받고 천대 받는 갈릴리로 죄인들을 구원하시려고 그곳에 가시려고 작정하셨다'(사 9:1-2; 마 4:14-16). 예수님은 마음이 낮은 자들을 찾아가신다. 그런데 예수님은 "빌립을 만나 이르시되 나를 따르라 하신다." 예수님은 빌립을 만나셨다. 최초의 두 제자(안드레와 요한 사도)는 예수님을 찾아 나섰고, 세 번째 제자 베드로는 그의 형제 안드레에 의해 예수님께 인도되었으며, 네 번째 제자 빌립은 예수님께서 직접 만나셨다. 예수님은 빌립을 찾다가 만나신 것이다. 예수님을 찾음에는 양면이 있다. 하나는 사람 측에서 예수님을 찾는 것이고 또 하나는 예수님께서 사람을 찾으시는 것이다. 예수님은 빌립을 향하여 "나를 따르라"고 하신다. 여기 "나를 따르라"는 말씀은 예수님께서 제자들을 부르실 때 사용하신 말씀이다(21:19; 마 8:22; 19:21; 막 1:18; 2:14; 6:1; 10:21, 52; 눅 5:27; 9:59; 18:22).

요 1:44.빌립은 안드레와 베드로와 한 동네 벳새다 사람이라.

아마도 빌립은 예수님의 제자가 되기 전에 안드레와 베드로를 알고 있었을 것이다. 진리 운동은 한 동네 사람들을 부르기도 하고 또 형제들을 부르기도 한다. 그리스도께서만 중심에 계신다면 아무 부작용이 있을 수가 없다. 여기 "벳새다"라고 하는 곳은 '고기잡이 집'이란 뜻으로 가버나움으로부터 멀리 떨어져 있지 않은 곳으로 보인다(12:21).

요 1:45.빌립이 나다나엘을 찾아 이르되 모세가 율법에 기록하였고 여러 선지자가 기록한 그이를 우리가 만났으니 요셉의 아들 나사렛 예수니라.

빌립은 "나다나엘"을 찾아 전도한다(21:2). 여기 나다나엘은 공관복음서에 나오는 바돌로매와 동일한 사람일 것이다(마 10:3; 막 3:18; 눅 6:14, 박윤선, Comfort, Zahn, Ewald, Meyer, Plummer, Westcott). 공관복음서에 빌립과 바돌로매는 한 짝을 지어 기록되어 있다. 본 절에서 빌립과 나다나엘이 짝을 이루고 있어서 본 절의 나다나엘은 바돌로매일 것이다.

빌립은 말하기를 "모세가 율법에 기록하였고 여러 선지자가 기록한 그이를 우리가 만났다"는 것이다. 곧 '모세가 기록한 메시야(창 49:10; 신 18:15-18), 또 여러 선지자가 기록한 나사렛 예수(사 4:2; 7:14; 9:1-2, 6; 53:2; 미 5:2)를 우리, 곧 안드레, 요한, 베드로, 그리고 자신이 만났다'는 것이다. 그 메시야가 바로 "요셉의 아들 나사렛 예수"라는 것이다(마 2:23; 눅 2:4). 당시 유대인들은 예수님을 소개할 때 가문과 지연을 가지고 소개했다(마 2:11; 요 6:42). 또 세상 법으로도 예수님은 요셉의 아들이시다(마 1:16). 빌립은 아직은 예수님이 1-18절에 기록된 것처럼 위대하신 분이신 줄 모르고 그저 예수님께서 나사렛에서 자라나셨기 때문에 이렇게 "나사렛 예수"라고 소개한 것이다.

요 1:46.나다나엘이 이르되 나사렛에서 무슨 선한 것이 날 수 있느냐 빌립이 이르되 와서 보라 하니라.

빌립이 말하기를 모세가 기록한 메시야, 여러 선지자가 기록한 메시야가 가령 나타났다고 할지라도 율법에 정통했던 나다나엘은, 첫째, 메시야가 베들레헴에서 날 것이라고 했으니(미 5:2) 나사렛에서 난다는 것은 있을 수 없다고 생각한 것이며, 둘째, 메시야가 나사렛 동네에서 나올 것이라는 말씀이 구약에 없다고 확신하여 "나사렛에서 무슨 선한 것이 날 수 있느냐"고 냉소적으로 말한다(7:41-42, 52). 나다나엘의 되받아치는 말은 결코 나사렛에서는 꼭 나쁜 인물이 배출되리라는 말은 아니다. 그러나 최소한 나사렛에서 그리스도가 나온다는 것은 납득하기 어렵다는 것이었다. 나다나엘의 이런 반응에 대해 빌립은 논리로 대하지 않고 한 마디로 "와서 보라"고 한다. 최선의 대답이었다. "와서 보라"(Ἔρχου καὶ ἴδε)는 말은 "오라"는 말과 "보라"는 말이 합하여 된 문장이다. "오라"(Ἔρχου)는 말은 현재명령형이고 "보라"(ἴδε)는 말은 부정(단순)과거 명령형으로 '꼭 보라'는 단호한 명령이다. 그러니까 여기서 말하는 "와서 보라"는 말은 '꼭 메시야께 와서 알아보라'는 말이다. 우리는 사람들에게 그리스도를 전할 때 논리적으로 접근하지 말고 '꼭 그리스도에게 가서 믿어보라,' '꼭 그리스도를 마음으로 영접하여 믿으라'고 해야 할 것이다. 이 명령은 예수님께서 39절에서 두 제자, 안드레와 요한 사도에게 하신 명령, 곧 "와서 보라"라는 명령과는 약간 다른 명령이다. 예수님께서 두 제자에게 명령하신 것은 '와보면 반드시 은혜를 받게 될 것이다'는 확신에 찬 명령이고 본 절의 명령형은 '꼭 그리스도에게 가서 알아보라'는 강권적인 명령이다. 우리는 사람들에게 전도할 때 여러 가지 말로 설득하기 보다는 '예수님을 영접하고 믿어보라'고 해야 할 것이다. 다시 말해 내 자신이 전도 대상자로 하여금 믿게 하려고 설득할 것이 아니라 대상자를 그리스도에게 인도해야 할 것이다.

요 1:47.예수께서 나다나엘이 자기에게 오는 것을 보시고 그를 가리켜 이르시되 보라 이는 참으로 이스라엘 사람이라 그 속에 간사한 것이 없도다.

나다나엘은 빌립의 권고를 받고 그리스도에게로 가고 있었는데 예수님께서 그를 보시고 그를 가리켜 말씀하시기를 "보라 이는 참으로 이스라엘 사람이라 그 속에 간사한 것이 없도다"라고 평가하신다(8:39; 시 32:2 73:1; 롬 2:28-29;

9:6). '나다나엘은 진실한 이스라엘 사람, 진지한 이스라엘 사람이라'는 것이다. 겉과 속이 다른 사람들이 우굴 거렸던 예수님 당시 사회(마 23장)에 비추어 볼 때 참으로 귀한 사람이라는 것이다. 하나님은 우리에게 진실함을 원하신다(시 51:6). 오늘 우리는 다른 재능은 없어도 진실한 인격만이라도 갖추고 있다면 참으로 칭찬 들을만한 일이다. 나다나엘은 또 "그 속에 간사한 것이 없는" 사람이었다. 다시 말해 '그 마음속에 간사함이 없는' 사람이라는 것이다. 여기 "간사"(δόλος)란 말은 '사기,' '협잡,' '속임,' '교활한 책략'이란 뜻이다. 나다나엘의 마음속에는 간사함이 없었다. 성경은 "마음에 간사가 없는 자는 복이 있다"고 한다(시 32:2). 예수님은 사람의 마음속에 있는 것을 다 아신다. 예수님은 하나님의 아들이시다.

요 1:48.나다나엘이 이르되 어떻게 나를 아시나이까. 예수께서 대답하여 이르시되 빌립이 너를 부르기 전에 네가 무화과나무 아래에 있을 때에 보았노라.

나다나엘은 예수님께서 그의 속을 꿰뚫어보시며 칭찬하시는 말씀을 듣고 "어떻게 나를 아시나이까" 하고 놀람을 표시한다. '누가 나에 대해서 말씀을 드렸습니까?'라는 의문의 말씀이다. 나다나엘의 놀라움을 표시하는 말에 예수님은 "빌립이 너를 부르기 전에 네가 무화과나무 아래에 있을 때에 보았노라"고 하신다. "무화과나무 아래에 앉아 있다"는 말은 성경을 묵상하고 있다는 표현이다(Leon Morris). '예수님은 빌립이 나다나엘을 부르기 전에 벌써 나다나엘이 무화과나무 아래에서 성경을 묵상하는 삶을 보셨다'는 것이다. 예수님께서 잠시 나다나엘의 행동을 보셨다는 뜻이 아니라 나다나엘의 경건한 삶 자체를 아신다는 표현이다. 우리가 성경을 묵상하고 그리스도를 묵상하는 것을 예수님은 다 보시고 계신다.

요 1:49.나다나엘이 대답하되 랍비여 당신은 하나님의 아들이시요 당신은 이스라엘의 임금이로소이다.

나다나엘은 예수님의 전지성(全知性)에 놀라 "랍비여, 당신은 하나님의 아들이시요 당신은 이스라엘의 임금이로소이다"라고 고백한다. "랍비여"란 말에 대해서는 38절 주해를 참조할 것. 여기 "하나님의 아들"이란 칭호와 "이스라엘의 임금"이란 칭호 두 가지는 '메시야'라는 칭호이다(11:27; 18:37; 19:3; 20:28; 창 49:10; 시 2:6-7; 마 16:16; 21:5; 27:11, 42). 예수님께서 "이스라엘의 임금"이 되신다는 말은 예수님께서 당시 이스라엘의 임금만 되신다는 뜻이 아니라 우주적인 임금이 되신다는 뜻이다. 우리는 예수님을 향하여 "당신은 하나님의 아들이시요 당신은 이스라엘의 임금이로소이다"라고 고백해야 한다.

요 1:50.예수께서 대답하여 이르시되 내가 너를 무화과나무 아래에서 보았다 하므로 믿느냐 이보다 더 큰 일을 보리라.

나다나엘의 놀라운 신앙고백을 들으신 예수님은 "내가 너를 무화과나무 아래에서 보았다 하므로 믿느냐 이보다 더 큰 일을 보리라"고 확언하신다. 곧 '내가 네 무화과나무 아래의 경건한 삶을 보았다는 것 때문에 믿느냐, 이보다 더 큰 일을 볼 것이다'고 말씀하신다. "더 큰 일"이란 '더 큰 일들,' 곧 예수님의 수많은 이적들을 지칭한다고 할 수 있으나 문맥으로 보아 다음 절(51절)에 기록된, 하늘 문이 열리는 것을 가리킨다. 곧 하나님과 사람과의 사이에 영적인 교통이 활짝 열리는 이적이 생길 것이라는 말이다. 예수님은 앞으로 속죄의 죽음을 죽으셔서 하나님과 사람 사이를 활짝 열어놓으실 것을 예상하시고 이렇게 더 큰 일이 일어날 것이라고 예언하신 것이다. 예수님께서 십자가에서 죽으시던 시간에 성전 휘장이 찢어졌다. 우리가 하나님께로 가서 하나님과 교제하는 길이 열렸다는 표시이다.

요 1:51.또 이르시되 진실로 진실로 너희에게 이르노니 하늘이 열리고 하나님의 사자들이 인자 위에 오르락내리락하는 것을 보리라 하시니라.

예수님은 또 나다나엘에게 더 큰 일들을 "이르신다." 예수님은 그의 말씀을 강조하시려고 "진실로 진실로"라고 하신다(3:3-5; 5:24-25; 6:47).[17] 공관복음서에서는 이와는 달리 "진실로"라는 말만 사용한다(마 5:18; 6:5; 막 3:28; 8:12; 눅 4:24; 18:17). 예수님의 말씀은 아무리 강조되어도 부족하다. 사람들의 마음이 강팍해진 시대에는 더욱 그러하다.

예수님은 나다나엘 개인에게만 아니라 "너희," 곧 '당시의 제자들에게' 말씀하신다는 것이다. 본문의 "보리라"(ὄψεσθε)는 말은 미래시제로 '앞으로 보게 될 것'이라는 말이다. 곧 "하늘이 열릴 것"을 보게 될 것이고, 다른 하나는 "하나님의 사자들이 인자 위에 오르락내리락하는 것"을 보게 될 것이라는 것이다(창 28:12; 마 4:11; 눅 2:9, 13; 22:43; 24:4; 행 1:10). 여기 보게 된다는 말은 육안으로 보게 된다는 뜻이 아니라 영적으로 보게 된다는 뜻이다. 당시의 예수님의 제자들은 앞으로 하늘이 열리는 것을 보게 될 것이고 하나님의 사자들이 인자 위에 오르락내리락하는 것을 보게 될 것이라는 것이다. 그러나 오늘을 표준해서 말하면 이미 큰일들이 일어났기에 우리들은 보게 되었다. 본문의 "하늘이 열리고"(ἀνεῳγότα)라는 말은 현재완료 분사로 '하늘이 한번 열린 후에는 계속해서 열려 있다'는 뜻이다(시 78:23-24). 예수님께서 십자가에서 죽으실 때 성소의 휘장이 찢어짐으로 하나님과의 교제의 길이 열려 영원히 닫히지 않고 있을 것이라는 것이다. 그리스도의 십자가 죽음으로 하늘이 열려 지금까지 닫히지 않고 열려 있다. 그리고 "하나님의 사자들이 인자 위에 오르락내리락하는 것"을 보리라는 말은 '하나님께서 쓰시는 천사들이 예수님 위에 오르락내리락 하는 것'을 보게 될 것이라는 것이다(히 1:14). 다시 말해 먼 옛날 야곱이 본 환상, 곧 땅위에 서 있는 사닥다리의 꼭대기가 하늘에 닿았는데 그 위에서 하나님의 사자들이 오르락내리락 하는 환상(vision)처럼(창 28:12이하) 예수님께서 사람과 하나님 사이를 연결하시는 사닥다리(연결자)가 되실 것을 보게 될 것이며 또한 천사들이 예수님의 사역에 계속해서 수종드는

17) "진실로"라는 말은 "아멘"이라는 아람어의 번역이다. "아멘"은 분사로서 '확인하다'는 뜻을 가지고 있고 어느 사람의 대표기도에 회중이 응답하는 말이다. 오늘도 남이 드리는 기도에 내 동의를 표하기 위해 "아멘"이라고 응답한다. 주님은 남이 드리는 기도에 응답하시는 뜻으로 "아멘"이라고 하신 것이 아니라 말씀을 강조하시기 위하여 말씀 처음에 "아멘," 곧 '진실로'라고 말씀하셨다.

것을 보게 될 것이라는 것이다. 예수님은 시험을 받으실 때에도 천사의 수종을 받으셨으며(마 4:11) 또한 부활하신 후에도 역시 천사의 수종을 받으셨다(마 28:2-7). 야곱이 본 사닥다리 대신 본문에서는 "인자"(τὸν υἱὸν τοῦ ἀνθρώπου)라는 말로 바뀌어 나온다(막 2:10, 28; 눅 12:8). 예수님은 때로는 자신을 "인자"라는 말로 묘사하신다(단 7:13). "인자"란 말에 대해서 학자들의 견해는 다양하다. 그러나 분명한 것은 "인자"라는 명칭은 고난을 받으시는 그리스도를 지칭할 때 사용된 명칭이며(막 2:10, 28; 눅 12:8) 따라서 메시야를 지칭하는 말임에는 틀림없다.

제 2 장

물로 포도주를 만드시고 또 성전을 청결케 하시다

IV.물로 포도주를 만드시다 2:1-12

요한은 예수님의 처음 제자들을 부르신 사건을 기록한(1:35-51) 다음 이제 예수님께서 처음 이적을 행하신 것을 기록한다(2:1-12). 혼례 집에 포도주가 떨어져 예수님의 어머니가 그 사실을 고하고(1-3절), 예수님께서 물로 포도주를 만드신 표적을 기록한다(4-11절). 그리고 잠시 가버나움 집에 들르시다(12절).

1.혼례 집에 포도주가 떨어지다 2:1-3

요 2:1-2.사흘째 되던 날 갈릴리 가나에 혼례가 있어 예수의 어머니도 거기 계시고 예수와 그 제자들도 혼례에 청함을 받았더니.

예수님은 "사흘째 되던 날," 곧 '빌립과 나다나엘을 부르시던 날부터 계산하여 사흘 되던 날'(1:43-51)에 갈릴리 가나의 혼례 집에 초대받아 가셨다(수 19:28). 그 혼례 집에는 예수님의 어머니도 계셨고 또 예수님의 제자들도 혼례 집의 초청을 받아서 참석하고 있었다. 우리는 무슨 행사를 하던지 하나님께서 보시기에 좋은 행사라면 그 행사에 예수님을 초청해야 한다. 그럴 때 그 행사는 복스러운 행사가 되는 것이다. 우리는 우리의 가정에 예수님을 모셔야 하고 또 모든 행사에 예수님을 모셔야 한다. 예수님 계신 곳에 복이 있다.

"갈릴리 가나"는 나사렛을 표준하여 "북동쪽으로 6마일, 디베랴 바다에서 북서쪽으로 15마일 쯤 떨어져 있는 작은 마을이다. 오늘날은 케푸르케나(Kefrken-na)라고 불리며 터어키의 지배하에 있고 대부분이 구교도들인 삼백여명쯤의 주민들이 살고 있다"(알버트 반즈).

예수님의 어머니는 그 혼례 집의 여주인(hostess)이었던 같다. 이유는 포도주가 모자랄 때 제일 먼저 예수님에게 고한 점과 또 그 집의 하인들에게 예수님의 말씀에 순종하라고 명령한 점 등을 보면 짐작할 수가 있다.

요 2:3.포도주가 떨어진지라 예수의 어머니가 예수에게 이르되 저들에게 포도주가 없다 하니.

결혼 예식이 진행되는 동안에는 포도주가 떨어지지 않았을 터인데 7-8일 동안 잔치가 계속되는 동안 포도주가 떨어졌을 것이다. 이 때에 예수님의 어머니 마리아가 예수님에게 "포도주가 없다"고 보고했다.[18] 마리아는 예수님께서 포도주 모자란 문제를 해결할 수 있을 것으로 믿었던 것이다. 오늘 우리는 예수님께서 해결할 수 있는 줄 믿고 모자란 부분을 구해야 한다. 우리가 어려움에 빠졌을 때 예수님에게 솔직하게 그 사정을 고하는 것은 예수님을 하나님의 아들로 대접하는 행위이다. 여기서 한 가지 관찰할 것은 예수님께 우리의 사정을 보고할 때 '무엇이 없나이다'라고만 진지하게 고해도 된다는 것이다. 능력이 없으면 능력이 없다고 고하고 지혜가 부족한 것을 느끼면 지혜가 없다고 고하며 양식이 무자라면 양식이 모자란다고 고하면 예수님께서 다 아셔서 해결해주신다.

2.예수님께서 물로 포도주를 만드시다 2:4-11

요 2:4.예수께서 이르시되 여자여 나와 무슨 상관이 있나이까. 내 때가 아직 이르지 아니하였나이다.

예수님의 어머니의 보고를 받고 예수님은 마리아에게 "여자여 나와 무슨 상관이 있나이까"라고 말씀한다. 여기 "여자여"(γύναι)라는 말은 우리가 듣기에는

---

18) Arthur Pink는 "포도주가 떨어졌다"는 말씀을 주석하면서 "성경에서 '포도'는 다음 구절이 보여주는 바와 같이 기쁨의 상징이다....유대교는 아직 신앙의 제도로서 존재하고 있었으나 그것은 사람들의 마음에 더 이상 위로를 줄 수 없었다. 그것은 차갑고 기계적인 일상사로 타락해 버렸고 하나님 안에서의 기쁨을 전혀 누리지 못하고 있다. 이스라엘은 그들의 기쁨을 상실해버렸다"고 하였다. 참고할만한 해석이다. p. 97.

거부감이 있는 말이지만 헬라 세계에서는 '여자'(γυνή)라는 말의 호격으로 존칭어(尊稱語)이다. 예수님은 십자가상에서 그의 어머니를 부를 때 다시 이 칭호를 사용하셨고(19:26) 또 부활하신 후 막달라 마리아를 부를 때 이 칭호를 사용하셨다(20:15). 그러니까 이 칭호는 사랑을 내포한 호칭이다.

그러나 예수님께서 자신의 어머니를 '어머니'라고 부르지 아니하시고 이 칭호를 사용하신 것은 이제부터 공적 사역 속으로 들어가신다는 표시이고 또 어머니도 하나님의 말씀에 순종해야 한다는 뜻을 내포한 것이다. 예수님은 이제 그 어머니의 돌봄 아래에 있지 않으시고 하늘 아버지와의 관계 아래에 놓이게 되었다는 것이다(눅 2:49).

예수님은 그의 어머니를 향하여 "나와 무슨 상관이 있나이까"라고 말씀한다(삼하 16:10; 19:22). 곧 '나와 어머니와는 무슨 상관이 있습니까?'라는 말씀이다. 다시 말해 '어머니께서 내 구속 사역을 위하여 무슨 권한을 가지고 있는 것입니까?'라는 말씀이다. 예수님은 이제는 그가 성장하신 가정에 매이실 분이 아니라 하나님 아버지께서 부과하신 구속 사역을 이루실 분이라는 것을 보여주신다. 이제는 과거와 같은 관계는 아니라는 것을 말씀하는 것이다. 이제는 인간적인 아들로 생각지 말아야 한다는 사인(sign)을 보낸 것이다. 이제는 어머니가 예수님을 그녀의 생명의 주님으로 보아야 한다는 것이다.

예수님은 또 그의 어머니를 향하여 "내 때가 아직 이르지 아니하였나이다"라고 말씀한다(7:3-6; 7:30; 8:20; 12:23; 12:27; 16:32; 17:1). 예수님은 이제 그의 어머니의 시간표에 의해서 움직이는 것이 아니라 하늘 아버지의 시간표에 의거하여 움직이신다는 것을 어머니에게 알려주신다. 이제는 어머니께서 작정하신 시간에 따라 움직이는 것이 아니라 하나님께서 작정하신 시간에 따라 움직이신다는 것을 알려주신다. 예수님은 공생애 중에 온전히 하나님의 시간에 맞추어 일하셨다. 예수님은 그는 이제 어머니의 계획에 따라 일하시지 않고 아버지의 뜻에 따라 움직이시겠다고 하신다. 우리는 우리의 뜻을 아버지의 뜻에 맞추어야 할 것이고 우리의 시간을 아버지의 시간에 맞추어야 할 것이다.

요 2:5.그의 어머니가 하인들에게 이르되 너희에게 무슨 말씀을 하시든지 그대로 하라 하니라.

어머니는 예수님께서 말씀하신 바 "내 때가 아직 이르지 못하였나이다"(앞절)라는 말씀의 뜻을 알고 하인들에게 "너희에게 무슨 말씀을 하시든지 그대로 하라"고 분부한다. 마리아는 그리스도를 향하여 요청하는 자세에서 순종하는 자세로 탈바꿈한다. 마리아는 예수님을 잉태할 때 하나님의 말씀에 전적으로 순종하는 태도를 취하였다(눅 1:38). "순종은 이적보다 나은 것이다"(Luther).

요 2:6.거기에 유대인의 정결 예식을 따라 두 세 통 드는 돌 항아리 여섯이 놓였는지라.

예수님은 사람들이 가지고 있는 것을 사용하신다. 예수님은 돌 항아리를 보시고 그의 영광을 나타내시는 일에 사용하신다. 예수님은 "거기," 곧 '혼례식 집 출입문 한쪽에' "유대인의 정결 예식을 따라 두 세 통 드는 돌 항아리 여섯이 놓인 것"을 보고 그것을 사용하신다(막 7:3). 유대인들은 정결을 위하여 식사 전후에 손을 씻었으며 또 시장에서 돌아와서는 손을 씻었고 또 잔치에 초청받아 가서 손을 씻었다(마 15:2; 눅 7:38). 그 집은 여섯 개의 돌 항아리를 두고 사용하였다. 여기 한 "통"은 39리터(약 8 1/2 갤런) 정도의 물이 들어가는데 따라서 한 항아리에 들어가는 물은 78-117리터(대략 17-25 갤런) 정도의 물이 될 것이다. 여섯 개의 항아리에는 대략 468-702 리터(대략 100-150 갤런)의 물이 들어간다(윌렴 헨드릭슨). 예수님은 순식간에 엄청난 양의 포도주를 그 집에 선사하셨다. 예수님을 초청한 집에 엄청난 복이 임한 것이다.

요 2:7.예수께서 그들에게 이르시되 항아리에 물을 채우라 하신즉 아귀까지 채우니.

요한은 예수님의 명령과 하인들의 순종을 묘사한다. 예수님은 하인들에게 "항아리에 물을 채우라"고 하신다. 여기 "채우라"(γεμίσατε)라는 말은 2인칭 복수 부정(단순)과거 명령형으로 '확실하게 가득 채우라'는 뜻이다. 하인들은 예수님의 명령을 받고 "아귀까지," 곧 '항아리 목에까지' 채웠다. 항아리에는 다른 것은 없었다. 포도 알 한 개도 없이 그저 물로만 채웠다. 하인들이 돌 항아리들의 아귀까지 물로 채웠을 때 예수님은 그 돌 항아리들에 가득 채워진 물을 포도주로 변화시키셨다. 사람의 순종이 끝나면 예수님께서 역사하신다.

요 2:8.이제는 떠서 연회장에게 갖다 주라 하시매 갖다 주었더니.

"이제는"(νῦν), 곧 '하인들이 돌 항아리들에 물을 채웠으니 이제'라는 뜻이다. 하인들이 물을 채운 다음 예수님께서는 하인들에게 "떠서 연회장에게 갖다 주라"고 하신다. 항아리 속에서 포도주로 변한 음료수를 연회장에게 갖다 주라는 것이다. 여기 "연회장"(ἀρχιτρικλίνω)은 '잔치를 위하여 시중드는 사람들 중에 총책임자'를 지칭한다. 예수님께서 포도주를 연회장에게 갖다 주라고 하신 이유는 당시 유대의 풍속으로 연회장이 먼저 음식의 맛을 보아야 했기 때문이었다. 음식을 손님들에게 나르는 사람들은 그 포도주를 연회장에게 먼저 가져다주어 맛을 보게 했다. 그리고 본문의 "갖다 주라"(φέρετε)는 말은 현재 명령형으로 '계속해서 갖다 주라'는 것이다. 잔치가 끝날 때까지 계속해서 갖다 주라는 것이다. 예수님은 충분히 만들어 놓으셨다. 여기서 한 가지 특기할 것은 예수님께서 물로 포도주를 만드실 때 돌 항아리에 손을 대신 것도 아니고 혹은 돌 항아리의 물을 향하여 무슨 명령을 하신 것도 아니라는 것이다. 다만 예수님의 의지로 그런 이적이 일어난 것이다. 그리스도는 창조자이시다.

요 2:9.연회장은 물로 된 포도주를 맛보고도 어디서 났는지 알지 못하되 물 떠온 하인들은 알더라 연회장이 신랑을 불러.

요한은 "연회장은 물로 된 포도주를 맛보고도 어디서 났는지 알지 못하되 물 떠온 하인들은 알더라"고 양편의 차이를 말한다. 연회장은 물로 된 포도주

(4:46)를 맛보고도 어디서 이런 포도주가 났는지 "알지 못했다." 그러나 물 떠온 하인들은 "알았다"(ᾔδεισαν)는 것이다. 연회장은 돌 항아리가 놓여 있는 곳에서 좀 떨어진 곳에 있었고 또 예수님의 명령도 듣지 못했으며 그 명령에 순종하지도 않아서 맛 좋은 포도주가 어디서 났는지 알지 못했다. 오늘도 예수님과 떨어져서 살며 또 예수님의 말씀에 귀를 기울이지도 않고 그 말씀에 순종하지도 않는 사람들은 무지(無智)한 상태에서 살 수밖에 없다. 그들은 예수님이 구주이신지 알지 못하고 예수님의 말씀의 위력도 알지 못하며 살아간다. 니고데모도 중생해야 한다는 사실도 몰랐고(3:8), 사마리아 여인도 예수님을 알지 못했고(4:11), 예루살렘에서 살고 있던 유대인들도 예수님을 알지 못했으며(7:25-26; 8:14; 9:29-30) 빌라도도 진리가 무엇인지 알지 못했다(19:9).

그러나 물 떠온 하인들은 그 포도주가 어디서 났는지 알았다. 예수님의 제자들도 알지 못했는데 하인들은 알았다. 예수님의 말씀에 순종해본 사람들은 알게 된다. 베드로는 예수님의 말씀에 순종하여 그물을 던졌음으로 그물이 찢어질 정도로 고기가 많이 잡힌 원인을 알게 되었다. 그는 그리스도의 발 앞에 엎드려 "나를 떠나소서. 나는 죄인이로소이다"라고 고백했다(눅 5:5-8). 그리스도인들은 예수님께서 우리와 우리의 가족들과 친지들을 어떻게 변화시키시는지 경험하면서 살아가게 된다. 우리는 순종하는 하인들이 되어야 한다.

신기하게 생각한 연회장은 깜짝 놀라서 "신랑을 부른다." 여기 "불러"(φωνεῖ)란 말은 현재시제로 '소리쳐 부르다,' '외치다'라는 뜻으로 연회장은 놀란 나머지 신랑을 부른 것이다. 연회장은 두 가지로 놀랐다. 하나는 도대체 이 포도주를 어디서 났는가하는 것이고 또 하나는 어떻게 더 맛있는 포도주가 지금까지 있었을까하는 것이었다. 그리스도의 표적 앞에 세상은 놀랄 수밖에 없다. 이럴 때 세상은 두 가지 반응 중 한 가지 반응을 보인다. 한 부류는 그리스도를 믿는 것이고 또 한 부류는 마음이 잠시 놀랐다가 강퍅한 마음을 그냥 가지고 세상을 살아간다.

요 2:10.말하되 사람마다 먼저 좋은 포도주를 내고 취한 후에 낮은 것을 내거늘 그대는 지금까지 좋은 포도주를 두었도다 하니라.

연회장의 말이다. 연회장은 당시 유대나라의 관습을 그대로 말한다. 사람마다 그리고 집집마다 먼저 좋은 포도주를 내고 손님들이 취한 후에 질(質)이 떨어지는 포도주를 내는 법인데 이 집은 예외적으로 좋은 포도주를 두었다고 말한다. 지금 이 집의 손님들은 거나하게 취해 있었다. 이런 때에 더 좋은 포도주를 내 놓았으니 다른 집들의 경우와는 정반대의 처사가 아닌가 하는 의문이었다. 관례를 뒤집은 것이 아니냐는 것이었다. 예수님은 갈릴리 가나의 혼례 집에 초대받으셔서 손님 입장이 아니라 공급자(供給者)의 입장에 서 계셨다.

예수님께서 주시는 것은 무엇이든지 세상 것보다는 더 좋은 것이다. 지금 지구상에 살고 있는 개인이나 국가나 그리스도를 믿는 지역의 사람들은 더 좋은 것을 향유하며 살고 있다. 유교의 나라, 불교의 나라, 회교의 나라보다는 비교도 할 수 없이 좋은 것을 누리며 살고 있다.

요 2:11.예수께서 이 첫 표적을 갈릴리 가나에서 행하여 그의 영광을 나타내시매 제자들이 그를 믿으니라.

요한은 갈릴리 가나에서 예수님께서 물로 포도주를 만드신 이적을 "첫 표적"이라고 규명한다. 첫 번째의 표적이라는 뜻이다. 이 말은 앞으로도 많은 표적이 뒤따른다는 것을 의미한다. 요한은 예수님께서 메시야라는 것을 말하기 위하여 본서에 일곱 개의 표적을 기록하고 있다(2:1-11; 4:46-54; 5:1-9; 6:5-14, 19-21; 9:1-7; 11:1-44). "표적"(σημείων)이란 말은 '예수님께서 하나님의 아들이시며 세상의 구세주라고 알리는 증표'라는 뜻이다. 우리는 표적을 보고 그리스도를 바라보아야 한다.

예수님은 이 첫 표적을 갈릴리 가나에서 행하여 "그의 영광을 나타내셨다"(1:14). 다시 말해 '그가 하나님의 아들 되심과 인류의 구세주 되심'을 드러내셨다. 예수님께서 물로 포도주를 만드신 것은 예수님의 영광의 일부를 드러내신 것이다. 우리가 예수님이 하나님의 아들이시며 인류의 구주라고 증언하여 영광을 돌려야 할 것이다.

요한은 예수님께서 물로 포도주를 만드심으로 "제자들이 그를 믿으니라" 고 말한다. 이 말은 제자들이 전에는 예수님을 믿지 않았다는 의미가 아니다. 그들은 예수님을 믿었다. 나다나엘은 예수님을 하나님의 아들이시며 이스라엘의 왕으로 믿었다(1:49). 이제 물로 포도주를 만드신 것을 보고 더욱 확실하게 믿게 되었다는 것이다. 이적은 이적 자체에 뜻이 있는 것이 아니라 그것이 표적인고로 성도들은 그리스도를 바라보아야 한다.

3.잠시 가버나움 집에 들르시다 2:12

요 2:12.그 후에 예수께서 그 어머니와 형제들과 제자들과 함께 가버나움으로 내려가셨으나 거기에 여러 날 계시지는 아니하시니라.

갈릴리 가나에서 물로 포도주를 만드신 후에 예수님은 "그 어머니와 형제들과 제자들과 함께 가버나움으로 내려가셨으나 거기에 여러 날 계시지는 아니하셨다"는 것이다. 다시 말해 예수님은 어머니와 그 동생들(마 12:46)과 제자들과 함께 가버나움 집으로 내려가셨으나 유월절을 맞이하여 예루살렘으로 가셔야 하기 때문에(13절) 가버나움 집에서 오래 계시지 않으셨다. 예수님은 그의 사역 중에 종종 가버나움으로 돌아오셨다(막 2:1; 9:33; 요 4:46; 6:59).

V.성전을 청결케 하시다 2:13-25

예수님께서 성전을 청결케 하신 사건은 예수님의 사역 기간 중에 두 번 있었다. 하나는 여기에 기록되었고 다른 하나는 예수님의 성역 말기에 있었다(마 21:12-13; 막 11:15-18; 눅 19:45-46). 예수님은 사람들이 성전을 장터로 만든 것을 보시고(13-14절), 성전을 청결케 하신다(15-16절). 예수님께서 열심을 다하여 성전을 청결케 하시는 것을 보고 제자들은 예수님께서 앞으로 혹시 핍박을 받지나 않으실까 두려워한다(17절). 그리고 예수님의 성전 청결 사건 때문에 유대의 교권자들은 예수님에게 표적을 구한다(18-20절). 요한은 예수님께서 헐고 다시 지으시겠다는 성전은 자기의 육체라고 해설하며(21절)

또 제자들이 예수님께서 부활하신 후에야 이 말씀의 의미를 깨달았다고 해설한다(22절). 그리고 예수님께서 예루살렘에 남으셔서 표적들을 행하신 것을 말한다(23-25).

1.성전을 장터로 만든 것을 보시다 2:13-14

요 2:13.유대인의 유월절이 가까운지라 예수께서 예루살렘으로 올라가셨더니.
요한 사도는 "유대인의 유월절이 가까워져서 예수께서 예루살렘으로 올라가셨다"고 말한다(23절: 5:1; 6:4; 11:55; 출 12:14; 신 16:1, 16). 곧 '유대인들이 지켰던 유월절이 가까워져서 예수님께서 예루살렘으로 올라가셨다'는 것이다. 유월절이란 말 앞에 "유대인의"라는 말을 덧붙인 이유는 요한이 이방인의 땅 에베소에서 목회를 하면서 이방인을 상대해서 복음서를 쓰고 있기 때문에 붙인 것이다. 유대인들이 지켰던 유월절은 이스라엘 민족이 애굽에서 해방되어 나오게 된 것을 기념하는 절기였다. 이스라엘 민족은 애굽에서 오랫동안 노예생활을 했는데 하나님께서 장자를 치시는 10번째 재앙을 내리실 때 어린양의 피를 바른 이스라엘 사람들의 집을 그대로 넘어가신 것을 기념했다. 유대인들은 아빕(니산)월 14일 저녁에만 하나님께서 주신 해방을 기념한 것이 아니라 한 주간 계속해서 기념했다(눅 22:1; 행 12:3-4).

예수님은 이 유월 절기를 맞이하여 예루살렘에 올라가셨다. 12세 이상의 유대인 모든 남자가 유월절(2:13; 6:4; 11:55)에 참석해야 했는데 예수님은 자신의 공생애 시작을 알리시고 또 복음을 증언하러 올라가신 것이다. 여기 또 "올라가셨다"는 표현은 예루살렘이 종교의 중심 도시임으로 다른 모든 지역에서 예루살렘으로 가는 것을 "올라간다"고 표현한 것이다.

요 2:14.성전 안에서 소와 양과 비둘기 파는 사람들과 돈 바꾸는 사람들의 앉은 것을 보시고.
예수님은 예루살렘 성전으로 들어가셔서 여러 종류의 장사꾼들이 우글거리는 것을 보셨다. 여기 "성전"(ιερόν)이란 말은 성전 뜰을 포함한 성전 전체를 지칭한다. 예수님은 성전 광장에 들어서시자 소를 파는 사람, 양을 파는 사람, 비둘기 파는 사람, 또 돈을 파는 사람들을 보신 것이다(마 21:12; 막 11:15; 눅 19:45). 세 종류의 짐승을 파는 사람들은 멀리서 유월절을 지키러 오는 사람들의 편리를 위해 짐승들을 팔고 있었다. 멀리서 오는 사람들이 짐승을 몰고 오기에 불편함으로 대신 돈을 가지고 와서 짐승을 사서 유월절 제사 제물로 드렸다. 그리고 돈을 파는 사람들은 멀리 외국에서 예루살렘으로 유월절 제사를 드리러 오는 사람들이 외국 돈(로마의 화폐)을 가져와서 유대 돈(세겔)으로 바꾸어 반 세겔의 속전을 성소에 바쳐야 함으로 그런 사람들의 편리를 위해 유대의 세겔과 바꾸어 주면서 폭리를 취했다. 모두 다 편리를 위해 시작한 것이지만 점차 장사로 변하게 되었다. 장사꾼들은 많은 이익을 챙겼으며 또한 유대의 대제사장들과 결탁하여 폭리를 남기고 있었다. 예수님은 썩은 교권자들과 또 장사꾼들이 앉아서 장사하는 것을 보신 것이다. 오늘도 교회가 세속과 타협하였기에 썩은 데가 많이 있다. 아무에게나 성직을 제공하기도 하고 혹은 세속적인 기업경영 방법을 교회 안으로 들여와 교회를 운영하기도 한다. 오늘의 교회는 청결의 대상인 것이다. 교리적으로 개혁해야 하고 제도적으로 개혁해야 하며 윤리적으로 개혁해야 한다.

2.성전을 청결케 하시다 2:15-16

요 2:15-16a.노끈으로 채찍을 만드사 양이나 소를 다 성전에서 내어 쫓으시고 돈 바꾸는 사람들의 돈을 쏟으시며 상을 엎으시고 비둘기 파는 사람들에게 이르시되 이것을 여기서 가져가라.

요한은 예수님께서 성전을 청결케 하신 방법을 소개한다. 첫째, "노끈으로 채찍을 만드사 양이나 소를 다 성전에서 내어 쫓으셨다." 채찍질은 일반적으로 많이 사용되어진 형벌로 사용되었다(왕상 12;14; 잠 10:13; 19:29; 23:13-14; 사 10:26). 여기 "쫓으시고"(ἐξέβαλεν)라는 말은 부정(단순)과거로 '결정적이고도 확실하게 쫓아내신 것'을 뜻한다(마 21:12).

그리고 둘째로 "돈 바꾸는 사람들의 돈을 쏟으시며 상을 엎으셨다." "쏟으시고"(ἐξέχεεν)라는 말도 역시 부정(단순)과거로 '결정적이고도 확실하게 쏟으신 것'을 지칭한다. 그리고 "엎으시고"(ἀνέτρεψεν)라는 말도 역시 부정(단순)과거로 '확실하게 엎으신 것'을 지칭한다. 셋째로 "비둘기 파는 사람들에게 이르시되 이것을 여기서 가져가라"고 하신다. 예수님은 비둘기를 채찍을 사용하여 내쫓으시거나 혹은 다른 징계를 하지 않으시고 여기서 "가져가라"고 하신다. 평소에 온유하시고 긍휼이 한없이 크신 그리스도이시만 하나님의 거룩하심에 도전하는 불의에 대하여는 놀라울 정도로 진노하신다. 오늘도 교회 청결 방법은 예수님께서 정하신다. 교회 싸움, 교역자들의 부정 비리, 간음사건 등 하나님의 거룩하심을 훼손하는 죄악과 불의에 대해서 예수님은 엄중하게 문책하신다.

요 2:16b.내 아버지의 집으로 장사하는 집을 만들지 말라 하시니.
예수님은 성전을 "내 아버지의 집"이라고 말씀한다(눅 2:49). 그러니까 예수님 자신이 '하나님의 아들, 곧 메시야'라는 선언이다(1:14, 18; 5:19, 21). 성전은 메시야의 아버지 집이다. 예수님은 아버지께 속한 집을 "장사하는 집"으로 전용(轉用)하지 말라고 하신다. 예수님은 장사하는 일을 정죄한 것이 아니라 하나님께 속한 집에서 장사하는 것을 금하신 것이다. 예수님께서 2차로 성전을 청결케 하신 때에는 매매하는 자들을 향하여 "너희는 강도의 소굴을 만드는도다"라고 탄식하셨다(마 21:13). 그러니까 유대 교권자들과 장사꾼들은 사람들에게서 돈을 강탈하는 강도짓을 한 것이다.

3.예수님의 성전 청결을 지켜본 제자들의 반응 2:17

요 2:17.제자들이 성경 말씀에 주의 전을 사모하는 열심이 나를 삼키리라 한 것을 기억하더라.
예수님의 제자들은 예수님께서 성전 청결을 하시는 열정을 보고 시편 69:9의 말씀을 기억하기에 이른 것이다. 곧 "주의 전을 사모하는 열심이 나를 삼키리라"는 말씀을 기억하게 되었다는 것이다(시 69:9). 이렇게 예수님의 열심을 보고 시편 69:9를 기억하게 된 것도 성령님의 역사이다(14:26). 성령님께서 기억하게 해주시지 않으면 그 말씀을 기억할 수가 없다. 다윗은 시편 69:9절 상반 절에서 하나님의 전을 위하는 열정이 다윗을 온전히 삼켜버렸다고 말한다. 그런데 시편 69:9절의 "삼키고"(κατέφαγεν)라는 과거 시제로부터 본문에서는 "삼키리라"(καταφάγεται)라는 미래 시제로 바뀌었다는 것이다. 결국 '예수님의 열심이 예수님을 앞으로 삼켜버릴 것이라'는 말이다. 다시 말해 예수님께서 고난을 받으시게 되고 혹은 죽음을 당하시게 될지 염려스럽다는 뜻이다. 오늘 우리는 주님을 본받아 주님의 몸 된 교회를 거룩하게 만드는데 열정을 다해야 할 것이다.

4.예수님의 성전 청결을 지켜본 유대교권자들의 반응 2:18-20

요 2:18.이에 유대인들이 대답하여 예수께 말하기를 네가 이런 일을 행하니 무슨 표적을 우리에게 보이겠느냐.

장사꾼들과 결탁한 유대 교권자들은 "네가 이런 일을 행하니 무슨 표적을 우리에게 보이겠느냐"고 도전한다(6:30; 마 12:38). 곧 '네가 이런 일들, 곧 성전청결을 행하니 무슨 표적(sign)을 보여 주겠느냐'는 것이다. 혹자는 여기 "무슨 표적을 보이겠느냐?"라는 말을 '무슨 권위로 행하였느냐?'로 해석해야 한다고 하나 다음 절(19절)에 예수님께서 "네가 이 성전을 헐라 내가 사흘 동안에 일으키리라"는 말로 대응하신 것을 보면 분명히 유대 교권자들이 표적을 요구한 것으로 보아야 할 것이다. 유대인들은 표적을 구하는 민족이다(고전 1:22). 유대인들은 자기들의 호기심을 만족시킬 목적으로 표적을 구했고 혹은 예수님께서 진짜 메시야인가를 알아서 체포하기 위해 표적을 구한 것이다. 유대인들은 표적을 보면 예수님을 믿겠다고 했다(6:30). 오늘 우리는 예수님에게 표적을 더 이상 구해서는 안 된다. 이미 주실 만큼 주셨다. 다시 말해 충분히 주셨다. 예수님은 죽으셨다가 살아나신 기적을 주셨다. 오늘 우리는 계시 차원의 기적이 아니라 하나님께 기도할 때 하나님의 특별섭리로 기적 같은 일을 경험해야 할 것이다.

요 2:19.예수께서 대답하여 이르시되 너희가 이 성전을 헐라 내가 사흘 동안에 일으키리라.

예수님을 향하여 표적을 구하는 유대인들을 향하여 예수님은 "너희가 이 성전을 헐라 내가 사흘 동안에 일으키리라"고 하신다(마 26:61; 27:40; 막 14:58; 15:29). 여기 "성전"(ναός)이란 말은 14절에 나온 "성전"(ἱερόν)이란 말과는 달리 예수님의 몸(21절; 계 21:22), 성령님이 거하시는 성도들의 몸(고전 3:16-17; 계 3:12), 혹은 성전 건물(마 23:16-17, 21, 24)을 지칭하는 말인데 본 절에서는 '예수님의 몸'을 지칭하는 말로 사용되었다. 예수님은 유대 교권자들을 향하여 "이 성전을 헐라"고 하신다. 곧 '예수 그리스도의 몸을 파괴하려면 해보라'고 말씀하신다. 예수님은 자신의 몸을 가리키면서 이 성전을 헐라고 도전하셨지만 유대인들은 예수님께서 예루살렘 성전을 가리키면서 말씀하신 줄 착각했다. 예수님은 예루살렘 성전을 그의 몸과 똑같은 것으로 여기셨다. 예루살렘 성전은 모형이었고 예수님의 몸은 실체라는 것이다. 구약의 언약궤나 성전 건물은 보이지 않으시는 하나님께서 보이는 형태로 나타난 모형들인데 예수님이야 말로 그 실체라는 것이다. 예수님은 구약의 모형과 예수님 자신을 똑같은 것으로 여기신 것이다. 그런데 예수님은 유대인들이 예수님의 몸을 헐면 "내가 사흘 동안에 일으키리라"고 하신다. 예수님께서 친히 사흘 후에 부활하시겠다는 것이다. 예수님은 죽을 권세도 있고 다시 부활하실 권세도 있으시다(10:17-18).

요 2:20.유대인들이 이르되 이 성전은 사십 육년 동안에 지었거늘 네가 삼 일 동안에 일으키겠느냐 하더라.

예수님의 앞 절 말씀(19절)에 유대인들은 완전히 놀라서 "이 성전은 사십 육년 동안에 지었거늘 네가 삼 일 동안에 일으키겠느냐"라고 대꾸한다. 예수님은 자신의 몸을 염두에 두고 말씀하셨는데 유대인들은 예수님께서 예루살렘 성전을 가리키며 그런 말씀을 하신 줄로 착각하였다. 유대인들은 "이 성전은 사십 육년 동안에 지었다"고 말한다. 여기 "이 성전"이란 헤롯 성전을 지칭하는 말인데 당시 역사학자 요세푸스에 의하면 헤롯 성전은 B. C. 19년에 짓기 시작하였다고 한다. 그렇다면 46년이 지난 때는 A. D. 27년경이었고 그 후 A. D. 63년경, 총독 알비누스(Albinus) 때 완공하였다.[19] 유대인들이 비웃은 것은 헤롯 성전 건축에 46년간이나 걸렸는데 3일 동안에 일으킨다는 것은 말도 안 된다는 것이었다. 유대인들은 예수님의 말씀을 전혀 이해하지 못하였기 때문에 비아냥거리며 말대꾸한 것이다. 영적으로 어두운 사람들은 영적인 말에 대해서는 동문서답하게 마련이다.

5.요한은 예수님께서 말씀하신 것을 해설함 2:21

요 2:21.그러나 예수는 성전 된 자기 육체를 가리켜 말씀하신 것이라.

유대인들은 유대인들이 예루살렘 성전을 헐면 예수님께서 허물어진 예루살렘 성전을 삼일 안에 다시 세우겠노라고 말씀하신 줄로 알았으나 "그러나 예수는 성전 된 자기 육체를 가리켜 말씀하신 것이라"고 요한은 해설한다(골 2:9; 히 8:2; . 양편의 가리킴이 전혀 다르다는 것이다. 유대인들은 예루살렘 성전을 가리키는 줄로 알았고 예수님은 성전 된 자기 육체를 가리켜 말씀하셨다는 것이다. 예수님은 자기 육체를 성전이라고 말씀하신 것이다(계 21:22). 예수님은 하나님께서 거하시는 성전이시다. 하나님은 "모든 충만으로 예수 안에 거하게 하셨다"(골 1:19).

6.요한은 제자들이 예수님의 부활 후에 예수님의 말씀을 깨달았다고 말함 2:22

요 2:22.죽은 자 가운데서 살아나신 후에야 제자들이 이 말씀하신 것을 기억하고 성경과 예수께서 하신 말씀을 믿었더라.

예수님의 제자들은 예수님의 말씀을 더디게 깨달았다. 예수님께서 죽었다가

---

19) 예루살렘 성전은 3차에 걸쳐 건축과 파괴가 반복되었다. 첫째 성전은 솔로몬이 B. C. 959년에 완공하였고(왕상 6:37-38) 바벨론의 느부갓네살 왕에 의해 B. C. 586년에 파괴되었다(왕하 25:8-21). 두 번째 성전은 스룹바벨이 B. C. 516년에 완성하였고(스 6:15-18) 헤롯 성전이 지어질 때까지 유지되었으며, 셋째의 성전은 헤롯의 성전으로 재위 18년째 되는 B. C. 19년에 성전 건축을 시작하였다. 그 후 헤롯 성전은 A. D. 63년경, 총독 알비누스(Albinus) 때에 완공되었다.

삼일 만에 다시 살아나신 후에야 예수님께서 말씀하신 것, 곧 "너희가 이 성전을 헐라 내가 사흘 동안에 일으키리라"(19절)는 말씀을 기억하고 믿게 되었다는 것이다(눅 24:8). 그들은 예수님께서 말씀하실 때에는 깨닫지 못했다가 예수님께서 부활하신 후, 성령님이 오신 후에야 예수님의 말씀을 기억하게 되었다. 말씀을 기억하게 되는 것은 성령님의 역사이다(14:26). 성령을 충만히 받고서야 그들은 "성경과 예수께서 하신 말씀을 믿었다." 여기 "성경"이란 '예수님의 부활을 예언하는 구약 성경'을 지칭한다(시 2:7; 16:9-10; 사 53장). 베드로와 바울도 시 16:9-10을 그리스도의 부활을 예언하는 성경으로 인용한다(행 2:24-32; 13:35-37). 예수님의 제자들은 성령의 역사로 말미암아(14:17) 그리스도의 부활을 예언하는 구약성경 말씀과 또 "예수께서 하신 말씀," 곧 '3일 만에 부활하시리라'는 말씀을 믿게 되었다. 그러니까 제자들은 성령의 역사로 말미암아 예수님의 말씀을 기억도 하게 되었고 또 믿게도 되었다. 사람은 아무리 똑똑하고 영리해도 진리를 모른다. 성령님이 알게 해주셔야 알게 되고 믿게 해주셔야 믿게 된다. 우리는 성령님을 의지해야 한다.

7.예수님께서 예루살렘에서 더 많은 표적들을 행하시다 2:23-25

요 2:23.유월절에 예수께서 예루살렘에 계시니 많은 사람이 그의 행하시는 표적을 보고 그의 이름을 믿었으나.

예수님은 유월절 기간 내내 예루살렘에 계시면서 "표적", 곧 '표적들'을 행하셨다. 예수님께서 메시야라는 것을 알리는 종소리를 사람들에게 들려주신 것이다. 그래서 "많은 사람이 그의 행하시는 표적을 보고 그의 이름을 믿었다." 유월절 절기에는 수 많은 사람들이 모였음으로 많은 사람들이 예수님께서 행하시는 표적을 보고 예수님의 이름을 믿게 되었다. 여기 "그의 이름을(εἰς τὸ ὄνομα αὐτου) 믿었다"는 말은 곧 '예수님 자신을 믿었다'는 뜻이다. 여기 "믿었다"(ἐπίστευσαν)는 말은 부정(단순)과거로 유월절 순례자들의 일시적인 믿음을 표현한다. 많은 사람들은 예수님께서 이적을 행하실 때 예수님의 이름을 믿었고 예수님께서 하늘에서 오셨다든지 혹은 십자가에서 죽으실 것을 말씀할 때는 그들은 믿지 않았다(3:31-32; 6:41-42; 7:26-27; 40-43; 10:1f). 표적을 보고 믿는 사람들의 믿음은 약한 믿음이다.

요 2:24.예수는 그의 몸을 저희에게 의탁하지 아니하셨으니 이는 친히 모든 사람을 아심이요.

유월절에 찾아온 수많은 순례자들이 예수님의 표적을 보고 예수님의 이름을 믿었으나 "예수는 그의 몸을 저희에게 의탁하지 아니하셨다." "의탁하지 아니하셨다"(οὐκ ἐπίστευεν)는 말은 미완료 시제로 계속해서 의탁하지 않으신 것을 지칭하는 말이다. 예수님께서 그들을 계속해서 신뢰하지 않으신 이유는 "친히 모든 사람을 아시기" 때문이었다. 곧 '모든 사람의 마음을 아시기' 때문이었다. 예수님은 전지하신 분이기에 "만물보다 거짓되고 심히 부패한" 인간을 잘 아신다(렘 17:9).

요 2:25.또 사람에 대하여 누구의 증언도 받으실 필요가 없었으니 이는 그가 친히 사람의 속에 있는 것을 아셨음이니라.

또 예수님은 "사람," 곧 '유월절 순례자'나 혹은 '그 누구'에 대해서나 혹은 '인류 전체'에 대하여 누구의 증언도 받으실 필요가 없었다는 것이다(6:64; 16:30; 삼상 16:7; 대상 28:9; 마 9:4; 막 2:8; 1:24; 계 2:23). 이유는 "그가 친히 사람의 속에 있는 것을 아셨기" 때문이라는 것이다. 여기 사람의 속에 "있는"(ἦν)이란 말은 미완료시제로 사람 안에 과거에나 현재에나 미래에 '계속해서 있는' 것을 지칭하는 말이다. 예수님은 사람 안에 계속해서 있어온 것이 죄뿐이라는 것을 잘 아신다는 것이다. 예수님은 모르시는 것이 없으시다. 그는 전지하시다.

제 3 장

니고데모와의 대화 및 세례 요한의 최후 증언

VI.니고데모와의 대화 3:1-21

요한 사도는 앞에서 많은 사람이 예수님의 표적을 보고 예수님의 이름을 믿었으나 예수님은 그들을 신뢰하지 않으신 사실을 말한(2:23-25) 다음 이제는 예수님께서 유대인의 관원 니고데모가 예수님의 표적을 보고 예수님을 위대한 선생으로 찬양했으나 역시 그를 신뢰하지 않으시고 사람이 물과 성령으로 거듭나야 하나님의 나라를 볼 수도 있고 들어갈 수도 있다고 말씀하신 것을 기록한다(1-15절). 요한은 예수님과 니고데모와의 대화를 근거하고 하나님께서 독생자를 보내신 목적을 설명하고 예수님을 믿으면 벌써 구원을 받은 것이고 믿지 않으면 심판을 받은 것이라고 해설한다(16-21절).

1.사람이 거듭나야 천국을 볼 수도 있고 천국에 들어갈 수도 있다 1:1-15

요 3:1.그런데 바리새인 중에 니고데모라 하는 사람이 있으니 유대인의 지도자라.

요한은 문장 초두에 "그런데"(δε)라는 말을 사용하여 본 절이 앞 절과 연결되고 있음을 암시한다.[20] 요한은 앞 절(2:25)에서 예수님께서는 "사람에 대하여 누구의 증언도 받으실 필요가 없으시다"고 했는데 본 절 이하에서도 역시 예수님은 표적을 보고 예수님에게 찬사를 드리는 니고데모를 신뢰할 수 없는

---

20) 만약에 여기 "그런데"(δε)라는 말을 반의어로 생각하여 "그러나"라는 뜻으로 해석할 경우 니고데모는 앞 절(2:25)에 나오는 "사람"들과는 전혀 다른 사람으로서 니고데모는 거듭나지 않고 예수님의 표적만 보고도 예수님을 잘 믿는 사람이 되는 것이다. 그런고로 본문의 "그런데"(δε)는 개역개정판의 번역대로 '그런데'로 번역하는 것이 옳다.

사람이라고 암시한다. 요한은 바리새인 니고데모도 역시 앞 절(2:25)에 나오는 신뢰할 수 없는 "사람"(인류) 중에 한 사람이라는 것을 드러낸다.

그리고 요한은 본 절에서 니고데모의 신분을 드러낸다. 그는 첫째, "바리새인"이라는 것이다. 그는 엄격한 유대교를 신봉하는 바리새파 사람이었다. 예수님께 나아오기 힘든 사람이라는 것이다. 그리고 둘째, 그는 "유대인의 지도자"라는 것이다. "지도자"란 말은 '산헤드린 공회의 회원'을 지칭하는 말이다. 유대인의 지도자라고 하면 예수님을 정죄하는 위치에 있는 사람 중에 하나인고로 예수님께 나아오기는 힘든 사람이었다. 이렇게 예수님께 나아오기 힘든 사람이었는데 니고데모는 예수님께 두 번이나 더 나왔다(7:50; 19:39). 가정이 불교 가정이기 때문에 예수님께 나아오기 힘든 사람들이나 유교 가정이기 때문에 예수님께 나아오기 힘든 사람들도 과감히 예수님께 나아와서 그리스도교 진리에 접해야 할 것이다.

요 3:2.그가 밤에 예수께 와서 이르되 랍비여 우리가 당신은 하나님께로부터 오신 선생인 줄 아나이다. 하나님이 함께 하시지 아니하시면 당신이 행하시는 이 표적을 아무도 할 수 없음이니이다.

니고데모는 "밤에 예수님께 왔다"(7:50; 19:39). 요한은 니고데모가 "밤"에 예수님께 나아온 사실을 두고 좋은 뜻으로 말하기 보다는 그 무엇인가 좋지 않은 뜻으로 말하고 있다. 그가 밤에 예수님께 나아온 것은 유대인들을 두려워하여 그리고 공회원들을 두려워하여 그랬을 것이다(12:42; 19:39). 그러나 그는 예수님께 나아오지 않고 비난만 일삼은 바리새인들보다는 100배 나은 사람이었다.

니고데모는 예수님께 나아와서 "우리가 당신은 하나님께로부터 오신 선생인 줄 아나이다. 하나님이 함께 하시지 아니하시면 당신이 행하시는 이 표적을 아무도 할 수 없음이니이다"라고 말한다. 그는 예수님께 나아와서 "랍비여"라고 부르기도 하고 또 예수님을 "선생"으로 호칭하였다. 그는 거듭나지 않았기 때문에 아직 예수님이 누구인지 모르고 그저 위대한 "선생"으로만 알았다.

지금도 사람이 성령으로 거듭나지 않으면 누구든지 예수님을 "주님"으로 부르지 못하고 "선생"으로만 부를 수밖에 없다.

그리고 여기 "우리가"라고 말한 것을 보면 니고데모가 혼자 예수님께 나아온 것이 아니라 여러 사람과 함께 예수님을 방문한 것으로 보인다. 이유는 1-10절까지는 예수님께서 니고데모 개인과 대화한 것을 기록했지만 11-21절에서는 예수님께서 "너희"에게 말씀한 것을 보면 알 수 있다.

니고데모는 예수님을 "하나님께로부터 오신 선생인 줄 안다"고 말한다(행 10:38). 그는 예수님께서 행하시는 표적을 보고 그런 지식을 가진 것이다(2:23-25). 그리고 "하나님이 함께 하시기" 때문에 그런 표적을 행할 수 있다고 믿은 것이다(9:16, 33; 행 2:22). 니고데모는 그 무엇인가 예수님에게 비범한 것이 있음을 알았다. 그러나 표적(이적)을 천번 만번 보아도 사람이 거듭나지 않으면 예수님을 알 수가 없는 것이다. 표적을 따라 다니는 사람들은 거듭나지 않는 한 결국은 예수님을 아는 참 지식에 이르지 못한다.

요 3:3.예수께서 대답하여 이르시되 진실로 진실로 네게 이르노니 사람이 거듭나지 아니하면 하나님의 나라를 볼 수 없느니라.

예수님은 니고데모에게 "진실로 진실로 네게 이른다"고 말씀하신다. 곧 '간절하게 말씀한다'는 뜻이다. 그리고 예수님은 "사람이 거듭나지 아니하면 하나님의 나라를 볼 수 없다"고 말씀한다(1:13; 갈 6:15; 딛 3:5; 약 1:18; 벧전 1:23; 요일 3:9). 여기 "거듭"(ἄνωθεν)이란 말은 '위로부터'(막 15:38), '하늘로부터'(3:31), '근원부터'(눅 1:3), '다시'(갈 4:9)를 뜻하는 말인데(A. T. 로버트슨) 니고데모는 예수님의 "거듭"이란 말씀을 듣고 아마도 '다시'라는 의미로 해석한 것 같다(4절). 그러나 예수님께서 5절에 말씀한 것을 보면 '위로부터"라는 뜻으로 해석하는 것이 옳다. 그러니까 "거듭 난다"는 말은 '위로부터 난다'는 뜻인데 구체적으로 '영적인 생명을 받는다,' '신령한 생명을 받는다,' '영원한 생명을 받는다'는 뜻이다.

예수님은 사람이 거듭나지 아니하면 "하나님의 나라를 볼 수 없다"고 말씀한다. 곧 사람이 중생하지 않으면, 다시 말해 성령을 받지 않으면 예수님의 표적을 보고도(2:23) '하나님의 통치하심을 볼 수 없다'는 것이다. 예수님께서 행하신 표적을 보고도 '하나님의 통제(control)를 볼 수 없다'는 것이다. 거듭난 사람들은 예수님께서 행하시는 표적을 보고 그 표적을 통해 나타나는 하나님의 통치(rule)를 직감하게 된다. 그러나 거듭나지 않은 사람들은 모든 표적을 보아도 하나님의 절대적인 통제(control)를 인식하지 못한다. 그저 특별한 일이 발생했다고만 느낄 뿐이다. 사람이 거듭나지 아니하면 하나님께서 통치하시는 것을 볼 수도 없고 영생을 얻을 수도 없는 것이다.

요 3:4.니고데모가 이르되 사람이 늙으면 어떻게 날 수 있사옵나이까 두 번째 모태에 들어갔다가 날 수 있사옵나이까.

니고데모는 예수님께서 "거듭"나야 한다는 말씀을 듣고 당황하여 말하기를 "사람이 늙으면 어떻게 날 수 있사옵나이까 두 번째 모태에 들어갔다가 날 수 있습니까"하고 질문한다. 니고데모는 거듭나야 한다는 예수님의 말씀을 듣고 "두 번째," 곧 '다시' 나야 하는 것으로 이해했다. 다시 말해 사람이 어머니의 태중에 들어갔다가 다시 태어나는 것으로 이해한 것이다. 오늘도 사람이 성령을 받지 않으면 예수님의 말씀을 올바로 이해하지 못한다. 오늘 정치가들이나 기업가들이나 세상 사람들이 거듭나겠다고 말하는 사람은 많으나 바른 뜻을 이해하지 못한 채 그 용어를 사용하는 것을 허다하게 볼 수 있다. 그들은 대부분 좀 나아지겠다는 뜻으로 그렇게 말하나 실제로는 대부분 나아지지도 못한다.

요 3:5.예수께서 대답하시되 진실로 진실로 네게 이르노니 사람이 물과 성령으로 나지 아니하면 하나님의 나라에 들어갈 수 없느니라.

예수님은 본 절에서 사람이 어떻게 거듭나는지를 밝히신다. 사람이 어머니 태중으로 들어갔다가 다시 태어나는 것이 아니라 "물과 성령으로 난다는 것"이다(막 16:16; 행 2:38). 여기 "성령"으로 난다는 말에 대한 해석은 어려움이 없으나 "물"로 난다는 말에 대해서는 여러 해석들이 가해졌다. "물"로 난다는 말은 '물세례'를 지칭하는 것으로 보는 것이 제일 무난할 것이다. 좀 더 자세히 말하자면 '물세례를 받을 때 회개를 힘씀으로 정결하여지는 것'을 지칭하는 것으로 보아야 할 것이다.[21] 여기 "물"에 관해서 박윤선목사는 '사람이 세례를 받는 때에 되는 일, 곧, 깨끗하여지는 것을 가리킨 것'이라 하고(*요한복음주석*, p. 120), 윌렴 헨드릭슨은 "이 말씀의 해석의 열쇠는 3:22에서 발견된다(1:26, 31; 마 3:11; 막 1:8; 눅 3:16 참조). 여기서 물과 성령이 세례와 관련해서 나란히 발견된다. 그러므로 분명한 의미는 이것이다. 물로 세례를 받는 것으로는 충분하지 않다는 것이다. 상징이 귀중한 것은 사실이다...하지만 상징은 상징된 것에 수반되어야 한다. 즉 성령의 정결사역이다"라고 말한다(윌렴 헨드릭슨, 요한복음강해, p. 183). 그리고 본문에서 "성령으로 난다"는 말은 '성령에 의하여 거듭난다,' '성령의 사역으로 신령한 생명을 얻는다,' '성령의 사역으로 영원한 생명을 얻는다'는 뜻이다.

사람이 물세례를 받을 때에 정결을 힘쓰고 또 성령님께서 역사하심으로 신령한 생명을 얻으면 "하나님의 나라에 들어갈 수" 있다는 것이다. 곧 현세에서는 하나님의 통치 안으로 들어가게 되고 또 예수님께서 재림하실 때 천국에 들어가게 된다는 것이다. 아무튼 사람이 신령한 생명을 얻지 못하면 현세에서도 하나님의 통치에 참여할 수도 없고 또 내세에 들어갈 수도 없는 것이다.

요 3:6.육으로 난 것은 육이요 영으로 난 것은 영이니.

예수님은 본 절에서도 역시 사람이 어떻게 거듭나는 것인지를 밝히신다. 예수님은 먼저 "육으로 난 것은 육"이라고 하신다. 곧 '아버지와 어머니로부터 난 사람은 육(肉) 그대로라는 것'이다. 이런 말씀을 하시는 이유는 성령으로 나는 진리를 설명하시기 위함이다. 그리고 예수님은 "영으로 난 것은 영"이라

---

21) 여기 "물"에 관한 해석에 있어 다른 의견이 있다. 성령의 정화사역으로 보는 것이다. 그러니까 "물"이라는 것이 물세례를 지칭하는 것이 아니라 성령께서 정화하시는 역사를 지칭한다는 것이다(Calvin, Philip W. Comfort and Wendel C. Hawley). 그러나 이 학설의 약점은 "물과 성령으로"라는 말이 '성령과 성령으로'라는 말이 되는 점에 있다.

고 하신다. 곧 '성령님으로부터 신령한 생명을 받은 사람은 영'이라는 것이다. 곧 '성령님으로부터 영원한 생명을 받은 사람은 영적인 생명'이라는 것이다. 우리가 성령을 받기 전에는 영적인 생명이 되지 못한다. 성령으로부터 영을 받을 때만 영적인 생명인 되는 것이다. 우리는 수양을 통해서나 혹은 다른 방법으로 영의 사람이 될 수는 없다. 반드시 영을 받아야 영의 사람이 되는 것이다.

요 3:7.내가 네게 거듭나야 하겠다 하는 말을 놀랍게 여기지 말라.

예수님은 거듭나는 진리를 대하고 놀라는 니고데모에게 "내가 네게 거듭나야 하겠다 하는 말을 놀랍게 여기지 말라"고 말씀하신다. 니고데모는 바리새인으로 지금까지 율법을 지켜서 구원을 얻는 것으로 배웠을 것이며 또 그렇게 알았을 것이다. 그런데 예수님께서 거듭나야 천국을 볼 수도 있으며 천국에 들어갈 수도 있다는 말씀을 하셨을 때 니고데모는 전혀 들어본 적이 없는 진리이기 때문에 놀랍게 여기게 되었다. 그래서 예수님은 놀랍게 여기지 말라고 하신다. 그런데 예수님은 거듭나야 하겠다하는 말씀을 니고데모 개인에게만 하시는 것이 아니고 여러 사람에게 하신다. 본 절의 "거듭나야 하겠다"라는 말이 헬라어에서 복수로 쓰인 것으로 보아 니고데모와 함께 예수님을 방문한 사람들(11절의 "너희"를 보라)과 이스라엘 민족 전체를 향하여 하신 것으로 보아야 한다. 오늘 우리 모두는 거듭나야 하는 것이다. 곧 누구든지 성령을 받아야 하는 것이다.

요 3:8.바람이 임의로 불매 네가 그 소리는 들어도 어디서 와서 어디로 가는지 알지 못하나니 성령으로 난 사람도 다 이러하니라.

예수님은 사람을 거듭나게 하시는 성령님의 역사가 바람의 역사와 똑 같다고 말씀하신다. 바람이 "임의로" 부는 것처럼 성령님께서도 "임의로," 곧 '원하시는 대로 역사하셔서' 사람을 거듭나게 하신다는 것이다(행 2:2). 바람이 어느 정도 임의로 활동하는가 하면 "그 소리는 들어도 어디서 와서 어디로 가는지 알지 못한다"는 것이다(전 11:5). 첫째, '바람 소리는 들을 수 있다'는 것이다. 곧 '성령님이 사람을 거듭나게 하여 딴 사람으로 만들어 놓는 것은 분명히 알 수 있다'는 것이다. 둘째, "어디서 와서 어디로 가는지 알지 못한다"는 것이다. 곧 '바람의 출처와 바람의 종착지점이 어디인지 알 수 없듯이 성령님께서 사람을 거듭나게 하실 때 어떻게 역사하시는지를 우리들은 알 수 없다'는 것이다.

예수님은 또 "성령으로 난 사람도 다 이러하니라"고 덧붙이신다. 곧 '성령님의 중생시키시는 역사를 알 수 없듯이 성령님의 역사에 의하여 중생한 사람도 성령님의 주장에 의하여 움직이는 것이니 우리가 다 알 수가 없다'는 것이다. 성령으로 중생한 사람은 성령님의 임의성을 따라 사람이 이해할 수 없는 행동을 한다는 것이다. 하나님을 부인하던 사람이 갑자기 그리스도를 시인하며, 방탕하던 사람이 방탕의 삶을 끊게 되고, 사납던 사람이 갑자기 온유한 사람으로 변하며, 거짓말하던 사람이 진실하게 되며, 이기적이던 사람이 이타적인 사람으로 변하고, 불의를 기뻐하던 사람이 불의를 미워하는 사람으로 변한다는 것이다. 바울의 다메섹 이전의 삶과 다메섹 이후의 삶을 비교해 보면 참으로 성령님의 거듭나게 하시는 놀라운 역사를 알 수 있다. 다메섹 이후의 바울은 옛날 바울이 아니었다. 그는 혈육과 의논하지 아니하고 선교사가 되어 하나님만을 기쁘시게 하고 하나님 중심으로 움직이며 살았다. 우리 각자는 우리가 어떻게 해서 중생했는지 알 지 못한다. 그러나 우리가 중생하고 난후 하늘의 사람이 된 것을 안다.

요 3:9.니고데모가 대답하여 이르되 어찌 그러한 일이 있을 수 있나이까.

니고데모는 예수님께서 성령님의 거듭나게 하시는 역사와 또 거듭난 사람의 변화된 행동에 대해 설명하셨을 때(8절) 그는 "어찌 그러한 일이 있을 수 있나이까"라고 질문한다(6:52, 60). 그는 중생이라는 것이 있는지 조차 알지 못했다. 그는 4절에서 "어떻게" 다시 태어나는 것인지를 질문했는데 예수님께서 사람이 거듭나는 방법을 설명해주신 데 대하여 "어찌" 그런 일이 존재할 수 있을까하고 질문한다. 그는 사실은 중생의 진리를 알고 있어야 했던 사람이었다. 왜냐하면 구약 성경 에스겔 36:25-28에 이미 중생의 진리가 나오기 때문이다. 그러나 그는 바리새인들 틈에서 그 진리를 간과하고 살았다. 니고데모는 이제 중생에 대하여 배우고 싶은 심정이 된 것이다.

요 3:10.예수께서 그에게 대답하여 이르시되 너는 이스라엘의 선생으로서 이러한 것들을 알지 못하느냐.

예수님은 니고데모에게 "너는 이스라엘의 선생으로서 이러한 것들을 알지 못하느냐"고 질타하신다. "이스라엘의 선생"(ὁ διδάσκαλος τοῦ Ἰσραὴλ)이란 말 앞에 정관사(ὁ)가 있는 것을 보면 니고데모는 분명히 높은 지위에 있는 선생이었다. 그런데도 불구하고 니고데모는 성경에 나오는 중생의 진리(겔 36:25-28)를 알지 못하고 있었다. 니고데모는 바리새인이었으며 율법학자였고 또한 그는 산헤드린 공의회의 회원이었다. 어느 시대나 "선생"의 책임이란 무서운 것이다. 선생이 모르면 누가 알겠는가. 선생이 모르면 배우는 학생들은 어떻게 될 것인가.

요 3:11.진실로 진실로 네게 이르노니 우리는 아는 것을 말하고 본 것을 증언하노라 그러나 너희가 우리의 증언을 받지 아니하는도다.

예수님은 니고데모에게 이르시기를 "우리는 아는 것을 말하고 본 것을 증언하노라"고 하신다(32절; 7:16; 8:28; 12:49; 14:24; 마 11:27). 여기 "우리"는 '예수님과 세례 요한 그리고 안드레, 요한, 베드로, 빌립, 나다나엘'을 지칭한다(1:35-51).[22] 그리고 "아는 것과 본 것"이란 말은 '예수님과 또 함께 있던 제자들이 알고 있고 보게 된 성령님의 신비한 역사와 그 결과들'을 지칭한다. 예수님께서 니고데모와 대화하실 때 함께 있던 제자들은 벌써 성령님의 신비한

---

22) 여기 "우리"가 누구인가를 두고 많은 견해들이 대두되었다. 첫째, 권위를 나타내기 위해 쓰인 복수로서 예수님만을 가리킨다는 설, 둘째, 예수님과 세례 요한을 뜻한다는 설, 셋째, 성부 성자 성령을 지칭한다는 설, 넷째, 구약의 선지자 모두를 가리킨다는 설 등이 있으나 문맥으로 보아 예수님과 제자들을 가리키는 것으로 보아야 할 것이다(1:35-51).

역사로 말미암아 중생을 체험하게 되었고 또 보게 되었다. 여기 "아는 것과 본 것"에 대해 혹자는 예수님께서 하늘에서 영적으로 보시고 아시는 것을 지칭한다고 말하나 12절의 예수님의 말씀으로 보아 본 절의 내용은 분명히 "땅의 일"을 지칭하는 것으로 보아야 할 것이다. 그렇다면 "우리가 아는 것과 본 것"은 '성령님의 신비한 역사로 말미암아 거듭나는 진리'를 지칭하는 것으로 보아야 할 것이다. 예수님께서 복음을 말씀하실 때 성령님은 신비하게 역사하셔서 제자들(1:35-51)을 중생시키셨는데 그 사실을 두고 예수님은 "우리는 아는 것을 말하고 본 것을 증언하노라"고 말씀하신 것이다. 예수님과 제자들은 이렇게 증언하셨는데 "너희가 우리의 증언을 받지 아니한다"고 탄식하신다. 여기 "너희"란 말은 '니고데모와 유대인들 그리고 니고데모와 함께 대화에 참석했을 사람들'을 지칭한다. 니고데모와 유대인들은 거듭나야 한다는 진리를 받지 못하고 있다는 것이다.

요 3:12.내가 땅의 일을 말하여도 너희가 믿지 아니하거든 하물며 하늘의 일을 말하면 어떻게 믿겠느냐.

예수님은 예수님께서 하시는 일을 "땅의 일"과 "하늘의 일"로 나누신다. 그리고 땅의 일에 대해서는 벌써 말씀하셨다고 하시고 하늘의 일에 대해서는 앞으로 말씀하실 것이라고 하신다. "땅의 일"이란 '사람을 중생시킬 때 성령님께서 신비하게 일하시는 것과 또한 중생한 사람 안에서 성령님께서 신비하게 역사하시는 것'을 지칭한다. 예수님은 니고데모에게 땅의 일을 벌써 "말하였어도 믿지 아니한다"고 하신다. 여기 "말하였어도"(εἶπον)란 말은 부정(단순)과거로 이미 말씀하신 것을 지칭한다. 예수님은 사람을 거듭나게 하시는 성령님의 신비한 역사에 대해서 니고데모에게 벌써 말씀하셨다는 것이다. 그런데도 니고데모와 함께 대화에 참여한 일행은 예수님의 말씀을 믿지 아니한다는 것이다.

예수님은 니고데모가 땅의 일도 믿지 않는데 "하늘의 일을 말하면 어떻게 믿겠느냐"고 말씀하신다. "하늘의 일"이란 앞으로 진술하실 일(13절 이하에 진술하실 일), 곧 '하늘 영역의 일,' '하나님 나라의 일'을 지칭한다. 그리고 여기 "말하면"(ἐὰν εἴπω)이란 말은 '앞으로 말하면'이란 뜻으로 13절 이하에 진술하실 것을 염두에 둔 말이다. 예수님은 니고데모가 중생의 진리와 같은 기본적인 진리도 믿지 못하는데 앞으로 예수님께서 말씀하실 하늘의 일을 어떻게 믿을 수 있겠느냐고 책망조로 말씀하신다. 오늘 우리는 성령님의 가르침을 받아 예수님께서 말씀하시는 깊은 진리라도 알아야 할 것이다. 우리는 먼저 우리의 무지를 고백해야 한다. 그럴 때 성령님은 우리의 스승으로 우리에게 성경의 모든 진리를 가르쳐 주시고 또한 성경에 기록되어 있지 않은 주님의 뜻도 가르쳐 주실 것이다.

요 3:13.하늘에서 내려온 자 곧 인자 외에는 하늘에 올라간 자가 없느니라.

예수님은 본 절에서 예수님만이 하늘의 일(12절)을 가르쳐 주실 수 있는 분이라고 말씀하신다. 예수님만이 "하늘에서 내려온 자"이며 "하늘에 올라간 자"라는 것이다(6:33, 38, 51, 62; 16:28; 잠 30:4; 행 2:34; 고전 15:47; 엡 4:9-10). 예수님은 하늘에서 내려오신 분이므로 하늘의 일을 말씀하실 수 있으시다. 예수님 이외에는 아무도 하늘의 일을 알 사람이 없다. 우리는 깜깜한 사람들이다. 한치 앞을 모르는 사람들이다. 우리의 눈높이 이상을 알 수가 없는 사람들이다.

본문의 "하늘에 올라간 자"(ἀναβέβηκεν εἰς τὸν οὐρανὸν)란 말은 '하늘에 계신 자'라는 뜻이다. 여기 "올라간"(ἀναβέβηκεν)이란 말은 현재완료시제로 '이미 과거에 올라가셨고 지금도 계속해서 하늘에 계신 자'라는 뜻이다. 예수님은 니고데모와 대화하시는 시간에도 하늘에 계신 분이라는 것이다. 예수님은 하늘에 계시는 분이신데 사람의 몸을 입으시고 하늘에서 내려오셨다는 것이다. 사람의 몸을 입고 내려오셔서 사역하시는 중에 역시 예수님은 하늘에 계신 분이시라는 것이다. 예수님은 하늘에 올라간 에녹(창 5:24)과 엘리야(왕하 2:9-11)와는 다른 분이시다. 그들은 땅에서 살다가 하늘로 올라간 사람들인데 예수님은 하늘에 계신 분으로 땅으로 내려오셔서 하늘의 일을 말씀하신 것이다. 예수님은 하늘에 올라간 두 사람들과도 다른 분이라는 것을 말씀하시기 위해 "인자 외에는 하늘에 올라간 자가 없느니라"고 말씀하신다. 다시 말해 '예수님 이외에는 하늘에 계신 자가 없다'는 것이다. 구약의 두 사람은 땅에 있다가 승천한 사람들이다. 예수님은 땅에 내려오셨어도 역시 하늘에 계신 분이시다. 그래서 그는 하늘의 일을 말씀하실 수 있으신 분이다. 오늘 우리는 예수님의 계시만을 받아야 한다.

요 3:14.모세가 광야에서 뱀을 든 것같이 인자도 들려야 하리니.

예수님은 본 절에서 앞에서(12절) 말씀하신 하늘의 일이 무엇임을 설명하신다. 하늘의 일은 다름 아니라 "인자가 들리는 것," 곧 '십자가에서 대속의 죽음을 죽는 것'이다. 예수님은 자신의 십자가의 죽음을 "모세가 광야에서 뱀을 든 것"에 비유하신다(민 21:9). 민수기 21:6-7에 보면 모세는 이스라엘 민족이 광야에서 하나님과 모세를 원망하다가 뱀에게 물려 죽어가는 것을 살리기 위해 장대에 구리 뱀을 붙잡아매어 광야에 세웠다. 이스라엘 사람들은 장대에 달린 구리 뱀을 쳐다보았을 때 구원을 받았다. 광야에서 하나님과 모세를 원망하다가 죽어갈 때 장대의 구리 뱀을 쳐다보면 살 수 있게 만드신 하나님은 죄를 지은 사람들로 하여금 예수님의 십자가를 바라보면 살도록 만들어주셨다. 본문에 "들려야 하리니"라는 말은 '십자가에 달려야 하리니'라는 뜻이다(8:28; 12:32). "들린다"(ὑψωθῆναι)는 말이 요한복음에서는 예수님의 십자가 죽음과 관련되어 사용되었다(8:28; 12:32-34).

요 3:15.이는 그를 믿는 자마다 영생을 얻게 하려 하심이니라.

본 절은 예수님께서 "들리신"(14절) 목적을 진술한다. 예수님께서 십자가에 달리신 목적은 "그를 믿는 자마다 영생을 얻게 하려 하는 것"이다. 여기 "믿는"(πιστεύων)이란 말은 현재분사 시제로 '계속해서 믿는 것'을 지칭한다. 우리가 예수님을 계속해서 주님으로 믿어야 한다는 것이다. 예수님께서 십자가에 들리신 것은 계속해서 믿는 사람마다 "영생을 얻게 하려는 것"이다(36절; 5:24; 6:47; 요일 5:13). "영생"이란 오래 사는 것을 말하지 않고 예수님과 연합되어 예수님의 생명에 참여하는 것을 뜻한다. 예수님을 주님으로 믿는 사람들은 지금 영원한 생을 살고 있는 것이고 육신이 죽은 후로도 영원한 생을 누리는 것이다(6:54). 민수기 21:6-9은 뱀에게 "물린 자마다 그것을 보면 살리라"고 했고 본 절에서는 예수님을 "믿는 자마다" 영생을 얻게 하려 한다고 말한다. 구약에서는 "*보면* 살리라"했고 신약에서는 "*믿으면* 살리라" 한다. 똑같은 뜻이다. 우리는 예수님을 주님으로 믿을 때 산다.

2.하나님께서 독생자를 보내신 목적 3:16-21

요한은 앞에서(1-15절) 예수님께서 니고데모와 대화하신 내용을 기록하고는 이제 예수님께서 니고데모에게 가르쳐주신 교훈을 해설한다(16-21절).[23)] 요한은 먼저 하나님께서 예수님을 세상에 보내신 목적을 말하고(16-17절), 예수님을 믿는 자와 믿지 않는 자에게 임할 결과가 다름을 말하며(18-19절), 불신자의 불신의 원인이 무엇임을 말하고(20절), 믿는 자가 계속해서 빛이신 예수님에게 나아오는 이유를 말한다(21절). 곧 예수님을 믿는 신자가 계속해서 예수님에게 나아오는 이유가 무엇임을 설명한다.

요 3:16.하나님이 세상을 이처럼 사랑하사 독생자를 주셨으니 이는 그를 믿는 자마다 멸망하지 않고 영생을 얻게 하려 하심이라.

본 절은 마틴 루터(Martin Luther) 이래 '작은 복음'(Little Gospel) 혹은 '복음서

---

23) 16-21절이 예수님께서 니고데모에게 계속해서 말씀하시는 말씀이냐 아니면 요한이 예수님께서 니고데모에게 주신 앞(10-15절)의 교훈의 말씀을 해설하는 것이냐에 대하여 많은 논란이 있어 왔다. 양설은 팽팽히 맞서고 있는데 요한이 예수님께서 니고데모에게 주신 교훈의 내용을 해설한 것으로 보는 것이 더 나을 것이다. 이유는 첫째로, 예수님은 10-14절까지 말씀하시는 중에 14절에 이르러 "인자"라는 칭호를 쓰신다. "인자"라고 하는 칭호는 항상 예수님 자신께서 쓰신 자칭호(自稱號)였다. 그런데 16절과 18절에서 요한은 예수님을 지칭할 때 "독생자"라는 칭호를 사용한다. 이 "독생자"라는 칭호는 요한 사도가 예수님을 지칭할 때 사용하는 칭호이다(1:14, 18; 요일 4:9). 그리고 둘째로, "이름을 믿는다"(πιστευω εἰς τὸ ὄνομα)(18절)와 그리고 "진리를 따른다"(ποιεω τὴν ἀλήθειαν)(21절)는 말은 아무 곳을 보아도 예수님의 연설 중에는 나오지 않으며 요한이 사용한 문장이다(레온 모리스). 따라서 16-21절의 말씀은 예수님께서 니고데모에게 하신 말씀이 아니라 요한 사도가 예수님께서 니고데모에게 하신 말씀을 주해한 것으로 보는 것이 더 나을 것이다.

들 중에 있는 복음'(The Gospel withing the Gospels)이라고 불려왔다. 혹자는 지금 막 죽어가는 사람이 있다면 바로 본 절 말씀을 가지고 그리스도를 제시해야 한다고 주장하기도 한다.

아무튼 요한은 본 절과 다음 절(17절)에서 하나님께서 독생자를 보내신 목적을 역설하고 있다. 요한은 "하나님"이 사랑의 원천으로서(요일 4:8) "세상을 이처럼 사랑하셨다"고 말한다. 여기 "세상"이란 말은 세상의 특정한 사람들만을 가리키는 말이 아니고 하나님을 반역하여 영적으로 죽어버린 '모든 인류'를 지칭한다(6:33; 17:21; 고후 5:19). "사랑하사"(ἠγάπησεν)란 말은 부정(단순)과거 시제로 하나님께서 확실하게 희생적으로 사랑하신 것을 뜻한다. 요한은 하나님께서 세상을 지극히 사랑하셔서 "독생자"를 주셨다고 말한다(롬 5:8; 요일 4:9). 여기 "독생자"란 말에 대하여는 1:14 주해를 참조하여라. "독생자"는 육신을 입으신 후에 독생자가 되신 것이 아니라 영원 전부터 독생자의 신분이셨는데 하나님께서 그 독생자를 우리를 위해 주신 것이다. "주셨으니"(ἔδωκεν)란 말은 부정(단순)과거 시제로 하나님께서 예수님에게 육신을 입혀 세상에 보내신 것과 동시에 십자가에서 죽게 하신 것을 지칭하는 말이다.

하나님께서 독생자를 주신 목적은 "그(독생자)를 믿는 자마다 멸망하지 않고 영생을 얻게 하려 하심이라"는 것이다. 하나님께서 독생자를 세상의 모든 인류를 위해 주셨지만 "그를 믿는 자마다," 곧 '믿는 사람만' 구원하신다는 것이다. 독생자를 주님으로 믿지 않는 사람은 구원으로부터 제외된다는 것이다. 여기 "믿는"(πιστεύων)이란 말은 현재 분사로 계속해서 그리스도를 주님으로 믿는 것을 지칭하는 말이다. 우리는 끊임없이 그리스도를 구주로 믿어야 한다. 그리스도를 믿는 사람마다 "멸망치 않게" 된다는 것이다. "멸망하다"(ἀπόλλυμι)란 말은 '잃어버리다'(to be lost) 혹은 '파괴되다'(to be destroyed)라는 뜻으로 회복 불능의 상태로 빠져든 것을 지칭하는 말인데 문맥을 살필 때 "영생"이란 말의 반대말이다. 그리고 "영생"이란 말은 문자적으로는 '영원한 생명'을 뜻하는데 '그리스도의 생명에 참예하는 것'을 지칭한다. 문맥으로 보아 다음 절(17절)의 "구원"이란 말과 같은 말이다.

요 3:17.하나님이 그 아들을 세상에 보내신 것은 세상을 심판하려 하심이 아니요 그로 말미암아 세상이 구원을 받게 하려 하심이라.

요한은 앞 절(16절)의 말씀을 여기서 다시 해설한다. 요한은 "하나님이 그 아들을 세상에 보내신" 목적을 먼저 부정적으로 말하고 다음으로 긍정적으로 말한다. 부정적인 목적은 "세상을 심판하려 하심이 아니라"는 것이다(12:47; 요일 4:14). 예수님은 이미 죄 때문에 심판(정죄) 받은 인류를 다시 심판하려고 오신 것이 아니라는 것이다. 요한은 16절의 "멸망"이란 말 대신에 본 절에서는 "심판"이란 말로 바꾸어 사용한다. 여기 "심판하려"(κρίνη)란 말은 '분리하다,' '정죄하다'라는 뜻으로 "구원"(본 절 하반 절)이란 말의 반대어이다. 그리고 긍정적인 목적은 "그(예수님)로 말미암아 세상이 구원을 받게 하기" 위함인 것이다. 요한은 앞 절(16절)에서는 "영생"이란 말을 사용했으나 본 절에서는 "구원"이란 말로 바꾸어 사용한다. 예수님의 초림의 목적은 심판이 아니라 구원이라는 것이다. 그러나 사람의 선택으로 심판(정죄)을 받는 사람들이 있다고 요한은 다음 절(18절)에서 역설한다.

요 3:18.그를 믿는 자는 심판을 받지 아니하는 것이요 믿지 아니하는 자는 하나님의 독생자의 이름을 믿지 아니하므로 벌써 심판을 받은 것이니라.

요한은 본 절에서 예수님을 믿는 자와 믿지 않는 자의 결과가 다르다고 역설한다. "그를 믿는 자는 심판을 받지 아니하는 것이라"고 말한다(5:24; 6:40, 47; 20:31). 곧 '독생자를 믿는 사람은 심판을 받지 아니하는 것이라'는 것이다. 곧 '정죄를 당하지 아니하는 것이라'는 말이다. 여기 "믿는 자"(πιστεύων)란 말은 현재분사로 '계속해서 예수님을 주님으로 믿는 자'를 지칭한다. 그리고 요한은 "믿지 아니하는 자는 하나님의 독생자의 이름을 믿지 아니하므로 벌써 심판을 받은 것이라"고 말한다. '계속해서 예수님을 주님으로 믿지 않는 사람은 하나님께서 보내신 독생자를 믿지 아니하므로 벌써 현세에서 심판을 받은 것이라'는 것이다. "벌써 심판을 받은 것이니라"는 말씀은 '앞날을 기다릴 것도 없이 예수님을 믿지 않는 그 현재에 벌써 심판 아래에 있다'는 말이다.

인류는 원죄와 자범(자기) 죄로 말미암아 정죄(심판)아래에 있어 왔는데 그 정죄(심판)를 벗어날 좋은 기회, 곧 예수님을 영접하는 기회를 붙잡지 못하고 놓치면 그냥 심판 아래에 있게 되는 것이다. 더욱이 여기 "심판을 받은" (κέκριται)이란 말은 완료시제로 '이미 과거에 심판을 받았고 지금도 계속해서 심판 아래에 있다'는 뜻으로 믿지 않는 사람은 앞으로 심판을 받는 것이 아니라 예수님을 믿지 않는 그 현재 그냥 심판의 방석위에 앉아 있다는 것이다. 우리가 심판석을 떠나는 비결은 예수님을 믿는 것뿐이다.

요 3:19.그 정죄는 이것이니 곧 빛이 세상에 왔으되 사람들이 자기 행위가 악하므로 빛보다 어둠을 더 사랑한 것이니라.

요한은 본 절에서 "그 정죄," 곧 앞 절(18절)에서 말한 대로 "벌써 심판을 받았다"는 말이 무엇인가를 설명한다. "정죄"(κρίσις)란 말은 사전적인 뜻으로는 '심판,' '탄핵,' '판단'이란 뜻인데 구체적으로 말해 "빛이 세상에 왔으되 사람들이 자기 행위가 악하므로 빛보다 어둠을 더 사랑한 것" 자체를 말한다(1:4, 9-11; 8:12). 곧 '빛이신 그리스도께서 이 불의한 세상에 오셨는데 사람들, 즉 유대인이나 이방인이 자기들의 행위가 악하므로 빛이신 예수님보다 어둠을 더 사랑한 것'이라는 것이다. 여기 "어둠"이란 '죄,' '영적인 어둠'을 지칭한다. 사람들은 그 마음이 악(惡)하므로 빛으로 오신 예수님보다 '영적인 어둠'을 도리어 사랑한다는 것이다. 사람은 참으로 악하다(렘 17:9; 롬 1:18-25; 3:10-15). 그래서 빛이신 예수님을 미워하며(20절) 영적인 어둠을 사랑한다. 사람의 마음의 악과 세상의 영적인 어둠은 서로 통한다. 다시 말해 사람은 악해서 세상의 죄, 곧 영적인 어둠을 더욱 좋아한다. 부정과 비리를 더욱 좋아하고 음란을 더욱 좋아하며 거짓을 더욱 좋아하고 각종 죄를 짓기를 좋아한다. 그래서 사람은 정죄 아래에 갇혀있다. 그냥 정죄 받은 채 살아가고 있다.

요 3:20.악을 행하는 자마다 빛을 미워하여 빛으로 오지 아니하나니 이는

그 행위가 드러날까 함이요.

요한은 본 절에서 불신의 원인이 무엇임을 밝힌다. 요한은 "악을 행하는 자마다 빛을 미워하여 빛으로 오지 아니한다"고 말한다(욥 24:13, 17; 엡 5:13). "악을 행하는 자마다 빛을 미원한다"는 것이다. 여기 "악"(φαῦλα)이란 말은 '사악한 것들'을 지칭하고 "행한다"(πράσσων)는 말은 현재분사로 '계속해서 행하는 것'을 지칭한다. 그러니까 "악을 행하는 자마다"란 말은 '사악한 일들을 계속적으로 행하는 사람마다'라는 뜻이다.

습성적으로 악들을 행하는 사람들은 "빛을 미워하여 빛으로 오지 아니한다"는 것이다. 여기 "미워하다"(μισεῖ)는 말은 현재시제로 '끊임없이 미워하고 있음'을 말하고 "오지 아니하다"(οὐκ ἔρχεται)라는 말도 역시 현재시제로 '계속해서 오지 아니하는 것'을 뜻한다. 악을 행하는 사람들은 마음속에 자리 잡고 있는 사악(邪惡)함 때문에 빛이신 예수님을 미워하게 되어 예수님에게 오지 못하게 하는 것이다. "악"이란 무서운 것이다.

악을 행하는 사람들이 예수님에게 오지 아니하는 것은 "그 행위가 드러날까 해서"라는 것이다. 그 행위들이 들추어질까 두려워 예수님께 오지 않는다는 것이다. 다시 말해 그 행위들이 들추어져 책망을 받을까 두려워서 예수님께 나아오지 아니하는 것이다. 오늘 우리는 오히려 우리의 잘 못된 것이 드러나도록 그리스도에게 나아와야 한다. 그럴 때 우리는 빛을 발하는 성도가 될 것이다. 엡 5:13-14에서 바울은 "책망을 받는 모든 것은 빛으로 말미암아 드러나나니 드러나는 것마다 빛이니라. 그러므로 이르시기를 잠자는 자여 깨어서 죽은 자들 가운데서 일어나라. 그리스도께서 너에게 비추이시리라"고 말한다.

요 3:21. 진리를 따르는 자는 빛으로 오나니 이는 그 행위가 하나님 안에서 행한 것임을 나타내려 함이라 하시니라.

요한은 본 절에서 예수님을 믿으면서 진리를 따르는 삶을 사는 신자가 계속해서 예수님에게 나아오는 이유를 설명한다. 본문의 "진리를 따르는 자"(ὁ ποιῶν τὴν ἀλήθειαν)란 말은 '끊임없이 진리를 행하는 자'란 뜻이고, "오나니"(ἔρχεται)란 말은 현재시제로 '계속해서 온다'는 뜻으로 '계속해서 그리스도를 믿는다'는 뜻이다. 그러니까 진리를 행하는 사람들은 계속해서 빛이신 그리스도에게로 나아온다는 것이다. 그렇게 계속해서 예수님에게 나아오는 목적은 "그 행위가 하나님 안에서 행한 것임을 나타내려 함이라"는 것이다. 곧 '그의 행위들(복수)이 하나님의 주신 힘에 의하여, 하나님의 시인에 의하여, 하나님의 도움에 의해서 된 것임을 나타내기 위함이라'는 것이다. 성도의 선행은 성도 자신의 지혜로나 혹은 성도 자신의 능력으로나 혹은 성도 자신의 의지로 된 것이 아니라 전적으로 하나님 안에서 된 것이다. 그것을 드러내기 위하여, 그것들 때문에 감사하고 찬양하기 위하여 성도는 끊임없이 그리스도에게 나아가는 것이다. 우리에게는 내 것이 없고 다 하나님의 은혜로 된 것 뿐이다.

VII.세례 요한의 최후 증언 3:22-36

요한 사도는 예수님께서 니고데모와의 대화하신 내용을 기록하고(1-15절) 또 그 대화를 기초하여 요한 사도의 주해를 기록한(16-21절) 다음 이제는 세례 요한의 저 유명한 최후 증언을 기록한다. 요한 사도는 세례 요한이 예수님을 높인 사실을 기록하여 사람들에게 퍼뜨려 세례 요한을 따르던 제자들로 하여금 예수님을 바라보도록 한다. 요한 사도는 먼저 예수님께서 유대에서 사역하신 것(22절)과 세례 요한이 가까운 곳에서 사역한 것을 기록하며(23-24절), 또한 세례 요한의 제자들이 자기의 스승을 찾아가 예수님을 시기하게 하는 말을 전한 것을 기록하고(25-26절) 제자들의 말을 들은 세례 요한은 제자들 앞에서 예수님을 높이고 자신을 낮추는 위대한 네 마디 말을 한다(27-30절). 그리고 요한 사도는 세례 요한의 말을 주해한다(31-36절).

1.예수님과 세례 요한이 서로 가까운 곳에서 사역함 3:22-24

요 3:22.그 후에 예수께서 제자들과 유대 땅으로 가서 거기 함께 유하시며 세례를 베푸시더라.

요한 사도는 예수님께서 "그 후에," 곧 '예루살렘에서 사역하시고 난 후에' "제자들과 유대 땅으로 가서 거기 함께 유하시며 세례를 베푸시더라"고 말한다(4:2). 여기 "세례를 베푸신 것"은 예수님께서 친히 베푸신 것이 아니라 제자들이 베푼 것이다(4:1-2). 요한 사도가 이렇게 예수님께서 유대(요단강 근처의 평야이거나 아니면 여리고와 가까운 곳일 것임)에서 사역하신 것을 기록한 이유는 다른 뜻도 있을 수 있으나 세례 요한의 사역지(使役地)와 가까운 곳에서 사역하시는 중에 세례 요한이 예수님을 시기하고 대항할만한 입장이었지만 세례 요한이 오리혀 예수님을 높인 위대한 증언을 기록하기 위함일 것이다.

요 3:23.요한도 살렘 가까운 애논에서 세례를 베푸니 거기 물이 많음이라. 그러므로 사람들이 와서 세례를 받더라.

요한 사도는 본 절과 다음 절(24절)에서 세례 요한이 예수님께서 사역하시는 곳으로부터 멀지않은 곳에서 세례를 베풀고 있었다고 말한다. 멀지 않다고 말할 수 있는 이유는 두 곳에서 세례가 베풀어지고 있을 때 많은 사람이 예수님의 제자들이 세례를 베푸는 곳으로 간다는 사실을 세례 요한의 제자들이 알아차린 것을 보면 알 수 있다(26절). 두 곳이 비교적 서로 근접해 있었다. 요한 사도는 "요한(세례자)도 살렘 가까운 애논에서 세례를 베풀고" 있다고 했는데 "살렘"이란 땅은 '평화'라는 뜻을 가진 지명이고(삼상 9:4) "애논"이란 땅은 '샘'이라고 하는 아람어의 복수형으로부터 나온 지명으로 '많은 샘들이 있는 곳'이라고 하는 뜻을 가진 지명인데 현재의 어느 지점에 해당하는지 알기가 어렵다. 세례 요한의 세례나 예수님의 제자들이 베푼 세례는 오늘날의 세례와는 다른 세례이다. 세례 요한의 세례는 사람들로 하여금 예수님에게 가도록 준비시키는 세례였고 예수님의 제자들이 베푼 세례 역시 비슷한 성격으로 예수님을 영접하게 하는 세례였다.

요 3:24.요한이 아직 옥에 갇히지 아니하였더라.

요한 사도는 세례 "요한이 아직 옥에 갇히지 아니하였더라"고 진술한다(마

14:3). 아직 감옥에 갇히지 않고 사역을 했다는 뜻이다. 마 4:12에 보면 예수님께서 광야에서 시험을 받으신 후에 세례 요한이 감옥에 갇혔다는 소식을 들으시고 곧 갈릴리로 가셨다는 말씀이 있는 것을 보아 분명히 예수님께서 광야에서 시험을 받으시고 나신 후 세례 요한과 함께 사역하신 기간이 있었던 것으로 보인다.

2.세례 요한의 제자들이 자기의 스승으로 하여금 예수님을 시기케 함 3:25-26

요 3:25.이에 요한의 제자 중에서 한 유대인과 더불어 정결예식에 대하여 변론이 되었더니.

예수님(22절)과 세례 요한(23-24절)이 서로 가까운 곳에서 세례를 베풀고 있을 그 때에 "요한의 제자 중에서 한 유대인과 더불어 정결예식에 대하여 변론이" 일어났다. 곧 '세례 요한의 제자들 중에서 몇 사람과 예수님의 세례를 더 지지하는 한 사람의 유대인과 더불어 정결예식(καθαρισμός), 곧 세례(다음절)에 대하여 격론이 벌어지게 되었다. 세례 요한의 몇몇 제자들은 세례 요한이 베푸는 세례가 더욱 죄를 깨끗하게 씻을 것이라고 주장했고 예수님의 세례를 더욱 우세하게 보는 유대인 중에 한 사람은 예수님의 제자들이 베푸는 세례가 더욱 죄를 깨끗하게 씻을 것이라고 주장하다가 피차 격론에 이르게 되었다는 것이다. 사실은 양쪽의 세례가 모두 예수님을 영접하도록 준비시키는 세례라는 점에서 같은 성격의 세례였다. 아무튼 세례 때문에 격론이 일어난 것은 양편의 무지의 소치였으나 결과적으로는 그런 격론 때문에 세례 요한의 저 위대한 증언이 나오게 된 것이다. 우리는 세례 요한과 같이 사회와 교회들 속에서 일어나는 격론을 잠재울 수 있는 사람이 되어야 할 것이다.

요 3:26.그들이 요한에게 가서 이르되 랍비여 선생님과 함께 요단강 저 편에 있던 이 곧 선생님이 증언하시던 이가 세례를 베풀매 사람이 다 그에게로 가더이다.

세례 요한의 제자들이 스승 요한에게 가서 "랍비여 선생님과 함께 요단강

저 편에 있던 이, 곧 선생님이 증언하시던 이가 세례를 베풀매 사람이 다 그에게로 가더이다"라고 말하여 예수님을 시기하게 만들었다(1:7, 15, 27, 34). 요한의 제자들은 '선생님과 함께 요단강 저편 베다니에서 있으면서 선생님께서 그 분을 향하여 위대한 분으로 증언하시던 예수라는 분이 세례를 베푸니 사람들이 다 그 분에게 몰려가더이다'라고 말하여 예수님을 시기하게 만든 것이다. 본문에 "증언하시던"(μεμαρτύρηκας)이란 말은 완료시제로 세례 요한은 베다니에서의 증언 이후 계속해서 예수님을 위대한 분으로 증언해왔다는 것이다. 또 마 3:13에 의하면 예수님은 세례 요한에게 세례까지 받았는데 후배 되는 사람이 오히려 더 커져서 많은 사람들이 예수님께서 세례 베푸는 현장으로 몰려간다는 사실을 세례 요한에게 보고하여 예수님을 한번 비난이라도 하게 하여 자기들의 불편한 심기를 달래고 대리 만족이라도 얻으려 했다. 그러나 천만 뜻밖에도 세례 요한의 입에서는 비난이나 중상모략 같은 것은 나오지 않고 오히려 그 유명한 세례 요한의 위대한 증언이 나온 것이다. 오늘 우리는 다른 사람이 큰다는 말을 들을 때 오히려 박수하며 하나님께 감사하는 위인이 되어야 할 것이다.

3.세례 요한이 그리스도를 높이는 위대한 증언 3:27-30

요 3:27.요한이 대답하여 이르되 만일 하늘에서 주신 바 아니면 사람이 아무것도 받을 수 없느니라.

요한의 위대한 4마디 말이 (본 절부터 30절까지) 요한의 입에서 나온다. 첫째, 세례 요한은 예수님의 사역은 하나님께서 주셔서 이루어지는 것이라고 말한다. 세례 요한은 "만일 하늘에서 주신 바 아니면 사람이 아무것도 받을 수 없느니라"고 말한다(고전 4:7; 히 5:4; 약 1:17). 곧 '하나님께서 허락하셨기 때문에 예수님의 세례 사역이 가능하고 또 번성한다'는 것이다. 행 5:38-39에 보면 바리새인 가말리엘은 사도들을 없애버리려는 예루살렘 공회원들을 향하여 "이제 내가 너희에게 말하노니 이 사람들을 상관하지 말고 버려두라. 이 사상과 소행이 사람으로부터 났으면 무너질 것이요. 만일 하나님께로부터 났으면 너희가 그들을 무너뜨릴 수 없겠고 도리어 하나님을 대적하는 자가 될까 하노니"라고 했다. 예수님을 모르는 바리새인 가말리엘도 막연하나마 무슨 일이 하나님으로부터 기원했느냐를 따지는 것을 볼 수 있다. 우리는 무슨 일이 하나님으로부터 왔는지를 살펴야 할 것이다.

요 3:28.내가 말한바 나는 그리스도가 아니요 그의 앞에 보내심을 받은 자라고 한 것을 증언할 자는 너희니라.

둘째, 요한 자신은 예수님을 위한 앞잡이로 보냄을 받은, 낮은 자일뿐이라고 말한다. 요한은 그 사실을 여러 번 "말한바" 있다고 말한다. 다시 말해 여러 번 설교에서 말한바 있다는 것이다. 그런고로 세례 요한은 자신이 그리스도가 아니요(1:20, 27) 그의 앞에 보냄을 받은 자(말 3:1; 막 1:2; 눅 1:17)라고 "증언할 자는 너희니라"고 말한다. 다시 말해 제자들이 요한의 신분, 곧 예수님의 앞잡이 신분을 사람들에게 증언해야 한다는 것이다. 세례 요한은 앞으로 제자들이 세례 요한의 낮은 신분을 전해야 마땅하다고 말한다.

요 3:29.신부를 취하는 자는 신랑이나 서서 신랑의 음성을 듣는 친구가 크게 기뻐하나니 나는 이러한 기쁨으로 충만하였노라.

셋째, 세례 요한은 많은 성도들이 그리스도 앞으로 모이는 것을 섭섭하게 여기지 않고 오히려 자신은 그리스도의 가르침과 설교를 듣는 것으로 최상의 기쁨으로 삼고 있다고 말한다. 본문의 "신부"란 말은 '예수님을 따르는 성도들'을 지칭한다(고후 11:2; 엡 5:25, 27; 계 21:9). 구약 시대에는 이스라엘 민족이 하나님의 신부였고(사 54:5; 렘 3:20; 호 2:7), 신약 시대에는 하나님의 교회가 그리스도의 신부이다(엡 5:32; 계 19:7; 21:9; 22:17). 세례 요한은 많은 사람들이 "신랑 되신" 그리스도에게로 모이는 것을 당연한 것으로 여기고 전혀 섭섭하게 생각하지 않는다는 것이다. 자신은 신랑의 음성을 듣는 것으로 최상의 기쁨으로 안다고 말한다. 신랑의 "친구"는 유대나라에서 1)혼인을 위한 중매자로 활동하며, 2)신부를 신랑에게 안전하게 데려다 주고, 3)결혼 예식 때 신랑의 들러리가 되었다(Vincent). 세례 요한 자신은 그리스도가 아니라 단지 신랑친구를 시중드는 친구에 불과하다고 말한다(아 5:1). 그는 지금 예수님의 사역에 시중드는 것으로 기쁨을 삼고 있다는 것이다. 그는 자신의 인기가 떨어지고 예수님께서 더욱 영광을 받으실수록 기쁨이 충만하다는 것이다. 오늘 우리도 예수님 앞으로 수많은 사람이 모일수록 기뻐해야 할 것이다. 우리는 그리스도의 들러리일 뿐이다. 들러리는 들러리 행세를 해야 한다.

요 3:30.그는 흥하여야 하겠고 나는 쇠하여야 하리라 하니라.
넷째, 세례 요한은 "그(예수님)는 흥하여야 하겠고 나(세례 요한)는 쇠하여야 하리라"고 한다. 예수님 앞에는 많은 사람이 모여야 하겠고 또 무한한 영광이 돌아가야 하겠고 세례 요한은 그리스도의 영광을 위하여 점점 이름이 없어지고 역사의 무대에서 사라져야 한다는 것이다. 본문에 "...하겠고"(δεῖ)라는 말은 '반드시 그렇게 되어야 한다'는 뜻으로 예수님은 점점 더 영광을 받으셔야 하고 세례 요한 자신은 예수님의 영광을 위해서 더 낮아져야 한다는 것이다. 우리는 그리스도의 영광을 위해서 살아야 한다(고전 10:31).

4.예수님과 세례 요한을 비교 해설함 3:31-36

요한 사도는 앞에서(27-30절) 세례 요한의 위대한 말을 인용한 다음 이제 이 부분에서는(31-36절) 예수님과 세례 요한을 비교 해설한다. 이는 마치 요한 사도가 예수님께서 니고데모와의 대화를 인용한(1-15절) 후 해설한 것(16-21절)과 같다. 요한 사도는 이 부분에서 예수님과 세례 요한을 대조하면서 예수님의 초월성을 말씀하고 있다.

요 3:31.위로부터 오시는 이는 만물 위에 계시고 땅에서 난 이는 땅에 속하여 땅에 속한 것을 말하느니라. 하늘로부터 오시는 이는 만물 위에 계시나니.
요한 사도는 "위로부터 오시는 이는 만물 위에 계시다"고 말한다. 여기 "위로부터 오시는 이"는 '예수님'을 지칭하고(13절; 8:23) "만물 위에 계시다"(1:15,

27; 마 28:18; 롬 9:5)는 말은 '예수 그리스도는 사람을 포함한 모든 피조물을 초월해 계신다'는 뜻이다. "만물"(πάντων)이란 말이 남성도 되고 중성도 되는 고로 남성으로 본다면 '모든 사람들'(all men)을 지칭하고 중성으로 본다면 '모든 것들'(all things)을 지칭한다.

그리고 요한 사도는 "땅에서 난 이는 땅에 속하여 땅에 속한 것을 말한다"고 설명한다. 여기 "땅에서 난 이"(6:33; 고전 15:47; 엡 1:21; 빌 2:9)는 일차적으로 '세례 요한'을 가리킨다. 그리고 2차적으로는 세례 요한만 아니라 인류 역사상 지구상을 다녀간 모든 사람을 지칭한다. 비록 세례 요한이 "여자가 낳은 자 중"에 최고의 인물이지만(마 11:11; 눅 7:28) 그는 땅에서 난 사람이다. 그리고 그는 "땅에 속한" 사람이고 따라서 "땅에 속한 것을 말하는" 사람이라는 것이다. 그는 하늘에서 온 사람이 아니기 때문에 예수님처럼 하늘의 것들을 계시하지 못했다. 그가 행하는 모든 사역은 예수님의 사역에 비하면 여전히 땅에 속한 사역이라는 것이다. 그는 사람들로 하여금 예수님을 잘 믿도록 예비시켰으며 또한 물세례를 주었지만 그것조차도 예수님께서 하신 사역들, 곧 말씀사역, 치유사역, 십자가의 대속 사역, 부활 승천 같은 사역에 비하면 땅에 속한 사역에 지나지 않는다는 것이다. 세례 요한뿐 아니라 구약의 모든 선지자들의 사역이나 또 신약의 모든 사도들의 사역도 역시 예수님의 사역에 비하면 땅에 속한 것을 말하는 것일 뿐이라는 것이다.

그리고 요한은 "하늘로서 오시는 이는 만물 위에 계시나니"라고 다시 한 번 반복한다. 예수님이야 말로 하늘에서 오셨기에 우주의 피조물을 초월해 계신다는 것이다. 예수님은 우주의 모든 피조물들의 영향을 받지 않고 주장하고 계신다.

요 3:32.그가 친히 보고 들은 것을 증언하되 그의 증언을 받는 자가 없도다.

예수님은 하늘에서 하나님으로부터 "보고 들은 것을 증언하셨는데 그의 증언을 받는 자가 없다"는 것이다(11절; 8:26; 15:15). 여기 "보고"(ἑώρακεν)라는 말은 완료시제이고 "들은"(ἤκουσεν)이란 말은 부정(단순)과거 시제이기 때문에 학자들은 해석에 다소 난관을 느낀다. 그러나 예수님께서 하늘나라에서 "보신 것"이 완료시제이기에 과거에 보신 효과가 계속해서 지속되는 것을 뜻하고, "들은 것"이 부정(단순)과거 시제이기에 확실하게 들으신 것을 지칭한다. 그렇다면 "보신 것"이나 "들으신 것"의 시제가 다르다고 해서 "보신 것"의 효과와 "들으신 것"의 효과가 서로 다른 것을 지칭하지는 않는다는 것이다. 이 두 가지 일은 동시에 된 것이므로 보신 것이나 들으신 것이 과거에 된 사건으로 그 효과가 계속해서 진행되는 것이고 또 확실하게 보시고 들으신 것으로 보아야 할 것이다(부정과거는 그 동작의 확실성을 말하기도 한다). 예수님은 하나님으로부터 보시고 들으신 것을 계속해서 간직하고 계셨으며 또한 예수님은 확실하게 보셨고 확실하게 들으셨다는 것이다. 그러면 예수님께서 하늘에서 "듣고 보신 것"이 무엇이냐 하는 문제가 있는데 그것은 예수님께서 증언하신 것이 무엇이냐를 살피면 쉽게 알 수 있다. 예수님은 땅에서 하나님의 구원계획들을 증언하셨으니 성경을 살피면 예수님께서 하늘에서 보고 들으신 내용을 알 수 있다.

예수님은 하늘에서 보고 들은 것을 증언하셨지만 "그의 증언을 받는 자가 없다"는 것이다. 여기 "받는다"(λαμβάνει)는 말은 현재시제로 '영접하다,' '깨닫다'라는 뜻이다. 그러니까 예수님 앞으로 많은 사람이 가기는 가지만(29절) 진심으로 영접하는 사람은 많지 않다는 것이다. 누구든지 중생하지 않고는 예수님을 영접할 수가 없다는 것을 알 수 있다.

요 3:33.그의 증언을 받는 자는 하나님이 참되시다는 것을 인쳤느니라.

예수님의 증언을 받는 사람은 하나님의 증언을 참되시다 하여 인(印)친다는 것이다(요일 5:10). 여기 "받는"(λαβὼν)이란 말은 부정(단순)과거 분사로 확실하게(단호하게) '받아드린다'는 뜻이다. 예수님의 증언, 곧 계시의 말씀을 확실하게 받는 사람은 하나님의 증언이 참되시다는 것을 도장 친 셈이라는 것이다. 본문의 "인쳤느니라"(ἐσφράγισεν)는 말은 '보증을 위해 도장을 치다,' '재가(裁可)하다,' '증명하다'란 뜻으로 주로 문서 같은 곳에 기록된 내용이 진실함을 증명한다는 뜻으로 도장을 치는 것을 말한다. 누구든지 예수님의 계시의 말씀을 받는 사람은 예수님을 이 땅에 보내신 하나님이 참되시다는 것을 인친 것이며 또한 하나님의 증언이 참됨을 인친 것이라는 것이다. 만약에 누구라도 예수님의 증언을 받지 않는 사람은 예수님을 보내신 하나님을 거짓말쟁이로 취급하는 사람으로 큰 죄를 범하는 것이다(12:44-50). 오늘 우리는 예수님의 증언을 하나도 빼지 않고 그대로 받아야 한다.

요 3:34.하나님이 보내신 이는 하나님의 말씀을 하나니 이는 하나님이 성령을 한량없이 주심이니라.

본 절 초두에는 이유접속사(γὰρ)가 있다. 곧 본 절이 앞 절(33절)의 이유를 말하고 있음을 알 수 있다. 요한은 앞 절에서 "예수님의 증언을 받는 자는 하나님이 참되시다는 것을 인쳤다"고 말했는데 그 이유는 "하나님이 보내신 이는 하나님의 말씀을 하기" 때문이라는 것이다(7:16). 바꾸어 말해 '하나님이 보내신 예수님은 하나님의 말씀만 하기 때문에 예수님의 증언을 받는 자들이 하나님께서 참되시다는 것을 인친다'는 것이다.

하나님께서 보내신 예수님이 하나님의 말씀만 하시는 이유는 "하나님이 성령을 한량없이 주시기" 때문이라는 것이다(1:16). 다시 말해 '하나님께서 예수님에게 성령을 한량없이 주시기' 때문이라는 것이다. 여기 "한량없이"란 말이 누구에게 적용되어야 하느냐를 두고 세 개의 학설이 있다. 1)세례 요한에게 성령을 한량없이 주신다고 해석하기도 하고, 2)믿는 성도들에게 성령을 한량없이 주신다고 해석하기도 하고, 3)예수님에게 성령을 한량없이 주시는 것이라고 하기도 한다. 세례 요한에게 하나님께서 성령을 한량없이 주신다든지 혹은 믿는 성도들에게 성령을 한량없이 주신다는 말은 문맥에도 맞지 않고 성경 다른 곳에도 그런 사상은 없다. 따라서 하나님께서 예수님에게 성령을 한량없이 주신다고 해석해야 한다. 이유는 문맥에도 맞고 또한 삼위의 완전한 교제를 감안할 때 그런 결론에 도달하게 된다. 하나님은 예수님의 사역을 위하여 성령을 충분하고 완벽하게 주신다. 그래서 예수님은 하나님의 말씀만 하신다.

요 3:35.아버지께서 아들을 사랑하사 만물을 다 그의 손에 주셨으니.
요한 사도는 본 절과 다음 절(36절)에서 신자가 영생 얻는 일에 대해 언급한다. 요한 사도는 "아버지께서 아들을 사랑하사 만물을 다 그의 손에 주셨기" 때문에 믿는 자들에게 영생을 주신다고 말한다(5:20, 22; 13:3; 17:2; 마 11:27; 28:18; 눅 10:22; 히 2:8). "사랑하사"(ἀγαπᾷ)란 말은 현재시제로 '끊임없이 신적(神的)으로 사랑하고 계심'을 말한다. 하나님은 아들을 끊임없이 신적으로 사랑하셔서 "만물을 다 그의 손에 주셨다"는 것이다. 그래서 결과적으로 1)예수님은 만물을 그의 뜻대로 지배하고 다스리게 되셨고, 2)만물의 머리로 계시며(엡 1:22), 3)만물의 심판자가 되셨고(요 5:27), 4)그를 믿는 자들에게 영생을 주시게 되었다는 것이다(17:2; 마 11:27-30). 그리스도께서 이런 권세를 받으신 것은 죽었다가 부활하신 후에 된 것이다(마 28:18; 요 13:3). 우리는 하나님에게 나아가야 하고 또한 만물을 손에 가지신 예수님에게 나아가야 한다. 영생이 그에게 있다.

요 3:36.아들을 믿는 자에게는 영생이 있고 아들에게 순종하지 아니하는 자는 영생을 보지 못하고 도리어 하나님의 진노가 그 위에 머물러 있느니라.
요한 사도는 "아들을 믿는 자에게는 영생이 있다"고 말한다(15절, 16절, 1:12; 6:47; 롬 1:17; 요일 5:10). 여기 "믿는"(πιστεύων)이란 말은 현재분사 시제로 '계속해서 믿는 것'을 뜻한다. 계속해서 신앙하는 사람은 "영생이 있다"는 것이다. 여기 "있다"(ἔχει)는 말은 '지금 소유하고 있다'는 뜻으로 아들을 믿는 사람들은 지금 이 시간 벌써 영원한 생명을 소유하고 있다는 것이다. "영생"의 뜻을 위하여 15절을 참조하여라. 그리고 요한은 "아들에게 순종하지 아니하는 자는 영생을 보지 못한다"고 말한다. "순종하지 아니한다"(ἀπειθῶν)는 말은 현재분사 시제로 '계속해서 믿음을 거절하다,' '끊임없이 불신하다'란 뜻이다. 계속해서 믿지 아니하는 사람들은 영생을 "보지 못한다." "보지 못한다"(οὐκ ὄψεται)는 말은 미래 시제로 '앞으로 보지 못한다'는 뜻으로 영생을 얻지 못한다는 것이다. 여기서 주의할 것은 신앙과 순종은 똑같은 것이고 불신앙과 불순종도 똑같은 것이다. 이유는 그리스도를 믿으면 순종하게 되고 믿지 않으면 불순종하게 마련이라는 것이다.

요한은 불 순종자에게는 "도리어 하나님의 진노가 그 위에 머물러 있느니라"고 못 박아 말한다. 여기 "진노"란 말은 문맥에 의하여 '영생을 얻지 못함'을 지칭하는데 불순종자 위에는 하나님의 '심판,' '벌'이 "그 위에 머물러 있다"는 것이다. 곧 '원래 머물러 있던 하나님의 노함이 그냥 그대로 남아 있게 된다'는 것이다. 불 순종자에게는 하나님의 '심판,' '벌'이 계속해서 그냥 머물러 있게 된다고 성경은 말한다(출 22:24; 32:11; 신 13:17; 스 10:14; 마 3:7; 롬 1:18; 2:5; 3:5; 4:15; 엡 5:6; 골 3:6; 계 6:16). 오늘 우리는 그리스도를 믿어 하나님의 진노에서 벗어나야 한다.

제 4 장

예수님께서 사마리아에서 전도하신 일과 갈릴리에서 사역하신 일

VIII. 예수님께서 사마리아에서 전도하시다 4:1-42

요한 사도는 세례 요한에 대하여 길게 언급하고(3:22-36) 난후 이제는 사마리아에서 전도하신 사실을 기록한다(1-42절). 요한 사도는 예수님께서 유대를 떠나 갈릴리로 가시게 된 점(1-2절), 사마리아의 수가라는 동리에 도착하신 것(3-6절), 사마리아 여자에게 전도하신 것(7-26절), 제자들과 대화를 나누신 것(27-38절), 복음이 사마리아에 널리 퍼지게 된 것(39-42절)을 기록한다. 그리고 요한은 예수님 자신이 종말의 메시야라는 것과 예배를 어떻게 드려야 하는지를 예수님께서 설명하신 것을 기록하고 있다.

1. 예수님께서 유대를 떠나서 갈릴리로 가시다 4:1-2

요 4:1. 예수께서 제자를 삼고 세례를 베푸시는 것이 요한보다 많다 하는 말을 바리새인들이 들은 줄을 주께서 아신지라.

요한 사도는 본 절에서 예수님께서 유대를 떠나서 갈릴리로 가셔야 하는 이유를 설명한다. 예수님은 바리새인들과 무의미한 충돌을 피하시기 원하여 갈릴리로 가시려는 것이었다. 바리새인들은 예수님의 제자의 숫자가 요한의 제자의 숫자보다 많고 또 예수님께서 세례를 베푸시는 사람들의 숫자가 세례 요한이 세례를 베푸는 숫자보다 많다는 소문을 듣고 있다는 사실을 주님께서 들으시고 바리새인들의 시기를 피하시려고 갈릴리로 물러가려고 하셨다(3:22, 26).

요 4:2.(예수께서 친히 세례를 베푸신 것이 아니요 제자들이 베푼 것이라).

그러나 실상은 예수님께서 세례를 베푸신 것이 아니고 제자들이 세례를 베풀었으나 예수님께서 직접 세례를 베푸신 것으로 소문이 잘 못 퍼져서 바리새인들의 귀에까지 들어간 것이다. 세상은 잘 못된 풍문을 듣기를 더욱 좋아한다. 그리고 그 잘 못된 풍문을 부풀리기를 좋아한다. 세상은 잘 못된 풍문위에 떠 있다고 해도 과언이 아니다. 혹자는 본 절을 후대의 어떤 사람이 삽입했을 것으로 추정하나 요한 사도가 쓴 것으로 보는 것이 옳을 것이다. 이유는 요한 사도는 예수님께서 직접 세례를 베푸신 것이 아니라 제자들이 세례를 베풀었다고 하는 사실을 알리기 원했을 것이다.

2.수가에 도착하시다 4:3-6

예수님은 갈릴리로 가시는 중에 사마리아를 통과하시다가 수가에 도착하셨다. 그리고 수가의 우물가에 도착하여 그 유명한 수가 성 전도가 이루어진 것이다. 예수님은 수가 동리의 죄 많은 여자를 간과하시지 않으시고 전도하시려고 그 곳에 도착하신 것이다. 예수님은 죄인을 불러 회개시키러 가신 것이다. 예수님은 지금도 죄 많은 사람들을 찾아가신다.

요 4:3.유대를 떠나사 다시 갈릴리로 가실 새 사마리아를 통과하여야 하겠는지라.

예수님은 유대지방을 떠나서서 다시 갈릴리로 가시는 중에 사마리아를 통과해야 했다는 말씀이다. 일반 사람들은 유대에서 갈릴리로 갈 때 사마리아 사람들과의 충돌을 피하기 위해서 베레아로 돌아갔다. 그러나 예수님은 끝없는 죄를 짓고 심령으로 고통당하는 수가 성의 여인을 생각하셔서 사마리아를 통과하시려 한 것이다. 예수님은 죄인을 구하기 위하여 세상에 오셨으므로 죄 많은 사마리아 여인과 사마리아 사람들을 구원하시려고 사마리아를 통과하시기를 원하신 것이다.

요 4:5.사마리아에 있는 수가라 하는 동네에 이르시니 야곱이 그 아들 요셉에게 준 땅이 가깝고.

요한 사도는 예수님께서 "사마리아에 있는 수가라 하는 동네에 이르셨다"고 말한다. "사마리아에 있는 수가"라는 곳은 오늘날 어디인지 정확하게 알 수 없다. 그러나 "수가"라고 하는 것이 오늘날 '아스카'라고 하는 곳으로 추정되는데 세겜과 매우 가까운 곳이며 예루살렘에서 사마리아를 통과해서 갈릴리로 가는 길가에 위치한 조그마한 시골로 추정된다(C. K. Barrett).

요한 사도는 수가라는 곳이 별로 잘 알려지지 않은 동리였기에 독자들에게 좀 더 정확한 정보를 주기 위하여 "야곱이 그 아들 요셉에게 준 땅이 가깝다"고 말해준다(창 33:19; 48:22; 수 24:32). 곧 '옛날 야곱이 세겜의 족장 하몰의 아들들로부터 은(銀) 일백 개를 주고 구입한 세겜 땅으로부터 그리 멀지 않은 곳'으로(창 33:18-19) 요셉에게 이 땅이 분배되었다(창 48:22). 예수님은 아무리 자그마한 동리라 할지라도 죄인을 찾아가신다.

요 4:6.거기 또 야곱의 우물이 있더라. 예수께서 길가시다가 피곤하여 우물 곁에 그대로 앉으시니 때가 여섯 시쯤 되었더라.

수가에 "야곱의 우물"을 누가 팠는지 알 수 없으나 그 동리에 우물이 있었다. 요한은 "예수께서 길가시다가 피곤하여 우물곁에 그대로 앉으셨다"고 말한다. 곧 '예수님께서 길을 가시다가 피곤하여 우물곁에 그냥 그대로 앉으셨다'는 것이다. 예수님은 유대로부터 이곳까지 오셨으니 피곤하셨던 것이다. 예수님께서 피곤하셨다는 것은 예수님의 인성을 말해주는 말씀이다. 예수님은 분명히 사람의 몸을 입고 오신 분이시다. 예수님의 가현설(假顯說)은 터무니없는 주장이었다. 예수님은 배고픔을 아셨고, 피곤함을 아셨으며, 목마름을 아시고 피곤함을 아셨다.

요한은 예수님께서 수가 성의 우물곁에 그대로 앉으신 시간을 여섯 시라고 말한다. "때가 여섯 시쯤 되었더라." 여기 "여섯 시"는 해 뜰 때를 기준으로 해질 때까지를 12시간으로 나누는 시간 법으로 정오를 지칭하는 것으로 보인다. 남편을 다섯이나 두었던 사마리아 여인이 많은 사람이 물 길러 오는 저녁 시간을 이용하지 못하고 한낮에 온 것으로 보인다. 죄를 지은 것을 부끄럽게 생각하는 여인에게 예수님은 자신을 계시하셨다.

3.예수님께서 사마리아 여자에게 전도하시다 4:7-26

예수님은 사마리아 여인에게 전도하시면서 여인으로 하여금 죄인임을 알게 해주셨다. 사람이 죄를 알 때 복음을 받아드린다. 여인이 자기의 죄를 알고 난 후에는 진리를 심각하게 흡수하기 시작한다. 그녀는 특별히 예배에 대해 깊은 관심을 표명한다.

요 4:7.사마리아 여자 한 사람이 물을 길으러 왔으매 예수께서 물을 좀 달라 하시니.

요한은 "사마리아 여자 한 사람이 물을 길으러 왔다"고 말한다. 유대인들이 부정하게 여겨서 상종하지 않는 사마리아 여자(9절) 한 사람이 물을 길러 온 것이다. 많은 죄를 지어 될 수 있는 한 사람을 피하며 사는 이 여인이 많은 사람이 물을 길러 오는 저녁 시간을 피하여 정오 시간에 물을 길러 온 것이다. 예수님은 이 여인의 죄 많음을 아셨지만 "물 좀 달라" 하신 것이다. "물 좀 달라"는 말 보다 더 그 여인에게 다가갈 수 있는 말은 없었다. 우리가 전도하려고 시도할 때 무슨 말부터 해야 하는지 지혜를 구해야 할 것이다. 예수님께서 그 여인에게 물을 좀 달라고 하신 것은 그 여인에게 생수를 주시기 위함이었다. 하나님은 오늘도 우리에게 무엇을 주시기 위하여 먼저 무엇을 요구하신다. 우리는 그 요구에 응해야 한다.

요 4:8.이는 제자들이 먹을 것을 사러 그 동네에 들어갔음이러라.

예수님께서 수가 성 여인에게 물을 달라고 하신 이유는 제자들이 먹을 것을 사러 동네에 들어갔기 때문이었다. 여기서 한 가지 주의할 것은 유대인들이 사마리아인들과 상종하지 않았던 시대에(9절) 예수님의 제자들은 수가 성에 무엇을 사러 들어갔다는 사실이다. 예수님의 제자들은 유대인들의 전통을 깨뜨리고 있었다. 우리는 잘 못된 전통은 지킬 필요가 없다. 또 한 가지 관찰할 것은 예수님은 이적을 베풀어서 양식을 구하여 잡수실 수 있으셨으나 그저 보통 방식으로 사셨다는 것이다. 양식을 사서 잡수신 것이다. 보통 사람과 같이 사신 것이다. 우리는 보통 사람과 같이 살아야 한다. 농사지어서 살고 장사해서 살고 물건을 팔기도 하며 또 사기도 해야 한다. 하나님은 평범한 중에 역사하신다.

요 4:9.사마리아 여자가 이르되 당신은 유대인으로서 어찌하여 사마리아 여자인 나에게 물을 달라 하나이까 하니 이는 유대인이 사마리아인과 상종하지 아니함이러라.

사마리아 여자는 예수님을 뵙고 곧 유대인인 줄 알게 되었다. 아마도 옷을 보고 알았을 것이며 말소리를 듣고 알았을 것이다. 그러면서 "당신은 유대인으로서 어찌하여 사마리아 여자인 나에게 물을 달라 하나이까"라고 반응한다. 오랫동안 서로 적대시하고 살고 있던 유대인이 사마리아 여자에게 물을 달라고 하는 것이 참으로 놀라운 일이었다는 것이다. 이유는 "유대인이 사마리아인과 상종하지 아니하였기" 때문이었다(왕하 17:24; 눅 9:52-53; 행 10:28). 유대인과 사마리아 사람들 사이에는 오랫동안 서로 친밀한 교제를 나누지 않았다는 것이다. 그러나 예수님은 서먹한 관계를 깨고 대화하셨다. 예수님은 인종차별이나 아무 장벽을 두기를 원치 않으신 것이다. 이 때 사마리아 여자에게 놀라움과 감사의 마음이 교차하였을 것이다.

요 4:10.예수께서 대답하여 이르시되 네가 만일 하나님의 선물과 또 네게 물 좀 달라 하는 이가 누구인 줄 알았더라면 네가 그에게 구하였을 것이요 그가 생수를 네게 주었으리라.

예수님께서 수가 성 여인에게 "물을 좀 달라"(7절)고 하셨지만 사실은 반대로 여인이 예수님에게 구했어야 했는데 여인이 두 가지 방면에 무식해서 구하지 않았다고 말씀한다. 하나는 예수님께서 "하나님의 선물"을 주시는 분인 줄 모른 것이고 또 하나는 "네(여인)게 물 좀 달라 하는 이가 누구인 줄" 몰랐다는 것이다. 여기 "하나님의 선물"이 무엇이냐에 대해 많은 해석들이 제시되었으나 문맥에 의하여 '생수'를 지칭하는 것이 확실하다(10b). 그리고 여인에게 "물을 좀 달라"하시는 분은 예수님 자신이시다. 만약 사마리아 여인이 예수님께서 "하나님의 선물," 곧 '생수'를 주실 수 있는 분인 줄 알았더라면, 그리고 예수님 자신이 '메시야'인 줄 알았더라면 사마리아 여자가 예수님에게 구하였을 것이라는 것이다(사 12:3; 44:3; 렘 2:13; 슥 13:1; 14:8). 오늘도 예수님께서 "생수"를 주시는 분인 줄 몰라서, 그리고 예수님이 인류의 메시야인 줄 몰라서 구하지 않는 사람들이 수없이 많다. 만약에 사마리아 여자가 예수님이 구주이시고 또 예수님께서 "생수," 곧 '성령'(37절)을 주시는 분인 줄 알았더라면 "그가 생수를 네게 주었으리라"고 예수님은 말씀한다. 곧 '예수님께서 생수를 사마리아 여자에게 주었으리라'는 것이다. 우리는 예수님을 더욱 알아야 하고 또 예수님께서 성령을 주시는 분인 줄 알아서 구해야 한다. 예수님은 "생수," 곧 '성령'(37절)을 주시는 분이시다. 오늘 성령으로 이미 거듭난 성도들은 예수님에게 성령 충만을 구해서 성령의 힘으로 살면서 열매를 많이 맺어야 한다.

요 4:11. 여자가 이르되 주여 물 길을 그릇도 없고 이 우물은 깊은데 어디서 당신이 그 생수를 얻겠사옵나이까.

예수님께서 여인에게 "생수"를 주실 수 있다고 말씀하는 소리를 듣고 여인은 두 가지를 말씀한다. 첫째, "(당신에게는) 물 길을 그릇도 없다"는 것과, 둘째, "이 우물은 깊은데 어디서 당신이 그 생수를 얻겠습니까"라는 것이다. 여기 "(당신에게는) 물 길을 그릇도 없다"는 말씀에 대해 우리들로서는 의문을 가질 수 있다. 이유는 그 여인이 물 길을 그릇을 예수님에게 빌려주면 될 것이 아닌가하는 의문이 생기지만 유대인의 정결법에 의하면 유대인들은 사마리아인들이 쓰던 그릇을 절대로 쓰지 않는 법 때문에 예수님에게는 물 길을 두레박이 없다는 것이다. 그리고 "이 우물은 깊다"는 말에 대해서도 우리로서는 잘 이해가 되지 않는다. 이유는 우리들의 우물은 그다지 깊지 않기 때문이다. 그러나 유대지방은 비가 한 계절만 오는 고로 물을 구하기 힘들어서 우물을 깊이 파야 했다. 혹자는 이 우물은 깊이가 대략 100피트(30미터)쯤 되었다는 것이다(Bernard). 사마리아 여인의 판단으로는 이런 형편이니 어떻게 이 우물에서 생수를 얻을 수 있을 것 같으냐 하는 것이다. 그래서 사마리아 여인은 "어디서 당신이 그 생수를 얻겠사옵나이까"라고 질문할만한 것이다. 사마리아 여인은 예수님께서 영적으로 말씀하시는 줄 모르고 엉뚱한 생각, 엉뚱한 말을 한 것이다. 오늘도 예수님의 뜻을 알지 못하고 엉뚱한 생각, 엉뚱한 말을 하는 사람들이 얼마나 많은가. 이 세상과 영적인 세계는 너무나 다른 것이다.

요 4:12.우리 조상 야곱이 이 우물을 우리에게 주셨고 또 여기서 자기와 자기 아들들과 짐승이 다 마셨는데 당신이 야곱보다 더 크니이까.

예수님께서 이 여인에게 "생수"를 주신다고 말씀하시니(10절) 이 여인에게는 이 유대인인 예수님이 야곱보다 더 위대한 분인가 하는 의문이 생긴 것이다. 사마리아 여인은 첫째, "우리 조상 야곱이 이 우물을 우리(사마리아 사람들)에게 주셨으니" 위대한 분이시고, 둘째, 또 이 우물에서 "자기(야곱)와 자기 아들들과 짐승이 다 마셨으므로" 야곱보다 더 위대한 사람이 없는 줄 아는데 예수님께서 생수를 주신다니 야곱보다 더 위대하신 분인가 하고 질문한 것이다. 이 여인은 "이 우물"물 보다는 "생수"가 더 좋다는 것은 인정하지만 아직도 생수가 성령님인 줄은 알지 못했다. 이때에 이 여인의 머리는 복잡했을 것이다. 도무지 무슨 소리인지 알 수 없는 소리이니 말이다.

요 4:13.예수께서 대답하여 이르시되 이 물을 마시는 자마다 다시 목마르려니와.

예수님은 이 여자로 하여금 깨닫게 하기 위해서 야곱의 우물에서부터 길어서

"물을 마시는 자마다 다시 목마르다"고 알려주신다. 여기 "마시는"(πίνων)이란 말은 현재능동태시제로 '계속적으로 마시는 것'을 지칭한다. 사마리아 여인은 한 생애 동안 계속해서 이 우물에서 물을 길어 마셨으나 계속해서 목이 말랐다는 것이다. 예수님께서 이 여인에게 세상 것을 아무리 마셔도 만족함이 없다고 가르쳐주신다. 남편 다섯을 두고 살아보아도 그리고 또 남편을 바꾸어서 여섯 번째의 남편을 두고 살아보아도 역시 만족함이 없다는 것을 가르쳐주신 것이다(16-18절). 세상의 모든 교훈이나 세상의 재물, 그리고 세상 명예, 세상 향락은 인간에게 아무런 만족을 주지 못한다. 그 누군가가 세상 것으로 만족한 사람이 있었는가.

요 4:14.내가 주는 물을 마시는 자는 영원히 목마르지 아니하리니 내가 주는 물은 그 속에서 영생하도록 솟아나는 샘물이 되리라.

예수님은 야곱의 우물물을 마시는 자는 다시 목마를 것을 말씀하시고는(앞절) 이제 본 절에서는 예수님께서 주시는 "물을 마시는 자는 영원히 목마르지 아니하리라"고 말씀하신다(6:35, 58). 곧 '예수님께서 주시는 생수를 마시는 자는 영원히 목마르지 아니하리라'는 것이다. 여기 "마시는"(πίῃ)이란 말은 부정(단순)과거 능동태 가정법으로 '확실하게 마시는'이란 뜻으로 예수님께서 주시는 생수, 곧 성령을 분명하게 마시는 사람은 영원히 목마르지 않게 된다는 것이다.

영원히 목마르지 않게 되는 이유는 예수님께서 주시는 생수는 "그 속에서 영생하도록 솟아나는 샘물이 되기" 때문이라는 것이다(7:38). 곧 '그 마시는 자 속에서 샘물이 되기' 때문이라는 것이다. 그 생수(성령님)가 그 마시는 속에서 샘물 역할을 하기 때문이라는 것이다. 여기 "영생하도록 솟아나는 샘물"(πηγη ὕδατος ἁλλομένου εἰς ζωὴν αἰώνιον)이란 '영원한 생명에 이르도록 솟아나는 물의 샘' 혹은 '영원한 생명을 위해 솟아나는 물의 샘'이란 말로 번역될 수 있다. 그러니까 생수, 곧 성령님은 성도 안에서 성도로 하여금 영생하도록 주장하시고 돕는 일을 하신다는 뜻이다. 우리는 그리스도를 믿음으로 거듭나게 되었고 우리가 거듭나는 때에 임하신 성령님께서 우리로 하여금 영생하도록 끊임없이 주장하시고 도와주신다는 것이다. 우리 안에는 예수님께서 주시는 물 되신 성령님이 계시다. 우리 안에서 영생하도록 도우시는 샘물(성령님)이 있음을 기억하고 감사를 넘치게 해야 할 것이다.

요 4:15.여자가 이르되 주여 그런 물을 내게 주사 목마르지도 않고 또 여기 물 길으러 오지도 않게 하옵소서.

여자는 아직도 예수님의 말씀이 영적인 사실을 알지 못하고 예수님께 두 가지 소원을 말한다. 첫째는, "주여 그런 물을 내게 주사 목마르지도 않게"해 주십사하는 소원이고(6:34; 17:2-3; 롬 6:23; 요일 5:20), 둘째는, "여기 물 길으러 오지도 않게 하옵소서"하는 소원이다. 여자의 첫째 소원은 그런 생수가 있으면 자기에게 주셔서 마시므로 목마르지 않게 해주십사는 것이다. 이 여자는 목마르지 않기를 소원하기는 하나 그것도 육체적으로 목마르지 않기를 소원한 것이다. 인생은 계속해서 육체적인 욕구만을 생각한다. 그리고 그 여인의 두 번째의 소원은 물 긷는 수고를 하지 않게 해달라는 것이다. 이 소원도 역시 육체적인 소원이다. 육체적으로 힘든 일을 모면해보자는 것이다.

요 4:16.이르시되 가서 네 남편을 불러 오라.

예수님은 이제 이 여자의 문제를 해결하기 시작하신다. 예수님은 이 여자를 향하여 "가서 네 남편을 불러 오라"고 하신다. 이 여자의 양심을 찌르신 것이다. 이 여자의 치부(恥部)를 드러내신 것이다. 사람은 자기의 죄 때문에 "어찌할꼬"하는 외침이 있기 전에는 영(靈)의 사람이 되지 못한다. 다시 말해 성령으로 거듭나지 못한다. 베드로의 설교를 들은 3,000명은 "마음에 찔려 베드로와 다른 사도들에게 물어 이르되 형제들아 우리가 어찌할꼬"했다(행 2:37). 이 여자의 가장 더러운 부분이 이제 드러나기 시작한 것이다. 이 여자는 이제부터 생수, 곧 성령님을 갈구하게 되었다. 오늘 우리의 더러운 부분이

들추어져야 하는 것이다. 하나님께서 들추어내던가 아니면 우리 스스로 들추어야 한다. 그래서 우리는 영적인 갈급함을 심각하게 느껴야 한다. 우리의 죄 문제가 처리 되지 않으면 은혜에 대한 갈급함이 없고 성령 충만에 대한 소원이 없다.

요 4:17-18.여자가 대답하여 이르되 나는 남편이 없나이다. 예수께서 이르시되 네가 남편이 없다 하는 말이 옳도다. 너에게 남편 다섯이 있었고 지금 있는 자도 네 남편이 아니니 네 말이 참되도다.

여자는 이제 실토한다. "나는 남편이 없나이다"라고. 이렇게 짧게 말을 하고 난 후 이 여자는 다음 말을 얼른 연결하지 않는다.

예수님은 이 여자에게서 죄를 더 고백 받으시려고 두 마디 말씀을 하신다. 하나는, "네가 남편이 없다 하는 말이 옳도다"고 말씀하여 여자의 현재의 형편을 드러내신다. 또 다른 하나는, "너에게 남편 다섯이 있었고 지금 있는 자도 네 남편이 아니니 네 말이 참 되도다"라고 말씀하신다. 예수님은 이 여자의 과거를 들추신다. 그 여자는 과거에 남편 다섯이 있었는데 남편을 하나하나 바꾸며 살았던가 아니면 자꾸 남편이 죽었기에 다섯 명에 이르렀을 것이며 또 지금 함께 살고 있는 여섯 번째의 남자는 동거남(同居男)이거나 아니면 그 여자가 남의 첩이라는 것이다.[24] 예수님은 이 여인의 과거를 꿰뚫고 계셨다. 예수님은 이 여자의 과거를 철저히 파헤치신다. 우리의 죄는 끝까지 파헤쳐야 한다. 우리가 하나님께 죄를 고백할 때 속속들이 드러내야 한다. 철저히 고백할수록 은혜를 더 받기 때문이다.

예수님께서 이 여자의 현재와 과거를 꿰뚫으시는 이유는 예수님께서 전지

---

24) 혹자는 사마리아 여자가 과거에 남편 다섯이 있었다는 말을 두고 왕하 17:24의 이방인들이 사마리아로 가지고 들어온 우상 신들을 지칭한다고 말한다. 그러나 지지자는 거의 없는 편이다. 이유는 왕하 17:24에 다섯 족속이 들어온 것은 사실이지만 왕하 17:30에 의하면 사마리아로 유입된 우상 신은 일곱이나 된다. 더욱이 예수님께서 사마리아 여자에게 "가서 네 남편을 불러오라"고 하셨는데 만일 예수님께서 다섯 개의 우상 신을 생각하셨다면 어떻게 "불러오라"고 하실 수 있었겠는가.

하신 분임을 알리시려는 것이었다. 예수님은 전지하신 분으로 모르시는 것이 없으시다. 사람들의 속마음도 다 아시고 또 앞으로 어떻게 될 것도 다 아신다. 오늘 세상에는 사람들을 감시하는 CCTV가 많아 사생활을 침입한다고 야단이다. 그러나 CCTV가 비추지 못하는 곳도 많다. 예수님은 지구의 구석구석을 다 아시고 사람의 마음속을 다 아신다.

요 4:19-20.여자가 이르되 주여 내가 보니 선지자로소이다. 우리 조상들은 이 산에서 예배하였는데 당신들의 말은 예배할 곳이 예루살렘에 있다 하더이다.
여자는 이제 달라지기 시작한다. 먼저 예수님을 "선지자"로 고백한다(6:14; 7:40; 눅 7:16; 24:19). 사마리아 여자는 예수님께서 자신의 과거와 현재를 훤히 꿰뚫어보시는 것을 보고 예수님에게 그 어떤 비범함이 있음을 알아차린다. 그래서 이제 예수님을 "그 선지자"(신 18:15)로까지 고백하지는 않았지만 예수님을 일반 "선지자" 반열로 보기까지 되었다.

그리고 다음으로 그 여자는 "예배의 장소"에 대하여 질문을 한다. 이 여자는 자기들의 조상과 유대인들의 조상 사이에 첨예하게 대립해 온 예배의 장소 문제를 예수님에게 질문을 한다. 다시 말해 어디에서 예배를 해야 옳은 것이냐를 질문한 것이다. 혹자는 사마리아 여자가 이처럼 화제를 갑자기 남편 문제로부터 예배 장소 문제로 돌린 것은 자신의 사생활 문제를 더 이상 말하기를 원하지 않았기 때문이라고 주장하나 바른 관찰이라고 볼 수 없을 것이다. 이유는 만약 남편 이야기하다가 예배 문제로 돌린 것이 잘 못된 것이라면 예수님께서 다시 그 여자의 남편 문제로 돌아가셨을 터인데 예수님께서 예배 문제에 대해 말씀하신 것을 보면 그 여자가 화제를 돌린 것을 나쁜 의도로 보아서는 안 될 것이다. 사마리아 여자는 예수님을 선지자로 인정했으므로 선지자가 하나님을 섬기는 방법을 제시해줄 것을 기대한 것이다. 그리고 아마도 그 여자는 예배를 드리므로 과거와 현재의 자신의 죄 문제를 해결해보려는 생각에서 예배 문제를 꺼낸 것으로 보인다.
아무튼 사마리아 여인은 예배 장소에 대한 조상들의 고민을 잘 알고 있었다.

그래서 여자는 "우리 조상들은 이 산에서 예배하였다"고 말한다(삿 9:7). 여기 "이 산"은 '그리심 산'을 지칭하는데 사마리아 사람들은 신 11:26-29; 27:1-8 말씀 따라서 그리심 산을 예배 장소로 정했다. 그리고 여자는 말하기를 "당신들의 말은 예배할 곳이 예루살렘에 있다 하더이다"라고 말했다(신 12:5, 11; 왕상 9:3; 대하 7:12). 유대인들은 다윗과 솔로몬을 따라서 예루살렘을 유대인의 예배 처소로 삼았다. 자연적으로 사마리아인들과 유대인들 사이에는 오랫동안 어느 장소가 옳은가를 두고 싸운 것이다. 성경은 분명히 유대인들의 예배 처소인 예루살렘이 옳은 장소라고 말하고 있다(신 12:5; 대하 6:6; 7:12; 시 78:67-68). 그러나 사마리아의 조상들은 자기들이 옳다고 주장하여왔으므로 사마리아 여인은 선지자로 보이는 예수님께 그 문제를 질문하게 된 것이다.

요 4:21.예수께서 이르시되 여자여 내 말을 믿으라. 이 산에서도 말고 예루살렘에서도 말고 너희가 아버지께 예배할 때가 이르리라.

사마리아 여자가 어디에서 예배를 드려야 옳은 것인지를 여쭌데 대해 예수님은 장소문제도 대답해주시고(본 절), 누구에게 예배를 드려야 할 것인지에 대해서도 대답해주시며(22절), 또 어떻게 예배를 드려야 할지에 대해서도(23-24절) 대답해주신다. 예수님은 이 여자를 향하여 "예루살렘에서도 말고 너희가 아버지께 예배할 때가 이르리라"고 대답하신다(말 1:11; 딤전 2:8). 곧 '그리심 산에서도 말고 예루살렘에서도 말고 어디서든지 장소에 구애를 받지 않고 하나님 아버지께 예배할 때가 이를 것이라'고 하신다. 예수님은 여자를 향하여 예배의 장소 문제는 전혀 중요하지 않다고 하신다(습 2:11; 말 1:11). 이유는 하나님 아버지는 그 어떤 장소에 갇혀 계신 분이 아니기 때문이라는 것이다. 중요한 것은 영과 진리로 예배하기만 하면 하나님 아버지는 그 어디서든지 우리의 예배를 받으신다는 것이다. 하나님은 우리 "아버지"이시다. 하나님께서 우리를 만드셨고(1:3) 또한 우리에게 모든 것을 공급해주시고(마 6:33) 또한 우리의 구주가 되시기 때문에 우리들의 아버지이시다(딤전 1:1). 오늘 우리는 세상 어디에서도 아버지께 예배할 수 있고 또한 예배당 건물 안에서도 예배할 수 있으며 예배당 밖, 야외에서도 예배할 수가 있다.

요 4:22.너희는 알지 못하는 것을 예배하고 우리는 아는 것을 예배하노니 이는 구원이 유대인에게서 남이라. 예수님은 "너희," 곧 '사마리아인들'은 "알지 못하는 것을 예배하고"(왕하 17:29) "우리," 곧 '예수님과 유대인들'은 "아는 것을 예배한다"고 말씀하신다. 사마리아인들은 모세 오경(五經)만을 정경으로 인정하므로 신(神)지식이 충분치 못한 채 불완전한 예배를 드리고, 유대인들은 구약 성경 전체를 정경으로 인정하고 있으므로 사마리아 사람들에 비하여 좀 더 나은 신지식을 가지고 예배하고 있다는 것이다. 사마리아인들은 신지식이 부족한 채 우상을 받아들여 혼합주의속에서 예배했던 것이다(왕하 17:27-33).

그런 반면 유대인들은 구약 성경전체를 받아들여 하나님께 대한 충분한 계시를 받아서(시 76:1; 147:19-20; 롬 9:3-5) 무엇을 예배하는지를 알고 예배했다는 것이다. 곧 예배의 대상을 알았다는 것이다. 유대인들이 예배의 대상을 알고 예배한다고 말할 수 있는 이유는 "구원이 유대인에게서 나기" 때문이라는 것이다(시 147:19-20; 사 2:3; 암 3:2; 미 4:1-2; 눅 24:47; 롬 3:1-2; 9:3-5). 여기 "구원"(ἡ σωτηρία)이란 말은 '그 구원'이란 뜻으로 '메시야'를 지칭한다. 메시야가 유대인에게서 출생하시게 되므로 유대인들은 예배의 대상을 알고 예배한다는 것이다(눅 1:69, 71, 77; 행 13:26). 구약성경 전체는 메시야의 초림을 예고하고 있는데 특별히 시편이나 선지서등에서 "구원," 곧 '그 구원'(메시야)이 유대인에게서 난다고 계시하였기 때문에 유대인들은 예배의 대상을 알고 예배하였다. 사실 하나님이 구원자이시며 또한 구원을 이루시는 메시야를 보내시는 분이신 줄 모른다면 예배의 대상을 모르는 것이다. 오늘 우리는 예배의 대상을 분명히 알고 예배해야 할 것이다.

요 4:23.아버지께 참되게 예배하는 자들은 영과 진리로 예배할 때가 오나니 곧 이 때라 아버지께서는 자기에게 이렇게 예배하는 자들을 찾으시느니라.

예수님은 본 절에서 세 가지를 말씀하신다. 첫째, 아버지께 참되게 예배하는 사람들은 "영과 진리로 예배"해야 한다는 것이고, 둘째, 영과 진리로 예배할 "때가 왔다"는 것이며, 셋째, 아버지께서는 자기에게 영과 진리로 "예배하는 자들을 찾으신다"는 것이다. 첫째, 사마리아 여자나 오늘 우리들이나 "영과 진리"로 예배해야 한다는 것이다. 여기 "영으로"(ἐν πνεύματι)란 말은 '거듭난 영(靈)으로'라는 뜻이다(빌 3:3). 예배하는 사람은 그리심 산에서나 예루살렘의 성전 안에서가 아니라 그 어디서든지 성령에 의하여 거듭난 영으로(in spirit) 드려야 한다는 것이다. 다시 말해 하나님의 성령에 의하여 움직여지는 영으로(롬 8:14, 16, 26) 예배해야 한다는 것이다. 예배는 바로 우리의 영으로 드려져야 하는 것이다. 우리는 우주 안의 어느 곳에 있든지 우리의 영으로 예배해야 하는 것이다. 마음으로 예배해야 한다는 말이다. 이렇게 "영으로"란 말을 '거듭난 영으로'란 말로 해석하는 이유는 문맥 때문이다. 문맥이 아니라면 아마도 '성령 안에서'(in the Spirit)라고 해석했어야 할 것이다. 또 그렇게 해석한 학자들도 있다. 그러나 영이신 하나님께 예배하는 사람들은 그 어떤 장소에 구애를 받아서는 안 된다는 문맥은 본문 해석에 중요한 단서를 제공하는 것이다. 우리는 우리의 거듭난 영혼이 하나님께 예배해야 하는 것이다.

그러나 우리는 우리의 거듭난 영으로 예배하는 것만으로는 부족하다. 예배하는 사람은 "진리"(ἀληθεία)로 드려야 한다(1:17). 다시 말해 '하나님께 대한 명백하고도 뚜렷한 지식'을 가지고 예배해야 한다는 것이다. 여기서 "진리"란 '하나님의 계시로부터 나온 하나님에 대한 명백하고 뚜렷한 지식'을 뜻하는 말이다. 다시 말해 "진리"란 말은 '예배 대상을 알지 못하는 것'(22절)과는 반대로 '예배 대상을 분명히 아는 것'을 뜻한다. 사마리아 사람들은 하나님의 계시의 말씀을 잘 몰라서 예배 대상을 잘 모르고 거짓으로 예배했으나 예배하는 사람들은 하나님을 분명히 알고 예배해야 한다는 것이다. 유대인들은 형식적으로 예배했으나 우리는 거듭난 영으로 드려야 하고 또 사마리아 사람들은 계시의 말씀을 잘 몰라서 우상을 혼합하여 거짓 예배를 드렸으나 우리는 계시의 말씀을 따라 계시자 하나님께 예배해야 한다. 참 예배는 하나님께 대한 분명하고도 확실한 지식을 가지고 말씀이 보여주시는 하나님께 드려야 한다.

둘째로 예수님은 영과 진리로 예배할 "때가 왔다"고 말씀하신다. 예수님은 본 절에서 특별히 "때가 왔다"는 것을 강조하신다. 예수님께서 오셔서 죽으시고 부활하사 승천하시고 성령님을 보내실 것이므로 믿는 자들이 성령님을 받고 또 성령 충만을 입어 영과 진리로(in spirit and truth) 예배할 "때가 왔다"는 것이다. 과거에는 그 어떤 장소에 구애를 받고 형식을 지켰으나 이제는 성령님이 오셔서 사람을 거듭나게 하셔서 영으로 예배할 수 있게 되었고 또 계시가 밝아져서 하나님을 알고 예배할 수 있게 되었다는 것이다. 참으로 놀라운 변혁의 때가 된 것이다. 오늘 우리는 개혁의 시대에 살고 있다.

셋째로 "예수님은 아버지께서는 자기에게 이렇게 예배하는 자들을 찾으신다"는 것이다. 여기 "찾으신다"(ζητει)는 말은 '요구하신다,' '원하신다'는 의미도 있으므로 아버지께서는 예배자들이 영과 진리로 예배하기를 원하신다는 것이다. 우리는 아버지께 영으로 예배해야 하고 자신을 확실하게 계시하신 아버지를 향하여 예배해야 할 것이다.

요 4:24.하나님은 영이시니 예배하는 자가 영과 진리로 예배할지니라.

예수님은 본 절에서 단 한 마디 "하나님은 영이시니"란 말을 덧붙이신다(고후 3:17). 우리가 영과 진리로 예배해야 할 이유는 바로 하나님께서 "영"(πνεῦμα) 이시기 때문이라는 것이다(왕상 8:27; 사 31:3). 하나님은 본성적으로(by nature) 영이시라는 것이다. 하나님께서 영이시란 말은 하나님의 무소부재하심을 드러내는 말이다. 곧 하나님은 그 어떤 장소에 매어있는 분이 아니시라는 것이다(예루살렘 성전이나 그리심산 성전 같은데). 하나님은 어디서나 장소에 관계없이 거듭난 사람의 영으로 예배할 수 있는 분이시다. 우리가 성령으로 거듭났다면 어디서든지 예배할 수 있는 것이다.

요 4:25.여자가 이르되 메시야 곧 그리스도라 하는 이가 오실 줄을 내가 아노니

그가 오시면 모든 것을 우리에게 알려 주시리이다.

사마리아 여자는 예수님께서 예배에 대해서 교훈해주시는 것(21-24절)을 듣다가 앞으로 "메시야 곧 그리스도라 하는 이가 오실 줄을 내가 아노니 그가 오시면 모든 것을 우리에게 알려 주시리이다"라고 말한다(29절, 39절). 사마리아 여자는 예수님을 선지자로 알기는 했지만(19절), 아직 메시야로는 알지 못하여 앞으로 메시야 곧 그리스도라 하는 분이 오실 줄을 아는데 그가 오시면 예배에 대한 것뿐 아니라 모든 것을 알려주실 줄을 안다고 말한다. 제 4복음서 저자 요한은 "메시야 곧 그리스도라 하는 이"라고 하여 먼저 히브리어 다음으로 헬라어를 덧붙이는 형식을 취한다(1:41; 11:16; 20:24; 21:2). 사마리아 여자는 모세 5경을 읽었으므로 메시야 곧 그리스도라 하는 분이 오실 줄을 알고 있었다는 것이다(창 3:15; 49:10; 민 24:17; 신 18:15-18).

요 4:26.예수께서 이르시되 네게 말하는 내가 그라 하시니라.

예수님은 메시야를 기다리는 사마리아 여자에게 "내가 그라"고 하신다(9:37; 마 26:63-64; 막 14:61-62). 예수님은 이 여자와 수가 성 사람들을 구원하러 오셨으므로 자기를 계시하신다. 예수님은 이런 식의 자기 계시를 예루살렘에서는 하시지 않으셨다. 사람들이 한편으로는 그를 핍박할 터이고 또 한편으로는 그를 정치적인 왕으로 오해할 터이므로 자기 계시를 하지 않으셨다. 그러나 이곳 사마리아 지방에서는 자기를 알리신다. "내가 그라." 참으로 간단한 계시이고 선언이다. 사마리아 여자는 처음에는 예수님을 "유대인"으로 알아보았고(9절), 다음에는 "선지자"로 알았으며(19절), 이제는 "메시야"(26절)로 알게 되었다. 아주 짧은 시간에 놀라운 발전을 보인 것을 볼 수 있다.

4.제자들과 대화를 나누시다 4:27-38

요 4:27.이 때에 제자들이 돌아와서 예수께서 여자와 말씀하시는 것을 이상히 여겼으나 무엇을 구하시나이까 어찌하여 그와 말씀하시나이까 묻는 이가 없더라.

예수님의 제자들은 먹을 것을 사러 동네에 들어갔다가(8절) 먹을 것을 사가지고(31절) 돌아와서 예수님께서 사마리아 여자와 말씀하시는 것을 보고 이상하게 여겼다. 이유는 랍비들의 예법으로는 여자와 공적으로 대화하거나 가르치는 것이 금지되었기 때문이었고 게다가 유대인들이 싫어하는 사마리아 여자와 말씀하고 계셨기 때문이었다. 그러나 제자들은 무엇을 구하십니까하고 묻지 아니했고 또 왜 그런 여자와 대화하십니까하고 묻지 아니했다. 그들은 예수님께서 하시는 일에는 반드시 이유가 있을 것이라고 믿었기 때문이었다. 오늘 우리가 사람을 구원하려면 죄가 되지 않는 한 한 사회나 한 단체가 만든 관습법을 뛰어 넘을 수 있어야 할 것이다(고전 9:19-23). 만일 예수님께서 수가 성 여자와 대화하지 않았더라면 수가 성 여자를 구원하지 못했을 것이며 수가 성 사람들도 구원하지 못했을 것이다(42절).

요 4:28.여자가 물동이를 버려두고 동네로 들어가서 사람들에게 이르되.

그 여자는 예수님 때문에 두 가지로 놀랐다. 하나는 자기의 과거를 다 아시는 분을 만났다는 것에 놀랐고, 다른 하나는 메시야를 만났다는 것에 놀랐다. 그 여자는 너무 감격하여 물동이를 채워가지고 갈 생각도 못하고 "물동이를 버려두고 동네로 들어갔다." 그 여자는 샘물을 길으러 왔다가 메시야를 만나 너무 놀랐고 너무 감격하여 동네로 황급히 들어간 것이다. 그리고는 "사람들에게"(남자들에게) 예수님에 대해서 말을 했다. 이 여자가 여자들에게 말을 하지 않고 남자들에게 말한 것은 "아마도 여자들한테는 따돌림을 받았기 때문일 것이다"(Comfort and Hawley). 우리가 예수님을 만났다면 사람들에게 황급히 말해야 할 것이다. 세상일을 잊을 정도로 부지런히 그리스도를 전해야 할 것이다.

요 4:29.내가 행한 모든 일을 내게 말한 사람을 와서 보라 이는 그리스도가 아니냐 하니.

사마리아 여자는 동네에 들어가서 남자들에게 "내가 행한 모든 일을 내게 말한 사람을 와서 보라"고 말한다(25절). 여기 "와서 보라"(Δεῦτε ἴδετε)는 말은 1:46과 같이 '와서 확실하게 보십시요'라는 뜻이다. 사마리아 여인은 자기의 과거가 더럽고 추악하여 자기의 논리로는 사람들을 설득할만한 처지가 아니니 "와서 보라"고 지혜롭게 말한 것이다. 그리고 여인은 "이는 그리스도가 아니냐"고 말한다. '이 사람이 그리스도가 아니냐'고 조심스럽게 말한다. 여인은 마음속으로는 이미 예수님이 그리스도임을 확신하지만 그럼에도 그가 당돌하지 않게 처신하면서 결론은 마을 사람들이 내리도록 "이는 그리스도가 아니냐"고 조심스럽게 말한다. 우리는 사람들을 향하여 예수님을 믿으라고 권할 때 내 결론을 말할 것이 아니라 예수님께 "와서 보라"고 해야 할 것이다.

요 4:30.그들이 동네에서 나와 예수께로 오더라.

사람들은 여인의 말을 듣고 "동네에서 나와 예수께로 왔다." 여기 "나와"(ἐξῆλθον)라는 말은 제 2부정과거로 사람들이 '확실하게 몰려오는 것'을 지칭하고 "오더라"(ἤρχοντο)는 말은 미완료 시제로 '계속해서 오고 있었다'는 뜻이다. 계속해서 오고 있었다는 것을 지칭하는 동사를 쓴 것을 보면 많은 사람들이 계속해서 오고 있었음을 알 수 있다. 이는 성령님의 놀라운 역사였다. 성령으로 감동받는 전도자가 전할 때 성령님께서 역사하신다.

요 4:31.그 사이에 제자들이 청하여 이르되 랍비여 잡수소서.

"그 사이에," 곧 '수가 성 사람들이 예수님께 몰려오고 있는 사이에' 제자들은 많은 사람들이 오면 붐빌 것을 예상하고 예수님께 "랍비여 잡수소서"라고 말씀드린다. 여기 "랍비여"란 말은 '나의 위대한 자시여'라는 뜻으로(1:49; 3:26; 6:25) 당시 사람들이 예수님을 공경하는 뜻에서 이 칭호를 사용했다. 제자들은 자기들이 동네에 들어가서 사온 음식을 예수님께 공궤하면서 잡수시라고 권한 것이다.

요 4:32.이르시되 내게는 너희가 알지 못하는 먹을 양식이 있느니라. 제자들의 권고에 대해 예수님은 "내게는 너희가 알지 못하는 먹을 양식이 있느니라"고 말씀하신다. 여기 예수님께서 말씀하신 "먹을 양식"이란 제자들이 권한 '육신을 위한 양식'(앞 절; 마 16:5-12; 막 8:14-21 참조)을 말함이 아니라 '영을 위한 양식,' '영을 살찌게 하는 양식,' '영을 만족시키는 양식'을 지칭한다. 예수님은 방금도 사마리아 여인에게 생수 되시는 예수님 자신에 대해 증언하시므로 만족함을 얻으신 것이다. 오늘 우리 믿는 사람들은 두 가지 양식을 가지고 있다. 하나는 육신을 위한 양식이고 또 하나는 영을 살찌우는 양식이다. 그런데 어떤 신자들은 영을 살찌게 하고 만족케 하는 양식에 대해서는 별로 관심이 없다. 그래서 불만족 속에서 살고 있다.

요 4:33.제자들이 서로 말하되 누가 잡수실 것을 갖다 드렸는가 하니. 제자들은 예수님께서 "내게는 너희가 알지 못하는 먹을 양식이 있느니라"(앞 절)는 말씀이 영의 양식을 가리키심인 줄 모르고 서로 얼굴을 쳐다보면서 말하기를 "누가 잡수실 것을 갖다 드렸는가"고 말한다. 곧 '우리가 음식을 사러 동네에 들어간 사이에 누군가가 음식을 갖다가 드렸는가. 참으로 이상한 일이다'라고 말한다. 사마리아 여자가 예수님께서 "생수"에 대해 말씀하실 때 도무지 이해할 수 없었듯이 제자들은 예수님의 말씀에 대해 전혀 이해할 수가 없었다. 오늘도 우리는 성령님께서 하나님의 말씀을 깨닫게 해주시지 않으면 전혀 알 수가 없다.

요 4:34.예수께서 이르시되 나의 양식은 나를 보내신 이의 뜻을 행하며 그의 일을 온전히 이루는 이것이니라. 예수님은 이제 예수님께서 잡수시는 "양식"이 무엇인가를 설명하신다. 예수님께서 잡수시는 양식은 "나(예수님)를 보내신 이의 뜻을 행하며 그의 일을 온전히 이루는 이것"이라는 것이다(6:38; 17:4; 19:30; 욥 23:12). 예수님의 양식은 예수님을 보내신 아버지의 뜻을 수행하는 것이다. 다시 말해 예수님의 사명은 예수님을 보내신 아버지의 뜻을 수행하는 것이다(5:30; 6:38; 7:18; 9:4; 10:37-38; 12:49-50; 14:31; 15:10; 17:4). 예수님은 하나님께서 맡기신 사명 수행에 한 시도 소홀함이 없으셨다. 예수님은 수가 성 우물가에서도 하나님의 뜻을 수행하셨고 또 수가 성 사람들이 몰려오면 그들에게도 그리스도를 전하셔서 하나님의 뜻을 이루실 것이다. 우리 역시 세상에 살면서 하나님의 선하신 일을 수행해야 한다(엡 2:10).

그리고 예수님은 예수님께서 잡수실 양식은 "그의 일을 온전히 이루는 이것이니라"고 덧붙이신다(5:36; 17:4; 19:28; 요일 2:5; 4:12). 여기서 한 가지 말씀할 것은 "나(예수님)를 보내신 이의 뜻"이나 "그(하나님)의 일"이나 똑같은 내용이라는 것이다. 이유는 하나님의 뜻과 하나님의 일은 완전히 일치하기 때문이다. 결코 하나님의 뜻과 일은 다르지 않다. 본문에 "온전히 이룬다"(τελειώσω)는 말은 '끝까지 수행하다,' '...의 끝에 도달하다,' '완성하다'라는 뜻으로 부정(단순)과거 가정법이다. 예수님의 영을 위한 양식은 하나님께서 맡기신 사명을 완수하시는 것이라는 뜻이다. 예수님은 십자가에 달리셔서 "다 이루었다"고 하셨는데(19:28, 30) 하나님께서 맡기신 사명을 완수하셨다는 것이다. 예수님께서 하나님의 일을 온전히 이루시는 때 가지시는 기쁨은 예수님의 영혼에 활력을 주는 것이므로 영혼의 양식이 되는 것이다. 우리는 육신에게 활력을 주는 육신의 양식만 탐하지 말고 영혼에 활력을 주는 영의 양식, 곧 하나님의 일을 이루어야 할 것이다. 우리는 그리스도의 힘을 빌려 하나님의 일을 이룸으로 기쁨을 삼아야 할 것이다. 그런데 종종 하나님의 일을 한다고 하면서도 기쁨이 없는 때가 있다. 교회에서 노회에서 혹은 총회에서 회의를 하고, 또 일을 수행하면서 기쁨을 느끼지 못하는 수가 있는데 그 이유는 그 일이 하나님께서 기뻐하시는 뜻(일)이 아니기 때문이다. 우리는 하나님의 뜻만을 추구하고 하나님께서 맡기신 일만을 해야 한다. 그러면 거기에 큰 기쁨이 있다.

요 4:35.너희는 넉 달이 지나야 추수할 때가 이르겠다 하지 아니하느냐. 그러나 나는 너희에게 이르노니 너희 눈을 들어 밭을 보라 희어져 추수하게 되었도다.

세상의 곡식 추수는 때가 있는 법인데 사람의 영혼을 하늘나라로 추수해 들이는 영적인 추수는 그 어떤 특별한 때가 있는 것이 아니라 지금 당장 해야 한다는 것이다. 예수님의 제자들은 사마리아 벌판을 바라보면서 "넉 달이 지나야 추수할 때가 이르겠다"고 말을 했는데 혹자는 이 말이 속담(격언)일 것이라고 추측하나 속담(격언)은 아닌 것으로 보인다. 이유는 헬라어 문장을 보면 이 문장 속에 "아직"(ἔτι)이란 낱말이 있다. 곧 "아직 넉 달이나 지나야 추수 때가 된다"는 말인데 속담이라면 "아직"이란 말이 들어가지 않을 것이다. 그런고로 이 말은 제자들이 사마리아 벌판을 바라보면서 "추수까지는 아직 넉 달이 지나야 할 것 같다"라고 말한 것이다. 그런데 예수님은 영적인 추수를 생각하시면서 "그러나 나는 너희에게 이르노니 너희 눈을 들어 밭을 보라 희어져 추수하게 되었다"고 말씀하신다(마 9:37; 눅 10:2). 예수님의 제자들은 사마리아 들판을 바라보면서 '지금 씨를 뿌리고 있으니 앞으로 넉 달만 지나면 추수하겠구나'하고 서로 이야기를 했는데 예수님은 제자들을 향하여 "너희 눈을 들어 밭을 보라 희어져 추수하게 되었다"고 하신다. 곧 예수님은 수가 성 사람들이 지금 한참 몰려오고 있는 것을 보시고 '너희 눈을 들어 수가 성 사람들을 보라. 추수 때의 곡식처럼 다 익어 희어져[25] 추수하게 되었다'고 하신다. 예수님은 사마리아 사람들에게 복음을 전파하여 당장 하늘 곡간으로 추수해 들여야 한다고 제자들에게 말씀하신 것이다.

예수님은 당장 사마리아 여자에게 복음을 전하여 주님을 영접하게 하셨고 또 수가 성 사람들을 하늘 곡간으로 추수해 들이실 것이다(39-42절). 그리고 훗날 제자들은 사마리아에 그리스도를 전하여 사람의 영혼들을 천국 곡식으로

---

25) 혹자는 여기 "희어져"라는 말을 두고 이것은 주님께서 우물 가에서 많은 사마리아인들(아랍인들)이 흰옷을 입고 모여오는 것을 보시고 묘사하신 말씀일 것이라고 주장한다. 그러나 만일 사마리아인들이 노란색 옷이나 푸른 색 옷, 혹은 검은 색 옷을 입고 몰려왔다면 주님께서 무엇이라 묘사하셨을 것인가를 생각하면 격에 맞는 해석은 아닐 것이다. 여기 "희어져 추수하게 되었도다"라는 말씀은 아무래도 곡식이 희어져 추수하게 된 것을 보시고 말씀하신 것으로 보아야 할 것이다. 곡식은 추수 때가 되면 처음에는 누렇게 변하지만 좀 더 지나면 흰 색깔을 띤다. 예수님은 사마리아인들이 몰려오는 것을 보시고 마치 곡식이 익어 희어져 추수하게 된 것처럼 보이므로 이렇게 표현하셨을 것으로 보이는 것이다.

삼았다(행 9:31; 15:3). 요한 사도는 훗날 오순절 이후에 베드로와 함께 사마리아 지방에 가서 복음을 전하여 성령 세례가 임하게 하였다(행 8:14-17). 영적 추수는 세상 곡물 추수처럼 기다릴 필요 없이 당장 해야 하는 것이다.

요 4:36.거두는 자가 이미 삯도 받고 영생에 이르는 열매를 모으나니 이는 뿌리는 자와 거두는 자가 함께 즐거워하게 하려 함이니라.

예수님은 "거두는 자가 이미 삯도 받고 영생에 이르는 열매를 모은다"고 말씀한다(단 12:3). "거두는 자가 이미 삯도 받는다"는 것이다. 영적인 추수 꾼이 이미 삯을 받는다는 것이다. 멀리 기다릴 것도 없이 벌써 삯을 받는다는 뜻이다. 전도자들은 훗날에만 삯을 받는 것이 아니라 벌써 기쁨을 얻는다는 것이다. 전도자는 전도하는 시간에 벌써 기쁨을 얻게 되니 전도자들은 지체할 것 없이 복음을 전해야 한다는 것이다.

그리고 예수님은 거두는 자는 "영생에 이르는 열매를 모은다"고 덧붙이신다. 전도자는 기쁨만 받는 것이 아니라 영생으로 들어가는 영혼을 모으게 된다는 것이다(마 13:30; 눅 3:17). 전도자의 복음 전도로 말미암아 그리스도를 믿은 영혼들이 추수 때에 천국 곡간에 들어가게 된다는 것이다. 전도란 얼마나 보람 있는 일인지 모른다.

거두는 자가 삯을 받고 영생에 이르는 열매를 모으도록 만든 것은 "뿌리는 자와 거두는 자가 함께 즐거워하게 하려 하기" 위해서라는 것이다. 곧 '뿌리는 분이신 예수님과 추수꾼들인 제자들이 함께 즐거워하게 하기' 위해서라는 것이다. 만약에 거두는 자가 삯을 받지 못하고 영생에 이르는 열매를 모으지 못한다면 뿌리는 자와 거두는 자가 함께 즐거워할 수 없을 것이다. 거두는 자, 곧 예수님의 제자들이 풍성한 삯을 받고 영생에 이르는 열매를 많이 모을 때 뿌리는 자도 함께 즐거워할 수 있게 된다는 것이다. 혹자는 여기 "뿌리는 자와 거두는 자"를 다 같이 예수님으로 해석하는 수가 있으나 그렇게 되면 "함께"라는 말을 해석하기가 어색하다. '예수님과 예수님이 함께 즐거워한다'는 말이 되어 내용이 이상하게 된다. 오늘 우리 거두는 자들이 열심히 거두어 삯도 받고 영생에 이르는 열매를 모을 때 뿌리시는 예수님도 즐거워하신다는 것을 기억하고 열심을 다해야 할 것이다. 세상의 곡식 추수는 씨를 뿌린지 오랜 시간이 지나야 추수하지만 영적 파종과 추수는 중간기가 없는 것을 알아야 한다. 뿌리자마자 추수하게 되는 것이다. 우리는 예수님께서 우리를 사용하셔서 말씀을 뿌리시게 해야 한다. 그러면 우리는 기쁨을 얻고 영생에 들어가는 사람들을 얻을 것이다.

요 4:37.그런즉 한 사람이 심고 다른 사람이 거둔다 하는 말이 옳도다.
"한 사람이 심고 다른 사람이 거둔다"는 말씀은 아마도 신 20:6; 28:30; 욥 31:8; 믹 6:15 등의 사상에서 나왔을 것이다(Comfort and Hawley). 이 말씀은 뿌리는 자와 거두는 사람이 따로 있다는 말씀인데 예수님께서 심으시니 제자들은 열심히 거두라는 격려의 말씀이다. 세상 추수의 경우 파종자와 추수자가 똑같은 사람일 때 기쁨이 있는 법인데 영적 추수의 경우는 추수하는 자가 추수하면 파종자도 기뻐하신다는 말씀이다. 그런고로 이 말씀은 열심히 추수하라는 격려의 말씀이다.

요 4:38.내가 너희로 노력하지 아니한 것을 거두러 보내었노니 다른 사람들은 노력하였고 너희는 그들이 노력한 것에 참예하였느니라.
예수님은 제자들을 향하여 "내가 너희로 노력하지 아니한 것을 거두러 보내었다"고 말씀하신다. 예수님은 추수하는 제자들을 향하여 파종하고 가꾸기 위해 땀 흘리지 아니한 것을 거두러 보냈다고 말씀하신다. 곧 예수님께서 친히 노력하신 것을 거두러 보내셨다는 것이다. 다시 말해 "다른 사람들은 노력하였고 너희는 그들이 노력한 것에 참예하였다"고 말씀한다. 여기 "다른 사람들("그들")"이 누구냐에 대해 수많은 학설이 있다. 1)모세와 구약의 선지자들과 세례 요한 등, 2)세례 요한과 그의 추종자들, 3)예수님과 사마리아 여자, 4)사마리아 사람들에게 전도한 빌립, 5)구약의 선지자와 하나님의 종 그리고 세례 요한과 예수님, 6)수 세기 동안 사람들로 하여금 진리를 받아드리도록 마음의 상태를 만들므로 영적 추수를 준비한 사람들, 7)사마리아 여자라는 해석들이 있다. 그러나 여기 "다른 사람들"("그들")이 누구냐를 놓고 우리가 일일이 누구를 지명하기 보다는 예수님께서 쓰신 사람들을 지칭한다고 보아야 할 것이다. 분명한 것은 예수님께서 사역자들을 불러 복음을 뿌리게 하셨으므로 제자들은 그들이 수고한 것에 참예하라는 것이다. 오늘 우리도 앞서 뿌려놓은 사람들의 노력에 동참하는 사람들이 되어야 하는 것이다. 예수님께서 사람들을 불러 수고하게 하셨는데 우리는 그들의 노력에 동참하는 사람들이 되어야 한다.

5.복음이 사마리아에 널리 퍼지게 되다 4:39-42

사마리아 여자는 과거에 수많은 죄를 짓고 살다가 수가 성 우물가에서 그리스도를 만나 전도자가 되어 사마리아 지방 사람들을 그리스도 앞으로 인도하여 사마리아 지방을 뒤집어 놓았다. 한 사람 때문에 복음이 널리 전파된 것이다. 먼저 사마리아 사람들은 여자의 말 때문에 예수님을 믿게 되었고(39절), 다음으로는 그들이 직접 예수님을 모셔서 말씀을 들어서 예수님을 믿게 되었다(40-42절).

요 4:39.여자의 말이 내가 행한 모든 것을 그가 내게 말하였다 증언하므로 그 동네 중에 많은 사마리아인이 예수를 믿는지라.

사마리아 사람들은 처음에 여자가 말한 것을 듣고 예수님을 믿게 되었다(29절). 사마리아 사람들은 예수님께서 사마리아 여자의 과거와 현재의 모든 형편을 말씀해 주신 것을 듣고 경탄하여 예수님을 믿게 되었다는 것이다. 저급한 믿음 상태에 놓여 있었던 것이다.

요 4:40.사마리아인들이 예수께 와서 자기들과 함께 유하시기를 청하니 거기서 이틀을 유하시매.

사마리아 사람들은 예수님을 대적하는 입장에 서지 않고 친절하게 대했다. 그들은 예수님을 향하여 "함께 유하시기를 청했다." '함께 지내기를 청한 것이다.' 예수님은 이 친절한 요청을 받아들이셔서 "거기서 이틀을 유하셨다." 예수님은 부활하신 날 엠마오로 가는 길에서 만난 두 제자의 요청을 받아들이셔서 그 집에 들어가셔서 잠시간 함께 유하시기도 하셨다(눅 24:29). 그리고 바울은 그리스도를 영접한 루디아라는 여인의 간절한 요청을 받고 그 여자의 집에 들어가 유하였다(행 16:14-15). 지금도 예수님은 강권하는 자의 집에 들어가 머무신다.

요 4:41.예수의 말씀으로 말미암아 믿는 자가 더욱 많아.

예수님께서 이틀을 머무시는 동안 그들에게 말씀을 전해주셨다. 그래서 그들은 "예수의 말씀으로 말미암아 믿는 자가 더욱 많아졌다." 이제는 그들은 여자의 말 때문에 믿은 것이 아니라 예수님의 말씀을 듣고 믿음을 얻게 되었다. 그들은 거듭났고 또 큰 믿음을 얻게 되었다. 예수님의 말씀은 사람을 거듭나게 하고 또 믿음을 가지게 해주신다(15:3-5). 오늘 우리는 그리스도의 말씀을 많이 들어야 한다(눅 10:38-42).

요 4:42.그 여자에게 말하되 이제 우리가 믿는 것은 네 말로 인함이 아니니 이는 우리가 친히 듣고 그가 참으로 세상의 구주신 줄 앎이라 하였더라.

사마리아 사람들은 그 여자에게 말하기를 "이제 우리가 믿는 것은 네 말로 인함이 아니라"고 한다. 혹자는 여기 "말"(λαλιὰν)이란 단어가 좀 '단순한 말소리,' '단순하고 서투른 말'이라고 해석하나 요한 사도는 예수님의 말씀을 표현할 때도 이 단어로 사용한 것을 보면(8:43) 사마리아 여자가 말한 것이 지절거리는 유치한 말은 아니라는 것을 알 수 있다. 사마리아 사람들은 "우리가 친히 듣고 그가 참으로 세상의 구주신 줄 앎이라"고 한다(17:8; 요일 4:14). 그들은 첫째, "우리가 친히 들었다"고 말한다. 친히 듣는 것은 중요하다. 성경에서 친히 그리스도의 말씀을 친히 듣는 것은 중요하다. 둘째, 그가 세상의 구주신 줄 안다는 것이다. 여기 "앎이니라"(οἴδαμεν)말은 '직관적으로 안다'는 뜻이다. 곧 절대적인 지식을 얻었다는 말이고 완전한 앎을 가졌다는 말이다.

사마리아 사람들은 이틀간 복음을 들은 결과 예수님이 세상의 구주이신 줄 절대적으로 그리고 확실하게 알게 된 것이다. 예수님께서 유월절에 예루살렘에서 표적을 행하셨을 때는 믿는 사람들의 믿음이 약했었는데(2:23-25) 사마리아에서는 표적도 행하시지 않으셨고 예수님께서 그저 말씀만 들려 주셨는데 그 말씀으로 말미암아 믿는 사람들이 많이 생겨나게 되었다. 백부장은 예수님의 말씀의 위력을 믿어서 예수님으로부터 칭찬을 받았다(마 8:5-10). 말씀을 듣고 믿는 자들의 신앙은 귀한 것이다.

IX.왕의 신하의 아들을 고치시다 4:43-54

유대를 떠나 갈릴리 지방으로 가시던 예수님께서 도중에 사마리아의 수가 성에 들러 복음을 전파하시면서 이틀을 지내시다가 이제 갈릴리로 가셔서 갈릴리 사역을 행하신다(43-54절). 먼저 요한 사도는 예수님께서 사마리아로부터 갈릴리로 가신 이유를 말하고(43-45절), 또 예수님께서 갈릴리에 오셔서 전에 물로 포도주를 만드신 갈릴리 가나에 들르셨을 때 왕의 신하가 자기의 아들의 병을 고쳐주십사는 요청을 받고 말씀으로 고쳐주신 내용을 언급한다(46-54).

1.예수님께서 갈릴리로 가시다 4:43-45

요 4:43.이틀이 지나매 예수께서 거기를 떠나 갈릴리로 가시며.

예수님은 사마리아 지방에서 이틀을 지내시면서 복음을 전파하시다가 사마리아를 떠나 본래의 계획대로(3절) 갈릴리로 가신다.

요 4:44.친히 증언하시기를 선지자가 고향에서는 높임을 받지 못한다 하시고.

예수님은 갈릴리로 가시면서 "선지자가 고향에서는 높임을 받지 못한다"고 하신다(마 13:57; 막 6:4; 눅 4:24). 그러면 예수님께서 높임을 받지 못하실 그 고향이란 도대체 어디인가. 많은 해석이 시도되었다. 1)혹자는 유대지방을 염두에 둔 말이라고 주장한다. 유대만이 진실로 모든 유대인들의 고향이라고 하는 명칭을 부여받을 수 있는 곳이라고 주장한다. 그러나 유대 지방이 예수님의 고향이라고 말할 수 없다. 그 이유는 첫째, 예수님은 유대지방에서 사역에 큰 열매가 있었으므로(1절) "선지자가 고향에서는 높임을 받지 못한다"는 말씀은 잘 어울리지 않는다. 그리고 둘째 이유는 유대지방이 예수님의 고향이었다면 예수님께서 유대 지방을 떠나실 때 그 말씀을 하셨어야 했는데 사마리아와 갈릴리의 중간 지역에서 이 말씀을 하신 것은 격에 맞지 않는 것이다. 그런고로 예수님의 고향을 유대로 보는 것은 무리이다. 2)예루살렘이 예수님의 고향이라고 보아야 한다는 것이다. 혹자는 예루살렘은 모든 유대인들의 마음의 집이라는 것이다. 그러나 이 주장은 유대가 고향이라고 주장하는 학설과 마찬가지로 성립되지 않는 논리이다. 3)혹자는 예수님께서 "고향에서는 높임을 받지 못한다"고 하는 것은 이 세상을 염두에 두고 하신 말씀이라는 것이다. 그러나 사마리아 지방 같은 데서는 높임을 받으신 것이 아닌가. 4)나사렛이 위치해 있는 갈릴리를 고향으로 보아야 한다는 것이다(박윤선, 이상근, 윌렴 헨드릭슨, Comfort and Hawley, Grosheide, Lenski, Pink). 이 학설이 제일 무난한 학설이다. 요한복음에서는 예수님께서 성장하신 곳을 갈릴리라고 언급한다(1:46; 2:1; 7:1-3, 41, 52; 19:19). 그리고 공관복음에서도 예수님의 고향을 갈릴리로 말하고 있다(마 13:54, 57; 막 6:1; 눅 4:16). 그러나 "선지자가 고향에서는 높임을 받지 못한다"는 예수님의 말씀과 다음 절의 "갈릴리인들이 그를 영접했다"는 말씀과는 어떻게 연관되느냐 하는 것이 문제인데, 이것에 관하여 윌렴 헨드릭슨은 "갈릴리인들이 그들 가운데 이적행하는 자를 받아드리는 것이 기뻤던 것은 물론이지만(4:45) 그렇다고 그를 높였던 것은 아니다(4:48). 얼마 안가서 그들은 그에 대해 불평하기 시작하였으며(6:41), 마침내 그로부터 많이 물러갔다(6:66)"고 말한다.[26)]

요 4:45.갈릴리에 이르시매 갈릴리인들이 그를 영접하니 이는 자기들도 명절에 갔다가 예수께서 명절 중 예루살렘에서 하신 모든 일을 보았음이더라.

---

26) 윌렴 헨드릭슨, *요한복음 상*, p. 244.

예수님께서 고향 갈릴리에 가셨을 때 갈릴리 사람들이 예수님을 환영했다는 말씀이다. 환영한 이유는 갈릴리 사람들도 유월절(신 16:16)에 예루살렘에 갔다가 예수님께서 이적을 행하시는 것을 보았기 때문이라는 것이다(2:23; 3:2). 이들은 소위 이적 신앙을 가진 사람들이었다. 이들의 신앙은 사마리아 사람들의 말씀 신앙보다 열등한 신앙을 가지고 있었다(48절; 2:24-25).

2.왕의 신하의 아들을 고치시다 4:46-54

예수님은 갈릴리 가나에 두 번째 들르셨을 때 왕의 신하의 요청을 듣고 그 아들의 병을 말씀으로 고쳐주셨다. 예수님은 15마일(24km)이나 떨어져 있는 환자를 말씀으로 고치셨다는 것이다. 요한은 예수님께서 만병의 의사이실 뿐 아니라 전능하신 하나님이시라는 것을 부각시킨다.

요 4:46.예수께서 다시 갈릴리 가나에 이르시니 전에 물로 포도주를 만드신 곳이라 왕의 신하가 있어 그의 아들이 가버나움에서 병들었더니.

예수님께서 왕의 신하의 아들의 병을 고치신 곳은 갈릴리 가나였다. 요한 사도가 예수님께서 갈릴리 가나로 오신 사실을 언급하는 중에 "전에 물로 포도주를 만드신 곳"이라고(2:1, 11) 부연하는 이유는 아마도 물로 포도주를 만드신 사건을 두고 당시 사람들이 여러 이상한 해석들을 시도했기 때문인 것으로 보이고 또 이 사건이야 말로 하나의 역사적인 사건이라는 것을 못 박아 말하기 위해서였을 것이다.

본문의 "왕의 신하"는 가버나움에서 갈릴리의 분봉왕인 헤롯 안디바의 궁정에서 일을 보던 한 사람의 신하로 추정된다. 그는 아마도 예수님께서 갈릴리 가나에서 물로 포도주를 만드신 사건을 들었을 것이다. "가버나움"은 갈릴리 서북쪽에 위치한 성읍으로 가나로부터 15마일(24km) 거리에 있는 곳이다. 예수님께서 갈릴리 전도를 하실 때 본거지로 삼은 곳이었다(마 4:13-7).

요 4:47.그가 예수께서 유대로부터 갈릴리에 오셨다는 것을 듣고 가서 청하되 내려오셔서 내 아들의 병을 고쳐주소서 하니 그가 거의 죽게 되었음이라.

왕의 신하는 "예수께서 유대로부터 갈릴리에 오셨다는 것을 들었다." 그리스도에 대해 듣는 것은 중요하다. 신하는 "듣고 가서 청하되 내려오셔서 내 아들의 병을 고쳐주소서" 하고 요청했다. 그는 예수님께서 갈릴리로 오셨다는 것을 들은 사실을 머릿속에서 지우지 않고 예수님을 찾아가서 아들을 고쳐주시기를 요청했다. 그는 아들이 죽는 것을 그냥 두고 볼 수는 없었다. 오늘 우리도 그리스도에게 찾아가서 우리의 어려움을 호소해야 한다.

혹자는 예수님께서 여기 왕의 신하의 아들의 병을 고치신 사건과 백부장의 종을 고치신 사건(마 8:5-13)을 동일시하려고 하나 여러 모로 다르다. 서로 다른 것을 보면 1)백부장의 종을 고친 사건에서는 백부장이 병을 고쳐주기를 요청했고 이곳에서는 왕의 신하가 요청했고, 2)그쪽에서는 종의 병, 이쪽에서는 아들의 병, 3)그쪽에서는 종의 병이 반신불수였고 이쪽에서는 열병이었으며, 4)그 쪽에서는 예수님께서 백부장의 믿음을 칭찬하셨고, 이쪽에서는 신하의 믿음이 부족함을 말씀하셨으며, 5)그쪽에서는 백부장이 예수님에게 집에 오심을 감당치 못하겠다고 한데 비해 이쪽에서는 오시기를 간청한 점이다. 단지 두 사건에 있어 동일한 점은 원거리 치유라는 점이다.

요 4:48.예수께서 이르시되 너희는 표적과 기사를 보지 못하면 도무지 믿지 아니하리라.

예수님은 왕의 신하를 향하여 훈계하시면서 갈릴리 사람 전체를 상대하여 훈계하신다. "너희는 표적과 기사를 보지 못하면 도무지 믿지 아니하리라"(고전 1:22). 예수님은 왕의 신하나 갈릴리 사람뿐 아니라 오늘 우리를 향하여 기적을 따라가는 사람들이라고 책망하시고 기적을 보아야 믿는 사람들이라고 책망하신다. 우리는 그리스도의 말씀을 믿는 사람들이 되어야 한다. 예수님의 말씀을 통하여 예수님의 위력을 믿는 사람들이 되어야 한다(마 8:5-13).

요 4:49.신하가 이르되 주여 내 아이가 죽기 전에 내려오소서.

왕의 신하는 "내 아이가 죽기 전에," 곧 '죽으면 모든 것이 헛일이 되기 전에' 내려오시라고 부탁한다. 그의 신앙은 예수님께서 죽음 저편의 문제에대해서는 해결 할 수 없는 줄로 알았다. 그리고 왕의 신하는 예수님께서 꼭 "내려 오셔야" 해결하실 줄 믿었다. 멀리서는 안 될 것으로 알았다. 다시 말해 안수 같은 것으로야 해결하시리라고 믿었다. 그저 기적을 믿는 믿음뿐이었다. 우리는 예수님께서 우주 안에 모든 문제를 해결하시는 분으로 믿어야 한다.

요 4:50.예수께서 이르시되 가라 네 아들이 살아있다 하시니 그 사람이 예수께서 하신 말씀을 믿고 가더니.

예수님은 이 신하에게 "가라. 네 아들이 살아있다"고 말씀하신다. 다시 말해 '가라. 네 아들이 살아난다'고 하신 것이다. 본문에 "살아있다"(ζῃ)는 말은 현재시제로 예수님께서 말씀하시는 그 시간에 '살아난다'는 뜻이다. 이 때 그 신하는 예수님의 말씀을 거역할 수 없어서 "예수께서 하신 말씀을 믿고 갔다." 신하는 예수님의 말씀에 부딪혀 예수님의 말씀을 믿는 믿음으로 바뀐 것이다. 이것은 아들의 병이 나은 것 못하지 않게 귀한 변화이다. 신하는 예수님께서 하신 말씀을 믿고 그 말씀대로 아들의 병이 낫기를 기대하면서 먼 길을 갔다.

요 4:51.내려가는 길에서 그 종들이 오다가 만나서 아이가 살아 있다 하거늘.

왕의 신하가 내려가고 있는 중에 "그 종들이 오다가 만나서 아이가 살아 있다"고 보고했다. 왕의 신하에게는 두 가지 위로가 임했다. 첫째로, "종들이 마중 나온" 것이다. 둘째로, "아이가 살았다"는 보고를 받은 것이다. 그리스도의 말씀을 믿는 자들에게는 엄청난 복이 임하는 법이다. 베드로는 갈릴리에서 예수님의 말씀에 순종하여 그물을 던졌을 때(눅 5:5), 1)그물이 찢어질 만큼 고기가 잡혔고(눅 5:6), 2)다른 사람에게도 나누어줄 만큼 고기를 잡았으며(눅 5:7), 3)또한 자신이 누구인가를 알게 되었다. 베드로는 자신이 죄인인줄 알게 된 것이다(눅 5:8). 오늘 우리는 말씀에 순종하여 놀라운 위로를 체험하며 살아야 할 것이다.

요 4:52.그 낫기 시작한 때를 물은즉 어제 일곱 시에 열기가 떨어졌나이다 하는지라.

왕의 신하는 종들에게 "그 낫기 시작한 때"를 물었다. 예수님께서 "네 아들이 살아있다"고 말씀하신 그 시간인가하고 물은 것이다. 예수님께서 말씀으로 고치셨으면 온 가족과 함께 예수님을 믿기 위하여 물은 것이다. 왕의 신하의 종들은 "어제 일곱 시에 열기가 떨어졌다"고 시각을 말해준다. "어제 일 곱시"는 우리 시간으로 '어제 오후 1시'라는 뜻이다. 왕의 신하와 종들은 해가 진후(이 때 날이 바뀐다) 밤 오후 7시쯤 해서 서로 만났을 것이다(24km는 장정이 6시간 걸으면 갈 수 있는 곳인데 양쪽에서 걸었으니 오후 7시쯤 서로 만났을 것이다).

요 4:53.그의 아버지가 예수께서 네 아들이 살아있다 말씀하신 그 때인 줄 알고 자기와 그 온 집안이 다 믿으니라.

왕의 신하는 어제 일곱 시, 곧 우리 시간으로 오후 1시가 예수님께서 "아들이 살아있다"고 선언하신 때인 줄 알고 자기와 그 온 집안이 다 믿었다는 것이다. 이제 그 집안에 말씀 신앙이 들어간 것이다. 혹자는 "자기와 그 온 집안이 다 믿으니라"는 말씀은 예수님을 믿었다는 것인지 아니면 그 기적을 믿었다는 것인지 확실하지 않다고 주장하나 왕의 신하가 예수님의 말씀을 믿고 돌아온 것으로 보아 신하 자신과 그 집안이 "예수님께서 하신 말씀"(50절)을 믿은 것이고 따라서 예수님을 믿은 것으로 보아야 할 것이다. 우리의 믿음은 기적 신앙으로부터 말씀 신앙으로 바뀌어야 한다.

요 4:54.이것은 예수께서 유대에서 갈릴리로 오신 후에 행하신 두 번째 표적이니라.

요한 사도는 왕의 신하의 아들을 치유하신 것이 예수님께서 갈릴리로 오신 후에 행하신 두 번째 표적이라고 말한다. 첫 번째 것은 예수님께서 물로 포도주를 만드신 표적이고(2:1-12), 두 번째 것은 왕의 신하의 아들을 고치신 표적이다. 물로 포도주를 만드신 것은 예수님께서 변화시키시는 분이라는 것을 드러냈고, 신하의 아들을 고치신 표적은 예수님께 사람의 생명을 주장하시는 분임을 드러내는 표적이다. 예수님은 말씀으로 변화시키시고 또 말씀으로 사람을 살리시는 분이시다.

제 5 장

38년 된 병자 치유와 예수님의 설교

X. 예수님께서 38년 된 병자를 고치시다 5:1-18

갈릴리 가나에서 멀리 있는 가버나움 사람을 말씀으로 고치신(4:46-54) 예수님은 명절이 되어 예루살렘에 올라가서서 38년 된 병자를 고치신다(1-9a). 예수님께서는 38년 된 병자를 안식일에 고치셨다하여 그리고 하나님을 자기의 친 아버지라고 하신다고 하여 유대인들부터 박해를 받으시기 시작한다(9b-18).

1. 38년 된 병자를 고치시다 5:1-9a

요 5:1. 그 후에 유대인의 명절이 되어 예수께서 예루살렘에 올라가시니라.

예수님은 "유대인의 명절"[27]이 되어 예루살렘에 올라가셨다. 이유는 명절에 모이는 많은 사람들에게 하나님의 말씀도 전하시고 또한 병자를 고치시기 원해서였다. 예수님은 사람을 찾아다니신다. 오늘도 예수님은 많은 사람들을 찾아다니시면서 사람을 구원하시고 병자를 치료하신다.

요 5:2. 예루살렘에 있는 양문 곁에 히브리 말로 베데스다라 하는 못이 있는데

27) 학자들은 3월에 있는 부림절, 4월에 있는 유월절, 5월에 있는 오순절, 10월에 있는 나팔절, 속죄일, 장막절, 12월에 있는 수전절 등 많은 의견을 제시했다. 그 많은 학설 중에 최근의 학자들은 본 절의 절기를 부림절로 보고 있다. 이유는 1)사마리아 전도(4장)는 12월-1월에 있었고(추수기가 4개월 정도 남아있으니, 4:35), 유월절(6:4)은 4월에 있으므로, 5장의 명절은 시간 순으로 3월에 있는 부림절로 보는 것이 좋고, 2)본서에는 유월절(2:13; 6:4; 11:55), 장막절(7:2), 수전절(10:22) 등의 이름은 분명히 나타나므로 이름이 나타나지 않는 본 절의 명절은 유월절, 장막절, 수전절일 가능성은 거의 없는 것으로 보아야 한다는 것이다(그러나 윌렴 헨드릭슨은 부림절은 그 당시 에스더서를 큰 기쁨으로 읽던 지방회당에서 축하된 명절이지 예루살렘에 올라갈만한 순례의 절기는 아니었다고 반대한다). 많은 학자들이 요한복음의 연대를 재구성하여 본 절의 명절을 부림절로 추정한다고 해도 역시 추정에 불과한 것임에는 틀림없다.

거기 행각 다섯이 있고.

요한 사도는 예루살렘 안에 있는 양문 곁의 베데스다 못가에 행각 다섯이 있다는 것도 관찰했다. 그는 팔레스틴의 지리에 밝은 사람이었다. 여기 "양문"(羊門)이라는 문은 예루살렘 성문 중에 하나로, 양문이란 이름이 붙여진 문이었다(느 3:1, 32; 12:39). 이스라엘 사람들은 예루살렘의 문에 동물 이름을 붙여서 불렀다(魚門, 馬門 등). 이 문은 예루살렘 북쪽에 있다. "베데스다(Βηθζαθὰ)"라고 하는 못 이름은 사본들의 다양한 읽기에 따라 발음도 달라지고 또 뜻도 달라진다. 1)'벳체다'(Βετζετηα-새로운 도시)라는 읽기, 2)'벳차다'(Βετηζατηα-올리브의 집)라는 읽기, 3)'벳에스다'(Βετεσδα-샘의 집)라는 읽기, 4)'베데스다'(Βετηεστηα-자비의 집)라는 읽기 등이 있다. 바로 네 번째의 읽기(독법)가 본 절의 베데스다와 가장 근접한 읽기로 이해되고 있다. 1888년에 어느 사람이 예루살렘 북서부를 발굴하다가 두 개의 연못을 발견했는데 그 중의 하나가 다섯 개의 행각을 가진 베데스다 못이라는 것이다. 베데스다 못가에 설치된 "행각"(porch)이란 '정자'(亭子)를 지칭하는 말이다. 자비의 집(베데스다)이라고 불리는 이 연못가에 세워진 행각들 안에 즐비한 수많은 병자들은 아무리 오래 기다려 보아도 예수님을 만나기 전에는 소망이 없었다.

요 5:3a.그 안에 많은 병자, 맹인, 다리 저는 사람, 혈기 마른 사람들이 누워.

행각들 안에는 많은 병자, 맹인, 다리 저는 사람, 혈기 마른 사람들이 누워 있었다. 여기 "병자"(ἀσθενούντων)란 말은 '연약한,' '힘이 없는'이란 뜻으로 '약한 사람들'을 지칭한다. 병자는 뒤에 나오는 세 종류의 환자보다는 덜 중한 환자였을 것이다. 이 사람들은 보통 누워서 지냈다. 이들 중에서도 38년 된 병자는 더 심한 환자로 보인다. 이유는 다른 사람들 보다 더 동작이 느리기 때문이다(7절).

요 5:3b-4.[물의 움직임을 기다리니 이는 천사가 가끔 못에 내려와 물을 움직이게 하는데 움직인 후에 먼저 들어가는 자는 어떤 병에 걸렸든지 낫게 됨이러라].

개역개정판 성경에서 괄호로 묶어놓은 이 부분은 후대 소수 사본들(알렉산드리아 사본, 레기우스 사본)에만 있고, 초기의 중요사본 등(바티칸 사본, 에브라임 사본, 베자 사본)에는 없다. 이 괄호안의 말씀이 이 자리에 들어간 것은 아마도 고대의 필사자(筆寫者)가 7절을 설명하기 위해 성경 밖에 써 놓은 것을 후대 사람이 필사(筆寫)를 거듭하는 중에 본문 속에 포함시킨 것으로 보인다.

요 5:5.거기 서른여덟 해 된 병자가 있더라.

38년 된 병자가 그 행각들 중의 한 행각 아래에 누워있었다. 예수님은 그 병자를 찾아 고쳐주신다. 예수님은 소망이 없는 중증환자를 찾아주신다. 심각한 죄인을 찾아 구원해주신 예수님은 인간적으로 어찌 할 수없는 병자들을 찾아 고쳐주신다. 우리는 내 자신이 어찌 할 수없는 죄인이라는 사실(딤전 1:15), 그리고 어찌 할 수 없는 연약한 인간임을 아뢰어야 한다.

요 5:6.예수께서 그 누운 것을 보시고 병이 벌써 오래 된 줄 아시고 이르시되 네가 낫고자 하느냐.

예수님은 38년 된 병자의 병이 오래 된 줄 아셨다. 예수님은 전지하신 분이시다. 예수님은 오늘 우리의 사정도 다 아신다(계 2:1-3, 9, 13, 19; 3:1, 8, 15). 그리고 예수님은 "네가 낫고자 하느냐"고 물으신다. 예수님은 우리의 소원도 물으신다. 예수님은 억지로 하시지 않으신다. 우리는 우리의 소원과 비존을 고백해야 한다.

요 5:7.병자가 대답하되 주여 물이 움직일 때에 나를 못에 넣어 주는 사람이 없어 내가 가는 동안에 다른 사람이 먼저 내려가나이다.

병자의 대답은 두 가지 내용이다. 하나는 "물이 움직일 때에 나를 못에 넣어 주는 사람이 없다"는 것, 또 하나는 "내가 가는 동안에 다른 사람이 먼저 내려간다"는 것이었다. 나를 못에 넣어줄 사람이 없다는 말은 세상인심을 말하는 것이다. 그러나 세상의 쌀쌀함을 느끼는 사람은 대부분 예수님을 바라보게 된다는 것이다. 우리는 항상 예수님을 바라보아야 한다. 또 "내가 가는 동안에 다른 사람이 먼저 내려간다"는 말은 병자 자신이 세상에서 생존경쟁에서 계속해서 지고 있다는 것이다. 비록 우리가 세상에서 생존경쟁에 진다고 해도 우리가 그리스도에게 붙들리면 생존 경쟁에서 이기고도 남는 것이다. 그리스도는 우리로 하여금 남에게 꾸어주고 머리에 있을 수 있는 사람이 되게 해 주신다(신 28:1-14). 병자의 이 말은 "네가 낫고자 하느냐"하고 묻는 예수님의 질문에 대한 긍정적인 답이었다. 낫고자 한다는 말을 이렇게 대답한 것이다. 우리는 낫고자 해야 한다. 그런 꿈이 있어야 한다.

요 5:8.예수께서 이르시되 일어나 네 자리를 들고 걸어가라 하시니.

예수님은 두 가지를 명령하신다. 첫째, "일어나라"고 하시고(마 9:6; 막 2:11; 눅 5:24), 둘째, "자리를 들고 걸어가라"고 명령하신다. "일어나라"(ἔγειρε)는 말은 2인칭 단수 현재 명령형으로 '일어나라,' '건강을 회복하라'는 뜻이다. 예수님은 38년 동안이나 병에 시달린 사람을 고치실 때 "일어나라"는 말씀 한마디를 하시므로 고치신다. 예수님의 말씀은 곧 능력이다. 있다. 그리고 "자리"(κράβαττόν)란 말은 '짚으로 만든 멍석'을 지칭하는데 병자들의 침대로 사용되었다(막 2:2-12; 행 5:15; 9:33). 또 본문의 "들고"(ἆρον)란 말은 부정(단순)과거 명령형으로 '분명히 들어라'는 뜻이며 "걸어가라"(περιπάτει)는 말은 현재 능동태 명령형으로 '계속해서 걸어가라'는 뜻이다. 예수님은 환자를 단번에 고치시되 침대까지도 들을 수 있는 힘이 있는 자로 고치셨다. 예수님은 사람을 고치실 때 완전히 활동할 수 있는 사람으로 만들어놓으신다. 우리는 오늘 예수님의 능력의 말씀(성경)을 가지고 있는 줄을 알아야 할 것이다.

요 5:9a.그 사람이 곧 나아서 자리를 들고 걸어 가니라.

요한은 예수님의 명령 뒤에 "그 사람이 곧 나아서 자리를 들고 걸어가는" 것을 관찰했다. 여기 "곧 나아서"란 말은 예수님의 치유가 즉각적임을 보여준다. 예수님의 고치심은 몇 시간 혹은 몇 날이 걸린 것이 아니라 즉각적이었다. 그 환자는 병이 나았을 뿐 아니라 힘이 생겨서 침대를 들고 걸어갔다. 그 환자는 이제 그 침대가 더 이상 필요 없게 되었다. 오늘 우리는 예수님을 바라봄으로 누운 자리에서 일어나서 활동하는 사람들이 되어야 한다.

2. 38년 된 병자를 고치시고 난후 예수님께서 박해를 받으시다 5:9b-18

요 5:9b-10.이 날은 안식일이니 유대인들이 병 나은 사람에게 이르되 안식일인데 네가 자리를 들고 가는 것이 옳지 아니하니라.

요한 사도는 "이 날은 안식일이니"라고 기록한다(9:14). 그가 기록하고 싶어서 이렇게 기록한 것이 아니라 유대인들이 예수님께 시비를 걸은 이유를 말하기 위해서 기록한 것이다. 유대인들은 예수님께서 안식일에 병자를 고치셨다는 이유로 핍박하기 시작한 것이다(16, 18절). 유대인들은 "병 나은 사람에게 이르되 안식일인데 네가 자리를 들고 가는 것이 옳지 아니하니라"고 말한다. 그들은 예수님께서 행하신 일 때문에 예수님을 찬양하고 병 나은 사람을 향하여 축하하는 대신, "안식일인데 네가 자리를 들고 가는 것이 옳지 아니하니라"고 책망한다(출 20:10; 느 13:19; 렘 17:21; 마 12:2; 막 2:24; 눅 6:2; 13:14). 안식일에 짐을 운반했다고 트집을 잡은 것이다. 유대인들은 일곱째 날에는 아무 일도 하지 말라는 말씀(출 20:10)과 안식일에 짐을 지지 말라는 말씀(느 13:15; 렘 17:21)을 근거하여 안식일에 해서는 안 될 일 39가지의 규정을 만들어놓고 자신들을 괴롭히며 살았으며 다른 사람들을 감시하며 살았다.

요 5:11.대답하되 나를 낫게 한 그가 자리를 들고 걸어가라 하더라 하니.

안식일에 자리를 들고 걸어가는 것이 옳지 않다고 주장하는 유대들을 향하여 건강을 회복한 사람은 "나를 낫게 한 그가 자리를 들고 걸어가라 하더라"고 단순하게 대답했다. 옳은 말이었다. 자신에게 건강을 회복시켜 주신 분이 건강만 회복시켜 주신 것이 아니라 자리를 들고 걸어가라고 말했다는 것이다. 그 분이 말한 대로 걸었을 뿐이라는 것이다.

요 5:12.그들이 묻되 너에게 자리를 들고 걸어가라 한 사람이 누구냐 하되.

여기 유대인들의 사악함이 보인다. 유대인들은 장로들이 만들어놓은 안식일 규정, 곧 안식일에 물건을 들고 걸어가는 것이 위법이라는 규정에 사로잡혀 38년 된 환자를 낫게 한 예수님을 잡으려고 "너더러 자리를 들고 걸어가라 한 사람이 누구냐"고 묻는다. 그들은 결코 "너를 고쳐준 사람이 누구냐?"하고 묻지 않는다. "자리를 들고 걸어가라 한 사람이 누구냐"에만 관심이 있다. 그들은 병자를 치유하신 예수님께 감사하기 보다는 사람들이 만들어놓은 헛된 유전을 중요시하여 예수님을 잡으려는 데만 열을 올린다(마 15:2, 9). 오늘도 교회에서, 노회에서, 혹은 총회에서 사람을 잡는 일에만 열중하는 사람들이 있지 아니한가.

요 5:13.고침을 받은 사람은 그가 누구인지 알지 못하니 이는 거기 사람이 많으므로 예수께서 이미 피하셨음이라.

고침 받은 사람은 자기를 고친 분이 누구신지 알지 못했다. 이유는 베데스다 연못가에 수많은 사람들이 예수님께 접근할 가능성이 많으므로 예수님께서 이미 군중 속으로 피하셨다는 것이다. 예수님은 훗날 사람들이 그를 임금 삼으려는 시도를 보고 피하기도 하셨다(요 6:15). 예수님은 십자가에 달리시기 전에 복음을 전하시기를 원하신 고로 복음 이외에 다른 것으로 사람들이 접근하는 것을 피하셨다. 예수님은 사람들이 이적을 보고 믿으시기를 원하시기 보다는 말씀을 듣고 믿으시기를 원하신다.

요 5:14.그 후에 예수께서 성전에서 그 사람을 만나 이르시되 보라 네가 나았으니 더 심한 것이 생기지 않게 다시는 죄를 범하지 말라 하시니.

"그 후에," 곧 '환자가 병 고침 받은 후에' "예수께서 성전에서 그 사람을 만나셨다"는 것이다. 여기 "성전에서"(ἐν τῷ ἱερῷ)란 말은 '성전 뜰'을 지칭하므로 예수님께서 그 사람을 성전 뜰에서 만나셨다는 것이다. 그런고로 혹자는 그 사람이 병 나은 것을 감사해서 성전에 예물을 드리러 왔다고 말할 수는 없다는 것이다. 그러나 38년의 세월동안 고생한 사람이 병에서 놓인 것을 생각할 때 감사예물을 드리러 성전을 찾았을 가능성은 얼마든지 있는 것이다(막 1:44; 눅 17:14).

또 예수님께서 그 사람을 "만나신" 것은 그 사람을 일부러 찾아 만나신 것을 지칭할 것이다(요 9:35참조). 이유는 예수님께서 이 사람의 영적인 문제를 아직 해결해주시지 않으셨으므로 그것을 말씀해 주시기 원하셨을 것이다. 예수님께서 그 사람을 만나 "보라 네가 나았으니 더 심한 것이 생기지 않게 다시는 죄를 범하지 말라"는 말씀을 하시려면 예수님께서 그 사람을 일부러 찾으셨을 것이라고 추측하는 것은 당연하다.

예수님은 이 사람을 만나셔서 "보라 네가 나았으니 더 심한 것이 생기지 않게 다시는 죄를 범하지 말라"고 하신다(8:11). 예수님은 일단 그 사람이 완쾌된 것을 선언하신다. "네가 나았으니"라고 하신다. "나았으니"(ὑγιὴς γέγονας)란 말은 현재완료 시제로 예수님께서 이미 그 사람을 고쳐주셨는데 병으로부터 놓임을 받은 그 상태가 계속한다는 뜻이다. 예수님은 완전히 나은 그 사람을 향하여 "더 심한 것이 생기지 않게 다시는 죄를 범하지 말라"고 주문하신다. 여기 "더 심한 것"이란 말은 38년의 고통보다 더 심한 고통, 곧 '영원한 죽음'(F. F. Bruce), '영원한 형벌'(윌렴 헨드릭슨)을 지칭하는 말이다. 두 가지 해석은 똑 같은 것이다. 그리고 "다시는 죄를 범치 말라"는 말씀은 '더 이상 죄를 반복하지 말라,' '더 이상 죄를 계속 짓지 말라'는 뜻이다. 지금까지 짓던 죄를 더 이상 짓지 말라는 뜻이다. 다시 말해 이제는 예수님을 믿지 않는 죄를 더 짓지 말고 그리스도를 믿으라는 것이다. 예수님은 38년 동안이나 병으로 고생한 사람을 향하여 그리스도를 따르라고 권고하신 것이다. 우리가 그리스도를 믿고 따를 때 우리의 고통은 그리스도의 고통으로 옮겨지는 것이다. 우리는 영원한 영적 죽음과 지옥 고통을 당하지 않기 위하여 예수님을 구주로 믿고 따라야 하는 것이다.

요 5:15.그 사람이 유대인들에게 가서 자기를 고친 이는 예수라 하니라.

병 나은 사람이 유대인들에게 가서 자기를 고친 분은 예수님이라고 보고한 것을 두고 혹자는 배신행위라고 해석하기도 하나 그것은 지나친 해석으로 보인다. 38년이나 병으로 고생하던 사람이 자기의 영육을 치료해주신 예수님을 금방 배반하는 심정으로 유대인들에게 예수님의 이름을 보고했다고 말할 수는 없을 것이다.

양편의 관심은 너무나 다르다. 병 고침 받은 사람은 "자기를 고친 이"에 마음이 있었지만 유대인들은 "너에게 자리를 들고 걸어가라 한 사람이 누구냐"(12절)에 관심이 집중되어 있었다. 유대인들은 예수님께서 사람의 병을 고쳐주신 것에 대해서는 관심이 없었다. 그래서 유대인들은 예수님을 잡으려 하였고 병 고침 받은 사람은 유대인들의 요청을 받고 자기를 고친 이는 예수님이라고 보고한 것이다. 오늘도 사람들의 관심은 서로 다르다. 우리는 우리를 구원하신 예수님께 관심을 가져야 한다.

요 5:16.그러므로 안식일에 이러한 일을 행하신다 하여 유대인들이 예수를 박해하게 된지라.

유대인들은 예수님께서 안식일에 이러한 일을 행하신다는 이유로 예수님을 계속해서 박해하였다는 것이다. 여기 "이러한 일"(ταῦτα)이란 말은 복수형으로 예수님은 안식일에 이러한 일들을 많이 하셨다는 것이다. 요한 사도는 38년간 병으로 고생하던 사람이 고침 받은 사건 이외에도 다른 것들을 염두에 두고 이렇게 말한 것으로 보인다. 그리고 "행하신다"(ἐποίει)는 말은 미완료 시제로 '계속해서 행하신 것'을 지칭하는 말이다. 예수님은 안식일에 이러한 치유 사역을 계속해서 행하셨다는 뜻이다. 여기 "박해하게 된지라"(ἐδίωκον)는 말은 미완료 시제로 '계속해서 박해하고 있었다'는 뜻이다. 사람들이 만들어 놓은 안식일 규정을 범했다고 하여 예수님을 핍박하게 하게 된 것도 우스운 일이지만 핍박을 계속한 것도 우스운 일이다. 오늘날 먼 옛날의 유대인들의 행동을 생각할 때 참으로 유치하고 어리석은 행동으로 보여서 웃음을 금할 수 없다고 하지만 오늘도 역시 아무것도 아닌 것을 가지고 사람을 잡는 일이 교회에서나, 노회에서나, 총회에서나, 교계 사회에서 흔하게 일어나지 않는가 생각해 보아야 할 것이다.

요 5:17.예수께서 그들에게 이르시되 내 아버지께서 이제까지 일하시니 나도 일한다 하시매.

예수님은 유대인들을 향하여 "내 아버지께서 이제까지 일하시니 나도 일한다"고 답하신다. 하나님은 6일 동안 창조하신 후 쉬신 것이 아니라 만물을 유지하시는 일이나 구원하시는 일이나 심판하시는 일은 쉬지 않으신다(박윤선). 예수님은 "내 아버지께서 일하시니," 곧 '내 아버지께서 만물을 유지하시고 구원하시며 심판하시고 계시니' 예수님도 똑같은 일을 하신다고 말씀하신다(9:4; 14:10; 골 1:17; 히 1:3). 하나님께서 사람을 구원하시고 병자를 고치시는 것처럼 예수님도 38년이나 앓은 병자를 고치신다는 것이다(마 12:11; 막 3:4; 눅 6:9; 13:15). 본 절의 예수님님의 말씀은 아버지의 일과 예수님의 일은 중첩되는 것이 아니라 아버지께서 그리스도 안에서 일하신다는 뜻이다.

요 5:18.유대인들이 이로 말미암아 더욱 예수를 죽이고자 하니 이는 안식일을 범할 뿐만 아니라 하나님을 자기의 친 아버지라 하여 자기를 하나님과 동등으로 삼으심이러라.

유대인들이 "이로 말미암아," 곧 '내 아버지께서 이제까지 일하시니 나도 일한다는 예수님의 말씀으로 말미암아'(17절), 더욱 예수님을 죽이고자 했다는 것이다(7:19). 유대인들이 예수님을 죽이고자 하는 이유는 두 가지였다. 하나는 "안식일을 범하는 것"과 또 하나는 "하나님을 자기의 친 아버지라 하여 자기를 하나님과 동등으로 삼으시는 것"이었다. 사(四)복음서에 보면 예수님은 병자를 고침으로 안식일을 일곱 번 범하신 것으로 표현되어 있다(막 1:21-28; 1:29-31; 3:1-6; 눅 13:10-17; 14:1-6; 요 5:1-18; 9:1-16). 유대인들은 사람이 만들어 놓은 안식일 규정을 가지고 예수님을 박해하고 드디어 십자가에 못 박는 일까지 저질렀다. 그들은 영원히 씻을 수 없는 엄청난 잘 못을 저지른 것이다.

유대인들은 예수님께서 "하나님을 자기의 친 아버지라 하시는 것"을 도무지 받아드릴 수가 없었고 이해할 수가 없었다. 이유는 유대인들은 하나님은 그들 유대인들 전체의 아버지이지 결코 개인의 아버지일 수가 없었기 때문이었다. 이것은 그들 눈으로 보기에는 엄청난 신성모독이었다. 그들은 예수님께서 하나님과의 관계에 있어서 하나님의 독생자이심을 이해하지 못했다. 예수님은 이 땅에 육신을 입고 오신 후에 독생자가 되신 것이 아니라 그가 하나님의 독생자 되심은 영원에 속한 것이다(1:14; 3:16; 18). 유대인들은 예수님께서 안식일을 범하는 것뿐 아니라 더욱이 자신을 하나님과 동등하다고 하는 주장(10: 30-33; 빌 2:6) 때문에 십자가에 못 박아 죽이고 말았다. 사실 안식일에 예수님께서 사람을 고치신 것은 우리에게는 놀라운 복음이고 또한 예수님께서 바로 하나님이시라는 사실도 우리에게 놀라운 복음이 아닐 수 없다.

XI.38년 동안 앓은 병자를 고치시고 난후 예수님께서 설교하시다 5:19-47

예수님은 38년 동안 앓은 병자를 고치시고 난 후 설교를 하신다(19-47절). 예수님의 설교는 첫째, 하나님 아버지와 예수님은 일체시라는 것이고(19-30절), 둘째, 예수님에 대한 여러 증언자들을 말씀하시고(31-40절), 셋째, 예수님을 향한 유대인들의 불신앙에 대해 탄식하신다(41-47절).

1.하나님 아버지와 예수님은 일체이시다 5:19-30

요 5:19.그러므로 예수께서 그들에게 이르시되 내가 진실로 진실로 너희에게 이르노니 아들이 아버지께서 하시는 일을 보지 않고는 아무것도 스스로 할 수 없나니 아버지께서 행하시는 그것을 아들도 그와 같이 행하느니라.

"그러므로," 곧 '예수님께서 아버지와 동등하시다는 말씀에 대해(17절) 유대인들이 예수님을 죽이고자 함으로' 예수님은 굽히시지 않으시고 그들에게 참으로("진실로 진실로") "아들이 아버지께서 하시는 일을 보지 않고는 아무것도 스스로 할 수 없다"고 말씀하신다(30절; 8:28; 9:4; 12:49; 14:10). 여기 "보지 않고는"이란 말은 현재동사로 부자일체(父子一體)의 입장에서 보는 것을 지칭한다(박윤선). 예수님은 아버지께서 끊임없이 일하시고 계심을 계속해서 보고 계신다는 것이다.

그리고 예수님은 "아무것도 스스로 할 수 없다"고 말씀하신다. '아무것도 스스로 하기를 원치 않으신다고 말씀하시는 것이 아니라 아무것도 스스로 할 수 없다'고 말씀하신다. 예수님은 자신이 하나님에게 전적으로 의존하고 계신 것을 밝히신다. 다시 말해 예수님은 자신이 아버지에게 종속적인 입장에 계신다는 것이다. 그리고 예수님은 "아버지께서 행하시는 그것을 아들도 그와 같이 행하느니라"고 말씀하신다. 여기 "아버지께서 행하시는 그것"은 '아버지께서 만물을 창조하시고 유지하시며 사람을 구원하시며 심판하시는 모든 일들'을 지칭한다. 예수님은 '아버지께서 쉼 없이 행하시는 것을 끊임없이 보시고 그와 같이 행하신다'는 것이다. 예수님께서 "그와 같이 행하신다"는 말씀은 하나님께서 행하신 것을 예수님께서 반복하신다는 뜻이 아니라 하나님께서 예수님 안에서 행하신다는 뜻이다. 38년 된 병자를 고치시는 일에도 하나님께서 먼저 고치시고 다음에 예수님께서 고치신 것이 아니라 하나님은 예수님 안에서 그 사람을 고치신 것이다. 예수님은 하나님과 동등하시다. 예수님은 우주를 창조하시는 일이나 유지하시는 일이나 사람을 구원하시는 일이나 심판하시는 일에 있어 하나님과 동등하시다. 예수님께서 하나님과 동등하실 수밖에 없는 이유는 예수님은 하나님과 하나이시 때문이다(10:30). 예수님께서는 하나님과 자신이 일체(一體)이시고 또 동등하시다는 것을 19-30절에서 증언하신다.

요 5:20.아버지께서 아들을 사랑하사 자기가 행하시는 것을 다 아들에게 보이시고 또 그보다 더 큰일을 보이사 너희로 놀랍게 여기게 하시리라.

예수님은 "아버지께서 아들을 사랑하신다"고 말씀한다(3:35; 마 3:17; 벧후 1:17). "사랑한다"(φιλεῖ)는 말은 '친밀한 사랑의 관계'를 표현하는 말이다. 이는 성부 성자가 하나임으로(10:30) 성부자간의 친밀한 사랑을 드러내려 한 것으로 보인다.

예수님은 하나님께서 예수님을 사랑하셔서 두 가지를 보여주신다고 말씀한다. 하나는 "자기가 행하시는 것을 다 아들에게 보여"주시는 것이다. '자기가 행하시는 것(예를 들면 병자를 고치시는 일)을 모두 예수님에게 보여주신다'는 것이다. 그리고 또 하나는 "그보다 더 큰일을 보여"주시는 것이다. '38년 된 병자를 고쳐주시는 일보다 더 큰 일, 곧 다음 절 이하에 나오는 것으로서 죽은 자를 살리시며 심판하시는 일을 보이신다'는 것이다. 그래서 "너희로 놀랍게 여기게 하시리라"고 하신다. 여기 "너희"라는 말은 우선적으로 '유대인들'이지만 놀랄 사람들은 그 사람들만 아니라 우리 모두인 것이다.

요 5:21.아버지께서 죽은 자들을 일으켜 살리심 같이 아들도 자기가 원하는 자들을 살리느니라.

본 절 초두의 이유접속사(γὰρ)는 본 절이 앞 절 말씀에 대한 이유를 제시하고 있음을 알려준다. 곧 앞 절에서 예수님은 하나님께서 "더 큰 일"을 보이실 것이라고 하셨는데 더 큰 일이 무엇인가를 본 절이 말씀한다. 더 큰 일이란 성부와 성자께서 "죽은 자를 일으켜 살리는 것"이다(11:25, 43; 눅 7:14; 8:54). 여기 "죽은 자를 일으키는 것"은 '영적인 부활과 육체적인 부활'을 지칭하는 말인데 육체적인 부활은 종말에 될 일이고 영적인 부활은 아무 때나 성령으로 중생시킴을 지칭하는 말이다. 본 절 하반절의 "자기가 원하는 자들을 살리느니라"는 말씀은 예수님께서 원하시는 자들을 살리신다는 뜻이다(막 5:35-43; 눅 7:12-15; 요 11:39-44). 예수님께서 하나님과 동등하심이 죽은 자들을 살리시는 사건에서도 나타난다.

요 5:22.아버지께서 아무도 심판하지 아니하시고 심판을 다 아들에게 맡기셨으니.

아버지께서는 아무도 단독으로 심판하시지 않으시고 모든 심판을 다 아들에게 맡기셨다는 것이다(27절; 3:35; 17:2; 마 11:27; 28:18; 행 17:31; 벧전 4:5). "맡기셨으니"(δέδωκεν)란 말은 현재완료형 시제로 아버지께서 심판권을 아들에게 이미 과거에 맡기셨는데 지금까지 맡겨진 상태가 계속하고 있다는 것이다. 하나님은 심판을 전적으로 아들을 통하여 행사하신다는 점에서 성부와 성자는 동등하시다.

요 5:23.이는 모든 사람으로 아버지를 공경하는 것같이 아들을 공경하게 하려 하심이라 아들을 공경하지 아니하는 자는 그를 보내신 아버지도 공경하지 아니하느니라.

모든 심판을 아들에게 맡기신(22절) 목적은 "모든 사람으로 아버지를 공경하는 것같이 아들을 공경하게 하려 하심이라"는 것이다. 유대인들의 모순은 바로 여기에 있다. 곧 "아들을 공경하지 아니하는 자는 그를 보내신 아버지도 공경하지 아니하는"데 있는 것이다(요일 2:23). 유대인들은 예수님을 공경하지 아니한다. 그것은 곧 아버지를 공경하지 않는 것이다. 성부와 성자는 공경을 받으시는데 있어서도 동등하시다는 것이다. 성부와 성자는 본질상으로도 동등하시고(17-18절), 일을 하심에 있어서도 동등하시며(19-22절), 영광에 있어서도 동등하시다(본 절).

요 5:24.내가 진실로 진실로 너희에게 이르노니 내 말을 듣고 또 나 보내신 이를 믿는 자는 영생을 얻었고 심판에 이르지 아니하나니 사망에서 생명으로 옮겼느니라.

예수님은 "내가 진실로 진실로 너희에게 이르노니 내 말을 듣고 또 나 보내신 이를 믿는 자는 영생을 얻었다"고 말씀하신다(3:16, 18; 6:40, 47; 8:51; 20:31; 요일 3:14). '예수님의 말을 듣고 또 예수님을 보내신 하나님을 믿는 사람들은 영생을 벌써 얻었다"는 것이다. 말씀을 듣는 것과 하나님을 믿는 것은 밀접한 관련이 있다고 성경은 말씀한다(롬 10:17). 예수님의 계시의 말씀을 듣고 하나님을 믿는 사람은 "영생을 얻었다"는 것이다. "얻었다"(ἔχει)는 말은 현재시제로 '현재 영생을 얻고 있다'는 것이다. 그리고 영생을 현재 가지고 있는 사람은 장래의 "심판에 이르지 아니한다"는 것이다. "이르지 아니하고"(οὐκ ἔρχεται)

란 말은 현재시제로 '계속적으로 이르지 아니함'을 지칭하는 말이다. "심판에 이르지 아니한다"는 말은 '영원한 사망(마 25:46; 막 9:43-48; 살후 1:9)에 이르지 아니한다'는 뜻이다.

그리스도의 말씀을 듣고 하나님을 믿는 사람은 "사망에서 생명으로 옮겼다"는 것이다(눅 17:21; 고후 5:17; 골 3:3; 벧전 1:23). 여기 "옮겼다"는 말은 현재완료 시제로 '과거에 옮겨진 것이 현재도 역시 옮긴 상태에 있다'는 뜻이다. 믿는 사람에게는 심판이라는 것이 벌써 지나간 사건이다. 지나간 버스를 타려고 손을 들어도 소용이 없다. 이유는 이미 지나가 버렸으니 말이다. 심판에 의한 지옥형벌은 이미 지나간 사건이다. 예수님과 성부 하나님은 사람들에게 영생을 주심에 있어서도 역시 동등하시다.

요 5:25.진실로 진실로 너희에게 이르노니 죽은 자들이 하나님의 아들의 음성을 들을 때가 오나니 곧 이 때라 듣는 자는 살아나리라.

예수님은 본 절부터 27절까지 현세에서 죽은 자를 살리는 권능에 대해 언급하신다. 본 절은 지금 예수님의 말씀을 들으면 생명을 얻게 된다고 말씀한다. 예수님은 "죽은 자들이 하나님의 아들의 음성을 들을 때가 오나니 곧 이 때라"고 하신다(28절; 엡 2:1, 5; 5:14; 골 2:13). '영적으로 죽은 자들(엡 2:1)이 하나님의 아들의 음성을 들을 때는 이 때, 곧 신약 시대'라는 것이다. 성령님이 오신 신약시대라는 것이다. 성령님은 진리의 영이신고로 진리를 가르쳐주시기 때문에 지금 신약 시대야 말로 주님의 음성을 들을 시대이다. 참으로 놀라운 것은 "듣는 자는 살아나리라"는 것이다. '복음의 말씀을 듣는 사람은 성령으로 말미암아 중생하게 된다'는 것이다.

요 5:26.아버지께서 자기 속에 생명이 있음 같이 아들에게도 생명을 주어 그 속에 있게 하셨고.

예수님은 "아버지께서 자기 속에 생명이 있다"고 말씀하신다. 아버지는 살아계신 분이라고 성경은 말씀한다(창 2:7; 신 30:20; 수 3:10; 삼상 17:26; 시 36:9;

렘 10:10; 사 40:18-31; 행 14:15). 인간은 다른 피조물과 같이 그 속에 생명을 가지고 있지 않았다. 피조물들의 생명은 생명의 근원이신 하나님으로부터 온 것이다. 그러나 하나님은 그 속에 스스로 생명을 가지고 계신다. 그리고 예수님은 "아버지께서...아들에게도 생명을 주어 그 속에 있게 하셨다"고 말씀하신다. 아버지는 영원 전에 독생자에게 이 생명이 있게 하신 것이다(요일 5:11; 계 1:18). 예수님께서 생명을 가지고 계시기에 그의 말씀을 듣고 하나님을 믿는 자들에게 생명을 주시는 것이다.

요 5:27.또 인자됨으로 말미암아 심판하는 권한을 주셨느니라.

하나님은 그 안에 있는 생명을 영원 전에 아들 안에도 있게 하셨고(앞 절), 이제 본 절에서는 아들에게 심판하는 권한을 주셨다고 말씀한다(22절; 행 10:42; 17:31; 단 7:13-14). 다시 말해 믿지 않는 사람들을 심판하는 권한을 아들에게 주셨다는 것이다.

그런데 여기 문제가 되는 것은 "인자됨으로 말미암아"(ὅτι υἱὸς ἀνθρώπου ἐστίν-βεχαυσε ηε ισ Σον οφ μαν)라는 헬라어 원문의 "인자"라는 낱말 앞에 관사가 없다는 것이다. 관사가 없음으로 "인자"는 말이 그대로 '사람'이라고 해석하는 학자가 있으나 "인자"라는 낱말의 배경이 되어 있는 다니엘서 7:13의 "인자"라는 낱말 앞에도 역시 관사가 없는데도 예수님을 지칭하므로 큰 문제가 없는 것으로 보아야 할 것이다. "인자"라는 말은 예수님의 인성(humanity)을 강조하는 말로 예수님 자신에 의해 그의 고난(눅 18:31-33), 죽음(마 12:40), 부활(마 17:9-23), 재림(마 24:29-37) 등을 묘사하실 때 즐겨 사용하셨다. 예수님은 인간의 형상을 입고 고난을 받으셨기에(빌 2:7-10) 하나님은 그에게 사람을 심판하시는 권한을 주셨다.

요 5:28.이를 놀랍게 여기지 말라 무덤 속에 있는 자가 다 그의 음성을 들을 때가 오나니.

예수님은 본 절부터 30절까지에 걸쳐 대 종말을 당하여 죽은 사람을 부활시키는 권능에 대해 언급하신다. 예수님은 유대인들을 향하여 "이를 놀랍게 여기지 말라"고 하신다. 곧 '25-27에 기록된 사실을 놀랍게 여기지 말라'는 것이다. 그리고 예수님은 유대인들을 향하여 "무덤 속에 있는 자가 다 그의 음성을 들을 때가 올 것이라"고 하신다. 곧 '무덤 속에 있는 자들, 곧 육체적으로 죽은 자들이 모두 예수님의 음성을 들을 때가 올 것이라'는 말씀이다. 여기 "무덤 속에 있는 자"를 '육체적으로 죽은 자들'이라고 해석해야 하는 이유는 다음 절 말씀 때문이다.

요 5:29.선한 일을 행한 자는 생명의 부활로, 악한 일을 행한 자는 심판의 부활로 나오리라.

예수님은 대 종말에 두 가지 종류의 부활이 있을 것을 말씀하신다. 하나는 "생명의 부활"이고 다른 하나는 "심판의 부활"이다. "선한 일을 행한 자는 생명의 부활로, 악한 일을 행한 자는 심판의 부활로 나오리라"는 것이다(단 12:2; 마 25:32-33, 46). "선한 일을 행한 자"란 말은 '예수님을 믿고 선한 열매를 맺은 사람'을 지칭하고 "악한 일을 행한 자"란 말은 '예수님을 거부하고 계속해서 악을 행한 자'를 지칭한다. 선한 일을 "행한"(ποιήσαντες)이란 말은 부정(단순)과거 분사형으로 '확실하게 계속해서 선한 일을 행한 것'을 지칭하고, 악한 일을 "행한"(πράξαντες)이란 말도 역시 부정(단순)과거 분사형으로 '확실하게 계속해서 악한 일을 행한 것'을 지칭한다. 예수님을 믿어 영생을 얻어 천국에 갈 사람이나 예수님을 믿지 않아 지옥에 갈 사람이나 똑같이 세상에서 열심히 계속해서 일을 한 점에서는 똑같다. 그러나 하나는 선한 열매를 맺는 일에 열중했고 다른 하나는 악을 행하는 일에 열중했다는 차이가 있다. 우리는 예수님의 말씀을 끊임없이 들으며 믿어 선한 열매를 맺어야 할 것이다. 우리는 앞으로 그리스도의 재림의 시기에 생명의 부활체로 설 것이다. 다시 말해 영생할 부활체로 설 것이라는 것이다.

요 5:30.내가 아무것도 스스로 할 수 없노라 듣는 대로 심판하노니 나는 나의

뜻대로 하려하지 않고 나를 보내신 이의 뜻대로 하려 하므로 내 심판은 의로우니라.

비록 하나님께서 예수님에게 "심판하는 권한"을 주셨지만(27절) 그러나 예수님은 "아무것도 스스로 할 수 없다"고 하신다(19절). 다시 말해 예수님은 '독자적으로는 아무것도 하기도 원치 않으시고 또 할 수도 없으시다'는 것이다. 예수님은 "듣는 대로 심판하신다"고 말씀한다. '하나님의 뜻을 들은 대로 심판하신다'는 것이다(마 26:39; 요 4:34; 6:38). 그래서 예수님의 "심판은 의롭다"고 하신다. 곧 38년 된 병자를 일으킨 일은 옳은 일이라고 말씀하신다.

2.예수님에 대한 여러 증언자들 5:31-40

예수님은 예수님에 대한 여러 증언자들을 열거하신다. 1)성부의 증언(31-32절, 37-38절), 2)세례 요한의 증언(33-35), 3)예수님께서 행하신 표적의 증언(36절), 4)구약성경의 증언(39-40절) 등을 열거하시고 그 증언들이 있음에도 불구하고 유대인들은 예수님을 거부했다고 말씀하신다.

요 5:31.내가 만일 나를 위하여 증언하면 내 증언은 참되지 아니하되.

예수님은 먼저 유대인들의 표준으로 보아 "내가 만일 나를 위하여 증언하면 내 증언은 참되지 아니한 것"처럼 보일 것이라고 말씀하신다. 사실은 예수님께서 예수님 자신에 대해 증언하여도 참되지만(8:14; 계 3:14) 유대인들이 보기에는 참되지 않은 것으로 보인다는 것이다. 그래서 예수님은 자신이 자신을 증언하는 형식으로가 아니라 예수님 이외의 다른 증언자를 열거하시겠다는 것이다.

요 5:32.나를 위하여 증언하시는 이가 따로 있으니 나를 위하여 증언하시는 그 증언이 참인 줄 아노라.

예수님은 "나를 위하여 증언하시는 이가 따로 있다"고 말씀하신다(8:18; 마 3:17; 17:5; 요일 5:6-7, 9). 곧 '예수님을 위하여 증언하시는 분이 따로 있다'고 하신다. 예수님을 위하여 증언하시는 하나님이 계시다는 말이다. 혹자는 여기 "증언하시는 이"를 세례 요한이라고 말하나 하나님으로 보는 것이 타당하다. 이유는 첫째, 예수님은 세례 요한의 증언을 받지 않으신다고 하셨기 때문이고(34절), 둘째, 나를 위하여 "증언하시는"(μαρτυρῶν)이란 말이 현재분사인고로 세례 요한일 수 없고 하나님이라고 보아야 한다. 세례 요한은 이때에 감옥에 있거나 아니면 참수형을 당한 때이니만큼 "증언하시는"이라는 현재 시제를 쓸 수 없다. 그리고 33절에 세례 요한이 진리에 대하여 "증언하였느니라"(μεμαρτύρηκεν)는 말은 현재완료 시제로 표현되어 있는 것을 보면 본 절에 예수님에 대하여 "증언하시는 이"는 하나님이신 것을 알 수가 있다. 하나님은 예수님에 대해서 계속 증언하시는 분이시다(마 3:17; 17:5; 요 5:36-37). 그런데 하나님께서 예수님에 대해 증언하시는 그 증언은 참이라고 예수님은 말씀하신다.

요 5:33.너희가 요한에게 사람을 보내매 요한이 진리에 대하여 증언하였느니라.

예수님은 본 절부터 35절까지 세례 요한이 예수님에 대하여 증언한 것을 언급하신다. 예수님은 본 절에서 유대인들이 세례 요한에게 조사단을 파송한 사실과 요한이 예수님에 대하여 증언한 사실을 말씀하신다(1:15, 19, 27, 32). 조사단은 세례 요한에 대하여 알아보려고 찾아 갔는데 요한은 자신은 메시야가 아니고 예수님께서 오실 것을 말씀했고 또 예수님께서 나타나셨을 때 "보라 세상 죄를 지고 가는 하나님의 어린 양"이라고 증언했다. 누구든지 증언자가 되려면 세례 요한처럼 예수님을 증언해야 한다. 세례 요한은 훌륭한 증언자이다(10:41-42).

요 5:34.그러나 나는 사람에게서 증언을 취하지 아니하노라 다만 이 말을 하는 것은 너희로 구원을 받게 하려 함이니라.

예수님은 "그러나 나는 사람에게서 증언을 취하지 아니한다"고 말씀하신다. 다시 말해 사람의 증언이 필요한 것이 아니라는 것이다. 햇빛이 달빛의 도움을 받을 필요가 없고 햇빛이 촛불의 도움을 받을 필요가 없는 것처럼 예수님은 세례 요한의 증언을 필요로 하지 않는다는 것이다. 세례 요한의 증언이 없어도 예수님은 여전히 빛이시고 메시야라는 것이다.

그러나 예수님은 "다만 이 말을 하는 것은 너희로 구원을 받게 하려 함이니라"고 말씀한다. 곧 예수님께서 "요한이 진리에 대하여 증언하였다"(33절)고 언급하시는 이유는 "너희로 구원을 받게 하려 함이라"는 것이다. 세례 요한의 증언은 유대인들의 회개를 위하는 것이므로 유대인들의 구원을 위해서는 필요하다는 것이다. 쉽게 말해 요한의 예수님에 대한 증언은 예수님에게는 필요가 없지만 유대인들에게는 필요한 증언이라는 것이다.

요 5:35.요한은 켜서 비추이는 등불이라 너희가 한 때에 그 빛에 즐거이 있기를 원하였거니와.

예수님은 "요한은 켜서 비추이는 등불이라"고 정의하신다(벧후 1:19). 곧 요한은 빛이 아니고(1:8) 켜야만 빛을 비출 수 있는 등불이므로 한 동안만 비출 수 있는 등불 빛이라는 것이다. 예수님은 이렇게 요한의 한계를 정의하신 다음, 이제 "너희가 한 때에 그 빛에 즐거이 있기를 원하였다"고 말씀하신다(막 6:20). 곧 유대인들이 한 동안 요한이 비추이는 빛을 좋아했다는 것이다. 요한은 한 동안 메시야의 도래를 예언했는데 유대인들은 요한의 메시지를 듣기를 좋아했는데 그러나 유대인들은 요한의 메시지를 깨닫지 못해서 예수님을 영접하지 않았다는 것이다. 마태복음 11:17에 "우리가 너희를 위하여 피리를 불어도 너희가 춤추지 않고 우리가 애곡하여도 너희가 가슴을 치지 아니하였다"고 말한다(눅 7:32). 다시 말해 유대인들은 세례 요한의 피리 소리는 들었지만 그러나 실제로는 춤은 추지 않았다는 것이다.

요 5:36.내게는 요한의 증거보다 더 큰 증거가 있으니 아버지께서 내게 주사 이루게 하시는 역사 곧 내가 하는 그 역사가 아버지께서 나를 보내신 것을 나를 위하여 증언하는 것이요.

예수님은 "요한의 증거보다 더 큰 증거가 있다"고 하신다(요일 5:9). 곧 '세례 요한이 예수님에 대하여 증언한 증언보다 더 큰 증거가 있다'는 것이다. 더 큰 증언이란 다름 아니라 "아버지께서 내(예수님)게 주사 이루게 하시는 역사 곧 내(예수님)가 하는 그 역사"를 뜻한다(3:2; 10:25; 15:24). 곧 하나님께서 예수님으로 하여금 하게 하시는 "역사"를 말한다. 여기 "역사"(ἔργα)란 말은 '일들'(works)이란 뜻으로 예수님께서 행하시는 '표적들'을 지칭하는 말인데 그 표적들은 하나님께서 예수님을 보내신 것을 증언하는 표적들이라는 것이다. 예수님께서 이루시는 표적들은 하나님께서 예수님을 메시야로 보내셨다는 표적들(signs)이다.

요 5:37-38.또한 나를 보내신 아버지께서 친히 나를 위하여 증언하셨느니라. 너희는 아무 때에도 그 음성을 듣지 못하였고 그 형상을 보지 못하였으며 그 말씀이 너희 속에 거하지 아니하니 이는 그가 보내신 이를 믿지 아니함이니라.

본 절과 다음 절(38절)은 32절에 이어 다시 하나님께서 그리스도에 대해 증언하신 일에 대해 언급한다. 예수님은 "나를 보내신 아버지께서 친히 나를 위하여 증언하셨다"고 말씀하신다(6:27; 8:18; 마 3:17; 17:5). 여기 "증언하셨다"(μεμαρτύρηκεν)는 말은 현재완료 시제로 '이미 증언하셨는데 그 증언이 계속해서 효력을 발생하고 있는 것'을 뜻한다. 하나님께서 예수님을 위하여 친히 증언하신 것이 과거의 일이므로 구약의 율법서나 역사서, 그리고 시편이나 선지자들을 통하여 하나님께서 증언하신 것으로 보아야 할 것이다. 그리고 또 문맥(39절)으로 보아 역시 구약의 저자들을 통하여 하나님께서 증언하신 것으로 보는 것이 옳을 것이다. 사실은 하나님께서 예수님을 증언하신 것은 신약에도 많이 있으나(마 3:16-17, 막 9:7; 요 12:28) 문맥 때문에 구약의 선지자들을 통하여 하나님께서 그리스도에 대해 증언하신 것으로 보아야 할 것이다.

이렇게 하나님은 그리스도를 위하여 증언하셨는데 유대인들은 "아무 때에도 그 음성을 듣지 못하였고 그 형상을 보지 못하였으며 그 말씀이 너희(유대인들) 속에 거하지 아니했다"는 것이다(1:18; 신 4:12; 딤전 1:17; 요일 4:12). 유대인들은 세 가지를 "못했다." 곧 세 가지에 실패했다. 첫째, 하나님의 음성을 듣지 못했다. 모세(출 33:11)나 이스라엘 사람들(신 4:12)은 하나님의 음성을 들었는데 예수님 당시의 유대인들은 하나님의 음성을 듣지 못했다. 둘째, 하나님의 형상을 보지 못했다. 하나님의 "형상"(εἶδος)이란 '모습'을 뜻하는데 유대인들은 하나님의 모습을 보는데 실패했다. 그리고 셋째, 하나님의 말씀이 유대인들의 심령 속에 거하지 아니했다. 유대인들이 이렇게 세 가지로 실패한 이유는 "그(하나님)가 보내신 이(예수님)를 믿지 아니하기" 때문이었다. 유대인들은 예수님을 믿지 아니했기 때문에 세 가지로 실패한 민족이 되었다. 하나님의 음성을 듣지 못했고 하나님의 모습을 보지 못했으며 하나님의 말씀을 심령 속에 간직하지 못하게 된 것이다. 예수님의 음성은 바로 하나님의 음성이고 예수님의 모습이 바로 하나님의 모습이며 예수님의 말씀이 바로 하나님의 말씀임을 유대인들은 알지 못했다. 사람은 예수님을 영접하지 않을 때 하나님의 음성을 들을 수 없고 하나님의 모습을 볼 수 없으며 또 하나님의 말씀을 마음속에 둘 수가 없게 된다. 사람은 예수님을 믿지 않을 때 모든 것을 놓치게 마련이다.

요 5:39.너희가 성경에서 영생을 얻는 줄 생각하고 성경을 연구하거니와 이 성경이 곧 내게 대하여 증언하는 것이니라.

본 절은 예수님을 위하여 성경이 증언하고 있음을 말하고 있다. 예수님은 "너희(유대인들)가 성경에서 영생을 얻는 줄 생각하고 성경을 연구한다"고 말씀하신다(46절; 사 8:20; 34:16; 눅 16:29; 행 17:11). 곧 '유대인들은 구약 성경에서 영생을 얻는 줄 생각하고 성경을 깊이 연구하고 있다'는 것이다. 그들은 성경을 묵상하는 것을 중요한 일로 알기도 했다(시 1:1-2).

그런데 예수님의 책망은 "이 성경이 곧 내게 대하여 증언하는 것이니라"고 말씀하신다(1:45; 신 18:15, 18; 눅 24:27). 아무리 구약 성경의 글자를 읽고 연구하고 묵상해보아도 구약 성경에서 예수님을 발견하지 못하면 그냥 글자만을 바라볼 뿐이라는 것이다. 구약 성경의 글자자체가 생명을 주지 못하는 것이다. 구약 성경 말씀이 지시하는 예수님을 발견해야 하는 것이다. 구약 성경은 앞으로 오실 예수님에 대하여 기록했고 신약 성경은 이미 오신 예수님이 누구신가 그리고 무엇을 하셨는가를 기록했다.

요 5:40.그러나 너희가 영생을 얻기 위하여 내게 오기를 원하지 아니하는도다.
이어 예수님의 책망이 나타난다. 예수님은 "그러나 너희가 영생을 얻기 위하여 내게 오기를 원하지 아니한다"고 말씀하신다(1:11; 3:19). 곧 '유대인들은 영생을 얻기 위하여 예수님을 믿지 아니한다'는 것이다. 누구든지 생명의 근원이신 예수님(1:4; 5:25; 14:6)을 믿어야 영생을 얻게 되는 것이다. 유대인들은 영생은 얻고 싶으면서도 실제로 영생을 주시는 예수님께로 나아오지 않았다. 그들의 불행은 우리 이방인의 행복을 위한 것이었다.

3.예수님을 향한 유대인들의 불신앙에 대해 탄식하시다 5:41-47

예수님은 앞에서(30-40절) 예수님을 위한 여러 증언들을 말씀하고는 이제는 이 증언들이 있음에도 불구하고 예수님을 믿지 않는 유대인들의 불신앙을 탄식하신다.

요 5:41.나는 사람에게서 영광을 취하지 아니하노라.
예수님은 34절에서 "사람의 증언"을 필요로 하지 않는다고 하시고 본 절에서는 "사람에게서 영광을 취하지 아니하노라"고 하신다(34절; 살전 2:6). 곧 '38년 된 병자를 고치시고 난 후 영광이나 칭찬을 받기를 소원하시는 것은 아니라'고 하신다. 예수님은 사람들로부터 무슨 평가를 기대하시지는 않는다는 것이다. 예수님이 유대인들로부터 환영을 받고 또는 칭찬을 들으며 혹은 무슨 평가를 기대하셨더라면 예수님은 그들을 비난하지는 않으셨을 것이다. 비난하면 환영을 받고 또는 칭찬을 들을 수 없으실 테니 말이다. 예수님은 결코 유대인들이나 사람들로부터 영광을 기대하시는 분은 아니었다. 예수님은 성부의 증언(32절,

37-38절)이나 자신이 행하시는 표적(36절)이나 성경의 증언(39-40절)으로 영광을 받으시는 것이다.

요 5:42.다만 하나님을 사랑하는 것이 너희 속에 없음을 알았노라.

예수님은 앞 절(41절)에서 사람으로부터 영광이나 칭찬을 원하지 않는다고 하셨고 본 절에서는 전혀 대립적인 개념을 말씀하신다. 곧 "다만 하나님을 사랑하는 것이 너희 속에 없다"고 하신다. 본 절 초두의 "다만"이란 말은 "그러나"(ἀλλα)라는 말로 번역하는 것이 더 나을 것 같다. 이유는 앞 절과 본 절의 내용이 전혀 대립적인 측면을 강조하기 때문이다. "그러나 하나님을 사랑하는 것이 너희 속에 없다"고. 유대인들은 하나님을 사랑하지 않고 있다. 그들은 그들의 종교를 사랑하고 있었다. 그들은 장로들의 유전을 사랑했고 자기들의 종교에 초점을 두고 있었다. 그들은 하나님을 사랑하지 않고 있었다. 그들은 "아무 때에도 하나님의 음성을 듣지 못하였고 하나님의 형상을 보지 못하였으며 하나님의 말씀이 그들 속에 거하지 아니했다"(37절). 그들은 하나님을 사랑하지 않고 있었기 때문에 아들에 대한 하나님의 증언을 받아들이지 않았다. 예수님은 유대인들이 하나님을 사랑하지 않았기 때문에 그들을 책망하신 것이다. 오늘 우리 심령이 하나님을 참으로 사랑하고 있는가를 살펴야 할 것이다.

요 5:43.나는 내 아버지의 이름으로 왔으매 너희가 영접하지 아니하나 만일 다른 사람이 자기 이름으로 오면 영접하리라.

예수님은 유대인들이 반드시 영접해야 할 예수님 자신은 영접하지 않고 오히려 거짓 그리스도들이나 영접할 것이라고 책망하신다. 예수님은 "내 아버지의 이름으로 왔는데"(10:25) 유대인들이 영접하지 않는다고 하신다. 곧 '내 아버지의 명령으로 왔다'는 것이다. 하나님께서 예수님을 보내셔서 오셨는데 유대인들은 예수님을 영접하지 않는다는 것이다. 그러나 "만일 다른 사람이 자기 이름으로 오면 영접할 것이라"고 말씀하신다. 여기 "다른 사람"이란 '다른 메시야들,' '자칭 그리스도들'을 지칭한다. 예수님의 예언은 역사상에 그대로 이루어져서 수많은 '예수' 혹은 '메시야'가 왔다가 갔고(행 5:36-37) 앞으로도 계속해서 올 것이다(살후 2:8-10). 우리나라에도 벌써 여러 명의 예수가 왔었고 지금도 있으며 앞으로도 올 것이다. 우리는 하나님의 명령으로 오신 예수님을 영접하고 믿어야 한다.

요 5:44.너희가 서로 영광을 취하고 유일하신 하나님께로부터 오는 영광은 구하지 아니하니 어찌 나를 믿을 수 있느냐.

유대인들이 예수님을 영접할 수 없는(앞 절) 이유는 사람들끼리 "서로 영광"이나 취하고 "유일하신 하나님께로부터 오는 영광은 구하지 아니하니" 하기 때문이라는 것이다(12:43; 롬 2:29). 그들은 사람들에게서 서로 칭찬받기를 탐하였다(마 23:5-7). 그들은 하나님으로부터 오는 영광은 구하지 아니했다. 곧 하나님과의 교제를 통하여 가지게 되는 기쁨을 구하지 아니했고 또 하나님의 인정을 구하지 아니했으며 하나님께서 주시는 기도 응답도 구하지 아니한 것이다. 그런 사람들은 예수님을 믿을 수 없다고 예수님은 말씀하신다. 사람의 칭찬이나 구하고 하나님으로부터 오는 영광을 구하지 않는 사람들은 예수님을 믿을 수 없는 것이다. 사람의 칭찬이나 바라고 하나님으로부터 오는 각종 영광을 구하지 않는 사람으로서 예수님을 잘 믿는 사람은 아직까지 없었고 앞으로도 없을 것이다. 우리는 하나님으로부터 오는 영광을 구해야지 사람의 칭찬이나 구하는 사람들이 되어서는 안 된다.

요 5:45.내가 너희를 아버지께 고발할까 생각하지 말라 너희를 고발하는 이가 있으니 곧 너희가 바라는 자 모세니라.

예수님은 앞에서(39-40절) 구약 성경이 예수님을 증언한다고 하셨는데 본 절에서는 구약 성경 중에 유대인들이 특히 존경하는 모세가 유대인들을 하나님께 고발할 것이라고 말씀한다. 예수님은 유대인들을 하나님께 고발하는 사람은 다름 아니라 유대인들이 "바라는 자 곧 모세니라," 곧 유대인들이 '존경하는 자 모세'라고 하신다(롬 2:12). 이유는 모세가 예수님께서 오실 것이라고 기록했기 때문이라는 것이다(1:45, 5:45). 모세가 기록한 예수님을 유대인들이 믿지 않으니 모세가 유대인들의 잘 못을 하나님께 고소한다는 것이다. 유대인들은 모세야 말로 자기들 편이고 자기들의 구원을 위해 존재하는 분으로 알았는데 뜻밖에도 모세에 의해 고소를 당하는 운명에 처하게 된 것이다. 믿는 도끼에 발등 찍히는 꼴이 된 것이다.

요 5:46-47.모세를 믿었더라면 또 나를 믿었으리니 이는 그가 내게 대하여 기록하였음이라. 그러나 그의 글도 믿지 아니하거든 어찌 내 말을 믿겠느냐 하시니라.

모세의 글을 믿었더라면 예수님을 믿었을 것이라는 것이다. 이유는 모세가 예수님이 오실 것이라고 성경에 기록하였기 때문이다(1:45; 창 3:15; 12:3; 18:18; 22:18; 49:10; 민 21:4-9; 신 18:15-18; 행 26:22). 모세에 대한 불신은 곧 예수님에 대한 불신을 의미한다. 불행하게도 그들이 모세의 글을 읽을 때에 그 수건이 벗어지지 않고 있어서 구약을 깨닫지 못했다(고후 3:12-15).

예수님은 덧붙여서 "그의 글도 믿지 아니하거든 어찌 내 말을 믿겠느냐"고 하신다. 여기 "글"(γράμμασιν)이란 말은 '기록된 문자'(롬 2:27, 29; 7:6; 고후 3:6)를 지칭하고 예수님의 "말"(ῥήμασιν)은 예수님의 '입에서 내신 말씀'을 뜻한다. 예수님은 유대인들이 모세가 기록한 문자를 액면 그대로 믿지 않는다면 필연적으로 예수님의 입에서 내신 말씀을 믿을 수 없다고 말씀한다. 모세의 글을 존중한다면 그 글이 지명하는(pointing out) 예수님을 거부할 수 없고 영접해야 한다는 것이다. 예수님은 자신이 모세보다 탁월하신 분으로 묘사하신다. 모세는 "하나님의 온 집에서 사환"으로 충성하였고, 예수님은 "하나님의 집을 맡은 아들"(히 3:5-6)이시다. 오늘날 구약 폐기론 자들이 있다. 그러나 구약을 폐기하고 어찌 신약을 이해하겠는가. 어두운 소리들이다.

제 6 장

오병이어의 표적과 물 위를 걸으신 표적 및 생명의 떡에 관한 교훈과 제자들의 반응

XII.오병이어의 표적 6:1-15

예수님은 예수님을 영접하지 아니한 유대인들을 책망하신(5:41-47) 다음, 요한 사도는 예수님께서 오병이어로 5,000명 이상의 군중에게 배불리 먹이신 표적을 기록한다(1-15절). 요한이 기록한 이 오병이어의 표적은 공관복음서 기자들도 다 기록하고 있다(마 14:13-23; 막 6:30-46; 눅 9:10-17; 요 6:1-15). 이처럼 4복음서 기자들이 모두 기록한 이적으로는 예수님의 부활사건과 오병이어의 이적뿐이다. 이 오병이어의 표적을 두고 혹자는 엉뚱하게 해석하기도 한다. 예수님께서 지혜를 쓰셔서 사람들이 가지고 온 떡과 물고기를 꺼내서 서로 나누어 먹게 했으므로 먹고도 남았다고 하는가하면 어떤 학자는 군중들이 극히 적은 양의 떡과 물고기를 받고도 먹고 남은 이유는 바로 그 현장이 성례전적 식사를 먹는 곳이었기 때문이라는 것이다. 그러나 요한은 예수님께서 오병이어의 이적을 행하시기 전에 빌립이 예수님으로부터 시험을 당하여 곤란에 빠진 일이나 안드레가 생각해낸 궁여지책을 기록하므로 이 이적이 역사적인 사건이라는 것을 부각시키고 있으며 또한 예수님께서 이적을 행하신 후에 군중들이 예수님을 왕으로 세우려는 반응을 기록하여 이 이적이 예수님께서 친히 행하신 이적임을 드러내고 있다.

요 6:1.그 후에 예수께서 디베랴의 갈릴리 바다 건너편으로 가시매.

요한은 "그 후에," 곧 '얼마의 세월이 지난 후에'[28] 예수님께서 디베랴의 갈릴리 바다[29] 건너편으로 가셨다고 말한다. 누가복음에 의하면 이곳은 "벳새다라는 고을"이다(눅 9:10). 그런데 마가복음 6:45에 의하면 예수님께서 오병이어로 5,000명을 배불리 먹이신 후에 제자들을 호수 건너편 "벳새다"로 가게 하셨다는 말 때문에 혼란을 빚기도 하나 갈릴리 바다 가에 두 개의 "벳새다"('물고기 집'이라는 뜻)라는 곳이 있는 것으로 보아야 할 것이다. 갈릴리 바다에 물고기가 많았으므로 '물고기 집'이라는 뜻을 가진 동네가 이름이 두 개가 있을 수 있다는 것이다(William Hendriksen).

요 6:2.큰 무리가 따르니 이는 병자들에게 행하시는 표적을 보았음이러라.
예수님의 인기가 절정에 이르렀던 때인 고로 "큰 무리가 따랐다." 여기 "따르다"(ἠκολούθει)란 말은 미완료 시제로 '계속해서 따르고 있음'을 나타내는 말이다. 그들이 그렇게 많이 예수님을 따른 것은 "병자들에게 행하시는 표적을 보았기" 때문이었다. "표적"이란 기적과 똑같은 것을 지칭하지만 기적은 그 행적의 기이함에 강조를 두고 부르는 명칭인 반면, "표적"이란 말은 그 기적이 메시야를 바라보게 한다는 뜻에서 붙여진 명칭이다. 그리고 "보았음이라"(ἐθεώρουν)는 말은 미완료 시제로 사람들이 '계속해서 목격했다'는 것을 뜻하는 말로서 예수님은 이 표적 이외에도 또 많은 표적을 행하셨음을 뜻한다(20:30-31 참조). 사람들은 이렇게 표적을 따르다가 예수님께서 이 표적을 두고 신령한 진리를 말씀하실 때는 많이 물러가고 말았다.

---

28) 본문의 "그 후에"(μετὰ ταῦτα)란 말은 '그것들 후에'(3:22; 5:1, 14; 6:1; 7:1; 13:7; 19:38; 21:1)란 뜻으로 비교적 '오랜 후'를 뜻하는 것으로 보이고(그러나 19:38은 '오랜 후'를 뜻하지 않는다), 그에 반해 "이후에"(μετὰ τουτὸ)란 말(2:12; 11:7, 11; 19:28)은 비교적 '짧은 세월 후'를 뜻하는 것으로 보인다(Bernard). 그러나 혹자는 이런 차이는 요한이 때로는 이것을 사용하고 때로는 저것을 사용하는 문체상의 스타일로 보아야 한다고 주장한다.

29) 갈릴리 바다는 여러 이름을 가지고 있다. 긴네렛 바다(민 34:11; 신 3:17; 수 13:27; 19:35), 긴네롯 바다(수 12:3), 게네사렛 호수(눅 5:1), 디베랴 바다(6:1). 디베랴 바다라는 이름은 헤롯 안티파스가 주후 20년에 로마의 황제 디베랴를 기념하기 위해 호수 서편에 그의 이름을 딴 도시를 건설하면서 생긴 이름이다. 예수님께서 갈릴리 바다를 건너가신 이유는 막 6:30-32에 기록되어 있다.

요 6:3-4.예수께서 산에 오르사 제자들과 함께 거기 앉으시니 마침 유대인의 명절인 유월절이 가까운지라. 예수님은 갈릴리 바다 건너편(1절)의 "산에"(εἰς τὸ ὄρος), 곧 '해변 언덕에' 오르셔서 열두 제자들과 함께 거기 앉으셨다. 여기 나지막한 산은 제자들을 교훈하는 강단으로 사용 되었다. 예수님의 산상수훈도 역시 이런 나지막한 산에서 주어졌다(마 5:1). 그런데 때는 "마침 유대인의 명절인 유월절이 가까운" 때여서 푸른 잔디(10절)도 깔려 있었다. 요한이 "마침 유대인의 명절인 유월절이 가까운"(2:13; 5:1; 레 23:5; 신 16:1) 때라고 언급한 것은 오병이어의 표적을 배설하기에 적절한 때라는 것을 부각시키기 위해서이다. 요한복음에서 유월절은 세 번 언급되고 있다. 하나는 2:13에(예수님은 당시 예루살렘에 계셨다), 또 하나는 여기에(예수님은 갈릴리에 머물러 계셨다), 또 나머지 하나는 11:55이하에(예수님은 예루살렘에 올라가셔서 십자가에 죽으셨다) 기록되어 있다.

요 6:5.예수께서 눈을 들어 큰 무리가 자기에게로 오는 것을 보시고 빌립에게 이르시되 우리가 어디서 떡을 사서 이 사람들을 먹이겠느냐 하시니.
예수님은 나지막한 산에 앉으셨으니 "눈을 들어 큰 무리가 자기에게로 오는 것을 보실" 수가 있었다(마 14:14; 막 6:35; 눅 9:12). 그리고 예수님은 빌립에게 "우리가 어디서 떡을 사서 이 사람들을 먹이겠느냐"고 질문하신다. 다른 제자에게가 아니라 꼭 빌립을 지목하여 시험하신 것(6절)은 빌립이 계산이 밝은 사람이니(7절) 그의 인간적인 계략(지혜)을 깨뜨리시기 위해서였을 것이다. 하나님의 일은 인간적인 지혜로 되지 않고 모든 것을 그리스도께 맡김으로 되는 것이다.

요 6:6.이렇게 말씀하심은 친히 어떻게 하실지를 아시고 빌립을 시험하고자 하심이라.
예수님께서 빌립에게 질문하신 이유는 빌립을 테스트(test)하기 위해서였다. 예수님은 5,000명 이상의 군중에게 어떻게 먹여야 할 것을 다 아시고 빌립의 인간적인 계략을 버리도록 빌립을 시험하고자 하신 것이다. 빌립은 이 때 모든 것을 주님께 맡겼어야 했다. 오늘 우리는 우리 머리로 문제를 풀려고 해서는 안 된다. 모든 것을 그리스도께 맡겨야 한다.

요 6:7.빌립이 대답하되 각 사람으로 조금씩 받게 할지라도 이백 데나리온의 떡이 부족하리이다.

빌립은 계산은 빨랐으나 예수님의 시험에는 낙제였다. 빌립은 5,000명 이상의 군중을 위해서는 200 데나리온의 떡이 부족하다는 것을 쉽게 계산했다(민 11:21-22). 한 데나리온은 한 사람의 노동자가 하루를 일하고 받는 일당이다(마 20:2). 200데나리온은 200명의 노동자가 하루를 일하고 받을 수 있는 품값이다. 200명이 하루를 일하고 받는 총액을 5,000명으로 나누면 한 사람의 식비가 된다. 겨우 조금씩 먹을 수 있는 식비가 되는 셈이다. 빌립은 5,000명의 사람들에게 "조금씩"만 받아먹도록 예상했었다. 그런데 예수님은 그 수많은 사람에게 배불리 먹여주시고 열두 바구니를 남게 하셨다. 우리는 우리의 계산을 버리고 주님께 맡기고 살아야 넉넉하게 살 수 있다.

요 6:8.제자 중 하나 곧 시몬 베드로의 형제 안드레가 예수께 여짜오되.

"열두 제자 중 하나 곧 시몬 베드로의 형제 안드레"가 정면에 나서서 예수님께 당시의 궁핍한 정황을 보고한다. 안드레는 1)예수님의 처음 제자 중에 한 사람이었으며 원래는 세례 요한의 제자였다(1:40). 2)열두 제자 중에 예수님께서 메시야이심을 가장 먼저 알아본 제자였다(1:40-41). 안드레는 적극적인 사람으로 예수님께서 빌립을 시험하시는 것을 듣고 곧 군중 속으로 돌아다니며 "떡"(이 떡은 우리나라의 빈대떡 비슷하게 납작하게 생긴 것임)이 얼마나 있는가를 확인했다. 그러나 음식을 가져온 사람은 불행하게도 한 아이일 뿐 모두 빈손으로 따라온 것이다(9절). 안드레의 해결책도 결국은 실패하고 만다(다음 절).

요 6:9.여기 한 아이가 있어 보리떡 다섯 개와 물고기 두 마리를 가지고 있나이다. 그러나 그것이 이 많은 사람에게 얼마나 되겠사옵나이까.
안드레는 예수님께 절망적인 보고를 한다. 한 아이(소년, 혹은 청소년일 것임)가 보리떡 다섯 개와 물고기 두 마리를 가지고 있다고 현황보고를 한다. 그러면서 그는 예수님께 말씀드리기를 "그러나 그것이 이 많은 사람에게 얼마나 되겠사옵나이까"라고 한다(왕하 4:43). 곧 '한 가난한 아이가 가지고 있는 보리떡 다섯 개와 물고기 두 마리가 수많은 사람들에게 얼마큼씩 돌아가겠습니까?' 다시 말해 '얼마큼씩이나 분배가 되겠습니까?'라는 절망적인 말씀을 드린다. 안드레는 현실만 보았지 그 현실을 해결할 수 있으신 그리스도를 보지 못했다.

요 6:10.예수께서 이르시되 이 사람들로 앉게 하라 하시니 그 곳에 잔디가 많은지라 사람들이 앉으니 수효가 오천 명쯤 되더라.
이제부터 예수님께서 일하기 시작하신다. 예수님은 먼저 제자들에게 "이 사람들로 앉게 하라"고 하신다. 여기 "앉게 하라"는 말은 '유대인들이 식사할 때 취하는, 비스듬히 앉는 자세를 취하라'는 뜻이다. 5,000명쯤 되는 사람들은 유월절이 가까운 때에 땅에 난 파릇파릇한 잔디(막 6:39)위에 예수님의 명령에 따라 언덕에 기대어 앉았다. 우리는 예수님의 명령에만 순종하면 큰 복을 받는다. 예수님은 항상 우리들을 푸른 풀밭과 쉴만한 물가로 인도하시는 목자이시다(시 23:1-2; 요 10:1-18).

요 6:11.예수께서 떡을 가져 축사하신 후에 앉아 있는 자들에게 나눠 주시고 물고기도 그렇게 그들의 원대로 주시니라.
예수님은 먼저 다섯 개의 보리떡을 받으시고 "축사하셨다." 여기 "축사하셨다"(εὐχαριστήσας)는 말은 '감사를 드렸다'는 뜻이다. 예수님은 보잘것없는 것을 가지고도 하나님께 감사를 드리신다. 우리는 우리 손에 가지고 있는 모든 것을 주신 하나님께 감사를 드려야 한다. 감사드릴 때 큰 복이 임한다.

여기 "앉아 있는 자들에게 나누어 주신" 것은 제자들의 몫이었다(눅 9:10-17). 오늘의 교역자들도 예수님께서 주시는 영(靈)의 양식을 분배해 주는 역할을 잘 감당해야 한다.

예수님은 떡을 나누어 주신 후에 물고기도 그렇게 사람들의 원대로 주셨다. 그들은 배부르게 먹었다. 더 먹을 수 없을 정도로 배부르게 먹은 것이다. 예수님은 후히 주시는 분이시다(약 1:5). 예수님은 놀라운 공급자이시다. 예수님은 물을 포도주로 변화시켜주시는 분이시고 적은 분량의 떡과 물고기를 많은 분량으로 변화시키시는 분이시다. 예수님은 변화시키러 오신 분이시다. 죄인들을 의인으로 만들어주시고 약한 자를 강하게 만들어주시는 분이시다. 빌립은 아마도 한 동안 자신이 현실적인 계산을 한 것을 부끄러워 했을 것이다.

요 6:12.그들이 배부른 후에 예수께서 제자들에게 이르시되 남은 조각을 거두고 버리는 것이 없게 하라 하시므로.

그리스도는 항상 배부르게 주신다. 사람은 다른 사람들에게 "조금씩"(7절) 주려고 하지만 예수님은 풍성하게 주신다(10:10). 5,000명 이상의 사람들이 배부르게 먹은 후에 예수님은 제자들을 향하여 "남은 조각을 거두고 버리는 것이 없게 하라"고 명령하신다. 예수님께서 이처럼 버리는 것이 없게 하라고 명령하신 목적은 1)예수님은 은혜를 주실 때 남게 주신다는 것을 보여주시기 위해서이고, 2)예수님은 분명히 모든 사람들이 알도록 표적을 행하셨음을 알리시기 위해서이며, 3)하나님께서 주시는 것은 절대로 낭비해서는 안 된다는 것을 보여주시기 위해서였다. 혹자가 주장한대로, 예수님께서 각자가 가지고 온 음식을 먹도록 유도해서 이런 일이 발생했다면 어떻게 "남은 조각을 거두고 버리는 것이 없게 하라"고 명령하실 수 있었을까. 각자가 알아서 음식보자기에 다시 싸가지고 돌아가도록 그냥 두시지 않았을까. 또 혹자가 주장한대로 적은 분량의 음식을 서로 나누어 성찬식을 거행했다면 어떻게 이렇게 각 사람이 배부를 수 있었으며 또 많은 분량의 음식이 남을 수 있었겠는가.

요 6:13.이에 거두니 보리떡 다섯 개로 먹고 남은 조각이 열 두 바구니에 찼더라.

남은 것을 거두고 계한해보니 "열두 바구니에 찼음"을 알게 되었다. 여기 "바구니"(κοφίνους)는 '단단한 가지를 엮어서 만든 바구니'(마 14:20; 막 6:43; 눅 9:17)로 4,000명을 먹이고 남았을 때 담았던, 부드럽고 부서지기 쉬운 광주리(마 15:37; 막 8:8)와는 다르다(A. T. Robertson). 열두 바구니에 가득 찬 음식은 음식을 나르기에 수고한 봉사자들이 먹었을 것이다. 봉사자들은 봉사를 제공받는 사람들보다 더 큰 복을 받는다. 이것은 현대교회에서도 여실히 관찰할 수 있는 현상이다.

요 6:14.그 사람들이 예수께서 행하신 이 표적을 보고 말하되 이는 참으로 세상에 오실 그 선지자라 하더라.

오병이어의 표적에 참여하여 음식을 배불리 먹었던 그 사람들은 예수님께서 행하신 이 표적을 보고 "이는 참으로 세상에 오실 그 선지자라"고 말했다. 곧 '이 사람은 참으로 세상에 오실 메시야'(신 18:15-18)라고 이구동성으로 말한 것이다. 아무도 다른 말을 하는 사람들이 없을 정도로 그들은 그 표적에 놀라고 말았다. 사람들이 그렇게 주장할 수밖에 없었던 이유는 모세가 광야에서 이스라엘 백성들을 먹인 선지자였던 것처럼(31-32절), 예수님은 이 벳새다 광야에서 군중을 먹이셨으니 예수님이야 말로 모세가 예언한 그 선지자, 곧 메시야임이 틀림없다는 주장이었다. 그 사람들이 주장하던 것처럼 예수님은 "그 선지자," 곧 '메시야'이시다(1:21; 4:19, 25; 7:40; 창 49:10; 신 18:15, 18; 마 11:3). 다시 말해 예수님은 선지자이시고 또 왕이시고 제사장이시다. 요한은 그 사람들의 주장이 틀렸다고 말하지 않았다. 그러나 그들은 예수님을 세상의 정치적인 왕으로만 생각하였다. 다시 말해 경제적인 문제를 해결해주실 분으로, 그리고 유대나라를 외적으로부터 구해주실 세상 왕으로만 생각하게 되었다. 그들은 이 점에서 틀린 것이다.

요 6:15.그러므로 예수께서 그들이 와서 자기를 억지로 붙들어 임금으로 삼으려는 줄 아시고 다시 혼자 산으로 떠나가시니라.

예수님은 그 사람들이 "억지로 붙들어 임금 삼으려는 줄 아셨다." 그들은 억지를 쓴 것이다. 기어코 예수님을 왕으로 삼으려 한 것이다. 그들의 열기는 대단했다. 그러나 그들은 예수님을 경제적인 문제나 해결하고 또 유대나라를 외적으로부터 구해주시는 세상 임금 정도로만 알았다. 예수님은 참 왕이시지만(마 27:11) 그들이 생각하는 왕은 아니었다. 그들은 예수님을 바로 알지 못하고 턱없이 부족한 지식을 가지고 있었다. 그래서 예수님은 "다시 혼자 산으로 떠나가셨다"(막 6:46; 눅 6:12). 예수님은 그들이 원하는 세상 왕이 아니었으므로 산으로 떠나가신 것이다(18:36).

그러면 예수님은 그들이 원하는 대로 사람들의 경제적인 문제를 해결하고 세상의 외적으로부터 구해주시는 일은 하지 않으시는가. 우리가 예수님을 참 메시야로 알고 모실 때 얼마든지 그런 일들도 해결해주신다. 오늘도 예수님을 주님(Lord)으로 모신 개인이나 나라마다 그런 문제를 넉넉하게 다 해결 받고 살아가고 있다. 우리는 예수님을 바로 아는 지식을 가져야 한다.

XIII.예수님이 바다위로 걸으시다 6:16-21

예수님께서 오병이어의 표적을 행하신 후 사람들이 억지로 유대나라의 왕으로 추대하려는 열기를 아시고 산으로 기도하러 가신 후(마 14:23) 제자들이 갈릴리 바다에서 풍랑을 만난 것을 아시고 바다 위로 걸어서 제자들에게 오셔서 도우신 또 하나의 표적을 행하신다.

요 6:16.저물매 제자들이 바다에 내려가서.

날이 저물어 "제자들이 바다에 내려간 것"은 예수님의 명령에 의해서 된 일이다(마 14:22). 예수님은 홀로 기도하시기 위해 산으로 가시면서(마 14:23) 제자들로 하여금 가버나움으로 가도록 명령하셨다. 예수님은 사람이 많이 따를 때를 "도리어 위기로 보고 기도에 열중하셨다. 이것이 그의 특이한 점이고...사람들은 인기가 올라갈 때에 그것을 성공으로 알고 안심한다"(박윤선).

요 6:17.배를 타고 바다를 건너 가버나움으로 가는데 이미 어두웠고 예수는 아직 그들에게 오시지 아니하셨더니.

제자들은 배를 타고 바다를 건너 "가버나움으로 가고 있었다." 여기 가버나움은 갈릴리 바다의 북서쪽에 위치한 마을로서 예수님의 선교본부가 있는 곳이다(막 2:1). 여기 "건너...가는데"(ἤρχοντο)란 말은 미완료 시제로 '한참 건너가고 있었다'는 것을 지칭하는 말로 한참 건너가고 있었는데 "이미 어두웠다"는 것이다. 그리고 "예수는 아직 그들에게 오시지 아니하셨다"는 것이다. 이제는 다음 절에서 언급한 것처럼(18절) 어려움을 만날 시점이 되었다는 것이다. 제자들은 환경적으로도 어려움을 당할 형편이 되었고 또 예수님께서 계시지 않으므로 어려움을 당할 기회를 만난 것이다. 우리는 때로는 세상에서 환경의 어려움을 만난다. 그러나 어려움을 무서워할 필요는 없다. 이유는 예수님께서 산에서 기도하시듯이 우리를 위해 기도해주시기 때문이다.

요 6:18.큰 바람이 불어 파도가 일어나더라.

본문 초두에는 헬라어 강조어(τε)가 나타난다. 뜻은 '게다가,' '설상가상으로'라는 말로 날도 이미 어두웠고 또 예수님도 아직 오시지 않았는데 큰 바람까지 불어 파도가 일어나는 절박한 상황이 되었다는 것이다. 여기 큰 바람이 불어 파도가 "일어나더라"(διεγείρετο)는 말은 미완료 시제로 '계속해서 일어나고 있었다'는 뜻으로 파도가 심하게 일고 있었던 것을 표현하는 말이다. 이때의 파도는 제자들을 완전히 압도하고 말았다. 그들은 "바람이 거슬리므로 물결을 인하여 고난을 당하고 있었다"(마 14:24). 우리도 세상에서 파도를 만난다. 우리를 압도하는 무서운 일들을 만난다는 것이다. 그러나 우리는 그런 때를 은혜 받을 때로 알고 기도에 전념해야 한다.

요 6:19.제자들이 노를 저어 십여 리쯤 가다가 예수께서 바다 위로 걸어 배에 가까이 오심을 보고 두려워하거늘.

제자들은 노를 저어 십여 리쯤 가고 있었다. "십여 리"는 헬라어로 "25-30 스타디온(σταδίους)"으로 4.6-5.6km이다. 마가복음 6:47에 의하면 그들은 바다 한 가운데 있었다. 그들은 "밤 4경"쯤 까지 노를 저은 것이다(마 14:25). 밤 4경이면 우리 시간으로 밤 3시-6시 사이이다. 밤 4경쯤 해서 "예수께서 바다 위로 걸어 배에 가까이 오셨다." 예수님께서 그들을 구원하러 오신 것이다. 제자들은 오랜 동안 고생했다. 사람은 오래 고생하는 것이 필요하다. 그래야 성화도 되고 또 예수님의 귀중함도 알게 된다. 우리가 고생하게 될 때 우리는 연단을 잘 받고 성화에 힘써야 한다.

예수님께서 "바다 위로" 걸으신 것을 두고 혹자들은 예수님께서 바닷가로 걸으신 것이라고 주장한다. 이유는 "바다 위로"(ἐπὶ τῆς θαλάσσης)라는 말이 "해변"으로 번역될 수도 있기 때문이다(요 21:1). 그러나 요한은 예수님께서 분명히 "바다 위로" 걸은 것이라고 말하고, 마태는 "물 위로"(마 14:25) 걸으셨다고 기록한다. 마태는 그 파도 속에서 고생한 사람으로서 예수님께서 해변을 따라 걸어오신 것을 보고 바다 위로 걸어오신 것으로 착각했겠는가. 그리고 제자들이 예수님께서 바다 가로 걸으신 것을 보고 그렇게 놀랐겠는가. 예수님은 바다 위로 걸으시는 분이시다. 곧 자연을 정복하시는 초자연적인 분이시다.　　예수님의 제자들은 예수께서 바다 위로 걸어 배에 가까이 오심을 보고 "두려워했다." 어디서인가 유령 비슷한 물체가 걸어오고 있을 때 그 걸음이 빠른 것을 실감했다. 폭풍에 지친 제자들은 이 유령 비슷한 물체를 보고 유령인가하고 소리를 질렀다(막 6:48-49). 이들은 아직도 예수님인줄 몰랐다.

요 6:20.이르시되 내니 두려워하지 말라 하신대.

예수님은 두려워하는 제자들을 보시고 "내니 두려워하지 말라"고 하신다. 여기 "내니"(ἐγώ εἰμι)란 말은 예수님의 자기 계시의 말씀이다(10:7; 11:25).

그리고 "두려워하지 말라"는 말씀은 지극한 위로의 말씀이다. 제자들은 풍랑으로 두려웠고 또 예수님을 유령으로 착각하여 두려움을 느꼈을 때 주님의 "두려워하지 말라"는 음성은 큰 위안이 되었을 것이다. 오늘 우리도 세상의 근심과 걱정에 눌려 기도할 때 예수님은 자신을 알리시며 두려워하지 말라는 음성을 주신다. 엄청난 위안이 아닐 수 없다.

요 6:21.이에 기뻐서 배로 영접하니 배는 곧 그들이 가려던 땅에 이르렀더라.
예수님의 제자들은 예수님의 음성을 듣고 "기뻐서 배로 영접하였다." 우리는 기쁨으로 예수님을 환영해야 한다. 신앙인들마다 예수님을 기쁨으로 강권하여 맞아들였고 또 전도자들을 기쁨으로 맞이하였다. 제자들이 예수님을 기쁨으로 영접했을 때 배는 "곧 그들이 가려던 땅에 이르렀다"는 것이다. 여기 "곧"(εὐθέως)이란 '갑자기'란 뜻으로 예수님을 모신 배는 갑자기 그들이 가려던 곳에 도착했다는 것이다. 이것도 역시 표적이다. 마가는 그의 복음서에 "곧"이란 말을 많이 사용하여 예수님께서 행하신 일이 표적임을 말하고 있다. 예수님을 모시지 않은 배는 느리게 갔으나 배가 예수님을 모신 후로는 시간을 끌지 않고 즉시 도착하게 된 것이다. 예수님을 모신 개인과 교회의 진행 속도는 세상 사람들이 보기에 놀랄 만큼 빠르다. 우리는 우리의 걸음과 사역의 속도를 예수님께 부탁해야 한다.

XIV.예수님은 우리의 생명의 떡이시다 6:22-59

예수님은 자신이 행하신 표적을 근거하고(1-15절) 이제는 예수님 자신이 생명의 떡이심을 증언하신다(22-59절). 공관복음서에서는 오병이어의 표적만을 기록하고 있는데, 요한은 그 표적을 근거하여 길게 그 의의를 기록하는 특징을 보인다. 요한은 먼저 유대인들이 예수님을 찾아 나선 사실과(22-25절), 예수님께서 유대인들을 향하여 썩을 양식을 찾아다니지 말고 영생하도록 있는 양식을 위하여 일하라고 말씀한 것을 기록하고(26-27절), 유대인들의 질문과 예수님의 답변(28-33절), 유대인들의 소원에 대한 예수님의 답변(34-40절)을 기록한다. 그리고 요한은 예수님께서 유대인들을 향하여 하늘로서 내려온 생명의 떡이신 자신의 살을 먹으라고 말씀하신 것(41-51절)과 생명의 떡이신 자신을 믿음으로 자신 안에서 영적인 교제를 가지라고 말씀하신 것(52-59절)을 기록한다.

1.유대인들이 예수님을 찾아 나서다 6:22-25

요 6:22.이튿날 바다 건너편에 서 있던 무리가 배 한척 외에 다른 배가 거기 없는 것과 또 어제 예수께서 제자들과 함께 그 배에 오르지 아니하시고 제자들만 가는 것을 보았더니.

떡을 배부르게 먹은 그 다음날 "바다 건너편에 서 있던 무리," 곧 '갈릴리 바다의 동쪽 편 벳새다 쪽에 있던 무리들'이 이상한 사실을 발견하게 되었다는 것이다. 곧 자기들 쪽(벳새다 쪽)에 배 한척만 있었었고 그 배에는 예수님께서 타시지 않고 단지 예수님의 제자들만 타고 가는 것을 보았는데 어찌하여 예수님이 자기들 쪽에 계시지 않은, 이상한 사실을 발견하게 되었다는 것이다. 사실 자기들은 예수님을 기어코 유대나라의 임금으로 삼아야 하는 절박한 심정인데 어찌된 일인지 예수님이 계시지 않다는 것이다.

요 6:23.(그러나 디베랴에서 배들이 주께서 축사하신 후 여럿이 떡 먹던 그 곳에 가까이 왔더라).

본 절을 괄호로 묶어놓은 것은 본 절이 어떤 사본들에서는 생략되었다는 뜻이다. 바꾸어 말해 본 절은 후대에 삽입되었다는 것이다. 그러나 모든 사본들이 본 절을 생략하고 있는 것은 아니기 때문에 본 절을 후대의 삽입이라고 단정적으로 말할 수는 없는 것이다.

본 절은 두 가지를 말하고 있다. 하나는 디베랴에서도 예수님을 추종하던 무리들이 예수님을 만나러 벳새다에 왔었다는 사실과 또 하나는 그 배들을 이용하여 벳새다에 있던 유대인들이 가버나움으로 건너가서 예수님을 만날 수 있었다는 것이다.

요 6:24.무리가 거기에 예수도 안 계시고 제자들도 없음을 보고 곧 배들을 타고 예수를 찾으러 가버나움으로 가서.
갈릴리 동편에 있던 유대인들이 자기들 편에 예수님도 안 계시고 또 제자들도 없음을 발견하고 곧 디베랴로부터 온 배들을 함께 타고 예수님을 찾으러 가버나움으로 갔다는 것이다. 아무튼 그들은 예수님을 찾아서 유대나라의 임금으로 기어코 추대하려고 한 것이다.

요 6:25.바다 건너편에서 만나 랍비여 언제 여기 오셨나이까 하니.
유대인들은 배들을 타고 바다를 건너 가버나움으로 가서 예수님을 만나 "랍비여, 언제 여기 오셨나이까" 하고 물었다. 곧 '선생님이여, 언제 여기 오셨습니까?'라고 물은 것이다. 도대체 언제 여기에 오셨는지를 물은 것이다. 동편 벳새다에서 예수님께서 제자들이 탄 배를 타지도 않으시고 도대체 언제 가버나움으로 오셨는지 자기들로서는 수수께끼가 아닐 수 없었다. 예수님은 유대인들의 이런 질문에 대해 탐탁지 않은 반응을 보이신다(다음 절). 그들이 예수님을 찾아다니는 동기가 예수님의 마음에 들지 않았던 것이다.

2.영생의 양식을 위하여 일하라 6:26-27
요 6:26.예수께서 대답하여 이르시되 내가 진실로 진실로 너희에게 이르노니 너희가 나를 찾는 것은 표적을 본 까닭이 아니요 떡을 먹고 배부른 까닭이로다.
예수님은 유대인들의 질문, 곧 "언제 여기 오셨나이까?"라는 질문에는 직접적으로 답변하시지 않고[30] "너희가 나를 찾는 것은 표적을 본 까닭이 아니요 떡을 먹고 배부른 까닭이로다"고 탄식하신다. 유대인들은 떡을 먹고 배부른 까닭에 예수님을 찾아다닌다는 것이다. 다시 말해 떡을 위하여 예수님을 찾는다는 것이다. 그들은 예수님을 왕으로 세워 배부르게 먹고 또 외적(外敵)으로부

30) 예수님은 사람들의 잘 못된 질문에는 직접적인 답변을 회피하시고 우회적으로 답하신다(요 3:5; 4:13-14).

터 보호를 받기 위해 열을 올린 것이다.

예수님께서 유대인들을 향하여 "너희가 나를 찾는 것은 표적을 본 까닭이 아니라"고 말씀하신 것은 '예수님께서 행하신 표적을 보고 예수님을 찾아야 한다'는 말씀이다. 곧 예수님이 행하신 표적을 보고 그들은 예수님께서 바로 하나님께서 보내신 메시야라는 사실을 깨닫고 예수님을 더욱 찾아야 한다는 것이다. 이적을 행하신 예수님이 바로 하나님의 보냄을 받은 분임을 알아야 한다는 것이다. 그러나 유대인들은 이적 자체만을 보게 되었다. 사람들이 이적만 보면 실패한다. 세상 것만을 위하여 예수님을 찾는 사람은 실패한 사람이다.

요 6:27.썩을 양식을 위하여 일하지 말고 영생하도록 있는 양식을 위하여 하라 이 양식은 인자가 너희에게 주리니 인자는 아버지 하나님께서 인치신 자니라.

예수님은 예수님을 찾아다니는 유대인들을 향하여 "썩을 양식을 위하여 일하지 말고 영생하도록 있는 양식을 위하여 하라"고 바른 동기를 가르쳐 주신다(54절; 4:14). 여기 "썩을 양식"이란 '육신의 생명을 위한 양식'을 포함하여 '세상의 썩을 것들'을 총칭하는 말이다. 그리고 "영생하도록 있는 양식"이란 '영원히 생명을 존속케 하는 양식'을 지칭한다(1:33; 5:37; 8:18; 마 3:17; 7:5; 막 1:11; 9:7; 눅 3:22; 9:35; 행 2:22; 벧후 1:17). 곧 '예수님 자신'을 지칭하는 말이다. 예수님은 우리를 영원히 존속케 하는 양식이시다.

예수님은 "이 양식은 인자가 너희에게 주리니 인자는 아버지 하나님께서 인치신 자니라"고 말씀한다. 곧 '이 양식(예수님 자신)은 인자(人子)이신 예수님께서 주신다'는 것이다. 예수님께서 자신의 살을 찢고 피를 흘려 사람들을 위하여 희생 제물, 대속 제물로 주시겠다는 것이다. 인자의 살을 찢으심과 피 흘리심이 효과가 있는 이유는 "인자는 아버지 하나님께서 인치신 자"이시기 때문이라는 것이다. 여기 "인치신"(ἐσφράγισεν)이란 말은 부정(단순)과거 시제로 하나님께서 단번에 인(印) 치셨다는 것을 지칭한다. "인 치신다"란 말은 '도장 친다,' '표하다,' '밀봉하다,' '증명한다'는 뜻이다. 하나님께서 예수님을 언제 생명의 양식으로 혹은 메시야로 인 치셨는지를 두고 혹자는 예수님께서 성육신하신 때라고도 하고 혹은 예수님께서 세례 받으신 때라고도 주장하나 영원 전에 인치셨다고 보는 것이 옳을 것이다. 이것은 마치 예수님께서 독생자이신 것이 영원 전에 된 일과 같다.

3.유대인들의 질문과 예수님의 답변 6:28-33

예수님께서 유대인들을 향하여 "영생하도록 있는 양식을 위하여 일하라"고 말씀하신데 대해(27절) 유대인들은 두 번에 걸쳐(하나는 28절에, 또 하나는 30-31절에) 의문을 표시하고 예수님은 이에 대해 답변하신다.

요 6:28.그들이 묻되 우리가 어떻게 하여야 하나님의 일을 하오리이까.

유대인들은 율법을 지키는 것이 하나님의 일로 알았는데 예수님께서 다른 말씀을 하시니까(앞 절) 그러면 또 "어떻게 하여야 하나님의 일"을 하는 것이냐고 질문한다. 여기 유대인들의 질문에 "일"(ἔργα)이란 말이 복수로 쓰여 있는 반면, 예수님께서 말씀하신 "일"(ἔργον-다음 절)은 단수로 쓰여 있어서 서로 다른 것을 지칭하고 있다. 유대인들은 율법을 지키는 것을 포함하여 또 그 어떤 다른 일이 있는가하고 이렇게 복수로 질문한 것이다. 유대인들은 그 어떤 많은 일들을 해야 영생을 얻는 줄 알았다.

요 6:29.예수께서 대답하여 이르시되 하나님께서 보내신 이를 믿는 것이 하나님의 일이니라 하시니.

예수님께서 말씀하시는 하나님의 일은 한 가지뿐이라는 것이다. 곧 "하나님께서 보내신 이를 믿는 것이 하나님의 일"이라는 것이다(요일 3:23). 하나님께서 보내신 예수님을 믿는 것 하나만 필요하다는 것이다. 예수님을 믿는 것 하나만이 하나님의 일이라고 하신 뜻은 1)믿음이 가장 중요하다는 뜻이고, 2)믿기만 하면 다른 것들, 곧 예수님께서 주신 사랑의 법들도 다 주님 안에서 이루어진다는 뜻이다. 이것은 마치 마르다가 여러 가지로 분주했으나 마리아처럼 예수님의 발 앞에 앉아 말씀 듣는 것 한 가지만 필요하다고 예수님께서 말씀하신 것과 유사한 것이다(눅 10:42). 사실 말씀 한 가지를 잘 들으면 다른 것들도 다 감당할 수 있기 때문이다. 우리는 한 가지가 하나님의 일인 줄 알아야 할 것이다. 예수님만 잘 신앙하면 영생도 얻고 사랑의 법들도 잘 이룰 수 있는 것이다.

요 6:30.그들이 묻되 그러면 우리가 보고 당신을 믿도록 행하시는 표적이 무엇이니이까, 하시는 일이 무엇이니이까.

유대인들은 또 묻는다. 유대인들은 예수님에게 "우리가 보고 당신을 믿도록 행하시는 표적이 무엇이니이까"하고 질문한다(마 12:38; 16:1; 막 8:11; 고전 1:22). "표적이 무엇이니이까"라는 질문은 예수님을 믿을만한 무슨 표적이라도 있느냐는 질문이다. 유대인들은 예수님께서 오병이어로 5,000명 이상의 군중에게 먹이신 사건(1-15절)을 하나의 표적인 줄 알지 못하고 다시 표적을 보여 달라고 질문한 것이다. 유대인들은 예수님께서 물로 포도주를 만드신 이적을 보고도(2:1-11), 왕의 신하의 아들의 병을 고치신 이적을 보고도(4:46-54), 또 오병이어로 5,000명 이상의 군중에게 먹이신 이적을 보고도(6:1-15) 예수님께서 하나님에 의해 보내심을 받은 분으로 믿지 못한 것이다. 유대인들은 표적을 구하는 민족이었으나(고전 1:22) 많은 표적을 보고도 결국은 예수님을 믿지 못했다. 이것은 그들의 마음이 완악한 때문이었다(마 13:15). 그들은 예수님에게 "하시는 일이 무엇이니이까"하고 반문한다. 예수님을 믿을 수 있도록 예수님께서 하시는 일이 도대체 무엇인가하고 물은 것이다. 믿음은 표적을 봄으로 생기는 것이 아니라 물과 성령으로 거듭남으로 생기는 것이다.

요 6:31.기록된바 하늘에서 그들에게 떡을 주어 먹게 하였다 함과 같이 우리 조상들은 광야에서 만나를 먹었나이다.

유대인들의 질문은 계속된다. 그들은 구약 성경(출 16:15; 시 74:28)을 들먹이면서 예수님에게 만나와 같은 표적을 구한다. 유대인들의 주장은 "하늘에서 그들에게 떡을 주어 먹게 하였다 함과 같이 우리 조상들은 광야에서 만나를 먹었다"는 것이다(출 16:15; 민 11:7; 느 9:15; 고전 10:3). 조상들의 경우 "하늘에서 그들에게 떡을 주어 먹었다"는 것이다(시 78:24-25). 오병이어의 이적은 하늘에서 온 것이 아니라 땅에서 어떤 아이가 가지고 있던 오병이어를 가지고 만들어낸 떡이라는 것이다. 그리고 유대인들의 조상들은 광야에서 매일 만나를 먹었는데 오병이어의 이적은 한 끼만 먹고 말았으니 만나의 이적보다 더 큰 이적을 보여 달라는 것이었다. 유대인들은 예수님의 몇 차례의 이적을 통하여 예수님께서 바로 하나님의 인(印) 치신 분, 곧 메시야인 줄 몰랐던 것이다. 만나 이상을 주실 수 있으신 분인 줄 몰랐던 것이다.

요 6:32.예수께서 이르시되 내가 진실로 진실로 너희에게 이르노니 모세가 너희에게 하늘로부터 떡을 준 것이 아니라 내 아버지께서 너희에게 하늘로부터 참 떡을 주시나니.

예수님은 유대인들의 오해를 시정하신다. 유대인들은 "모세가 너희에게 하늘로부터 떡을 준 것이 아니라 내 아버지께서 너희에게 하늘로부터 참 떡을 주신다"는 것이다. 곧 1)만나는 모세가 하늘로부터 준 것이 아니라 하나님께서 주신 것이며(출 16:15), 2)하나님께서 "너희에게 하늘로부터 참 떡," 곧 '예수 그리스도 자신을 주시고' 계신다는 것이다. 두 개의 사상을 단축해서 말한다면 만나는 하나님께서 주신 것이지 모세가 준 것이 아니며 하나님은 지금도 계속해서 참 떡이신 예수님을 주시고 계신다는 것이다. 옛날의 만나는 예수님의 모형으로 광야에서 사람들이 40년간만 먹었던 양식이었던 반면 예수님은 40년이 아니라 영원히 우리의 양식이 되신다는 것이다.

요 6:33.하나님의 떡은 하늘에서 내려 세상에 생명을 주는 것이니라.

하나님께서 주시는 "떡은 하늘에서 내려 세상에 생명을 주는 것이니라"고 말씀하신다. 곧 하나님께서 주시는 생명의 떡이신 예수님은, 1)매일같이 하늘에서 "내려온다"는 것이고, 2)"세상에 생명을 주신다"는 것이다. 여기 "내려온다"(καταβαίνων)는 말은 현재분사로 '계속해서 내려온다'는 뜻이다. 계속해서 내려온다는 말은 예수님께서 매일같이 성육신하신다는 뜻이 아니라 예수님께서 매일같이 우리와 함께 거(居)하신다는 뜻이다. 예수님은 매일같이 우리와 함께 거하심으로 매일 내려오시는 것처럼 느껴지는 것이다. 그리고 예수님은 유대인들 뿐 아니라 온 세상 사람에게 영적인 생명을 주시고 계신다는 것이다. 동서고금을 물론하고 예수님을 믿는 사람들은 그리스도로부터 영의 양식을 공급받고 있는 것이다.

4.유대인들의 소원에 대한 예수님의 답변 6:34-40

예수님께서 모세가 떡을 준 것이 아니라 하나님께서 주신 것이고 또 하나님은 하늘로부터 참 떡을 주셔서 세상 사람들에게 생명을 주신다는 말씀을 하시자(28-33절) 유대인들은 예수님께서 세상 떡에 대해 말씀하신 줄 오해하고 이 떡을 매일 공급해 주십사고 부탁한데 대해 예수님께서 답변하신다(34-40절).

요 6:34.그들이 이르되 주여 이 떡을 항상 우리에게 주소서.

유대인들은 예수님께서 "하나님의 떡이 세상 사람들에게 생명을 주는 것"이라고(앞 절) 말씀하신 것을 두고 육신의 생명을 위한 떡인 줄로 오해하고 "주여 이 떡을 항상 우리에게 주소서"라고 부탁한다(4:15). 여기 "주여"란 호칭은 '존경하는 분이시여' 혹은 '선생이시여'라는 정도의 존칭어이다. 이유는 이들이 아직은 예수님을 '주님'으로 영접하지 않았기 때문에 본문에 유대인들이 부른 호칭은 그저 존경의 뜻만을 가지고 있을 뿐이다. 유대인들은 예수님에게 육신의 생명을 위한 떡을 항상 주십사고 부탁한다. 그들은 벳새다 광야에서 육신의 떡을 한번 배부르게 먹어본 고로 그런 떡을 항상 주십사고 욕심을 부린다. 사마리아 여인은 물 길러 오지 않기 위해서 생수를 예수님께 구했는데

(4:15) 유대인들도 육신을 위해서 이런 요구를 한 것이다. 사람들의 육신적인 요구는 한이 없다.

요 6:35.예수께서 이르시되 나는 생명의 떡이니 내게 오는 자는 결코 주리지 아니할 터이요 나를 믿는 자는 영원히 목마르지 아니하리라.
유대인들의 육신적인 요구를 받으시고 예수님은 자신이 "생명의 떡"이라고 선언하신다(48절, 58절). "생명의 떡"이란 말은 '영적인 생명을 시작하게 하고 또 영적인 생명을 유지하게 하는 떡'이란 뜻이다. 예수님은 성령으로 사람들을 거듭나게 하시고 또 매일 성령으로 사람들의 영적인 생명을 유지시켜 주시는 떡이시다. 예수님께서 자신이 누구이심을 선언하시는 이런 식의 말씀이 요한복음에 많이 있다(8:12; 10:7, 9, 11, 14; 11:25; 14:6; 15:1, 5). 예수님은 사람들의 영적인 생명을 위한 떡이신 고로 "내게 오는 자는 결코 주리지 아니할 터이요 나를 믿는 자는 영원히 목마르지 아니하리라"고 말씀한다(4:14; 7:37). 여기 "내게 오는 자"란 말과 "나를 믿는 자"란 말은 똑같은 뜻으로 예수님을 주님으로 믿는 자라는 뜻이다. 예수님을 주님으로 믿고 따르는 신자들은 영적으로 배고프지 않고 목마르지 않는다는 것이다. 예수님을 주님으로 믿는 사람은 영원히 영적으로 풍요로운 삶을 살 것이라는 것이다. 예수님을 목자로 알고 따르는 사람들은 부족함이 없다(시 23:1).

요 6:36.그러나 내가 너희에게 이르기를 너희는 나를 보고도 믿지 아니하는도다 하였느니라.
예수님은 유대인들의 불신앙을 책망하신다. 유대인들은 예수님께서 행하신 표적을 보고도(26절, 64절) 그 표적을 행하신 예수님이 메시야인줄 믿지 않는다는 것이다. 유대인들은 마음이 강퍅해서 예수님을 보고도 믿지 못하고 또 말씀을 듣고도 믿지 않는다.

요 6:37.아버지께서 내게 주시는 자는 다 내게로 올 것이요 내게 오는 자는

내가 결코 내쫓지 아니하리라.

예수님은 유대인들이 예수님을 보고도 믿지 못한 참 이유를 본 절에서 암시하신다. 그것은 하나님께서 그들을 만세 전에 택하시지 않으셨기 때문이라는 것이다. 예수님은 말씀하시기를 "아버지께서 내게 주시는 자," 곧 '아버지께서 선택하신 자'는 "다 내게로 올 것이라"고 하신다(45절). 여기 "다"(πᾶν ὃ)라는 말은 중성 단수로 남녀 노소 빈부 귀천을 모두 포함한 말로 하나님의 선택에는 차별이 없음을 뜻하는 말이다(6:39; 고전 1:26). 하나님께서 선택한 사람은 누구든지 모두 예수님을 믿게 된다는 말이다. 사람이 그리스도를 믿어 구원을 받는 것은 하나님의 은혜이다. 예수님은 바로 앞 절에서는 사람의 책임을 말씀했는데 본 절에서는 하나님의 은혜를 강조하신다. 그리고 예수님은 "내게 오는 자는 내가 결코 내쫓지 아니하리라"고 말씀하신다(10:28-29; 딤후 2:19; 요일 2:19). 곧 '성부의 뜻에 따라 예수님에게 오는 자는 예수님께서 결코 내쫓지 않으신다'는 것이다. 다시 말해 반드시 구원하신다는 것이다. 성자는 성부의 뜻에 절대적으로 순종하신다는 것이다. 예수님은 바로 하나님의 아들이시라는 것이다.

요 6:38.내가 하늘에서 내려온 것은 내 뜻을 행하려 함이 아니요 나를 보내신 이의 뜻을 행하려 함이니라.

예수님은 본 절에서 자신이 하늘에서 내려오신 목적을 진술하신다. 예수님께서 하늘에서 내려오신 목적은 예수님 자신의 뜻을 행하려고 하신 것이 아니라 (5:30; 마 26:39) "나를 보내신 이의 뜻을 행하려 함이라"고 하신다(4:34). 곧 '하나님께서 선택하신 자들을 구원하시기 위해서 오셨다'는 것이다.

요 6:39.나를 보내신 이의 뜻은 내게 주신 자 중에 내가 하나도 잃어버리지 아니하고 마지막 날에 다시 살리는 이것이니라.

예수님은 본 절과 다음 절(40절)에서 예수님을 "보내신 이의 뜻"이 무엇임을 말씀하신다. 예수님을 이 땅에 보내신 하나님의 뜻은 "내(예수님)게 주신 자 중에 내가 하나도 잃어버리지 아니하고 마지막 날에 다시 살리는 것"이라는 것이다(10:28; 17:12; 18:9). 곧 '하나님께서 택하셔서 예수님으로 하여금 구원하게 하신 자들을 하나도 빼지 않고 모두를 아들의 재림의 날, 다시 말해 심판 날(5:28-29; 6:40, 44, 54; 11:24; 12:48)에 다시 부활시키는 것이라'는 것이다.

요 6:40.내 아버지의 뜻은 아들을 보고 믿는 자마다 영생을 얻는 이것이니 마지막 날에 내가 이를 다시 살리리라 하시니라.

본 절에서 예수님은 자신을 이 땅에 보내신 아버지의 뜻이 무엇인가 말씀한다. 하나님의 뜻은 "아들(예수님)을 보고 믿는 자마다 영생을 얻는 이것이라"고 하신다(27절, 47절, 54절; 3:15-16; 4:14). 여기 "믿고"(πιστεύων)란 말이 현재형으로 계속해서 믿는 것을 지칭하고 영생을 "얻는"(ἔχῃ)이란 말도 현재형으로 사람이 예수님을 지금 믿을 때 벌써 세상에서 영생을 얻었다는 뜻이다. 그리고 아버지의 뜻은 "마지막 날에 내(예수님)가 이를 다시 살리는 것"이라는 것이다(39절 참조). 곧 '심판 날에 예수님이 신자들을 부활시키는 것'이라고 하신다. 우리는 지금 벌써 영생을 얻은 자들이고 앞으로 부활할 사람들이다. 금생 내세에 이런 복을 받은 사람들이 또 어디 있는가.

5.생명의 떡을 먹어라 6:41-51

요 6:41-42.자기가 하늘에서 내려온 떡이라 하시므로 유대인들이 예수에 대하여 수군거려 이르되 이는 요셉의 아들 예수가 아니냐 그 부모를 우리가 아는데 자기가 지금 어찌하여 하늘에서 내려왔다 하느냐.

본 절과 다음 절(42절)은 예수님께서 하늘에서 내려오신 떡이라고 주장한데 대하여 유대인들이 수군거리는 내용 두 가지를 말한다. 하나는 "이(예수님)는 요셉의 아들 예수가 아니냐"는 것이고(마 13:55; 막 6:3; 눅 4:22), 또 하나는 "그 부모를 우리(유대인들)가 아는 데 제가 지금 어찌하여 하늘에서 내려왔다" 고 감히 주장하는 것이냐는 것이다. 요셉의 아들 예수라고 하는 수군거림이나 그 부모를 아는데 어찌하여 하늘로서 내려왔다고 주장하는 것이냐 하는 수군거림은 어찌 보면 당연한 수군거림일 것이다. 그러나 그들은 하나님의 아들이 육신을 입으신 사실을 알지 못했던 것이다. 예수님께서 육신을 입으신 사실이 야말로 우리를 대신하여 죽기 위해서 취하신 것인데 사람들이 그 사실에 걸려 넘어진 것이다.

요 6:43.예수께서 대답하여 이르시되 너희는 서로 수군거리지 말라.

예수님은 유대인들을 향하여 "서로 수군거리지 말라"고 말씀하신다(롬 1:29). "수군거리지 말라"(μὴ γογγύζετε)는 말은 '비들기의 구구거림처럼' 혹은 '곤충이 붕붕 소리를 내는 것처럼 하지 말라'는 뜻으로 공연히 '비난하지 말라'는 말이다. 이스라엘 민족은 광야에서 생활할 때 하나님과 모세를 향하여 수군거렸다(출 16:2, 7-8). 하나님은 지금도 우리들을 향하여 비판하거나 원망하지 말라고 하신다(마 7:1).

요 6:44.나를 보내신 아버지께서 이끌지 아니하시면 아무도 내게 올 수 없으니 오는 그를 내가 마지막 날에 다시 살리리라.

유대인들이 예수님을 믿지 못하는 이유는 예수님에게 하나님의 아들의 증표가 없어서가 아니라 하나님께서 "이끌지 아니하시기" 때문이라는 것이다. 아버지께서 "이끌다"는 말은 아버지께서 만세 전에 '택하셨다'는 뜻이다. 우리의 구원은 하나님의 은혜가 아니고는 될 수가 없는 것이다(엡 1:3-6). 하나님께서 택해주시지 않으셨다면 "아무라도 내(예수님)게 올 수 없다"는 것이다(65절; 아 1:4). 곧 '아무라도 예수님을 믿을 수 없다'는 뜻이다. 사람은 하나님의 은혜로 구원을 받는 것이다(롬 8:30). 예수님은 "오는 그를 내가 마지막 날에 다시 살리리라"고 하신다. 여기 "마지막 날"이란 '심판의 날'을 지칭한다.

요 6:45.선지자의 글에 그들이 다 하나님의 가르치심을 받으리라 기록되었은즉 아버지께 듣고 배운 사람마다 내게로 오느니라.

예수님은 바로 앞 절(44절)에서 하나님의 택하심이 구원에 절대적인 것으로 언급하셨고 본 절에서는 사람의 책임을 언급하신다. 곧 "선지자의 글," 곧 '이사야 54:13의 글'에 "저희가 다 하나님의 가르치심을 받으리라 기록된" 것처럼(렘 31:34; 믹 4:2; 히 8:10; 10:16) "아버지께 듣고 배운 사람마다 내(예수님)게로 온다"는 것이다(37절). 사람은 하나님의 말씀을 듣고 배워야 예수님을 믿을 수 있다는 것이다. 사람은 하나님의 이끄심이 필요하고(44절) 또 하나님으로부터 배워야 하며(본 절 상반 절) 또한 우리가 들어야 하고 배워야 하는 것이다(본 절 하반 절). 사람이 듣고 배우게 되면 "내(예수님)게로 오게 된다"는 것이다. 다시 말해 예수님을 믿게 된다는 것이다. 예수님을 주님으로 믿게 되는 것은 하나님의 은혜와 인간의 책임이 따라야 하는 것이다. 그렇다고 인간의 공로가 들어가는 것은 아니다. 다만 사람도 하나님의 이끄심에 순종하는 뜻으로 복음을 들어야 하고 배워야 한다는 것이다.

요 6:46.이는 아버지를 본 자가 있다는 것이 아니니라. 오직 하나님에게서 온 자만 아버지를 보았느니라.

바로 앞 절(45절)에서 사람이 하나님의 가르치심을 받고 또 듣고 배운다고 해서(사람이 하나님의 가르치심을 받고 듣고 배우는 것은 예수님과 또 그의 사자들을 통하여 배우고 듣고 배우는 것을 말한다) "아버지를 본 자가 있다는 것이 아니라"는 것이다(1:18; 5:37). "오직 하나님에게서 온 자만," 곧 '예수님만'(1:18) 아버지를 보셨다는 것이다(1:18; 7:29; 8:19; 마 11:27; 눅 10:22). 오직 성자만이 성부 하나님을 보셨다는 것이다. 우리는 하나님을 직접적으로 볼 수 없다(딤전 6:15-16). 오직 그리스도를 통해서만 영적으로 하나님을 볼 수 있는 것이다.

요 6:47.진실로 진실로 너희에게 이르노니 믿는 자는 영생을 가졌나니.

예수님께서는 다음에 나오는 말씀을 강조하시기 위해 "진실로 진실로"라고 하신다. 강조하고 싶으신 것은 바로 "믿는 자는 영생을 가졌나니"라는 것이다

(40절; 3:16, 36; 5:24; 18:36; 20:31). '믿는 사람은 벌써 영생을 가지고 있다'는 것이다. 영생을 가지고 있다는 말은 그리스도 안에서 살고 있다는 뜻이다. 다시 말해 그리스도의 생명에 동참한다는 뜻이다.

요 6:48.내가 곧 생명의 떡이니라.

예수님은 자신을 생명의 떡으로 제시하신다(33절, 35절). 자신을 영적인 생명을 위한 떡이라고 하신다. 예수님은 우리를 향하여 자신을 먹으라고 하신다. 다시 말해 먹는 듯이 실제로 믿으라는 것이다. 우리는 지금 예수님을 먹듯이 믿고 있는가. 예수님이 우리 속에 있는가. 그렇지 않으면 우리는 버림을 당한 자들이다(고후 13:5).

요 6:49-50.너희 조상들은 광야에서 만나를 먹었어도 죽었거니와 이는 하늘에서 내려오는 떡이니 사람으로 하여금 먹고 죽지 아니하게 하는 것이니라.

예수님은 구약의 만나와 자신을 비교하신다. 예수님은 "너희 조상들은 광야에서 만나를 먹었어도 죽었다"는 것이다(27절, 31절). 그러나 "이(예수님)는 하늘에서 내려오는 떡이니 사람으로 하여금 먹고 죽지 아니하게 한다"는 것이다(33절, 35절, 40절, 51절, 58절). 예수님 자신은 하늘에서 내려오는 떡인 고로 사람들이 먹으면(믿으면) 죽지 않게 된다는 것이다. 여기 하늘에서 "내려오는"(καταβαίνων)이란 말은 현재 분사형으로 '지금도 계속해서 내려오고 있다'는 뜻이다. 예수님은 당시 표준으로 벌써 30여 년 전에 성육신하신 분이시지만 예수님을 믿는 사람들 측으로 보아서는 매일 내려오시는 분이시라는 것이다. 다시 말해 매일 현림하신다는 뜻이다. 예수님은 매일 우리에게 현림하시는 분이시다. 매일 새롭게 오시는 분이시다. 예수님은 우리에게 매일 새 생명으로 임하신다.

요 6:51.나는 하늘에서 내려온 살아있는 떡이니 사람이 이 떡을 먹으면 영생하리라 내가 줄 떡은 곧 세상의 생명을 위한 내 살이니라 하시니라.

예수님은 "나는 하늘에서 내려온 살아있는 떡이라"고 하신다(3:13). "살아있는 떡"이란 말은 '생명의 떡'이란 뜻으로 예수님은 '생명을 위한 떡'(요 14:6)이시라는 것이다. 그래서 누구든지 "이 떡(예수님)을 먹으면(믿으면) 영생한다"는 것이다. 예수님을 믿으면 예수님의 생명에 동참한다는 것이다. 그리고 예수님은 "내가 줄 떡은 곧 세상의 생명을 위한 내 살이라"고 하신다. 곧 '예수님 자신은 세상 사람들의 영적인 생명을 위하여 희생하실 예수님의 살이라'고 말씀한다. 본문에 "위한"(ὑπὲρ)이란 말은 '...을 위하여' 혹은 '대신하여'란 뜻으로 대속을 뜻하는 말이다(10:11, 15; 11:50-52; 13:38; 15:13; 17:19). 지금까지는 예수님께서 자신을 "떡"이란 말로 줄곧 말씀하셨으나 이제는 "내 살"이란 말도 바꾸어 말씀하신다(히 10:5, 10). 예수님은 십자가에서 '자신의 살'을 찢어주신다는 뜻이다. 우리 모두는 예수님께서 자신의 살을 희생하신 것을 믿어야 하는 것이다. 다시 말해 속죄의 죽음을 죽으신 것을 믿어야 한다.

6.그리스도와 영적인 교제를 가져라 6:52-59절

요 6:52.그러므로 유대인들이 서로 다투어 가로되 이 사람이 어찌 능히 제 살을 우리에게 주어 먹게 하겠느냐. "그러므로," 곧 '내(예수님)가 줄 떡은 곧 세상의 생명을 위한 내 살이라(앞 절)고 말씀하셨으므로' 유대인들 사이에 다툼이 일어났다는 것이다(7:43; 9:16; 10:19). 한편에서는 예수님의 말씀이 옳다고 주장했고 또 한편에서는 "이 사람(예수님)이 어찌 능히 제 살을 우리에게 주어서 먹게 하겠느냐"고 주장했기 때문에 다툼이 일어났다는 것이다(3:9). 예수님의 속죄의 교훈을 믿지 못한 사람들은 예수님의 말씀을 오해했다. 그들은 예수님께서 살을 주어서 먹게 하겠다고 하신 말씀의 내용을 깨닫지 못한 것이다. 유대인들은 종종 예수님 때문에 다투었다(7:12, 40-41). 오늘도 예수님의 대속의 교훈을 믿지 못하는 사람도 있고 예수님의 속죄의 교훈을 분명히 믿는 사람도 있다. 이렇게 사람들의 의견이 갈리는 것은 하나님으로부터 선택을 받은 사람들도 있고 선택을 받지 못한 사람들이 있기 때문이다(엡 1:3-6).

요 6:53.예수께서 이르시되 내가 진실로 진실로 너희에게 이르노니 인자의 살을 먹지 아니하고 인자의 피를 마시지 아니하면 너희 속에 생명이 없느니라.
유대인들 중에 "이 사람이 어찌 능히 자기 살을 우리에게 주어 먹게 하겠느냐" 고 하면서 거부한데(앞 절) 대해 예수님은 본 절에서 "인자의 살을 먹지 아니하고 인자의 피를 마시지 아니하면 너희 속에 생명이 없다"고 말씀하신다(마 26:26, 28). 예수님은 그의 "살을 먹는 것"에다가 "피를 마시는 것"을 더하신다. 본 절의 "먹다"(φάγητε)는 말과 "마시다"(πίητε)라는 말은 둘 다 부정(단순) 과거 시제로 '확실하게 먹고' 또 '확실하게 마실 것'을 주문하신다(부정과거는 확실하게...을 한다는 뜻도 가지고 있다). 그러니까 인자의 살을 확실하게 먹고 인자의 피를 확실하게 마시면 생명을 얻는다는 것이다. 오늘 우리는 예수님의 대속의 죽음을 확실하게 믿어야 하는 것이다.

예수님은 살을 먹고 피를 마셔야 한다는 말씀 때문에 유대인들로부터 더욱 배척을 받으시게 되었다. 이유는 피를 마신다는 것은 율법에서 금하고 있기 때문이었다(레 3:17; 7:26-27; 17:10-14; 19:26). 그러나 예수님은 예수님의 대속의 죽음을 믿지 아니하면 유대인들 속에 영원한 영적인 생명이 없다고 말씀하신 것이다. 우리는 그리스도께서 우리를 위하여 살을 찢고 피를 흘리신 것을 믿어야 하는 것이다.

요 6:54.내 살을 먹고 내 피를 마시는 자는 영생을 가졌고 마지막 날에 내가 그를 다시 살리리니.
예수님은 앞 절(53절)에서는 예수님의 살을 먹지 않고 피를 마시지 않는 사람은 영원한 생명이 없다고 말씀하시고는 본 절에서는 정반대로 "내 살을 먹고 내 피를 마시는 자는 영생을 가졌다"고 말씀하신다(27절, 40절, 63절; 4:14). 본 절의 "먹다"(τρώγων)는 말과 "마시다"(πίνων)는 말은 둘 다 현재분사로 계속적으로 그리스도의 대속의 죽음을 믿어야 할 것을 주문하는 말씀이다.

우리는 예수님의 십자가의 대속의 죽음을 계속해서 믿어야 하는 것이다. 그 죽음은 분명히 나를 위한 죽음으로 계속해서 믿어야 한다.

예수님은 또 대속의 죽음을 믿는 자를 "마지막 날에 내가 그를 다시 살릴 것이라"고 하신다. 곧 '심판 날에 부활시키실 것이라'는 말씀이다. 대속을 믿는 자, 그는 벌써 영생을 얻은 자요 심판 날에 부활할 자이다.

요 6:55.내 살은 참된 양식이요 내 피는 참된 음료로다.

예수님은 이제 "내 살은 참된 양식이요 내 피는 참된 음료"라고 선언하신다. 여기 "참된"(ἀληθής)이란 말은 거짓에 반대되는 개념이 아니라 구약의 만나가 예수님을 예표 하는 물질인데 비해 예수님은 '실체'란 뜻으로 사용된 말이다. 이제 실체가 왔는데 유대인들은 더 이상 예표를 요구하지 말아야 한다는 것이다. 우리는 지금 참된 양식이시며 참된 음료수가 되시는 그리스도를 믿고 있다. 다시 말해 실제의 양식이시며 실제의 음료수가 되시는 그리스도를 믿고 있는 것이다. 그리스도는 우리의 영혼을 위하여 참된 양식이 되시고 참된 음료수가 되신다. 우리에게 참된 양식이 있는 한 무슨 걱정이 있을 것인가.

요 6:56.내 살을 먹고 내 피를 마시는 자는 내 안에 거하고 나도 그의 안에 거하나니.

예수님은 본 절부터 58절까지 예수님의 "살을 먹고 피를 마시는 자," 곧 '그리스도의 대속을 믿는 자'가 받는 은혜 두 가지를 말씀한다. 첫째, 대속을 믿는 성도는 "내(예수님) 안에 거하고 나도 그의 안에 거하게" 된다는 것이다(요일 3:24; 4:15-16). 다시 말해 '그리스도와 연합하게' 된다는 것이다. 성도는 믿을 때에 그리스도와 연합하게 되는 것이다.[31] 연합에 있어서 믿음이 제일 중요한

---

31) 청교도 학자 Thomas Jacomb은 "성령은 그리스도를 우리에게 연합시키고 믿음은 우리를 그리스도에게 연합시킨다...그리스도는 성령으로 우리를 붙드시고 우리는 믿음으로 그리스도를 붙든다"고 말한다. Thomas Jacomb, *Sermons on the Eighth Chapter of the Epistle to the Romans* (Carlisle, Pa.: Banner of Truth Trust, 1869), p. 36. Martin Lloyd-Jones는 "우리의 믿음은 연합에 있어서 중요한 부분이다. 믿음이란 연합에 있어서 가장 중요한 부분은 아니지만 두 번째로

것은 아니지만 두 번째의 것은 된다. 연합에 있어서 제일 중요한 것은 성령님이시고 두 번째로는 믿음의 역할을 들 수 있다. 우리가 그리스도를 믿을 때에 그리스도와 생명적으로 연합하고 신비적으로 연합하며 영적으로 연합하게 되고 불가분리적으로 연합하게 된다(15:1-10).

요 6:57.살아 계신 아버지께서 나를 보내시매 내가 아버지로 말미암아 사는 것같이 나를 먹는 그 사람도 나로 인하여 살리라.

둘째, 예수님을 믿는 사람은 "나(예수님)로 인하여 산다"는 것이다. 곧 '예수님께서 생명 주셔서 영생한다'는 것이다. 그런데 우리와 예수님과의 관계를 말씀하기 전에 예수님은 "살아 계신 아버지께서[32] 나를 보내시매 내가 아버지로 말미암아 사는 것같이"란 말씀을 예(例)로 들으신다. 곧 '영생하시는 아버지께서 예수님을 보내셨는데 예수님이 생명의 근원이신 아버지로 인하여 사는 것 같이' 예수님의 대속을 믿는 자들도 역시 생명의 근원이신 예수님으로 말미암아 영원한 생명을 살게 된다는 것이다. 예수님을 믿는 성도들은 예수님 안에서 영생을 누린다는 것이다. 우리는 예수님을 먹듯이 구체적으로 믿어 예수님께서 내 안에 계시도록 해야 한다.

요 6:58.이것은 하늘에서 내려온 떡이니 조상들이 먹고도 죽은 그것과 같지 아니하여 이 떡을 먹는 자는 영원히 살리라.

본 절도 역시 앞 절과 마찬가지로 예수님을 믿는 사람은 영생한다는 것을 말씀한다. 조상들은 광야에서 만나를 먹고도 죽었는데 "이 떡을 먹는 자는

중요한 것은 된다...우리의 믿음은 연합을 지탱하고 발전시키며 강화시킨다"고 주장한다. Martin Lloyd-Jones, *God the Holy Spirit* (Wheaton, Ill.: Crossway Books, 1997), p. 113. R. L. Dabney는 "우리가 믿기 시작할 때 연합이 시작된다. 우리가 계속해서 믿을 때 연합이 영속 된다"고 말한다. R. L. Dabney, *Lectures in Systematic Theology* (Grand Rapids: Baker Book House, 1985), p. 613.

32) "살아계신 아버지"라는 표현은 신구약 성경에 이곳에서 단 한번만 나온다. 그에 비해 '살아계신 하나님'이란 표현은 신구약 성경에 많이 등장하고 있다(수 3:10; 삼상 17:26; 왕하 19:4; 사 37:4; 렘 10:10; 마 16:16; 26:63; 롬 9:26; 고후 3:3; 히 3:12).

영원히 산다"는 것이다(49절, 50절, 51절). 여기 "먹는 자"(ὁ τρώγων)란 말은 단수로 쓰여 있어서 예수님을 믿는 것은 개인 개인이어야 한다는 것을 보여주고 있다. 다시 말해 신앙은 어디까지나 개인과 예수님과의 관계라는 것이다. 예수님을 믿되 개인이 분명하게 믿어야 하는 것이다. 예수님은 32-33절과 49절에서 이 말씀을 하셨는데 여기서 똑같은 말씀을 하신 것이다. 예수님은 강조하시기 위하여 여러 번 되풀이 하신다.

요 6:59.이 말씀은 예수께서 가버나움 회당에서 가르치실 때에 하셨느니라.
"이 말씀"(ταῦτα), 곧 '이 말씀들'(26-58절)은 예수님께서 "가버나움 회당에서" 가르치실 때에 하셨다는 것이다. 여기 가버나움 회당이란 말에 관사가 빠져 있으므로 건물 자체를 지칭하는 것보다 그 건물 속에서 예배 행위를 하는 회중을 지칭하는 것으로 보인다(Leon Morris). 예수님은 그의 공생애 중에 회당에서 복음을 전파하셨다(마 4:23; 9:35; 12:9; 13:54). 유대인들은 바벨론 포로기에 성전 중심한 종교 활동을 할 수 없었으므로 각 마을에 회당을 지어 신앙 교육을 하며 예배하고 또 기도생활을 했다. 그리고 포로기 이후 예루살렘 성전이 재건된 후에도 유대인들이 가는 곳이면 회당을 지어 모였다. 이렇게 건립된 회당은 훗날 복음 전파에 유용하게 쓰임 받았다.

XV.예수님의 가르침에 따른 두 가지 반응 6:60-71

예수님께서 가버나움 회당에서 가르치신 것을 두고 사람들은 두 가지 반응을 보인다. 한편으로 예수님의 말씀을 깨닫지 못하여 떠난 사람들이 있는가 하면(60-66절), 또 한편 끝까지 예수님을 믿고 따른다고 하는 무리들로 나누어졌다(67-68절). 전자의 사람들은 세상 중심한 사람들이고 후자의 사람들은 12제자들로서 예수님의 말씀을 확실하게 깨닫지는 못했지만 예수님을 따르겠다고 고백하고 나선 사람들이다. 그러나 예수님은 열 두 사도 중에 한 사람은 예수님을 팔 사람이고 예언하신다(70-71절).

요 6:60.제자 중 여럿이 듣고 말하되 이 말씀은 어렵도다 누가 들을 수 있느냐 한 대.

여기 "제자"란 말은 열 두 제자(67절)와는 달리 '넓은 의미의 제자들'을 지칭한다. 이 넓은 의미의 제자들이라고 하는 사람들은 예수님의 떡을 먹고 따라다니던 유대인들(41절), 70인 전도자들(눅 10:1), 그리고 가룟 유다를 포함하는 사람들이다. 이 제자들 중에 여럿이 예수님의 말씀을 듣고 말하기를 "이 말씀은 어렵다"고 반응한다(66절, 마 11:6). 여기 "이 말씀"이란 예수님께서 하신 말씀, 곧 "내 살을 먹고 내 피를 마시는 자는 영생한다"는 말씀이다(26-58절). 그 사람들은 예수님의 말씀을 듣고 "어렵다"고 말한다. "어렵다"(σκληρός)는 말은 '거친,' '껄껄한,' '딱딱하게 메마른'이란 뜻으로(A. T. Robertson) '어려워서 마음에 걸린다'는 뜻이다(Meyer, Hendriksen). 그들은 예수님의 말씀을 듣고 어려워서 마음에 걸리므로 "누가 들을 수 있느냐"고 말한다. 곧 '누가 그 말을 받아들일 수가 있느냐'는 것이다. 예수님의 말씀이 어렵다고 하는 사람들의 태반은 마음이 강퍅하여 말씀을 깨닫지 못하는 것이다. 예수님은 사람들로 하여금 알아들을 수 있게 말씀하셨으나 사람들 측에 문제가 있는 것이다. 사람들 측에 문제가 있다고 말할 수 있는 이유는 예수님의 제자들은 그리스도의 말씀을 깨달은 것을 보면 알 수 있다(68-69절). 사람이 세상의 물질을 표준하고 살면 신령한 말씀을 깨닫지 못하고 따라서 받아들이지 못한다.

요 6:61.예수께서 스스로 제자들이 이 말씀에 대하여 수군거리는 줄 아시고 이르시되 이 말이 너희에게 걸림이 되느냐.

예수님은 넓은 의미의 제자들이 예수님의 말씀을 듣고 수군거리는 줄을 잘 아셨다. 곧 불평하는 줄 아신 것이다. 예수님은 사람의 마음을 꿰뚫어보신다(2:24-25; 5:6, 42; 19:28; 21:15). 그래서 예수님은 그들을 향하여 "이 말이 너희에게 걸림이 되느냐"고 물으신다. 여기 "걸림이 된다"(σκανδαλίζει)는 말은 '화나게 하다,' '죄를 짓게 하다,' '걸려 넘어지게 한다'는 말이다. 그들은 예수님의 말씀을 듣고 영적으로 이해하지 못하고 육적으로만 생각하다가 걸려 넘어진 것이다(벧전 2:7-8). 예수님의 말씀을 듣고 걸려 넘어지는 사람들에게는 그 자신들 안에 걸려 넘어질 만한 요소들이 있었던 것이다.

요 6:62.그러면 너희가 인자가 이전에 있던 곳으로 올라가는 것을 본다면 어떻게 하겠느냐.

본 절의 헬라어를 보면 완전한 문장으로 구성된 것이 아니라 조건절만 있고 귀결 절이 없는 문장이다. 원문을 소개하면 "그러면 너희들이 인자가 이전 있던 곳으로 가는 것을 본다면"(ἐὰν οὖν θεωρῆτε τὸν υἱὸν τοῦ ἀνθρώπου ἀναβαίνοντα ὅπου ἦν τὸ πρότερον)이란 문장이다(3:13; 막 16:19; 행 1:9; 엡 4:8). 우리 성경의 "어떻게 하겠느냐"라는 문장은 추측해서 넣은 구절이다.

본 절에 대한 해석은 크게 두 가지로 나누어진다. 1)'너희가 지금도 내 말을 이해하지 못하여 걸려 넘어지고 있는데 앞으로 내가 십자가에 달려 죽으면 그것이 너희로 하여금 더욱 걸림이 되게 하지 않겠느냐?'는 해석이다. 2)'너희가 지금은 내 말을 이해하지 못하여 걸려 넘어질 지경이 되었으나 앞으로 내가 승천하여 이전 있던 곳으로 가는 것을 보면 그 걸림이 해결될 것이라'는 해석이다. 혹자들은 이 두 가지 해석을 모두 수용하는 입장을 취하기도 하고 혹자들은 어느 해석이 더 옳은 것인지를 말하지 않고 유보하고 지나가기도 한다. 그런데 이 두 번째의 해석을 지지하면서도 또 다른 견해를 말하기도 한다. 하나는 예수님께서 이전에 있던 곳으로 승천하시는 것을 보는 경우 예수님께서 하늘에서 내려오신 것이 드러난다는 것을 알게 된다는 해석이고 또 하나는 예수님께서 승천하시면 예수님께서 성령님을 보내실 것인 고로 그들의 걸림이 해결될 것으로 보는 해석이다. 문맥으로 보아 예수님께서 승천하시는 것을 보면 성령님께서 오셔서 그들의 걸림을 해결해주실 것이라고 해석하는 것이 더 바람직할 것 같이 보인다(3:13; 13:3 참조). 여기 그들의 걸림이라고 하는 것은 반드시 당대 사람들의 걸림만을 두고 말하는 것이 아니라 훗날 사람들의 걸림도 염두에 두고 말한 것이다. 이 해석은 63절과도 어울리는 것으로 보인다. 63절에는 성령님의 사역이 언급되어 있다.

요 6:63.살리는 것은 영이니 육은 무익하니라 내가 너희에게 이른 말은 영이요 생명이라.

"살리는 것," 곧 '생명을 주는 것'은 "영"이라고 하신다(고후 3:6). 여기 "영"(τὸ πνεῦμα)이란 말은 '성령님'을 지칭한다. 그러니까 사람에게 생명을 주는 것은 성령님이라는 것이다. 성령님은 사람을 거듭나게 하고 그리스도의 속죄를 믿게 해서 영적으로 살게 하는 사역을 하신다. 그리고 예수님은 "육은 무익하다"고 규명하신다. 여기 "육"에 대하여 혹자들은 세상의 모든 물질을 지칭한다고 주장하나 문맥으로 보아 '예수님의 살'을 지칭한다고 보아야 할 것이다. 예수님은 자신의 살이 무익하다고 하신다. 다시 말해 예수님의 육신자체는 사람들에게 유익을 주지 못한다는 것이다. 예수님께서 아무리 유대인들을 향하여 "내 살"을 먹고 "내 피"를 마시라고 하셔도 성령님께서 그 뜻을 알게 하시지 않으면 사람들의 믿음에 아무 유익이 없다는 것이다.

예수님은 "내가 너희에게 이른 말은 영이요 생명이라"고 하신다. 곧 '예수님께서 하신 말씀들(26-58절)은 영이고 생명이라'는 것이다. 다시 말해 예수님께서 하신 말씀들은 죽은 말씀들이 아니라 영적인 말씀들이고 생명을 주는 말씀들이라는 것이다. 예수님께서 하신 말씀 중에 그 어떤 특별한 말씀만 아니라 예수님께서 하신 말씀들은 모두 영적인 말씀들이고 생명을 주는 말씀들이라는 것이다. 우리가 예수님의 말씀을 진지하게 받을 때 성령님이 역사하셔서 우리는 생명을 풍성하게 얻게 되는 것이다. 그러니까 예수님도 생명이시고 예수님의 말씀도 생명이시라는 것이다.

요 6:64.그러나 너희 중에 믿지 아니하는 자들이 있느니라 하시니 이는 예수께서 믿지 아니하는 자들이 누구며 자기를 팔자가 누구인지 처음부터

아심이러라.

예수님은 예수님을 따라다니던, 넓은 의미의 제자들 중에서 믿지 아니하는 자들이 있다고 경고하신다(36절). 예수님은 "믿지 아니하는 자들이 누구며 자기를 팔자가 누구인지 처음부터 아신다"고 말씀한다(2:24-25; 13:11). 곧 두 종류의 사람들이 누구인지 처음부터 아신다는 것이다. 다시 말해 믿지 않는 사람들, 곧 예수님을 떠날 사람들과(66절), 또 예수님을 팔 사람이 누구인지(70-71절; 마 26:14-16) 처음부터 아신다는 것이다. 여기 "처음부터"란 말은 '예수님께서 사역을 시작하실 때부터'라고 보기 보다는 만세 전부터 아신다는 말로 해석해야 옳을 것이다. 이유는 다음 절(65절)에 의하면 하나님께서 택하여 주시지 않은 사람들은 결국 예수님을 떠나가거나 아니면 예수님을 팔게 되어 있기 때문에 하나님께서 택하지 않은 사람들에 대해서 예수님은 만세전부터 아실 것이기 때문이다.

요 6:65.또 이르시되 그러므로 전에 너희에게 말하기를 내 아버지께서 오게 하여 주지 아니하시면 누구든지 내게 올 수 없다 하였노라 하시니라.

예수님은 전에 말씀하시기를 "내 아버지께서 오게 하여 주지 아니하시면 누구든지 내게 올 수 없다"고 한 적이 있으셨다는 것이다(44-45절). 하나님께서 작정하여 주시지 않은 사람은 예수님을 믿을 수 없다는 말씀을 이미 하셨다는 것이다. 예수님의 말씀이 어렵다고 하고, 또 걸림이 된다고 하며 예수님을 떠나는 사람들은 예수님의 증언이 불충분해서가 아니라 하나님께서 택해주시지 않았기 때문이라는 것이다(엡 2:8).

요 6:66.그때부터 그의 제자 중에서 많은 사람이 떠나가고 다시 그와 함께 다니지 아니하더라.

"그때부터," 곧 '예수님의 가버나움 회당 강화 후부터' 넓은 의미의 제자들 중에서 많은 사람이 떠나가고 다시는 예수님과 함께 다니지 않았다는 것이다(60절). 하나님께서 택하여주지 않으시고 또 예수님의 떡이나 바라보고 따르는 사람들은 결국 떠나게 되어 있다는 것이다. 오늘도 물질이나 따르고 물량(物量)을 중심하는 사람들은 언제인가 물러갈 가능성이 많이 있는 것이다.

요 6:67.예수께서 열 두 제자에게 이르시되 너희도 가려느냐.

"너희도 가려느냐"(μὴ καὶ ὑμεῖς θέλετε ὑπάγειν)라는 헬라어의 이 질문은 부정적인 대답을 기대하시는 질문이다. 즉 예수님은 열 두 제자로부터 "아니요"라는 대답을 기대하시고 질문하신 것이다. 예수님은 이들이 하나님으로부터 택함 받은 사실을 아신 것이다.

그런데 한 가지 우리들도 주의해야 할 것이 있다. 예수님께서 이들이 떠나가지 않을 줄을 아시면서도 이렇게 질문하신 것은 제자들을 경성시키려는 의도가 있으셨다는 것이고 또 특별히 이 중에 가룟 유다가 있으므로 예수님께서 이렇게 질문하신 것이다. 우리도 항상 깨어 있어야 한다.

요 6:68.시몬 베드로가 대답하되 주여 영생의 말씀이 주께 있사오니 우리가 누구에게로 가오리이까.

예수님께서 "너희도 가려느냐?"는 질문을 하셨을 때 베드로가 대표(마 16:16, 22; 요 13:9; 18:10; 21:2-3)로 "주여, 영생의 말씀이 주께 있사오니 우리가 누구에게로 가오리이까"라고 대답한다(행 5:20). 베드로는 먼저 예수님을 "주여"라고 부른다. '주님이시여"라는 말씀이다. 우리도 항상 예수님을 향하여 "주님이시여"라고 불러야 한다. 베드로는 "영생의 말씀이 주께 있다"고 고백한다. 곧 63절의 말씀을 두고 영생의 말씀이라고 하였을 것이다. 베드로는 그 말씀들이 영적인 말씀인 줄 알았고 생명의 말씀인 줄 알았다(특히 63절 참조). 베드로는 예수님에게 영생의 말씀이 있으신 고로 "우리가 누구에게로 가오리이까"라고 대답한다. '자기 자신만 아니라 제자들 모두가 갈 데가 없다'고 대답한다.

요 6:69.우리가 주는 하나님의 거룩하신 자이신 줄 믿고 알았사옵나이다.

베드로는 한 가지 고백을 더 한다. 곧 "주는 하나님의 거룩하신 자이신 줄 믿고 알았습니다"고 고백한다(1:49; 11:27; 마 16:16; 막 8:29; 눅 9:20; 행 3:14). 예수님은 "하나님의 거룩하신 자"라고 믿고 또 알았다는 것이다. 여기 "하나님의 거룩한 자"라는 말은 '하나님께서 구별해 놓으신 분,' '하나님의 아들이라는 분'을 뜻하는 말이다. 이 "거룩하신"이란 말은 '죄로부터 구별되어 계신 분이라는 뜻이 아니고 예수님께서 존재하시는 양식에 있어서 우주 만물과 구별되어 계시다'는 뜻이다. 우리는 항상 예수님을 "하나님의 거룩하신 분"으로 고백해야 한다.

그리고 본문에 "믿고"(πεπιστεύκαμεν)란 말은 현재완료시제로 이미 예수님을 주님으로 믿은 것이 과거인데 지금도 여전히 예수님을 주님으로 믿는 것이 변함없다는 것을 나타내는 말이고 또 "알았사옵나이다"(ἐγνώκαμεν)란 말도 역시 현재완료 시제로 '예수님을 경험적으로 안 것이 과거인데 지금도 예수님을 여전히 알고 사랑하고 있다'는 뜻이다.

요 6:70.예수께서 대답하시되 내가 너희 열둘을 택하지 아니하였느냐 그러나 너희 중의 한 사람은 마귀니라 하시니.

베드로가 열두 제자들을 대표하여 "우리가"라고 말하면서 신앙을 고백했을 때 예수님은 "내가 너희 열둘을 택하지 아니하였느냐 그러나 너희 중의 한 사람은 마귀니라"고 하신다. 예수님은 열둘을 사도로 택하셨다고 말씀하신다(눅 6:13). 그러나 그들 중의 한 사람은 마귀라고 말씀하신다(13:27). 여기 가룟 유다를 "마귀"라고 하신 것은 유다가 마귀의 도구로 사용되리라는 말씀이다. 유다는 하나님의 선택을 받은 사람은 아닌데도(65절) 예수님으로부터 부름을 받아 예수님을 파는 일에 쓰임을 받았다.

요 6:71.이 말씀은 가룟 시몬의 아들 유다를 가리키심이라 그는 열 둘 중의 하나로 예수를 팔 자러라.

요한 사도는 예수님께서 하신 말씀(앞 절), 곧 "너희 중의 한 사람은 마귀니라"

고 하신 말씀은 "가룟 시몬의 아들 유다를 가리키심이라 그는 열 둘 중의 하나로 예수를 팔 자러라"고 해설한다. 13:2, 27에 의하면 마귀는 가룟 유다의 마음에 예수님을 팔려는 생각을 넣었고 다음 단계로는 실제로 예수님의 마음속에 들어가서 예수님을 팔았다. 유다는 예수님을 배반하는데 있어서 마귀 역할을 한 것이다.

제 7 장
예루살렘의 유대인들이 예수님을 배척하다

XVI.예수님이 형제들로부터 오해를 받으시다 7:1-9

예수님은 앞 장(6장)에서는 갈릴리의 유대인들로부터 배척을 받으셨는데 이제 본 장에서는 예루살렘의 유대인들로부터 배척을 받으신다. 먼저 예수님은 그의 형제들로부터 오해를 받으신다(1-9절).

요 7:1.그 후에 예수께서 갈릴리에서 다니시고 유대에서 다니려 아니하심은 유대인들이 죽이려 함이러라.

요한 사도는 예수님께서 "그 후에...갈릴리에서 다니시고 유대에서 다니려 아니하셨다"고 진술한다. 곧 '그 후에는 예수님께서 갈릴리에서 사역하시고 유대에서 사역하시려고 아니하셨다'는 것이다. 여기 "그 후에"란 말씀은 비교적 긴 세월을 포함한다. 곧 6:4의 유월절이 가깝던 때의 오병이어의 표적 이후부터 7:2의 초막절까지의 6개월 정도를 지칭하는 말인데 이 반년의 세월 동안 예수님은 갈릴리에서 사역하시고 유대지방에서 사역하시려고 하지 않으셨다는 것이다.[33] 그 이유는 "유대인들이 죽이려 하기" 때문이라는 것이다(5:16, 18). 예수님은 십자가에서 죽으시러 오셨는데 때가 되기 전에 일부러 죽음을 택하시지는 않으신다는 것이다. 오늘 크리스천들도 비겁하게 죽음을

---

33) 윌렴 헨드릭슨은 이 반년 동안 예수님께서 갈릴리에서 사역하신 내용에 대해서는 공관복음에서 진술한다고 말하면서 공관복음의 진술을 기술하고 있다. 윌렴 헨드릭슨은 "주님은 가버나움에서 두로와 시돈 변방까지 가시는 등 갈릴리의 대부분을 통과하셨으며 그런 다음 갈릴리를 떠나 데가볼리로 건너가시고 다시 갈릴리(달마누다 지방)로 오시며, 갈릴리를 다시 떠나 가이사랴 빌립보로 가시고 마지막으로 갈릴리 다른 지역을 두루 망라하여 다니시며 가버나움으로 되돌아 가셨다"고 말한다.

피해서는 안 되지만 위험지역을 일부러 택할 필요는 없는 것이다(마 10:23).

요 7:2.유대인의 명절인 초막절이 가까운지라.

요한이 "유대인의 명절인 초막절이 가까운" 것을 들추는 이유는 예수님께서 이 계절에 유대로 가셔서 사역하실 것을 말하기 위한 것이다. "초막절"은 유대인의 3대 명절 중 하나이다(다른 두 명절은 유월절과 오순절이다-신 16:16). "초막절"(레 23:34)은 속죄일이 지난 후 5일 만에 지키기를 시작했는데 8일간 계속되었다(레 23:33-36; 신 16:13-17). 유대인들은 이 초막절(일종의 추수감사절임)에 출애굽 후 광야에서 나그네의 삶을 살았음을 기억하고 그 사건을 기념하면서 하나님께 감사의 제사를 드렸다.

요 7:3-5.그 형제들이 예수께 이르되 당신이 행하는 일을 제자들도 보게 여기를 떠나 유대로 가소서 스스로 나타나기를 구하면서 묻혀서 일하는 사람이 없나니 이 일을 행하려 하거든 자신을 세상에 나타내소서 하니 이는 그 형제들까지도 예수를 믿지 아니함이러라.

유대인의 초막절이 가까웠을 때 예수님을 메시야로 믿지 못하는 예수님의 형제들(야고보, 요셉, 유다, 시몬-막 6:3)은 예수님께 "당신이 행하는 일을 제자들도 보게 여기를 떠나 유대로 가소서"라고 주문한다(마 12:40; 막 3:31; 행 1:14). 곧 '당신이 행하시는 기적들을 제자들도 보게 유대로 가시지요'라는 부탁이다. 여기 "제자들"은 예수님의 12제자들을 제외한 '일반적인 제자들'을 지칭할 것이다. 그들은 예수님의 제자들을 통하여 세례를 받은 사람들(4:1)과 또 예수님의 기적을 보고 예수님을 사모하고 따라다니는 사람들(2:23)일 것이다.

예수님의 형제들은 예수님을 향하여 시골에서 묻혀서 이름 없이 썩지 말고 한번 출세해 보라는 부탁을 한 것이다. 예수님은 형제들의 부탁이 아무리 선의의 부탁이라고 양해하실지라도 예수님으로서는 참으로 황당함을 느끼셨을 것이다. 예수님의 형제들은 아직도 예수님을 믿지 못했기에 이렇게 세상 중심한 말을 한 것이다(막 3:21). 형제들은 예수님께서 부활하신 후 오로지 기도에 전념하는 자들(행 1:14), 그리고 성령 충만한 성도들(행 2:1-4)이 되었고, 사역에 충실한 종들이 되었다(행 15:13; 유 1:1). 오늘도 하나님을 중심하지 않은 사람들은 참으로 믿는 사람들이 보기에 엉뚱한 말을 많이 한다. 크리스천들은 불신자들의 황당한 말을 듣고 인내심을 가지고 전도해야 할 것이다.

요 7:6.예수께서 이르시되 내 때는 아직 이르지 아니하였거니와 너희 때는 늘 준비되어 있느니라.

예수님은 자신의 형제들의 권고를 받은 후 "내 때는 아직 이르지 아니하였다"고 하신다(8절, 30절; 2:4; 8:20). 곧 '예루살렘에 올라갈 때가 아직 이르지 아니했다'는 것이다. 그러면서 형제들을 향하여 "너희 때는 늘 준비되어 있다"고 하신다. 곧 '너희들은 아무 때나 예루살렘에 올라갈 수 있다'는 것이다. 예수님께서 말씀하신 "내 때"(καιρὸς ὁ ἐμὸς)란 말은 '하나님의 계획아래 예수님을 위하여 정하신 적절한 때'를 지칭한다. 하나님과 예수님은 하나이심으로(10:30) 예수님은 하나님께서 허락하신 때에 움직이신다는 것이다(5:19, 30). 예수님은 하나님께서 정해놓으신 스케줄대로 움직이시는 반면 예수님의 형제들의 "때는 늘 준비되어 있다"는 것이다. 곧 '그들은 자기들이 원하는 대로 아무 때나 원하는 것을 할 수 있다'는 것이다.

요 7:7.세상이 너희를 미워하지 아니하되 나를 미워하나니 이는 내가 세상의 일들을 악하다고 증언함이라.

예수님은 바로 앞에서(6절) 자신의 형제들은 예루살렘에 아무 때나 원하는 때에 올라갈 수 있다 하시고 예수님은 하나님께서 허락하시는 때에 올라간다고 하셨는데 그 이유는 본 절이 밝히는 대로 "세상이 너희를 미워하지 아니하되 나를 미워하기" 때문이라는 것이다(15:19). 곧 '세상이 예수님의 형제들을 미워하지 않기 때문에 그들은 아무 때나 원하는 대로 예루살렘에 올라갈 수 있고 그와 반면에 세상이 예수님을 미워하여 죽이려고 하기 때문에 예수님은 하나님의 허락하신 때에 예루살렘에 올라가야 한다'는 것이다. 만약에 너무 일찍이 예루살렘에 올라가시면 그곳에서 잡혀서 일찍 초막절에 죽으실 수도 있다는 것이다. 예수님은 다음 유월절에 죽으시도록 하나님께서 정해놓으셨다.

예수님께서 세상 사람들로부터 미움을 받는 이유는 예수님께서 "세상의 일들을 악하다 증언하기" 때문이라는 것이다(3:19). 예수님은 '세상의 종교지도자들이 하는 일들을 악하다고 말씀하시기' 때문에 종교지도자들과 유대인들은 예수님을 미워하여 죽이려고 한다는 것이다. 오늘도 세상은 예수님을 싫어하고 또 예수님을 믿는 사람들을 싫어한다. 심지어 예수님을 믿는 사람들이 회개하는 것조차 싫어한다.

요 7:8-9.너희는 명절에 올라가라 내 때가 아직 차지 못하였으니 나는 이 명절에 아직 올라가지 아니하노라 이 말씀을 하시고 갈릴리에 머물러 계시니라.

예수님은 형제들을 향하여 "너희는 명절에 올라가라"고 말씀하신다. 이유는 유대국민이라면 일 년에 세 차례(유월절, 오순절, 초막절) 예루살렘에 올라가야 하기 때문에 올라가라고 하신 것이다. 그러나 예수님은 "내 때가 아직 차지 못하였으니 이 명절에 아직 올라가지 아니하겠다"(Go ye up unto this feast: I go not up yet unto this feast; for my time is not yet full come)고 하신다(6절; 8:30). 곧 '내가 예루살렘에 올라갈 적절한 때가 아직 오지 아니하였으니 이 명절에 지금 즉시 올라가지는 아니하겠다'는 것이다. 예수님은 예루살렘에 올라가기는 하지만 지금 즉시 올라가지는 않겠다고 하신다. 예수님은 지금 즉시 예루살렘에 올라가는 많은 사람들의 대열에 끼어서 함께 올라가는 것은 피하시고 하나님께서 허락하시는 적절한 때에 올라가신다는 것이다. 예수님은 "이 말씀을 하시고 갈릴리에 머물러 계셨다."

XVII.예수님은 자신을 계시하시다 7:10-36

예수님은 형제들의 오해를 받으신(1-9절) 다음 초막절 중간에 예루살렘 성전에 올라가셔서 유대인들에게 율법의 참 의미를 가르치신다(10-24절). 유대인들은 종교지도자들에게 동조하여 예수님을 잡아 죽이려고 하나(25-29절), 유대인들의 시도는 성공하지 못한다. 왜냐하면 하나님의 때가 아직 이르지 않았기 때문이었다(30절). 이런 위기의 때에 예수님은 자신의 죽음을 예언하신다. 유대인들은 예수님의 예언의 뜻을 이해하지 못하고 유대종교지도자의 눈을 피해서 멀리 피난길에 오르시는 줄로 착각한다(31-36절).

1.예수님에 대하여 수군거리는 유대인들 7:10-13

요 7:10.그 형제들이 명절에 올라간 후에 자기도 올라가시되 나타내지 않고 은밀히 가시니라.

예수님은 예루살렘에 올라가실 때 "나타내지 않고 은밀히 가셨다." 예수님은 예루살렘에 올라가실 때 원수들의 모함이 있을 것을 아시고 은밀히 올라가신 것이다. 그는 때가 되기 전에는 자신을 죽음에 넘겨주지 않으셨다. 그런데 그가 예루살렘 성전에서 실지로 교육하실 때는 공개적으로 하셨다(26, 28, 18:20).

요 7:11.명절 중에 유대인들이 예수를 찾으면서 그가 어디 있느냐 하고. 명절 중에 유대인들은 예수님을 찾았다. 혹은 나쁜 의도를 가지고 찾은 사람들도 있었고(12절) 혹은 좋은 의도로 찾은 유대인들도 있었다(12절, 31절). 아무튼 그 당시 사람들은 "그(예수)가 어디 있느냐"하고 예수님을 대화의 초점으로 삼았다(11: 56).

요 7:12.예수에 대하여 무리 중에서 수군거림이 많아 어떤 사람은 좋은 사람이라 하며 어떤 사람은 아니라 무리를 미혹한다 하나.

예수님을 두고 많은 사람들이 이러쿵저러쿵 수군거림이 많았다(9:16; 10:19).

어떤 사람은 예수님을 "좋은 사람," 곧 '도덕적으로 별 흠이 없는 사람'이라고 하고(6:14, 40; 마 21:46; 눅 7:16), 또 어떤 사람은 "무리를 미혹하게" 하는 사람이라고 수군거렸다. '기적을 행하여 사람들로 하여금 자기가 메시야라고 믿도록 했고 또 유대나라 종교지도들에게 반감을 가지게 했다'는 것이다. 아무튼 많은 사람들은 예수님에 대한 자기들의 견해를 말했다.

요 7:13.그러나 유대인들을 두려워하므로 드러나게 그에 대하여 말하는 자가 없더라.

그러나 11절의 유대인들은 "유대인들," 곧 '유대의 종교지도자들'을 두려워하여 공개적으로 말하지는 못했다(9:22; 12:42; 19:38). 이유는 예수님에 대하여 종교지도자들의 의견이 어떻게 나올지 몰라서 유대인들(11절의 유대인들)은 입 조심을 한 것이다. 그들은 입이 있어도 종교지도자들의 눈치를 살피느라 자기들의 소견을 공개적으로 말하지 못한 것이다.

2.율법의 핵심을 올바로 알라고 하시다 7:14-24

요 7:14.이미 명절의 중간이 되어 예수께서 성전에 올라가사 가르치시니.

"이미 명절의 중간이 되어," 곧 '8일간 지속되는 명절 중 반쯤 지난 시점이 되어' 예수님께서 성전에 올라가셔서 가르치셨다. 예수님은 하나님께서 작정하신 시간에 성전에 올라가신 것이다. 그는 이제부터 율법의 참 의미와 구원, 그리고 영생에 대한 진리를 가르치기 시작하신 것이다. 예수님께서 가르치신 장소는 성전 뜰(ἱερὸν)이었다.

요 7:15.유대인들이 놀랍게 여겨 이르되 이 사람은 배우지 아니하였거늘 어떻게 글을 아느냐 하니.

유대인들이 예수님의 교훈을 귀 기울여 듣다가 "놀랍게 여겼다"(마 13:54; 막 6:2; 눅 4:22; 행 2:7). 유대인들은 예수님의 교훈이 권위가 있는 것을 알고(마 7:28-29; 눅 2:46-47) 깜짝 놀라서 "이 사람은 배우지 아니하였거늘 어떻게 글을 아느냐"고 비아냥댄다. 유대인들은 예수님을 향하여 "이 사람은"이라고 말한다. 곧 아주 멸시하는 말투로 '이 사람은'이라고 한 것이다. 그리고 그들은 예수님에 대해 두 가지를 말한다. 하나는 "배우지 아니하였다"는 것이었다. 예수님께서 과거에 특별한 교육을 받지 아니했다는 것이다. 여기 예수님이 배우지 아니했다는 말은 전혀 배우지 아니했다는 말이 아니라 랍비들의 수하에서 교육을 받지 아니했다는 뜻이다. 그리고 또 하나는 "어떻게 글을 아느냐"는 것이었다. 예수님께서 자기들이 생각하는 것만큼 교육을 받지 아니했으니 어떻게 무슨 지식을 획득했겠느냐는 것이다. 학문을 가지고 있다고 해도 별것 아닐 것이라는 말투이다. 아주 예수님을 무시한 말이다. 현대적인 말로 표현하면 박사 공부도 한 일이 없으니 그의 지식이라는 것이 그저 그런 지식이 아니겠느냐는 것이다.

요 7:16.예수께서 대답하여 이르시되 내 교훈은 내 것이 아니요 나를 보내신 이의 것이니라.

예수님의 학문이 별것 아닐 것이라고 무시하는 유대인들을 향하여 예수님은 "내 교훈은 내 것이 아니요 나를 보내신 이의 것이니라"고 간단하게 대답하신다(3:11; 8:28; 12:49; 14:10, 24). 다시 말해 '예수님의 가르침은 예수님을 이 땅에 보내신 하나님의 것이라'고 주장하신다. 유대인들은 그 어떤 랍비 밑에서 공부하고 혹은 그 어떤 학파를 중시했지만 예수님은 세상의 학파나 랍비 밑에서 교육을 받은 것보다 "나를 보내신 이의 것"이라고 당당하게 대답하신다(18, 28절; 4:34; 5:23, 24, 30, 37; 6:38-40, 44). 예수님의 교훈이야 말로 최고의 교훈이다. 우리는 그 교훈을 하나라도 놓치지 않아야 한다.

요 7:17.사람이 하나님의 뜻을 행하려 하면 이 교훈이 하나님께로부터 왔는지 내가 스스로 말함인지 알리라.

사람이 하나님의 뜻을 행하려는 열망이 있다면 그 사람은 예수님의 교훈이 하나님께로부터 왔는지 아니면 예수님께서 창작한 교훈인지 알게(분별하게) 된다는 것이다(8:43). 바꾸어 말해 그리스도의 교훈이 하나님께로부터 왔는지(ἐκ τοῦ θεοῦ), 예수님이 스스로 말했는지(ἀπ' ἐμαυτου)를 아는 방법은 하나님의 뜻을 행하려는 열망적인 태도에 달려 있다는 것이다. 하나님의 뜻을 행하려는 간절한 열망을 가진 사람들은 놀라운 지혜를 받게 되어 예수님의 교훈의 출처를 알게 된다는 것이다. 하나님의 말씀을 순종하는 사람을 감당할 사람은 세상에 없다.

요 7:18.스스로 말하는 자는 자기 영광만 구하되 보내신 이의 영광을 구하는 자는 참되니 그 속에 불의가 없느니라.

"스스로 말하는 자," 곧 '하나님의 말씀을 하지 않고 스스로 교훈을 만들어서 말하는 유대인 교법사들'은 "자기 영광만 구한다"는 것이다(5:41; 8:50). 그들은 백성들로부터 '으뜸가는 자,' ''아버지,' '주' 등의 호칭으로 추앙을 받았으나 예수님은 율법사들을 향하여 "화 있을진저 외식하는 서기관들과 바리새인들이여, 너희는 천국 문을 사람들 앞에서 닫고 너희도 들어가지 않고 들어가려 하는 자도 들어가지 못하게 하는도다"라고 책망하셨다. 그들은 "서로 영광을 취하고 유일하신 하나님께로부터 오는 영광은 구하지 않는" 자들이었다(5:44). 그런 사람들과는 정반대로 "보내신 이의 영광을 구하는 자는 참되니 그 속에 불의가 없다"는 것이다. 곧 '하나님의 영광을 들어내는 일만을 구하시는 예수님은 참되셔서 예수님 속에는 불의가 없으시다'는 것이다. 예수님께서 참되시다는 것은 예수님께서 하나님의 영광만을 드러내는 일만 추구하였기 때문이다. 예수님의 인격은 참 되신 인격이시다. 예수님 속에는 불의가 없으시다. 예수님을 따르는 사람들도 하나님의 영광만을 추구하는 고로 그 인격이 참되고 불의함이 없게 된다.

요 7:19.모세가 너희에게 율법을 주지 아니하였느냐 너희 중에 율법을 지키는 자가 없도다 너희가 어찌하여 나를 죽이려 하느냐.

예수님은 본 절부터 24절까지 유대의 종교지도자들을 향하여 율법을 지키지 않는다고 책망하신다. 곧 율법의 핵심인 사랑을 실천하지 않는다는 것이다. 유대인들은 모세로부터 율법을 받고 모세의 제자라고 하면서도(1:17; 9:28; 출 24:3; 신 33:4; 행 7:38) 예수님을 죽이려고 하니 결국은 율법을 지키지 않는다는 것이다. 누구든지 율법을 지키노라 하면서 율법의 핵심인 사랑을 실천하지 않고 미워하면 율법을 지키지 않는다는 것이다.

예수님의 책망을 들은 사람들은 본 절의 유대인들뿐만 아니라 다음 절(20절)에 나오는 대로 "무리들"도 끼어있었다. 그 "무리들"은 외지에서 살다가 초막절을 맞이하여 예루살렘에 온 순례자들인데 예수님은 그들을 향하여 역시 "너희 중에 율법을 지키는 자가 없도다 너희가 어찌하여 나를 죽이려 하느냐"고 하셨다(5:16, 18; 10:31, 39; 11:53; 마 12:14; 막 3:6). 예수님께서 그들을 향하여 그렇게 신랄하게 말씀한 이유는 그들도 역시 반년의 세월이 지나서 유월절에 예수님을 십자가에 못 박으라고 외치는 군중들에게 합세할 것을 예상하셨기 때문에 예수님은 그들을 향하여도 그런 심한 말씀을 하신 것이다.

오늘의 교회 안에는 사랑의 법을 지키지 않는 신자들이 많다. 서로 미워하고 서로 비난하며 싸운다. 많은 성도들이 하나님을 사랑하노라 하고 열심을 내지만 그리스도 안에 있는 다른 형제자매들을 미워하고 저주하니 무슨 복을 받을 수 있을 것인가.

요 7:20.무리가 대답하되 당신은 귀신이 들렸도다 누가 당신을 죽이려 하나이까.

예수님께서 "너희 중에 율법을 지키는 자가 없다"고 하신 말씀을 듣고 "무리" (여러 곳에서 살다가 초막절을 맞이하여 예루살렘에 순례하러 온 듯이 보이는 무리들)는 예수님을 향하여 "당신은 귀신이 들렸도다. 누가 당신을 죽이려 하나이까"라고 화를 낸다(8:48, 52; 10:20). 무리들은 유대의 종교지도자들이 예수님을 죽이려고 하는 음모를 아직은 알아차리지 못한 것 같다. 무리들은 당장 유대 종교지도자들의 음모를 알지 못하여 이렇게 화를 냈지만 훗날 반년이 지나 유대 종교지도자들의 유혹에 넘어 예수님을 십자가에 못 박는 일에 협조하고 말았다.

요 7:21.예수께서 대답하여 이르시되 내가 한 가지 일을 행하매 너희가 다 이로 말미암아 이상히 여기는도다.

예수님은 무리(앞 절)의 주장을 뒤엎는 증언을 하신다. 무리는 예수님을 향하여 "당신은 귀신이 들렸도다. 누가 당신을 죽이려 하나이까"라고 화를 냈지만 예수님은 유대인들(예수님은 유대인들이나 무리들을 동등한 사람들로 취급하신다)을 향하여 "내가 한 가지 일을 행하매 너희가 다 이로 말미암아 이상히 여긴다"고 하신다. 여기 "한 가지 일"이란 '예수님께서 38년 된 병자를 안식일에 고치신 일'을 지칭한다(5:1-9). 유대인들은 예수님께서 38년 된 병자를 안식일에 고치셨다고 하여 예수님을 죽이려는 모의를 시작한 것이다(5:16-18).

요 7:22.모세가 너희에게 할례를 행했으니 (그러나 할례는 모세에게서 난 것이 아니요 조상들에게서 난 것이라) 그러므로 너희가 안식일에도 사람에게 할례를 행하느니라.

예수님은 자신이 안식일에 38년 된 병자를 고치신 것이 정당하다는 것을 증명하신다. 곧 모세가 유대인의 조상들에게(창 17:10) 할례를 행했고[34] 또 그 후손인 유대인들도 모세의 율법을 지키려고 안식일에 할례를 행하듯이 예수님도 안식일에 사람의 병을 고치셨다는 것이다(레 12:3). 유대인들이 모세의 법(생후 8일 만에 할례를 행하는 법)을 지키려고 안식일에 생후 8일 된 아이에게 할례를 행하는 것이 옳다면 예수님께서 사람의 몸을 건전케 한 것도 옳다는 것이다.

---

34) 할례는 믿음의 조상 때(아브라함, 이삭, 야곱시대)부터 내려왔다(창 17:10; 21:4; 행 7:8). 할례는 하나님께서 아브라함과 맺으신 언약의 표징으로(창 17:10) 모세 때보다 대략 430년이나 먼저 생긴 규례이다(갈 3:17). 하나님은 아브라함의 가정에서 아이가 난지 8일 만에 할례를 행하라고 말씀하셨는데(창 17:12; 레 12:3) 그 법을 지키려고 안식일에 난 아이는 다음 안식일에 할례를 받을 수밖에 없었다.

요 7:23.모세의 율법을 범하지 아니하려고 사람이 안식일에도 할례를 받는 일이 있거든 내가 안식일에 사람의 전신을 건전하게 한 것으로 너희가 내게 노여워 하느냐.

예수님은 사람이 모세의 법을 범하지 아니하려고 안식일에도 할례를 행하는 일이 있는데 안식일의 주인이신(막 2:28) 예수님께서 안식일에 "사람의 전신을 건전하게 한 것"으로 왜 노여워하느냐고 책망하신다(5:8-9, 16). 안식일에 할례를 행하는 것이 율법을 어기지 않으려는 배려라면 안식일에 사람의 전신을 건전케 한 것은 사랑도 계명을 지킨 것이고, 또 안식일에 할례를 행하는 것이 사람의 몸 중에 한 지체를 위한 것이라면 안식일에 사람의 몸을 건전케 한 것도 몸 전체를 강건케 한 것이다. 아무튼 어떤 이유로든 안식일에 사람의 몸을 건전케 한 것을 두고 격렬한 악의를 표하는 것은 있을 수 없는 일이다.

요 7:24.외모로 판단하지 말고 공의롭게 판단하라 하시니라.

예수님은 유대인들을 향하여 "외모로 판단하지 말고 공의롭게 판단하라"고 하신다(삼상 16:7; 사 11:3). "외모로 판단하지 말라"는 말은 '겉만 보고 판단하지 말라'는 것이다. 다시 말해 '사람의 몸을 고친 것은 죄지은 것으로 보고 할례를 행한 것은 옳은 것으로 보지 말라'는 것이다. "공의롭게 판단하라"는 말은 '공평하게 판단하라'는 말이다. 하나가 죄라고 하면 다른 것도 죄이고 하나가 죄가 아니라면 다른 것도 죄가 아니니 안식일에 할례를 행하는 것이 율법을 지키는 행위라면 안식일에 사람의 전신을 건전케 한 행위도 율법의 핵심인 사랑을 실천한 행위로 보아야 한다는 것이다. 인간 사회는 말할 것도 없고 교회 안에서도 올바로 판단하지 못하는 사례들이 많이 있는 것을 알고 우리는 사건을 올바로 보아야 할 것이다.

3.예수님은 하나님으로부터 오셨다고 자증하시다 7:25-31

요 7:25.예루살렘 사람 중에서 어떤 사람이 말하되 이는 그들이 죽이고자

하는 그 사람이 아니냐.

본 절부터 27절까지는 예루살렘 사람들 중에서 몇몇 사람이 예수님을 메시야로 믿지 않을 뿐 아니라 유대의 종교 지도자들 측에서 예수님을 잡지 않는 것을 비난한다. 여기 "예루살렘 사람 중에서 어떤 사람"은 '예루살렘 거주민'을 지칭하는 말이다. 예루살렘 거주민들(막 1:5)은 유대의 종교지도자들에게 동조하는 성향이 강하다. 그들은 말하기를 "이는 그들이 죽이고자 하는 그 사람이 아니냐"고 말한다. 곧 '예수는 유대의 종교지도자들이 죽이고자 하는 사람이 아니냐'고 떠든다. 예루살렘 거주민들은 여러 곳에서 올라온 순례자 무리들(20절) 보다는 예수님을 죽이고자 하는 종교 지도자들의 의중(意中)을 잘 알고 있었다.

요 7:26.보라 드러나게 말하되 그들이 아무 말도 아니하는도다. 당국자들은 이 사람을 참으로 그리스도인 줄 알았는가.

예루살렘 주민들(25절)은 예수님이 "보라 드러나게 말하되 그들이 아무 말도 아니하는도다"라고 의아해한다. 곧 '보라, 예수라는 사람이 크게 떠들고 있는데 유대종교지도자들이 무슨 조치를 취하지 않고 그저 침묵만 하고 있구나'라고 말한다. 그러면서 그들은 "당국자들은 이 사람을 참으로 그리스도인 줄 알았는가"라고 의문한다(48절). 여기 "알았는가"(ἔγνωσαν)라는 말은 부정(단순)과거 시제로 '확실하게 알았는가'라는 뜻이다. 곧 '종교지도자들은 이 예수를 참으로 그리스도인 줄 확실하게 알았는가?'라는 말이다. 그들의 이 의문은 분명히 아닐 것이라는 확신을 표현하는 질문이다.

요 7:27.그러나 우리는 이 사람이 어디서 왔는지 아노라 그리스도께서 오실 때에는 어디서 오시는지 아는 자가 없으리라 하는지라.

예루살렘 주민들은 당국자들을 향하여 비난하던 것을 멈추고 예수님에 대한 자신들 나름대로의 소신을 밝힌다. 그들은 "우리는 이 사람이 어디서 왔는지 안다"고 한다(마 13:55; 막 6:3; 눅 4:22). 곧 '예수님께서 갈릴리에서 왔다는 사실을 알고 있다'는 것이다. 이렇게 예수님이 어디서 왔는지 알기 때문에 예수님은 그리스도가 아니라는 것이다. 그러면서 그들은 그 알량한 지식을 내 놓는다. 곧 "그리스도께서 오실 때에는 어디서 오시는지 아는 자가 없으리라"는 것이다. 이것은 그들의 확신이었다. 이런 지식은 유대 랍비문헌들이나 유대의 묵시 문학에서 여러 번 나타난다(C. K. Barrett). Leon Morris는 "사실 다니엘 9:25과 말라기 3:1 같은 구절을 해석하면 그리스도가 갑자기 출현한다는 귀결이 나며 이 계통의 해석이 묵시 문학으로 발전하였다"고 주장한다.35)

요 7:28.예수께서 성전에서 가르치시며 외쳐 이르시되 너희가 나를 알고 내가 어디서 온 것도 알거니와 내가 스스로 온 것이 아니니라 나를 보내신 이는 참되시니 너희는 그를 알지 못하나.

예수님은 예루살렘 주민들의 말을 반박하신다. "너희가 나를 알고 내가 어디서 온 것도 알거니와 내가 스스로 온 것이 아니니라 나를 보내신 이는 참되시니 너희는 그를 알지 못한다"고 하신다. 예수님은 예루살렘 주민들의 말을 일부 인정하신다. 그들은 예수님께서 어느 집에서 탄생하셨고 그 형제들이 누구이며 또 어디서 살았는지를 안다는 것이다(8:14). 지금도 예수님을 이런 정도로만 아는 사람들이 많이 있다. 사실 그들은 더 알려고도 하지 않는다.

예수님은 예루살렘 주민들을 향하여 "내가 스스로 온 것이 아니로라 나를 보내신 이는 참되시니 너희는 그를 알지 못한다"고 하신다. 예수님은 스스로 온 것이 아니라 예수님을 보내신 이가 있다는 것이다(5:43; 8:42). 예수님을 보내신 이는 참되신 분(5:32; 8:26; 롬 3:4)으로 예루살렘 주민들은 "그를 알지 못한다"고 하신다(1:18; 8:55). 곧 '하나님을 알지 못한다'는 말이다. 하나님을 아는 것은 성령으로만 가능한 것이다(마 16:16; 고전 12;3).

---

35) 레온 모리스, *요한복음 상*, 성경주석 뉴인터내셔널, 7, p. 506.

요 7:29.나는 아노니 이는 내가 그에게서 났고 그가 나를 보내셨음이니라 하시니.

예수님은 자신이 예루살렘 주민들과 분명히 다르다고 하신다. 곧 "나는 아노니 이는 내가 그에게서 났고 그가 나를 보내셨음이라"고 하신다(10:15; 마 11:27). '예수님은 하나님을 아신다'는 것이다. 이유는 1)예수님께서 하나님의 독생자로 이 땅에 육신을 입고 나셨기 때문이며, 2)하나님께서 예수님에게 사명을 주어 보내셨기 때문이다(1:18; 3:13; 6:38; 8:29).

요 7:30.그들이 예수를 잡고자 하나 손을 대는 자가 없으니 이는 그의 때가 아직 이르지 아니 하였음이러라.

예수님께서 "내가 그에게서 났고 그가 나를 보내셨다"(28-29절)고 하셨을 때 "그들," 곧 '예루살렘 주민들 중에 예수님에 대해 적대감정을 가진 사람들'이 예수님을 잡고자 했었으나(19절; 8:37; 막 11:18; 눅 19:47; 20:19) 손을 대는 자가 없었다는 것이다(44절; 8:20). 잡고자 하는 마음은 있었는데 실제로 잡지는 못했다는 것이다. 실제로 잡지 못한 것은 인간 측의 여러 이유들이 있었겠지만 예수님께서 잡혀죽으실 "때"가 아직 이르지 않았기 때문이다. 이런 "때"는 예수님을 믿는 성도들에게도 적용된다. 하나님께서 원하시는 때가 되기 전에 하나님은 성도들을 데려가시지 않으신다. 하나님은 그 때까지 성도들을 보호해주신다.

요 7:31.무리 중의 많은 사람이 예수를 믿고 말하되 그리스도께서 오실 지라도 그 행하실 표적이 이 사람이 행한 것보다 더 많으랴 하니.

외지에서 온 순례자들 중에 많은 사람들이 "예수를 믿고 말하되 그리스도께서 오실 지라도 그 행하실 표적이 이 사람이 행한 것보다 더 많으랴"고 고백한다(3:2; 8:30; 마 12:23). 그들이 예수님을 믿은 것은 예수님께서 표적을 많이 행하셨기 때문이었다. 그들은 예수님보다 더 많은 표적을 행할 다른 그리스도는 없을 것이라고 결론을 내린 것이다. 본문의 "믿고"(ἐπίστευσαν)란 말은 부정(단순)과거 시제로 '확실하게 믿었다'는 뜻으로 그들의 믿음이 싹트기 시작한 것이다. 표적들을 보고 예수님을 믿기 시작했더라도 말씀 신앙으로 옮겨가면 되는 것이다.

4.승천하실 것을 발표하시다 7:32-36

요 7:32.예수에 대하여 무리가 수군거리는 것이 바리새인들에게 들린지라 대제사장들과 바리새인들이 그를 잡으려고 아랫사람들을 보내니.

외지에서 온 순례자들 중에 많은 사람들이 예수님께서 행하신 표적을 보고 예수님에 대해 호의적인 반응을 보이면서(앞 절) 서로 "수군거리는 것이 바리새인들에게 들렸다." 다시 말해 외지에서 온 무리의 인심이 예수님에게 기울어져 서로 수군거리는 것이 바리새인의 귀에 들어간 것이다. 그 수군거림의 내용은 다름 아니라 '그리스도께서 오실지라도 그 행하실 표적이 이 사람이 행한 것보다 더 많으랴. 이 사람이 바로 그리스도일 것이다. 그러니 이 사람을 믿는 것이 현명한 일'이라는 것이었다. 결국은 대제사장들과 바리새인들은 "그(예수님)를 잡으려고 아랫사람들을 보내는" 수밖에 없었다.[36] 그러지 않으면 예수님 때문에 국가적인 무슨 반란이라도 일어날지 모를 일이었다. 그들은 예수님의 인기가 올라가는 것을 그냥 두고 볼 수 없었다. 그래서 "아랫사람들," 곧 '일반관리들'을 보내 예수님을 잡아오게 했다(45절).

요 7:33.예수께서 이르시되 내가 너희와 함께 조금 더 있다가 나를 보내신 이에게로 돌아가겠노라.

예수님을 잡으러 온 산헤드린 관리들 앞에서 예수님은 "내가 너희와 함께 조금 더 있다가 나를 보내신 이에게로 돌아가겠노라"고 하신다(13:33; 16:16). 예수님은 내가 너희(성전관리들)와 함께 대략 반년쯤 더 세상에 있다가 다가오

36) 여기 "대제사장들"은 사두개파 계통 사람들로서 산헤드린 공의회의 의장들을 지칭하는 말인데 현직 의장만 아니라 전직 의장까지도 그냥 "대제사장"으로 호칭하였기에 이렇게 "대제사장들"이라는 복수가 된 것이다. 대제사장은 사독의 자손 중에서 되었는데 처음에는 세습제였으나 헤롯 시대부터는 임명제가 되어 새로운 제사장이 나왔다.

는 유월절에(12:35; 13:33; 14:19; 16:16) "나(예수님)를 보내신 이," 곧 '하나님'에게 돌아가겠다고 하신다(8:14, 21; 13:3, 33, 36; 14:4, 28). 예수님은 전지하신 분으로 그가 언제 세상을 떠나 하나님께로 가실지를 아셨다.

요 7:34.너희가 나를 찾아도 만나지 못할 터이요 나 있는 곳에 오지도 못하리라 하시니.

예수님께서 반년 후 유월절에 아버지께로 가신 후에는 "너희(예수님을 박해하는 자들)가 나를 찾아도 만나지 못할 터이요 나 있는 곳에 오지도 못하리라"고 하신다. 첫째, 예수님을 끝까지 박해하는 사람들은 예수님을 찾아도 만나지 못할 것이며(8:21; 13:33; 호 5:6), 둘째, 예수님께서 계신 곳(1:1-3)에 가지도 못할 것이라고 하신다. 예수님을 끝까지 박해하는 사람들은 영원한 사망을 당할 것이기 때문이다(마 25:45-46).

요 7:35.이에 유대인들이 서로 묻되 이 사람이 어디로 가기에 우리가 그를 만나지 못 하리요. 헬라인 중에 흩어져 사는 자들에게로 가서 헬라인을 가르칠 터인가.

유대인들(종교지도자들이 보낸 아랫사람들)은 예수님의 말씀(33-34절)을 듣고 서로에게 질문을 한다. "이 사람(예수)이 어디로 가기에 우리가 그를 만나지 못 하리요. 헬라인 중에 흩어져 사는 자들에게로 가서 헬라인을 가르칠 터인가"라고 서로에게 질문을 한다(사 11:12; 약 1:1; 벧전 1:1). 예수님께서 "너희가 나 있는 곳에 오지도 못하리라"고 말씀하신데(34절) 대해 유대인들은 예수님께서 땅위의 어느 곳으로 가는 수밖에 없는 것으로 알고 "어디로 가기에 우리가 그를 만나지 못 하리요"라고 질문을 한 것이다. 그러면서 그들은 상상력을 한층 발휘하여 "헬라인 중에 흩어져 사는 자들에게로 가서 헬라인을 가르칠 터인가"라고 서로에게 질문을 던진다. 여기 "헬라인 중에 흩어져 사는 자들"이란 말은 유대인들이 바벨론 포로 이후 바벨론이나 로마 등에 흩어져 살고 있는 '유대인 디아스포라'(διασπορὰν)를 지칭하는 말이다(약 1:1; 벧전 1:1).

유대인들은 예수님께서 '유대인 디아스포라'(외국에 흩어져 사는 유대인들의 무리)[37] 지역에 가서 유대인이 아닌 "헬라인," 즉 '이방인'을 가르칠 것인가 하고 경멸적으로 말한다. 여기 유대인들은 예수님을 이중적으로 경멸한 것이다. 하나는 예수님께서 유대나라에서 더 있지 못하고 유대나라 밖으로 나갈 것이라고 했고 또 하나는 유대인 디아스포라 지역에 나가서 이방인들을 교육할 것이라고 했다(유대인들은 이방인을 심히 경멸하였다). 이들의 말은 예언이 되어 훗날 그리스도의 복음이 세계 각 곳에 전파되었다.

요 7:36.나를 찾아도 만나지 못할 터이요 나 있는 곳에 오지도 못하리라 한 이 말이 무슨 말이냐 하니라.

유대인들은 예수님의 말씀을 듣고(34-35절) 예수님을 조롱하기는 했지만(35절) 그러나 한편 예수님의 말씀을 도저히 이해할 수가 없어서 다시 한번 고개를 갸우뚱하면서 "이 말이 무슨 말이냐"하며 서로에게 질문해 본다. 성령의 도움이 아니고는 예수님의 말씀 한마디도 깨달을 수 없는 것이다(고전 12:3). 그들은 예수님의 말씀(33-34절)을 듣고 조롱할(35절) 것이 아니라 회개했어야 했던 것이다.

XVIII.예수님은 생수의 근원이시다 7:37-53

초막절의 끝 날을 맞이하여 예수님께서 누구든지 목마른 사람은 예수님에게 와서 생수를 마시라고 하셨을 때(37-39절), 이 말씀에 대한 군중들의 세 가지 반향이 보인다(40-44절). 한 쪽의 군중은 예수님을 그 선지자라고, 혹은 그리스도라고 말하는가 하면, 다른 쪽의 군중은 그리스도가 아니라고 강변하고 또 제 3 그룹의 군중은 예수님을 잡으려고 했다. 그리고 산헤드린 공의회의 반향도 보인다(45-52절). 그리고 마지막으로 초막절의 끝 날의 험악한 분위기 속에서도 별 큰 사고는 일어나지 않은 채 다 각각 집으로 돌아간 사실을

---

37) 오늘날 우리나라 사람들도 세계의 수많은 나라에 흩어져 살고 있는데 그들 무리들은 '한국인 디아스포라'(Korean Diaspora)라고 칭하기도 한다.

기록한다(53절).

1.나에게 와서 생수를 마셔라 7:37-39

요 7:37.명절 끝날 곧 큰 날에 예수께서 서서 외쳐 이르시되 누구든지 목마르거든 내게로 와서 마시라.

예수님께서 "누구든지 목마르거든(6:35; 사 55:1; 계 22:17) 내게로 와서 마시라"고 외치신 날이 "명절 끝날 곧 큰 날"이었는데 그 날이 초막절 중 일곱째 날인지(신 16:13) 혹은 여덟째 날인지(레 23:36, 39; 민 29:35; 느 8:18) 정확하게 알 수가 없다(학자들의 의견은 양쪽으로 나누어져 있다). 그러나 제 8일째로 보는 것이 더 자연스러울 듯싶다. 초막절이 진행되는 7일 동안 제사장은 황금으로 만든 물병으로 실로암 못의 물을 길어 제단 서쪽에 부었다. 제사장과 유대인들이 7일 동안 매일 이런 일을 행한 이유는 이스라엘 사람들이 광야 생활 중에 바위에서 물이 나와서 마신 것을 기념하기 위한 것이었다(출 17:6; 민 20:10). 그런데 제 8일에는 물을 길어 붓는 일을 하지 않았다. 이렇게 물을 길어 붓는 일을 하지 않은 명절 끝 날에 예수님 자신이 생수라는 것을 알려주신 것이다. 옛날 광야의 바위에서 나온 물은 예수님을 예표한 것이고 또 예수님께서 주실 성령을 예표하는 것이었다.

예수님은 앉아서 교훈하시는 관례를 깨시고 그 초막절의 큰 날 곧 절정의 날에는 "서서 외치셨다." 중대한 것을 외치시기 위해서였다. 그 중대한 내용은 "누구든지 목마르거든 내게로 와서 마시라"는 것이다. 곧 '어느 특정인만 아니라 누구든지 영적으로 갈함을 느끼는 사람은 예수님께로 와서 마시고 해갈하라'는 것이다. 사람은 누구든지 육신적으로 목마름을 느끼지만 영적으로는 목마름을 느끼는 사람이 있고 또 한편으로 느끼지 않는 사람이 있다. 사람의 육신적인 욕구도 한이 없지만 영적인 목마름도 한이 없다(전 3:11). 영적인 목마름을 살펴보면 천국에 대한 동경, 안전과 평강에 대한 소망, 참 기쁨을 가지려는 소원, 보람 있게 세상을 살아보고자 하는 소원 등 무수한 목마름이 있다. 우리가 예수님에게 가면 이 모든 소원들이 해결된다.

요 7:38.나를 믿는 자는 성경에 이름과 같이 그 배에서 생수의 강이 흘러나오리라 하시니.

예수님께서 서서 외치신 내용이 여기 계속된다. 곧 "나를 믿는 자는 성경에 이름과 같이 그 배에서 생수의 강이 흘러나오리라"는 것이다(신 18:15). '예수님을 믿는 사람, 다시 말해 예수님과 연합한 사람은 성경에 기록된 것과 같이 그 심령으로부터 생수의 강, 곧 성령님의 놀라운 은혜가 외부에까지 흘러 넘친다'는 것이다.

본문의 "성경에 이름과 같이"란 말은 '구약 성경에 기록된 것과 같이'란 뜻인데 구약 성경에는 "나를 믿는 자는 그 배에서 생수의 강이 흘러나오리라"는 말(4:14; 잠 18:4; 사 12:3; 44:3)과 똑 같은 말은 없다. 아마도 예수님께서 "물"에 대한 구절들을 염두에 두고 인용하신 것 같다(사 44:3; 55:1; 58:11; 겔 47:1-12; 욜 3:18; 슥 13:1; 14:8). 또 "그 배에서"란 말은 '사람의 깊은 심령 속으로부터'라는 뜻이다(욥 15:35; 잠 18:8). "생수의 강"이란 말은 '성령님의 은혜,' '성령님의 풍요로운 역사'를 지칭한다. 우리가 예수님을 믿는다면 우리의 인격 전체를 성령님께서 주장하셔야 하고 또 성령님의 은혜의 역사가 남들에게 풍성히 임하도록 해야 할 것이다.

요 7:39.이는 그를 믿는 자들이 받을 성령을 가리켜 말씀하신 것이라 (예수께서 아직 영광을 받지 않으셨으므로 성령이 아직 그들에게 계시지 아니하시더라).

요한 사도는 예수님께서 앞에서(38절) 말씀하신 "생수의 강"이라는 것이 무엇인지 해설한다. "생수의 강"이란 다름 아니라 "그를 믿는 자들이 받을 성령"이라고 못 박아 말한다(16:7; 사 44:3; 욜 2:28; 행 2:17, 33, 38). 그런데 요한은 괄호 안에 예수님께서 아직 승천의 영광을 아직 받지 않으셔서 성령님이 아직 예수님을 믿을 사람들에게 임하지 않았다고 해설한다(12:16; 16:7). 예수님께서 승천하신 다음 오순절에 성령님은 강수와 같이 임하셨다(행 2:1-4).

2.나에게 와서 생수를 마시라는 말씀에 대한 세 가지 반응 7:40-44

요 7:40-41a.이 말씀을 들은 무리 중에서 어떤 사람은 이 사람이 참으로 그 선지자라 하며 어떤 사람은 그리스도라 하며.

초막절에 예수님의 설교를 들은 무리 중에서 긍정적인 반응을 보인 무리들이 있었다. 어떤 사람은 예수님의 설교를 듣고 예수님을 "그 선지자"라고 하였다(1:21; 6:14; 신 18:15-18). 여기 "그 선지자"란 말은 원래 메시야를 지칭하는 말이지만 바로 다음에 "그리스도"란 말이 나오는 것을 보아 예수님을 메시야로 여기지는 않았으나 그러나 예수님을 보통 이상의 선지자로 믿은 것은 사실이다. 그리고 또 어떤 사람은 예수님을 "그리스도"라고 생각했다(4:42; 6:69. 그토록 오래 기다리던 메시야가 오신 것으로 믿은 것이다.

요 7:41b-42.어떤 이들은 그리스도가 어찌 갈릴리에서 나오겠느냐 성경에 이르기를 그리스도는 다윗의 씨로 또 다윗이 살던 마을 베들레헴에서 나오리라 하지 아니하였느냐 하며.

그런가 하면 어떤 이들은 예수님께서 갈릴리에서 출생하신 줄 알고 예수님을 그리스도로 믿지 못하겠다고 말한다. 그들은 메시야의 출생에 대한 구약 성경의 기록(삼하 7:12; 시 132:11; 렘 23:5; 미 5:2; 마 2:5; 눅 2:4)을 알고 있었는데 예수님께서 갈릴리에서 살고 또 갈릴리에서 왔다하여 예수님의 출생지가 갈릴리인 줄로 여겨 예수님을 배척하고 말았다(52절; 1:46). 실족할 사람들은 이래저래 실족한다.

요 7:43.예수로 말미암아 무리 중에서 쟁론이 되니.

예수님을 긍정적으로 바라보는 측과 부정적으로 바라보는 측 사이에 "쟁론"이 일어났다(12절; 9:16; 10:19). 여기 "쟁론"(σχίσμα)이란 말은 논쟁을 넘어 '서로 패가 갈리어 다투는 것'을 뜻한다. 예수님은 "내가 세상에 화평을 주러 온 줄로 생각하지 말라. 화평이 아니요 검을 주러 왔노라. 내가 온 것은 사람이 그 아버지와, 딸이 그 어머니와, 며느리가 시어머니와 불화하게 하려 함이니 사람의 원수가 집안 식구리라"고 하신다(마 10:34-36). 예수님을 믿는, 진리

편에 선 사람들과 비 진리 편에 선 사람들과의 분열은 그리스도께서 재림하실 날까지 계속될 것이다.

요 7:44.그 중에는 그를 잡고자 하는 자들도 있으나 손을 대는 자가 없었더라.
그리고 세 번째의 반향이 여기 나타난다. 예수님을 잡고자 하는 자들이 있었다는 것이다. 그러나 그들은 예수님에게 손을 대지 못했다. 이유는 하나님의 때가 되지 않아서 그런 것이다(30절). 예수님은 반년 후에 십자가에서 죽도록 하나님께서 섭리하셨다. 예수님을 믿는 사람들도 세상에서 하나님의 보호를 받고 산다.

3.예수님의 설교에 대한 산헤드린 공의회의 반향 7:45-53

요 7:45.아랫사람들이 대제사장들과 바리새인들에게로 오니 그들이 묻되 어찌하여 잡아오지 아니하였느냐.
"아랫사람들," 곧 '성전관리들'이 대제사장들과 바리새인들에게 왔을 때 종교지도자들은 "어찌하여 잡아오지 아니하였느냐"고 묻는다. 그들은 종교의 탈을 쓴, 잔인무도한 사람들이었다. 사람이 타락하면 아무리 성경을 많이 보아도 이렇게 된다. 우리는 "매일 죽어야 하며" 또 "죄인 중에 내가 괴수라"고 고백하며 살아야 한다.

요 7:46.아랫사람들이 대답하되 그 사람이 말하는 것처럼 말한 사람은 이때까지 없었나이다 하니.
"아랫사람들," 곧 '성전경비병들'은 "그 사람이 말하는 것처럼 말한 사람은 이때까지 없었나이다"라고 보고한다. 경비병들은 예수님의 설교에 그 어떤 능력이 있음을 실감하였고(마 7:29) 영적인 감동을 받은 것이다. 그들이 평생 살면서 그런 말씀을 들어본 적이 없었다는 것이다. 크게 압도된 것이다. 사람이 예수님에 대해서 나쁜 선입견만 없으면 은혜를 받게 된다. 1907년 평양 대부흥이 일어나던 때 각종 죄를 회개하는 사람들로부터 무슨 큰 죄인들이나 발견할까하고 참석했던 조사단원들은 자기들이 생각하던 무슨 큰 죄는 발견하지 못하고 오히려 자기들도 일상생활에서 무수히 짓던 죄 때문에 사람들이 울며 통회하는 것을 보고 자기들도 죄를 회개하고 예수님을 믿게 되었다는 것이다. 예수님은 참으로 놀라운 분이시다.

요 7:47.바리새인들이 대답하되 너희도 미혹되었느냐.

바리새인들은 아랫사람들을 향하여 "너희도 미혹되었느냐"고 질책한다. 여기 "너희도"(καὶ ὑμεῖς)라는 말은 '너희들까지도'라는 뜻으로 이미 예수님을 믿은 무리들도 미혹되더니 너희도 미혹되었느냐는 것이다. 여기 "미혹되었다"(πεπλάνησθε)는 말은 '설득 당했다,' '굴복 당했다,' '타락됐다'는 뜻으로 예수님에게 유혹 당해버린 것을 지칭한다.

요 7:48.당국자들이나 바리새인 중에 그를 믿는 자가 있느냐.

종교지도자들은 자기들을 표준으로 내세운다. 자기들처럼 굳건히 서 있으라는 것이다. 자기들이 예수를 안 믿는 것처럼 아무도 예수님을 믿어서는 안 된다는 것이다. 사실은 그들 중에도 예수님을 믿는 사람들이 있었는데(9:16; 12:42; 행 6:7) 그들이 입을 다물고 잠잠히 있으니까 종교지도자들은 성전경비병들에게 우격다짐을 한 것이다. 우리는 우리 자신들이 표준이 되어서는 안 되고 항상 성경이 우리의 표준이 되어야 한다.

요 7:49.율법을 알지 못하는 이 무리는 저주를 받은 자로다.

바리새인들은 "율법을 알지 못하는 이 무리는 저주를 받은 자"들이라고 말한다. 초막절에 예루살렘에 왔다가 예수님의 설교를 듣고 예수님에게 호의를 표한 무리들(40-41a)은 율법을 몰라서 예수님에게 호의를 보인 고로 저주받은 사람들이라는 것이다. 이들은 랍비로부터 율법 교육을 받지 못하여 율법을 모르는 자들이라는 것이다. 그래서 이미 저주를 받은 자들이라고 한다. 종교지도자들은 저주를 잘 못 퍼부어 자신들이 훗날 오히려 예수님으로부터 저주를 받았다(마 23:13-36).

요 7:50-51.그 중의 한 사람 곧 전에 예수께 왔던 니고데모가 그들에게 말하되 우리 율법은 사람의 말을 듣고 그 행한 것을 알기 전에 심판하느냐.

종교지도자들이 예수님에 대하여 "율법을 모르는 이 무리는 저주를 받은 자로다"(49절)라고 심판하는 것을 들은 니고데모는 산헤드린 공회원 중의 한 사람으로서 같은 종교지도자들을 향하여 "우리 율법은 사람의 말을 듣고 그 행한 것을 알기 전에 심판하느냐"(3:2; 신 1:16-17; 17:8; 19:15)고 정곡을 찌른다. 곧 '우리 율법은 사람의 말을 듣기 전에 그리고 그 행위를 알기 전에 사람을 심판하도록 되어 있느냐'는 것이다. 사람의 말을 다 듣고 또 그 행위를 살펴본 후에야 판단할 수 있는 것 아니냐고 말한 것이다. 니고데모는 종교지도자들 측에서 오히려 율법을 모르고 있다고 책망한 것이다.

요 7:52.그들이 대답하여 이르되 너도 갈릴리에서 왔느냐 찾아보라 갈릴리에서는 선지자가 나지 못하느니라 하였더라.

유대의 당국자들(사두개인들)과 바리새인들은 니고데모의 반론에 대하여 기분이 언짢아 "너도 갈릴리에서 왔느냐 찾아보라 갈릴리에서는 선지자가 나지 못하느니라"고 반문한다. 이들은 첫째, 니고데모를 무시하는 말을 한다. "너도 갈릴리에서 왔느냐"고 묻는다. 니고데모가 갈릴리 사람이 아닌 줄을 뻔히 알면서도 이렇게 니고데모를 무시한다. 그리고 둘째, "찾아보라"고 말한다. 곧 '성경에서 샅샅이 살펴보라'는 것이다. 성경에서 샅샅이 살펴보면 "갈릴리에서는 선지자가 나지 못하게 되어 있다"는 것이다(41절; 1:46; 사 9:1-2; 마 4:15). 그러나 성경을 살펴보면 갈릴리에서 선지자가 나왔다. 아밋대의 아들 선지자 요나가 갈릴리에서 출생하였고(왕하 14:25; 욘 1:1). 또 학자들에 의하면 호세아와 나훔 등이 갈릴리 출신이라는 것이다(Lenski). 그리고 선지자의 출생지를 성경에서 말씀하고 있지 않는 것을 고려할 때 갈릴리에서 더 많은 선지자가 났을 가능성이 있는 것이다(William Hendriksen). 성경을 많이 안다고 하던 사람들이 오히려 성경을 모르고 있었다. 권위주의적인 사람들, 겸손하지 못한 사람들, 무엇을 안다고 큰 소리 치는 사람들은 항상 이렇게 부끄러움을 당하게 마련이다.

요 7:53. [다 각각 집으로 돌아가고.

초막절(2, 10절)에 예루살렘 성전에 왔다가 명절 끝 날까지 있었던 많은 사람들(37절)(그 중에는 예수님에게 대하여 호의적이었던 사람들도 있었고 혹은 불 신앙적이었던 사람들도 있었으며 혹은 예수님을 잡아 처치하려던 사람들도 있었다)은 모두 각각 흩어져 집으로 돌아갔다는 것이다. 아직은 큰 분란이 없이 무사히 돌아간 것이다. 예수님은 6개월 후에 십자가에 달리셔야 하므로 이번 명절에는 별 큰 탈이 없이 다 자기 집으로 돌아간 것이다. 본 절부터 8:11절까지의 문장은 괄호로 묶여있는데 이것은 어떤 성경 사본에는 이 문장이 빠져 있고 또 어떤 성경 사본에는 이 문장이 존재한다는 표시이다. 이에 관해서는 다음 장에서 설명하기로 한다.

제 8 장
예수님은 세상의 빛이시다

XIX.음행 중에 잡힌 여인을 용서하시다 8:1-11

7:53부터 본 장 11절까지는 괄호로 묶여있는데 이것은 이 문장이 어떤 성경 사본들에는 빠져있다는 뜻이다. 이 문장(7:53-8:11)은 초기 사본들(a, B, L, N, T, W)에 나타나지 않고 있으며, 헬라어 사본에서 처음 나타난 것은 5세기이지만 11세기까지는 그 어떤 헬라어 사본들 안에 포함되어 있지 않았다. 희랍 교회의 교부들은 아무도 12세기 이전에 이 문장에 대한 주석을 달지 않았다. 이 문장은 후기 사본(D, E)에 끼기 시작했는데 그것도 서로 다른 문장 뒤(요 7:52 뒤에, 요한복음 제일 뒤에, 누가복음 21:38절 뒤에)에 삽입되었다(Comfort and Hawley). 미국 웨스트민스터 신학교의 포이추레스(Vern Poythress) 교수는 이 문장이 요한 사도의 글이 아니라는 것을 길게 설파했다. 그 이유는 이 문장에 기록되어 있는 전치사 용법과 요한 사도가 쓴 전치사 사용법이 서로 다르다는 이유에서이다. 그래서 어떤 성경해석자들은 아예 해석을 하지 않고 그냥 지나간다(오리겐, 크리소스톰, 논누스(Nonnus) 외 오늘날의 어떤 주석가들).

그런가하면 어떤 학자들은 본 문장이 요한 사도의 글이라고 주장하기도 한다. 고대의 대문자 사본 중 D를 위시하여 본문을 바로 이 위치에 가지고 있는 것들도 있다. 그리고 좀 후대의 라틴 번역본, 수리아 번역본, 그리고 에디오피아의 번역본에 이 문장이 있다. 우리는 이 부분의 말씀을 다음과 같은 이유로 배제하지 않고 받아드린다. 1)7:53-8:11의 말씀은 예수님의 인격과 가르침들(32절; 3:17)과 일치하므로 분명히 예수님의 공생애 중에 있었던 일을 기록한 것이다. 2)제롬(Jerome), 어거스틴(Augustine), 암브로스(Ambrose) 등 저명한 교부들을 위시해서 지지하는 학자들도 적지 않다. 3)이 부분 말씀은 예수님의 자비의 정신과 잘 부합하고 있다(5:2-16 등). 그래서 오늘날의 어떤 설교자는 이 부분 말씀을 특히 많이 설교하였다. 그만큼 이 부분의 말씀은 복음서의 말씀을 빛내고 있다고 볼 수 있다.

요 8:1.예수는 감람산으로 가시니라.

사람들은 다 각각 집으로 돌아갔지만(7:53) 예수님은 쉬시기 위해서 "감람산으로 가셨다"(막 11:11; 눅 21:37). 예수님은 예루살렘에 머무시는 동안 낮에는 성전에서 가르치셨고 밤에는 '감람산에서 쉬신 것'이다.[38)] 예수님은 홀로 산에서 쉬시면서 기도하셨다. 그는 하나님과의 독대를 즐기셨다.

요 8:2.아침에 다시 성전으로 들어오시니 백성이 다 나아오는지라 앉으사 그들을 가르치시더니.

예수님은 아침이 되어 전에도 사람들을 가르치시던 예루살렘 "성전으로 들어오셨다." 예수님께서 예루살렘 성전으로 들어오실 때 "백성이 다 나아왔다." 그리고 예수님은 "앉으사 그들을 가르치시셨다."

요 8:3.서기관들과 바리새인들이 음행 중에 잡힌 여자를 끌고 와서 가운데 세우고.

예수님께서 가르치시고 계신 중에 "서기관들과 바리새인들이 음행 중에 잡힌 여자를 끌고 와서 가운데 세웠다." 여기 "서기관들"은 율법을 해석하는 사람들이었고 또 율법을 가르치는 교사들이었다. 서기관들과 바리새인들이 음행 중에 잡힌 여자를 끌고 이른 아침에 예수님에게 찾아온 것은 예수님을 고발할

---

38) "감람산"이란 이름은 감람나무(올리브나무)들이 많았으므로 붙여진 이름이다. 감람산은 기드론 시내 건너편에 있고(18:1), 예루살렘 성을 중심해서 보면 동편에 위치하고 있다. 공관복음에서는 감람산의 이름이 많이 나오나 요한복음에서는 이곳에만 나온다.

조건을 얻어 보고자 했던 것이다. 그 이유는 이들이 이 여인을 끌고 올 때 함께 간음한 남자도 데리고 와야 하는데 여자만 데리고 온 것은 예수님께서 어떻게 처리하시는가를 관찰하여 당국에 고발하고자 했던 것이다.

요 8:4.예수께 말하되 선생이여 이 여자가 간음하다가 현장에서 잡혔나이다.
서기관들과 바리새인들이 예수님에게 말씀한 내용은 "선생이여 이 여자가 간음하다가 현장에서 잡혔나이다"라는 말이었다. 간음하다가 현장에서 체포되었다는 것이다. 간음하다가 체포된 사람은 그저 죽여야 하는데(신 22:22) 예수님께서는 어떻게 처리 하실는지 보기 위하여 이들은 초미의 관심을 가지고 보고한 것이다.

요 8:5.모세는 율법에 이러한 여자를 돌로 치라 명하였거니와 선생은 어떻게 말하겠나이까.
서기관들과 바리새인들은 예수님의 처리를 이끌어내기 위해 모세의 가르침을 인용한다. "모세는...이러한 여자를 돌로 치라 명하였다"는 것이다(레 20:10; 신 22:22-24). 그런데 "선생은 어떻게 말하겠나이까"라고 묻는다. 이들은 예수님을 로마 정권과 모세 사이에 놓고 옥죄고 있었다. 예수님께서 이 여자를 돌로 쳐서 죽이라고 하면 로마 정권에 걸리시게 된다. 이유는 로마의 정권이 유대 당국에 사형 집행권을 주지 않았기 때문이다. 그리고 돌로 치지 말라고 하면 모세의 법을 어긴 자라는 죄명을 뒤집어쓸 수밖에 없었다. 이들은 예수님을 올가미에 넣어보기 위해서 여자를 끌고 온 것이다. 사람들이 예수님을 잡으려는 데 사용한 지혜는 마귀의 지혜만큼이나 놀랍다.

요 8:6.그들이 이렇게 말함은 고발할 조건을 얻고자하여 예수를 시험함이러라 예수께서 몸을 굽히사 손가락으로 땅에 쓰시니.
그들이 앞 절(7절)처럼 말한 목적은 "고발할 조건을 얻고자하여 예수를 시험하려는 것이었다." 여기 "고발할"(κατηγορεῖν)이란 말은 현재 시제로 '계속해서 고발하다'는 뜻이다. 그리고 "시험하다"(πειράζοντες)라는 말은 현재 분사로 '악한 의도를 가지고 계속해서 시험하다'는 뜻이다. 그들은 그리스도를 당국에 고발할 조건을 얻고자 계속해서 이리 저리 시험하고 있었다. 그런데 예수님께서 "몸을 굽히사 손가락으로 땅에" 무엇인가 쓰셨다. 무엇을 쓰셨는지 알 수는 없다. 그러나 예수님께서 땅에 무엇인가를 쓰신 것은 흥분한 사람들의 분위기를 가라앉히려는 시도였을 것이다.

요 8:7.그들이 묻기를 마지 아니하는지라 이에 일어나 이르시되 너희 중에 죄 없는 자가 먼저 돌로 치라 하시고.

예수님께서 땅에 무엇인가를 쓰시는데도 그들은 예수님께 "묻기를 마지아니했다." 곧 '계속해서 질문했다.' 계속해서 질문하는 중에 혹시 무슨 고발할 조건이나 얻어 볼까 원했다. 예수님은 땅에 쓰시는 것을 중단하시고 일어나셔서 "너희 중에 죄 없는 자가 먼저 돌로 치라" 고 하신다(신 17:7; 롬 2:1). 곧 '너희 중에서 죄가 없는 사람이 먼저 돌로 그 여자를 치라'는 것이다. 다시 말해 '너희 중에 무흠하고 무죄한 자가 먼저 돌로 치라'는 것이다. 예수님은 그 무리들이야 말로 간음한 여인을 심판할 자격이 없음을 지적하신다. 예수님은 그들을 향하여 그 여자를 돌로 치기 이전에 먼저 자기 자신을 돌로 쳐야 한다고 주문하신 것이다. 인류는 사람을 죄인으로 정죄할 수 없다. 우리는 다른 사람이 죄를 범한 경우 죄인으로 규명할 수 없는 것이다. 우리는 먼저 우리의 눈 속에서 들보를 빼어야 한다(마 7:5).

요 8:8.다시 몸을 굽혀 손가락으로 땅에 쓰시니.

예수님은 다시 몸을 굽혀 무엇인가 의미 있는 것을 손가락으로 땅에 쓰셨다. 그러나 성경 기자가 그 내용을 성경에 쓰지 않은 이상 우리는 그 내용이 무엇인지 알 수 없다.

요 8:9.그들이 이 말씀을 듣고 양심에 가책을 느껴 어른으로 시작하여 젊은이까

지 하나씩 하나씩 나가고 오직 예수와 그 가운데 섰는 여자만 남았더라. 여자를 고소한 서기관들과 바리새인들은 예수님의 "말씀을 듣고" 패배하여 물러가고 말았다. 그들은 예수님의 말씀을 듣고 "양심에 가책을 느낀" 것이다. "죄인의 양심을 진압한 이 권위는 아마 흉용한 바다 물결을 진압한(마 8:26) 이상의 경이일 것이다"(이상근). 그들은 생각이 깊은 "어른부터 시작하여 젊은 이까지 하나씩 하나씩" 그 현장을 빠져나가고 말았다. 그리고는 "오직 예수와 그 가운데 섰는 여자만 남았다."[39] 예수님의 말씀의 권위 앞에 무너지지 않을 세력이 없는 것이다.

요 8:10-11a.예수께서 일어나사 여자 외에 아무도 없는 것을 보시고 이르시되 여자여 너를 고발하던 그들이 어디 있느냐 너를 정죄한 자가 없느냐 대답하되 주여 없나이다.
"몸을 굽혀 손가락으로 땅에 쓰시던"(8절) 예수님께서 이제 "일어나사 여자 외에 아무도 없는 것을 보시고 이르시되 여자여 너를 고발하던 그들이 어디 있느냐 너를 정죄한 자가 없느냐"고 물으신다. 예수님은 이 여자를 "여자여"(Γύναι)라고 부르신다. 예수님은 자신의 육신의 어머니 마리아를 부르실 때 사용하시던 "여자여"라는 말로 이 여자를 부르신 것이다(2:4; 19:26). 고소자들에 대하여 준엄하게 대하신 예수님은 이 여인을 대하여 참으로 부드럽게 대하신다. 한 영혼이 천하보다 귀하다는 것을 보여주신 것이다.

예수님은 이 여자를 향하여 "너를 고발하던 그들이 어디 있느냐 너를 정죄한 자가 없느냐"고 물으시면서 '세상에는 바로 그 여자를 정죄할 사람이

---

39) 여기 "그 가운데 섰는 여자만 남았다"는 표현을 두고 혹자는 여자만 남은 것이 아니라 아직도 사람들이 남아 있었다고 주장한다. 이유는 "그 가운데 섰는"이란 표현 때문이라는 것이다. 아직도 사람들이 남아있기에 여자가 "그 가운데 섰다"는 표현을 썼다는 것이다. 그러니까 고소자들은 떠나고 그냥 따라온 무리들은 아직 그 현장에 남아있다는 것이다. 그러나 여기 여자만 "남았더라"(κατελείφθη)는 말이 부정(단순)과거 수동태인 점을 감안하면 "섰는"(οὖσα)이란 현재분사는 "남았더라"는 과거 표현에 영향을 받아 과거의 뜻으로 되는 것이다. 다시 말해 "섰는"이란 말은 "섰던"이란 말이 되는 고로 그 사람들이 나가기 전에 섰던 그 자리에 서 있었다는 뜻이다. 성경 기자는 여자가 고소자들 가운데 있었던 사실을 염두에 두고 "그 가운데 서 있는 여자"라고 표현한 것으로 보아야 할 것이다.

한 사람도 없다는 것'을 알려주신다. 세상 모든 사람은 다 죄인인 고로(롬 3:23; 4:11) 예수님 앞에 있는 그 여자를 정죄할 사람도 없고 오늘 우리를 정죄할 사람도 없다. 이유는 예수님께서 그 여자의 죄와 우리의 죄를 대속해주시기 때문이다. 그 여자는 "주여 없나이다"라고 대답한다. 오늘 우리도 역시 '주여, 없나이다'라고 대답한다.

요 8:11b.예수께서 이르시되 나도 너를 정죄하지 아니하노니 가서 다시는 죄를 범하지 말라 하시니라]

이제 예수님께서 두 가지를 선언하신다. 하나는 "나도 너를 정죄하지 아니한다"는 것이다(3:17; 눅 9:56; 12:14). 예수님은 오늘도 예수님을 믿는 성도들의 죄를 대신 지시고 '나도 너를 정죄하지 아니한다'고 말씀하신다(3:17). 그런고로 우리를 정죄할 자는 세상에 없다. 율법도 우리를 정죄하지 못하고(갈 3:13; 5:1) 예수님도 우리를 정죄하지 않으신다(롬 8:1; 8;33-34). 또 하나는 "가서 다시는 죄를 범하지 말라"는 명령이다(5:14). '다시는 이런 간음죄를 범치 말라'는 것이다. 그리스도로부터 죄를 용서받은 사람들은 그리스도 안에서 새로운 피조물이 되었으니(고후 5:17) 이제부터는 그리스도로부터 힘을 얻어 새로운 삶을 살아야 한다(빌 3:4-14).

XX.예수님은 세상의 빛이시다 8:12-20

예수님은 빛이시라고 자증하시며 또 예수님을 따르는 자가 받는 복에 대해 언급하신다(12절). 그러나 예수님의 자증에 대해 바리새인들은 반대하고 나선다(13절). 바리새인들의 항의에 대하여 예수님은 자신의 증언이 참되다고 대답하신다(14-18절). 그리고 그들이 "네 아버지가 어디 있느냐"고 묻는데 대해 예수님께서 다시 대답하신다(19절). 그리고 원수들이 예수님을 잡지 못한 것에 대하여 저자가 해설한다(20절).

1.세상의 빛 되신 예수님을 따르는 자들은 복이 있다 8:12

요 8:12. 예수께서 또 말씀하여 이르시되 나는 세상의 빛이니 나를 따르는 자는 어둠에 다니지 아니하고 생명의 빛을 얻으리라.

예수님은 "또 말씀하여 이르시기를"[40] 자신이 "나는 세상의 빛이라"고 하신다(1:4, 5, 9; 3:19; 9:5; 12:35-36, 46). "나는...이다"라는 표현은 예수님께서 바로 하나님이시며 또 하나님으로서의 사역을 하시는 분이라는 표현이다. 요한복음 안에는 이런 표현들이 많이 있다(6:35; 8:12; 10:7, 9, 11, 14; 11:25; 14:6; 15:1, 5).

예수님께서 "세상의 빛"이시라는 말씀은 '예수님께서 1)사람들에게 하나님을 보여 주셔서 사람들로 하여금 하나님을 밝히 알게 하시는 분이며, 또 2)세상을 죄 가운데서 구원하여 주시는 분이고, 또 3)세상을 성결하게 하시는 분'이시라는 뜻이다. 구약에 보면 하나님을 빛이시라 하고(사 9:2; 42:6; 49:6; 말 4:2) 신약에서는 예수님을 빛이시라 하는 것을 보면 성부와 성자가 동등이시라는 것을 알 수 있다.

예수님은 자신을 따르는 자들에게 어떤 영향을 끼치시는가를 본문에서 말씀하신다. 곧 "나를 따르는 자는 어둠에 다니지 아니하고 생명의 빛을 얻으리라"고 하신다. 먼저 "나를 따르는 자는 어둠에 다니지 아니한다"고 하신다. 여기 "어둠"이란 '하나님을 모르는 무지와 죄 가운데서 사는 것과 또한 죄 때문에 닥치는 모든 불행 중에 사는 것'을 지칭한다. 그러니까 빛이신 예수님을 따르는 자는 하나님을 모르는 무지 가운데서 살지 아니하고 죄 가운데서 살지 아니하며 따라서 불행 중에 살지 않게 된다는 것이다. 그리고 다음,

---

40) 여기 "또 말씀하여 이르시되"라는 표현을 두고 두 가지 해석이 보인다. 1)예수님께서 6:35절에서 "나는 생명의 떡이니"라는 자아주장 다음에 여기 또 예수님께서 두 번째로 "나는 세상의 빛이니"라는 자아주장을 하셨다는 해석이 있고, 2)예수님께서 7:37에서 자신이 생수의 근원이라는 말씀을 하신 다음에 여기 또 예수님께서 "나는 세상의 빛이니"라는 자아주장을 하셨다는 해석이 있다. 두 가지 해석에는 각각 장점과 약점이 있다. 전자의 해석, 곧 "나는 생명의 떡이니"(6:35)이라는 주장이나 "나는 세상의 빛이니"(본 절)이라는 주장은 둘 다 자아주장이라는 점에서 장점이다(그래서 "또 말씀하여 이르시되"라고 했다는 것이다). 그러나 이 해석에 약점이 있는데 그것은 자아주장을 하신 장소가 서로 다르다는 것이다. 그리고 후자의 해석, 곧 7:37절에 예수님께서 자신이 생수의 근원이라고 하신 말씀과 본 절의 "나는 세상의 빛이니"라는 자아주장의 말씀을 하신 장소가 같다는 점에서 장점이다. 아무튼 자아주장("나는...이다")을 중심하여 살펴보면 첫 번째의 해석이 더 타당한 듯이 보인다.

예수님은 자신을 따르는 자는 "생명의 빛을 얻으리라"고 하신다. 여기 "생명의 빛"(τὸ φῶς τῆς ζωῆς)이란 바로 앞에 나온 "어둠"이란 말과 대조를 이루는 말로 '밝음'을 뜻하는 말인데 그 '밝음'이 "생명"을 준다는 것이다. 예수님께서 우리에게 주시는 "빛"은 우리에게 하나님을 알게 해주고 죄 가운데에서부터 우리를 구원 해주시며 또한 행복 가운데 살게 해주신다. 우리는 예수님을 잘 따라야 한다. 우리 자신을 철저히 부인하고 예수님만을 따라야 한다. 이스라엘이 광야에서 불기둥과 구름기둥을 따랐듯이 우리는 이 세상이라는 광야에서 우리의 빛이신 그리스도만을 따라 살아야 한다.

2. 예수님의 자증에 대해 바리새인들이 반발하다 8:13

요 8:13. 바리새인들이 이르되 네가 너를 위하여 증언하니 네 증언은 참되지 아니하도다.

바리새인들은 예수님께서 자신이 "세상의 빛이라"(12절)고 증언하셨을 때 "네가 너를 위하여 증언하니 네 증언은 참되지 아니하다"고 반발한다(5:31). 다시 말해 증언이 효과가 있기 위해서는 두 사람의 증언이 필요한 법인데(민 35:30; 신 17:6; 19:15) 예수님은 자신이 세상의 빛이라고 증언하기 위해 혼자 증언한 고로 예수님의 증언은 참되지 않다는 것이다. 곧 믿을 수 없는 증언이라는 것이다. 그러나 예수님의 증언이 참되다는 것을 예수님은 이미 5장(32, 33-35, 36, 39절)에서도 증언하셨거니와 다음 절 이하에서도 증언하신다.

3. 예수님은 자신의 증언이 참되다고 하시다 8:14-18

요 8:14. 예수께서 대답하여 이르시되 내가 나를 위하여 증언하여도 내 증언이 참되니 나는 내가 어디서 오며 어디로 가는 것을 알거니와 너희는 내가 어디서 오며 어디로 가는 것을 알지 못하느니라.

예수님의 증언이 참 된 이유는 "나는 내가 어디서 오며 어디로 가는 것을 알기" 때문이라는 것이다. 다시 말해 '나는 내가 어디서부터 왔으며 또 앞으로 어디로 갈 것인지 알기' 때문이라는 것이다. 예수님은 하나님으로부터 오신 사실을 아시고 또 앞으로 하나님께로 가실 것을 아시기 때문에 예수님의 증언은 바른 증언이라는 것이다. 예수님은 자신이 하나님으로부터 오셨다가 이 땅에서 잠시 구원사역을 마치시고 다시 하나님께로 돌아가실 것을 아시는, 신성을 가지신 하나님이신 고로 예수님께서 "나는 세상의 빛이라"고 증언하신 증언은 바른 증언이시라는 것이다. 그러나 바리새인들은 예수님께서 "어디서 오며 어디로 가는 것을 알지 못하기" 때문에 예수님의 자증이 바르다는 사실을 전혀 알지 못한다는 것이다(7:28; 9:29). 예수님의 말씀은 무슨 말씀이든지 바른 말씀이다(16절).

요 8:15.너희는 육체를 따라 판단하나 나는 아무도 판단하지 아니하노라.
예수님은 바리새인들을 향하여 "너희는 육체를 따라 판단한다"고 책망하신다(6:42; 7:24). 곧 '너희들은 나의 육체, 곧 나의 신성(神性)은 못 본채 육체만 보고 나를 판단해서 나의 증언을 믿지 않으려고 한다'는 것이다. 그러나 예수님은 "나는 아무도 판단하지 아니한다"고 말씀하신다(3:17; 12:47; 18:36). 이 구절 말씀은 바로 앞에 나온 말씀과 대조를 이루는 말씀인고로 '나는 육체를 따라 아무도 판단하지 아니한다'는 뜻이다. "사람은 외모를 보거니와 나 여호와는 중심을 보느니라"(삼상 16:7)고 하신 말씀과 같이 예수님은 사람의 육체를 보고 판단하지 아니하신다는 것이다. 더욱이 예수님은 심판하러 이 땅에 오신 것은 아니기 때문에 아무도 판단하지 아니하신다는 것이다(3:17). 우리 역시 사람의 외모를 보고 사람을 판단하는 오류를 범해서는 안 될 것이다.

요 8:16.만일 내가 판단하여도 내 판단이 참되니 이는 내가 혼자 있는 것이 아니요 나를 보내신 이가 나와 함께 계심이라.
예수님은 "아무도 판단하지 아니하지만"(앞 절) 그러나 "만일 내가 판단하여도 내 판단이 참되다"는 것이다. 이는 예수님께서 "나를 위하여 증언하여도 내 증언이 참되신" 것처럼(14절) 예수님께서 "아무"(15절)를 판단하여도 참되시다는 것이다. 이유는 예수님께서 "혼자 있는 것이 아니요 나를 보내신 이가 나와 함께 계시기" 때문인 것이다(29절; 16:32). 곧 예수님의 판단이 바른 이유는 하나님께서 함께 하시는 판단이기 때문이라는 것이다. 결국 두 분이 판단하시기 때문에 예수님의 판단은 법적으로도 오류가 없다는 것이다. 결국 예수님의 판단은 바리새인들의 판단과는 다르다는 것을 보여주신 것이다. 우리는 예수님께서 우리의 삶 중에 항상 나타나셔서 우리를 판단하시는 판단도 다 바른 것인 줄 알아야 할 것이다.

요 8:17-18.너희 율법에도 두 사람의 증언이 참되다 기록되었으니 내가 나를 위하여 증언하는 자가 되고 나를 보내신 아버지도 나를 위하여 증언하시느니라.

예수님은 너희 바리새인들의 "율법에도 두 사람의 증언이 참되다 기록되었다"고 하신다(민 35:30; 신 17:6; 19:15; 18:16; 고후 13:1; 히 10:28). 이렇게 "두 사람의 증언"도 참되다면 하물며 "내가 나를 위하여 증언하는 자가 되고 나를 보내신 아버지도 나를 위하여 증언하시"니 그 증언이 참되지 않겠느냐는 것이다(5:37). 곧 성자께서 예수님 자신은 "세상의 빛이라"는 증언과 또 성부께서 예수님은 "세상의 빛이라"고 증언하신 증언이 참되지 않겠느냐는 것이다. 두 말할 여지없이 참되다는 것이다. 예수님의 증언은 예수님과 성부 하나님의 연합의 증언이니 우리는 예수님께서 하신 무슨 말씀이든지 그대로 믿어야 하는 것이다.

4.예수님은 나를 알지 못하면 아버지를 알지 못한다고 하시다 8:19

요 8:19.이에 그들이 묻되 네 아버지가 어디 있느냐 예수께서 대답하시되 너희는 나를 알지 못하고 내 아버지도 알지 못하는도다 나를 알았더라면 내 아버지도 알았으리라.

예수님께서 바로 앞 절(18절)에서 "나를 보내신 아버지"라고 말씀하셨기에 유대인들은 예수님께 묻기를 "네 아버지가 어디 있느냐"고 질문한다. 이에 대해 예수님은 "너희는 나를 알지 못하고 내 아버지도 알지 못하는도다 나를 알았더라면 내 아버지도 알았으리라"고 대답하신다(14:7). 곧 '예수님을 알지 못하면 아버지도 알지 못한다'는 것이다(55절; 16:3). 예수님은 보이지 아니하시는 아버지를 그대로 보여주시는 독생자이신고로 예수님을 알지 못하면 아버지를 알지 못하는 것이다. 하나님은 예수님 안에 계신 것이다.

5.원수들이 예수님을 잡지 못한 이유를 저자가 해설하다 8:20

요 8:20.이 말씀은 성전에서 가르치실 때에 헌금함 앞에서 하셨으나 잡는 사람이 없으니 이는 그의 때가 아직 이르지 아니하였음이러라.

요한 사도는 예수님께서 사람들을 교육하실 때 "헌금함 앞에서 하셨다"고 말한다(막 12:41). 여기 "헌금함"이 놓였던 위치는 여인들의 출입이 허용되었던 뜰이라고 한다. 미쉬나(Mishna Sekkah 6:5)에 의하면 예루살렘 성전 경내의 여인의 뜰(The Court of Woman) 안에 나팔 모양으로 생긴 13개의 헌금함이 있었다고 한다. 그 곳은 여인들도 출입이 허용되었던 곳인 고로 사람들이 많이 모였다는 것이다. 예수님은 사람이 많이 모이는 이곳에서 복음을 가르치셨다. 그런데 이 헌금함이 있는 곳 가까이에 산헤드린 공의회의 회의소가 있었는데도 종교당국이 예수님을 잡지 않은 것(7:30)은 잡으려는 의도가 없어서가 아니라 "그의 때가 아직 이르지 아니하였기" 때문이라는 것이다(7:8). 곧 예수님께서 잡히실 때가 아직 이르지 않았기 때문이라는 것이다. 하나님은 예수님에게 6개월의 세월을 더 주셔서 다음 유월절에 잡혀서 십자가에 죽게 하신 것이다.

XXI.죽음에 대해 예고하시다 8:21-30

예수님은 앞에서(12-20절) 자신이 "세상의 빛이라"고 자아주장을 하신 다음 이제 예수님은 자신의 죽음을 예고하시면서 자신은 세상에 속한 자가 아니라 위로부터 오신 메시야임을 증언하신다. 다시 말해 예수님은 하나님과 동등하신 분이라는 것을 말씀하신다. 예수님은 사람의 몸을 입고 오셨지만

(21-25절) 태초부터 성부하나님과 함께 계셨으며 또한 이 땅에 계시는 동안 항상 하나님과 동행하고 계시다고 말씀하신다(26-30).

요 8:21.다시 이르시되 내가 가리니 너희가 나를 찾다가 너희 죄 가운데서 죽겠고 내가 가는 곳에는 너희가 오지 못하리라.

예수님은 헌금함 앞에서(앞 절) 떠나지 않으시고 바로 그 자리에서 "다시" 말씀하신다고 한다. 예수님께서는 앞에서(7:33-34) 천국으로 가시겠다고 하셨는데 이제 그 말씀을 다시 하시겠다는 것이다. 곧 "내가 가겠다"는 것이다. 곧 '십자가에 못 박혀 죽으셔서 천국에 가시겠다'는 것이다. 예수님께서 계속해서 땅위에 계신 것이 아니라 이제 반년의 세월이 지나면 천국으로 가시겠다는 것이다. 예수님의 말씀을 들을 수 있는 기회는 늘 있는 것이 아니라는 것이다. "하나님의 아들이 육신을 취하시고 그들과 함께 계신 기회는 천지 창조 이후 처음이요, 후에도 없을 희귀한 것이었다. 그러나 그들은 그 기회를 귀한 줄 몰랐다"(박윤선).

예수님은 유대인들을 향하여 "너희가 나를 찾다가 너희 죄 가운데서 죽겠고 내가 가는 곳에는 너희가 오지 못하리라"고 하신다. 곧 '너희가 나를 찾다가(7:34; 13:33) 너희가 지은 죄들을 회개하지 않아(24절) 결국은 그 죄 중에서 죽을 것이고 내가 가는 천국에는 오지 못하게 될 것이다.' 비참하게 파멸될 것이라는 것이다. 누구든지 믿지 않으면 비참하게 파멸된다.

요 8:22.유대인들이 이르되 그가 말하기를 내가 가는 곳에는 너희가 오지 못하리라 하니 그가 자결하려는가.

유대인들은 예수님의 말씀 중에서 "내가 가는 곳에는 너희가 오지 못하리라"는 말씀을 듣고 그 말씀의 뜻을 알고 예수님을 믿어야 했는데 믿지는 않고 예수님의 말씀을 우습게 여겨버린다. 곧 그들은 예수님의 말씀의 의도를 알지 못하고 "그가 자결하려는가"라는 모독적인 말을 한다. 곧 '그가 자살한다는 말인가'라고 처리해 버린다.

요 8:23-24a.예수께서 이르시되 너희는 아래에서 났고 나는 위에서 났으며 너희는 이 세상에 속하였고 나는 이 세상에 속하지 아니하였느니라. 그러므로 내가 너희에게 말하기를 너희가 너희 죄 가운데서 죽으리라 하였노라.
예수님은 자신과 유대인들 사이가 아주 천양의 차이가 있음을 말씀하신다. "너희는 아래에서 났고 나는 위에서 났으며 너희는 이 세상에 속하였고 나는 이 세상에 속하지 아니하였다"는 것이다. 유대인들은 육신의 부모로부터 탄생했지만(3:31) 예수님은 하나님에게서 오셨으며, 유대인들은 이 세상에 속하여 죄의 지배를 받고 살지만 예수님은 이 세상에 속하지 않고 초월하여 계시다는 것이다(요 16:33). 인간은 죄의 지배 아래에서 살고 있으므로 결국 "죄 가운데서 죽으리라"고 말씀하신다. 곧 '여러 죄들을 짓다가 죽게 된다'는 말씀이다. 유대인들은 비참한 종말을 맞이한다는 것이다.

요 8:24b.너희가 만일 내가 그인 줄 믿지 아니하면 너희 죄 가운데서 죽으리라.
예수님은 유대인들을 향하여 "너희가 만일 내가 그인 줄 믿지 아니하면 너희 죄 가운데서 죽으리라"고 예고하신다(21절; 막 16:16). 곧 '내가 위에서 난 것(23절)을 믿지 아니하면 너희들의 죄 가운데서 파멸하리라'는 것이다. 우리는 예수님을 "그이"(ἐγώ εἰμι)로 믿어야 한다(출 3:14; 신 32:39; 시 90:2). 다시 말해 위에서 나신 메시야로 믿어야 한다.

요 8:25.그들이 말하되 네가 누구냐 예수께서 이르시되 나는 처음부터 너희에게 말하여 온 자니라.
예수님께서 유대인들에게 자신을 "그이"(ἐγώ εἰμι), 곧 '메시야'라고 말씀하셨을 때(24b) 유대인들은 "네가 누구냐?"고 질문한다. 다시 말해 '네까짓 게 도대체 누군데 감히 그 따위로 말하느냐?'고 질문한 것이다. 이런 질문에 대해 예수님은 "나는 처음부터 너희에게 말하여 온 자"(Τὴν ἀρχὴν ὅ τι καὶ λαλῶ ὑμῖν)라고 대답하신다. 이 헬라어 문장은 세 가지로 번역이 가능하다. 1)의문문으로 해석하는 경우: "내가 처음부터 너희에게 말해온 것은 무엇인가?" 2)감탄문으로 해석하는 경우: a)"그러므로 우리는 초기 단계로 돌아가자!" b)"도대체 그것은 내가 말한 것이 아닌가!"
3)평서문으로 해석하는 경우: a)"나는 원래 내가 너희에게 말하던 존재이다." b)"나는 무엇보다 먼저 너희에게 말하던 자이다." c)"내가 너희에게 말한 것은 모두 항상 태초의 것이다." d)"나는 처음부터 있는 자라고 너희에게 말하던 자이다." 이 해석들 중에서 3) d)의 해석이 문맥에 제일 합당한 듯이 보인다. 본 단락(21-30절)의 내용을 보면 예수님은 하나님에게서부터 오신 메시야라는 것을 계속해서 말씀하신다. 유대인들이 예수님을 향하여 도대체 '네가 도대체 누구냐?'하고 경멸하듯 질문한 것에 대해 예수님은 '나는 처음부터 하나님과 함께 존재하고 있다고 말하던 자'라고 대답하신 것이다.

요 8:26.내가 너희에게 대하여 말하고 판단할 것이 많으나 나를 보내신 이가 참되시매 내가 그에게 들은 그것을 세상에 말하노라 하시되.

유대인들의 조롱 섞인 질문과 태도에 대해 예수님께서는 그들을 책망할 것이 많이 있지만 자제하시고 "나(예수님)를 보내신 이가 참되시매(7:28) 내가 그에게 들은 그것을 세상에 말한다"(3:32; 15:15)고 하신다. 곧 '예수님을 보내신 하나님으로부터 들으신 것을 말씀하신다'고 하신다. 예수님은 하나님의 말씀을 하시러 오신 분이시다. 결코 자기의 말을 하러 오신 분이 아니시다.

요 8:27.그들은 아버지를 가리켜 말씀하신 줄을 깨닫지 못하더라.

유대인들은 예수님께서 "나를 보내신 이"라고 언급한 말씀(26절)에 대해서 "아버지를 가리켜 말씀하신 줄 깨닫지 못했다"는 것이다. 유대인들은 참으로 강퍅한 민족이었다. 예수님께서 무슨 말씀을 해주던지 깨닫지 못하고 반발했다.

요 8:28.이에 예수께서 이르시되 너희가 인자를 든 후에 내가 그인 줄을 알고

또 내가 스스로 아무것도 하지 아니하고 오직 아버지께서 가르치신 대로 이런 것을 말하는 줄도 알리라.

"이에," 곧 '유대인들이 예수님의 말씀을 깨닫지 못하고 있을 때에'(앞 절) 예수님께서 말씀하시기를 앞으로 "너희가 인자를 든 후에 내가 그인 줄을 알고 또 내가 스스로 아무것도 하지 아니하고 오직 아버지께서 가르치신 대로 이런 것을 말하는 줄도 알게 될 것이라"고 말씀하신다. 곧 유대인들이 앞으로 예수님을 십자가에 못 박은 후에 두 가지를 알게 될 것이라는 것이다. 여기 "인자를 든 후"라는 말은 '예수님을 십자가에 못 박은 후'를 지칭하는 말인데(요 3:14; 12:32, 34) 이 표현은 한 걸음 더 나아가 그리스도의 부활과 승천을 아울러 지칭하는 말이다. 예수님께서 땅에서 들려진 후에 유대인들은 첫째, "내(예수님)가 그인 줄 알게" 될 것이다(롬 1:4). 유대인들은 예수님이 "그이," 곧 '메시야'인 줄 알게 되었다. 오순절에 베드로가 설교할 때 3,000명의 사람들이 회개했고(행 2:37-42) 그 후에 또 많은 사람이 회개하여 예수님을 구주로 고백했다. 둘째, "내가 스스로 아무것도 하지 아니하고 오직 아버지께서 가르치신 대로 이런 것들을 말하는 줄도 알게 될 것"이라는 것이다(3:11; 5:19, 30). 오순절에 성령님이 오신 후에 유대인들은 예수님의 사역이 하나님의 가르치심대로 진행된 사역이라는 것을 알게 되었다. 유대인뿐 아니라 그 후에 예수님을 믿은 많은 성도들은 예수님의 사역이 하나님의 계획에 의해서 진행된 사역이라는 것을 알게 된 것이다.

요 8:29.나를 보내신 이가 나와 함께 하시도다 나는 항상 그가 기뻐하시는 일을 행하므로 나를 혼자 두지 아니하셨느니라.

예수님은 유대인들의 반대가 점점 심해지던 당시에(22, 25절; 5:16) "나를 보내신 이가 나와 함께 하신다"고 말씀하신다(16절; 14:10-11). 곧 '예수님을 보내신(16, 18, 26, 29절) 하나님께서 함께 하고 계시다'는 뜻이다. 이렇게 하나님께서 예수님과 함께 하시는 이유는 예수님께서 "항상 그(하나님)가 기뻐하시는 일을 행하므로" 함께 하신다는 것이다(. 예수님은 항상 하나님께서 가르치신 대로 행하셨기에(28절 하반 절) 하나님께서 기뻐하신 것이다. 순종만큼 기쁘시게 하는 것은 없다(4:34; 5:30; 6:38-39; 삼상 15:22; 히 10:6-9). 오늘 우리가 항상 하나님을 기쁘시게 하는 방법은 그리스도를 주님으로 믿고 따르는 것이다.

요 8:30.이 말씀을 하시매 많은 사람이 믿더라.

예수님께서 "이 말씀을 하시매," 곧 앞 절들에서 보이는 대로 '유대인들과 논쟁을 하시매' 그 사람들 중에서 "많은 사람이 그를 믿었다"는 것이다(7:31; 10:42; 11:45). 여기 "그를 믿었다"(ἐπίστευσαν εἰς αὐτόν)는 말씀은 부정(단순)과거 시제로 '예수님을 믿었다'는 표현이다. 이런 표현은 요한복음에 많이 있다(2:11; 3:16, 18, 36; 4:39; 6:29, 35, 40, 47; 7:5, 31, 38, 48; 9:35; 10:42; 11:25, 45, 48; 12:11, 36, 42, 44, 46; 14:1, 12; 16:9; 17:20). 혹자는 본 절의 "그를 믿은(ἐπίστευσαν εἰς αὐτόν) 많은 사람들"과 다음 절(31절) 이하에 나오는 "그리스도를 믿은 유대인들"(τοὺς πεπιστευκότας αὐτῷ Ἰουδαίους-31절)은 서로 다른 그룹이라고 말한다. 서로 다른 사람들이라고 구분하는 학자들은 두 가지 이유를 든다. 1)본 절에 나오는 "그를 믿었다"(ἐπίστευσαν εἰς αὐτόν)는 말의 헬라어 문장을 보면 "에이스"(εἰς)라는 전치사가 있어서 그리스도와의 인격적 연합을 가진 사람들을 지칭하는데 비해 다음 절 이하에 나오는 "그리스도를 믿은 유대인들"(τοὺς πεπιστευκότας αὐτῷ Ἰουδαίους)이라는 헬라어 문장에는 "에이스"(εἰς)라는 전치사가 없는 고로 단순한 신앙을 지칭한다는 것이다. 그런고로 30절의 유대인들과 31절의 유대인들은 서로 다른 그룹이라는 것이다. 2)또 하나의 이유는 본 절의 많은 사람은 예수님을 분명히 믿은 사람들인데 다음 절 이하에 나오는 유대인들은 예수님을 향하여 반항적이기 때문이라는 것이다. 그래서 서로 다른 그룹으로 본다는 것이다. 그러나 문맥을 살필 때 그룹이 달라진 표시가 전혀 발견되지 않는다. 그런고로 그룹은 똑같은데 30절의 많은 사람들 중에서 아직 믿음이 깊지 않은 일부의 사람들(31절 이하)이 그리스도에게 반항한 것으로 보는 것이 옳을 것이다.

XXII.예수님은 사람을 자유롭게 만들어주신다 8:31-59

예수님은 앞에서(21-30절) 자신의 죽음에 대해 예언하신 다음 이제는 자신이 사람을 자유롭게 만들어주신다고 말씀하신다(31-59절). 예수님은 먼저 진리(예수님)가 사람을 자유롭게 만들어준다 하시고(31-32절), 유대인들은 죄의 종이라고 지적하시며(33-36절), 유대인들은 마귀의 자녀들이라고 규명하신다(37-50절). 그리고 예수님은 누구든지 예수님의 말씀을 지키면 영생을 얻게 된다고 하신다(51-59절).

1.진리가 사람을 자유롭게 만들어주신다 8:31-32

요 8:31.그러므로 예수께서 자기를 믿은 유대인들에게 이르시되 너희가 내 말에 거하면 참으로 내 제자가 되고.

"그러므로," 곧 '많은 유대인들이 믿었으므로'(앞 절) 예수님은 그를 믿는 유대인들에게 "너희가 내 말에 거하라"고 부탁하신다. 예수님을 믿는 사람들은 예수님의 말씀에 거하지 않으면 믿음이 식어지기 때문이다. 여기 "내 말에 거하라"(μεΐνητε ἐν τῷ λόγῳ τῷ ἐμω)는 말씀은 '계속해서 예수님의 말씀 안에 거하라'는 것이다. 다시 말해 계속해서 그리스도의 말씀을 따라 살라는 뜻이다. 이 말씀은 '그의 말씀이 우리 안에 거한다'는 말씀과 똑같은 것이다(15:7).

예수님은 예수님의 말씀에 거하면, 바꾸어 말해 예수님의 말씀이 신자들 심령 속에 거하면 두 가지 복이 임한다고 하신다. 첫째(둘째 복은 다음 절에 있음), "내 제자가 된다"는 것이다. 예수님의 말씀을 따라 사는 사람은 예수님의 참 제자 노릇을 하게 된다는 것이다. 오늘 제자화(弟子化) 훈련을 많이 하지만 그러나 말씀을 따라 순종하는 사람들은 많지 않다.

요 8:32.진리를 알지니 진리가 너희를 자유하게 하리라.

예수님의 말씀을 따라 사는 사람들은, 둘째, "진리를 알게 된다"는 것이다. 여기 "진리"(τὴν ἀλήθειαν)란 '그 진리'란 뜻으로 문맥에 의하여 그리스도를 지칭하는 말이다(36절). 그리스도의 말씀을 읽고 묵상하고 또 말씀 안에서 사는 사람, 말씀을 순종하는 사람은 결과적으로 '그 진리'(14:6) 되시는 예수님을 알게 된다는 것이다.

그리고 또 요한 사도는 "진리가 너희를 자유하게 하리라"고 말한다(롬 6:14, 18, 22; 8:2; 약 1:25; 2:12). 진리 되시는 예수님께서 속죄의 죽음을 죽으셔서 사람을 마귀로부터, 그리고 죄로부터 자유하게 만들어주신다는 것이다. 예수님은 우리를 마귀로부터, 죄로부터, 그리고 세상으로부터 우리를 자유하게 해주신다. 예수님은 오늘도 대단한 능력을 가지시고 우리를 죄들로부터 그리고 그 죄들이 산출하는 각종 불행으로부터 자유하게 하신다. 할렐루야.

2.유대인들은 죄의 종이라고 지적하시다 8:33-36

요 8:33.그들이 대답하되 우리가 아브라함의 자손이라 남의 종이 된 적이 없거늘 어찌하여 우리가 자유롭게 되리라 하느냐.

예수님께서 말씀하시기를 "진리가 너희를 자유롭게 하리라"는 말씀을 하셨을 때 유대인들은 도전적으로 "우리가 아브라함의 자손이라 남의 종이 된 적이 없거늘 어찌하여 우리가 자유롭게 되리라"고 하느냐고 대든다(39절; 레 25:42; 마 3:9). 그들은 아브라함의 여종 하갈에게서 난 자들이 아니라 자유로운 여자 사라에게서 태어난 자유의 자손이라고 크게 자부하며 살아왔다(갈 4:22-23). 그들은 과거에 여러 나라(애굽, 바벨론, 앗수르, 페르샤, 헬라 등)의 종살이를 했었고 또 당시는 로마의 식민지로 있어서 정치적으로는 속박상태에 있지만 종교적으로는 지금까지 그 어느 나라한테 속박을 당해본 적이 없고 계속해서 아브라함의 자손으로서 자유를 누리면서 살아왔다는 것이다. 그런데 예수님께서 진리를 알면 자기들이 자유롭게 된다는 말을 하느냐고 대든 것이다.

그러나 예수님은 정치적인 자유나 종교적인 자유에 대해 말씀하신 것이 아니라 죄로부터의 자유에 관하여 말씀한 것이다(34절). 예수님은 죄로부터 자유롭게 되어야 한다고 말씀하셨으나 저들은 그 사실을 전혀 깨닫지 못한 채 육신적인 자유만을 생각하고 있었다. 오늘 우리는 마귀로부터의 자유, 죄로부터의 자유, 세상으로부터의 자유를 누려야 한다.

요 8:34.예수께서 대답하시되 진실로 진실로 너희에게 이르노니 죄를 범하는 자마다 죄의 종이라.

예수님께서 말씀하시는 자유란 죄로부터의 자유이다. 예수님은 "죄를 범하는 자마다 죄의 종이라"고 말씀하신다(롬 6:16, 20; 벧후 2:19). 비록 아브라함의 자손이라 할지라도(33절) 그가 죄를 범하면 별수 없이 죄의 종이 되는 것이다(롬 3:23). 본문의 "범하는"(ποιῶν)이란 말은 현재분사로 '계속해서 죄를 범하는 것'을 지칭한다. 사람이 죄를 범하면 스스로 그 죄로부터 빠져나올 수 없다. 어떤 강한 외부의 세력이 죄로부터 꺼내주어야 빠져나올 수 있는 것이다. 예수님은 우리를 죄 가운데서부터 얼마든지 구해주실 수 있으신 분이시다.

요 8:35.종은 영원히 집에 거하지 못하되 아들은 영원히 거하나니.

예수님은 죄의 "종은 영원히 집에 거하지 못하되 아들은 영원히 거하게 된다"고 말씀하신다(갈 4:30). 곧 '유대인들은 죄의 종으로서 영원히 집에 거하지 못하게 되고 집의 상속자가 된 크리스천들은 영원히 집에 거하게 된다'는 것이다. 하갈과 이스마엘은 종으로서 집에 거하지 못하고 쫓겨났으나 이삭은 상속자로서 영원히 집에 거했다. 유대인들은 자기들이 아브라함의 자손이라는 이유만으로 천국에 갈 줄로 생각했으나 예수님을 거역하는 사람들이므로 천국에 거하지 못하게 되고 예수님을 영접하는 크리스천들은 천국에서 영원히 거하게 된다는 것이다. 혹자는 본문에서 "아들"을 그리스도라고 해석하나 크리스천들이라고 해석하는 것이 타당하다. 이유는 "아들"을 그리스도라고 보면 본문에서 "종"과 "그리스도," 곧 '유대인'과 '그리스도'의 대비가 되는 고로 잘 맞지 않는다. 차라리 '유대인들'과 '그리스도인들'의 대비로 보아야 할 것이다.

요 8:36.그러므로 아들이 너희를 자유롭게 하면 너희가 참으로 자유로우리라.
"그러므로," 곧 '종은 영원히 집에 거하지 못하게 되므로'(앞 절) "아들이 너희를 자유롭게 하면 너희가 참으로 자유로우리라"는 것이다(롬 8:2; 갈 5:1). 곧 '그리스도께서 너희 죄의 종들인 유대인들을 자유롭게 해주면 너희 유대인들은 참으로 자유롭게 된다'는 것이다. 예수님께서 십자가에서 대속의 피를 흘리고 죽으신 후 삼일 만에 부활하시므로 유대인들이 그 공로를 믿으면 유대인들은 죄로부터 해방될 것이라는 말이다(갈 5:1). 누두든지 그리스도 앞에 모이는 사람들은 모두 마귀로부터 그리고 죄로부터 자유함을 얻게 된다.

3.유대인들은 마귀의 자녀들이다 8:37-50

예수님께서는 앞에서 유대인들은 죄의 종들이라고 하시고(31-36절) 이제 유대인들은 마귀의 자녀들이라고 하신다(37-44절). 따라서 유대인들은 하나님의 자녀들이 아니라고 하신다(45-47절). 심지어 유대인들은 예수님을 향하여 귀신이 들렸다고 응수하고 나선다(48-50절).

1).유대인들은 마귀의 자녀들이다 8:37-44

요 8:37.나도 너희가 아브라함의 자손인 줄 아노라 그러나 내 말이 너희 안에 있을 곳이 없으므로 나를 죽이려 하는도다.
여기 유대인들의 죄가 지적된다. 죄란 다름 아니라 예수님을 "죽이려 하는" 것이다(40절; 7:19). 예수님을 반항하고 예수님을 죽이려 하는 사람은 죄인인 것이다. 예수님은 유대인들이 아브라함의 자손이라는 사실을 잘 아셨지만(33절) 예수님의 말씀이 그들 안에 있을 곳이 없기에 그들은 예수님을 죽일 마음을 가지고 있다는 것이다. 오늘도 예수님을 어떻게 대하느냐 하는 것이 중요한 것이다. 아무리 교회에 다니고 세례를 받고 혹은 교회에서 봉사를 해도 예수님을 어떻게 대하느냐 하는 것이 중요한 것이다. 우리는 예수님을 주님으로 믿고 사랑해야 할 것이다.

요 8:38.나는 내 아버지에게서 본 것을 말하고 너희는 너희 아비에게서 들은 것을 행하느니라.

예수님은 본 절에서 예수님의 아버지와 유대인들의 아비를 대조하신다. 그리고 예수님은 아버지에게서 보신 것을 말씀하시고 유대인들은 마귀로부터 들은 것을 행한다고 대조하신다. 예수님께서 아버지에게서 본 것을 말한다고 말씀하신 것은 성육신하시기 전에 아버지에게서 본 것을 말한다는 것이 아니라 예수님은 하나님과 하나이시기 때문에(10:30) 그 당시에 보시는 것을 말씀한다는 것이다(3:32; 5:19, 30; 14:10, 24). 그리고 유대인들은 아비 마귀에게서 들은 것을 행한다는 것은 항상 마귀에게서 듣고 있으며 그 들은 것을 실행에 옮긴다는 뜻이다. 지금도 마귀에 속한 자들은 항상 마귀로부터 듣는 것을 그대로 실행하고 있다. 마귀는 그들에게 끊임없이 마귀의 생각과 계획을 들려주고 있다. 그리고 그들은 항상 마귀의 지시를 따라 행하고 있다.

요 8:39.대답하여 이르되 우리 아버지는 아브라함이라 하니 예수께서 이르시되 너희가 아브라함의 자손이면 아브라함이 행한 일들을 할 것이거늘.

예수님은 37절에서는 유대인들이 혈통적으로 아브라함의 자손이라고 인정하셨다. 그런데 본 절에서는 유대인들이 "우리 아버지는 아브라함이라"(33절; 마 3:9)고 주장하는데 대하여 예수님께서 유대인들이 영적으로 아브라함의 자손이라고 인정하시지 않으시면서 "너희가 아브라함의 자손이면 아브라함이 행한 일들을 할 것이" 아니냐고 책망하신다(롬 2:28; 9:7; 갈 3:7, 29). 다시 말해 '너희가 아브라함의 자손이라고 하면 아브라함이 행한 것처럼 행해야 하는데 도무지 아브라함처럼 행하지 않는다는 것이다. 아브라함은 갈 바를 알지 못하고 하나님의 명령 따라 나아갔고(창 12장), 하나님의 말씀을 그대로 믿었으며(창 15장), 할례의 언약을 받아 그대로 실시했고(창 17장), 그리고 부지중에 하나님의 천사를 영접했으며(창 18장), 자기의 외아들 이삭을 제단에 드렸다(창 22장). 아브라함은 우리가 보기에 상상할 수도 없는 것들을 순종했다. 그러나 유대인들은 아브라함과 같은 순종을 하지 않고(눅 3:8) 하나님께서 보내신 예수님을 배척했으니 천양의 차이가 있는 것이다.

요 8:40.지금 하나님께 들은 진리를 너희에게 말한 사람인 나를 죽이려 하는도다 아브라함은 이렇게 하지 아니하였느니라.

유대인들은 예수님을 죽이려고 하는데 반해 아브라함은 예수님을 영접했다는 말씀이다. 예수님은 37절에서도 유대인들이 예수님을 죽이려 한다고 말씀했다. 그런 점에서 유대인들은 마귀의 자녀들이다(44절). 아브라함이 언제 예수님을 영접한 것인가. 창세기 18장에 보면 아브라함은 세 사람의 행인을 맞이했는데 아브라함은 이 세 사람을 참으로 잘 대접했다(창 18:1-8). 그런데 그 중에 한 사람은 예수 그리스도였다(창 18:22). 예수님은 구약 시대에 종종 길가는 나그네로 나타나셨다. 본문에 한 가지 특기할 사실은 예수님께서 자신을 "사람"이라고 말했다는 것이다. 예수님은 사람의 몸을 입고 오신 분이시다. 가현설(假現設)을 주장하는 사람들은 예수님의 이 말씀 앞에서 설 자리를 잃는다.

요 8:41.너희는 너희 아비가 행한 일들을 하는도다 대답하되 우리가 음란한데서 나지 아니하였고 아버지는 한 분 뿐이시니 곧 하나님이시로다.

예수님은 유대인들을 향하여 "너희는 너희 아비가 행한 일들을 하고 있다"고 하신다. 곧 '너희 유대인들은 너희 아비 마귀가 하는 것처럼 나(예수님)를 죽이려 하고 있다'(44절)는 것이다. 이렇게 예수님께서 유대인들을 영적으로 아브라함의 자손으로 인정하지 않으시고 유대인들의 "아비"가 따로 있는 것으로 자꾸 말씀하시니까(38절) "우리가 음란한데서 나지 아니하였고 아버지는 한 분 뿐이시니 곧 하나님이시라"고 응수한다(사 63:16; 64:8; 말 1:6). 곧

'우리는 아비가 따로 존재하지 않고, 우리가 두 분 아버지한테서 나지 아니하였으며 한 분 아버지 하나님에게서 났다'고 응수한 것이다. 본문에서 "음란한데서 나지 아니했다"는 말은 "아버지는 한 분 뿐이시니 곧 하나님이시라"는 말과 대비를 이루고 있는 고로 "음란한데서 나지 아니했다"는 말은 '두 분 아버지에게서 태어나지 아니했다'는 뜻이다. 곧 '우상 숭배에 가담하지 아니했다'는 뜻이다. 유대인들은 우상숭배는 간음자체와 같은 것으로 알았다(사 1:21, 57:3; 렘 2:1-20; 3:1-3; 호 1:2; 2:4).

그런데 혹자는 유대인들의 "우리가 음란한데서 나지 아니하였다"는 말을 두고 예수님의 출생을 빗대어 비난한 것으로 보기도 한다. 예수님의 어머니는 확실하나 아버지는 누구인지 확실하지 않다는 뜻으로 예수님을 은근히 비난하는 것으로 해석하기도 하나 문맥을 살필 때 빗나간 해석으로 보인다. 그리고 또 혹자는 "우리가 음란한데서 나지 아니하였다"는 말을 두고 유대인들이 구약 시대에 이방인과 결혼해서 생겨난 민족이 아니라는 뜻이라는 것이다. 그러나 이 해석도 역시 문맥을 살필 때 빗나간 해석으로 보인다. 유대인들은 자기들이 음란하게 우상을 섬기는 민족이 아니라 한 분 하나님을 섬기는 민족이라고 강변한 것이다.

요 8:42. 예수께서 이르시되 하나님이 너희 아버지였으면 너희가 나를 사랑하였으리니 이는 내가 하나님께로부터 나와서 왔음이라 나는 스스로 온 것이 아니요 아버지께서 나를 보내신 것이니라.

유대인들이 "우리가 음란한데서 나지 아니하였고 아버지는 한 분 뿐이시니 곧 하나님이시라"고 주장한데 대해(앞 절) 예수님은 유대인들에게 "하나님이 너희 아버지였으면 너희가 나를 사랑하였으리니 이는 내가 하나님께로부터 나와서 왔음이라"고 말씀하신다(6:41; 16:27; 17:8, 25; 요일 5:1). 그런데 실제로는 유대인들이 하나님으로부터 오신 예수님을 사랑하지 않고 죽이려고 하니 유대인들은 하나님에게서 나지 않은 것이 확실하다는 것이다(37, 40절). 예수님은 자신이 "나는 스스로 온 것이 아니요 아버지께서 나를 보내신 것이라"고 하신다(3:17, 34; 5:36-37, 43; 7:28, 29; 8:18, 26, 29; 10:36; 11:42; 12:49; 17:3, 8).

요 8:43.어찌하여 내 말을 깨닫지 못하느냐 이는 내 말을 들을 줄 알지 못함이로다. 예수님은 유대인들을 향하여 "하나님이 너희 아버지였으면 나(예수님)를 사랑하였을 것이고"(앞 절) 또 "내 말도" 깨달았을 것이라고 하신다(7:17). 그들이 예수님의 말씀을 깨닫지 못하는 이유는 "내(예수님) 말을 들을 줄 알지 못하기" 때문이라고 하신다. 그들이 예수님의 말씀을 들을 줄 알지 못하기 때문에 예수님의 말씀을 깨닫지 못한다는 것이다. 유대인들의 마음이 완악하고 강퍅해서 예수님의 말씀이 귀에 들어오지 않고 또 깨닫지도 못한다는 것이다(3:3, 5; 5:44; 6:44; 고전 2:14). 오늘도 예수님의 말씀을 들을 줄 모르는 사람이 얼마나 많은지 알 수 없다. 그들은 그리스도의 말씀이 전파되어도 들을 줄 알지 못한다. 그들은 세상의 말은 들을 줄 알고 비판할 줄도 아는데 그리스도의 말씀에 대해서는 듣고도 그것이 무엇인지 알지 못하는 것이다. 따라서 그들은 그리스도의 말씀에 대한 깊은 깨달음이 없다. 사실 그들에게 깊은 깨달음은 없어도 듣기만이라도 했으면 얼마나 좋을까.

요 8:44.너희는 너희 아비 마귀에게서 났으니 너희 아비의 욕심대로 너희도 행하고자 하느니라 그는 처음부터 살인한 자요 진리가 그 속에 없으므로 진리에 서지 못하고 거짓을 말할 때마다 제 것으로 말하나니 이는 그가 거짓말장이요 거짓의 아비가 되었음이니라.
드디어 예수님은 유대인들이 마귀의 자녀라고 선언하신다(마 13:38; 23:15; 요일 3:8). 예수님은 유대인들을 향하여 "너희는 너희 아비 마귀에게서 났다"고 말씀하신다. "마귀에게서 났다"는 말은 육신적으로 마귀로부터 출생했다는 뜻이 아니라 영적으로 마귀에게서 사상을 받고 행동지침을 받는다는 뜻이다. 유대인들이 영적으로 마귀에게서 사상을 받고 행동지침을 받는 고로 예수님은 유대인들을 향하여 "너희 아비의 욕심대로 너희도 행하고자 한다"고 말씀하신다. 곧 '마귀의 욕심을 행하고자 한다'는 것이다. '마귀의 욕심은 예수님을 죽이는 것이고 거짓말을 하는 것'이다(하반 절). 마귀는 거짓말을 동원하여 예수님을 죽이기를 꾀하였다.

예수님은 마귀의 특성을 말씀하신다. 첫째, "처음부터 살인한 자"이다(창 3:3-12). 곧 '마귀는 처음부터 아담을 꾀어 하나님의 계명을 어기게 하여 영적으로 하나님으로부터 멀어지게 했다'는 것이다. 사람을 하나님으로부터 멀어지게 하는 것이 살인이다. 그리고 마귀는 사람을 육체적으로 죽이기도 했다(창 4:8; 요일 3:12). 둘째, "진리가 그 속에 없으므로 진리에 서지 못하고 거짓을 말할 때마다 제 것으로 말한다"(유 1:6). '진리가 마귀 안에 없어서 진리 안에서 살지 못한다. 그리고 거짓을 말할 때마다 자기의 것으로 말한다.' 본문에 "진리에 서지 못했다"(ἐν τῇ ἀληθείᾳ οὐκ ἔστηκεν)는 말은 '진리 안에 한 번도 서보지 못했다'는 뜻이다. 그리고 거짓을 말할 때마다 "제 것으로 말 한다"는 말은 '자기 것, 즉 자기의 특유의 것, 자기의 독창적인 거짓말로 말한다'는 것이다. 마귀가 이처럼 거짓을 말하는 이유는 "저가 거짓말장이요 거짓의 아비가 되었기" 때문이라는 것이다(창 3:1, 4; 욥 1:9-11; 마 4:6, 9; 행 5:3; 살후 2:9-11). 거짓말쟁이니까 거짓말을 한다는 것이다.

결국 마귀의 특징은 두 가지이다. 하나는 사람을 영육으로 죽이는 일을 하고 또 하나는 특유한 거짓말쟁이로서 사람으로 하여금 거짓말을 하도록 부추기는 존재라는 것이다.

2).유대인들은 하나님의 자녀들이 아니다 8:45-47

요 8:45.내가 진리를 말하므로 너희가 나를 믿지 아니하는도다.

예수님은 진리이시고(14:6) 또 진리를 말씀하시기 때문에, 바꾸어 말해 거짓을 말하지 않기 때문에 "너희," 곧 '마귀의 자녀들인 너희'는 "나를 믿지 아니한다"고 하신다. 진리와 비 진리는 서로 통하지 않고 빛과 어둠은 서로 조화가 되지 않는다. 마귀가 예수님을 믿지 않는 것처럼 마귀의 자녀들이 예수님을 믿지 않는 것이다.

요 8:46.너희 중에 누가 나를 죄로 책잡겠느냐 내가 진리를 말하는데도 어찌하여 나를 믿지 아니하느냐.

마귀의 자녀들인 "너희(유대인들) 중에 누가 나를 죄로 책잡겠느냐"고 도전하신다. 곧 '누가 나를 죄가 있다고 트집을 잡겠느냐'는 것이다. 예수님은 무죄하신 분이다. 예수님은 회개하신 일이 없으신 분이다. 예수님은 한결같이 시험을 받은 자로되 죄는 없으신 분이다(히 4:15). 죄가 전혀 없으신 예수님께서 "진리를 말하는데도 어찌하여 나를 믿지 아니하느냐"고 질문하신다. 죄가 전혀 없으신 예수님께서 진리를 말하면 반드시 믿어야 하는데 믿지 않고 있으니 참으로 어처구니없는 일이라는 것이다. 그래서 예수님은 "어찌하여 나를 믿지 아니하느냐"고 탄식하신다. 예수님은 지금도 세상을 향하여 "어찌하여 나를 믿지 아니하느냐"고 물으신다.

요 8:47.하나님께 속한 자는 하나님의 말씀을 듣나니 너희가 듣지 아니함은 하나님께 속하지 아니하였음이로다.

마귀에게서 난 자는 마귀에게서 사상과 행동지침을 받는 것처럼(44절) "하나님께 속한 자는 하나님의 말씀을 듣는다"는 것이다(10:26-27; 요일 4:6). 여기 "하나님께 속한 자"(ὁ ὢν ἐκ τοῦ θεοῦ)란 말은 '하나님께로부터 중생한 자'란 뜻이다. 중생한 자의 특징은 하나님의 말씀을 듣는 것이다. 그런데 유대인들이 하나님의 말씀을 "듣지 아니함은 하나님께 속하지 아니하였기" 때문이라는 것이다. 바꾸어 말해 유대인들이 하나님의 말씀을 듣지 않는 이유는 하나님께로부터 중생하지 아니했기 때문이라는 것이다. 오늘도 역시 그리스도의 말씀을 듣지 않고 깨닫지 못하는 사람은 하나님으로부터 중생하지 아니했기 때문이라는 것이다. 우리가 하나님께 속했다는 것은 엄청난 복인 것이다.

3).유대인들은 예수님을 향하여 귀신이 들렸다고 응수하다 8:48-50

요 8:48.유대인들이 대답하여 이르되 우리가 너를 사마리아 사람이라 또는 귀신이 들렸다 하는 말이 옳지 아니하냐.

유대인들은 마귀에게서 사상을 받고 또 행동지침을 받았을 뿐 아니라 그들은 한수 더 떠서 예수님을 향하여 "우리가 너를 사마리아 사람이라 또는 귀신이 들렸다 하는 말이 옳지 아니하냐"고 맹렬하게 공격한다(52절; 7:20; 10:20). 여기 "사마리아 사람"이란 말은 '율법을 지키지 않는 자' 혹은 '이단자'라는 뜻이고, "귀신이 들렸다"는 말은 '미쳤다'는 뜻으로 예수님의 공생애 기간 중에 종종 유대인들로부터 들은 말이다(마 12:24; 막 3:30; 눅 11:15; 요 7:20; 10:20). 유대인들은 예수야 말로 율법을 지키지 않는 이단자요 미친 사람이라고 몰아붙였다.

요 8:49. 예수께서 대답하시되 나는 귀신 들린 것이 아니라 오직 내 아버지를 공경함이거늘 너희가 나를 무시하는도다.

예수님은 "나는 귀신 들린 것이 아니라"고 하신다. 곧 '나는 미친 것이 아니다.' '내가 진리를 말하는 것이지(45-47절) 미쳐서 그런 말을 하는 것은 아니라'고 하신다. 바울 사도가 아그립바 왕과 베스도 총독 앞에서 진리를 변명하고 있을 때 베스도 총독이 바울을 향하여 "바울아 네가 미쳤도다. 네 많은 학문이 너를 미치게 한다"고 말했는데 바울은 "베스도 각하여 내가 미친 것이 아니라 참되고 온전한 말을 하나이다"라고 대답했다(행 26:24-25). 베스도 총독은 사태를 완전히 거꾸로 파악하고 바울을 향하여 미쳤다고 했다. 예수님은 유대인들을 향하여 자신이 진리를 말씀하는 것이지 결코 미친 것은 아니라고 강변하신 것이다. 그러면서 예수님은 "오직 내 아버지를 공경함이거늘 너희가 나를 무시하는도다"라고 응수하신다. 곧 예수님은 '오직 이렇게 진리를 말하는 것도 하나님을 공경하는 차원에서 하는 것인데 너희가 나를 무시하고 있다'고 주장하신다. 예수님은 하나님을 공경하려고 진리를 외치시는데도 불구하고 유대인들은 예수님을 무시하고 있었다. 본문에 "무시한다"(ἀτιμάζετε)는 말은 '모욕한다'는 뜻이다. 유대인들은 진리를 말하면서 하나님께 영광을 돌리시는 예수님을 모욕하고 있었다. 사실은 유대인들도 예수님께서 진리를 말씀하시는 것을 보고 하나님께 영광을 돌려야 하는데 오히려 예수님을 향하여 귀신들린 사람이라고 대든 것이다.

요 8:50.나는 내 영광을 구하지 아니하나 구하고 판단하시는 이가 계시니라.
예수님께서 진리를 말씀하는 것(45-47절)은 결코 자신을 높이고 또 자신을 영화롭게 하고자 하시는 것은 아니라는 것이다(5:41; 7:18). 사람들은 서로 영광을 추구하지만(5:44) 예수님께서 결코 자신의 영광을 구하지 않으시는 이유는 "구하고 판단하시는 이가 계시기" 때문이라는 것이다. 다시 말해 예수님의 영광을 구해주고 또 예수님을 옳게 판단해주실 분이 계시기 때문이라는 것이다. 하나님은 장차 예수님을 영화롭게 하시고(12:28), 또 예수님을 바로 판단해주셔서 높여주실 것이기 때문에 예수님 스스로는 절대로 자신을 높이시지 않는다는 것이다.

4.예수님의 말씀을 지키면 영생을 얻는다 8:51-59

요 8:51.진실로 진실로 너희에게 이르노니 사람이 내 말을 지키면 영원히 죽음을 보지 아니하리라.
예수님께서 진리를 말씀하시다가 유대인들로부터 미쳤다는 말씀을 들었지만(48절) 예수님은 "사람이 내 말을 지키면 영원히 죽음을 보지 아니하리라"고 하신다(5:24; 11:26). 여기 "내 말을 지킨다"는 말은 "내 말에 거한다"(31절)는 말씀과 같은 것이다. "지킨다"(τηρήσῃ)는 말은 '확실하게 준수하다,' '엄격하게 지킨다'는 뜻이다(52, 55절; 14:23-24; 15:20; 17:6; 요일 2:5). 누구든지 예수님의 말씀을 심령 속에 모시고 그 말씀을 준행하면 영적인 죽음을 영원히 보지 않게 되는 것이다(롬 6:22). 곧 영생하게 되는 것이다(계 1:3; 22:7).

요 8:52.유대인들이 이르되 지금 네가 귀신 들린 줄을 아노라 아브라함과 선지자들도 죽었거늘 네 말은 사람이 내 말을 지키면 영원히 죽음을 맛보지 아니하리라 하니.

유대인들이 예수님의 말씀, 곧 "사람이 내 말을 지키면 죽음을 영원히 보지 아니하리라"(51절)는 말씀을 듣고 "지금 네가 귀신 들린 줄을 아노라 "고 확언한다. 곧 '지금 네가 미친 줄을 아노라'는 것이다. 여기 "아노라"(ἐγνώκαμεν)는 말은 현재완료시제로 '이미 예수가 미친 줄 알았는데(48절) 지금도 역시 예수가 미친 줄 안다'는 뜻이다. 이유는 "아브라함과 선지자들도 죽었거늘 네 말은 사람이 내 말을 지키면 죽음을 영원히 맛보지 아니하리라 하니" 말이나 되는 것이냐는 것이다(슥 1:5; 히 11:13). 예수님이 누구이고 또 예수님의 말씀이 도대체 무엇이기에 예수님의 말씀을 준행하면 죽음을 영원히 맛보지 아니하리라고 하느냐는 것이다. 위대한 아브라함도 죽었고 또 선지자들도 다 죽었는데 예수가 누구이기에 예수의 말씀을 준행하면 죽지 아니하리라고 말하느냐 하는 것이다. 유대인들은 예수님께서 말씀하신 "죽음"이라는 것이 '영적인 죽음'을 지칭하는 줄 알지 못하였다. 예수님의 "말씀을 지키면 죽음을 영원히 맛보지 아니하리라"는 말씀은 영적으로 영원히 죽지 아니하리라는 말씀이다.

요 8:53.너는 이미 죽은 우리 조상 아브라함보다 크냐 또 선지자들도 죽었거늘 너는 너를 누구라 하느냐.

유대인들은 예수님을 향하여 "너는 이미 죽은 우리 조상 아브라함보다 크냐"고 질문한다. 곧 '아브라함보다 더 위대하냐'는 질문이다. 그리고 "선지자들도 죽었거늘 너는 너를 누구라 하느냐"고 예수님의 정체성을 묻는다. 예수님의 말씀을 지키면 영원히 죽음을 보지 아니하리라는 말씀은 유대인들에게 엄청난 파장을 일으킨 것이다.

요 8:54.예수께서 대답하시되 내가 내게 영광을 돌리면 내 영광이 아무것도 아니거니와 내게 영광을 돌리시는 이는 내 아버지시니 곧 너희가 너희 하나님이라 칭하는 그이시라.

본 절부터 58절까지 예수님은 자신이 아브라함보다 비교도 할 수 없이 더 위대하시다는 것을 증명하신다. 예수님은 먼저 "내가 내게 영광을 돌리면 내 영광이 아무것도 아니라"고 하신다(50절; 5:31). 곧 '내가 나를 자랑해 보아야 아무것도 아니고 내가 나를 향하여 위대하다고 말해도 아무것도 아니라'는 것이다. 바꾸어 말해 예수님이 아브라함보다 더 위대하시다고 인정해주시는 것은 하나님이시라는 것이다. 곧 "내게 영광을 돌리시는 이는 내 아버지시니 곧 너희가 너희 하나님이라 칭하는 그이시라"는 것이다(5:41; 16:14; 17:1; 행 3:13). 곧 '예수님에게 영광을 돌리시는 분은 예수님의 아버지시라'는 것이다(12:16; 13:31; 17:1-2, 5; 빌 2:9-11). 하나님은 예수님에게 영광을 돌리시고 예수님을 인정해 주신다. 다시 말해 하나님은 예수님께서 하시는 사역을 인정하시고 실현시켜 주신다. 하나님은 예수님께서 하신 말씀, 곧 "사람이 내 말을 지키면 죽음을 영원히 보지 아니하리라"(51절)는 말씀을 그대로 실현되게 해주신다. 하나님은 예수님께서 하신 말씀을 땅에 떨어지지 않게 그대로 실현시켜 주신다. 이유는 예수님께서 하신 말씀은 곧바로 하나님으로부터 나온 말씀인고로 하나님은 예수님께서 하신 말씀을
그대로 실현되게 해주시는 것이다. 그런데 아들을 영화롭게 해주시는 하나님은 바로 "내(예수님의) 아버지시니 곧 너희가 너희 하나님이라 칭하는 그이시라"는 것이다. 곧 '하나님은 예수님의 아버지이시고 바로 그 하나님은 유대인들이 자기들의 하나님이라 부르는 바로 그 분이시라'는 것이다. 유대인들은 자기들이 하나님이라고 부르는 분의 아들을 그렇게도 비난하고 중상모략하고 배척하고 있다는 것이다. 유대인들은 하나님의 독생자를 배척하는 엄청난 죄를 짓고 있었다.

요 8:55.너희는 그를 알지 못하되 나는 아노니 만일 내가 알지 못한다 하면 나도 너희 같이 거짓말쟁이가 되리라 나는 그를 알고 또 그의 말씀을 지키노라.
예수님은 바로 앞 절(54절)에서 자신의 아버지는 바로 "너희(유대인들)가 너희 하나님이라 칭하는 그이"라고 말씀하셨는데 그렇다고 유대인들이 실제로 하나님을 경험적으로 아는 것은 아니라고 말씀한다. 그들은 하나님을 경험적으로

알지 못하고 다만 교리적으로만 말하고 있었다는 것이다. 그래서 예수님은 "너희는 그를 알지 못하되 나는 안다"고 말씀하신다(7:28-29). '너희 유대인들은 그(하나님)를 경험적으로 알지(ἐγνώκατε) 못하되 나(예수)는 경험을 통해서가 아니라 직관(直觀)으로 알고(oi\da) 있다'는 것이다. 예수님은 자신이 하나님을 직관적으로 알고 계시다는 것을 강조하시기 위해 "만일 내가 알지 못한다 하면 나도 너희 같이 거짓말쟁이가 되리라"고 말씀한다. 예수님은 "나는 그(하나님)를 알고 그의 말씀을 지킨다"고 하신다. 예수님은 유대인들과 현저히 다른 분이시다.

요 8:56.너희 조상 아브라함은 나의 때 볼 것을 즐거워하다가 보고 기뻐하였느니라.

예수님은 앞에서 하나님께서 자신의 사역을 온전히 인정하시는 점에서 아브라함보다 위대하시다고 말씀했고(54-55절) 이제는 아브라함이 "나(예수)의 때 볼 것을 즐거워하다가 보고 기뻐한" 점에서 예수님이 아브라함보다 더 위대하시고 말씀한다(눅 10:24). 여기 "너희 조상(육체의 조상) 아브라함은 나의 때 볼 것을 즐거워하다가 보고 기뻐했다"(히 11:13)는 말은 '아브라함이 메시야의 시대를 볼 것을 즐거워하다가 멀리서 보았고 또 기뻐했다'는 뜻이다. 아브라함은 하나님으로부터 그에게 이삭이 탄생하리라는 약속을 받고 심히 기뻐했다(창 15:4-6; 17:1-8). 나이 많은 그들 부부에게 이 이상 기쁜 일은 없었다. 이삭이 탄생하기까지 도무지 기다릴 수 없을 정도로 기뻤다. 드디어 이삭이 탄생했을 때 이름을 이삭 곧 '웃음'이라고 이름 지었다. 아브라함은 이삭을 통하여 하나님께서 계획하신 것을 이루시리라고 기대하였다. 아브라함이 이삭을 모리아 제단에 바칠 때에도 아브라함은 하나님께서 이삭을 다시 살리시리라는 것을 분명하게 믿었다(창 22:8; 히 11:17-19). 아브라함은 이삭 계통에서 메시야께서 태어나실 것을 믿었고 또 하나님께서 그를 통하여 온 세계 민족에게 복을 주실 것을 믿었다. 아브라함은 이삭을 통하여 그 일이 실제로 성취되는 것을 보지 못했으나 "그것들을 멀리서 보고 환영하였다"(히 11:13). 아브라함은 그리스도의 날을 멀리서 보았고 또 기뻐한 것이다.

혹자는 여기 "보고 기뻐하였느니라"(εἶδεν καὶ ἐχάρη)는 말씀에 대해 '아브라함이 하늘에 올라간 다음에 현재 메시야의 시대를 보고 기뻐하는 것'이라고 해석하나 두 동사가 모두 부정(단순)과거인 점을 감안하면 과거에 '이미 보고 기뻐한 것'을 지칭하는 것으로 보아야 하고 또 성경에 아브라함이 '멀리서 보고 기뻐했다'(히 11:13)는 말씀이 있으므로 아브라함이 그가 살아있는 동안 메시야의 시대를 멀리서 보고 기뻐한 것으로 보는 것이 옳을 것이다. 아브라함이 예수님을 메시야로 보고 기뻐한 것은 예수님이 아브라함보다 더 위대하다는 것을 보여주는 말씀이다.

요 8:57.유대인들이 이르되 네가 아직 오십 세도 못 되었는데 아브라함을 보았느냐.

예수님께서 바로 앞 절(56절)에서 "아브라함은 나의 때 볼 것을 즐거워하다가 보고 기뻐하였느니라"는 말씀을 하시니까 그러면 예수님도 아브라함을 보았을 것이 아닌가하고 유대인들이 추측하고 "네가 아직 오십 세도 못 되었는데 아브라함을 보았느냐"고 질문한다. 유대인들은 영안이 어두워 굽이굽이 헛된 추측을 하고 헛된 질문을 던진다. 영안이 어둔 사람들은 이렇게 엉뚱하게 생각하고 질문한다. 혹자는 여기 유대인들이 예수님의 나이를 50정도로 추정한 것을 두고 예수님께서 40세가 넘어 50세 가까이 되었으리라고 추측하기도 하나 유대인들이 50세라고 말한 것은 그저 "예수님과 아브라함 사이의 시간 거리(2,000년 동아)에 대조하여 생각된 짧은 연수이다"(박윤선). '그저 많이 잡아도 50세도 못 되었는데 2,000년 전의 아브라함을 보았다고 할 수 있느냐?'는 뜻으로 보아야 할 것이다.

요 8:58.예수께서 이르시되 진실로 진실로 너희에게 이르노니 아브라함이 나기 전부터 내가 있느니라하시니.

예수님은 여기서 큰 진리를 하나 말씀하신다. 곧 "아브라함이 나기 전부터 내가 있느니라"고 밝히신다(17:5, 24; 출 3:14; 사 43:13; 골 1:17; 계 1:8). 여기 "있느니라"(ἐγὼ εἰμι)는 말은 현재 시제로 영원한 진리를 드러내는 말이다. 예수님은 영원히 현재로 계신다는 뜻이고 예수님은 아브라함이 나기 전부터 계시고 아담이 나기 전부터 계시고 창세전에도 계시다는 뜻이다(1:1-2; 히 13:8). 예수님께서 아브라함보다 더 위대하신 것은 바로 아브라함보다 더 먼저 계시다는 것에서도 드러난다.

요 8:59.그들이 돌을 들어 치려하거늘 예수께서 숨어 성전에서 나가시니라.
예수님께서 "아브라함이 나기 전부터 내가 있느니라"(앞 절)고 하신 말씀은 예수님께서 하나님이라고 선언한 것이나 다름이 없는 것으로 보여서 유대인들은 심히 노하여 "돌을 들어 치려하였다"(10:31, 39; 11:8). 그러나 예수님은 아직 잡혀죽을 때가 되지 않았다. 반년의 세월을 더 기다려 다음 유월절에 죽으셔야 했다. 그래서 예수님은 "숨어 성전에서 나가셨다"(눅 4:30). 예수님은 필요할 때 숨기도 하시고 또 피하기도 하셨다(10:31-33). 예수님은 죽으실 때를 택하여 죽으시기 위하여 그 이전에는 숨고 피하신 것이다.

제 9 장

예수님께서 맹인을 치유하시다

XXIII.예수님께서 맹인을 치유하시다 9:1-41

예수님께서 맹인을 언제 치유하셨는지에 대해서는 확실한 결론을 내리기가 힘들다. 혹자는 앞 장의 분노한 유대인들이 예수님을 돌로 치려하던 때를 지나 예수님께서 성전에서 나가시면서 맹인을 만나 치유하셨다고 보고 장막절 때로 주장하기도 하며(7:2) 또 혹자는 10:22에 수전절 절기가 나오므로 수전절 때 예수님께서 치유하신 것으로 보기도 하며 혹자는 장막절과 수전절의 중간쯤에 맹인을 치유하신 것으로 보기도 한다. 본장의 내용은 먼저 예수님께서 맹인을 치유하신 사건(1-12절)과 예수님께서 맹인을 치유하신 다음 맹인이 신앙 고백을 한 것을 기록하고 있고(13-34절) 또 마지막으로 예수님께서 영적인 맹인들에게 교훈하신 것을 기록하고 있다(35-41절).

1.예수님께서 맹인을 치유하시다 9:1-12

본 장에 기록되어 있는 일곱 가지 표적 중에 예수님께서 맹인을 고치신 표적은 여섯 번째의 표적으로 예수님께서 세상의 빛이심을 보여주시는 표적이다. 예수님은 이 표적을 안식일에 행하심으로 5장에 이어 다시 안식일 논쟁에 휘말리신다.

요 9:1.예수께서 길을 가실 때에 날 때부터 맹인 된 사람을 보신지라.

예수님께서 제자들과 함께 길을 가실 때에 선천적인 맹인을 보셨다. 맹인은 모든 병자 중에서 가장 불행한 사람이다. 우리가 일부러 잠시만 눈을 감고 있어도 맹인의 고통을 조금은 느낄 수가 있다. 그는 아마도 성전으로 통하는 그 어느 곳에서 사람들의 자비에 의지하고 살았을 것이다. 예수님께서 날 때부터 맹인 된 사람을 고치신 것은 예수님의 능력이 무한하다는 것을 보여준다. 예수님은 그저 자기의 손가락만을 사용하여 그를 고쳐주셨다. 예수님은 오늘 우리 영적인 맹인들을 고쳐주셨다. 예수님께서 우리의 눈을 열어주신 것이다.

요 9:2.제자들이 물어 이르되 랍비여 이 사람이 맹인으로 난 것이 누구의 죄로 인함이니이까 자기니이까 그 부모니이까.

예수님의 제자들은 당시에 팽배해 있던 통념(通念)을 따라 예수님에게 "이 사람이 맹인으로 난 것이 누구의 죄로 인함이니이까 자기니이까 그 부모니이까"라고 병의 원인이 무엇인지를 질문한다(34절). 자기 자신의 죄 때문인가 아니면 부모의 죄로 인함인가를 질문한 것이다. 당시 유대사회에서는 모든 질병이나 불행의 원인은 죄 때문이라고 생각했었다. 구약 성경에 보면 불행의 원인이 부모의 죄 때문이고 말하기도 하고(출 20:5; 34:7; 민 14:18; 시 79:8; 사 65:6-7), 개인의 죄 때문이라고 말하기도 한다(신 28:61; 대하 21:15; 시 107:17-18; 전 5:17; 미 6:13; 고전 11:30). 그러나 질병과 불행 모두가 죄의 결과만은 아니라는 것이다. 때로는 하나님께서 그 사람에게서 나타나시기 위해서 불행이 주어지기도 하며(욥 2:1-10; 42:5-6), 또 때로는 은혜를 계속해서 주시기 위해서 질병을 주시기도 한다는 것이다(고후 12:7; 벧전 4:12-13).

요 9:3.예수께서 대답하시되 이 사람이나 그 부모의 죄로 인한 것이 아니라 그에게서 하나님이 하시는 일을 나타내고자 하심이라.

예수님은 "이 사람이나 그 부모의 죄로 인한 것이 아니라"고 하신다. 날 때에 맹인으로 태어난 것이 '이 사람 개인이나 그 부모의 죄로 인한 것이 아니라'는 것이다. 예수님은 그 사람이 눈이 멀어 태어난 것이 다른 이유에서가 아니라 "그에게서 하나님이 하시는 일을 나타내고자 하시기" 위해서라는 것이다

(11:4). 곧 '그에게서 하나님이 하시는 일들(τὰ ἔργα)을 나타내고자 하시기' 위해서라는 것이다(요 11:4). 여기 "하나님이 하시는 일들"이란 말은 하나님의 사랑과 자비, 지혜와 능력을 종합해서 지칭하는 말이다. 예수님은 맹인에게 엄청난 사랑과 자비를 보여주셨으며 또한 그를 치유하는데 있어서 놀라운 신적인 지혜와 능력을 보여주셨다. 예수님은 그 맹인을 고치시므로 자신이 하나님이심을 보여주셨다. 지금도 예수님은 많은 불행들을 통하여 하나님이 하시는 일들을 보여주고 계신다. 심지어 전쟁을 통하여 하나님의 심판을 보여주시며 또 하나님의 능력도 보여주시고 하나님의 놀라운 보호도 보여주신다. 경제적인 빈곤을 통하여 하나님의 사랑과 하나님의 부요를 보여주신다. 모든 불행은 그냥 불행으로 끝나는 것이 아니라 하나님의 영광을 드러내는 도구로 사용하신다.

요 9:4.때가 아직 낮이매 나를 보내신 이의 일을 우리가 하여야 하리라 밤이 오리니 그때는 아무도 일할 수 없느니라.

예수님은 맹인을 앞에 놓고 지금 우리가 고쳐야 한다고 말씀하신다. 곧 "때가 아직 낮이매 나를 보내신 이의 일을 우리가 하여야 하리라"는 것이다(4:34; 5:19, 36; 11:9; 12:35; 17:4). "때가 아직 낮이매"라는 말은 '예수님께서 아직 땅위에 계시매'라는 뜻이다. 예수님께서 십자가에 죽으시기 전 이 땅에 계시는 동안 "나를 보내신 이의 일을 우리가 하여야 하리라"는 것이다. '예수님을 보내신 하나님의 일들을 우리들이 하여야 한다'는 것이다. 여기 "일"(τὰ ἔργα)이란 말은 '일들'이란 뜻으로 하나님의 사랑과 자비, 하나님의 지혜와 능력 등을 지칭한다. 그리고 본문에 "우리"란 말은 '예수님만 아니라 제자들'을 지칭하는 말로 제자들도 역시 하나님의 일들을 나타내는데 동참해야 한다는 것이다. 그리고 "하여야 하리라"(δεῖ ἐργάζεσθαι)는 말은 '반드시 해야 한다'는 뜻이다. 오늘 우리도 하나님으로부터 지혜와 능력을 얻어서 세상에 하나님을 나타내야 하는 것이다.

그리고 예수님은 "밤이 오리니 그때는 아무도 일할 수 없느니라"고 하신다

(13:30). “밤이 온다”는 말은 ‘예수님께서 십자가에 달리실 시간이 올 것’을 지칭하는 말이다. 예수님께서 십자가에 달리셔서 죽으신 후부터 성령님이 강림하시기까지는 어두운 밤이니까 그때는 아무도 일할 수 없다는 것이다. 우리는 이 말을 우리의 일생에 적용할 수도 있다. 일할 수 없는 때가 오면 아무도 일을 할 수가 없는 것이다. 우리는 일을 할 수 있는 때에 하나님으로부터 능력을 받아서 일을 해야 한다.

요 9:5.내가 세상에 있는 동안에는 세상의 빛이로라.

예수님은 세상에 계신 동안에는 언제든지 세상의 모든 사람(1:29; 3:16-17; 4:42; 6:33, 51; 8:12; 12:35, 46)을 비추는 빛(φῶς)이라고 하신다(1:5, 9; 3:19). 곧 하나님을 드러내셔야 한다는 말이다. 하나님의 사랑과 자비와 능력을 드러내야 한다는 것이다.

요 9:6.이 말씀을 하시고 땅에 침을 뱉어 진흙을 이겨 그의 눈에 바르시고.

예수님은 자신이 세상의 빛이라고 말씀하신 후 “땅에 침을 뱉어 진흙을 이겨 그의 눈에 바르셨다”(막 7:33; 8:23). 우리는 예수님께서 땅에 침을 뱉어 진흙을 이겨 그의 눈에 바르셔서 고치신 사건을 두고 예수님의 침에 무슨 약효가 있다고 말할 것은 없다. 예수님께서 이렇게 하신 것은 아마도 그 병자의 신앙을 계발하기 위함일 것일 것이다. 예수님은 말씀으로도 고치시고(막 10:46-52) 안수하셔서 고치기도 하신다(마 20:34).

요 9:7.이르시되 실로암 못에 가서 씻으라 하시니 (실로암은 번역하면 보냄을 받았다는 뜻이라) 이에 가서 씻고 밝은 눈으로 왔더라.

예수님은 이 맹인에게 한 가지를 추가하신다. 곧 “실로암 못에[41] 가서 씻으라”

---

41) 실로암은 ‘보냄을 받았다’는 뜻의 히브리어 쉴로하에서 유래한 말이다. 이 실로암 못은 예루살렘 성전 남쪽에 위치해 있는데 ‘베데스다’와 함께 예루살렘에 있는 두 개의 못 중 하나이다. 이 못은 길이가 19m이며 너비는 약 6m이다. 이 못은 주전 8세기 말 유다의 히스기야 왕이 앗수르의 산헤립의 공격에 대비해서 예루살렘 성읍에 충분한 물을 확보하기 위해 ‘기혼’에서부

는 것이었다(느 3:15). 눈을 보지 못하는 맹인에게는 부담스러운 명령이었다. 그냥 말씀으로 고쳐주시거나 혹은 안수하여 고쳐주셨으면 더 좋을 것인데 이렇게 무슨 과정을 통해야 하니 맹인으로서 순종하기에 힘이 들었을 것이다. 그러나 맹인은 예수님의 명령을 순종하여 실로암으로 가서(왕하 5:14) 눈을 씻고 밝은 눈으로 돌아왔다. 우리는 그리스도에게 가서(믿어서) 영안(靈眼)이 밝아져야 한다.

요 9:8.이웃 사람들과 전에 그가 걸인인 것을 보았던 사람들이 이르되 이는 앉아서 구걸하던 자가 아니냐.

본 절부터 12절까지 요한 사도는 맹인이 예수님에 의해 눈이 뜨인 사실을 두고 주변 사람들이 보인 관심을 기록한다. 우선 "이웃 사람들과 저(맹인)가 걸인인 것을 보았던 사람들이 이르되 이는 앉아서 구걸하던 자가 아니냐"고 웅성거렸다. '항상 맹인을 지켜보았던 이웃 사람들과 그리고 좀 멀리서 살지만 맹인이 길거리에 앉아서 구걸하던 것을 보았던 사람들이 이 사람이 과거에 구걸하던 사람이 아니냐'고 웅성거린 것이다. 맹인이 눈을 뜨면 사람의 인상이 달라지니 이렇게 왈가왈부한 것이다.

요 9:9.어떤 사람은 그 사람이라 하며 어떤 사람은 아니라 그와 비슷하다 하거늘 자기 말은 내가 그라 하니.

이제는 더 세밀한 반응이 나온다. 어떤 사람은 바로 그 사람이라 하고 혹은 어떤 사람은 그 사람과 비슷하다고 말했다. 그래서 본인이 나서서 해명한다. "내가 그라"고 한다. '내가 맹인이었던 그 사람이라'고 한 것이다. 오늘 우리도 과거의 무지하고 불행하던 나 자신과 현재의 밝고 행복해진 나 자신의 차이를 두고 사람들 앞에서 그 무지하고 불행했던 사람이 바로

터 약 530m 떨어진 이 실로암까지 암반을 뚫어 터널을 파서 예루살렘 성읍에 물을 공급하도록 했다(대하 32:30). 실로암이란 말은 '보냄을 받았다'는 뜻이다. 실로암 못은 예수님을 상징하는 못이었다. 예수님은 이 맹인을 예수님을 상징하는 실로암으로 보내신 것이다. 그리고 예수님은 이 맹인으로 하여금 실로암 못에 가서 씻도록 순종을 요구하셨다(왕하 5:9-14).

나 자신이었다고 사람들에게 고백해야 한다. 그래서 하나님의 은혜를 간증해야 할 것이다.

요 9:10.그들이 묻되 그러면 네 눈이 어떻게 떠졌느냐.
본인이 나서서 '내가 그 사람이라'고 했을 때 더 시비할 것이 없게 되었다. 그러나 그들은 너무 큰 충격을 받은 나머지 "네 눈이 어떻게 떠졌느냐"고 묻는다. 오늘도 사람들은 우리들을 향하여 '어떻게 그렇게 큰 은혜를 받게 되었느냐'고 의아해하며 질문하도록 되어야 할 것이다.

요 9:11.대답하되 예수라 하는 그 사람이 진흙을 이겨 내 눈에 바르고 나더러 실로암에 가서 씻으라 하기에 가서 씻었더니 보게 되었노라.
맹인의 대답이다. 맹인의 대답은 두 부분으로 나누어진다. 먼저 예수님이 하신 일을 발설(發說)한다. 곧 예수님이 "진흙을 이겨 내 눈에 바르고 나더러 실로암에 가서 씻으라"고 했다는 것이다(6-7절). 그는 하나도 빼지 않고 그대로 말한다. 우리는 예수님께서 우리들을 위해 행하신 일을 그대로 말해야 한다. 예수님께서 십자가에서 대속의 죽음을 죽으신 사실을 말해야 하고 우리를 의롭다하시기 위하여 삼일 만에 부활하신 일을 말하고 또한 승천하셔서 성령님을 보내주신 일을 말해야 하며 앞으로 재림하실 것이라고 말해야 한다. 우리는 우리의 입으로 철저히 예수님을 시인해야 한다.

맹인의 대답의 둘째 부분은 내가 "가서 씻었더니 보게 되었노라"는 것이었다. 다시 말해 '순종하였더니 보게 되었노라'는 것이었다. 순종할 때 복을 받는 것이다. 베드로도 갈릴리 바다에서 예수님의 말씀에 순종하여 그물이 찢어질 만큼 고기를 잡았다(눅 5:5). 열 사람의 나병환자는 예수님의 말씀을 순종하여 길을 가다다 모두 나병으로부터 나음을 얻었다(눅 17:11-19). 나아만도 요단강에 몸을 일곱 번 잠그라는 선지자의 말에 순종하여 문둥병에서 해방을 받았다(왕하 5:1-19). 우리도 순종하여 복 받은 사실을 사람들에게 말해야 한다.

요 9:12.그들이 이르되 그가 어디 있느냐 이르되 알지 못하노라 하니라. 이제는 사람들이 예수님을 찾기 시작한다. "그가 어디 있느냐"고 묻는다. 한편으로는 호기심에서 물었을 것이며 또 한편으로는 박해하기 위해 물었을 것이다(13절; 7:11). 박해하기 위하여 질문했을 것이라고 말할 수 있는 것은 사람들이 전에 맹인이었던 사람을 바리새인들에게 데리고 간 것을 보면 알 수가 있다(13절). 사람들이 예수님의 소재를 물었을 때 맹인이었던 사람은 "알지 못하노라"고 대답했다. 예수님은 이 사람을 고치신 다음 그 자리에 계시지 않고 피하신 것이다. 예수님은 항상 피해 다니신 것이다.

2.맹인이 신앙을 고백하다 9:13-34

전에 맹인이었던 사람은 눈을 뜬 다음에 예수님에 대한 믿음이 점점 성장해 갔다(24-34절). 처음에는 예수님을 "사람"이라 하였고(11절), 다음에는 "선지자"라고 하였으며(17절), 그 후에는 "경건하여 그(하나님)의 뜻대로 행하는 자"라 하였고(31절), 마지막에는 "주"라고 고백하였다(36절).

그런가하면 바리새인들은 예수님께서 안식일에 맹인의 눈을 뜨게 하였다 하여 하나님께로부터 온 자가 아니라고 하며 맹인이었던 사람을 심문하고(13-17절), 또 그 부모를 심문하며(18-23절), 또 전에 맹인이었던 사람을 다시 심문하여 결국은 추방하고 말았다(24-34절).

요 9:13.그들이 전에 맹인이었던 사람을 데리고 바리새인들에게 갔더라. "그들(이웃 사람들과 전에 그가 걸인이었던 것을 보았던 사람들-8절)이 맹인이었던 사람을 데리고 바리새인들에게 갔다." 아무래도 예수님이 맹인을 치유한 날이 안식일이었으므로 그들은 종교를 관할하는 당국자들에게 데리고 간 것이다. 당시 유대사회는 안식일을 지키되 안식일의 본정신에서 탈선하여 번쇄하게 지키고 있어서 유대인들도 이 문제를 그냥 지나갔다가는 화가 자기들에게 미칠는지 모른다는 생각으로 바리새인들에게 그 문제를 가지고 간 것이다.

요 9:14.예수께서 진흙을 이겨 눈을 뜨게 하신 날은 안식일이라.

만약 안식일에 사람의 병을 고쳐서는 안 되었다면 예수님은 안식일을 피하셨을 것이다. 그러나 하나님께서 안식일에도 일하시니 하나님의 독생자도 안식일에 사람을 고치신 것이다(마 12:9; 막 1:21, 29; 눅 13:14; 눅 14:1; 요 5:10; 9:1).

요 9:15.그러므로 바리새인들도 그가 어떻게 보게 되었는지를 물으니 이르되 그 사람이 진흙을 내 눈에 바르매 내가 씻고 보나이다 하니.

바리새인들의 물음은 정죄의 조건을 찾고자 하여 묻고 또 물은 것이다. 본문에 "물으니"(ἠρώτων)라는 말은 미완료 시제로 '계속해서 묻고 있었다'는 뜻이다. 바리새인들은 이 문제를 놓고 하나님께 감사하고 찬양해야 하는데 완전히 거꾸로 행동했다. 오늘도 감사해야 할 문제를 두고 오히려 꼬투리를 잡는 사람들이 많지 않은가. 맹인이었던 사람은 그들의 물음에 머뭇거리지 않고 "그 사람이 진흙을 내 눈에 바르매 내가 씻고 보나이다"라고 솔직하게 대답한다. 세상이 혼란해도 우리는 그리스도를 그대로 드러내야 한다.

요 9:16.바리새인 중에 어떤 사람은 말하되 이 사람이 안식일을 지키지 아니하니 하나님께로부터 온 자가 아니라 하며 어떤 사람은 말하되 죄인으로서 어떻게 이러한 표적을 행하겠느냐 하여 그들 중에 분쟁이 있었더니.

맹인이었던 사람의 대답을 듣고 바리새인들은 두 부류로 나뉘게 되었다. 어떤 바리새인들은 "말하되 이 사람이 안식일을 지키지 아니하니 하나님께로부터 온 자가 아니라"고 했고 "또 어떤 사람은 말하되 죄인으로서 어떻게 이러한 표적을 행하겠느냐 하여 그들 중에 분쟁이 일어났다"(33절; 3:2; 7:12, 43; 10:19). 여기 "표적"(σημεῖα)이란 말은 복수로서 예수님께서 여러 번 표적을 행한 것을 가리킨다(2:1-11, 23; 4:46-54; 5:1-9; 6:1-15). 그들은 예수님께서 여러 번 표적을 행한 것을 보고 예수님이 죄인이 아님을 변증하고 있다. 진리는 이렇게 분쟁을 일으키는 법이다(마 10:34-36).

요 9:17.이에 맹인 되었던 자에게 다시 묻되 그 사람이 네 눈을 뜨게 하였으니 너는 그를 어떠한 사람이라 하느냐 대답하되 선지자니이다 하니.

바리새인들은 계속해서 정죄를 위한 꼬투리를 잡기 위해 다시 병 나은 사람에게 "그 사람(예수)이 네 눈을 뜨게 하였으니 너는 그를 어떠한 사람이라 하느냐?"고 묻는다. 맹인이었던 사람은 조금도 굽히지 않고 "선지자니이다"라고 대답한다(눅 24:19). 한 단계 신앙이 성장한 것을 보여주고 있다. 예수님을 "사람"이라고만 말하더니(11절) 이제는 "선지자"로 격상해서 말한다(4:19; 6:14). 신앙은 후퇴해서는 안 되고 점점 성장해 가야 한다.

요 9:18-19.유대인들이 그가 맹인으로 있다가 보게 된 것을 믿지 아니하고 그 부모를 불러 묻되 이는 너희 말에 맹인으로 났다 하는 너희 아들이냐 그러면 지금은 어떻게 해서 보느냐.

유대인들이 맹인으로 있다가 나은 사람의 말을 믿지 않고 예수님을 정죄하고자 그 부모까지 불러서 물어본다. 질문의 내용은 1)이 사람이 "너희 아들이냐?" 2)"맹인으로 났느냐?" 3)"어떻게 해서 보느냐?"는 것이었다. 어떤 질문을 하든지 유대인들은 예수님께서 행하신 이적을 부인하고 또 예수님을 정죄하고자 하는 일념(一念)뿐이었다.

요 9:20-21.그 부모가 대답하여 이르되 이 사람이 우리 아들인 것과 맹인으로 난 것을 아나이다 그러나 지금 어떻게 해서 보는지 또는 누가 그 눈을 뜨게 하였는지 우리는 알지 못하나이다 그에게 물어 보소서 그가 장성하였으니 자기 일을 말하리이다.

이 부분에는 부모의 답변이 기록되었다. 유대인들의 물음(19절)에 부모는 일부는 시인하고 일부는 아들에게 미룬다. 시인한 것은 1)"이 사람이 우리 아들이다." 2)"맹인으로 난 것을 안다." 그러나 일부는 아들에게 답을 미룬다. 곧 "그러나 지금 어떻게 해서 보는지 또는 누가 그 눈을 뜨게 하였는지 우리는 알지 못하나이다. 그에게 물어 보소서 그가 장성하였으니 자기 일을 말하리이다.” 부모들도 알고 있으련만 바리새인들을 두려워하여 아들한테 미룬 것이다. 그 부모는 아들의 치유를 위해서 예수님께서 행한 사실을 몰라서 이렇게 아들에게 답을 미룬 것이 아니라 다음 절이 보여주는 것처럼 사실대로 말했다가 회당에서 출교를 당할까 두려워서 그랬던 것이다. 우리는 어떤 불이익을 당한다 해도 사실을 사실대로 말해야 한다.

요 9:22-23.그 부모가 이렇게 말한 것은 이미 유대인들이 누구든지 예수를 그리스도로 시인하는 자는 출교하기로 결의하였으므로 그들을 무서워함이러라. 이러므로 그 부모가 말하기를 그가 장성하였으니 그에게 물어 보소서 하였더라.

그 부모가 일부(어떻게 해서 보는지 또는 누가 그 눈을 뜨게 하였는지)의 대답을 아들에게 미룬 것은 “이미 유대인들이 누구든지 예수를 그리스도로 시인하는 자는 출교하기로 결의하였기” 때문이다. 그 부모는 회당에서 쫓겨나는 것을 두려워해서(7:13; 12:42; 19:38; 행 5:13) 아들이 장성했다는 구실을 대고 아들에게 물어보라고 했다. 부모는 유대사회에서의 출교가 얼마나 심각한 고통인가를 잘 알고 있었다(34절; 16:2). 출교를 당한 사람들은 공중회의에 나갈 수 없고 다른 사람들을 2m 이내로 접근할 수가 없었으며 또 사람들과 교제할 수도 없었고 물건을 팔수도 없으며 함께 회식도 할 수 없게 된다. 그래서 아무도 예수님을 그리스도로 시인할 수 없게 했다. 결국 아들은 회당에서 출교되었고 부모는 출교되지 않았으나 그 부모는 하나님을 기쁘시게 하지 못했다.

요 9:24.이에 그들이 맹인이었던 사람을 두 번째 불러 이르되 너는 하나님께 영광을 돌리라 우리는 이 사람이 죄인인 줄 아노라.

유대인들은 맹인이었던 사람을 일차 심문하고(13-17절), 또 그 부모를 심문한(18-23절) 다음 이제는 제 2차로 불러 “너는 하나님께 영광을 돌리라 우리는 이 사람이 죄인인 줄 아노라”고 말한다(수 7:19; 삼상 6:5). 문장 초두의 “이에"(οὖν)란 말은 '그러므로'라는 뜻이다. 유대인들이 맹인이었던 사람의 부모로부터 예수님을 정죄할만한 조건을 얻지 못했으므로 이제는 맹인이었던 사람을 불러 제 2차 심문에 들어간다는 것이다. 유대인들은 맹인이었던 사람에게 "너는 하나님께 영광을 돌리라"고 말한다. 곧 '너는 예수가 죄인이라는 사실을 말해서 하나님께 영광을 돌려보라'는 것이다(수 7:19). 그들은 예수님과 하나님을 분리해서 예수님을 정죄하므로 하나님께 영광을 돌려보라고 권고한 것이다. 그러면서 그들은 "우리는 저 사람이 죄인인 줄 아노라"고 말한다(16절). 곧 '우리는 저 사람, 곧 예수가 분명히 죄인인줄 안다'는 것이다. 그들은 자기들의 권위를 가지고 예수님을 벌써 죄인으로 정죄한다는 것이다. 여기 "아노라"(οἴδαμεν)는 말은 '직관적으로 안다'는 뜻이다. 무엇을 조사하고 말고 할 것이 없이 직관적으로 예수가 죄인인줄 안다는 것이다. 죄인들이 의인(義人) 예수(행 22:14)를 정죄하고 있는 것이다.

요 9:25.대답하되 그가 죄인인지 내가 알지 못하나 한 가지 아는 것은 내가 맹인으로 있다가 지금 보는 그것이니이다.

맹인이었던 사람의 유명한 대답이다. 맹인이었던 사람은 바리새인들의 강한 이론(예수가 죄인이라는 강한 이론)을 그 자신에게서 일어난 분명한 표적을 가지고 꺾어버린다. 이 사람은 바리새인들이 "우리는 저 사람이 죄인인 줄 아노라"(앞 절)고 주장하는 강한 이론에 대해 "그가 죄인인지 내가 알지 못하나"라고 말한다. 곧 '그래요 나는 그(예수)가 죄인인지 아닌지는 알지 못하지만'이라고 말하여 자기는 이론적으로는 잘 모르겠다고 말하면서 "한 가지 아는 것이 있다"고 말한다. 한 가지 아는 것은 다름 아니라 "내가 맹인으로 있다가 지금 보는 그것"이라는 것이다. 곧 '어제까지는 맹인이었는데 오늘은 세상을 훤히 보고 있는 그것입니다'라는 고백이다. 맹인이었던 사람은 자기에게 일어난 사실에 대해서는 잘 알고 있다는 것이다. 바리새인들은 이론을 가지고 말했고 맹인이었던 사람은 사실을 가지고 대응한 것이다. 그는 예수님께서 그를 고쳐주신 사실만은 부인할 수 없다는 것이었고 사실만은 양보할 수 없다는 것이었다. 맹인이었던 사람의 말은 모든 이론을 꺾고도 남음이 있었다. 오늘 우리는 사실을 붙잡아야 한다.

요 9:26.그들이 이르되 그 사람이 네게 무엇을 하였느냐 어떻게 네 눈을 뜨게 하였느냐.

맹인이었던 사람이 예수님을 죄인으로 정죄하지 않으니까(앞 절) 유대인들은 맹인이었던 사람에게 반복해서 질문하여(15절) 예수님을 정죄해보려고 애쓴다. 그들이 자꾸 질문하는 이유는 결국은 예수님을 정죄해보려는 것이었다.

요 9:27.대답하되 내가 이미 일렀어도 듣지 아니하고 어찌하여 다시 듣고자 하나이까 당신들도 그의 제자가 되려 하나이까.

맹인이었던 사람은 이제 그들의 잦은 질문에 역겨움을 느껴서 내가 이미 말했는데(15, 17, 25절) 그 말을 믿지 아니하고 어찌하여 다시 질문하는지 짜증을 낸다. 그러면서 그는 "당신들도 그의 제자가 되려 하나이까"라고 공격한다. 곧 '이미 예수님의 제자들이 있는데 당신들도 또 그의 제자가 되어보려고 나한테 이것저것 질문하는 것입니까?'라고 공격한다. 공격은 최선의 방어였다.

요 9:28-29.그들이 욕하여 이르되 너는 그의 제자이나 우리는 모세의 제자라. 하나님이 모세에게는 말씀하신 줄을 우리가 알거니와 이 사람은 어디서 왔는지 알지 못하노라.

맹인이었던 사람의 공격(앞 절)을 받고 그들의 체면은 말이 아니었다. 그들은 그 사람에게 욕을 퍼부으며 "너는 그의 제자이나 우리는 모세의 제자라. 하나님이 모세에게는 말씀하신 줄을 우리가 알거니와 이 사람은 어디서 왔는지 알지 못하노라"고 말한다. 곧 '너는 그 경멸받을 예수라는 사람의 제자이지만 우리는 모세의 제자이다. 하나님이 모세에게는 대면하여 말씀하신 것을 우리가 알고 있지만 이 사람, 곧 예수라는 사람은 도대체 어디서 왔는지 그 기원을 알지 못한다'는 것이다. 그들은 하나님께서 모세에게 대면하여 말씀하신 것에 대해서는 자랑스럽게 생각했지만 예수님에 대해서는 아무것도 알지 못하는 것을 오히려 다행으로 알고 있었다(8:14). 사실은 이 사람들이 모세에 대해서 안다는 것도 잘 못된 앎이었다. 만일 이 사람들이 모세를 참으로 알았더라면 예수님을 알게 되었을 것이다. 이유는 모세는 예수님에 대해 기록하였기 때문이다(5:45-47). 예수님을 모른 것은 곧 예수님에 대해서 기록한 모세를 모르는 것이었다. 그리고 이들이 예수님을 모르는 것을 오히려 다행으로 여긴 것은 하나님의 택함을 받지 않은 증거였다(6:44).

요 9:30.그 사람이 대답하여 이르되 이상하다 이 사람이 내 눈을 뜨게 하였으되 당신들은 그가 어디서 왔는지 알지 못하는도다.

본 절부터 33절까지는 맹인이었던 사람의 신앙고백이 나온다. 바리새인들이 이 사람에게 심하게 욕을 해도 이 사람은 수그러들지 않고 말한다. 맹인이었던 사람은 "이상하다 이 사람(예수님)이 내 눈을 뜨게 하였으되 당신들은 그가 어디서 왔는지 알지 못하는구나"라고 말한다(3:10). 그 사람은 도무지 수그러들 줄 모르고 예수님께서 자기의 눈을 뜨게 한 사실을 말한다. 이 사람은 예수님께서 이런 표적을 행하셨으니 당연히 사람들이 예수님께서 하늘에서 왔다고 믿어야 하는데 믿지 않으니 "이상하다"는 것이다. 오늘도 이상한 사람들은 참으로 많다. 예수님에 대해서 소식을 듣지 못한 사람들은 듣지 못해서 그렇다 치고 이미 들은 사람들은 믿어야 하는데 수많은 사람들이 불신앙하고 있는 것이다(막 6:6). 그리고 한편 유대인들이 예수님께서 어디서 온 줄도 모르면서 예수님을 죄인으로 정하려는 것은 무식한 처사임에 틀림없다. 다 알아보고 해야 할 것이었다.

요 9:31.하나님이 죄인의 말을 듣지 아니하시고 경건하여 그의 뜻대로 행하는 자의 말은 들으시는 줄을 우리가 아나이다.

맹인이었던 사람은 예수님께서 "경건하신" 분이라고 말한다. 곧 '하나님을 참으로 경외하는 분'이라는 것이다. 그리고 맹인이었던 사람은 예수님은 "그

(하나님)의 뜻대로 행하는 자"라고 고백한다. 맹인이었던 사람은 하나님은 회개하지 않은 죄인들의 기도를 듣지 아니하시고(욥 27:9; 35:12; 시 18:41; 34:15; 66:18; 잠 1:28; 15:29; 28:9; 사 1:15; 59:2; 렘 11:11; 14:12; 겔 8:18; 미 3:4; 슥 7:13) 하나님의 뜻대로 행하는 자의 기도는 들으시는 줄을 안다고 말한다(시 51:17; 사 57:15; 눅 15:7, 10). 곧 예수님은 하나님의 뜻대로 행하시는 분이기에 하나님께서 예수님의 기도를 들어주셔서 표적이 발생했다는 것이다.

요 9:32.창세 이후로 맹인으로 난 자의 눈을 뜨게 하였다 함을 듣지 못하였으니.
맹인이었던 사람은 눈을 뜨고 난 다음 이제는 더욱 시야가 넓어져서 예수님께서 행하신 표적의 의의를 엄청난 것이라고 말한다. 곧 세상이 만들어진 이후로 맹인으로 난 사람의 눈을 뜨게 하였다는 말을 들어본 적이 없다는 것이다. 그는 맹인이었으니만큼 맹인이 고침 받은 역사에 대해서는 민감했던 것이다. 그런데 맹인으로 출생한 사람의 눈이 고침 받은 일은 역사에 없었다는 것이다. 그러니까 자기의 사례가 처음이라고 말하면서 예수님의 업적을 부각시킨다. 그는 예수님에게 너무 감사하고 있었다.

요 9:33.이 사람이 하나님께로부터 오지 아니하였으면 아무 일도 할 수 없으리이다.
바리새인들은 예수님이 어디서 오셨는지 알지 못한다고 했으나(29절) 맹인이었던 사람은 예수님께서 하나님께로부터 오신 것을 믿었다(16절). 그는 예수님께서 하나님으로부터 보내심을 받은 줄 믿었다.

요 9:34.그들이 대답하여 이르되 네가 온전히 죄 가운데서 나서 우리를 가르치느냐 하고 이에 쫓아내어 보내니라.
바리새인들은 도무지 굽히지 않는 그 사람을 향하여 "네가 온전히 죄 가운데서 나서 우리를 가르치느냐 하고 이에 쫓아내어 보냈다"(2절). 바리새인들은 맹인이었던 사람을 죄인으로 정했고 또 그 부모까지 죄인으로 정했으며 또 그 사람을 시건방진 사람으로 여겼다. 죄인인 사람이 건방지게 자기들을 가르친다는 것이었다. 그렇게 말하면서 그들은 이 사람을 "쫓아내어 보냈다." 여기 이 말이 그 회당에서 그 사람을 쫓아낸 것인지(13절에 보면 회당에서 이런 질문들이 행해졌다) 아니면 그 사람을 출교한 것인지 분명하지 않다. 그러나 35절에 보면 출교한 것으로 보인다. 한 사람의 신실한 신앙 앞에 신앙전문가들도 어찌할 수 없어서 그냥 출교시키고 만 것이다.

3.예수님께서 영적 맹인들에게 교훈하시다 9:35-41

요 9:35.예수께서 그들이 그 사람을 쫓아냈다 하는 말을 들으셨더니 그를 만나사 이르시되 네가 인자를 믿느냐.

예수님은 바리새인들이 그 사람을 출교시킨 사실을 들으시고 그를 만나신다. 예수님은 죄인들을 찾아가시고 또 신앙을 고수하다가 출교당한 자를 찾아가신다(6:37). 우리는 이 땅에서 외톨이가 아니니다. 사람들은 세상에서 고독한 처지에 떨어질까 보아 염려하나 그리스도를 바라보는 자들은 결코 외롭게 되지 않게 된다. 예수님은 우리의 한 생애를 통하여 계속해서 우리를 만나주신다. 예수님은 지금 우리 안에 계시지만(갈 2:20) 매일 우리를 만나 주신다. 예수님은 그 사람에게 "네가 인자를 믿느냐"고 물으신다. 곧 '너를 고친 인자를 믿느냐'는 질문이다. 여기 "인자"란 말은 예수님의 자칭호(自稱呼)로 고난을 받으시는 그리스도를 지칭할 때 사용된 명칭이며(막 2:10, 28; 눅 12:8) 따라서 메시야를 지칭하는 말이다. 예수님은 이 사람에게 인류를 위하여 대속의 고난을 당할 자신을 믿느냐고 질문하신 것이다.

요 9:36.대답하여 이르되 주여 그가 누구시오니이까 내가 믿고자 하나이다.

예수님께서 "네가 인자를 믿느냐?"는 질문을 하신데 대해(앞 절) 맹인이었던 사람은 이렇게 대답한다. "주여 그가 누구시오니이까 내가 믿고자 하나이다"라고 대답한다. 곧 '선생님, 나를 고치신 그 인자라는 분이 누구십니까? 내가 믿고자 합니다'라고 말한다. 그 맹인이었던 사람은 예수님 앞에 서 있었지만 아직 그 분이 "인자"인 줄은 모르고 있었다. 그래서 질문을 한 것이다. '그 분을 만나면 내가 믿고자 합니다'라고 한다. 맹인이었던 사람은 자기를 고치신 예수님을 '선지자'(17절), '하나님으로부터 오신 자'(33절)로 알기는 했으나 "인자"(35절)로는 아직 알지 못하여 이렇게 질문을 한 것이다. 우리는 계속해서 그리스도를 더욱 알아 가야 하는 것이다.

요 9:37. 예수께서 이르시되 네가 그를 보았거니와 지금 너와 말하는 자가 그이니라.

예수님은 이제 맹인이었던 사람에게 자신을 계시하신다. "네가 그를 보았거니와 지금 너와 말하는 자가 그이니라"고 말씀하신다(4:26). 곧 '네가 너를 고치신 그 인자를 보았거니와 지금 너와 말하는 분이 바로 너를 고친 인자시니라'고 자신을 계시하신다. 예수님은 예수님을 알고자 하는 사람들에게 꼭 자신을 알려주신다. 우리는 예수님을 더욱 알고자 해야 한다.

요 9:38. 이르되 주여 내가 믿나이다 하고 절하는지라.

맹인이었던 사람은 단언하여 말한다. 문장 초두에 있는 "이르되"(ἔφη)라는 말은 부정(단순)과거 시제로 '확실하게 말하다,' '확언하다'는 뜻이다. 맹인이었던 사람은 결정적으로 "주여 내가 믿나이다"라고 고백한다. 곧 '주님, 내가 주님을 믿습니다'라고 고백한 것이다. "내가 믿나이다"라는 고백은 수많은 모든 신앙 고백의 기초를 이루는 고백이다. 이 고백이 안 되면 다른 고백을 할 수 없게 된다. 맹인은 이 고백을 하면서 "절하였다." '예수님에게 절을 한 것이다'(마 8:2; 9:18; 행 10:25). 그는 그리스도를 예배한 것이다. 우리는 매일 그리스도에게 경배를 드려야 한다.

요 9:39. 예수께서 이르시되 내가 심판하러 이 세상에 왔으니 보지 못하는 자들은 보게 하고 보는 자들은 맹인이 되게 하려 함이라 하시니.

예수님은 병에서 고침 받은 사람에게서 신앙 고백을 받으시고 또 경배를 받으신 후 결론적으로 메시지를 주신다. 예수님은 "심판하러 이 세상에 왔다"고 하신다(3:17; 5:22, 27; 12:47). 곧 예수님께서 사람들을 두 부류로 만드시기 위해서 오셨다는 것이다. "보지 못하는 자들은 보게 하고 보는 자들은 맹인이 되게 하려 하신다"는 것이다(마 13:13). 곧 '보지 못한다고 하는 맹인 같은 사람들은 보게 하시고 무엇을 본다고 큰 소리를 치는 사람들, 곧 무엇을 안다고 하는 사람들은 그저 알지 못하는 채 그냥 두신다'는 것이다. 3:17에서는 예수님께서 세상에 오신 것은 "세상을 심판하려 하심이 아니요"라고 하셨는데 본 절에서는 "심판하러 이 세상에 왔다"고 하시니 서로 상충되는 말씀처럼 보이지만 3:17절의 말씀은 예수님께서 세상을 망하게 하려고 오신 것이 아니라 구원하러 오셨다는 말씀이고 본 절의 말씀은 예수님께서 구원하러 오셨지만 오셔서 구원 사역을 감당하시는 중에 믿는 사람들도 생기고 또 한편으로 안 믿는 채 그냥 있는 사람들도 있게 된다는 뜻이다. 다시 말해 영적인 맹인으로 알고 죄를 자복하며 예수님을 믿는 사람들은 영적으로 밝아지게 되는 것이고 다른 한편 무엇을 안다고 하고 의롭다고 하며 그리스도를 영접하지 않는 사람들은 영원히 주님을 만나보지 못한 채 영원히 영적인 맹인으로 살아가게 된다는 것이다(눅 18:10-14; 계 3:17-18). 오늘 우리는 영적인 맹인이라고 고백하고 그리스도를 더욱 알기를 기도해야 할 것이다.

요 9:40.바리새인 중에 예수와 함께 있던 자들이 이 말씀을 듣고 이르되 우리도 맹인인가.

바리새인들 중에 예수님과 함께 있던 자들이 예수님의 선언을 들은 후 말하기를 "우리도 맹인인가"라고 의문을 단다(롬 2:19). 자기들은 맹인이 아닐 것이라고 자신하고 이렇게 질문을 한 것이다. 그들은 '당신들은 아니요'라는 대답을 기대하고 이런 자만심 넘치는 질문을 한 것이다. 그런데 예수님은 다음 절에서 그들에게 청천벽력과도 같은 대답을 하신다.

요 9:41.예수께서 이르시되 너희가 맹인이 되었더라면 죄가 없으려니와 본다고

하니 너희 죄가 그대로 있느니라.

예수님은 "너희가 맹인이 되었더라면 죄가 없으려니와 본다고 하니 너희 죄가 그대로 있느니라"고 하신다(15:22, 24). 곧 '너희가 영적인 맹인이었더라면 죄를 자복하여 죄 사함을 받았을 것인데 영적으로 밝다고 큰 소리를 치니 너희들의 죄가 하나도 해결되지 못하고 그대로 있다'는 것이다. 여기 "그대로 있느니라"(μένει)는 말은 '계속해서 머물러 있다'는 뜻이다. 무엇을 안다고 하고 본다고 하면서 그리스도를 거부하는 사람들은 불행한 사람들이다. 이유는 그들의 죄는 사함 받지 못한 채 영원히 그대로 머물러 있기 때문이다. 우리는 우리 자신들이 그리스도 앞에서 캄캄한 죄인들이라고 고백해야 한다. 그러면 죄 사함을 얻게 된다.

제 10 장
목자와 양의 비유 및 유대인들에게 배척 받으심

XXIV.목자와 양의 비유 10:1-21

맹인을 치유하시고 또 영적인 맹인들에게 교훈하신(9:35-41) 다음 이제 예수님은 목자와 양의 비유를 말씀하신다. 예수님은 선한 목자로서 양들을 위하여 목숨을 버리실 것을 예고하신다(1-21절).

1.선한 목자와 거짓 목자를 대조하시다 10:1-6

10:1.내가 진실로 진실로 너희에게 이르노니 문을 통하여 양의 우리에 들어가지 아니하고 다른 데로 넘어가는 자는 절도며 강도요.

예수님은 참으로 강조하여 말씀하시기를(진실로진실로) "문을 통하여 양의 우리에 들어가지 아니하고 다른 데로 넘어가는 자는 절도며 강도"라고 하신다. 곧 '양 우리의 문을 통하여 양의 우리[42]에 들어가지 아니하고 다른 데로 넘어가는 사람은 절도요 강도'라는 것이다. 여기 "문을 통하여"란 말은 '예수님을 통하여'란 뜻으로 예수님으로부터 말씀을 받고 또 예수님으로부터 지혜를 받으며 또 예수님으로부터 능력을 받아 양들을 치고 예수님의 영광만을 위하여 양들을 목양하는 것을 뜻한다. 예수님으로부터 말씀과 지혜와 능력을 받지 않고 또 예수님의 영광을 위하지 않는 목자는 신앙 공동체를

---

42) 고대 중동지방에서는 양이나 염소의 우리를 만들 때 임시적으로 억센 나뭇가지 등으로 울타리를 세워 만들기도 하며 좀 더 나은 우리를 만들어 짐승을 치기도 했는데 진흙을 이겨 만든 벽돌이나 돌로 주위를 둘러치고 지붕을 만들어 덮었다. 그리고 양 우리를 위해 별도로 문을 만들지 않고 보통 아치형의 출입구를 만들어 양들로 하여금 통과하게 하였는데 그 문에는 목자들이 밤에 누어자면서 양들을 지켰다. 목자들은 양들을 밖으로 내거나 저녁에 안으로 들일 때는 자기들을 통과하여 드나들게 했다.

해치는 절도요 강도와 같은 사람이라는 것이다. 예수님은 9장에 맹인이었던 사람을 출교한 바리새인들을 이렇게 빗대어 절도요 강도 같은 사람들이라고 하신 것이다(본 장은 9장의 계속이다). 예수님은 그 바리새인들 중에서도 더 심하게 신앙공동체를 해치는 사람이 있고 조금 덜한 사람도 있다고 말씀한다. 절도는 교인을 훔치는 사람이고 강도는 아예 교인을 도둑질하는 사람이다. 오늘도 그리스도를 통하지 않고 양떼를 보는 목자들은 양떼에게 해를 끼치는 목자들이다.

요 10:2.문으로 들어가는 이는 양의 목자라.

"문을 통하여 양의 우리에 들어가지 아니하고 다른 데로 넘어가는 자"(1절)와는 반대로 "문으로 들어가는 이는 양의 목자"라는 것이다. 여기 "목자"(ποιμήν)란 말은 '예수 그리스도'를 지칭한다. "목자"란 말이 단수로 쓰였을 뿐 아니라 또 3절에 "그(목자)를 위하여"란 말이 단수로 쓰였고 또 "그의 음성"이란 말도 역시 단수로 쓰인 것을 감안할 때 예수님만을 지칭하는 것이 분명하다. 뿐 아니라 11절과 14절에는 분명히 목자라는 말을 '선한 목자'란 말로 바꾸어 말하고 있다. 그러나 본문에서 예수님께서 모든 목사(엡 4:11)의 본이 되심을 보여주시기 위하여 이 말씀을 쓴 것으로 보인다. 그러니까 모든 목사들은 문을 통하여, 곧 예수님을 통하여 목회하라는 암시를 받는다.

요 10:3.문지기는 그를 위하여 문을 열고 양은 그의 음성을 듣나니 그가 자기 양의 이름을 각각 불러 인도하여 내느니라.

여기 "문지기"에 대한 해석은 여럿이 있다. 성부 하나님, 성령님, 모세, 세례 요한, 목자의 종, 그리스도 자신 등 여러 견해들이 있다. 이들 여러 해석 중에서 목자 되신 그리스도와 양떼 간의 관계를 활짝 열어주는 문지기 역할을 하는 분은 아무래도 '성령님'이라고 해야 옳을 것이다. 그러나 이 비유의 초점은 목자와 양떼이지 문지기는 아닌 고로 크게 문제시 할 것은 없을 것이다. 비유를 해석할 때는 초점되는 것을 살피는 것이 중요하고 세세하게 다 해석하려고 할 필요는 없을 것이다.

아침에 목자가 문에 찾아와 문이 열리면 "양은 그(목자)의 음성을 듣나니 그가 자기 양의 이름을 각각 불러 인도하여 낸다"는 것이다. 곧 '양들은 자기 목자의 특유한 음성을 듣기 때문에(4, 27절) 목자는 자기 양의 이름을 각각 불러 인도하여 낸다'는 것이다. 그렇게 해서 단 한 마리의 양도 다른 도둑이나 강도가 훔쳐가지 못하게 한다는 것이다. 양은 자기 목자의 음성을 알아듣는다는 것이다. 오늘도 하나님의 택한 백성들은 하나님의 음성을 알아듣는다. 아무리 무식한 교인이라도 하나님의 음성을 들을 줄 안다. 그런고로 목사들은 교회 공동체에서 엉뚱한 음성을 내서는 안 되는 것이다. 이상한 철학, 이상한 심리학, 세상 이야기를 가지고 교인들을 인도해서는 안 되고 하나님의 말씀으로 인도해야 하는 것이다.

또한 목자는 양들의 이름을 하나하나 불러서 문밖으로 낸다는 것이다. 오늘 목사들은 교인들을 인도할 때 하나님의 음성을 내어 한 사람 한 사람 쉴만한 물가로 인도해야 하는 것이다. 사랑과 정성을 다하여 한 사람 한 사람 푸른 초장으로, 쉴만한 물가로 인도해야 할 것이다. 오늘 목사들은 하나님의 음성을 내서 교인들을 인도해야 하고 또 한 사람 한 사람에게 사랑과 정성을 다하여 하나님의 말씀을 들려주어 바로 인도해야 하는 것이다.

요 10:4.자기 양을 다 내놓은 후에 앞서 가면 양들이 그의 음성을 아는 고로 따라 오되.

목장에서 목자는 자기의 양들을 다 내놓은 후에 목자는 앞서고 양들은 그 목자의 음성을 아는 고로 그를 따라 간다는 것이다. 9:34에서 바리새인들은 맹인이었던 사람을 회당에서 "쫓아내었으나"(ἐξέβαλον), 본 절에서 목자 되시는 예수님은 자기의 양을 잘 인도하기 위하여 양들을 밖으로 "내 놓는다"(ἐκ-βάλη). 이 두 곳에서 요한 사도가 똑같은 낱말을 사용한 것은 바리새인들은 사람을 마구 출교하는 사람들인데 반해 예수님은 양들을 인도하기 위해서 양 우리에서 내 놓은 점을 부각시키기 원했을 것이다. 바리새인들은 사람들을 죽이는 사람들이고 예수님은 사람을 살리시는 분이시라는 것이다.

목자는 양들을 내놓은 후에 "앞서 간다"는 것이다. 예수님은 앞서 가시면서 성도들을 향하여 '나를 따르라'고 말씀하신다(마 4:19; 16:24). 오늘 목사들도 성도들에게 모범을 보여야 할 것이다. 또 목자가 앞서 가면 "양들이 그의 음성을 아는 고로 따라 간다"는 것이다. 예수님께서 앞서 가실 때 교인들은 예수님을 따라 간다는 것이다. 오늘 목사가 모범을 보이면 하나님의 양들은 따라 간다는 것이다.

요 10:5.타인의 음성은 알지 못하는 고로 타인을 따르지 아니하고 도리어 도망하느니라.

목자가 아닌 다른 사람의 음성은 알지 못하는 고로 양들은 다른 도둑이나 강도를 따르지 않는다는 것이다. 한 때 걸인이었고 또 맹인이었던 사람은 바리새인들을 따르지 않았다. 문제는 음성이다. 오늘 목사는 하나님의 음성을 내야 하는 것이다. 혹시 오늘 목회자의 음성에 다른 것이 많이 섞이지 않았는지 깊이 살펴야 할 것이다.

요 10:6.예수께서 이 비유로 그들에게 말씀하셨으나 그들은 그가 하신 말씀이 무엇인지 알지 못하니라.

예수님께서 선한 목자와 거짓 목자 비유(1-5절)를 말씀하셨지만 그들은 영적인 맹인들이라 예수님께서 말씀하신 내용이 무엇인지 도무지 짐작도 못한 것이다. 다시 말해 "절도요 강도"(1절)란 말씀이 자기들을 지칭함인 줄 알지 못한 것이다. 자기들이 맹인이었던 사람을 출교하고서도 그 행위가 양을 잘 못 인도한 줄 모르고 자기들은 잘 한 줄로 알고 있다는 것이다. 영적인 맹인들은 예수님의 말씀의 뜻을 알 수가 없는 것이다. 바리새인들은 "우리도 맹인인가?" 라고 발끈했지만(9:40) 그들은 예수님의 말씀을 알지 못하였으니 맹인들이었다. 오늘도 영적인 맹인들이 목회를 하면 교회는 해를 받을 수밖에 없는 것이다.

2.예수님이 양 우리의 문이시다 10:7-10

요 10:7.그러므로 예수께서 다시 이르시되 내가 진실로 진실로 너희에게 말하노니 나는 양의 문이라.

"그러므로," 곧 '바리새인들이 예수님의 비유의 말씀을 이해하지 못하므로' "예수님께서 다시 이르신다"는 것이다. 예수님은 진리를 모르는 사람들에게 잘 이해할 수 있도록 다시 말씀하신다. 다시 말씀하시되 더 구체적으로 말씀하신다. 예수님은 진심으로 말씀하시기를 "내가 너희에게 말하노니 나는 양의 문이라"고 하신다. 여기 "나는 양의 문이라"(ἐγώ εἰμι ἡ θύρα τῶν προβάτων)는 말은 "나는...이다"(ἐγώ εἰμι)라는 구문으로 예수님의 신성을 말해주는 말이다. 이 말은 '나는 양의 우리로 들어가는 문'이란 뜻이다. 목자나 양이나 모두 이 문을 통해서만 우리 안으로 들어갈 수 있다. 누구든지 예수님의 공로와 중재를 통해서만 양들을 상대할 수 있고 양들과 교제할 수 있는 것이다. 바리새인들은 예수님을 믿지 않고 목양하는 사람들이었다. 오늘의 목사들도 그리스도의 십자가 공로를 믿고 또 그로부터 힘을 얻어 목회를 해야 한다.

요 10:8.나보다 먼저 온 자는 다 절도요 강도니 양들이 듣지 아니하였느니라.

예수님은 "나보다 먼저 온 자는 다 절도요 강도라"(κλέπται εἰσὶν καὶ λησταὶ)고 규정하신다. '예수님보다 시간적으로 먼저 교권을 잡은 사람들은 다 현재 절도 짓을 하고 있고 강도 짓을 하고 있다'는 것이다. "절도요 강도라"(κλέπται εἰσὶν καὶ λησταὶ)는 문장의 동사가 현재시제(εἰσὶν)인 고로 예수님보다 먼저 온자는 예수님 당시에 존재하고 있던 바리새인들을 지칭하는 말이다(Grosheide, Hendriksen). 그들은 그 당시 존재하고 있던 절도요 강도들이었다. 그래서 양들이 그 절도와 강도들의 말을 청종하지 않았다는 것이다. 맹인이었던 사람도 바리새인들의 말을 순종하지 않았고 결별한 것이다. 현대에도 양의 문을 통하지 않고 양들과 접촉하려는 목자들이 많이 있다. 그들은 그리스도를 선포하지 않고 철학을 강의하고 심리학을 강의하며 자유주의 신학을 가르친다. 그런고로 양들이 그들의 말을 청종하지 않는다.

요 10:9.내가 문이니 누구든지 나로 말미암아 들어가면 구원을 받고 또는 들어가며 나오며 꼴을 얻으리라.

예수님은 다시 한 번 "내가 문이라"고 강조하신다(14:6; 엡 2:18). 곧 '예수님이 양의 우리로 들어가는 문이라'는 것이다. 예수님 이외에는 통로가 없다는 것이다. 다시 말해 예수님 이외에는 길이 없다는 것이다(요 14:6). 예수님만이 하나님 앞으로 가는 유일한 구원의 통로이시다(행 4:12). 그리고 예수님은 "누구든지 나로 말미암아 들어가면 구원을 받는다"고 하신다. "누구든지" 들어가려 하면 천국에 들어갈 수 있다는 것이다. 다시 말해 유대인이나 이방인이나 자유인이나 종이나 남자나 여자의 차별 없이 천국에 들어갈 수 있다는 것이다. 그러나 예수님은 "나로 말미암아"라고 하신다. 곧 '예수님을 믿음으로만 구원을 받을 수 있는 것'이다. 다른 길은 없다. 그리고 여기 "구원을 얻는다"(σωθήσεται)는 말은 미래 수동태로 '앞으로 구출 받을 것이다,' '앞으로 안전하게 될 것이다'라는 뜻으로 영적인 구원과 육신적인 구원 양방면의 구원을 뜻하는 말이다. 예수님을 구주로 믿으면 영적인 구원과 육신적인 구원을 받는다. 예수님을 믿으면 영혼의 구원을 받으며 육신적인 구원을 받아 안전하게 되는 것이다. 사람에 따라 영적인 구원만을 강조하고 혹은 육신적인 구원만을 강조하나 성경은 전인적인 구원을 말한다. 우리는 예수님을 믿음으로 영육의 안전함에 들어가는 것이다. 그리고 여기 "또는 들어가며 나오며 꼴을 얻으리라"고 하신다. "들어가며 나오며"라는 말은 '일상생활을 하면서' 혹은 '일상생활을 하는 중에'라는 뜻이다(신 28:6, 19; 렘 37:4; 행 1:21; 9:28; 계 3:20). "꼴을 얻으리라"(εὑρήσει)는 말은 미래시제로 '꼴을 얻을 것이다' 혹은 '꼴을 발견할 것이다'라는 뜻이다. "꼴"이란 말은 '영의 양식'을 지칭한다. 다시 말해 '영생하도록 솟아나는 샘물'(4:14), '생명의 떡'(6:35)과 같은 말이다. 예수님을 믿을 때 우리는 매일 목마르지 않도록 생명의 꼴을 공급 받는다.

요 10:10.도둑이 오는 것은 도둑질하고 죽이고 멸망시키려는 것뿐이요 내가 온 것은 양으로 생명을 얻게 하고 더 풍성히 얻게 하려는 것이라.

"도둑," 곧 '당시의 교권주의자들'이 오는 것은 "도둑질하고 죽이고 멸망시키려는 것뿐이라"는 것이다. 당시의 서기관들과 바리새인들은 '사람의 마음을 도둑질하고 양들을 영적으로 죽이고 그래서 아주 망하게 하는 것뿐'이라는 것이다. 그런가 하면 예수님께서 이 땅에 온 것은 "양으로 생명을 얻게 하고 더 풍성히 얻게 하려는 것이라"는 것이다. 곧 '양들로 하여금 구원을 받게 하고 또 게다가 그들이 이 땅에 사는 중에도 하늘로부터 오는 풍성한 양식을 계속해서 얻게 해서 그 신앙이 성장하게 해주려는 것이다.' 거짓 그리스도와 우리 주님은 상상할 수 없는 정도의 차이가 있다.

3.예수님은 선한 목자 10:11-18

요 10:11.나는 선한 목자라 선한 목자는 양들을 위하여 목숨을 버리거니와.

예수님은 자신이 "선한 목자"라고 하신다. "선한"이란 말은 당시의 "도둑"같은 교권주의자들하고는 천양의 차이가 있다는 것을 부각시키기 위해 쓰인 말로 '완전하시다'는 뜻이다. 여호와께서 목자이신데(대상 11:2; 시 23:1; 80:1; 사 40:11; 렘 31:10) 예수님도 자신을 선한 목자라(사 40:20; 겔 34:12, 23; 37:24; 히 13:20; 벧전 2:25; 5:4)고 하시므로 성부하나님과 동등하신 분임을 드러내시고 또 온 인류의 구원자이심을 드러내신다. 그런데 예수님은 "목자는 양들을 위하여 목숨을 버리신다"고 말씀하신다. 예수님은 양으로 생명을 얻게 하고 더 풍성히 얻게 하기 위해서(앞 절) 목숨을 버리신다는 것이다. 여기 "목숨을 버린다"는 말은 목숨을 대속 물로 주실 것을 지칭하는 말이다(마 20:28; 막 10:45; 요 13:37; 요일 3:16, 참조 사 53:10).

요 10:12.삯군은 목자가 아니요 양도 제 양이 아니라 이리가 오는 것을 보면 양을 버리고 달아나나니 이리가 양을 물어가고 또 헤치느니라.

예수님은 본 절과 다음 절에서 당시의 "삯군," 곧 '종교지도자들'을 여러 가지로 설명하신다. 첫째, "삯군은 목자가 아니라"고 하신다. '삯군은 삯군이지 목자는 아니라'는 뜻이다. 평소 때는 목자처럼 보이기는 하는데 실제로는 목자는 아니라는 것이다. "삯군"(ὁ μισθωτὸς)은 '임금을 받고 일하는 일군'을 지칭하는데 당시 많은 양떼를 치는 사람이 혼자 양치는 일을 감당할 수 없어 삯을 주고 사람을 고용하여 목자를 돕게 했다. 그래서 삯군은 삯에 관심이 있지 양에게는 별 관심이 없었고 또 자신의 안전에 관심이 있지 양의 안전에는 별 관심이 없었다는 것이다. 둘째, "양도 제 양이 아니라 이리가 오는 것을 보면 양을 버리고 달아난다"는 것이다(슥 11:16-7). 이리떼나 맹수 떼가 오면 달아난다는 말이다. 유대인의 율법 해설서인 미쉬나(Mishnah)에 의하면 한 마리의 이리가 오면 반드시 그 공격을 막아야 하고 만약에 양 무리에 피해가 발생했을 경우 보상을 해야 하지만, 두 마리 이상의 이리가 공격해오는 경우에는 신변의 안전을 위하여 양들을 보호하지 못했다 해도 책임이 없다는 것이다(Leon Morris). 삯군은 양들의 안전에 관심이 없고 자신들의 안전에만 관심이 있을 뿐이다. 삯군이 달아나면 이리떼들은 자기들의 세상이 되어 "양을 물어가고 또 헤친다"는 것이다. 물어가기도 하고 혹은 흩어버린다는 것이다(겔 34:8). 선한 목자는 양들을 모으는데 비해 삯군은 이리가 와서 헤쳐도 관심을 두지 않는다(16절 참조).

요 10:13.달아나는 것은 그가 삯군인 까닭에 양을 돌보지 아니함이나.

본 절은 삯군이 달아나는 이유를 설명한다. 달아나는 이유는 삯군인 까닭이라는 것이다. 삯군은 달아나면서 양을 돌아보지 아니한다는 것이다. 유대의 종교지도자들은 베데스다 못가의 38년 된 불구자에게 사랑이 없었다(5:10-12). 그들은 간음하다가 현장에서 잡힌 여자에게 긍휼을 베풀지 않았다(8:3, 6). 그리고 날 때부터 맹인이었던 사람에게 관심도 없었을 뿐 아니라 출교하는 일에만 열중했다. 오늘도 삯군들은 교회 공동체에 관심이 없다. 그저 자기들의 유익만을 생각한다.

요 10:14-15.나는 선한 목자라 나는 내 양을 알고 양도 나를 아는 것이 아버지께서 나를 아시고 내가 아버지를 아는 것 같으니 나는 양을 위하여 목숨을

버리노라.

예수님은 삯군들(12-13절)과 달리 "나는 선한 목자라"고 다시 선언하신다(11절주해 참조). 그리고 예수님은 "내가 양을 알고 양도 나를 안다"고 하신다(딤후 2:19). 여기 "안다"는 말은 경험에 의하여 아주 친밀하게 아는 것을 뜻한다. 다시 말해 '사랑한다'는 뜻이다. 예수님은 양들을 개별적으로 아시고(3절) 양들은 목자의 음성을 알고 따른다는 것이다(4절). 목자 되신 예수님께서 양들을 알고 양들이 예수님을 아는 것은 마치 성부께서 성자를 아시고 또 성자께서 성부를 아는 것과 같다는 것이다(14:20; 15:10 17:21; 마 11:27). 그만큼 친밀하게 아시는 고로 예수님은 양들을 위해서 자신의 목숨을 내놓으신다(15:13).

요 10:16.또 이 우리에 들지 아니한 다른 양들이 내게 있어 내가 인도하여야 할 터이니 그들도 내 음성을 듣고 한 무리가 되어 한 목자에게 있으리라.

예수님은 "또 이 우리에 들지 아니한 다른 양들이 내게 있다"고 하신다(사 56:8). 다시 말해 '유대교를 떠나 예수를 믿고 따르는 신자들 외에 또 이방인 신자들이 내게 있다'는 것이다. 예수님께서 "다른 양들이 내게 있다"고 하신 것은 예수님께서 이방인 신자들을 이미 가지고 계셨음을 드러내는 말이다. 이 말씀은 예수님께서 이방인 선교에 대하여 이미 계획하셨음을 뜻한다(사 49:1-13; 52:13-15; 53:10-12; 미 4:2; 슥 8:23; 마 8:11). 예수님은 그 이방인 신자들을 "내가 인도하여야 할 것"이라고 하신다. 곧 '이방인 신자들을 말씀과 성령으로 인도하셔야 한다'는 것이다. 그리고 예수님은 "그들도 내 음성을 듣고 한 무리가 되어 한 목자에게 있으리라"고 하신다(겔 37:22; 엡 2:14; 벧전 2:25). 곧 '이방인 신자들도 예수님의 음성을 듣고 유대교회에서 나온 신자들과 한 무리를 이루어(한 교회의 구성원이 되어, 겔 34:11-14, 23) 한 분 목자 되신 예수님을 믿고 따르게 될 것이라'는 것이다(히 13:20; 벧전 5:4). 예수님께서 승천하셔서 성령님이 오신 후에 유대교에서 나온 신자들과 이방인 신자들이 하나가 되었다(11:52). 바울은 유대교에서 나온 신자들과 이방인 신자들이 그리스도의 십자가의 화목으로 말미암아 한 교회를 이루었다고 말한다(엡 2:14-3:6).

요 10:17.내가 내 목숨을 버리는 것은 그것을 내가 다시 얻기 위함이니 이로 말미암아 아버지께서 나를 사랑하시느니라.
선한 목자(11, 14, 16절)가 되시기 위해 죽으실 것(11, 15절)을 말씀하신 예수님은 본 절에서는 자신이 목자라는 사실에 대해서는 말씀하시지 않은 채 죽으실 것만을 말씀하신다.

예수님은 죽음으로 사명을 이루셨기에 하나님 아버지의 사랑을 받으시는 것을 본 절에서 말씀한다. 예수님은 영원히 하나님 아버지의 사랑을 받으시는 독생자이시지만(5:20), 육신의 생명을 버리셔서 하나님 아버지께서 맡기신 사명(죽으셨다가 다시 살아나신 일)을 이루시기 때문에 하나님의 사랑을 더욱 받으신다는 것이다. 예수님은 "내가 내 목숨을 버리는 것은 그것을 내가 다시 얻기 위함이라"고 하신다. 곧 '내가 육신의 생명을 버리는 목적은 생명을 다시 얻기 위함이라'는 것이다. 다시 말해 '부활하기 위함이라'는 것이다. 예수님께서 죽으신 목적은 양떼의 죽음을 대신한 것이며, 그의 다시 사심은 양떼의 의(義), 양떼의 구원, 양떼의 영생을 위한 것이다(세 마디 거푸 말한 내용은 모두 똑 같은 내용이다). 그리고 예수님은 "이로 말미암아 아버지께서 나를 사랑하신다"고 하신다. 다시 말해 '예수님의 희생으로 말미암아 아버지께서 아들을 사랑하신다'는 것이다(사 53:7-8, 12; 히 2:9). 사명 완수는 그만큼 사랑받을 요건이 되는 것이다.

요 10:18.이를 내게서 빼앗는 자가 있는 것이 아니라 내가 스스로 버리노라 나는 버릴 권세도 있고 다시 얻을 권세도 있으니 이 계명은 내 아버지에게서 받았노라 하시니라.
예수님으로부터 누가 육신 생명을 빼앗는(αἴρει) 것이 아니라 예수님께서 자발적으로 버리신다고 하신다. 심지어 하나님 아버지로부터도 강요받지 않으시고 예수님께서 자원해서 버리신다는 것이다(벧전 2:24). 예수님은 육신 생명을 버릴 권세도 있고 또 다시 살아나실 권세도 있다(2:19)고 하셨는데 여기 "권세"(ἐξουσίαν)란 말은 '신적인 권능'을 지칭하는 말로 "이 놀라운 권세는 신인(神人)이신 그리스도만 가지는 것이다"(Westcott). "유다의 반역이나 제사장들의 음모나 빌라도의 선고 등 때문에가 아니라, 그는 자기 생명을 스스로 버리신 것이다"(이상근). 그리고 예수님은 이 "계명"(ἐντολὴν) 곧 이런 '사명'은 하나님 아버지로부터 받았다고 하신다(4:34; 6:38; 15:10; 행 2:24, 32).

4.선한 목자 비유에 대한 유대인들의 반향 10:19-21

요 10:19.이 말씀으로 말미암아 유대인 중에 다시 분쟁이 일어나니.

예수님 자신이 선한 목자라고 하신 말씀 때문에(7-18절) 바리새인 중에 다시 분쟁이 일어났다는 것이다(7:43; 9:16). "분쟁"(σχίσμα)이란 말은 '의견이 달라서 다투는 것'을 지칭한다. 예수님은 예수님의 진리가 선포되는 곳에 분쟁이 있을 것이라고 말씀하신다(마 10:36; 요 9:16). 이런 분쟁은 이 세상 종말까지 끊이지 않을 것이다.

요 10:20.그 중에 많은 사람이 말하되 그가 귀신 들려 미쳤거늘 어찌하여 그 말을 듣느냐 하며.

바리새인들 중에 많은 사람들이 말하기를 예수님이 귀신 들려서(7:20; 8:48, 52) 제 정신이 아닌데 어찌하여 예수의 말을 듣느냐고 말한다. 다수라고 옳은 것은 아니었다. 소위 다수의 잘 못, 다수의 횡포라는 것이 있다.

요 10:21.어떤 사람은 말하되 이 말은 귀신 들린 자의 말이 아니라 귀신이 맹인의 눈을 뜨게 할 수 있느냐 하더라.

예수님의 말씀에 대해 호의적인 사람들은 소수의 사람들이었다(8:31; 9:16). 소수의 사람들은 예수님의 "말은 귀신 들린 자의 말이 아니라"고 했다. 이 소수의 사람들은 예수님의 말씀을 통해서 은혜를 받았으니 예수님의 말씀이 귀신들린 자의 말씀으로 생각할 수 없었다. 그 소수의 사람은 "귀신이 맹인의 눈을 뜨게 할 수 있느냐"고 강하게 항의한다(9:6-7, 32-33; 출 4:11; 시 94:9; 146:8). 그들은 '귀신들은 맹인의 눈을 뜨게 하는 법이 없다. 오히려 귀신들은 사람의 눈을 멀게 하여 암흑 가운데서 살게 할 뿐이다'라고 강하게 항의한 것이다. 우리 역시 세상에 살면서 그리스도를 부인하는 사람들을 향하여 성령님의 힘을 가지고 항의해야 할 것이다.

XXV.솔로몬 행각에서 가르치시다 10:22-42

예수님께서 목자와 양의 비유를 말씀하신(1-21절) 다음 이제는 유대인의 수전절을 맞이하여 솔로몬 행각에서 여러 가지를 교육하신다(22-42). 예수님이 그리스도이심을 가르치시고(22-26절), 예수님을 믿고 따르는 양들의 특징과 또 양들이 받는 복에 대해 언급하시며(27-29절), 예수님은 하나님과 일체(一體)이심을 가르치신다(30-39절). 그리고 예수님의 이런 교육의 결과에 대해 저자 요한이 언급한다(40-42절).

1.예수님이 그리스도이심을 말씀하시다 10:22-26

요 10:22-23.예루살렘에 수전절이 이르니 때는 겨울이라 예수께서 성전 안 솔로몬 행각에서 거니시니.

예루살렘 성전을 수축한 것을 기념하는 수전절이 이르렀다는 것이다. 수전절이란 주전 165년 유다 마카비(Judas Maccabee)가 주동이 되어 수리아의 폭군 안티오커스 에피파네스(Antiochus Epiphanes)에 의해 더럽혀진 예루살렘 성전을 중수(重修)하여 봉헌한 날을 기념하는 절기이다. 이 절기는 '하누카'(The Feast of Dedication)라고 불리기도 하는데 매년 유대 종교력 9월(the month of Chisleu, 태양력으로 11-12월) 중순부터 8일간 축제가 계속되었다. "행각"(행 3:11; 5:12)이란 비를 피할 수 있는 시설을 지칭하는데 양쪽에 줄줄이 늘어선 기둥들 위에 지붕을 덮어 만든 것으로, 벽이 없는 복도를 말한다. 솔로몬 행각은 예루살렘 성전의 동쪽 경내에 세워져 있었는데 솔로몬이 주전 959년 성전을 지을 때 건축된 시설로서 유일하게 남아있는 부분이라고 한다(월렴 헨드릭슨). 예수님은 겨울철 우기(雨期)를 맞이하여 사람들이 많이 모이는 솔로몬 행각에서 복음을 전하셨다. 사도행전에 보면 예수님의 제자들은 이곳에서 복음을 전하며 이적을 행하기도 했다(행 3:11-26; 5:12-16). 예수님은 사람이 많이 모이는 절기를 이용하신다.

요 10:24.유대인들이 에워싸고 이르되 당신이 언제까지나 우리 마음을 의혹하게 하려 하나이까 그리스도이면 밝히 말씀하소서 하니.

솔로몬 행각에서(23절) 유대인들, 곧 유대의 종교지도자들은 예수님을 "에워쌌다." 예수님으로부터 속 시원하게 대답을 얻어내려고 '압박한 것이다.' 그리고 유대인들은 "당신이 언제까지나 우리 마음을 의혹하게 하려 하나이까 그리스도이면 밝히 말씀하소서"라고 압박한 것이다. 여기 "우리 마음을 의혹하게 하려 하나이까"(τὴν ψυχὴν ἡμῶν αἴρεις)라는 말은 '우리의 마음을 졸이게 하는 것입니까?' 혹은 '우리의 마음을 불안하게 합니까?' 또는 '우리의 마음을 긴장시킵니까?'라는 말이다. 사실은 마음을 불안하게 한 것은 없었다. 벌써 많은 말씀과 표적을 가지고 예수님 자신이 그리스도이심을 증언하셨다. 예수님은 자신이 '생수의 근원'(7:37-38), '세상의 빛'(8:12), 선한 목자(11절)이라고 선포하셨다. 그리고 여러 표적들을 행하셨다.

그런데도 그들은 예수님에게 "그리스도이면 밝히 말씀하소서"라고 조른다. 예수님은 그들에게 '내가 그리스도이다'라고는 말씀하시지 않으셨지만 알만큼 말씀하신 것은 사실이다. 그런데도 그들이 믿지 못한 것은 증거가 부족해서가 아니라 그들의 마음의 문제였다. 그들은 믿으려고 물어본 것이 아니라 고발하려고 하였기에 예수님의 말씀과 표적의 의미를 알 수가 없었다. 예수님은 그들에게는 감춰여 있었다.

요 10:25.예수께서 대답하시되 내가 너희에게 말하였으되 믿지 아니하는도다 내가 내 아버지의 이름으로 행하는 일들이 나를 증거하는 것이거늘.

예수님께서는 유대인들에게 "내가 너희에게 말하였으되 믿지 아니한다"고 하신다. 예수님은 자신이 '생수의 근원'(7:37-38), '세상의 빛'(8:12), 선한 목자(11절)이라고 말씀하셨는데 그들이 믿지 않았다는 것이다. 여기 "믿지 아니한다" (οὐ πιστεύετε)는 말은 현재시제로 그들은 '여전히 믿지 아니한다'는 것이다. 예수님께서 아무리 말씀해도 그들은 여전히 믿지 아니한다는 것이다. 그리고 예수님은 말씀만 아니라 표적을 보여주어도 유대인들은 믿지 아니한다고 하신다. 예수님은 "내 아버지의 이름으로 행하는 일들이 나를 증거하는 것이라"고 하신다(38절; 3:2; 5:36). 다시 말해 '아버지의 영광을 위하여 행하는 표적들이 예수님을 증거하는 것들이라'고 하신다. 이렇게 표적을 보여주어도 그들은 여전히 믿지 아니한다는 것이다. 믿지 아니하는 사람들은 어찌하든지 믿지 않는다.

요 10:26.너희가 내 양이 아니므로 믿지 아니하는도다.
예수님은 여기서 유대인들이 믿지 않는 궁극적인 이유를 선언하신다. 그들이 예수님의 양이 아니라 믿지 아니한다는 것이다(8:47; 요일 4:6). 다시 말해 하나님으로부터 택함을 받지 아니했기 때문에 믿지 않는다는 것이다(6:36-37, 44). 세상은 두 부류이다. 예수님의 양들과 또 양들이 아닌 사람들로 구성되어 있다(마 25:32-33).

2.양들의 특징과 양들이 받을 복에 대해 가르치시다 10:27-29
요 10:27.내 양은 내 음성을 들으며 나는 그들을 알며 그들은 나를 따르느니라.
예수님은 먼저 본 절에서 양들의 특징을 말씀하신다. 양들은 1)"내 음성을 듣는다"고 하신다. '음성을 알아듣고 순종한다'는 것이다. 2)"나는 그들을 안다"고 하신다(4절, 14절). '예수님은 양들을 사랑하신다'는 것이다. 3)"그들은 나를 따르느니라"고 하신다(4절). 여기 "따르느니라"(ἀκολουθοῦσίν)는 말은 현재 시제로 '계속해서 따른다'는 것이다. 양들의 특징은 예수님만 계속해서 따른다는 것이다(4절). 우리는 계속해서 따라야 한다. 예수님과 양들의 관계는 참으로 끈끈한 관계이다.

요 10:28.내가 저희에게 영생을 주노니 영원히 멸망하지 아니할 것이요 또 그들을 내 손에서 빼앗을 자가 없느니라.

예수님은 앞 절(27절)에서 양들의 특징을 말씀했고 본 절에서는 양들이 받아 누리는 은총에 대해 언급하신다. 은총은 1)예수님은 양들에게 "영생을 주신다"고 하신다. 여기 "영생"이란 말은 '그리스도의 영원한 생명에 참여함'을 뜻하고 "주노니"(δίδωμι)란 말은 현재 시제로 '지금부터 계속해서 주신다'는 뜻이다(10절; 5:24; 6:40). 2)"영원히 멸망하지 아니할 것"이라고 하신다(6:37; 17:11-12; 18:9). 여기 "멸망하다"(ἀπόλωνται)는 말은 제 2부정과거 중간태 시제로 '확실하게 멸망하다'라는 뜻으로 부정어(οὐ μη)와 함께 사용되어 '절대로 멸망하지 아니한다'는 뜻이다(3:16; 17:12; 18:9). 다시 말해 멸망의 그림자조차 보이지 않는다는 것이다. 3)"그들을 내 손에서 빼앗을 자가 없다"는 것이다(고후 4:7-10; 골 3:3). 바울 사도는 예수님을 믿는 자들을 그리스도의 사랑에서 끊을 자가 없다고 강변한다(롬 8:35-39).

요 10:29.그들을 주신 내 아버지는 만물보다 크시매 아무도 아버지 손에서 빼앗을 수 없느니라.

예수님은 앞 절(28절)에서 예수님의 양들을 예수님의 손에서 빼앗을 자가 없다고 하셨는데 본 절에서는 "그들을 주신(17:2, 6) 내 아버지(14:28)는 만물보다 크시매 아무도 아버지 손에서 빼앗을 수 없다"고 하신다. 양들을 예수님의 손에 주신 아버지께서 피조 세계의 모든 것들, 심지어 사탄보다 위대하셔서 아무도 아버지 손에서 양들을 빼앗아갈 수가 없다는 것이다. 예수님의 손이나 아버지의 손이나 결국은 똑 같은 손이다. 그 손에서 누가 양들을 빼앗아 멸망시킬 것인가. 없다는 것이다.

3.예수님은 아버지와 일체이시다 10:30-39

요 10:30.나와 아버지는 하나이니라 하신대.

예수님은 28절에서 예수님의 양들을 예수님의 손에서 빼앗을 자가 없다고 하셨고 바로 앞 절(29절)에서는 아버지 손에서 빼앗을 자가 없다고 하셨는데 본 절에서는 그 이유를 말씀하신다. 곧 예수님과 아버지는 "하나"이기 때문이라는 것이다(17:11, 22). 여기 "하나"(ἕν)라는 말은 중성명사로 '일체'(一體)란 뜻이다. 죤 라일(J. C. Ryle)은 "성부와 성자의 영원한 아버지는 두 가지 서로 다른 위이며 서로 혼합되어 있지는 않을지라도 본질과 성품과 위엄과 능력과 뜻과 활동에 있어서는 하나이다. 그러므로 내 양의 안전을 확보하는 일에 있어서 내가 하는 일을 아버지도 하신다. 예수님은 하나님과 독립적으로 행하시지 않으신다"고 하였다.

요 10:31-32.유대인들이 다시 돌을 들어 치려하거늘 예수께서 대답하시되 내가 아버지께로 말미암아 여러 가지 선한 일로 너희에게 보였거늘 그중에 어떤 일로 나를 돌로 치려하느냐.

예수님께서 "나와 아버지는 하나이니라 하실" 때(앞 절) 유대인들이 신성모독이라고 하여 예수님을 향하여 다시 돌을 들어 치려하였다(1차 돌을 들어 치려했던 것은 8:58-59의 사건에서였다). 그들의 행동에 대해 예수님은 이렇게 대답하신다. "내가 아버지로 말미암아 여러 가지 선한 일을 너희에게 보였거늘 그 중에 어떤 일로 나를 돌로 치려하느냐"라고 대응하신다. 곧 '내가 자의로 한 것이 아니라 아버지의 뜻을 따라 한 것이고(6:65; 16:28) 또 선한 일도 한 가지만 아니라 여러 가지 선한 일을 공중 앞에서 너희에게 분명히 보여주었는데 그 중에 어떤 일 때문에 나를 돌로 치려고 하는 것이냐'고 하신다. 세상 사람들이 마귀의 충동을 받으면 우리가 아무리 선한 일을 많이 해도 들었던 돌을 놓지 않는다.

요 10:33.유대인들이 대답하되 선한 일로 말미암아 우리가 너를 돌로 치려는 것이 아니라 신성모독으로 인함이니 네가 사람이 되어 자칭 하나님이라 함이로라.

예수님은 앞에서 "여러 가지 선한 일로 너희에게 보였는데 그 중에 어떤 일로 나를 돌로 치려하느냐"(32절)고 말씀하신데 대해 유대인들은 본 절에서 "선한 일로 말미암아 우리가 너를 돌로 치려는 것이 아니라 신성모독으로 인함이라"고 한다. 돌로 치려는 이유는 선한 일을 행했기 때문이 아니라 신성모독 때문에, 곧 "네가 사람이 되어 자칭 하나님이라"고 주장한다는 것 때문이라고 말한다(5:18). 유대인들 측으로 보면 예수님은 신성을 모독한 것은 확실하다. 왜냐하면 누가 보아도 예수님은 "사람"이시기 때문이고 또 "사람"으로 보이시기 때문이다. 그러나 예수님은 하나님과 본질적으로 동등하시다(30절)는 사실을 알면 신성을 모독하신 분이 아니라 찬양과 영광을 세세무궁토록 받으셔야 하는 하나님의 아들이시다.

요 10:34.예수께서 이르시되 너희 율법에 기록된바 내가 너희를 신이라 하였노라 하지 아니하였느냐.

예수님은 본 절부터 36절까지 예수님 자신이 하나님을 모독한 분이 아니라고 말씀한다. 먼저 본 절과 다음 절(35절)은 하나님의 말씀을 받은 사람들을 성경은 신(神)이라고 했는데, 하나님께서 거룩하게 구별하셔서 세상에 보내신 예수님이 하나님의 아들이라고 말하는 것은 하나님을 모독한 것이 아니라고 강변하신다(36절).

먼저 예수님은 율법을 인용하신다. 곧 "너희 율법에 기록된바 내가 너희를 신이라 하였노라 하지 아니하였느냐"는 구약 말씀을 인용하신다. 구약 율법[43) 시편 82:6에 재판장을 가리켜 "신들"이라고 했는데 이유는 신의 지시를 받아 하나님의 재판을 대행한다는 뜻에서 신이라고 한 것이다. 예수님의 주장은 재판장들을 가리켜 "신들"이라고 했다면 하물며 하나님께서 구별하여 보낸 예수님 자신이 하나님의 아들이라고 한 것이 무슨 신성을 모독한 것이냐고 꾸짖은 것이다.

---

43) 본 절에 예수님께서 시편을 가리켜 "너희 율법"이라고 말씀하신 것은 얼핏 보면 이상한 표현같이 보인다. 그러나 예수님 당시 사람들은 구약 전체를 모두 시편이라고 부르기도 했기에 시편을 "율법"이라고 칭하셨다(12:34; 15:25; 롬 3:19; 고전 14:21).

요 10:35.성경은 폐하지 못하나니 하나님의 말씀을 받은 사람들을 신이라 하셨거든.

예수님은 "성경은 폐하지 못한다"고 못 박아 말씀하신다. 다시 말해 구약성경은 폐하지 못한다는 것이다. 따라서 바로 앞 절(34절)에서 말씀하신 율법의 말씀, "내가 너희를 신이라 하였노라"는 말씀도 폐하지 못한다는 뜻이다. 구약의 모든 말씀들은 하나도 무효화하지 못한다는 것이다. 하나님의 말씀을 받은 사람들을 "신"이라고 하신 것을 무효화시키지 못한다는 것이다(롬 13:1). 다시 말해 하나님의 말씀을 받고 하나님을 대행하는 사람들을 "신"이라고 한 시편 82:6의 말씀을 폐기하지 못한다는 것이다.

요 10:36.하물며 아버지께서 거룩하게 하사 세상에 보내신 자가 나는 하나님 아들이라 하는 것으로 너희가 어찌 신성모독이라 하느냐.

예수님은 앞에서(34-35절) 하나님의 일을 대행하기 위해서 하나님의 말씀을 받은 사람들을 "신"이라고 하시고는 이제 본 절에서는 "하물며 아버지께서 거룩하게 하사 세상에 보내신 자(3:17; 5:36-37; 8:42)가 나는 하나님 아들(눅 1:35)이라 하는 것으로 너희가 어찌 신성모독이라 하느냐"고 꾸짖으신다(6:27). 여기 "거룩하게 하사"란 말은 '구별하사'라는 뜻으로 죄악으로부터 구별했다는 뜻이 아니라 모든 피조물로부터 구별하셨다는 뜻이다. 예수님은 모든 피조물 속에 분류되시는 분이 아니라 피조 되지 않으신 분이라는 것이다. 예수님은 존재 양식에 있어 온전히 구별된 분이시다. 예수님은 하나님께서 구별하신 분이다.

하나님께서는 아들을 구별하시고 육신을 입혀 세상에 보내셨다. 사람들 보기에는 순전히 사람으로 보이지만 예수님은 사람이면서 하나님이시다. 하나님이 구별하시고 또 하나님께서 보내신 독생자께서 "하나님의 아들"이라고 하는 것은 당연한 것이다. 그런고로 예수님께서 자신을 "하나님의 아들"이라고 칭했다고 해서 신성모독이라고 할 수 없는 것이다. 논리에 맞지 않는 말이다.

요 10:37.만일 내가 내 아버지의 일을 행하지 아니하거든 나를 믿지 말려니와. 예수님은 본 절과 다음 절(38절)에서 유대인들을 향하여 예수님께서 행하신 표적을 믿으라고 권고하신다. 그러면 예수님께서 하나님 아버지와 연합되어 계신 것을 깨달아 알게 될 것이라고 말씀한다. 예수님은 먼저 만일 자신이 "아버지의 일을 행하지 아니하거든 나를 믿지 말라"고 말씀하신다(15:24). 여기 "아버지의 일"이란 '예수님께서 행하시는 표적'을 지칭하는데 예수님은 '하나님께서 자신에게 주셔서 행하는 표적을 행하지 아니하거든 나를 하나님의 아들로 믿지 않아도 된다'고 하신다. 예수님께서 이렇게 본 절에서 부정적으로 말씀하시는 이유는 다음 절에서 자신이 하나님의 아들이라는 것을 강하게 긍정하기 위해서이다.

요 10:38.내가 행하거든 나를 믿지 아니할지라도 그 일은 믿으라 그러면 너희가 아버지께서 내 안에 계시고 내가 아버지 안에 있음을 깨달아 알리라 하시니. 이제는 예수님께서 강하게 긍정하신다. 곧 '내가 표적을 행하거든 혹시 내 말은 믿지 않을지라도 내가 행한 표적들을 믿으라. 그리하면 너희 유대인들은 아버지께서 내 안에 계시고 내가 아버지 안에 있음을 깨달아 알게 될 것이라'고 하신다. 유대인들이 예수님의 말씀, 곧 "나와 아버지는 하나이니라"는 말씀(30절), "나는 하나님의 아들"이라는 말씀(36절) 등은 믿지 아니할지라도 예수님께서 행하시는 표적만은 믿으라고 권면하신다(5:36; 14:10-11). 그러면 하나님께서 함께 하시지 않으면 그 표적을 행할 수 없는 것으로 알고 예수님과 하나님은 서로 연합되어 있음을 알게 될 것이라는 것이다(14:10-11; 17:21).

예수님의 표적은 중요한 것이다. 세례 요한이 감옥에서 제자들을 예수님에게 보내어 오실 메시야가 바로 당신인가하고 질문했을 때 예수님은 "너희가 가서 듣고 보는 것을 요한에게 고하되 맹인이 보며 못 걷는 사람이 걸으며 나병환자가 깨끗함을 받으며 못 듣는 자가 들으며 죽은 자가 살아나며 가난한 자에게 복음이 전파된다 하라"고 말씀하셨다. 다시 말해 예수님은 표적을 행하시는 분이라고 요한에게 보고하라고 하신 것이다. 예수님은 본 절에서도 유대인들에게 예수님께서 표적을 행하시는 것을 믿으면 결국에는 예수님이 하나님과 동등하신 분이시고 또 하나님의 아들이심을 알게 될 것이라고 하신다. 누구든지 예수님의 이적을 믿으면 예수님이 하나님의 아들임을 알게 된다.

요 10:39.그들이 다시 예수를 잡고자 하였으나 그 손에서 벗어나 나가시니라.
예수님께서 아무리 간곡하게 증언하시고 또 표적을 보여주셔도 그들은 회개할 줄 모르고 그저 예수님을 잡는 일만에만 열중한다(7:30, 44; 8:59). 그러나 예수님께서 죽으실 때가 되지 않아 예수님은 그들의 손에서 벗어나 나가셨다. 오늘도 마귀는 예수님을 믿는 사람들을 좇고 있으나 예수님은 그의 추종자들을 보호하신다.

4.요한 사도가 예수님께서 가르치신 결과에 대해 말씀하다 10:40-42

요 10:40.다시 요단강 저편 요한이 처음으로 세례 베풀던 곳에 가사 거기 거하시니.
예수님은 예루살렘에서 배척을 받으시고 다시 요단강 저편 세례 요한이 처음으로 세례를 베풀던 곳, 베뢰아 지방의 베다니로(1:28) 가셔서 거기 거하셨다. 여기서 얼마나 오래 거하셨는지는 확실히 알 수는 없으나 아마도 수전절부터 다음 유월절까지 대략 4개월간의 대부분의 시간을 이곳에서 보내셨을 것으로 보인다.

요 10:41.많은 사람이 왔다가 말하되 요한은 아무 표적도 행하지 아니하였으나 요한이 이 사람을 가리켜 말한 것은 다 참이라 하더라.
예수님께서 베뢰아 지방의 베다니에서 계시는 동안 많은 사람이 찾아와서 말하기를 "요한은 아무 표적도 행하지 아니하였으나 요한이 이 사람을 가리켜 말한 것은 다 참이라"고 했다(3:30). 곧 '세례 요한은 아무 표적도 행하지 아니했으나 세례 요한이 오래 전에 예수님을 가리켜 말한 것은 다 참이라고 했다'는 것이다. 예수님은 유대에서는 배척을 받으셨으나 뜻밖에 베뢰아 지방에서는 환영을 받으셨다. 세례 요한은 표적을 행하지 않은 종이었으나 그의 말은 진실하였다. 말의 신실성은 중요한 것이다.

요 10:42.그리하여 거기서 많은 사람이 예수를 믿으니라.

세례 요한의 진실한 말은 많은 사람들로 하여금 예수님을 믿게 했다는 것이다 (8:30; 11:45). 세례 요한은 광야의 외치는 소리였을 뿐이었는데 그 소리가 참이었기 때문에 오래도록 영향력이 있어서 많은 사람이 예수님을 믿게 된 것이다. 오늘도 진실한 증거는 효력을 발생하게 마련이다. 성령님은 진실한 증거를 사용하여 많은 사람들로 하여금 그리스도를 믿게 하여 그리스도에게 영광을 돌리게 한다.

제 11 장
죽은 나사로를 다시 살리신 표적과 그 결과

XXVI.나사로가 죽다 11:1-16

예수님께서 나사로를 다시 살리신 이 표적은 본서에 나오는 예수님의 7대 표적(2:1-11; 4:46-54; 5:2-9; 6:1-14; 6:16-21; 9:1-41) 중 마지막 표적이다. 이 표적은 나사로가 죽은 지 나흘이 지난 후에 살리셨다는 점에서 중요한 뜻을 가지고 있으며 또한 이 표적을 행하신 다음 예수님께서 더욱 심한 핍박을 받게 되셨다는 점에서 의의가 더욱 깊다고 할 것이다. 그런데 이 부분(1-16절) 말씀은 나사로가 병들었다는 말씀을 들으시고도 얼른 그에게 달려가시지 않고 이틀이나 지체하시다 죽은 후에 가셨다는 점이 특이하다. 이렇게 예수님께서 지체하신 이유는 삼남매를 사랑하시기 때문에 지체하신 것이고 또한 하나님의 영광과 또 예수님의 영광을 위한 지체이고 또 오고 오는 세대의 수많은 사람들의 믿음을 위한 지체라는 것이다. 예수님께서 지체하시는 중에 나사로는 슬픔에 잠겨 죽어야 했고 또 마르다와 마리아 두 자매는 심각한 고통을 당해야 했지만 예수님께서 죽은 지 나흘 된 나사로를 살리셨기 때문에 훗날 많은 사람들은 그리스도의 위대하심을 더욱 믿을 수 있게 된 것이다.

요 11:1.어떤 병자가 있으니 이는 마리아와 그 자매 마르다의 마을 베다니에 사는 나사로라.

본 절은 본 장의 주인공 "나사로"를 설명하는 구절로서 나사로가 병들었다는 사실과 또 나사로의 누이 두 사람과 나사로의 동네에 대해서 언급한다. 요한 사도는 나사로가 병들었다는 사실을 제일 앞에 기록한다. 그 이유는 아마도 나사로가 병들었다는 사실과 그가 그 병 때문에 죽었다는 사실이 본 장에서 제일 문제였기 때문일 것이다.

그리고 요한 사도는 나사로의 누이 둘 중에서 막내 동생 "마리아"(5, 19절; 눅 10:38-39)를 먼저 기술한다. 그 이유는 아마도 마리아의 신앙이 더욱 아름다웠기에 성경에서 더욱 많이 기록되었고(12:1-8; 마 26:6-13; 막 14:3-9; 눅 10:38-42) 또 먼저 기록된 것으로 보인다. "마르다"는 마리아의 언니로서 언니 역할은 했으나(눅 10:38-42) 예수님을 사랑한 점에 있어서는 동생 마리아에 미치지 못한 것 같다.

"베다니"라는 동네는 예루살렘의 동남쪽 3km(2마일)지점에 위치한 동네로 현재는 "나사로"를 기념하여 '엘 아자리예'(El Azariyeh) 곧 '나사로의 동네'(A. T. Robertson)로 불리고 있는데 감람산 기슭에 있다. 그리고 "나사로"란 이름은 히브리어 이름 '엘르아살'이란 이름의 축소형으로 헬라식 이름이다. 그 뜻은 '하나님은 나를 도우셨다'(God has helped)는 뜻이다.

요 11:2.이 마리아는 향유를 주께 붓고 머리털로 주의 발을 닦던 자요 병든 나사로는 그의 오라버니더라.

본 절은 나사로의 막내 동생 "마리아"에 대해 집중적으로 기술한다. 요한 사도는 마리아에 대해 "향유를 주께 붓고 머리털로 주의 발을 닦던 자"(12:3; 마 26:7; 막 14:3)라고 기록하고 있는데 저자 요한은 마리아가 예수님에게 기름 부은 사건을 12장에 더욱 자세히 기술한다. 마리아라는 이름은 초대 교회 때에 여러 명이 있었는데(마 1:16; 막 15:47; 눅 8:3) 본 절의 마리아는 첫째, 마 27:55-56; 눅 24:10에 나오는 막달라 마리아와는 구별되는 인물이다. 요한 사도는 본 절의 마리아를 다른 마리아와 구별하기 위하여 12장에서 자세히 설명하는 것으로 보인다. 그리고 둘째, 본 절의 마리아는 눅 7:36-50에 나오는 "죄 많은 여인"과도 구별된다. 눅 7:36-50에 나오는 "죄 많은 여인"은 이름이 기록되지 않은 반면, 본 절의 마리아는 이름이 기록되었고 또 막달라 마리아의 동네와 본 절의 마리아의 동네인 베다니가 거리상 먼 것도 두 여인이 서로 다른 여인임을 입증한다.

요 11:3.이에 그 누이들이 예수께 사람을 보내어 이르되 주여 보시옵소서 사랑하시는 자가 병들었나이다 하니.

나사로의 두 여동생들은 사람을 주님께 보내어 나사로가 병든 사실을 알린다. 그런데 자기의 오라버니를 설명하는 말에 "사랑하시는 자가 병들었나이다"라고 말한다. 여기 "사랑하시는 자"(φιλεῖς)란 말은 '아주 친밀한 자'란 뜻으로 두 자매는 예수님과 자기들의 오라버니 나사로 사이가 남 달리 친밀한 사이라는 것을 부각시킨다. 두 자매는 예수님께서 사랑하시는 사람을 그냥 두시지는 않을 것이라는 계산을 한 것이다. 여기 두 자매가 예수님께 알린 것은 오늘날로 말하면 예수님께 기도한 것이다. 우리는 범사에 주님께 기도해야 하고 또 기도하는 중에 주님의 긍휼을 소원해야 한다.

요 11:4.예수께서 들으시고 이르시되 이 병은 죽을 병이 아니라 하나님의 영광을 위함이요 하나님의 아들이 이로 말미암아 영광을 받게 하려 함이라 하시더라.

주님은 두 자매의 소원을 들으시고 말씀하시기를 "이 병은 죽을 병이 아니라 하나님의 영광을 위함이요 하나님의 아들이 이로 말미암아 영광을 받게 하려 함이라"고 하신다(40절; 9:3). 다시 말해 '이 병 때문에 나사로가 죽을 것은 아니다. 비록 죽더라도 다시 살 것이기 때문에 나사로가 죽지 않는 것이다. 이 병은 하나님과 또 하나님의 아들에게 큰 영광을 드릴 병이라'고 하신다. 여기 "죽을 병"(ἡ ἀσθένεια ...πρὸς θάνατον)이란 말은 '죽음에 이르는 병'이란 뜻으로 "죽을 병이 아니라"는 말은 '죽음에까지 이르는 병은 아니라'는 뜻이다. 다시 말해 완전히 죽음으로 끝나는 병은 아니라는 뜻이다. 그리고 이 병이 하나님의 영광과 하나님의 아들을 위한 양광이 된다는 말은 그 병 때문에 하나님과 예수님의 위대하심이 드러난다는 뜻이다. 두 자매의 기도는 오라버니를 살렸고 또한 하나님과 예수님에게 놀라운 영광이 돌아가게 했다.

우리의 기도는 사람에게 유익하고 하나님께 영광이 된다.

요 11:5.예수께서 본래 마르다와 그 동생과 나사로를 사랑하시더니.
본 절과 다음 절(6절)은 예수님께서 삼남매를 사랑하시기 때문에 병을 고쳐 주셨다고 말한다. 여기 "사랑하시더니"(ἠγάπα)란 말은 미완료시제로 '이전부터 계속해서 사랑하셨다'는 뜻이다. 예수님은 지금도 우리를 지극히 사랑하신다. 우리를 위해 하나님 우편에서 기도해주시고 또 모든 은총을 주신다(롬 8:34).

요 11:6.나사로가 병들었다 함을 들으시고 그 계시던 곳에 이틀을 더 유하시고.
본 절 초두에는 "그러므로"(οὖν)라는 말이 있어(개역개정판에는 없음) 본 절이 앞 절과 밀접한 관계가 있음을 시사해주고 있다. 곧 "예수께서 본래 마르다와 그 동생과 나사로를 사랑하시더니"(앞 절) "그러므로 나사로가 병들었다 함을 들으시고 그 계시던 곳에 이틀을 더 유하셨다"는 것이다(10:40). 보통 사람의 상식으로는 예수님께서 삼남매를 사랑하신다면 금방 달려가셔야 하는데 그 계시던 곳(베레아 지방의 베다니-1:28)에서 이틀을 더 유하셨다는 것은 도저히 이해할 수 없는 일인 것이다. 다시 말해 사랑하시기에 지체하셨다는 것은 아무래도 이해하기 힘든 일이다. 그러나 예수님은 그들을 계속해서 사랑하셨기에 나사로가 병들었다는 소식을 들으시고 이틀을 더 유하시다가 베다니로 찾아가신 것이다. 사람의 생각으로는 예수님께서 늦게 찾아가셨으므로 나사로는 예수님을 기다리다가 죽었고 마르다와 마리아는 오라버니의 죽음을 고통 중에 지켜보아야 했다. 그러나 예수님께서 아픈 사람을 고치신 것보다는 죽은 지 오래 된 사람을 살리신고로 예수님의 위대하심이 더욱 드러난 것이다. 이 일로 말미암아 예수님은 수천 년간 많은 신자들의 믿음을 윤택하게 하셨고 또 수많은 성도들은 예수님의 이름을 더욱 찬양하게 되었다. 계시던 곳에서 이틀을 더 유하신 것은 하나님의 놀라운 배려였다. 오늘도 예수님은 사랑하는 성도들에게 이런 배려를 하신다. 성도들의 기도에 얼른 응답하지 않으시고 오래 참아 성도들에게 유익을 주신다(마 15:21-28). 다시 말해 성도들이 예수님을 더욱 오래 찾으므로 성화되게 하시고 또 겸손하게 만들어주신다.

요 11:7.그 후에 제자들에게 이르시되 유대로 다시 가자 하시니.

예수님은 계시던 곳에 이틀을 더 유하신 다음 제자들에게 "유대로 다시 가자"고 하신다. 곧 요단강 서편의 베다니로 다시 가자고 하신 것이다. 유대 지방은 예수님을 죽이려는 지역이었는데 예수님께서 베다니의 삼남매를 사랑하시는 고로 다시 가자고 하신 것이다. 예수님은 피하실 때는 피하셔도 사랑하는 양들을 다시 살리실 필요가 있을 때는 위험을 무릅쓰신다.

요 11:8.제자들이 말하되 랍비여 방금도 유대인들이 돌로 치려하였는데 또 그리로 가시려 하나이까.

예수님께서 유대로 다시 가자고 하신 제안(앞 절)에 대해 제자들은 "랍비여 방금도 유대인들이 돌로 치려하였는데 또 그리로 가시려 하나이까"라고 항의한다. 유대인들이 예수님을 향하여 돌로 치려고 한 사건은 몇 차례 있었다(8:59; 10:31). 제자들은 유대인들이 예수님을 향하여 돌로 치려고 한 사건을 "방금" 전의 일로 말한다. 사실은 유대를 떠나서 여러 날 되었을 것인데 방금 전에 있었던 일로 말하는 것은 유대인들이 예수님을 돌로 치려고 했던 사건이 너무 충격적이었다는 것을 보여준다.

요 11:9-10.예수께서 대답하시되 낮이 열두 시간이 아니냐 사람이 낮에 다니면 이 세상의 빛을 보므로 실족하지 아니하고 밤에 다니면 빛이 그 사람 안에 없는 고로 실족하느니라.

유대로 갈 수 없다고 항의하는 제자들의 겁약한 말(앞 절)에 대해 예수님은 유대로 갈 수 있는 이유를 설명하신다. 예수님은 제자들에게 유대의 낮 12시간(아침 6시부터 저녁 6시까지의 시간)과 밤 12시간(저녁 6시부터 그 다음 날 새벽 6시까지)의 제도를 말씀하시면서 사람이 낮에 다니면 빛이 있어 안전한 것처럼 예수님과 함께 다니면 안전하다고 하신다. 예수님은 본문에서 "사람이 낮에 다니면 이 세상의 빛을 보므로 실족하지 아니한다"고 하신다(9:4). 여기 "이 세상의 빛"이란 말은 예수님 자신을 지칭하는 말이다(8:12; 9:5). 예수님은 제자들을 향하여 빛이신 자신과 함께 유대로 가면 실족하지 않는 고로 함께 가자고 하신 것이다.

그리고 "밤에 다니면 빛이 그 사람 안에 없는 고로 실족한다"고 하신다(12:35). 곧 '예수님과 함께 동행 하지 않으면 빛이신 예수님께서 그 사람 안에 없는 고로 실족하게 된다'는 것이다. 누구든지 예수님과 동행하지 않고 또 예수님의 사명에 동참하지 않으면 암흑 속을 걸을 수밖에 없는 것이다. 우리는 오늘도 예수님과 동행하고 있는가. 그리고 그의 사역에 동참하고 있는가.

요 11:11.이 말씀을 하신 후에 또 이르시되 우리 친구 나사로가 잠들었도다 그러나 내가 깨우러 가노라.

예수님은 "사람이 낮에 다니면 이 세상의 빛을 보므로 실족하지 아니한다"고 말씀하신 후에 "또 이르시되 우리 친구 나사로가 잠들었도다 그러나 내가 깨우러 가노라"고 말씀하신다(신 31:16; 단 12:2; 마 9:24; 행 7:60; 고전 15:18, 51). '나사로를 살리러 가야 하니 유대로 다시 가자'는 것이다. 예수님은 나사로를 "친구"라고 부르신다. 그만큼 나사로와 가깝다는 것이다. 예수님은 사람들과 가깝기를 소원하신다(15:14-15). 예수님은 "나사로가 잠들었다"고 하신다. 나사로의 죽음을 잠든 것으로 묘사하신 것이다. 예수님은 사람이 죽은 것을 잠든 것으로 보신다. 잠든 사람이 깨는 시간이 있듯이 죽은 사람이 일어나는 시간이 있기 때문에 죽은 것을 잠든 것으로 보신 것이다(욥 3:13; 겔 32:19-20; 마 9:24; 행 7:60; 고전 15:6, 18; 살전 4:13; 벧후 3:4). 예수님은 죽은 사람을 살리는 것을 "깨운다"는 표현을 쓰신다. 그만큼 죽은 사람을 살리는 것을 쉬운 것으로 말씀하신다. 예수님은 생명을 주는 분이시다(고전 15:45). 예수님은 재림하시는 날 우리를 깨우실 것이다.

요 11:12.제자들이 이르되 주여 잠들었으면 낫겠나이다 하더라.
베다니의 자매 마르다와 마리아에게서부터 소식을 전하는 사람이 와서 "사랑하시는 자가 병들었나이다"라고 하는 기별이 있었고(3절) 또한 예수님께서 "우리 친구 나사로가 잠들었도다"라는 말씀을 하신 것(11절)을 근거로 제자들은 "주여 잠들었으면 낫겠나이다"라고 말씀한다. 다시 말해 '주님이시여, 병이 나서 잠들었으면 곧 회복할 것입니다. 잘 자고 나면 회복할 것입니다'라고 대답한다. 제자들은 예수님에게 이 위험한 시기에 유대로 갈 이유가 없지 않은가하고 항의한 것이다. 스스로 회복할 것인데 무엇 때문에 먼 거리를 가야하며 더욱이 위험한 지역에 가야하는 것인가 하고 의문을 표시한다.

그러나 제자들은 예수님의 의도를 아직도 깨닫지 못하고 있었다. 예수님께서 "깨우러 가노라"고 하셨으니 그만한 이유가 있을 것이라고 생각했어야 했는데 제자들은 영적인 사실에 둔감했던 것이다. 그래서 요한 사도는 다음 절에 자신들의 영적인 무지에 대해 언급한다.

요 11:13.예수는 그의 죽음을 가리켜 말씀하신 것이나 그들은 잠들어 쉬는 것을 가리켜 말씀하심인 줄 생각하는지라.
예수님께서 "우리 친구 나사로가 잠들었도다"라고 말씀하신 것(11절)은 "그의 죽음을 가리켜 말씀하신" 것이라고 요한이 해설한다. 다시 말해 잠든 것이란 말은 죽음을 지칭한 것이란 말이다. 그런데 제자들은 예수님께서 "나사로가 잠들었도다"(11절)라고 하신 말씀이 "잠들어 쉬는 것"을 지칭하심인 줄 생각한 것이다. 표현은 비슷하지만 실제 의미는 천양의 차이가 있었다. 곧 예수님은 죽음을 지칭하셨는데 제자들은 잠들어 쉬는 것으로 이해한 것이다. 오늘도 이렇게 예수님의 말씀의 뜻을 오해하는 경우가 얼마나 많은지 모른다. 성령으로 하지 아니하고는 아무도 예수님의 말씀을 잘 이해할 사람은 없는 것이다. 잘 이해하지 못하니 믿지 않는 사람의 숫자가 더 많은 것이고 또 어느 정도 이해해도 확실하게 이해하지 못하니 불신앙적으로 사는 사람이 많은 것이다.

요 11:14.이에 예수께서 밝히 이르시되 나사로가 죽었느니라.

예수님은 제자들이 잘 이해하지 못하는 것을 보시고 예수님은 밝히 이르시기를 "나사로가 죽었느니라"고 하신다. 그러니까 예수님은 처음에는 비유로 다음에는 분명하게 말씀하신다. 이런 교육방법은 예수님께서 쓰시는 방법이다. 죽음이라는 것이 무엇임을 분명히 알려주시기 위하여 이렇게 말씀하신 것이다. 예수님은 오늘도 진리를 알려주시기 위하여 여러 가지 방법을 사용하신다.

요 11:15.내가 거기 있지 아니한 것을 너희를 위하여 기뻐하노니 이는 너희로 믿게 하려함이라 그러나 그에게로 가자하시니.

예수님은 나사로가 병들어 죽을 때 베다니에 있지 않았던 것을 "너희를 위하여 기뻐한다"고 말씀하신다. 예수님께서 기뻐하시는 이유는 "너희로 믿게 하기" 위함이라는 것이다. 제자들은 이미 믿는 사람들이었는데 그들의 믿음이 더욱 성장해야 한다는 것이다. 예수님께서 나사로를 살리시는 것은 일차적으로는 하나님과 예수님에게 영광이지만(4절) 또 2차적으로는 제자들의 믿음을 위하여 필요하다는 것이다. 우리의 믿음은 부단히 자라야 한다. 예수님께서 하나님을 믿는 것처럼 믿어야 한다.

그런데 예수님은 이런 말씀을 하신 다음 "그러나 그에게로 가자"고 하신다. 여기 "그러나"라는 말씀은 어색한 표현 같이 보이지만 문맥을 거스르지는 않고 있다. 첫째, 나사로가 이미 죽었으나 그에게로 가자는 뜻이고, 둘째, 베다니가 유대 지역인고로 위험하기는 하지만 하나님의 영광을 위해서 그리고 제자들의 믿음을 위해서 가자고 하시는 것이다. 우리는 꼭 갈 곳에는 가야 한다.

요 11:16.디두모라고도 하는 도마가 다른 제자들에게 말하되 우리도 주와 함께 죽으러 가자 하니라.

예수님께서 유대로 가자고 제자들을 강하게 압박하시니까 도마는 "방금도 유대인들이 돌로 치려했던"(8절) 유대 지방을 향하여 "우리도 주와 함께 죽으러 가자"고 말한다. 도마는 "사람이 낮에 다니면 이 세상의 빛을 보므로 실족하지 아니하는" 것을 깨닫지 못하고 죽으러 가자고 제안한 것이다. 도마는 모험심은 가지고 있었으나 신앙은 없었다. 신앙인은 모험을 가져야 하나 그 모험은 그리스도의 말씀에 근거해야 한다. 우리는 그리스도의 말씀 밖으로 나가서는 안 된다.

XXVII.예수님께서 표적을 행하시다 11:17-44

나사로가 죽은 후 예수님은 베다니에 도착하여 이적을 행하신다(27-44절). 예수님은 베다니에 도착하셔서 마르다와 대화하시고(17-27절) 또 마리아와 대화하신다(28-32절). 다음 요한은 예수님을 대하는 유대인들의 행동을 기록하고(33-37절) 예수님께서 나사로를 살리신 이적을 기록한다(38-44절).

1.마르다와 대화하시다 11:17-27

요 11:17.예수께서 와서 보시니 나사로가 무덤에 있은 지 이미 나흘이라.
요한은 예수님께서 유대 지방의 베다니에 오셔서 보신 결과 나사로가 무덤에 있은 지 이미 나흘이 되었다고 말한다. 곧 무덤에 있은 지 나흘이 되었다는 것을 기록한 이유는 예수님께서 나사로를 살리신 표적이 크다는 것을 드러내기 위한 것이다.

나사로가 무덤에 있은 지 나흘이 된 데는 이런 계산이 있을 것이다. 나사로가 병든 것을 전하러 간 사람이 떠나간 지 바로 나사로가 죽어서 유대인의 장례법대로 당일 해지기 전에 매장한 것으로 보이는데 그러면 그 심부름꾼이 요단강 동편의 베레아 지방의 베다니에 도착할 때까지 하루가 걸렸고, 예수님께서 소식을 들으신 후 이틀을 그것에서 유하셨으니 전체 삼일이 되었고, 또 예수님께서 계시던 곳을 떠나 요단강 베다니에 도착하시기까지 하루가 걸려 결국은 나사로가 무덤에 있은 지 나흘이 된 것으로 보인다.

요 11:18-19.베다니는 예루살렘에서 가깝기가 한 오리쯤 되매 많은 유대인이 마르다와 마리아에게 그 오라비의 일로 위문하러 왔더니.

이 부분 말씀은 예수님께서 표적을 행하시는 것을 많은 유대인이 보도록 하나님께서 섭리하셨다는 것을 말한다. 베다니는 예루살렘에서 가까워서(3km 정도의 거리) 많은 유대인이 두 자매를 위로하러 예루살렘으로부터 베다니에 올 수 있었다는 것이다. 하나님은 이렇게 많은 유대인이 예수님의 이적 행하시는 것을 보게 하셔서 믿도록 하셨고 또 예수님을 대적하는 사람들은 이를 기회로 더욱 반대하게 하신 것이다(46-53절).

요 11:20.마르다는 예수께서 오신다는 말을 듣고 곧 나가 맞이하되 마리아는 집에 앉았더라.

본 절은 예수님께서 오신다는 소식을 듣고 두 자매가 취한 태도에 차이가 있음을 말한다. 마르다는 활동적이었고 마리아는 조용하게 행동했다. 눅 10:38-42에 의하면 조용한 마리아는 더욱 신앙적인 태도를 취한 것을 볼 수 있다. 그런고로 조용하다고 해서 불 신앙적이라고 할 수는 없다.

요 11:21.마르다가 예수께 여짜오되 주께서 여기 계셨더라면 내 오라버니가 죽지 아니하였겠나이다.

마르다는 예수님께서 자신의 오라버니가 병들었을 때 이곳 베다니에 계셨더라면 죽지 아니하였을 것이라고 말한다. 마르다는 주님의 능력을 어느 정도 인정한다. 그러나 마르다의 신앙에는 두 가지 문제가 드러난다. 하나는 예수님께서 공간의 제약을 받으시는 것으로 믿은 것이다. 다시 말해 예수님께서 "여기 계셨더라면 오라버니가 죽지 아니하였을 것"이라는 것이고, 다른 곳에 계셨기 때문에 죽었다는 생각이 문제이다. 우리는 주님께서 어디 계셔도 질병의 문제와 죽음의 문제를 해결하시는 분으로 믿어야 한다(4:46-54; 마 8:5-13). 또 하나의 문제는 예수님께서 시간의 제약을 받는 분으로 믿은 것이다. 사람이 병들었어도 아직 살아있는 동안에는 예수님께서 살리실 수 있으나 사람이 일단 죽은 후에는 주님께서도 어찌할 수 없으신 것으로 생각한 것이다. 우리는 주님께서 죽은 사람도 다시 살리실 수 있는 분으로 믿어야 한다.

요 11:22.그러나 나는 이제라도 주께서 무엇이든지 하나님께 구하시는 것을 하나님이 주실 줄을 아나이다.

마르다는 앞에서(21절) 주님의 능력이 어떤 제약을 받으시는 것으로 말했는데 본 절에 와서는 "그러나 나(마르다)는 이제라도 주님께서 무엇이든지 하나님께 구하시는 것을 하나님이 주실 줄을 아나이다"라고 온전한 신앙을 고백한다(9:31). 본문의 "구하시는 것"(ὅσα ἂν αἰτήσῃ)이란 말은 복수로서 '구하시는 것들'이란 뜻이다. 그러니까 마르다는 주님께서 무엇이든지 하나님께 구하시는 것들을 하나님이 다 주실 줄을 안다고 말한다. 마르다는 예수님께서 나사로를 다시 살리시는 것을 비롯하여 무엇이든지 하나님께 구하면 다 하나님께서 주실 줄 안다고 한 것이다. 그럼에도 불구하고 24절에서는 다시 "마지막 날 부활 때에는 다시 살아날 줄을 내가 아나이다"라고 고백한다. 그러니까 오라버니가 지금 살아날 수 있으리라는 것에 대해서는 완전히 포기하고 있다. 마르다는 예수님께서 구주(메시야)이심을 믿기는 믿었으나 현실적으로 자기 오라버니를 살리는 문제만큼은 너무 큰 문제인 것으로 여긴 것이다. 베드로가 예수님을 바라보고 물위로 걷다가 물결을 보고 바다에 빠진 것이나 같은 예(例)이다. 신자들이 예수님의 전능을 믿으면서도 실제로 자신들의 어려운 문제(암병, 간장병, 뇌졸중 등)에 부딪힐 때는 예수님의 능력을 믿지 못한다. 우리는 예수님을 믿되 예수님의 전능하심을 믿어야 한다.

요 11:23.예수께서 이르시되 네 오라비가 다시 살아나리라.

예수님은 마르다의 온전한 신앙고백(앞 절)을 들으시고 "네 오라비가 다시 살아나리라"고 말씀하신다. 바로 지금 다시 살아나리라는 것이다(43-44절). 나사로의 병은 죽음으로 끝나는 것이 아니라고 예수님께서 말씀하신대로(4절) 나사로가 지금 다시 살아난다고 하신다. 우리는 예수님께서 말씀하시는 대로 믿어야 한다.

요 11:24.마르다가 이르되 마지막 날 부활 때에는 다시 살아날 줄을 내가 아나이다.

마르다는 예수님께서 "네 오라지가 다시 살아나리라"(앞 절)고 말씀하시는 것을 듣고 유대인들의 부활 소망(단 12:2)을 따라, 그리고 예수님께서 교육하신 대로(6:39-40) "마지막 날 부활 때에는 다시 살아날 줄을 내가 아나이다"라고 말씀한다(5:29; 눅 14:14). 마르다는 유대인들의 부활교리는 알고 있었으나 예수님의 능력은 알지 못했다. 오늘도 많은 성도들은 예수님의 능력을 믿지 못한다. 다시 말해 많은 성도들은 예수님께서 현재 행하시는 능력을 믿지 못하고 또 현재 복 주시는 것을 믿지 못하고 예수님께서 재림하신 후에야 이것저것 이루어주실 것이라고 미루어놓는다. 우리는 예수님의 현재의 능력과 미래의 능력을 똑같이 믿어야 한다.

요 11:25.예수께서 이르시되 나는 부활이요 생명이니 나를 믿는 자는 죽어도 살겠고.

예수님은 마르다의 불완전한 신앙(앞 절)을 치료하시기 위하여 "나는 부활이요 생명이니"라고 선언하신다. 본 절의 "나는...이다"라는 자아주장은 본서에서 다섯 번째로 나타난 것이다(6:35; 8:12; 10:9; 10:11; 14:6; 15:5). "여기 요 11:25의 말씀은 요한복음의 특징으로 나타난 자아주장의 말씀들 중에서도 가장 위대하고 장엄한 것이다"(Hειτμ"λλερ). 본 절의 "부활"이란 말(5:21; 6:39-40, 44)과 "생명"(ἡ ἀνάστασις καὶ ἡ ζωη)이란 말 앞에는 각각 관사가 있어 "그 부활"과 "그 생명"(1:4; 6:35; 14:6; 3:4; 요일 1:1-2; 요일 5:11)이란 뜻으로 예수님은 '유일한 부활이시고 또 유일한 생명'이심을 지칭한다(롬 6:8-9; 고전 15:20, 57; 골 1:18; 살전 4:16). 그리고 예수님은 인간 부활의 제 1원인이시기고 유일한 생명이시기에 "나(예수)를 믿는 자는 죽어도 산다"고 하신다(3:36; 요일 5:10). 다시 말해 예수님을 믿는 자, 곧 예수님과 연합된 자는 육신이 나사로처럼 죽더라도(1:8; 3:16; 8:30-31) 살아난다는 것이다. 마르다는 나사로가 마지막 날에 부활 때에는 다시 살아날 줄을 알았으나(23절) 지금 살아 날줄은 몰랐던 것이다. 여기 '부활'이란 말이 '생명'이란 말보다 먼저 나온 이유는 부활은 불멸의 생명으로 가는 문이기 때문이다(윌렴 헨드릭슨). 크리소스톰은 "나(예수님)는 인간 부활의 제 1원인과 획득자요 사망의 정복자요 육체의 구원자이다. 나(예수님)는 모든 생명의 위대한 샘물과 근원이며 영원하며, 영적이건 육체적이건 사람이 가진 그 어떤 생명도 모두 나(예수님)로 말미암는다"고 말한다.

요11:26.무릇 살아서 나를 믿는 자는 영원히 죽지 아니하리니 이것을 네가 믿느냐.

예수님은 "무릇 살아서 나를 믿는 자"(ὁ ζῶν καὶ πιστεύων εἰς ἐμε)는 영원히 죽지 아니하리라고 하신다. 곧 '영적으로 살아서(1:3-4; 3:16) 예수님을 믿는 사람은 누구든지' 영원한 죽음을 맛보지 아니하리라는 말씀이다. 영적으로 거듭난 사람들은 다 예수님을 믿을 수 있는데 그런 사람은 모두 영원히 죽지 않게 된다는 것이다. 신자에게 있어서 믿음만큼 중요한 것은 없다. 그래서 예수님은 마르다를 향하여 "이것을 네가 믿느냐"고 하신다. 믿으면 육신이 죽어도 다시 살고 또한 중생하여 믿는 사람은 영원히 죽음을 맛보지 않게 된다는 사실을 믿는 것이 중요하다는 것이다.

요 11:27.이르되 주여 그러하외다 주는 그리스도시요 세상에 오시는 하나님의 아들이신 줄 내가 믿나이다.

마르다는 주님의 말씀을 받고(25-26절) "그러하외다 주는 그리스도시요 세상에 오시는 하나님의 아들이신 줄 내가 믿나이다"라고 고백한다(4:42; 6:14, 69; 마 16:16). 온전한 신앙 고백이다. 더욱이 "내가 믿나이다"라고 말하여 그 동안 "아나이다"(22, 24절)라고 말한 것에 비하면 훨씬 발전한 모습을 보인다. "내가 믿나이다"(ἐγὼ πεπίστευκα)란 말은 현재완료시제로 '이미 믿었는데 지금도 여전히 믿고 있다'는 뜻이다. 그의 믿음은 온전한 믿음이었다. 그러나 마르다는 예수님께서 나사로의 무덤의 돌을 옮겨놓으라는 명령을 받았을 때(39절) 다시 약해져서 "주여 죽은지가 나흘이 되었으매 벌써 냄새가 나나이다"라고 말한다. 죽은 지 나흘이 되었다는 것과 냄새가 나는 사실 앞에서 그녀의 신앙이 약해진 것을 보인다. 신안고백과 실제의 신앙의 힘 사이에 차이를 보인 것이다. 베드로도 때로는 신앙이 약해지기도 했다(마 14:28-31).

혹자는 본 절을 해석함에 있어서 마르다가 예수님의 질문(26절)에 직접적인 대답을 회피하면서 자기가 예수님을 믿고 있음을 힘주어 말하고 있다고 주장한다. 그러나 만일 마르다가 직접적인 대답을 회피하면서 믿는 척했다면 예수님께서 그냥 지나가지 않고 교정하셨을 것이다. 그런고로 마르다의 대답은 온전한 신앙 고백으로 보아야 할 것이다. 고백은 온전하였으나 냉혹한 현실 앞에서 신앙이 약해지곤 한 것이다.

2.마리아와 대화하시다 11:28-32

요 11:28.이 말을 하고 돌아가서 가만히 그 자매 마리아를 불러 말하되 선생님이 오셔서 너를 부르신다 하니.

마르다는 예수님께 대한 신앙고백을 하고 돌아가서 "가만히"(λάθρᾳ) 그 자매 마리아를 불렀다. '몰래' 마리아를 부른 이유는 유대인들 가운데는 예수님을 향하여 불순한 생각을 품은 사람들이 있었기 때문이었을 것이다. 마르다는 동생 마리아에게 "선생님이 오셔서 너를 부르신다"고 전해주었다. 예수님은 마리아가 보고 있는 현장에서 나사로를 살리고 싶으셔서 마리아를 부르신 것이다. 예수님은 하나님의 택한 백성들 그리고 그가 사랑하는 백성들에게는 그의 지혜와 능력과 사랑과 긍휼을 보여주시기를 원하신 것이다. 예수님은 오늘도 사람을 불러 은혜를 주신다.

요 11:29.마리아가 이 말을 듣고 급히 일어나 예수께 나아가매.

마리아가 그 언니 마르다의 전갈을 받고 급히 일어나 예수님께 나아간 것은 존경하는 사람에게 보여준 예의(禮義)이고 또 예수님을 주님으로 믿은 증표이다(Calvin). 물론 마리아도 예수님을 주님으로 믿긴 했으나 역시 오라버니의 시체 앞에서 믿음이 또 약해진 것은 사실이다(33절). 본문에 "일어나"(ἠγέρθη) 라는 말은 부정(단순)과거 시제로 '단번에 일어난 것'을 지칭하고 "나아가매"(ἤρχετο)란 말은 미완료 시제로 '계속해서 나아간 것'을 지칭하는 말이다. 그러니까 마리아는 급히 단번에 일어나서 예수님께 계속해서 나아가고 있었다는 것이다. 예수님은 꽤 거리가 떨어진 곳에 계셨던 것이다.

요 11:30.예수는 아직 마을로 들어오지 아니하시고 마르다가 맞이했던 곳에 그대로 계시더라.

예수님은 마을 안으로 들어오지 아니하시고 마르다와 헤어진 곳에 그대로 계셨다. 이유는 1)마리아와 그곳에서 만나서 나사로가 묻힌 묘지로 가시기 위해서였고(윌렴 헨드릭슨), 2)예수님께서 마르다와 개인적으로 회견하여 진리를 교훈하셨던 것처럼(23-27절) 다시 그곳에서 조용히 마리아를 만나 회견하시기 원하셨을 것이다.

요 11:31.마리아와 함께 집에 있어 위로하던 유대인들은 그가 급히 일어나 나가는 것을 보고 곡하러 무덤에 가는 줄로 생각하고 따라가더니.

마리아에게 와서 위로하던 유대인들(19절)이 마리아를 뒤따라 온 것은 많은 사람이 예수님의 표적을 보고 예수님을 믿게 하시려는 하나님의 섭리였다. 오늘 우리도 될 수 있는 한, 많은 사람들이 모인 장소에서 예수님의 말씀을 선포해야 할 것이다.

요 11:32.마리아가 예수 계신 곳에 가서 보이고 그 발 앞에 엎드리어 이르되 주께서 여기 계셨더라면 내 오라버니가 죽지 아니하였겠나이다 하더라.

마리아는 예수님 계신 곳에 도착하여 "그 발 앞에 엎드리었다." 겸손의 표시를 보였으며 복종의 태도를 보여드린 것이다. 마리아는 예수님의 발아래 있기를 좋아하는 여인이었다(눅 10:39). 이달리야대의 백부장 고넬료는 베드로를 자기 집에 청한 다음 베드로가 도착하자 베드로의 발 앞에 엎드려 절했다(행 10:25).

마리아는 엎드려 말하기를 "주께서 여기 계셨더라면 내 오라버니가 죽지 아니하였겠나이다"라고 했다(21절). 마리아도 자기의 언니 마르다와 비슷한 말을 했다(21절). 아마도 자기의 오라버니가 죽기 전에 두 자매가 집에서 서로 똑 같은 말을 주고받은 것같이 보인다. 두 자매는 예수님께서 베다니에 계셨더라면 오라버니를 살리셨을 것이라고 믿었으나 이제 죽은 후에는 예수님께서도 어찌할 수 없는 줄로 알았다. 자매는 예수님께서 오라버니를 다시 살리실 수 있다고 믿지는 못한 것이다.

3.유대인들의 행동 11:33-37

요 11:33.예수께서 그가 우는 것과 또 함께 온 유대인들이 우는 것을 보시고 심령에 비통히 여기시고 불쌍히 여기사.

예수님께서 마리아가 우는 것(κλαίουσαν)과 또 함께 온 유대인들이 우는 것을 보시고 "심령에 비통히 여기시고 불쌍히 여기셨다." 여기 심령에 "비통히 여기셨다"(ἐνεβριμήσατο)는 말은 '분노하셨다'는 뜻이다(38절). 이 말은 때로는 '경계한다'는 뜻으로 쓰이기도 하고(마 9:30; 막 1:43), 또 때로는 '책망한다'는 말로 쓰이기도 한다(막 14:5).

그러면 예수님은 왜 분노하셨을까? 예수님께서 분노하신 이유를 설명하기 위하여 여러 설명들이 가해졌다. 1)예수님께서 마리아를 은밀히 불러 그녀에게 필요한 교훈을 주시고자 의도했으나, 그 의도를 파악하지 못한 마리아가 자의는 아니지만 유대인들을 데리고 나왔으며 더 나아가서 그들과 함께 울음으로써 대화를 방해하고 있기 때문이었다는 것이다. 2)예수님 자신의 연약한 인성(人性)에 대해 신성(神性)이 분노하셨다. 3)마리아와 유대인들의 불신앙을 생각하며 분노하셨다. 4)유대인들의 가식적(假飾的)인 울음을 보고 분노하셨다. 5)범죄한 인류를 지배하고 있는 사망권세에 대해 분노하셨다. 6)고난과 고뇌와 슬픔의 원인으로서의 죄에 대해 분노하셨다. 마지막 5번과 6번은 거의 같은 내용으로 예수님께서 심히 분노하신 이유를 잘 설명하는 것으로 보인다. 예수님은 인류를 고통으로 몰아넣은 죄와 마귀에 대해 분노하신 것이다.

그리고 예수님께서 "불쌍히 여기사"(ἐτάραξεν ἑαυτὸν)란 말은 '스스로 동요되었다'는 뜻이다. '스스로 동요되셨다'는 말은 마리아와 유대인들이 우는 것을 보시고 불쌍히 여기시는 마음이 일어난 것을 뜻한다. 예수님은 목석(木石) 같은 분이 아니시다. 그는 눈물이 있는 분이시다. 이제 곧 나사로를 살리실 분이 마리아 자매와 유대인들을 불쌍히 여기실 이유가 없는 듯이 보이지만 그들이 가지고 있는 이별의 슬픔은 그들로서는 역시 슬픔이니 그 슬픔에 대해서 예수님께서 동정하신 것이다. 죤 라일은 "우리가 우리의 감정을 통제하는 한 슬픈 광경을 보고 크게 감동 받는 것은 조금도 잘못되거나 악하지 않다. 항상 냉정하고 무감각하며 무정한 것은 어떤 사람에게는 대단히 위엄이 있고 철학적으로 보일는지도 모른다. 그러나 비록 이것은 스토아학파에는 맞을는지 모르지만 그리스도인의 인격과는 일치하지 않는다. 동정은 죄스러운 것이 아니라 그리스도다운 것이다"라고 말한다. 그러니까 예수님께서는 죄와 마귀에 대해서는 "심령에 비통히 여기셨지만" 사람들의 슬픔에 대해서는 "불쌍히 여기신" 것이다.

요 11:34.이르시되 그를 어디 두었느냐 이르되 주여 와서 보옵소서 하니.
예수님은 나사로를 다시 살리시기 원하셔서 "그를 어디 두었느냐"고 물으신다. 그리스도의 물으심은 항상 뜻이 있는 물음이다. 예수님은 38년 동안 병을 앓은 병자를 향하여 "네가 낫고자 하느냐?"고 물으셨고(5:6), 두 소경이 따라오는 것을 보시고 "내가 능히 이 일 할 줄 믿느냐?"고 물으셨다(마 9:28). 우리는 그리스도의 물음에 정확하게 대답을 해야 한다. 질문을 받고 그들은 "주여 와서 보옵소서"라고 대답한다. 여기 "와서"(ἔρχου)라는 말과 "보옵소서"(i[de)라는 말은 모두 현재 명령형으로 '와 보세요'라는 뜻이다. 예수님은 최초의 제자들이 예수님의 소재를 여쭈었을 때 "와 보라"고 하셨는데(1:46) 이제는 사람들이 예수님을 향하여 "와 보세요"라고 말한다. 우리는 때로 예수님을 향하여 우리의 답답한 문제를 지적하며 "와서 현실을 보세요"라고 간구해야 한다.

요 11:35.예수께서 눈물을 흘리시더라.

"눈물을 흘리시더라"(ἐδάκρυσεν)는 말은 '눈물을 터뜨리다'(burst into tears)라는 뜻이다(눅 19:41). 그와 반면에 33절의 마리아가 "우는 것"(κλαίουσαν)은 '소리 내어 우는 것'을 뜻하는 말이다. 예수님은 소리 내어 울지 않으시고 깊은 울음을 우신 것이다(히 5:7). 그러면 예수님께서 왜 우셨을까. 많은 해석이 가해진다. 1)예수님께서 사망과 죄로 말미암아 생겨난 참상을 보고 우셨다. 2)유대인들의 불신앙을 생각하고 우셨다. 3)마르다 자매의 믿음이 약한 것을 보시고 우셨다. 4)마르다 자매와 또 그를 따라온 사람들의 고생을 동정하셔서 우신 것이다. 다시 말해 예수님은 우리를 위해 우실 수 있는 분이라는 것을 보이기 위하여 우신 것이다. 여러 해석 중에서 아마도 이 마지막 해석이 제일 바른 해석으로 보인다. 예수님은 우리처럼 배고프시며, 목마르시며, 비통해하시며, 피곤하시며, 기뻐하실 수 있으신 분이시다. 예수님은 나사로의 죽음을 생각하며 소리 내어 우는 사람들을 불쌍히 여겨 우신 것이다(33절). 예수님은 나사로를 다시 살리실 것도 알지 못하고 울기만 하는 무지한 그들을 생각할 때 깊이 우신 것이다. 우리는 그리스도를 따라 세상에 사는 동안 무지한 인생들과 함께 울 수 있어야 할 것이다(롬 12:15).

요 11:36.이에 유대인들이 말하되 보라 그를 얼마나 사랑하였는가 하며.

본 절과 다음 절은 예수님께서 우시는 것을 보고 사람들이 나타낸 두 가지 반응을 기록한다(7:12; 9:8, 16; 10:19 참조). 첫째(둘째는 37절에 있음), 유대인들의 반응은 "보라 그를 얼마나 사랑하였는가"라는 반응이다. 그 현장에 따라온 많은 유대인들은 예수님께서 나사로를 지극히 사랑하셨기에 우셨다는 반응을 보인다. 여기 "사랑하였다"(ἐφίλει)는 말은 미완료시제로 예수님께서 나사로가 죽기 전에 나사로를 '계속해서 사랑하셨다'는 뜻이다. 그러나 유대인들은 예수님께서 자기들이 흘리는 눈물과는 전혀 다른 성질의 눈물을 흘리신 줄을 모르고 예수님을 자기들과 똑 같은 줄로 생각했다. 예수님은 다른 눈물을 흘리신 것이다. 곧 마르다 자매와 유대인들은 죽은 나사로를 생각하고 울었지만 예수님은 예수님께서 나사로를 다시 살리실 줄 모르고 마냥 울고 있는 사람들을 보고 불쌍해서 우셨다. 울음의 이유가 서로 많이 달랐던 것이다. 마르다 자매와 사람들은 죽은 나사로를 생각해서 울었고 예수님은 여러 사람들이 불쌍해서 우신 것이다.

요 11:37.그중 어떤 이는 말하되 맹인의 눈을 뜨게 한 이 사람이 그 사람은 죽지 않게 할 수 없었더냐 하더라.

둘째(첫째는 36절에 있음), 유대인들 중의 어떤 사람의 반응은 맹인의 눈을 뜨게 한 예수님(9:6)이 나사로를 죽지 않게 못했느냐는 반응이다. 다시 말해 나사로는 날 때부터 맹인이었던 사람의 병보다는 덜 심한 병을 앓고 있었는데 예수님께서 왜 그것을 못 고쳤느냐는 것이다. 사람들은 날 때부터 맹인이었던 사람과 나사로의 병을 비교해서 나사로의 병이 덜 심한 것으로 말한 것이다. 그들은 아직 예수님의 의도를 알지 못하여 이렇게 부정적인 시각으로 예수님을 바라 본 것이다. 부정적인 시각으로 보는 사람들은 이래저래 사실을 부정적으로 본다. 오늘날 성직자들이나 성도들은 세상 사람들로부터 좋은 소리를 들을 줄을 기대하지 말아야 한다. 항상 부정적인 사람들이 주위에 있으니 말이다.

4.나사로를 살리신 이적 11:38-44

요 11:38.이에 예수께서 다시 속으로 비통히 여기시며 무덤에 가시니 무덤이 굴이라 돌로 막았거늘.

예수님은 마리아와 또 함께 딸아 온 유대인들이 우는 것을 보시고 심령에 이미 통분히 여기셨는데(33절) 이제 또 "예수께서 다시 속으로 비통히 여기시며 무덤에 가셨다." 여기 "속으로"란 말은 33절의 "심령에"란 말과 똑 같은 뜻을 가지며, "비통히 여기시며"란 말도 33절의 통분히 여기신 것과 똑 같은 내용을 가진다. 33절 주해 참조. 유대 나라의 무덤은 우리나라의 무덤과 달라서 "무덤이 굴이다." 땅을 아래로 판 것이 아니라 바위를 뚫어서 만들거나 아니면 자연적으로 만들어진 "굴"을 무덤으로 사용하였다. 그런데 유대나라에서는 그 굴을 "돌로 막는다." 짐승의 접근을 막고 혹은 도굴을 막기 위해서 돌로 막은 것이다. 그 돌을 옮기기 위해서는 여러 사람들이 힘을 써야 옮길 수 있다.

요 11:39.예수께서 이르시되 돌을 옮겨 놓으라 하시니 그 죽은 자의 누이 마르다가 이르되 주여 죽은지가 나흘이 되었으매 벌써 냄새가 나나이다.
예수님은 "돌을 옮겨 놓으라"고 하신다. 이제 나사로를 다시 살리려는 것이었다. 사람이 해야 할 일은 사람이 수고해야 한다는 것이다. 사람이 할 수 있는 일은 사람이 순종해야 예수님의 이적을 더욱 실감하게 되는 것이다. 당시 사람들이 무덤을 막았던 돌을 옮겨놓았으므로 나사로가 다시 살아난 이적을 더욱 생생하게 기억할 수 있었다.

예수님께서 돌을 옮겨놓으라는 주문을 하셨을 때 나사로의 누이 마르다는 "주여 죽은지가 나흘이 되었으매 벌써 냄새가 나나이다"라고 말하면서 예수님께서 하시려는 일을 만류했다. 마르다는 두 가지를 본 것이다. 하나는 나사로가 "죽은지가 나흘이 되었다"는 것, 또 하나는 "벌써 냄새가 난다"는 것이었다. 사실은 나흘이 넘어도 예수님은 얼마든지 살리실 수 있으신데 마르다는 현실을 너무 크게 본 것이다. 그리고 냄새로 무덤이 뒤덮였어도 예수님은 얼마든지 살리실 수 있으신데 마르다는 현실을 너무 크게 의식한 것이다. 우리는 현실의 벽을 넘어 예수님을 보아야 하는 것이다. 베드로는 예수님께서 십자가에 죽으시려 할 때 만류하다가 사탄아 내 뒤로 물러가라는 말씀을 듣게 되었다. 예수님을 바라보지 않고 현실을 더 크게 보는 것은 마귀가 넣어준 생각이다. 마르다의 불신앙적인 말은 예수님의 이적의 위대성을 더욱 드러나게 만들었다.

요 11:40.예수께서 이르시되 내 말이 네가 믿으면 하나님의 영광을 보리라 하지 아니하였느냐 하시니.

마르다의 불신앙적인 말(39절 하반 절)에 예수님은 "네가 믿으면 하나님의 영광을 보게 된다"고 말씀하신다(4절, 23절, 25-26절). 다시 말해 예수님께서는 마르다에게 예수님을 믿으면 하나님의 영광이 나타난다고 예전에 말씀하셨다는 것이다. 예수님은 가끔 나사로의 가정에서 그 말씀을 가르치셨다는 것이다. 오늘도 마찬가지로 우리가 믿으면 하나님의 영광을 보게 된다. 믿으면 하나님으로부터 복을 받고 도움을 받으며 또 하나님의 영광이 드러나게 되는 것이다. 믿지 않으니 하나님의 영광이 드러나지 않는다.

요 11:41.돌을 옮겨 놓으니 예수께서 눈을 들어 우러러 보시고 이르시되 아버지여 내 말을 들으신 것을 감사하나이다.

예수님의 권고(40절)를 듣고 사람들은 그 "돌을 옮겨 놓았다." 그 때 예수님은 "눈을 들어 우러러 보시고" 기도하신다. "눈을 들어 우러러 보시고" 기도하는 자세는 여러 자세 중의 하나이다. 그리고 예수님은 "아버지여 내 말을 들으신 것을 감사하나이다"라고 감사부터 하신다. 예수님은 성부 하나님을 부를 때 항상 "아버지"라고 부르신다. 십자가상에서 단 한번(마 27:46)을 제외하고는 언제나 "아버지," 혹은 "내 아버지"(5:17)라고 부르셨다. 그리고 "들으신"(ἤκουσάς)이란 말은 부정(단순)과거 시제로 '확실하게 들으신' 것을 지칭하는 말이다. 하나님께서 예수님의 말을 분명히 들으신 것을 예수님께서 감사하신 것이다. 우리는 하나님께서 항상 우리의 기도를 들으시는 것을 감사해야 한다.

요 11:42.항상 내 말을 들으시는 줄을 내가 알았나이다 그러나 이 말씀 하옵는 것은 둘러선 무리를 위함이니 곧 아버지께서 나를 보내신 것을 그들로 믿게 하려 함이니이다.

예수님은 하나님께서 자신의 말을 들으신 것을 감사했고(41절), 이제는 "항상 내 말을 들으시는 줄을 내가 알았나이다"라고 말씀하신다. 여기 "항상"이란 말은 예수님과 하나님께서 일체이심을 구체적으로 증명하는 말이다(10:30). 하나님은 항상 예수님의 말씀을 들으시고 기도를 들으신다는 것이다. 그리고 "들으시는"(ἀκούεις)이란 말은 현재형으로 '과거에도 들으시고 현재에도 들으시고 또 앞으로도 들으신다'는 뜻이다. 하나님은 예수님의 기도만 들으시는 것이 아니라 예수님을 믿는 성도의 기도도 계속해서 들으신다.

그리고 예수님은 "이 말씀 하옵는 것은 둘러선 무리를 위함이니 곧 아버지께서 나를 보내신 것을 그들로 믿게 하려 함이니이다"라고 하신다(12:30). 곧 하나님께서 항상 예수님과 끊임없이 교통하신다는 말씀을 하는 이유는 둘러선 사람들을 위해서라는 것이다. 다시 말해 둘러 선 사람들이 "아버지께서 나를 보내신 것을 그들로 믿게 하려 함이라"는 것이다. 아버지께서 예수님을 메시야로 보내신 사실을 사람들로 하여금 믿게 하려고 한다는 것이다. 예수님께서 나사로의 무덤을 연 상태에서 큰 소리로 기도하신 이유는 하나님께서 예수님을 메시야로 보내신 사실을 사람들로 하여금 믿어서 구원을 받게 하려는 것이라는 것이다. 예수님은 사람들의 구원만 생각하시는 분이시다.

요 11:43.이 말씀을 하시고 큰 소리로 나사로야 나오라 부르시니.

예수님은 앞 절에서 자신을 계시하시고 이제는 "큰 소리로 나사로야 나오라 부르신다." 예수님은 '큰 소리로 마치 산 사람을 부르듯 부르셨다.' 예수님께서 "큰 소리로"(마 27:46, 50; 눅 23:46; 살전 4:16) 부르신 것은 나사로를 위한 것이 아니라 거기에 둘러선 무리를 위함이었다. 죽은 사람은 큰 소리로 부르든지 작은 소리로 부르든지 예수님의 권능으로 나오는 것이지 소리의 크고 작음은 관계가 없는 것이다(막 5:41; 눅 7:14). 다만 둘러 선 무리들이 예수님의 큰 소리를 듣고 예수님의 이적을 더욱 확실하게 믿도록 하신 것이다.

요 11:44.죽은 자가 수족을 베로 동인 채로 나오는데 그 얼굴은 수건에 싸였더라 예수께서 이르시되 풀어 놓아 다니게 하라 하시니라.

예수님께서 나사로의 이름을 부르심과 동시에 죽은 사람이 손과 발을 "베로 동인 채로 나왔다." 그리고 "그 얼굴은 수건에 싸여 있었다"(20:7). 장례할 때 몸의 부위마다 따로 베로 동였고 또 얼굴도 따로 큰 수건으로 싼 것이다. 그래서 밖으로 나올 수 있었다. 그리고 얼굴은 수건에 싸였지만 나올 수 있었던 것은 주님의 능력에 의한 것이었다. 주위에 있었던 마르다 자매가 자기의 오라버니인 줄 알아 볼 수 있도록 나사로는 장례 때의 그 모습이었다.

예수님은 사람들을 향하여 "풀어 놓아 다니게 하라"고 명령하신다. 나사로가 무덤에서 나올 때 사람들이 아마도 혼비백산했을 것이다. 그래서 예수님은 나사로임을 확인시켜주시기 위해서 풀어놓아 다니게 하라고 하신다. 예수님은 사람이 할 일은 사람에게 맡기신다. 이유는 사람들로 하여금 그 이적을 더욱 생생하게 기억하고 예수님을 잘 신앙하도록 하시기 위해서이다. 우리는 예수님의 명령에 범사에 순종해야 한다.

XXVIII. 예수님의 표적에 대한 반응 11:45-57

예수님께서 나사로를 살리신 후 항상 그렇듯이 사람들은 두 갈래로 갈렸다. 하나는 믿는 사람들이 생기고(45-46절), 또 하나는 그리스도를 박해하는 사람들이 생겼다(47-53절). 예수님은 표적을 행하신 후 에브라임 동네로 은퇴하신다(54-57절).

1. 두 갈래로 갈라진 사람들 10:45-53

예수님께서 나사로를 살리신 후 사람들은 두 갈래로 갈린다. 한편으로 믿는 사람들이 생기고(45절), 또 한편으로는 박해자들이 생긴다(46-53절).

요 11:45. 마리아에게 와서 예수께서 하신 일을 본 많은 유대인이 그를 믿었으나.

마리아를 위로하러 "마리아에게 와서 예수님께서 하신 일을 본 많은 유대인이 그를 믿었다"는 것이다(2:23; 10:42; 12:11, 18). 위로하러 왔다가 오히려 자기들이 예수님을 믿게 되어 큰 위로를 받았다. 엄청난 이적을 보고 믿지 않을 사람이 어디 있겠는가. 믿지 않는 것이 비정상이다. 누구든지 예수님께서 하신 일을 편견 없이 보면 그 이적을 행하신 예수님을 반드시 믿게 되는 것이다. 그러나 그 중에도 빠지는 사람들이 있다(다음 절).

요 11:46.그 중에 어떤 자는 바리새인들에게 가서 예수께서 하신 일을 알리니라.

그 이적의 현장에 참여했던 "유대인들 중에 어떤 자는 바리새인들에게 가서 예수께서 하신을 알렸다." 이들은 하나님의 택함을 받지 아니한 사람들이다. 이들 때문에 바리새인들은 예수님을 더욱 핍박하게 되었고 드디어는 예수님을 십자가에 못을 박는 일까지 감행하게 되었다. 오늘도 어느 교회 공동체에나 그리스도를 핍박하는 사람들이 있다. 다시 말해 교역자를 핍박하고 성도들을 괴롭히는 사람들이 있는 것이다.

요 11:47.이에 대제사장들과 바리새인들이 공회를 모으고 이르되 이 사람이 많은 표적을 행하니 우리가 어떻게 하겠느냐.

유대의 종교지도자들은 "공회"를 모았다(시 2:2; 마 26:3; 막 14:1; 눅 22:2). "공회"(συνέδριον)는 '유대 최고의 법정' 혹은 '유대의 최고 재판기관'이었다. 공회는 72인으로 구성되었는데 사두개파의 대제사장들과 바리새파의 장로들, 그리고 서기관으로 구성되어 있었다. 사두개인들과 바리새인들은 부활에 관한 한 교리가 서로 달랐는데 예수님을 핍박하고 처형하는 일에는 의견의 일치를 보였다.

그런데 공회의 안건은 "이 사람이 많은 표적을 행하니 우리가 어떻게 하겠느냐"는 것이었다. 그들의 안건은 아주 단순했다. 그런 안건을 내 걸은 이유는 예수님께서 "많은 표적을 행한다"는 것이었다. 나사로를 살린 표적은 하나였는데 그 전부터 예수님께서 행하신 표적들까지 들고 나온 것이다. 다른 표적들이 나사로의 표적 때문에 표면위로 떠 오른 것이다. 그들은 예수님이 많은 표적을 행하니 "우리가 어떻게 하겠느냐"(Τί ποιοῦμεν)는 것이다(12:19; 행 4:16). 혹자는 이 말을 "우리가 무엇을 하고 있는가?"라고 번역하여 지금까지 예수님의 표적을 막지 못하고 무엇을 하고 있었는가라는 질책조의 말이라고 한다. 그러나 다음 절(48절)을 보면 질책조라기 보다는 앞으로의 대책을 논의하는 것으로 보는 것이 더 타당할 것으로 보인다. 곧 '우리가 앞으로 어떻게 하겠느냐?'는 말로 번역하는 것이 옳을 것이다. 그들은 예수님께서 행하신 표적을 보고 감사하고 또 찬양해야 했는데 엉뚱하게 행동했다.

요 11:48.만일 그를 이대로 두면 모든 사람이 그를 믿을 것이요 그리고 로마인들이 와서 우리 땅과 민족을 빼앗아 가리라 하니.

만일 예수님으로 하여금 그냥 표적을 행하도록 방치해두면 모든 사람들이 예수님을 믿을 것이고 로마인들이 와서 유대 땅과 민족을 빼앗아 갈 것이니 어떻게 해야 좋을지를 의논하는 것이었다. 다시 말해 예수님으로 말미암아 민중 봉기라도 일어나면 로마 사람들이 군대를 이끌고 와서 유대 땅과 민족을 아예 말살하지나 않을까 염려한 것이다. 지금까지는 로마의 총독이 다스렸는데 예수님께서 민중운동이라도 일으키면 로마황제가 유대나라를 다스리게 되면 산헤드린은 기득권을 빼앗기는 불행을 당하게 될 것이라는 염려였다. 유대의 종교지도자들은 자기들의 기득권이 어떻게 될는지 심히 염려가 된 것이다. 로마 정권에서 결국 예수님을 잡으려고 하다가 유대 종교지도자들이 다치지 않을까 하는 염려가 대단했다.

요 11:49-50.그 중의 한 사람 그 해의 대제사장인 가야바가 그들에게 말하되 너희가 아무것도 알지 못하는도다. 한 사람이 백성을 위하여 죽어서 온 민족이 망하지 않게 되는 것이 너희에게 유익한 줄을 생각하지 아니하는도다 하였으니.

공회가 안건을 놓고 토의를 시작한 후 그 해의 대제사장인 가야바가 공회원들에게 발언을 한다(18:14; 눅 3:2; 행 4:6). 곧 "너희가 아무것도 알지 못하는도다.

한 사람이 백성을 위하여 죽어서 온 민족이 망하지 않게 되는 것이 너희에게 유익한 줄을 생각하지 아니하는도다"라는 말이었다(18:14). 다시 말해 '당신들은 아직도 아무 생각이 떠오르지 않는 모양입니다. 한 사람 예수만 죽으면 온 백성이 망하지 않게 되는 것이니 온 백성의 유익이 아니겠습니까?'라고 머리에 떠오른 말을 했다. 가야바는 다른 회원들을 향하여 "너희가 아무것도 알지 못하는도다"라고 말했지만 가야바야말로 아무것도 알지 못하고 철부지 행동을 한 것이다. 오늘도 지도자들 중에는 방자하게 행동하면서 국민을 향하여 아무것도 모른다고 말하기도 하나 사실은 지도자가 아무것도 모르고 행동하는 수가 얼마나 많은지 알 수 없다.

오늘의 본문에 요한 사도는 가야바가 바로 "그 해"(年)의 대제사장이었다고 말한다. 사도의 이 말은 '바로 그 역사적인 해'에 대제사장으로 재임했었다는 뜻이다.44) 하나님은 예수님의 십자가 대속의 죽음에 대해서 원수의 입을 통하여서까지 예언하게 하셨다. 그만큼 그리스도의 십자가 죽음은 중요한 것이었다. 민 24:17; 삼상 26:25 참조.

요 11:51-52.이 말은 스스로 함이 아니요 그 해의 대제사장이므로 예수께서 그 민족을 위하시고 또 그 민족만 위할 뿐 아니라 흩어진 하나님의 자녀를 모아 하나가 되게 하기 위하여 죽으실 것을 미리 말함이러라.

가야바가 앞 절(50절)에서 말한 예언은 "스스로 함이 아니라"는 것이다. 곧 '자기 머리에서 나온 것이 아니라,' 혹은 '자기 마음에서 나온 것이 아니라'는 뜻이다. 바꾸어 말해 하나님께서 가야바의 입을 주장하셨음을 뜻하는 말이다. 가야바는 그 역사적인 때의 대제사장으로 재위하면서 예수님께서 유대민족을 위하시고 또 그 유대민족만 위할 뿐 아니라(사 49:6; 요일 2:2) "흩어진 하나님의 자녀를 모아 하나가 되게 하기 위하여 죽으실 것을 미리 말한 것"이라는

---

44) 가야바는 "본디오 빌라도의 선임자 발레리우스 그라투스(Valerius Gratus)에 의해 A.D. 18년에 임명되어 본디오 빌라도의 후임자 비텔루스(Vitellus)에 의해 A.D. 36에 퇴위되었으며 A.D. 6년에서 15년까지 대제사장으로 있던 안나스의 사위였다"(윌렴 헨드릭슨, 요한복음 [중] p. 219).

것이다(3:16; 10:16; 엡 2:14-17). 예수님은 유대인 신자들만 위해서 죽으시는 것이 아니라 여기저기 흩어진 이방인 신자들을 모아 우주적인 교회 안에 두게 하기 위해 죽으실 것을 예언한 것이라는 것이다. 가야바는 유대 민족을 위해서 예수가 죽어야 한다고 말을 한 것인데 요한 사도는 가야바의 말은 예수님께서 유대인 신자들만 아니라 이방인 신자들을 위해서 죽을 것을 미리 예언한 것이 되었다고 해설한다.

요 11:53.이 날부터는 그들이 예수를 죽이려고 모의하니라.

유대의 산헤드린 총회의 결의가 있은 후로는 이제 유대인들이 마음 놓고 예수님을 죽이려고 모의하게 되었다는 것이다. 유대 최고 법정에서 예수님을 죽이기로 결의했으므로 예수님을 죽여도 법적으로 걸릴 것이 없게 된 것이다.

2.예수님의 은퇴 11:54-57

요 11:54.그러므로 예수께서 다시 유대인 가운데 드러나게 다니지 아니하시고 거기를 떠나 빈 들 가까운 곳인 에브라임이라는 동네에 가서 제자들과 함께 거기 머무르시니라.

유대의 산헤드린 공회에서 예수님을 죽이기로 했고 또 유대인들이 예수님을 죽이기로 모의하므로 예수님은 다시 유대인들 가운데 드러나게 다니지 아니하시고(4:1, 3: 7:1) 유대를 떠나셔서 광야가 가까운 곳인 에브라임이라고 하는 동네에 가서 제자들과 함께 유하셨다는 것이다. 여기 에브라임이 어디인지는 정확히 아는 바가 없다.[45] 다만 빈들 가까운 곳이라는 것밖에 다른 정보는 없다. 예수님은 십자가에 달리시기 전에 조용한 곳으로 은퇴하셔서 하나님과 영교의 시간을 가지신 것이다. 예수님은 에브라임에서 조용히 하나님과 영교를

---

45) 에브라임이 어디인지에 대해서는 1세기 역사가 요세보가 전해주는 이야기만 있을 뿐이다. 그는 말하기를 대하 13:19에 기록된 "에브론"과 동일시하여 벧엘과 인접한 조그마한 요새라고 말했다. 그리고 이곳은 사람이 별로 살지 않는 곳이라고 했다. 요세푸스의 견해를 받아드린다면 이곳은 예루살렘 북동쪽 약 20km 떨어진 아주 작은 촌락이었으며 오늘날의 '엘 타이베'(El-Tayibeh)와 동일한 곳이다.

가지셨을 뿐 아니라 제자들 교육에 심혈을 기울이셨을 것이다.

요 11:55.유대인의 유월절이 가까우매 많은 사람이 자기를 성결하게 하기 위하여 유월절 전에 시골에서 예루살렘으로 올라갔더니.

세 번째 유월절이 가까웠을 때(2:13; 5:1; 6:4) 많은 사람들은 자기를 성결하게 하기 위해서 유월절(첫 번째 유월절-2:13; 두 번째 유월절-6:4) 이전에 시골로부터 예루살렘에 올라갔다는 것이다. 본문에 "성결하게 하기 위하여 유월절 전에 시골에서 예루살렘에 올라갔다"는 말은 유월절 전에 있었던 결례 행사에 참여하기 위해서 일찍이 예루살렘에 올라갔다는 뜻이다(대하 30:18). 그들은 그 결례 행사에 참여하여 머리를 깎고 혹은 옷을 빠는 일을 했다(창 35:2; 출 19:10-11; 수 3:5; 대하 30:17; 행 21:24, 26). "예루살렘에 올라갔다"는 말은 예루살렘이 모든 것의 중심지이므로 예루살렘으로 갈 때는 예루살렘의 남쪽에서든 북쪽에서든 항상 "올라간다"는 표현을 쓴다.

요 11:56.그들이 예수를 찾으며 성전에 서서 서로 말하되 너희 생각에는 어떠하냐 그가 명절에 오지 아니하겠느냐 하니.

유월절에 참여하기 위하여 일찍 결례 행사에 참여한 사람들이 예수님을 찾으며(11:7) 성전에 서서 서로 말하기를 "너희 생각에는 어떠하냐 그가 명절에 오지 아니하겠느냐"고 했다. 그들이 서로 이렇게 말한 이유는 다음 절이 밝힌다. 그들은 예수님께서 반드시 유월절에 예루살렘에 올 것이라고 기대하기도 하며 어쩌면 오지 않을 것이라고 생각해서 이렇게 말하기도 했을 것이다. 그들은 종교지도자들이 예수님을 체포하도록 명령한 이상 지극한 관심이 있어서 명절을 당하여 예수님께서 예루살렘에 오지 않겠느냐고 지껄인 것이다. 사람들은 시대의 조류에 이렇게 휩쓸린다. 오늘도 사람들은 진리가 무엇이냐를 논하기 전에 유행과 조류에 마구 휩쓸려가고 있다.

요 11:57.이는 대제사장들과 바리새인들이 누구든지 예수 있는 곳을 알거든

신고하여 잡게 하라 명령하였음이러라.

유월절 전에 예루살렘에 올라와서 결례 행사에 참여한 사람들이 예수님을 두고 수군거리는 이유가 여기 밝혀진다. 예수 체포령이 내려졌기에 순례객들은 마음 놓고 말을 주고받은 것이다. 종교지도자들은 이제 예수님을 치워버리면 된다고 생각하고 체포령을 내린 것이다. 그러나 자기들이 마귀에게 체포되어 사는 줄은 몰랐다.

제 12 장
예수님께서 예루살렘에 들어가시다

XXIX.베다니의 잔치 12:1-11

유대의 산헤드린 공회와 유대인들의 핍박이 심해지자 에브라임으로 피신하셨던 예수님(앞 장)은 이제 마지막 유월절 6일을 남겨놓고 예루살렘으로 가시는 중에 베다니에 들르신다. 이 때 마리아는 예수님의 발에 향유를 부어 예수님을 기쁘시게 해드린데 반해 가룟 유다는 마리아가 예수님의 발에 향유를 부은 것이 잘 못되었다고 책망한다. 그런가하면 예수님은 마리아의 행위를 책망하는 가룟 유다의 행동을 책망하신다. 그리고 베다니에서 예수님을 위하여 잔치를 하는 중에 유대인들이 베다니로 많이 몰려온다(9-11절).

혹자는 본 장의 마리아의 기름부음 사건을 눅 7:36-50에 기록된 죄인 여자의 도유(塗油)사건과 동일한 것으로 보기도 하나 서로 다른 것으로 보아야 한다. 이유는 1)눅 7:35-50의 도유사건은 예수님의 성역이 한창일 때의 사건이고, 본 장의 도유사건은 마지막 유월절 6일전에 된 것이다. 2)누가복음의 도유사건은 가버나움에서 된 것인데 비해 마리아의 도유사건은 예루살렘 근처 베다니에서 이루어진 것이다. 3)누가복음에서는 예수님께서 집 주인 시몬을 책망하셨는데 본 장의 경우 예수님은 가룟 유다를 책망하셨다. 그런고로 두 사건은 서로 다른 것으로 보는 것이 옳을 것이다.

요 12:1.유월절 엿새 전에 예수께서 베다니에 이르시니 이곳은 예수께서 죽은 자 가운데서 살리신 나사로가 있는 곳이라.

예수님은 유월절(니산월 14일-목요일) 엿새 전 그러니까 니산월 8일에 베다니에 이르셨다. 그런데 이곳은 그 유명한 나사로가 있는 곳이었다(11:1, 43). 너무 유명해서 요한 사도는 베다니를 설명할 때 "예수께서 죽은 자 가운데서 살리신 나사로가 있는 곳이라"고 소개한다.

요 12:2.거기서 예수를 위하여 잔치할새 마르다는 일을 하고 나사로는 예수와 함께 앉은 자 중에 있더라.

베다니에서 예수님을 위하여 잔치를 배설했는데 아마도 전에 예수님께서 나사로를 죽은 자 가운데서 다시 살려주신데 대한 감사의 표시로 보인다. 그런데 잔치(아마도 저녁 식사였을 것이다)하는 동안에 "마르다는 일을 하고 나사로는 예수와 함께 앉은 자 중에 있었다"는 것이다. 마르다는 분주하게 일하는 여인이었다(눅 10:40). 그런데 마 26:6이나 막 14:3에 의하면 잔치를 베푼 사람은 "베다니 문둥이 시몬"이었는데 어떻게 그 집에 나사로, 마르다, 마리아가 참여했는가. 혹자는 시몬이 삼남매의 아버지였을 것이라고 하기도 하고 또 혹자는 시몬은 마르다의 남편이었을 것이라고도 말한다. 그러나 확실히 알 수는 없는 일이다. 그리고 나사로가 "예수와 함께 앉은 자 중에 있었다"고 표현된 것은 나사로가 죽은 자 가운데서 살아난 사람이기 때문일 것이다. 사실은 예수님과 함께 식사 자리에 앉아 있던 사람들이 더 있었는데 나사로야 말로 그 중에서 제일 마음 쓰이는 사람임에 틀림없었을 것이다. 그는 은혜 받은 사람이었다. 그 사람만 보아도 주님의 위대하심을 느낄 수가 있다.

요 12:3.마리아는 지극히 비싼 향유 곧 순전한 나드 한 근을 가져다가 예수의 발에 붓고 자기 머리털로 그의 발을 닦으니 향유 냄새가 집에 가득하더라.

이제 본 절에서는 마리아가 부각되어 기록된다(11:2; 눅 10:38-39). 그녀는 똑 같은 사건을 다루고 있는 마태복음이나 마가복음에 의하면 예수님 이야기, 곧 복음과 함께 영원히 기억되어야 할 여인이었다(마 26:13; 막 14:9). 마리아는 "지극히 비싼 향유 곧 순전한 나드 한 근을 가져다가 예수의 발에 붓고 자기 머리털로 그의 발을 닦았다." 마리아는 1)지극히 비싼 향유 곧 순전한 나드[46]

한 근을 가져다가 예수님의 발에 부은 것이다. 요한은 마리아가 예수님에게 부은 향유가 "지극히 비싼 향유"였다고 말한다(가룟 유다 추산 300데나리온 이상으로 노동자 한 사람의 300일치 임금 이상에 해당함). 혹자는 이 향유는 나사로 장례식에서 사용되고 남은 향유였을 것이라고 하나 문맥에 어울리지 않는 말이다. 마리아의 정성으로 보아 남은 것을 사용하였을 이가 없고 또 요한도 지극히 비싼 향유를 예수님의 발에 부었다고 말하는 것으로 보아 남은 향유를 부었다고 보기는 어려울 것이다. 또 가룟 유다가 그 향유 값을 계산한 것을 보면 그 향유는 남은 향유가 아니라 동(東) 인도에서 새로 수입한 향유로 보아야 할 것이다. 남은 향유라고 하면 팔기가 힘들 것 아니겠는가. 그리고 "순전한"(πιστικῆς)이란 말은 '불순물이 섞이지 않은 진짜의'라는 뜻이다. 아마 당시에 가짜 향유도 있었을 것이다. 그리고 "나드"란 말은 '향유 이름'으로서 '나드 향'이라고도 한다. "한근"은 현재의 중량으로 340g 정도에 해당한다. 아무튼 마리아는 큰 재산을 투자한 것이다. 2)그리고 마리아는 머리털로 예수님의 발을 닦았다. 이것은 지극한 헌신을 보여준 것이다. 머리털을 풀어서 발을 닦은 것은 여성으로서 최대의 헌신을 한 것이다. 그런데 여기 마리아가 예수님의 발에 향유를 부었다고 했는데 병행절인 마태복음과 마가복음에는 "예수님의 머리"에 부은 것으로 말하고 있다(마 26:7; 막 14:3). 향유를 부은 부위의 차이는 간단히 해결된다. 머리에도 붓고 발에도 부은 것이다. 혹자는 마리아가 예수님의 머리에 부은 향유가 흘러서 발에 떨어졌을 것이라고 하나 받기 어려운 주장일 것이다. 이유는 유대인들은 식사 때 비스듬히 앉아서 식사를 했기 때문이다. 왼쪽으로 기울어져 왼팔에 몸을 기대고 오른 팔로 식사를 했다. 그래서 예수님의 머리에 향유를 붓는 경우, 그 흐르는 향유는 바닥으로 흐를 수밖에 없는 것이다. 요한은 공관복음 기자들이 빠뜨린 내용을 성령님의 감동으로 요한복음을 썼는데 공관복음 기자들이 마리아가 예수님의 머리에 향유를 부은 것만 기록한 것을 알고 예수님의 발에 부은 것도 기록한

46) "나드"(nard) 향유는 나드라는 풀에서 짜낸 향유인데 티베트와 인도 사이의 히말라야 산맥의 고지 목초지에서 자라나는 향기로운 풀이다(윌렴 헨드릭슨).

것으로 보인다.

그리고 "향유 냄새가 집에 가득하더라"는 말은 말 그대로 냄새가 집에 가득했다는 것이다. 향유 냄새가 잔치를 배설한 식당이나 혹은 방에만 아니라 온 집에 가득했다는 것은 향유를 많이 사용했다는 것을 말한다. 요한은 한 사람의 헌신이 큰 영향을 끼친 것을 말한 것이다. 복음도 향유 냄새처럼 온 세상에 퍼져야 하는 것을 암시하고 있다.

요 12:4.제자 중 하나로서 예수를 잡아 줄 가룟 유다가 말하되.

본 절과 다음 절(5절)은 가룟 유다의 비난 행위에 대해 언급한다. 요한은 유다에 대해 기록하면서 "제자 중 하나"라고 기록했고 또 "예수를 잡아 줄 가룟 유다"로 기록하고 한다. '제자'라는 사람이 예수님에게 헌신하는 마리아를 비난했다는 것이고 앞으로 '예수님을 잡아줄 사람'이기에 충분히 그럴 수 있다는 뜻일 것이다. 마태복음 26:8에 의하면 마리아의 행위에 대해 비평한 이들이 "제자들"이라고 했다. 그러나 요한은 다른 사람들에 대해서는 언급을 회피했고 그 중에 제일 심했던 가룟 유다만 기록했다. 악을 행하는데 제일 앞 장 선다는 것은 참으로 위험한 일이다.

요 12:5.이 향유를 어찌하여 삼백 데나리온에 팔아 가난한 자들에게 주지 아니하였느냐 하니.

가룟 유다의 비난의 내용이다. 그는 그 향유 값이 300데나리온(한 데나리온은 노동자 하루 품값임) 이상이 될 줄을 알고 있었다(막 14:5). 그는 시세(時勢)에 정통한 사람이었다. 가룟 유다는 그 판값을 "가난한 자들에게 주지 아니하였느냐"고 말한다. 가룟 유다는 자기의 주장을 펴기 위해 제일 명분 있는 것을 꺼내 들었다. 가난한 자를 구제하자고 하는 말은 옛날이나 오늘날이나 항상 잘 먹혀드는 명분 있는 말이다. 그러나 오늘도 그런 것을 주장하는 사람들 중에 많은 사람들이 구제금을 착복하는 것을 볼 수 있다. 참으로 기가 막힌 일이 아닐 수 없다.

가룟 유다에게는 예수님은 안중에도 없었다. 예수님에게 드리는 것보다 가난한 자 구제를 앞세웠고 또 자기의 호주머니에 넣는 일에만 신경을 썼다(6절). 오늘도 그리스도를 전파하는 일에 헌금을 쓰는 것을 싫어하고 다른 곳에 교회 공금을 쓰기를 바라는 제직들이 많은 것은 참으로 위험한 일이다. 사실 그들은 그리스도를 믿는 믿음이 없는 것이다. 물론 전도와 선교를 열심히 하면서 구제를 힘쓰는 것은 성경이 지지하는 사상이지만 전도와 선교보다 다른 것을 더 앞세우는 것은 위험한 발상이다.

요 12:6.이렇게 말함은 가난한 자들을 생각함이 아니요 저는 도둑이라 돈 궤를 맡고 거기 넣는 것을 훔쳐 감이러라.

요한의 해설이 나온다. 가룟 유다가 향유를 300데나리온 이상에 팔아 가난한 자들에게 주었어야 했다고 말하는 것은 사실 가난한 자들을 생각해서 하는 말이 아니고 가룟 유다가 도둑이기에 돈 궤를 맡고 있으면서 돈 궤(13:29)에 넣는 것을 훔쳐 가기 위해서라는 것이다. 가룟 유다는 12제자 그룹에서 임원이었다. 곧 회계였던 것이다. 그는 300데나리온 중에 얼마를 훔쳐가려는 생각이었다. 그는 하나님의 택함을 받지 아니하였고 따라서 아직 성령으로 아직 거듭나지 않은 사람이었다. 결국 그는 세상에 나지 않았더라면 더 좋았을 사람이 된 것이다.

요 12:7.예수께서 이르시되 그를 가만 두어 나의 장례할 날을 위하여 그것을 간직하게 하라.

예수님은 가룟 유다를 향하여 그 여자가 하는 일을 "가만 두어 나의 장례할 날을 위하여 그것을 간직하게 하라"고 말씀하신다. 예수님은 가룟 유다를 향하여 "가만 두라," 곧 마리아를 괴롭히지 말라고 하신다. 마리아가 공연한 헛일을 하는 것이 아니라는 것이다. "나의 장례할 날을 위하여 그것을 간직한 것이 되게 하라"는 것이다. 다시 말해 마리아가 언제부터 그 향유를 간직해왔는지는 알 수 없으나 그리스도의 장례 준비를 위해 간직해온 것이 되게 하라는 말씀이다. 마리아는 자기도 모르게 그 향유를 간직해왔고 또 자기도 모르게 그 향유를 예수님의 발에 부었으며 또 자기도 모르게 예수님의 장례를 미리 치른 것이다. 마리아가 예수님의 장례를 위해서 이렇게 그 향유를 부은 것이니 그 향유를 그 목적으로 보관한 것이 되게 하라는 것이다. 마리아는 자기도 모르는 사이에 복음을 위해 수종을 든 것이다.

요 12:8.가난한 자들은 항상 너희와 함께 있거니와 나는 항상 있지 아니하리라 하시니라.

예수님에게 향유를 붓는 것을 책망하지 말고(5절) 가만히 두어야 할(7절) 이유는 가난한 사람들은 세상 끝날 까지 있을 것이니(마 26:11; 막 14:7) 언제라도 도울 수 있는데(신 15:11) 비해 예수님은 십자가에 달리셔야 하므로 항상 있지 아니하기 때문이라는 것이다. 시간적인 순서로 보아 예수님에게 향유를 부어 장례를 준비하는 것이 앞서야 할 일이고 가난한 자들을 구제하는 일은 언제라도 가능하다는 것이다. 사실은 시간적인 순서만 아니라 우선순위로 보아도 예수님의 복음을 위하여 돈을 쓰는 것이 구제하는 것보다 중요하다는 것이다. 전도와 선교를 우선할 때 구제도 많이 할 수 있는 것이다. "그리스도에 대한 신앙은 가난한 자에 대한 자선 이상의 것이다"(이상근).

요 12:9.유대인의 큰 무리가 예수께서 여기 계신 줄을 알고 오니 이는 예수만 보기 위함이 아니요 죽은 자 가운데서 살리신 나사로도 보려 함이러라.

"유대인의 큰 무리," 곧 '유월절을 맞이하여 유대 지방이나 외국으로부터 예루살렘으로 명절을 지키려고 모여든 무리들'은 두 가지 목적을 가지고 하룻길 되는 베다니로 왔다. 하나는 예수님을 보기 위함이었고 또 다른 하나는 죽은 자 가운데서 얼마 전에 다시 살아난 나사로를 보기 위해서였다(11:43-44). 나사로는 이제 유명인이 된 것이다. 은혜 받은 나사로는 예수님을 비추어주는 빛이 되었다(마 5:14).

요 12:10-11.대제사장들이 나사로까지 죽이려고 모의하니 나사로 때문에 많은 유대인이 가서 예수를 믿음이러라.

"대제사장들," 곧 '대제사장들과 대제사장 가문의 식구들'이 나사로까지 죽이려고 모의했다(눅 16:31). 그들은 교리적으로 부활을 부인하는 입장인데 "나사로 때문에 많은 유대인이 가서 예수를 믿기" 때문에 나사로를 그냥 놓아둘 수가 없었다(18절; 11:45). 아주 씨를 말리자는 계산이었다. "대제사장들의 이 행동은 시기심의 극단이요, 잔인성의 절정이며, 하나님과 싸우는 강팍한 행동이며, 대중 인기를 탐하여 날뛰는 괴악한 명예주의이다"(박윤선).

XXX.왕(王)의 예루살렘 입성 12:12-19

베다니에서 마리아로부터 기름 부음을 받으시고 그 이튿날(일요일) 수난의 현장인 예루살렘에 들어가신 예수님은 구약 성경(슥 9:9)을 이루시기 위해 나귀를 타시고 겸손하게 들어가신다. 그가 예루살렘에 들어가실 때 그를 환영하는 인파는 종려가지를 흔들면서 호산나를 외쳤는데(12-13절) 이들이 이토록 예수님을 환영한 것은 죽은 자를 살리시기까지 하신 예수님께서 자신들에게 승리와 구원을 주실 것으로 기대했기 때문이었다(14-19절).

요 12:12.그 이튿날에는 명절에 온 큰 무리가 예수께서 예루살렘으로 오신다는 것을 듣고.

"그 이튿날," 곧 '일요일'(종려주일)에는 유월절에 온 큰 무리가 예수님께서 예루살렘으로 오신다는 소식을 듣고 환영했다. 그런데 예수님을 환영한 무리는 "명절에 온 큰 무리였다." 명절을 맞이하여 유대지역과 또 외국으로부터 온 순례 객들이었다. 예루살렘 사람들은 별 큰 반응이 없었다. 여기서 우리는 칼빈(Calvin)의 관찰을 중요하게 여긴다. 칼빈에 의하면 예루살렘 사람들은 성전 예배에 너무 익숙해져서 하나님의 일에 대하여 무관심하게 되었다. 그들은 이제 종교적 열심은 식어버렸고 그저 외식으로 움직이고 있었다. 그러나 외지에서 온 나그네들은 하나님의 일에 대하여 불타는 마음이 있었다. 오늘 우리나라에 기독교가 들어온 지 100년이 넘자 사람들의 신앙심은 많이 식어지고 신앙생활도 맥을 잃어가고 있다. 우리는 그리스도를 향하여 다시 불이 붙어야 할 것이다.

요 12:13.종려나무 가지를 가지고 맞으러 나가 외치되 호산나 찬송하리로다. 주의 이름으로 오시는 이 곧 이스라엘의 왕이시여 하더라.

유월절을 맞이하여 외지에서 온 나그네들은 "종려나무 가지를 가지고 맞으러 나가 외쳤다." 여기 "종려나무 가지"는 이스라엘 사람들에게 있어서 승리와 번영의 상징이었다(레 23:40; 시 92:12; 사 9:14). 그들은 예수님의 승리의 입성을 축하하는 뜻에서 종려나무를 손에 가지고 외쳤다.

그들의 외침의 내용은 "호산나 찬송하리로다 주의 이름으로 오시는 이 곧 이스라엘의 왕이시여"라는 외침이었다. "호산나"란 말은 히브리어(הוֹשִׁיעָה נָּא)를 한국말로 바꾼 것인데 그 뜻은 '지금 구원하소서'라는 뜻이다(시 118:25-26). 그들은 나사로를 살리신 예수님을 향하여 자기들을 구원해주시기를 부르짖은 것이다. 그리고 큰 무리들은 예수님을 향하여 "찬송하리로다"라고 외친다. 곧 그들은 이스라엘의 구원을 부르짖으면서 예수님을 '찬양합니다' 하고 외친 것이다. 그들은 예수님을 "주의 이름으로 오시는 이 곧 이스라엘의 왕이시여"라고 부르면서 외쳤다. 곧 '하나님의 이름(권위, 계시)으로 오시는 이스라엘의 왕이시여'라고 부른 것이다(시 118:26 참조; 1:49). 절박하게 메시야를 기다리던 유대 민족은 이제 자기들의 나라를 로마로부터 구원하실 메시야가 오신 줄 알고 이렇게 목 놓아 외친 것이다. 오늘 우리는 예수님을 왕으로 모시고 살아야 한다. 나 자신의 왕, 가정의 왕, 교회의 왕으로 모시고 순종하며 살아야 한다.

요 12:14.예수는 한 어린 나귀를 보고 타시니.

예수님은 예루살렘에 들어가실 때 먼저 제자들로 하여금 "한 어린 나귀"를 준비하게 하신(마 21:1-3; 막 11:1-3; 눅 19:30-31) 다음 그 나귀를 타시고 들어가셨다(마 21:7). 예수님께서 이처럼 나귀를 타신 것은 평화의 왕이요 겸손의 왕이시라는 것을 보여주신 행동이었다(삼하 19:26; 사 1:3). 당시에 전쟁에서 승리하고 돌아오는 개선장군이나 나라의 왕은 병거나 말을 타고 위엄을 과시했는데(출 15:1, 19, 21; 시 33:17; 76:6; 147:10; 잠 21:31; 렘 8:6; 51:21; 슥 10:3; 계 6:4) 예수님은 이스라엘의 왕이시며 우주의 왕으로서 겸손하신 평화의 왕이시라는 것을 보여주신 것이다. 우리는 지금 나귀를 타셨던 겸손의 왕을 모시고 살면서 우리 역시 항상 마음 낮추어 사는 사람들이 되어야 할 것이다.

요 12:15.이는 기록된바 시온 딸아 두려워 말라 보라 너의 왕이 나귀새끼를 타고 오신다 함과 같더라.

요한은 예수님께서 한 어린 나귀를 타시고 예루살렘에 들어가실 것이 구약 성경에 기록되었다고 말한다(슥 9:9). 요한은 예수님께서 구약 성경 스가랴 9:9에 예언되어 있는 것을 그대로 이루셨다고 말한다. 스가랴 9:9에 "시온 딸아 두려워 말라. 보라 너의 왕이 나귀새끼를 타고 오신다"고 기록되어 있다. 여기 "시온 딸"이라는 말은 '시온자체'를 뜻하는 말이다. 다시 말해 '시온성과 시온의 거민들'을 지칭하는 말이다(사 1:8; 52:2; 62:11; 렘 4:31; 6:23; 애 2:4, 8, 10, 13; 미 4:8; 습 3:14; 슥 2:10). 시온의 거민들, 곧 예루살렘 거민들은 두려워할 것이 없다는 것이다. 이유는 "너의 왕이 나귀 새끼를 타고 오시기" 때문이라는 것이다.

구약 성경에는 "크게 기뻐할지어다"라고 되어 있는데 요한은 "두려워말라"고 해석해서 인용했다. "크게 기뻐하라"는 말이나 "두려워말라"는 말은 결국 똑같은 말이다. 예루살렘 사람들은 평화의 왕이 나귀 새끼를 타고 들어오시니 아무것도 두려워하지 말라는 것이다. 지금도 예수님을 모신 사람들은 크게 기뻐할 것이고 두려워할 것이 아니다. 이유는 그가 왕으로서 우리를 다스려주시고 또 지켜주시며 돌보아주시기 때문이다.

요 12:16.제자들은 처음에 이 일을 깨닫지 못하였다가 예수께서 영광을 얻으신 후에야 이것이 예수께 대하여 기록된 것임과 사람들이 예수께 이같이 한 것임이 생각났더라.

예수님의 제자들은 예수님께서 나귀를 타시고 예루살렘에 들어가신 일이 구약에 예언된 것인 줄 처음에는 알지 못하였다가(눅 18:34) 예수님께서 부활 승천하시고 성령님이 오신 후에야 깨닫게 되었다는 것이다(14:26). 우리 역시 성령님의 가르치심이 아니면 성경의 한 가지도 깨닫지 못한다(7:39). 제자들은 성령님이 오셔서 깨달음을 주신 후에야 "이것이 예수께 대하여 기록된 것임"을 생각하게 되었고 예루살렘 사람들이 예수님을 향하여 "이같이 한 것임"(이처럼 환영한 것)이 생각났다는 것이다.

요 12:17.나사로를 무덤에서 불러내어 죽은 자 가운데서 살리실 때에 함께 있던 무리가 증언한지라.

예수님께서 나사로를 무덤에서 살려 내실 때 그 자리에 함께 있던 무리가 많은 사람들에게 예수님께서 행하신 일을 증언했다는 것이다. 여기 "증언한지라"(ἐμαρτύρει)는 말은 미완료 시제로 '계속해서 증언하였다'는 뜻이다. 그들은 죽어서 냄새가 나던 나사로가 예수님의 이적으로 살아난 사건을 사실적으로 생생하게 증언했기에 큰 무리가 예수님의 예루살렘 입성을 환영한 것이다.

요 12:18.이에 무리가 예수를 맞음은 이 표적 행하심을 들었음이러라.

종려주일에 큰 무리(12절)가 예수님을 환영한 이유는 바로 예수님께서 행하신 "이 표적 행하심을 들었기" 때문이었다. 다시 말해 '나사로를 무덤에서 불러내어 죽은 자 가운데서 예수님께서 살리실 때에 함께 있던 무리가 증언하는 것'(17절)을 큰 무리가 들었기 때문에 예수님을 환영했다는 것이다. 들음은 참으로 중요한 것이다(롬 10:17). 사람이 그리스도에 대해 들으면 그리스도를 믿게 되고 또 변화된다.

요 12:19.바리새인들이 서로 말하되 볼지어다 너희 하는 일이 쓸데없다 보라 온 세상이 그를 따르는도다 하니라.

예수님께서 예루살렘에 입성하실 때 많은 사람들이 예수님을 환영했기에 바리새인들은 당황하여(11:47-48) 서로 말하기를 "볼지어다 너희 하는 일이 쓸데없다. 보라 온 세상이 그를 따르는도다"라고 했다(눅 19:39-40). 바리새인들은 그들 나름대로 예수님을 처치하려는 계획을 세워놓았지만 온 세상이 예수님을 따르는 것을 보고 이제 자기들이 계획한 것이 쓸데없이 되었다고 탄식한 것이다. 바리새인들이 서로 말한 이야기 "보라, 온 세상이 그를 따르는도다"라고 한 말대로 지금도 세상에 그리스도를 따르는 사람들이 땅위의 인구 중 거의 삼분의 1이나 된다.

XXXI.예수님의 죽으심과 이방인들과의 관계를 말씀하시다 12:20-36a

예수님께서 종려주일에 나귀를 타시고 예루살렘에 입성하신 다음 헬라인들의 내방을 받으시고(20-22절) 헬라인들에게 자신이 십자가에서 대속의 죽음을 죽으실 일과 사람이 구원 받는 방법을 말씀하신다(23-26절). 그리고 예수님은 십자가 죽음을 앞두고 괴로움을 말씀하신 다음 아버지에게 기도하신다(27-28a). 다음으로 요한은 그리스도의 기도에 대하여 하나님께서 응답하신 것을 기록하고(28b-30) 또 그리스도께서 죽으심이 이방인들에게 미치는 결과에 대해 설명한다(31-34절). 그리고 예수님은 자신이 십자가에 죽으시기 전에 빛이 되신 예수님을 믿으라고 권하신다(35-36절).

1.헬라인들의 방문을 받으시다 12:20-22

요 12:20.명절에 예배하러 올라온 사람 중에 헬라인 몇이 있는데.

유월절을 맞이하여 예루살렘에 예배하러 올라온(왕상 8:41; 행 8:27) 무리들 중에 헬라인 몇 사람이 있었다는 것이다. 여기 "헬라인"은 헬라파 유대인(행 6:1)이 아니고 순수한 헬라인들을 지칭하는 말이다(행 17:4). 이 순수한 헬라인들이 유대교로 개종하여 유월절을 맞이하여 예수살렘에 올라온 것이다. 이방인들이 유대교로 개종한 사람들은 구약 시대에도 있었다(왕상 8:41-43; 대하 6:32-33; 사 56:3-8). 이들이 예수님에게 찾아온 것은 앞으로 이방인들이 예수님을 믿을 것을 미리 보여주는 좋은 예이다.

요 12:21.그들이 갈릴리 벳새다 사람 빌립에게 가서 청하여 가로되 선생이여 우리가 예수를 뵈옵고자하나이다 하니.

몇 사람의 헬라인들이 갈릴리 벳새다 사람(1:44) 빌립에게 가서 요청하여 말하기를 "선생이여 우리가 예수를 뵈옵고자하나이다"라고 하였다. 몇 사람의 헬라인들이 예수님에게 직접 찾아가지 아니하고 빌립을 찾아서 요청한 것은 예수님을 경외하는 증표였다(Calvin). 그런데 이들이 왜 빌립을 접촉했는지에 대해서는 여러 추측들이 있다. 1)빌립의 이름이 헬라식 이름인 것을 보아 빌립이 헬라어를 잘 하는 사람으로 알고 빌립을 접촉했을 것이라는 추측이 있다. 그러나 사실 빌립만 헬라식 이름을 가진 사람은 아니다. 안드레도의 이름도 헬라식 이름이다. 2)이들이 빌립의 고향 벳새다(헬라인들이 많이 거주했음)에서 왔다면 빌립을 접촉했을 수도 있을 것이다. 그러나 안드레와 베드로도 벳새다 출신이었으니(1:44) 벳새다 출신이라는 것만 가지고 설명이 다 되는 것은 아니다. 3)예수님과 또 다른 제자들은 이미 성전 깊숙이 들어가 있고 빌립은 이방인의 뜰에서 예수님에게 왕래하면서 분주하게 봉사했으므로 이방인의 뜰까지만 들어올 수 있는 헬라인들이 빌립이게 접촉했을 것이라는 추측도 있다. 가능한 추측으로 보인다. 그러나 확실히는 알 수가 없다.

이들의 소원은 예수님을 뵙고자 한다는 것이었다. 아마도 예수님을 뵙고 구원에 관한 질문을 해보고 싶었던 것 같다. 예수님의 다음의 답변(23-26절)을 들어볼 때 이들의 질문의 내용은 어떻게 구원에 동참할 수 있는 것인가에 대한 것이었을 것이다. 예수님께서 이들의 질문을 받으시고 책망하지 않으시고 구원에 대한 진리를 말씀하신 것을 보면 이들의 질문의 내용을 짐작할 수 있는 것이다.

요 12:22.빌립이 안드레에게 가서 말하고 안드레와 빌립이 예수께 가서 여쭈니. 빌립은 헬라인들의 질문을 받고 혼자 해결하기 곤란하였을 것이다. 빌립은 이방인들이 유대인이신 예수님을 뵙고자 한 사실을 두고 혼자 해결하기 어려웠을 것이다. 그래서 빌립은 동향 사람 안드레에게 가서 이 문제를 두고 잠시 상의했다. 아마도 이 두 사도는 예수님께서 백부장을 상대해 주시고(마 8:3-5-13) 가나안 여인의 소원도 들어주시며(마 15:21-28) 또 수가 성 여인을 차별하시지 않고 대해 주신 사실을 기억하고 빌립과 안드레 두 사람은 예수님께 가서 헬라인들의 소원을 아뢰었다. 예수님은 헬라인들의 방문을 받으시고 영원히 기억해야 할 진리를 온 인류에게 말씀해 주셨다(23-33절).

2.그리스도의 대속의 죽음과 성도의 구원 12:23-26

요 12:23.예수께서 대답하여 이르시되 인자가 영광을 얻을 때가 왔도다. 예수님께서 헬라인들의 질문에 대해 누구에게 대답하셨는지 확실히 알 수가 없다. 안드레와 빌립에게만 대답하셨는지(22절) 아니면 헬라인들도 예수님께서 대답하시는 그 현장에 있었는지(20-21절) 혹은 열두 제자가 동석하였었는지 확실히 알 수가 없다. 그러나 그 문제는 그렇게 중요하지 않다. 예수님은 헬라인들의 질문을 받고 "인자가 영광을 얻을 때가 왔다"고 말씀하신다(13:32; 17:1). 헬라인들의 구원이나 사도들의 구원이나 인류의 구원을 위해서 십자가에 죽으시는 것이 예수님에게 영광이 되신다는 것이다. 그 이유는 1)십자가 죽음이 하나님의 뜻을 이루는 것이니 예수님에게 영광이 되신다는 것이다. 하나님의 뜻을 이루시는 것보다 더 큰 영광은 예수님에게 없다(4:34). 2)십자가 대속의 죽음이 많은 열매를 맺는 것이기 때문이다(24절). 곧 예수님의 십자가 대속의 죽음으로 많은 사람이 구원을 받는 것이니 예수님에게 영광이 되신다는 것이다. 3)십자가 죽음 후에 그리스도의 부활 승천이 있게 되니 영광이 된다는 것이다. 그리스도에게 최대의 영광이 오는 것이다. 예수님은 십자가 죽음을 앞두시고 결코 "인자가 치욕을 당할 때가 왔다"고 하지 않으신다. 십자가 대신 죽음은 예수님의 영광의 첫발이라고 하신 것이다.

요 12:24.내가 진실로 진실로 너희에게 이르노니 한 알의 밀이 땅에 떨어져 죽지 아니하면 한 알 그대로 있고 죽으면 많은 열매를 맺느니라.

예수님은 자신이 십자가에서 죽으시므로 무수한 사람들이 부활의 생명을 얻을 것이라는 말씀을 밀알의 비유로 말씀하신다. 밀알은 땅에 떨어져 죽지 않는 경우 한 알 그대로 있고 죽으면 많은 열매를 맺는 법이라고 하신다(고전 15:36). 그와 똑 같이 예수님도 십자가에서 대속의 죽음을 죽으셔야 한다는 것이다. 그럴 때 "많은 열매," 곧 '많은 사람이 부활할 것이라'는 것이다. 오늘 우리는 예수님의 십자가 대신 죽음으로 중생하게 되었고 또 예수님의 재림 때 부활하게 된 것이다. 아무튼 예수님 때문에 우리 앞에는 광명의 세계가 열린 것이다.

요 12:25.자기 생명을 사랑하는 자는 잃어버릴 것이요 이 세상에서 자기 생명을 미워하는 자는 영생하도록 보전하리라.

예수님은 앞 절(24절)에서 자신이 십자가에서 대속의 죽음을 죽으실 것을 말씀하신 다음, 본 절에서는 그리스도를 따르는 자들이 어떠한 자들이 되어야 구원에 참여할 수 있는지에 대해 말씀한다.

예수님은 "자기 생명을 사랑하는 자는 잃어버릴 것이라"고 말씀하신다(마 10:39; 16:25; 막 8:35; 눅 9:24; 17:33). 곧 십자가를 지신 그리스도를 따르지 않고 자기의 생명(ψυχὴν)을 자기가 구원해보려고 자기 생명에 집착하는 사람들은 자기의 생명을 잃어버리게 될 것이라고 하신다. 여기 "잃어버릴 것이라"는 말씀은 자기의 생명을 하나님으로부터 멀리멀리 떠나가게 할 것이라는 뜻이다. 곧 구원하지 못할 것이라는 것이다. 우리는 우리 생명을 스스로 구원하지 못한다. 그리고 예수님은 "이 세상에서 자기 생명을 미워하는 자는 영생하도록 보전하리라"고 하신다. '이 세상에 살면서 자기의 생명을 미워하는 자, 곧 자기의 생명을 예수님 다음으로 귀하게 여기는 자는 영생하도록 보전하게 될 것이라'는 것이다. 자시 생명을 미워한다는 말은 결코 자학(自虐)하라는 말도 아니고 자살하라는 말이 아니라 예수님을 더욱 귀하게 여겨 사랑하고 따르며 자기 자신에 대해서는 그 다음으로 귀하게 여기라는 말이다. 그러면 "영생하도록 보전하게 될 것이라"는 것이다. 여기 "보전하리라"(φυλάξει)는 말은 미래 시제로 '보전할 것이라'는 뜻으로 미래의 영원한 생명을 얻는 날까지 이 세상에서 자기 생명을 보전하게 될 것이라는 말이다. 성도는 이 세상에서 벌써 영생을 얻었지만 그 완전한 성취는 장차 하나님 나라에서 이루어지는 고로 이 땅에 살면서 이미 얻은 영생을 하나님에 의해 보전되어야 하는 것이다. 우리는 우리의 생명을 미워하고 예수님을 따라야 한다. 그럴 때 영생을 얻게 되는 것이다. 눅 14:26에 보면 예수님은 "무릇 내게 오는 자가 자기 부모와 처자와 형제와 자매와 더욱이 자기 목숨까지 미워하지 아니하면 능히 내 제자가 되지 못한다"고 말씀하신다. 예수님은 우리의 구원을 위해 자신의 십자가 희생을 말씀하신 다음에는 본 절처럼 그리스도를 따르기 위한 우리의 희생을 권고하곤 하신다(마 16:21-26; 눅 9:20-26).

요 12:26.사람이 나를 섬기려면 나를 따르라 나 있는 곳에 나를 섬기는 자도 거기 있으리니 사람이 나를 섬기면 내 아버지께서 그를 귀히 여기시리라.
본 절은 앞 절 후반의 "자기 생명을 미워하는 자는 영생하도록 보전하리라"(25절)는 말씀을 설명한다. 다시 말해 본 절은 '자기 생명보다 예수님을 더욱 귀하게 여기는 자는 영생을 얻는다'(25절)는 말씀을 좀 더 설명한다. "자기 생명을 미워하는 것"(25절)과 본 절의 "나(예수님)를 섬긴다"는 말은 똑 같은 말씀이다. "예수님을 섬긴다"는 말은 '우리 자신을 죽이고 예수님을 위해 사는 것'을 뜻한다. "섬김이란 이것저것 일을 하는 것이 아니라 하나의 자세를 말하는 것이다"(Comfort and Hawley). 우리는 섬김의 자세를 가지고 주님을 섬겨야 하는 것이다.

그리고 본문에 보면 "사람이 나를 섬기려면 나를 따르라"고 말씀한다. 그러니까 예수님을 섬긴다는 것과 예수님을 따른다는 말은 똑 같은 것이다.

여기 "따르라"(ἀκολουθείτω)는 말은 현재시제로 '끊임없이 따르라'는 뜻이다. 죤 라일은 "만일 어떤 사람이 그리스도를 섬기는 그리스도인이 되기를 원한다면, 그는 그의 주님을 따르며 그의 발걸음을 따라 걸으며 그의 운명에 동참하여 그가 하신 대로 행하며 이 세상에서의 그의 주님의 기업에 참여하는 것으로 만족하여야 한다. 그는 여기서 좋은 것들, 예컨대 면류관과 왕국과 부와 명예와 재물과 존경을 추구하지 말아야 한다. 그의 선생처럼 그는 십자가로 만족하여야 한다"고 말한다.[47] 우리는 섬김의 자세를 가지고 예수님을 계속해서 따라야 한다. 그러면 두 가지 약속이 주어진다. 하나는 "나(예수) 있는 곳에 나를 섬기는 자도 거기 있으리라"는 것이다(14:3; 17:24; 살전 4:17). 예수님을 섬기는 자 곧 예수님을 따르는 자는 예수님 계신 곳에 있게 된다는 것이다. 여기 거기 "있으리니"(ἔσται)라는 말은 미래시제로 예수님을 따르는 자는 예수님께서 계신 곳 천국에 있을 것이라는 말이다(계 21:1-7). 또 하나의 약속은 "사람이 나를 섬기면 내 아버지께서 그를 귀히 여기시리라"는 것이다. 여기 "귀히 여기시리라"(τιμήσει)는 말도 역시 미래시제로 '앞으로 하나님에 의해 귀하게 여김을 얻을 것이라'는 뜻이다. 독생자를 귀하게 여기시는 하나님은 독생자를 따르는 사람을 독생자와 함께 귀하게 여기실 것이라는 말이다(롬 8:17-18).

3. 예수님께서 기도하시다 12:27-28a

요 12:27. 지금 내 마음이 괴로우니 무슨 말을 하리요 아버지여 나를 구원하여 이 때를 면하게 하여 주옵소서 그러나 내가 이를 위하여 이 때에 왔나이다.

예수님은 십자가 대속의 죽음을 앞두시고 "지금 내 마음이 괴로우니 무슨 말을 하리요"라고 말씀하신다(13:21; 마 26:38-39; 눅 12:50). 여기 "괴로우니"(τετάρακται)라는 말은 현재완료시제로 '괴로움이 이미 시작되어 지금도 괴롭다,' '고통스러움이 이미 시작되었는데 지금도 고통스럽다'는 뜻이다. 그리스도께서는 죄가 없으신 분으로서 택한 백성들의 모든 죄 짐을 대신

47) 죤 C. 라일, *요한복음서강해(II)*, 죤 라일강해시리즈 (6), 지상우옮김, (서울: 기독교문서선교회, 1985), p. 340.

지시고 십자가에서 대신 죽으셔야 하는 고로 형언할 수 없는 괴로움을 느끼신 것이다. 인생들은 수많은 죄들을 지었기에 심령이 강팍해지고 어두워져서 심각한 괴로움을 잘 느끼지 못한다. 그러나 예수님은 죄가 없으신 분이기에 십자가 고통을 앞두시고 심각한 고뇌를 느끼셨다(마 26:36-46; 막 14:32-42; 눅 22:39-46 참조).

예수님은 너무 고통스러우셔서 "내가 무슨 말을 하리요"라고 하신다. 곧 '형언할 수 없는 괴로움 중에 내가 무엇을 말할 것인가. 내가 무슨 말로 내 괴로움을 표현할 것인가. 내가 할 말을 잃었다'고 말씀하신다. 예수님은 100% 하나님이시면서 또 100% 사람이신고로 이렇게 고통을 표명하신다.

그리고 예수님은 "나를 구원하여 이 때를 면하게 하여 주옵소서"라고 기도하신다. 예수님은 '번민과 괴로움과 고통으로부터 구원받게 하여 주옵소서'라고 기도하신 것이다. 예수님은 마 26:39에서 "내 아버지여 만일 할 만하시거든 이 잔을 내게서 지나가게 하옵소서"라고 기도하신다. 그리고 예수님은 곧바로 "그러나 내가 이를 위하여 이 때에 왔나이다"라고 말씀하신다(18:37; 눅 22:53). 곧 '십자가를 지시려고 이 때에 오셨다'는 것이다. 예수님의 한 생애의 사명은 십자가의 대속의 죽음을 죽으시는 일이었다. 우리는 그리스도에게 무한한 감사와 영광을 돌려야 한다.

요 12:28a.아버지여 아버지의 이름을 영광스럽게 하옵소서 하시니.
예수님은 그의 죽음을 통하여 "아버지의 이름," 곧 '아버지 자신'을 영광스럽게 하옵소서라고 기도하신다. 곧 예수님의 죽음을 통하여 아버지의 사랑이 나타나고 아버지의 자비가 나타나며 아버지의 성품과 지혜와 선함과 모든 것이 드러나게 하옵소서라고 기도하신 것이다. 예수님은 하나님의 영광만 생각하신 것이다. 우리 역시 우리의 삶이 하나님 앞에 영광되기를 기도해야 한다.

4.그리스도의 기도에 대하여 하나님께서 응답하시다 12:28b-30

요 12:28b.이에 하늘에서 소리가 나서 이르되 내가 이미 영광스럽게 하였고 또 다시 영광스럽게 하리라 하시니.

예수님께서 기도하신데 대해 하나님은 "내가 이미 영광스럽게 하였고 또 다시 영광스럽게 하리라"고 말씀하신다(마 3:17). 곧 '이미 과거에 독생자의 사역(말씀 선포와 이적 행하신 일)을 통하여 영광을 받으셨고 또 앞으로 독생자의 십자가 죽음을 통하여 영광을 받으실 것이라'고 하신다. 하나님은 과거에 이미 그리스도께서 선포하신 말씀을 통하여 하나님의 영광스러움이 온 세상에 나타났으며 또 예수님께서 행하신 이적을 통하여 하나님께 큰 영광이 돌려졌다. 그런데 하나님은 앞으로 예수님의 십자가 대속의 죽음을 통하여 하나님의 사랑과 공의가 나타나서 하나님께 영광이 돌아가게 하시겠다고 하시며 또 그리스도의 부활과 승천을 통하여 하나님께 영광이 돌아가게 하시겠다고 하신다.

요 12:29.곁에 서서 들은 무리는 천둥이 울었다고도 하며 또 어떤 이들은 천사가 그에게 말하였다고도 하니.

하나님께서 그리스도께 응답하실 때 예수님 곁에 서서 하나님의 음성을 들은 무리는 천둥이 울었다고도 하며 또 어떤 사람들은 천사가 그에게 말하였다고도 했다. 각기 달리 들은 것이다. 다시 말해 하나님의 음성이 객관적으로 들리긴 들렸는데 그 뜻을 분명히 깨닫지 못하고 천둥소리로 듣기도 하고 혹은 천사의 말로 듣기도 한 것이다(행 9:7). 죄인 된 인간들은 하나님의 말씀을 분명히 듣지 못한다. 지금도 사람들은 성경을 펴들고 아무것도 알지 못하여 성경을 금서(禁書)로 혹은 악서(惡書)로 여기는 사람들도 있다. 인생은 어두워질 대로 어두워졌다.

요 12:30.예수께서 대답하여 이르시되 이 소리가 난 것은 나를 위한 것이 아니요 너희를 위한 것이니라.

예수님은 무리가 하늘에서 난 소리(28b)를 잘 분별하지 못하고 있는 것을 보시고(29절) “이 소리가 난 것은 나를 위한 것이 아니요 너희를 위한 것이라”고 하신다(11:42). 하나님께서 주신 음성은 예수님을 격려하거나 군건하게 하려는 것이 아니라 사람들로 하여금 예수님을 믿고 따르도록 주신 것이며 격려를 받고 군건하게 되도록 주신 것이라는 것이다.

5.그리스도의 죽으심이 온 세상 사람들에게 미치는 결과 12:31-34

요 12:31.이제 이 세상에 대한 심판이 이르렀으니 이 세상의 임금이 쫓겨나리라.

예수님은 자신이 십자가에서 대속의 죽음을 죽으실 것이므로 “이 세상에 대한 심판이 이르렀으니 이 세상의 임금이 쫓겨나리라”고 하신다(14:30; 16:11; 마 12:29; 눅 10:18; 행 26:18; 고후 4:4; 엡 2:2; 6:12). 예수님의 죽으심은 “이 세상에 대한 심판”을 의미한다. 다시 말해 예수님의 대속의 죽으심으로 말미암아 이 세상은 두 부류로 갈라지게 된다는 것이다. “심판”이란 말은 ‘사람들을 두 부류로 나누는 것’을 의미하는데 예수님의 속죄로 말미암아 사탄의 수중에 있던 사람들이 예수님의 품으로 돌아와서 예수님과 연합되는 고로 세상이 두 부류가 되는 것이다. 세상은 아직 사탄의 수중에 있는 사람들과 예수님의 수중으로 돌아온 사람들로 양분된다. 예수님께서 십자가에서 죽으신 일로 인하여 사람들은 사탄으로부터 풀려나 생명을 얻게 되니 사탄의 계교가 수포로 돌아간 것이다.

예수님은 또 말씀하시기를 “이 세상 임금이 쫓겨나리라”고 하신다. 예수님께서 십자가에 죽으심으로 “이 세상의 임금,” 곧 ‘사탄’(14:30; 16:11)이 “쫓겨나리라”는 것이다. 여기 “쫓겨나리라”(ἐκβληθήσεται)는 말은 미래수동태로 ‘널리 흩어버림을 당하리라,’ ‘추방당할 것이다’는 뜻이다. 예수님의 십자가 대속의 죽음으로 말미암아 사탄은 온전히 패배하게 된다는 것이다. 물론 사탄이 최종적으로 심판받는 것은 예수님 재림 후에 될 일이지만 지금도 치명적인 파국의 상태로 돌입하게 된 것이다(계 12:12).

예수님의 죽으심은 세상을 둘로 갈라놓으셨다(심판하신 것임). 이처럼 세상이 둘로 갈라지게 된 이유는 예수님의 죽으심이 이 세상의 임금, 곧 사탄을 쫓아내시기 때문이다. 다시 말해 예수님께서 십자가에서 죽으심으로 말미암아 사탄의 머리를 상하게 하신고로 사람들은 사탄의 손으로부터 예수님의 손 안으로 점점 모여들고 있는 것이다.

요 12:32.내가 땅에서 들리면 모든 사람을 내게로 이끌겠노라 하시니.

예수님은 예수님께서 땅에서 "들리면 모든 사람을 내게로 이끌겠노라"고 하신다(3:14; 8:28; 롬 5:18; 히 2:9). 여기 "들리면"이란 말은 모세가 광야에서 뱀을 든 것같이(3:14) 예수님께서 '십자가에 달려 들리실 것'을 지칭한다. "들린다"는 말은 십자가에 달리시는 사건만 아니라 그리스도의 부활과 승천 등을 모두 포함하고 또한 성령을 보내시는 일까지도 포함하는 말이다. 아무튼 그가 땅에서 들린 후에 일어나는 모든 사건을 포함하는 말이다.

예수님은 자신이 십자가에 들리신 후에 "모든 사람을 내게로 이끌겠노라"고 하신다. '유대인이나 헬라인이나 아무튼 하나님의 선택을 받은 모든 사람들을 예수님께로 이끄시겠다'는 뜻이다. 성령을 부어 예수님을 믿게 하시고 알게 하셔서 예수님께로 이끌게 하시겠다는 말이다. 동서고금을 물론하고 하나님께서 택하시고 성령에 의하여 거듭난 성도들은 주야로 예수님께 이끌려 예수님을 사모하며 예수님을 따라가게 하시겠다는 것이다. 예수님께서 이끄시는 것만큼 강한 것은 세상에 다시없다.

요 12:33.이렇게 말씀하심은 자기가 어떠한 죽음으로 죽을 것을 보이심이러라.

예수님은 앞 절에서 자신이 "들리면"이라고 하셨는데(32절) 그 말씀은 "자기가 어떠한 죽음으로 죽을 것을 보이셨다"는 것이다(18:32). 곧 '십자가에 달려 죽으실 것을 보여주셨다'는 것이다. 예수님은 한편 구석에서 사람들이 모른 채 죽으신 것도 아니고 또 병사하신 것도 아니며 많은 사람들이 바라보는 십자가 위에서 죽으실 것을 말씀하시는 것이다. 예수님의 죽으심은 세계 만민이 바라보는 죽음이 될 것이라는 것이다.

요 12:34.이에 무리가 대답하되 우리는 율법에서 그리스도가 영원히 계신다 함을 들었거늘 너는 어찌하여 인자가 들려야 하리라 하느냐 이 인자는 누구냐.
예수님께서 "들린다"(32절)는 말씀을 하셨기에 "무리"는 심한 궁금증이 생겼다. 그들은 참을 수 없어 "우리는 율법에서 그리스도가 영원히 계신다 함을 들었거늘 너는 어찌하여 인자가 들려야 하리라 하느냐 이 인자는 누구냐"고 묻는다(시 89:36-37; 110:4; 사 9:7; 53:8; 겔 37:25; 단 2:44; 7:14, 27; 미 4:7). 무리는 '구약(유대인들은 구약 전체를 율법이라고 말하기도 했음-10:34 참조)에서 그리스도가 영원히 계신다는 것을 들었다'는 것이다(삼하 7:12-13, 16; 시 89:4, 26-29, 35-36; 시 110:4; 사 9:7; 겔 37:25; 단 7:14). 그런데 "어찌하여 인자가 들려야 하리라"고 말하느냐고 묻는다. 무리들은 그리스도가 영원히 계신다는 말씀은 구약 성경에서 들었지만 인자(그리스도)가 죽는다는 말씀은 듣지 못했다. 다시 말해 무리는 이사야 5:1-12같은 곳의 성경은 이해하지 못했다. 그러니까 무리들은 구약 성경을 부분적으로 이해한 것이다. 그래서 무리는 "이 인자는 누구냐"고 질문한다. 다시 말해 무리들이 예수님께서 인자라는 사실은 알고 있었지만(12:23) 십자가에 '들려야 하는 인자'를 알지 못하여 "인자는 누구냐"고 질문한 것이다. 그들은 예수님이 그리스도라는 사실도 알고 있었고 또한 예수님이 인자라는 사실도 알고 있었으나 달려야 하는 인자(人子)를 알지 못하여 '도대체 달려야 하는 인자는 누구입니까?'라고 물은 것이다. 예수님은 이에 대해 직접적으로 답하시지 않고 다음 절에서 간접적으로 대답하신다.

6.예수님이 계신 동안 예수님을 믿어라 12:35-36a

요 12:35.예수께서 이르시되 아직 잠시 동안 빛이 너희 중에 있으니 빛이 있을 동안에 다녀 어두움에 붙잡히지 않게 하라 어두움에 다니는 자는 그 가는 바를 알지 못하느니라.
예수님은 무리들의 질문, 곧 "들려야 하는 인자는 누구냐?"는 질문(34절)에 대하여 직접적으로 답하시지 아니하고 본 절과 다음 절에서 강조하시는 것처럼 빛이신 예수님께서 계시는 동안 빛을 믿으면 메시야에 대한 그들의 잘 못된 생각이 고쳐질 것이니 빛을 믿으라고 권하신다. 사실 예수님을 믿으면 모든 의문은 눈 녹듯이 풀린다.

예수님은 자신이 "아직 잠시 동안 빛이 너희 중에 있다"고 하신다(7:33; 8:21). 곧 '아주 잠시 동안만 빛(46절; 1:4-5, 9; 3:19-21; 8:12; 9:5; 11:9-10)이신 예수님께서 백성들 중에 있겠다'고 하신다. 그저 2-3일 정도 곧 그 주간 목요일 저녁까지만 있겠다고 하신 것이다. 그리고 예수님은 백성들에게 "빛이 있을 동안에 다녀 어두움에 붙잡히지 않게 하라"고 하신다(렘 13:16; 엡 5:8). 곧 '빛이 있을 동안에 빛으로부터 배우고 또 예수님을 믿어 어두움에 붙잡히지 말라'는 것이다. 이유는 "어두움에 다니는 자는 그 가는 바를 알지 못하기" 때문이라는 것이다(11:10; 요일 2:11). 마치 빛이 없는 깜깜한 밤에 다니는 사람은 갈 바를 알지 못하는 것처럼 예수님을 믿지 않는 사람은 그 속에 빛이 없어 영적으로 방황하게 마련이라는 것이다.

요 12:36a.너희에게 아직 빛이 있을 동안에 빛을 믿으라. 그리하면 빛의 아들이 되리라.

예수님은 세상에 계실 시간이 얼마 남지 않았으므로 심히 촉박한 심정으로 사람들을 향하여 빛을 믿으라고 하신다. 그리고 예수님을 믿으면 빛의 아들이 된다고 하신다(눅 16:8; 엡 5:8; 살전 5:5; 요일 2:9-11). 다시 말해 예수님은 빛이시고(8:12) 또 사람이 예수님을 영접하면 빛이 된다는 것이다(마 5:17). 우리는 빛이 되기 위해 빛을 믿어야 한다. 빛 되신 예수님을 주님으로 믿을 때 우리의 심령은 밝아지며 우리의 말도 밝아지고 우리의 생활도 밝아지며 우리의 앞날도 밝아지게 된다. 우리는 주님을 묵상하는 중에 매일 더 밝아져야 할 것이다.

XXXII.유대인들의 불신앙과 예수님의 경고 12:36b-50

예수님은 헬라인들의 방문을 받으시고 예수님께서 십자가에서 죽으실 일에 대해 말씀하신(20-36a) 다음 이제는 유대인들의 불신앙에 대하여 경고하신다(36b-50). 예수님은 먼저 유대인들의 불신앙에 대하여 말씀하시고(37-41절), 반면에 숨어서 믿는 관리들의 신앙 상태를 언급하신다(42-43절). 그리고 예수님은 유대인들의 불신앙을 엄숙히 경고하신다(44-50절).

1.유대인들의 불신앙과 그 원인 12:36b-41

요 12:36b.예수께서 이 말씀을 하시고 저희를 떠나가서 숨으시니라.

요한은 예수님께서 십자가에 들려야 한다는 말씀들(20-36절)을 하시고 사람들을 떠나가서 숨으셨다고 말한다(8:59; 11:54). 그런데 여기 예수님께서 "숨으셨다"(ἐκρύβη)는 말은 부정(단순)과거 수동태(재귀동사)로 '자신을 아주 확실하게 숨겼다'는 뜻으로 이에 대해서는 여러 해석들이 가해졌다. 1)여러 가지 말씀을 마치시고 그 자리를 떠나 베다니로 가셨다. 2)단지 자기를 둘러선 청중들을 떠나서 성전으로 가셔서 거기서 좀 더 잘 믿는 류(類)의 또 다른 청중들을 만난 것이다. 3)단지 잠깐의 물러섬이다. 4)이제는 공중사역을 모두 끝내시고 유대인들을 떠나 베다니로 아주 물러가신 것이다(윌렴 헨드릭슨). 숨으셨다는 동사를 관찰할 때 마지막 설이 가장 합당한 듯이 보인다. 그리고 37절의 말씀을 보아도 역시 이제는 공중 사역을 끝내시고 유대인들 앞에서 떠나 베다니로 가신 것으로 보인다. 그는 베다니로 가시면서 제자들을 가르치셨고 또 거기에 가셔서 제자들을 훈련시키시고 십자가를 지실 준비를 하신 것이다.

요 12:37.이렇게 많은 표적을 그들 앞에서 행하셨으나 그를 믿지 아니하니.

요한은 본 절부터 43절까지 예수님의 사역을 회고한다. 요한은 예수님께서 많은 표적을 유대인들 앞에서 행하셨지만 그들은 예수님을 믿지 아니했다고 말한다. 예수님께서 행하신 "표적"이란 사람들의 호기심을 유발하려는 것이 아니라 예수님께서 하나님의 아들이시요 그리스도라는 것을 보여주는 것이었는데도 사람들은 믿지 아니했다는 것이다. 유대인들은 완악하고 강퍅하여 그리스도를 믿지 아니한 것이다. 여기 "믿지 아니하니"(οὐκ ἐπίστευον)란 말은 미완료과거 시제로 유대인들은 '계속해서 믿지 아니했다'는 뜻이다. 예수님은 계속해서 표적을 행하셨지만 유대인들은 계속해서 불신앙한 것이다. 오늘도 대부분의 사람들은 계속해서 믿지 않고 있다.

요 12:38.이는 선지자 이사야의 말씀을 이루려 하심이라 이르되 주여 우리에게서 들은 바를 누가 믿었으며 주의 팔이 누구에게 나타났나이까 하였더라.
유대민족이 예수님의 많은 표적을 보고도 믿지 아니한 것(37절)은 이사야의 예언이 성취된 것이라는 것이다. 이사야가 "주여 우리에게서 들은 바를 누가 믿었으며 주의 팔이 누구에게 나타났나이까"라고 예언했다는 것이다(사 53:1; 롬 10:16). 곧 '주님, 우리가 전한 것을 들은 사람들은 있었는데 그런데 누가 믿었습니까? 믿은 사람이 없습니다. 주님의 능력의 팔이 누구에게 나타났습니까?(신 5:15; 사 40:10; 52:10; 63:5) 그 능력의 표적을 목격하고 믿은 사람이 거의 없습니다'라고 예언했는데 그 예언이 예수님 당시의 유대민족에게서 이루어졌다는 것이다. 다시 말해 예수님의 말씀을 사람들이 전해 들었는데 믿은 사람이 거의 없었다는 것이며 또 예수님의 능력의 표적이 많이 이루어졌는데 믿은 사람이 거의 없었다는 것이다. 세상 역사는 언제나 예언된 대로 이루어지고 있다.

요 12:39.그들이 능히 믿지 못한 것은 이 때문이니 곧 이사야가 다시 일렀으되.
예수님 당시의 유대인들이 예수님의 말씀을 듣고 또 표적을 보고도 "능히 믿지 못한 것은 이 때문이라"고 요한은 말한다. 곧 이사야가 다음 절에 예언한 대로 유대인들의 눈이 멀었고 또 마음이 완고해져서 믿을 수 없었다는 것이다.

요 12:40.그들의 눈을 멀게 하시고 그들의 마음을 완고하게 하셨으니 이는

그들로 하여금 눈으로 보고 마음으로 깨닫고 돌이켜 내게 고침을 받지 못하게 하려 함이라 하였음이더라.

유대인들이 믿지 못한 것은 하나님께서 "그들의 눈을 멀게 하시고 그들의 마음을 완고하게 하셨기" 때문이라는 것이다(사 6:9-10; 마 13:14-15; 막 4:12; 눅 8:10; 행 28:26-27; 롬 11:8). 다시 말해 유대인들이 눈을 가지고 예수님의 표적을 보고도 믿지 않으려 하니 하나님께서 그냥 그들의 눈을 멀어버린 채 그냥 두셨고 또 유대인들이 예수님의 말씀을 듣고도 마음이 완고하여 예수님의 말씀을 믿지 않으려하니 하나님께서 그들의 마음을 완고한대로 그냥 두셨다는 것이다.

하나님께서 유대인들의 눈을 그냥 감은 채 놓아두시고 또 마음이 완고한 채 그냥 놓아두신 이유는 "그들로 하여금 눈으로 보고 마음으로 깨닫고 돌이켜 내게 고침을 받지 못하게 하려 함이기" 때문이라는 것이다. 곧 '회개하기를 전혀 원치 않으니 그냥 회개하지 못하게 하셨다'는 뜻이다. 다시 말해 유대인들이 오랜 동안 그리고 지독히 완고하게 믿지 않으려 하니 하나님은 그들의 소원대로 그냥 그대로 두셔서 회개하지 못하도록 내버려 두셨다는 것이다. 오늘도 진화론자들이나 공산주의자들이나 무신론자들은 오랜 동안 그리스도의 말씀을 들으면서도 그리스도교를 우습게 알고 또 주님의 종들을 우습게 여기는 고로 하나님은 그들로 하여금 그냥 그대로 살다가 죄(罪) 중에 죽게 하신다는 것이다. 끝까지 완악하고 강퍅한 사람들은 결국 회개하지 못하고 죽고 마는 것이다.

요 12:41.이사야가 이렇게 말한 것은 주의 영광을 보고 주를 가리켜 말한 것이라(ταῦτα εἶπεν Ἠσαΐας ὅτι εἶδεν τὴν δόξαν αὐτοῦ, καὶ ἐλάλησεν περὶ αὐτοῦ-[KJV]These things said Esaias, when he saw his glory, and spake of him. [NASB]These things Isaiah said, because he saw His glory, and he spoke of Him).

이사야는 그리스도께서 이 땅에 탄생하시기 700년 전에 "그리스도의 영광을 보고 또 그리스도에 대하여 말했기 때문에(사 6:1-8) 이것들을 말했다"(사 6:9-10)는 것이다(이 번역은 NASB의 것을 따른 것이다). 여기 "이것들을 말했다"("이렇게 말했다"-개역개정판)는 말은 사 6:9-10처럼 말했다는 것이다. 그런데 요한은 앞 절(39-40절)에서 이사야가 예언한 말씀과는 약간 달리 기록했지만 내용은 똑같은 내용이다.

이사야는 그리스도께서 이 땅에 오시기 700년 전에 "주의 영광," 곧 '그리스도의 영광'을 보았다. 이사야는 그리스도 앞에서 스랍들조차 그들의 얼굴을 가린 것을 보았고(사 6:2), 또 스랍들이 서로 창화하여 거룩하다 거룩하다 거룩하다 만군의 여호와여 그 영광이 온 땅에 충만하도다라고 외치는 것을 보았다(사 6:3). 그때에 이사야가 "화로다 나여 망하게 되었도다. 나는 입술이 부정한 사람이요 입술이 부정한 백성 중에 거하면서 만군의 여호와이신 왕을 뵈었음이로다"라고 외쳤다(사 6:5). 이사야는 이런 그리스도의 영광을 보았기 때문에 사 6:9-10같은 말씀을 하게 되었다는 것이다. 다시 말해 이사야가 그리스도의 영광(사 6:1-5; 9:6-7; 52:13-15; 53:10b-12)을 보았기 때문에 영광의 그리스도를 끝까지 믿지 않는 사람들은 다시는 회개할 수 없다고 말한 것이다(38-40절). 그리스도는 엄청나게 위대하시고 또 영광스러우신 분인데 그 분을 끝까지 믿지 않는 것은 이사야에게는 있을 수 없는 일이었다. 그래서 이사야는 영원한 불신자들은 눈이 멀고 마음이 아주 닫혀버리게 될 것이라고 말한 것이다.

2.숨어서 믿는 관리들의 신앙 12:42-43

요 12:42.그러나 관리 중에도 그를 믿는 자가 많되 바리새인들 때문에 드러나게 말하지 못하니 이는 출교를 당할까 두려워함이라.

요한 사도는 앞에서 끝까지 불신앙하는 사람들이 있는가하면(37-41절) "관리 중에도 그를 믿는 자가 많다"고 보고한다. 여기 "관리"란 말은 '산헤드린 공의회의 회원들'을 가리키고 또 "예수님을 믿는 자가 많다"는 말은 '니고데모(3:1; 7:50-51)와 아리마대 요셉(19:38; 눅 23:50) 그리고 그 들 주위에 있는 몇몇 믿는 사람들'을 지칭할 것이다. 그들이 예수님을 믿기는 믿되 "바리새인들 때문에 드러나게 말하지 못하니 이는 출교를 당할까 두려워하기" 때문이라고 한다(7:13; 9:22). 그들은 소위 '숨어서 믿는 사람들'(secret believers)이었다. 당시에 누구든지 예수님을 구주로 믿는다고 시인하면 출교를 당했기 때문에 드러나게 그리스도를 시인하지 못했다(9:22). 이 관리들은 주님의 위대함을 어느 정도 알았으나 유대 사회에서 추방당하는 것을 두려워하여 그리스도를 공적으로 고백하지 못했다.

요 12:43.그들은 사람의 영광을 하나님의 영광보다 더 사랑하였더라.

그 관리들은 "사람의 영광," 곧 '관리직을 유지하는 것과 유대사회의 일원이라는 것'을 하나님의 영광보다 더 사랑한 사람들이었다(5:44). 여기 "하나님의 영광"이란 '하나님의 칭찬과 하나님의 인정'을 뜻하는 말이다. 우리는 사람의 인정과 박수갈채나 받고 사는 것보다는 하나님의 인정과 하나님의 박수갈채를 더 좋아하고 사모해야 한다(갈 1:10).

3.유대인들의 불신앙에 대한 예수님의 경고 12:44-50

예수님은 자신의 공생애 중에 교육하신 내용들을 여기에 요약하신다. 그래서 '믿는 자,' '보내신 이,' '보내심을 받은 자,' '빛,' '어둠,' '심판,' '구원,' '영생' 등의 낱말이 나온다.

요 12:44.예수께서 외쳐 이르시되 나를 믿는 자는 나를 믿는 것이 아니요 나를 보내신 이를 믿는 것이며.

예수님은 특별히 강조하고 싶으신 것이 있어서 "외쳐 이르셨다"(7:28, 37 참조). 강조하시고 싶은 내용은 "나를 믿는 자는 나를 믿는 것이 아니요 나를 보내신 이를 믿는 것이라"는 것이다(막 9:37; 벧전 1:21). 곧 '예수님을 믿는 것은 곧 바로 하나님을 믿는 것이라'는 것이다. 결코 예수님을 믿는 것과 성부 하나님을 믿는 것이 다른 것이 아니다(5:36; 14:1). 성부와 성자는 일체이시다(10:30).

요 12:45.나를 보는 자는 나를 보내신 이를 보는 것이니라.

'예수님을 보는 것은 곧 바로 하나님을 보는 것이라'고 하신다(14:9). 예수님을 보았으면 하나님을 본 것이고 예수님을 보지 못했으면 아직도 하나님을 보지 못한 것이다. 다시 말해 예수님을 보는 것과 하나님을 보는 것은 별개의 일이 아니다. 그러면 예수님을 보는 것이란 말은 무슨 뜻인가. 1)그것은 성령의 감동에 의하여 영적으로 예수님을 보는 것을 뜻한다. 영적으로 예수님을 보면 하나님을 본 것이다. 2)그것은 예수님의 말씀을 통하여 예수님을 보는 것을 뜻한다. 예수님의 말씀을 통하여 예수님을 보면 하나님을 본 것이다. 3)그것은 예수님의 사역을 통하여 예수님의 위대하심을 본 것을 뜻한다. 예수님의 사역에서 예수님의 위대하심을 보면 곧 하나님을 본 것이다. 예수님은 하나님과 일체이신 분이다(10:30). 예수님의 신성은 앞 절(44절)과 본 절이 여지없이 잘 증명하고 있다.

요 12:46.나는 빛으로 세상에 왔나니 무릇 나를 믿는 자로 어두움에 거하지 않게 하려 함이로라.

예수님은 "빛으로 세상에 오셨다"고 선언하신다(35-36절; 3:19; 8:12; 9:5, 39). 다시 말해 '하나님을 그대로 보여주시는 계시자로 세상에 오셨다'고 말씀하신다. "왔나니"(ἐλήλυθα)란 말은 현재완료형으로 '과거에 오셨는데 지금도 세상에 계신 것'을 지칭하는 말이다. 예수님께서 빛으로 세상에 오신 목적은 "무릇 나(예수님)를 믿는 자로 어두움에 거하지 않게 하려"는 것이라고 하신다. 곧 '예수님을 믿는 자들로 하여금 무지 속에 거하지 않게 하려고, 불행 속에 거하지 않게 하려고, 비참 중에 살지 않게 하려고' 오셨다는 것이다. 지금도 예수님을 믿지 않는 사람들은 참으로 놀라운 무지가운데 살아가면서도 자신이 무지가운에 사는 줄도 모른다. 그들은 계속해서 불행 중에, 비참 중에 살아가고 있다.

요 12:47.사람이 내 말을 듣고 지키지 아니할지라도 내가 그를 심판하지 아니하노라 내가 온 것은 세상을 심판하려 함이 아니요 세상을 구원하려 함이로라.

예수님의 말씀을 듣고 지키지 않는 사람들을 예수님께서 심판하시지 않는다고 하신다(5:45; 8:15, 26). 이유는 예수님께서 심판하려고 세상에 초림하신 것이 아니라 세상을 구원하러 오셨기 때문이라고 하신다(3:17). 본문에 "심판"이란 말은 "구원"의 반대말로 '멸망시키고 형벌하시는 것'을 뜻한다. 예수님께서 이 땅에 처음 오신 목적은 심판하러 오신 것이 아니라 구원하러 오셨다. 예수님은 치료하러 오셨고 긍휼을 베푸시러 오셨다. 예수님의 심판은 예수님의 재림 때에 있을 일이다(5:22, 27, 30; 8:26).

요 12:48.나를 저버리고 내 말을 받지 아니하는 자를 심판할 이가 있으니 곧 내가 한 그 말이 마지막 날에 그를 심판하리라.

예수님은 자신을 저버린 것과 자신의 말씀을 받지 아니하는 자를 똑같은 사람으로 여기신다(눅 10:16). 예수님을 저버리는 사람은 말씀도 저버리는 사람이요 말씀을 저버리는 자는 예수님을 저버리는 자이다. 예수님을 믿지 않는 자를 심판할 이는 예수님께서 하신 말씀이다(5:45-47; 8:37; 14:23-24; 신 18:19; 막 16:16). 예수님께서 하신 그 말씀이 마지막 날에 불신자를 심판하실 것이다. 예수님의 말씀을 받지 아니하는 것은 참으로 무서운 결과를 초래하는 것이다.

요 12:49.내가 내 자의로 말한 것이 아니요 나를 보내신 아버지께서 내가 말할 것과 이를 것을 친히 명령하여 주셨으니.

예수님의 말씀이 마지막 날에 말씀을 받지 아니한 사람을 심판하실 수 있는 이유는 예수님의 말씀은 예수님께서 스스로 하신 말씀이 아니라 예수님을 보내신 하나님의 말씀이기 때문이라고 하신다(5:30; 7:17-18; 8:28, 38; 14:10). 성자의 말씀은 모두 성부께서 주신 말씀이기 때문에 최후의 심판자가 되는 것이다(신 18:18).

요 12:50.나는 그의 명령이 영생인 줄 아노라 그러므로 내가 이르는 것은 내 아버지께서 내게 말씀하신 그대로니라 하시니라.
예수님은 하나님의 명령, 곧 하나님의 말씀이 영생이라고 하신다(1:4; 6:63). 다시 말해 하나님의 말씀은 그것을 받는 사람들에게 영생을 준다는 것이다.

예수님은 공생애를 마치면서 마지막으로 이렇게 말씀하신다. "그러므로 내가 이르는 것은 내 아버지께서 내게 말씀하신 그대로니라." 우리는 예수님께서 하신 말씀이 하나님의 말씀인 줄 알아야 하고 또한 그렇게 알고 사람들에게 외쳐야 한다. 예수님께서 주신 계시 이외에 다른 것이 없는 것이니 진실하게 사람들에게 전해야 할 것이다. 예수님은 이후에는 이제 제자들에게 사적으로 말씀하신다.

제 13 장
제자들의 발을 씻으신 일과 가룟 유다의 배반예언 및 죽음 예언

XXXIII.제자들의 발을 씻으시다 13:1-20

공생애를 마치신 예수님은 제자들의 발을 씻으시고(1-11절) 또 서로 발을 씻으라고 권면하신다(12-20절). 예수님께서 제자들의 발을 씻으신 사건은 공관복음에는 기록되지 않았다. 예수님께서 제자들의 발을 씻으신 일은 두 가지 의의를 보여준다. 하나는 겸손을 보여주신 사건이다. 누가복음에 보면 예수님께서 제자들의 발을 씻으시기 조금 전 제자들은 서로 누가 크냐하고 다투었는데(눅 22:24) 예수님께서 제자들의 발을 씻으시므로 제자들에게는 충격적인 교훈이 아닐 수 없었다. 그리고 또 하나는 제자들은 구원 받은 후에도 성화가 필요하다는 것을 보여주신 것이다. 이미 목욕한 제자들도, 다시 말해 거듭난 제자들도 발은 계속해서 닦듯이 매일 성화되어야 한다는 것을 보여주셨다.

요한은 13:1로부터 시작하여 17:26까지 유월절과 관련 있는 일들을 기록한다. 13장은 예수님께서 제자들의 발을 씻으신 일, 14-16장은 다락방에서 예수님께서 강화하신 일, 그리고 17장은 예수님께서 대제사장으로서 기도하신 일등을 기록하고 있다.

1.예수님께서 제자들의 발을 씻으신 동기 13:1-3

이 부분에 예수님께서 제자들의 발을 씻으신 동기가 보인다. 1)예수님께서 세상을 떠나 아버지께로 돌아가실 때가 이른 줄 아시고 발을 씻으셨다(1절). 2)마귀가 벌써 가룟 유다의 마음에 예수를 팔려는 생각을 넣은 줄을 아시고 제자들의 발을 씻으셨다(2절). 3)아버지께서 모든 것을 예수님에게 맡기신 것과 또 예수님께서 하나님께로부터 오셨다가 하나님께로 돌아가실 것을 아시고 발을 씻으셨다(3절).

요 13:1.유월절 전에 예수께서 자기가 세상을 떠나 아버지께로 돌아가실 때가 이른 줄 아시고 세상에 있는 자기 사람들을 사랑하시되 끝까지 사랑하시니라.

예수님은 "유월절 전에"(마 26:2), 곧 '목요일 저녁 곧 유월절 양을 잡아먹는 날 저녁에'(윌렴 헨드릭슨, 이상근) "자기가 세상을 떠나 아버지께로 돌아가실 때가 이른 줄 아시고" 제자들의 발을 씻으셨다(12:23; 17:1, 11). "유월절"이란 '유월절 양을 잡아먹는 날(니산월 14일)과 누룩 없는 떡을 먹는 절기'(니산월 15일-21일)를 합하여 부르는 명칭인고로 "유월절 전(前)"이란 '유월절 양을 잡아먹는 날 저녁'을 지칭한다. 혹자는 "유월절 전"을 수요일이라고 하나 그렇게 되면 3절의 "저녁 먹는 중..."과 4절의 "저녁 잡수시던 자리에서 일어나..."와 어울리지 않는다. 저녁, 곧 성찬을 먹은 것은 목요일이었던 고로 "유월절 전"을 '목요일 저녁 곧 양을 잡아먹는 날 저녁'으로 보아야 옳은 것이다.

예수님은 유월절 양을 잡아먹는 날 저녁에 자신이 세상을 떠나 아버지께로 "돌아가실 때가 이른 줄 아시고"(8:23; 14:12, 28; 16:10) 제자들의 발을 씻으셨다. 보통 사람들은 자기가 죽는 때를 모르나 예수님은 이제 몇 시간이 지나면 죽으실 때가 이른 줄 아시고 제자들의 발을 씻으신 것이다. 우리가 우리의 죽는 때를 모른다는 것은 복이다. 그런데 주님은 죽는 때를 아셨다. 죽는 때를 안다는 것은 고통을 더하는 일이다. 주님은 그 무거운 시간, 괴로운 시간이 닥쳐오는 것을 아시는데도 "자기 사람들을 사랑하시되 끝까지 사랑하신 것"은 놀라운 일이 아닐 수 없다. 여기 "자기 사람들"이란 말은 '자기 제자들'을 지칭하고(17:6, 9, 11, 15) "끝까지"(εἰς τέλος)란 말은 '자기 생애의 마지막까지,' '지극히'란 뜻으로 예수님은 생애의 마지막까지 자신의 제자들을 사랑하셨다. 주님은 이제 몇 시간이 지나면 십자가에 죽으실 것도 아시고 또한 제자들이 자신을 배신하고 저주하며 떠나갈 것도 아셨지만 끝까지 그들을 사랑하셔서 발을 씻어주셨다. 이런 사랑은 하늘 아래에서 한번만 있었던 사랑이었다.

요 13:2.마귀가 벌써 시몬의 아들 가룟 유다의 마음에 예수를 팔려는 생각을 넣었더라.

요한은 "가룟 유다"를 말할 때 "시몬의 아들"이란 말을 덧붙인다. 이유는 야고보의 형제이며 알패오의 아들 유다와 구별하기 위해서였다. 요한은 "마귀가...가룟 유다의 마음에 예수를 팔려는 생각을 넣었다"고 말한다(27절; 눅 22:3). 유다는 이미 마귀의 지배를 받는 사람이었다(6:70). 그는 제자들의 돈궤를 관리하면서 돈을 착복했고 회개하지 않았다(12:6). 회개하지 않는 마음에 마귀는 예수님을 팔려는 생각을 넣은 것이다. 배신은 이제 본격적으로 시작된 것이다. 그럼에도 예수님은 제자들을 끝까지 사랑하셨다. 유다가 예수를 파는 것에 관해서는 21절 이하를 참조할 것. 예수님보다 돈을 더 귀하게 여기고 예수님보다 명예를 더 귀하게 여기며 예수님보다 세상을 더 좋아하는 마음은 참으로 불행한 마음이다.

요 13:3.저녁 먹는 중 예수는 아버지께서 모든 것을 자기 손에 맡기신 것과 또 자기가 하나님께로부터 오셨다가 하나님께로 돌아가실 것을 아시고.

"저녁 먹는 중"(헬라어에는 이 말이 2절 초두에 있다)이란 말은 '저녁 식사가 한참 계속되는 동안'이란 뜻이다(26절 참조). 예수님은 저녁 잡수시던 중 두 가지를 아셨다. 하나는 "아버지께서 모든 것을 자기 손에 맡기신 것"을 아셨다(3:35; 17:2; 마 11:27; 28:18; 행 2:36; 고전 15:27; 히 2:8). 아버지께서 모든 것을 예수님의 손에 맡기신 것을 아셨다는 말씀은 모든 권세가 예수님의 손에 위탁된 것을 아셨다는 뜻이다(3:35; 마 28:18; 엡 1:22, 빌 2:9-11). 또 하나는 "하나님께로부터 오셨다가 하나님께로 돌아가실 것을 아셨다”(8:42; 16:28). 하나님께로부터 오신 자신이 십자가 죽음을 통해 하나님께로 돌아가실 것을 아셨다. 보통 사람들은 자기의 죽음의 때를 모르지만 예수님은 모든 것을 아셨다.

2.발을 씻으신 의의 13:4-11

제자들의 발을 씻으신 것은 제자들에게 성화가 필요하다는 것을 보여주신 것이다. 이미 목욕을 한 제자들, 곧 거듭난 제자들도 매일 더러워지는 마음을 씻어야 한다는 것이다.

요 13:4.저녁 잡수시던 자리에서 일어나 겉옷을 벗고 수건을 가져다가 허리에 두르시고.

예수님은 저녁 잡수시던 자리에서 일어나 1)“겉옷을 벗으셨다.” 2)“수건을 가져다가 허리에 두르셨다.” 예수님이 완전히 종의 모습을 취하신 것이다(눅 22:27; 빌 2:6-8). 그 만찬석에는 교만한 제자들(눅 22:24)과 예수님을 팔려는 가룟 유다만 있었지(2절) 사람들의 발을 씻으려는 제자들은 없었다. 오늘 우리는 종의 모습을 하고 살아야 한다.

요 13:5.이에 대야에 물을 떠서 제자들의 발을 씻으시고 그 두르신 수건으로 닦기를 시작하여.

예수님은 또 대야에 물을 떠서 제자들의 발을 씻으시고 그 허리에 두르신 수건으로 닦기를 시작하여 한 사람 한 사람 차례로 씻으셨다. 발을 씻지 않으면 냄새가 나서 식사를 할 수 없었다. 이유는 제자들이 베다니로부터 샌달(sandal)을 신고 걸어서 만찬이 열리는 곳까지 왔으므로 발에서 냄새가 났고 또 비스듬히 누어서 식사를 해야 하는 고로 식사하는 사람의 발과 바로 옆에 있는 사람의 코의 거리가 가까워서 냄새가 날 수밖에 없었다. 오늘 우리도 적절한 때에 종의 모습으로 남을 봉사해야 할 것이다.

요 13:6.시몬 베드로에게 이르시니 베드로가 이르되 주여 주께서 내 발을 씻으시나이까.

예수님께서 발을 씻으시는 중에 시몬 베드로의 발을 씻으시게 되었는데 시몬 베드로는 "주여 주께서 내 발을 씻으시나이까"라고 말씀드린다(마 3:14 참조). 그럴 수 없다는 말이다. 인간적인 생각으로는 당연히 해야 할 말이다. 그러나 베드로의 말이 예수님의 뜻에 합하지 못했다(다음 절). 베드로는 예수님께서 십자가를 지시겠다고 하셨을 때 "주여 그리 마옵소서"라고 만류하였다(마 16:22). 예수님은 베드로에게 "사탄아 내 뒤로 물러가라"고 하셨다. 그리스도께서 하시는 일을 중단시키는 일은 책망들을 일이다. 예수님께서 행하시는 일을 "받지 않겠다고 하는 것은 병자가 의사의 진료를 받지 않겠다는 것과 같은 일이다"(박윤선). 우리는 주님께서 하시는 일을 감사하게 받아야 한다.

요 13:7.예수께서 대답하여 이르시되 내가 하는 것을 네가 지금은 알지 못하나 이 후에는 알리라.

예수님은 베드로가 만류하는 말을 들으시고 "내가 하는 것을 네가 지금은 알지 못하나 이 후에는 알리라"고 하신다(12절). 지금은 죄로 말미암아 예수님께서 제자들의 발을 씻으신 의미를 깨닫지 못하나 훗날 성령을 받은 후에는 그 의미를 깨닫게 될 것이라고 하신다(7:39; 14:26; 16:13). 오늘도 성령님의 깨닫게 하시는 역사가 아니면 우리는 역사에서 일어나는 일들을 다 깨닫지 못할 수가 있다.

요 13:8.베드로가 이르되 내 발을 절대로 씻지 못하시리이다 예수께서 대답하시되 내가 너를 씻어주지 아니하면 네가 나와 상관이 없느니라.

베드로는 그의 성격대로 강경하게 내 발을 절대로 씻지 마시라고 부탁한다. 예수님은 대답하시기를 "내가 너를 씻어주지 아니하면 네가 나와 상관이 없느니라"고 하신다(고전 6:11; 엡 5:26; 히 10:22). 베드로의 발을 씻지 아니하시면 예수님과 베드로가 서로 상관이 없게 될 것이라는 것이다. 여기 "발을 씻는 것"은 '죄를 씻는 것'을 지칭하는 말이고(요일 1:9) "나와 상관이 없다"(οὐκ ἔχεις μέρος μετ' ἐμοῦ)는 말은 '너는 내게 분깃이 없다'는 뜻이다. 다시 말해 성화가 되지 않으면 예수님과 교제가 되지 않는다는 뜻이다. 혹자는 "나와 상관이 없다"는 말을 제자들이 천국에 들어가지 못하는 것으로 해석하나 예수님과 교제하기 어렵다는 뜻으로 보아야 한다. 이유는 제자들은 이미 목욕을 한 사람들, 곧 중생한 사람들(혹은 칭의 받은 사람들)이기 때문에(10절; 15:3) 천국에는 가지만 이 세상에서 살 때에 예수님과 교제할 수 없다는 뜻이다. 그런고로 제자들이나 우리들은 매일 발을 씻어야 하는 것이다. 다시 말해 매일 성화를 위해 죄를 고백해야 하는 것이다(요일 1:9).

요 13:9.시몬 베드로가 이르되 주여 내 발 뿐 아니라 손과 머리도 씻어 주옵소서.
시몬 베드로는 여기서 또 실수한다. 예수님께서 하시는 대로 순종하면 될 것을 이번에는 너무 지나치게 손과 머리도 씻어주십사고 부탁한다. 그냥 발만 내놓으면 될 일을 이렇게 또 과도하게 손과 머리도 씻어주십사고 부탁한 것이다. 베드로는 예수님의 공생애 기간 동안 많이 실수했다. 우리는 예수님의 말씀대로만 순종하면 된다.

요 13:10.예수께서 이르시되 이미 목욕한 자는 발 밖에 씻을 필요가 없느니라. 온 몸이 깨끗하니라. 너희가 깨끗하나 다는 아니니라 하시니.
예수님은 베드로의 과도한 요청에 대하여 "이미 목욕한 자는 발 밖에 씻을 필요가 없느니라"고 하신다. 이미 목욕한 자는 일생동안 다시 목욕을 할 필요가 없고 발만 닦아야 한다고 말씀하신다.

일생 한번만 하면 다시 할 필요가 없는 것으로서 중생과 칭의(稱義) 두 가지가 있다. 일생 한번으로 족한 일을 두고 어느 학자는 중생이라 하고 혹자는 칭의(稱義)라 한다. 둘 다 옳은 해석으로 보인다. 또 사실 사람이 거듭나는 순간 동시에 하나님께서 옳다고 일컬으시니 목욕은 중생과 칭의 두 가지를 지칭한다고 해도 옳을 것이다. 아무튼 성령으로 거듭난 사람은 발만 씻으면 되는 것이다. 성령으로 거듭난 사람은 온몸이 깨끗한 사람이다. 그는 다시 거듭날 필요가 없는 것이다.

그러나 예수님은 "너희가 깨끗하나 다는 아니니라"고 하신다(15:3). 다시 말해 '11제자는 다 깨끗하나 가룟 유다는 아니라'고 하신다. 11제자는 다시 목욕할 필요가 없다는 것이다. 11제자는 앞으로 땅위에 있는 동안 계속해서 발을 씻을 씻어야 하지만 다시 목욕할 필요는 없다는 것이다. 그러나 가룟 유다는 중생하지 않았다고 하신다. 중생하지 못한 자는 발을 씻어도 소용없는 것이다. 그는 먼저 목욕을 해야 하는데 그는 사탄의 도구로 지명되고 말았으니 중생할 수도 없고 또 의롭다함을 받을 수도 없게 되었다.

요 13:11.이는 자기를 팔자가 누구인지 아심이라 그러므로 다는 깨끗하지 아니하다 하시니라.

예수님은 자기를 팔자가 누구인지 아시기 때문에 다는 깨끗하지 아니하다고 하신다(6:64). 여기 "팔 사람"(παραδιδόντα)이란 말이 현재형시제로 지금도 팔고 있는 가룟 유다의 행동을 알고 계시면서 회개를 촉구하시는데도 유다는 끝까지 회개하지 않았다. 그리고 "아심이라"(ᾔδει)는 말이 과거완료시제로 '계속해서 아시고 계셨다'는 뜻이다. 계속해서 아시고 계셨지만 그냥 십자가에서 죽으시기 위하여 다른 대책을 세우지 않으신 것이다. 예수님은 자기를 팔자가 누구인지 다 아시고 계셨다. 모르고 당하신 것이 아니라 알고 당하신 것이다.

3.서로 섬겨라　13:12-20

요 13:12.그들의 발을 씻으신 후에 옷을 입으시고 다시 앉아 그들에게 이르시되 내가 너희에게 행한 것을 너희가 아느냐.

예수님은 제자들의 발을 씻으신 후에 옷을 입으시고 다시 앉으셨다. 다시 식사 자리에 앉으신 것이다. 그리고 예수님은 그들에게 "내가 너희에게 행한 것을 너희가 아느냐"고 물으신다. 곧 '내가 너희를 위하여 행한 것을 아느냐?'고 물으신 것이다. 사실은 그들이 다 알고 있는 사항인데 예수님은 그들을 위해서 발을 닦으신 사건을 각인시키셔서 제자들을 교육하시려고 이렇게 말씀하신 것이다. 제자들은 예수님께서 제자들을 위하여 발을 씻으신 사실을 알고 있어야 한다는 것이다. 오늘 우리도 역시 예수님께서 우리를 위해 행하신 겸손의 행위를 알고 본받아야 할 것이다.

요 13:13.너희가 나를 선생이라 또는 주라 하니 너희 말이 옳도다 내가 그러하다.

예수님은 "너희가 나를 선생이라 또는 주라 하니 너희 말이 옳도다"고 말씀하신다(마 23:8, 10; 눅 6:46; 고전 8:6; 12:3; 빌 2:11). "선생"이라고 부르는 것도 옳고 "주"라고 부르는 것도 옳다는 것이다. 여기 "선생"(Ὁ διδάσκαλος) 이란 말이나 "주"(Ὁ κύριος)라는 말에 다 관사가 붙어있으므로 '여러 선생들 중에 한 분의 선생이 아니라 하늘 아래 오직 한 분이신 유일하신 선생님'이란 뜻이고 또 '여러 주(主)들 중에서 한 분의 주가 아니라 하늘 아래 오직 한 분이신 유일하신 주님'이라는 뜻이다. 제자들은 예수님을 보통 선생이 아니라 오직 한 분이신 선생님으로 알고 불렀고 또한 절대적인 유일한 주님으로 알고 불렀다. 그렇게 알고 부르는 것이 옳다는 것이다(마 23:8-10). 우리 역시 예수님이야 말로 유일하신 선생님이시요 하늘 아래 오직 한 분이신 주님으로 알고 불러야 하는 것이다.

요 13:14.내가 주와 또는 선생이 되어 너희 발을 씻었으니 너희도 서로 발을 씻어주는 것이 옳으니라.

예수님은 유일하신 주님이시오 또 오직 한 분이신 선생으로서 제자들의 발을 씻었으니(눅 22:27) 제자들이야 말할 것도 없이 서로 발을 씻는 것이 옳다는 것이다(롬 12:10; 갈 6:1-2; 벧전 5:5). 주님이 제자들의 발을 씻으시고 선생님이 발을 씻어주셨으니 제자들이야 말할 것도 없이 서로 섬겨야 한다는 것이다. 서로 누가 높으냐하고 다투는 것은 있을 수 없는 일이라는 것이다. 이 말씀을 그대로 문자대로 실천해야 한다는 뜻으로 교회 역사상에 톨레도(Toledo, A. D. 694) 회의에서 결의해서 실행하였으나 교회 개혁자들이 폐지하였다. 예수님의 말씀은 다른 사람들의 발을 씻으라는 명령이라기보다는 겸손히 서로 섬기라는 뜻인 고로 폐지한 것이다. 우리는 서로 섬겨야 하는 것이다.

요 13:15.내가 너희에게 행한 것같이 너희도 행하게 하려하여 본을 보였노라.
예수님은 제자들로 하여금 실천하도록 본을 보이셨다고 하신다(마 11:29; 빌 2:5; 벧전 2:21; 요일 2:6). 예수님은 말로 교훈만 하신 것이 아니라 실제로 본을 보이셨다고 하신다. 우리는 본을 보이신 예수님을 생각하여 서로 봉사해야 하는 것이다. 실천하지 않으면 본을 보이신 예수님을 무시하는 것이다. 주님께서 재림하시는 날까지 우리는 다른 성도들을 섬겨야 할 책임이 있는 것이다.

요 13:16.내가 진실로 진실로 너희에게 이르노니 종이 주인보다 크지 못하고 보냄을 받은 자가 보낸 자 보다 크지 못하나니.
예수님의 제자들은 예수님의 종들인 고로 주인 되시는 예수님보다 크지 못하고 또 보냄을 받은 사람들로서 보내신 주님보다 크지 못한 고로(15:20; 마 10:24; 눅 6:40) 크신 분이 실천하셨으니 마땅히 작은 사람들은 실천해야 한다는 것이다. 오늘을 사는 교역자들이나 성도들도 주님의 종들이고 보냄을 받은 자들이니 당연히 낮아져서 서로 섬겨야 할 것이다. 조금이라도 높아지려고 하는 것은 있을 수 없는 일이다.

요 13:17.너희가 이것을 알고 행하면 복이 있으리라.

예수님은 제자들을 향하여 "너희가 이것을 알고 행하면 복이 있다"고 하신다(약 1:25). 여기서 "이것을 알면"이란 말은 '제자들은 예수님의 종이고 또 보냄을 받은 자인 것을 알고 서로 봉사하면'이란 뜻으로 그런 사람은 복이 있다는 뜻이다. 서로 섬기는 자가 받는 복은 육신적인 복뿐 아니라 영적인 복도 포함한다. 우리가 다른 사람을 섬길 때 우리는 실제로 놀라운 영적인 복들을 받게 된다.

요 13:18.내가 너희 모두를 가리켜 말하는 것이 아니니라. 나는 내가 택한 자들이 누구인지 앎이라 그러나 내 떡을 먹는 자가 내게 발꿈치를 들었다 한 성경을 응하게 하려는 것이니라.

예수님은 앞 절(17절)에서 "너희가 이것을 알고 행하면 복이 있으리라"고 하셨지만 그렇다고 17절의 "너희" 속에 본 절의 열두 제자 모두를 다 포함하는 것은 아니라고 말씀하신다. 곧 "내가 너희 모두를 가리켜 말하는 것이 아니라"고 하신다. 다시 말해 한 사람 가룟 유다는 17절의 "너희" 중에서 빠져야 한다는 것이다. 예수님은 "나는 내가 택한 자들이 누구인지 알고 있다"고 하신다. 곧 예수님은 '나는 내가 택한 자들(눅 6:13)이 어떤 종류의 사람인지 알고 있다(1:42, 47; 2:24-25). 유다가 어떤 사람인지도 알고 있다. 유다가 배반할 것도 알면서 열 두 제자로 선택했다'고 하신다.

예수님은 이어서 "그러나 내 떡을 먹는 자가 내게 발꿈치를 들었다 한 성경을 응하게 하려는 것이니라"고 말씀하신다(21절; 시 41:9; 마 26:23). 이 말씀은 바로 앞의 상반 절과 잘 연결이 되지 않는다. 그러나 내용은 분명하다. 곧 예수님께서 가룟 유다가 배반할 것을 아시면서도 열두제자로 선택하셨다고 하셨는데(상반 절) '그러나 그가 배신하게 된 것은 예수님을 배반하리라는 구약 성경(시 41:9)이 그에게서 이루어지기 위해서라'는 것이다. 시편 41:9의 말씀은 다윗의 신하 아히도벨이 압살롬의 난리를 맞이하여 다윗을 배신하고 압살롬 편에 붙은 사실을 말씀한 것인데(삼하 16:20-17) 예수님과 함께 한 상에서 먹던 가룟 유다가 예수님을 발로 차는 일이 발생했다는 것이다. 그래서 가룟 유다는 복을 받는 자의 대열에서 탈락되었다는 것이다(17절).

요 13:19.지금부터 일이 일어나기 전에 미리 너희에게 일러둠은 일이 일어날 때에 내가 그인 줄 너희가 믿게 하려 함이로라.

예수님은 가룟 유다가 배반하기 전에 미리 제자들에게 말해주는 것은 실제로 일이 일어날 때에 "내가 그인 줄," 곧 '내가 메시야인 줄' 믿게 하려 하기 때문이라는 것이다(14:29; 16:4). 예언은 사람들로 하여금 예언하신 그리스도를 더욱 믿게 한다. 예언을 깊이 접하는 사람마다 더욱 깊은 믿음을 가지게 된다.

요 13:20.내가 진실로 진실로 너희에게 이르노니 내가 보낸 자를 영접하는 자는 나를 영접하는 것이요 나를 영접하는 자는 나를 보내신 이를 영접하는 것이니라.

예수님은 앞에서 가룟 유다의 배신을 말씀하시고 이제 본 절에서는 심히 강조하실 말씀이 있어서 "내가 진실로 진실로 너희에게 이르노니"라고 말씀하신다. 예수님께서 강조하고 싶으신 말씀은 "내가 보낸 자를 영접하는 자는 나를 영접하는 것이요 나를 영접하는 자는 나를 보내신 이를 영접하는 것이라"는 것이다(마 10:40; 25:40; 눅 10:16). 비록 가룟 유다 같은 배신자가 예수님을 배반하는 일이 생긴다고 해도 유다를 뺀 다른 사도들은 예수님을 대신하는 전권대사라는 것이다. 예수님께서 보낸 자를 영접하는 것은 곧바로 예수님을 영접하는 것과 같고 또 하나님을 영접하는 것과 같다는 것이다(14:12). 우리는 사도들을 영접하여 그들이 기록한 말씀들을 그리스도의 말씀, 하나님의 말씀으로 받아야 할 것이다.

XXXIV.가룟 유다가 예수님을 배신하리라는 구체적인 예고 13:21-30

예수님은 가룟 유다가 자신을 배신하리라는 암시적인 예고를 두 번이라

하셨는데(10절, 18절) 이제 이 부분에서는 좀 더 구체적으로 예고하신다. 예수님은 가룟 유다에게 회개의 기회를 주시기 위하여 이렇게 공개적으로 예고하신다.

요 13:21.예수께서 이 말씀을 하시고 심령이 괴로워 증언하여 이르시되 내가 진실로 진실로 너희에게 이르노니 너희 중 하나가 나를 팔리라 하시니.

예수님께서 "이 말씀을 하시고 심령이 괴로워 증언하여 이르셨다." 여기 "이 말씀을 하시고"란 말은 예수님께서 가룟 유다의 배신을 암시적으로 말씀하신 것을 지칭한다(10절, 18절; 마 26:21; 막 14:18; 눅 22:21). 예수님은 암시적으로만 가룟 유다의 배신에 대해 말씀하셨으나 이제 공개적으로 말씀하실 시간이 되어 "심령이 괴로우셨다"(12:27). 그 괴로움은 보통 사람들의 괴로움보다 더 심했다. 이유는 그의 심령은 죄를 경험하지 않은 심령이기 때문이다. 예수님은 심각한 괴로움을 느끼시고 "증언하여 이르신다." 곧 '공개적으로 말씀하신다.' "내가 진실로 진실로 너희에게 이르노니 너희 중 하나가 나를 팔리라"(행 1:17; 요일 2:19). 아직은 직접적으로 가룟 유다라고 지명하여 말씀하시지 않고 "너희 중 하나가 나를" 유대당국자들에게 팔아넘기리라고 하신다. '열둘 중에 하나.' '열둘 중에 한 사람은 배신자'라는 것이다. 삼년간 함께 다녔고 또 함께 식사를 했던 사람들 중에 한 사람이 이제 배신자로 돌아선다는 것이었다. 기가 막힌 선언이 아닌가.

요 13:22.제자들이 서로 보며 누구에게 대하여 말씀하시는지 의심하더라.

"제자들이 서로 보았다." 누가 예수님의 그런 말씀을 듣고 충격을 받지 않을 수 있었는가. 그리고 각자는 예수님께서 "누구에게 대하여 말씀하시는지 의심하게" 되었다. 도대체 그 한 사람이 누구냐는 것이었다. 아니 3년여의 세월동안 함께 했던 그 사람이 누구냐는 것이었다.

요 13:23.예수의 제자 중 하나 곧 그가 사랑하시는 자가 예수의 품에 의지하여 누웠는지라.

본 서 저자 요한은 "예수의 제자 중 하나, 곧 그(예수)가 사랑하시는 자가 예수의 품에 의지하여 누워" 있었다고 말한다(19:26; 20:2; 21:7, 20, 24). 요한은 바로 그 제자의 이름을 대지 않고 그저 예수님이 사랑하시는 자라고만 묘사한다. 이렇게 요한 사도가 이름을 대지 않고 그저 "예수의 사랑을 입은 자"라고 표현한 사람은 바로 요한 사도였다. 이런 표현법은 다른 곳에서도 발견된다(19:26; 20:2; 21:7). 요한은 그의 이름을 드러내기를 원치 않는다. 그런데 요한은 "예수의 품에 의지하여 누어있었다." 여기 "누어있었다"는 표현은 '식사 자세를 하고 있었다'는 표현이다. 왼팔로 머리를 베고 비스듬히 누어서 오른 손으로 식사하는 자세를 뜻한다. 그 때 요한은 예수님의 오른편에서 식사 자세를 취한 고로 예수님의 품에 누운 것처럼 보인 것이다.

요 13:24.시몬 베드로가 머릿짓을 하여 말하되 말씀하신 자가 누구인지 말하라 하니.

예수님과 좀 거리를 두고 앉아있던 시몬 베드로는 예수님께서 말씀하신 배신자가 누구인지 알기 원하여 요한을 향하여 머릿짓으로 예수님께서 말씀하신 대상자가 누구인지를 말하라고 부탁했다. 왜 그 밤에 베드로가 직접 예수님께 묻지 않고 요한을 통하여 알아보려고 했는지 확실히 알기가 어렵다. 아마도 베드로가 예수님과 거리를 두고 앉아 있었을 뿐 아니라 베드로는 요한이 예수님 가까이 앉아 있었으므로 예수님께서 말씀하신 대상자가 누구인지 알고 있었을 것으로 추측했을 것이다. 그래서 베드로는 요한에게 누구인지 말해보라고 했을 것이다.

요 13:25.그가 예수의 가슴에 그대로 의지하여 말하되 주여 누구니이까.

요한은 예수님 우편에 자리를 잡고 앉아 비스듬히 누워 식사자세를 하고 있었기에 예수님의 가슴에 그대로 의지한 것처럼 보였는데 요한은 그 자세를 유지한 채 예수님께 말씀하여 "주여 누구니이까"라고 조용하게 여쭙게 되었다.

요 13:26.예수께서 대답하시되 내가 떡 한 조각을 적셔다 주는 자가 그니라 하시고 곧 한 조각을 적셔서 가룟 시몬의 아들 유다에게 주시니.

요한의 질문을 받으시고 예수님은 "내가 떡 한 조각을 적셔다 주는 자가 그니라" 하신다. 예수님은 말씀으로 '누구라'고 이름을 대지 않으시고 계속해서 행동으로 배신자를 지명하신다. 가룟 유다가 덜 미안하게 그렇게 행동으로 계시하신 것이다. 그리고는 실제로 "곧 한 조각을 적셔서 가룟 시몬의 아들 유다에게 주신다." 행동으로 배신자를 지명하신 것이다. 예수님 당시 주빈(예수님)이 빵 조각을 손님들에게 주는 것은 친절의 표시였다고 한다. 예수님은 친절하게 유다를 대하셨다. 회개하라고 그렇게까지 배려하신 것이다. 유다에게는 아직도 회개의 기회가 있었다. 그러나 그는 끝까지 회개하지 않고 예수님을 팔려는 계획을 포기하지 않고 그 자리를 박차고 나왔다(30절). 오늘도 하나님은 사람들을 향하여 끝까지 회개하기를 기다리신다. 그러나 끝까지 회개하지 않는 사람은 결국 자기의 길을 가고 만다(행 1:25).

요 13:27.조각을 받은 후 곧 사탄이 그 속에 들어간지라 이에 예수께서 유다에게 이르시되 네가 하는 일을 속히 하라 하시니.

예수님이 친절하게 조각을 주실 때 그 조각을 받고도 회개하지 않으니 "사탄이 그 속에 들어갔다"(6:70; 13:2; 눅 22:3-6). 요한은 사탄이 유다의 속에 들어간 것을 보았다. 유다의 얼굴이 달라졌고 또 행동이 달라진 것을 보았을 것이다. 예수님의 회개 독촉도 시한이 있었다. 그 어떤 시한이 지나면 다음 단계는 어둠이다.

사탄이 유다에게 들어간 후 예수님은 유다를 향하여 "네가 하는 일을 속히 하라"고 하신다. 여기 "속히"(τάχιον)라는 말은 '더 빨리'란 뜻으로 유다가 계획했던 때보다 더 빨리 반역의 일을 진행시키라고 하신 것이다.

요 13:28.이 말씀을 무슨 뜻으로 하셨는지 그 앉은 자 중에 아는 가가 없고.
예수님께서 유다를 향하여 "네가 하는 일을 속히 하라" 하시는 말씀의 뜻을 예수님 주변에 식사자리에 앉은 제자들 중에 아는 사람이 없었다는 것이다. 유다는 지금까지 아무도 모르게 그의 배반의 일을 진행시켜 온 것이다. 제자들은 감쪽같이 속은 것이다. 예수님만이 아시고 유다에게 더 빨리 진행하라고 명령하신 것이다.

요 13:29.어떤 이들은 유다가 돈 궤를 맡았으므로 명절에 우리가 쓸 물건을 사라 하시는지 혹은 가난한 자들에게 무엇을 주라 하시는 줄로 생각하더라.
제자들이 추측하는 범위는 두 가지였다. 하나는 유다가 돈 궤를 맡아서(12:6) 금전출납을 하는 사람이므로 명절에 예수님과 제자들이 쓸 문건을 사라고 하시는 줄로 생각했으며, 또 하나의 추측은 예수님께서 유다에게 가난한 자를 구제하라고 명령하시는 줄로 생각한 정도였다는 것이다. 아무도 유다가 예수님을 팔려고 한다는 것을 눈치 채지 못한 것이다. 사탄은 은밀하게 일을 진행시킨다. 하나님만 아시는 중에 사탄은 주도면밀하게 계교를 꾸민다. 세상의 악한 사상들은 소리 없이 일을 진행시킨다. 그것이 은밀한 이유는 사탄이 진행시키기 때문이다.

요 13:30.유다가 그 조각을 받고 곧 나가니 밤이러라.
유다는 예수님께서 주시는 그 조각을 받은 후 회개하지 않고 곧 밖으로 나가기로 마음먹고 곧 나가고 말았다. 유다는 여러 번의 기회를 묵살하고 예수님과 제자들을 떠나가고 말았다. 그가 나가니 밤이었다. 그리고 그의 마음도 역시 밤이었다. 온통 어둠뿐이었다. 그리고 그의 마음만 어둔 것이 아니라 그의 앞길도 역시 어둠뿐이었다.

XXXV.예수님께서 새 계명을 주시다 13:31-38

유다가 밖으로 나간 후 다른 제자들만 남았을 때 예수님은 자신이 앞으로 영광을 받으실 것을 예고하시고(31-33절), 사랑의 새 계명을 주시며(34-35절), 베드로가 부인할 것을 예고하신다(36-38절).

요 13:31.그가 나간 후에 예수께서 이르시되 지금 인자가 영광을 받았고 하나님도 인자로 말미암아 영광을 받으셨도다.

예수님은 유다가 나간 후 "지금 인자가 영광을 받았다"고 말씀하신다(12:23). "인자"란 말은 '고난을 받으시는 그리스도'를 지칭하는 말인데 유다가 예수님을 배신하고 나간 것 곧 예수님께서 고난을 받으시게 된 것이 예수님에게 영광이 된다는 것이다. "영광을 받았다"(ἐδοξάσθη)는 말은 부정과거시제로 '확실하게 영광을 받았다'는 뜻이다. 예수님은 앞으로 몇 시간 뒤에 십자가에 죽으셔야 하므로 미래에 해당하지만 이렇게 과거 동사로 쓴 것은 벌써 영광을 받으신 것이나 다름이 없으므로 과거 시제로 표현한 것이다. 예수님께서 십자가에 죽으시는 것이 예수님에게 영광이 되는 이유는 예수님의 죽으심이 하나님의 뜻을 이루시는 것이니 예수님에게 영광이 된다는 것이다. 예수님께서 우리를 대신하여 죽으시는 것은 예수님에게 큰 영광이라는 것이다.

그리고 예수님은 "하나님도 인자로 말미암아 영광을 받으셨다"고 말씀하신다(14:13; 벧전 4:11). 여기 "인자로 말미암아"(ἐν αὐτῷ)란 말은 '인자 안에서'란 뜻인 고로 '하나님께서도 인자 안에서 영광을 받으셨다'는 말이다(14:13; 17:1). 다시 말해 하나님과 예수님은 일체이신고로(10:30) 예수님의 영광은 곧 하나님의 영광인 것이다. 예수님의 십자가 죽음은 예수님에게 영광이고 동시에 하나님에게 영광이 되는 것이다.

요 13:32.만일 하나님이 그로 말미암아 영광을 받으셨으면 하나님도 자기로 말미암아 그에게 영광을 주시리니 곧 주시리라.

성부가 성자의 십자가 죽음으로 인하여 영광을 받으셨다면(17:1, 4-6) 하나님도 성부에 의하여 성자에게 영광을 주시리라는 것이다. 다시 말해 성부는 성자께서 십자가에 죽으심으로 영광을 받으셨고 성자는 성부 하나님께서 부활시키시며 승천케 하사 하나님의 우편에 앉게 하시므로 영광을 주신다는 것이다(빌 2:6-11). 그런데 예수님은 하나님께서 그에게 영광을 "곧 주시리라"고 하신다(12:23). '그리스도의 부활 승천이 곧 이루어지리라'는 것이다. 성부와 성자는 일체이심으로 성부는 성자를 통하여 영광을 받으시고 또 성부는 성자에게 영광을 주시는 것이다. 영광을 받고 또 영광을 주시는 관계이시다.

요 13:33.작은 자들아 내가 아직 잠시 너희와 함께 있겠노라 너희가 나를 찾을 것이나 일찍이 내가 유대인들에게 너희는 내가 가는 곳에 올 수 없다고 말한 것과 같이 지금 너희에게도 이르노라.

예수님은 제자들을 향하여 "소자들아"라는 칭호로 부르신다. "소자들아"(τεκνία)란 말은 지소사(指小辭)로 애정이 가득한 호칭이다(요일 2:1, 12, 28; 3:7, 18; 4:4; 5:21). 예수님은 아직 잠시(7:33-34; 8:21; 16:16-19) 제자들과 함께 세상에 있겠다고 하신다. 예수님은 제자들을 향하여 "너희가 나를 찾을 것이나 일찍이 내가 유대인들에게 너희는 내가 가는 곳에 올 수 없다고 말한 것과 같이 지금 너희에게도 이르노라"고 하신다(7:34; 8:21; 12:35; 14:19). 예수님께서 승천하신 후에는 제자들은 더 이상 예수님을 육안으로 볼 수도 없고 또한 당분간은 갈 수도 없다고 하신다. 예수님은 이런 말씀을 과거에 유대인들에게 하셨는데 지금 제자들에게도 하신다고 하신다. 이런 이별의 시간을 당하여 예수님은 다음과 같은 귀중한 계명을 제자들에게 말씀하시려고 하신다.

요 13:34.새 계명을 너희에게 주노니 서로 사랑하라 내가 너희를 사랑한 것같이 너희도 서로 사랑하라.

예수님은 이별의 시간을 맞이하여 "새 계명을 너희에게 주노니 서로 사랑하라"고 하신다(15:12, 17; 레 19:18; 엡 5:2; 살전 4:9; 약 2:8; 벧전 1:22; 요일 2:7-8; 3:11, 23; 4:21). 여기 예수님께서 제자들에게 서로 사랑하라고 하신 명령을 "새 계명"(ἐντολὴν καινὴν)이라고 하신 이유는 무엇인가. 이에 대한 많은 해석들이 많이 시도되었다. 그 해석들을 보면: 1)구약의 사랑의 명령은 동족 이스라엘에 국한했지만 예수님의 사랑의 계명은 모든 인류를 사랑하라는 명령이기 때문에 새 계명이라고 했다는 것이다. 그러나 이 해석을 받기는 어렵다. 우리 본문에는 사랑의 범위가 더 넓어졌기 때문에 새 계명이라고 하시지는 않았다. 2)혹자는 예수님께서 주신 계명에는 "서로"란 낱말이 있기 때문이라는 것이다. 다시 말해 형제애를 명령하셨기 때문에 새 계명이라고 할 수 있다는 것이다. 그러나 이 학설도 받기가 어렵다. 이유는 구약의 명령도 서로 사랑하라는 형제애이다. 3)또 혹자는 구약에 기록된 사랑의 명령(레 19:18)은 문자적이요 형식적이었으나 예수님께서 주신 명령은 중심적이기 때문이라는 것이다. 그러나 이 해석도 받기 어려운 해석으로 보인다. 우리는 구약의 명령을 형식적이라고 말할 수가 없고 중심적이라고 해야 할 것이다. 4)혹자는 예수님께서 주신 사랑의 명령은 그리스도 안에서만 실행이 가능하기 때문에 새 계명이라고 했다고 주장한다. 그러나 이 학설도 설득력이 약하다고 할 수 있다. 그 이유는 예수님은 본 절에서 예수님께서 주신 계명이 예수님 안에서만 실행이 가능하기 때문에 새 계명이라고 하지는 않으셨다. 5)구약에 기록된 사랑의 명령(레 19:18)은 "네 몸같이" 사랑하라는 것이었는데 예수님께서 주신 계명은 "내가 너희를 사랑한 것같이"(본 절 하반 절) 사랑하라는 것이기 때문에 새 계명인 것이다(박윤선, 시릴, 윌렴 헨드릭슨, 죤 라일). 마지막 학설이 가장 타당한 설이라고 할 수 있다. "새 계명"(ἐντολὴν καινὴν)의 "새(καινὴν)"라는 말은 '질적으로 새로운'이란 뜻이다. "네 몸같이" 사랑하는 것과 "내(예수)가 너희를 사랑한 것같이"라는 표준은 크게 다른 것이다. 우리는 예수님께서 십자가에서 죽기까지 우리를 사랑하신 그 희생적인 사랑을 본받아서 우리의 이웃을 희생적으로 그리고 지속적으로 사랑해야 하는 것이다. 우리 자신들을 사랑하는 것같이 이웃을 사랑하는 것도 훌륭한 사랑이지만 우리 자신들을 희생하면서 이웃을 사랑하는 것은 질적으로 훌륭한 사랑인 것이다. 시릴은 "지금까지 우리는 다른 사람을 자기 자신처럼 사랑해야 했다. 그러나 이제 우리는 다른 사람을 자기 자신보다도 더 사랑해야만 하는 것이다"라고 말한다. 오늘 이런 사랑을 세상에서 만나볼 수 있을 것인가. 이런 사랑이야 말로 성도들의 몫인 것이다. 불신 세상은 그리스도의 십자가의 사랑을 모르기 때문에 희생적으로 서로 사랑하지 못한다. 그러나 성도들은 주님으로부터 힘을 받아 실천하기 때문에 가능하다.

요 13:35.너희가 서로 사랑하면 이로써 모든 사람이 너희가 내 제자인 줄 알리라.

예수님은 제자들이 서로 자신을 희생하면서 그리고 지속적으로 인내하는 중에 사랑하면(앞 절) 모든 사람들이 제자들을 그리스도의 제자인 줄 알아볼 것이라고 말씀하신다(요일 2:5; 4:20). 다른 것으로는 세상 사람들이 예수님의 제자들을 식별할 길이 없는 것이다. 세례를 받았다는 것도 예수님의 제자의 표가 안 되고 교회에 출석한다는 것으로도 안 되고 헌금을 한다는 것으로도 안 되고 예배하는 것으로도 제자의 표가 되지 않고 서로 희생적으로 서로 사랑하므로 예수님의 제자라는 것이 알려진다는 것이다. 우리는 자신을 희생해야 할 것이다.

요 13:36.시몬 베드로가 이르되 주여 어디로 가시나이까 예수께서 대답하시되 내가 가는 곳에 네가 지금은 따라 올 수 없으나 후에는 따라 오리라.

본 절부터 시작하여 38절까지 베드로의 인간적인 결단과 예수님의 베드로에 대한 예언이 나온다. 베드로는 예수님께서 하신 말씀(33절)을 듣고 "주여 어디로 가시나이까"라고 질문한다. 그 질문에 대해 예수님은 "내가 가는 곳에 네가 지금은 따라 올 수 없으나 후에는 따라 오리라"고 예언하신다. 곧 '내가 가는 천국에 네가 지금은 따라 올 수 있으나 후에는 따라 오리라'고 예언하신다.

지금은 베드로가 예수님을 따를 수 없는 이유는 베드로가 천국에 갈 시기가 되지 않았기 때문이며(21:18-19) 또 베드로에게 할 일이 많이 있기 때문이었다(눅 22:32). 그러나 "후에는 따라 오리라"고 예언하신다(21:18; 벧후 1:14). 예수님은 불신 유대인들에게는 아예 후에도 따라 올 수 없다고 하셨다(33절; 7:33-34; 8:21). 다시 말해 불신 유대인들이 훗날 육신이 죽어서 천국에 올 수 없다고 예언하신 것이다. 세상에는 천국에 갈 수 있는 사람과 갈 수 없는 사람들이 있다. 예수님을 주님으로 믿는 자들은 천국에 가는 것이고 믿지 않는 자들은 갈 수 없는 것이다.

요 13:37.베드로가 이르되 주여 내가 지금은 어찌하여 따라갈 수 없나이까 주를 위하여 내 목숨을 버리겠나이다.

베드로는 예수님께서 천국에 가시는 줄도 모르고 "주여 내가 지금은 어찌하여 따라갈 수 없나이까 주를 위하여 내 목숨을 버리겠나이다"라고 말한다(마 26:33-35; 막 14:29-31; 눅 22:33-34). 세상에 돌아가는 말에 "무식하면 용감하다"는 말이 있다. 베드로가 아직 성령을 받지 못하여 이렇게 예수님의 말씀에 대해 무식했다. 무식하면 무식한 말을 할 수밖에 없다. 그러나 훗날 오순절 성령 강림 절에 성령을 받은 후 베드로는 십자가의 길을 갔다.

요 13:38.예수께서 대답하시되 네가 나를 위하여 네 목숨을 버리겠느냐 내가 진실로 진실로 네게 이르노니 닭 울기 전에 네가 세번 나를 부인하리라.

예수님은 베드로의 인간적인 결단을 다시 반복하신다. "네가 나를 위하여 네 목숨을 버리겠느냐." 예수님은 베드로의 인간적인 만용을 일깨우시기 위해 다시 한번 이렇게 반복하신 것이다. 베드로가 이 때 차라리 자신의 연약함을 고백하며 예수님을 끝까지 따르기를 소원했더라면 그렇게 비참하게 예수님을 세 번이나 부인하지는 않았을 것이다. 더욱이 계집종 앞에서 그렇게 비겁하게 부인하지는 않았을 것이다(마 26:34; 막 14:30; 눅 22:34). 예수님은 베드로의 인간적인 만용을 들으시고 "내가 진실로 진실로 네게 이르노니 닭 울기 전에 네가 세 번 나를 부인하리라"고 하신다. 이 예언은 문자 그대로 성취되었다(18:17, 25-27). 인간적인 용기는 우리의 신앙생활에 도움이 되지 못하고 오히려 믿음 생활을 방해한다. 우리는 우리의 연약함을 일찍이 깨닫고 주님께 우리의 연약을 항상 고백하며 살아야 한다. 우리의 약함을 고백할 때에 우리는 그리스도 안에서 강하게 된다(고후 12:10).

제 14 장

예수님께서 제자들을 위로하시다

요 14:1-16:33은 예수님께서 다락방에서 강화하셨다는 뜻으로 다락방 강화(The Upper Room Discourse)라고 부른다. 그런데 학자에 따라서는 요 3:31-6:33를 다락방 강화로 보기도 한다. 이유는 예수님께서 다락방에서 최후의 만찬을 잡수시고 강화하신 것이니 요 3:31부터 다락방 강화로 보는 것이다. 또 다른 견해에 의하면 예수님께서 14:31에서 "일어나라 여기를 떠나자"하셨으므로 14장만 다락방 강화로 보고 15:-16:을 길가의 강화(The Discourse on the Way)로 보기도 하나 편의상 14장-16장을 다락방 강화로 보고 주해할 것이다. 이 다락방 강화는 다른 말로 해서 예수님의 고별설교라고 할 수 있다.

XXXVI.예수님께서 제자들을 위로하시다 14:1-31

예수님은 먼저 이 부분에서 제자들을 위로하신다. 예수님께서 이 부분에서 제자들을 위로하신 근거는 여러 가지이다. 14장은 제자들의 질문을 답하시는 형식으로 진행된다. 도마의 질문(14:5), 빌립의 질문(14:8), 유다의 질문(14:22)을 받으시고 대답을 하시는 형식으로 말씀을 진행해 나가신다. 그리고 15장-16장은 제자들은 침묵하고 있었고 예수님께서 홀로 말씀하셨다. 14장의 분해는 박윤선목사의 분해를 따른다.

1.하나님을 믿으니 또 그리스도를 믿어서 위로를 받으라 14:1

요 14:1.너희는 마음에 근심하지 말라 하나님을 믿으니 또 나를 믿으라.

예수님은 제자들을 향하여 "너희는 마음에 근심하지 말라"고 하신다(27절;

16:3, 22). 제자들은 예수님께서 유다가 예수님을 배신할 일(13:21-30)과 베드로가 그리스도를 부인할 일(14:36-38) 그리고 예수님께서 세상을 떠나신다는 예언(13:33) 때문에 마음에 근심이 생겼다. 여기 "마음"이란 인간의 내면을 지칭하는 포괄적인 말이다. 예수님은 제자들이 근심하지 않으려면 "하나님을 믿으니 또 나를 믿으라"고 하신다. 여기 "또"라는 말을 중심해서 앞의 문장이나 뒤의 문장은 둘 다 명령문으로 번역할 수도 있고 혹은 평서문으로 번역할 수도 있다. 문법적으로는 어떻게 번역해도 되나 문맥을 고려하여 둘 다 명령문으로 번역하는 것이 옳을 것이다. 이유는 바로 앞에 "너희는 마음에 근심하지 말라"는 명령문이 나오기 때문이다. 그러니까 "너희는 마음에 근심하지 말라. 하나님을 믿으라 그리고 나를 믿으라"는 것이다. 마음에 근심하지 않으려면 하나님을 믿고 또 예수님을 믿어야 한다는 것이다. 하나님을 믿는 것과 예수님을 믿는 것은 동일한 것이다(8-9절). 근심을 해결하는 최고의 처방은 믿음이다. 믿음보다 더 귀한 약은 없다.

2.예수님께서 떠나시는 목적은 제자들의 거처를 예비하러 가는 것이다 14:2

요 14:2.내 아버지 집에 거할 곳이 많도다 그렇지 않으면 너희에게 일렀으리라 내가 너희를 위하여 거처를 예비하러 가노니.

예수님은 제자들의 거처를 마련하기 위해 아버지 집에 가신다고 하신다. 본문의 "내 아버지의 집"은 성경 다른 곳에서는 "주의 거룩한 처소"(신 26:15), "그 거하신 곳"(시 33:13-14), "주의 거룩하고 영화로운 처소"(사 63:15), "하나님께서 지으신 집"(고후 5:1) 등으로 표현되고 있다. 이 아버지의 집은 우리가 가고자 하는 본향을 지칭한다. 그리고 또 "거할 곳"이란 말은 '거할 장소,' '안식처,' '영원한 안식처'를 뜻한다. 이 영원한 안식처에는 우리가 살 수 있는 방이 무수하게 많다. 그리고 우리가 거기서 쫓겨날 가능성은 전혀 없는 것이다. 그래서 예수님은 '두려워 말라'고 하신다.

주님은 하나님께서 계신 집에 우리가 거할 곳이 많다는 것을 더욱 힘주어 말씀하시기 위해서 두 가지를 말씀하신다. 첫째, "그렇지 않으면 너희에게 일렀으리라"고 하신다. 다시 말해 만약에 아버지의 집에 거할 곳이 많지 않다고 하면 벌써 그 사실을 말하지 않았겠느냐고 하신다. 참으로 위로가 되는 말씀이다. 둘째, "내가 너희를 위하여 거처를 예비하러 간다"고 말씀하신다(13:33, 36). 곧 예수님께서 제자들을 위하여 있을 곳을 예비하러 먼저 가신다는 것이다. 주님은 자신이 먼저 가신다고 말씀하시므로 아버지의 집에 거할 곳이 많이 있다는 것을 제자들에게 더욱 확신시켜 주신다. 여기 처소를 예비하러 가신다는 말씀은 대제사장의 입장으로 대속의 피를 흘려 우리의 천국 길을 열어 놓는다는 말씀이고 또한 하나님 우편에서 우리를 위하여 하나님께 계속해서 구원의 완성을 위하여 간구하신다는 것이다. 예수님은 우리의 처소를 예비하시기 위하여 십자가에서 피를 흘려주셨고 또 하나님 우편에서 우리의 구원을 위해서 간구해주신다.

3.예수님께서 다시 오셔서 제자들을 데려가실 것이다 14:3

요 14:3.가서 너희를 위하여 거처를 예비하면 내가 다시 와서 너희를 내게로 영접하여 나 있는 곳에 너희도 있게 하리라.

예수님은 아버지 집에 가셔서 제자들을 위하여 "거처를 예비하면 내가 다시 와서 너희를 내게로 영접하여 나 있는 곳에 너희도 있게 하리라"고 하신다. 예수님께서 "거처를 예비하신다"는 말씀은 십자가에서 우리의 죄를 해결하시기 위해서 피를 흘리신다는 뜻이고 또한 하나님 우편에서 우리의 구원의 완성을 위하여 하나님께 간구하신다는 뜻이다. 예수님은 자신의 사역을 마치신 다음에는 "다시 오시겠다"고 하신다(18절, 28절; 행 1:11). 다시 말해 '재림하시겠다'는 것이다. 여기 "와서"(ἔρχομαι)란 말이 현재형임으로 학자들은 다른 견해들을 내 놓았다. 1)주님의 부활. 2)오순절 성령강림. 3)교회 안에 임하는 그리스도의 임재. 4)성도가 죽는 시간에 오시는 것 등. 그러나 주님의 재림으로 보아야 할 것이다. 비록 "다시 와서"란 말이 현재형이지만 바로 다음에 뒤따라오는 "너희를 내게로 영접하여 나 있는 곳에 너희도 있게 하리라"(12:26; 17:24; 살전 4:17)는 말씀이 미래에 될 일을 지칭하기 때문이다.

그러니까 "와서"(ἔρχομαι)란 말은 예언적 현재형(prophetic present)이다. 예수님은 그의 사역(대속사역과 간구사역)을 마치신 후 재림하셔서 제자들과 우리들을 영접하여 예수님 계신 곳에 있게 하실 것이다. 예수님은 제자들과 우리들을 그냥 세상에 내팽개치시지 않으신다. 재림하셔서 그의 품으로 환영하시고 예수님께서 계신 곳에 영원히 있게 하시는 것이다. 우리는 외롭지 않은 사람들이다.

4.예수님께서 떠나시므로 제자들의 천국 길이 열리는 것이다 14:4-11

요 14:4.내가 어디로 가는지 그 길을 너희가 아느니라.

예수님은 이미 자신이 하나님께로 가는 길이라고 말씀하신다(10:1, 7, 9). 그런고로 예수님은 "내가 어디로 가는지 그 길을 너희가 알고 있다"고 말씀하신다. 예수님은 사람들로 하여금 천국에 가는 길이 되시기 위해서 십자가에서 피를 흘리시는 고난을 당하셨다. 우리는 지금 "그 길," 곧 '예수님'을 알고 생활하고 있다(14:6). 우리 앞에는 천국 길이 뚫려 있다.

요 14:5.도마가 이르되 주여 주께서 어디로 가시는지 우리가 알지 못하거늘 그 길을 어찌 알겠사옵나이까.

도마는 예수님의 말씀을 듣고(앞 절) 두 가지를 모른다고 한다. 하나는 "주께서 어디로 가시는지 알지 못한다"고 한다. 사실은 예수님께서 그 동안 어디로 가시는지 말씀을 해주셨다. 또 하나는 "그 길을 어찌 알겠습니까"라고 말한다. 다시 말해 예수님께서 가시는 목적지도 모르는데 어떻게 그 목적지에 도달하는 길을 알 수 있겠느냐고 질문한 것이다. 도마와 제자들은 예수님께서 천국에 갈 수 있는 길을 여신다는 것을 알지 못했다. 도마는 영적으로 둔감한 제자였다. 이런 둔감한 제자도 필요한 때가 있다. 자꾸 질문을 하므로 진리가 더욱 밝아지게 한다.

요 14:6.예수께서 이르시되 내가 곧 길이요 진리요 생명이니 나로 말미암지

않고는 아버지께로 올 자가 없느니라.

예수님은 도마와 제자들이 예수님께서 가시는 목적지도 모르고 또한 길도 모른다고 대답하는 것을 들으시고 말씀하시기를 "내가 곧 길이요 진리요 생명이니 나로 말미암지 않고는 아버지께로 올 자가 없느니라"고 대답해주신다. 여기 "길이요 진리요 생명"(ἡ ὁδὸς καὶ ἡ ἀλήθεια καὶ ἡ ζωη)이라고 하신 말씀은 예수님이 바로 '그 길이요 그 진리요 그 생명'이라는 것이다. 다시 말해 예수님이 '유일한 길(행 4:12; 히 9:8)이요 유일한 진리(1:17; 8:32)요 유일한 생명(1:4; 11:25)'이란 뜻이다. 예수님은 세상에 하나밖에 없는 길이시며 또 세상에 하나밖에 없는 진리시며 세상에 하나밖에 없는 생명이시라는 것이다. 천국에 가는 길은 하나밖에 없다. 석가는 위대한 철학자는 될지언정 길은 아니다. 그리고 공자도 큰 도덕선생은 될지언정 길은 아니다. 우리는 예수님을 통하여서만 천국에 간다. 그리고 우주 안에 진리는 하나밖에 없으시다. 곧 예수님과 그가 하신 말씀만이 진리이시다. 다른 것들은 모두 비진리이거나 헛것들이다. 믿을 것이 못된다. 그리고 예수님만이 유일하신 생명이시다(요일 5:20). 그는 영원히 죽지 않으시는 영생이시다. 따라서 예수님을 믿는 사람들은 영원히 멸망치 않는다(1:12; 3:16; 5:24; 6:35; 10:10, 28; 20:31).

그리고 예수님은 "나로 말미암지 않고는 아버지께로 올 자가 없다"고 하신다(10:9). 예수님만이 사람과 아버지 사이의 중보자라고 하신다. 예수님을 경유하지 않고는 아무도 아버지께로 갈 수가 없는 줄 알아야 한다. 구원문제에 있어 타협은 없다. 우리가 세상을 살아가면서 많은 양보를 한다. 심지어 무수한 어려움을 당하고도 양보한다. 성경은 말하기를 "차라리 불의를 당하는 것이 낫지 아니하냐"고 하신다(고전 6:7). 우리는 세상에서 수많은 불의를 당하고 살면서도 그리스도를 믿어야 아버지 나라에 간다는 진리만큼은 타협할 수가 없다.

요 14:7.너희가 나를 알았더라면 내 아버지도 알았으리로다 이제부터는 너희가 그를 알았고 또 보았느니라.

예수님은 앞 절(6절)에서 "나로 말미암지 않고는 아버지께로 올 자가 없느니라"고 말씀하셨는데 그것은 '예수님을 믿지 않고는 아버지께로 올 자가 없다'는 뜻이다. 그런데 앞 절의 '아버지께 온다'는 말씀을 본 절에서는 아버지를 안다는 말씀으로 묘사한다. 브루스(F. F. Bruce)는 "이 길(예수님)로 말미암아 하나님께 이른다는 것은 그를 안다는 것이다"라고 말한다.[48] 다시 말해 아버지께 간다는 것은 그를 앎으로 된다는 것이다(요 17:3).

예수님은 "너희가 나를 알았더라면 내 아버지도 알았으리로다 이제부터는 너희가 그를 알았고 또 보았느니라"고 말씀하신다(8:19). 예수님을 알면 아버지를 안다는 것이다. 그 이유는 예수님과 아버지는 하나이시기 때문이다(10:30; 17:11). 그런데 예수님은 "이제부터는 너희가 그를 알았고 또 보았느니라"고 말씀하신다. 여기 "알았고"(γινώσκετε)란 말은 현재형으로 제자들은 지금 아버지를 알고 있다는 것이다. 이유는 예수님을 알고 있기 때문이다. 그리고 또 "보았느니라"(ἑωράκατε)는 말은 현재완료형으로 제자들은 이미 아버지를 보았다는 것이다. 그들은 예수님을 보았으므로 아버지를 과거에 보았고 지금도 보고 있다는 것이다. 본문의 "이제부터"란 말은 예수님께서 말씀하신 "그때부터"라고 보는 것이 옳다(9절). 그러나 제자들이 하나님을 완전히 알게 된 것은 오순절 후라고 할 수 있다. 그러니까 제자들은 예수님을 알았고 보았으므로 아버지를 알았고 또 보았다는 것이다. 아버지를 안 것은 아버지께 이른 것과 같은 것이다.

요 14:8. 빌립이 이르되 주여 아버지를 우리에게 보여 주옵소서 그리하면 족하겠나이다.

예수님께서 앞 절(7절)에서 제자들이 이미 아버지를 보았다고 하시니 빌립에게 의문이 생겼다. 그래서 "주여 아버지를 우리에게 보여 주옵소서 그리하면 족하겠나이다"라고 부탁한다. 빌립은 자기 한 사람에게만 아버지를 보여 주십

---

48) F. F. Bruce, *요한복음*, 서문강역, (서울: 도서 출판 로고스, 1996), p. 519.

사고 한 것이 아니라 "우리에게 보여 주옵소서"라고 한 것을 보면 다른 제자들도 아버지를 보기를 원한 것이다. 빌립은 영안이 어둡고 계산적인 사람이었다. 그는 예수님께서 5병 2어의 표적을 행하셨을 때에도 예수님께 문제를 맡기지 못하고 자신이 친히 계산하여 5,000명을 먹이려면 최소한 200데나리온의 떡이 있어야 할 것이라고 했었다. 그는 영안이 어두워서 예수님께서 하신 말씀의 뜻을 잘 모르고 엉뚱한 요구를 한 것이다.

요 14:9.예수께서 이르시되 빌립아 내가 이렇게 오래 너희와 함께 있으되 네가 나를 알지 못하느냐 나를 본 자는 아버지를 보았거늘 어찌하여 아버지를 보이라 하느냐.

예수님은 빌립과 벌써 3년 이상이나 함께 있었는데 "네가 나를 알지 못하느냐"고 하신다. 여기 "안다"(ἔγνωκάς)는 말은 '경험적으로 아는 것'을 지칭한다. 예수님께서 빌립과 함께 오래 함께 있었기 때문에 예수님을 경험적으로 알아야 한다는 것이다. 그리고 예수님은 "나를 본 자는 아버지를 보았거늘 어찌하여 아버지를 보이라 하느냐"고 덧붙이신다(12:45; 골 1:15; 히 1:3). 예수님을 본 사람은 아버지를 본 것이고 예수님을 안 사람은 아버지를 안 것인데 이제 다시 아버지를 보이라 하느냐고 말씀하신다. 지금도 이처럼 아버지를 보고자 하는 사람들이 있다. 우리는 예수님을 영적으로 본 것으로 만족해야 하는 것이다(20:28-29).

요 14:10.내가 아버지 안에 거하고 아버지는 내 안에 계신 것을 네가 믿지 아니하느냐 내가 너희에게 이르는 말은 스스로 하는 것이 아니라 아버지께서 내 안에 계셔서 그의 일을 하시는 것이라.

예수님은 두 가지를 말씀하신다. 하나는 "내가 아버지 안에 거하고 아버지는 내 안에 계신 것을 네가 믿지 아니하느냐"는 것이다(20절; 10:38; 17:21, 23). 곧 성부와 성자가 연합되어 있다는 것을 빌립이 믿어야 한다는 것이다(1:18; 10:38). 성부와 성자가 연합되어 있는 고로 예수님을 보면 아버지를 본 것이라는 것이다(성부와 성자는 존재론적으로 연합되어 있다). 또 하나는 "내가 너희에게 이르는 말은 스스로 하는 것이 아니라 아버지께서 내 안에 계셔서 그의 일을 하시는 것이라"는 것이다(5:19; 7:16; 8:28; 12:49). 예수님의 말씀이나 일은 바로 아버지께서 하시는 말씀이나 일이라는 것이다(성부와 성자는 사역면에서 완전히 연합되어 있다).

요 14:11.내가 아버지 안에 거하고 아버지께서 내 안에 계심을 믿으라 그렇지 못하겠거든 행하는 그 일로 말미암아 나를 믿으라.

예수님은 성부와 자신이 연합되신 것을 믿으라고 권하신다. 여기 "믿으라"는 말은 복수형으로 빌립 개인에게 주시는 말씀이 아니라 제자들에게 주시는 말씀이다. 제자들 전체가 성부와 성자께서 연합되신 것을 믿어야 한다는 것이다(1절; 7절). 제자들은 예수님의 말씀으로 예수님을 믿으라고 권함을 받은 것이다. 그런데 만약에 그런 정도까지 못 간다면 "행하는 그 일로 말미암아 나를 믿으라"고 하신다(5:36). 다시 말해 예수님께서 행하신 표적을 보고 예수님을 믿으라는 것이다. 이런 신앙은 둘째가는 신앙이지만 예수님을 믿을만한 증거가 된다(9:31-38; 10:37-38; 11:39-40; 20:30-31). 예수님은 말씀을 우리에게 주시고 믿게 하시고 또 이적을 주셔서 믿게 하신다.

5.예수님께서 떠나시므로 제자들은 큰일을 할 수 있다 14:12

요 14:12.내가 진실로 진실로 너희에게 이르노니 나를 믿는 자는 내가 하는 일을 그도 할 것이요 또한 그보다 큰 일도 하리니 이는 내가 아버지께로 감이라.

예수님은 다시 중대한 선언을 하시기 위하여 "진실로 진실로"라고 말씀하신다. 예수님은 본 절에서 두 가지를 말씀하신다. 하나는 "나를 믿는 자는 내가 하는 일을 그도 할 것이라"는 것이다(마 21:21; 막 16:17; 눅 10:17). 예수님을 주님으로 믿고 철저하게 순종하는 자는 예수님께서 하신 일을 그 사람도 할 것이라는 말이다. 왜냐하면 "내(예수님)가 아버지께로 가기" 때문이라는 것이다. 다시 말해 예수님께서 아버지께로 가셔서 성령님을 보내주실 것이기 때문에 제자들도 예수님께서 하신 일을 할 것이라는 것이다. 또 하나는 "그보다 큰 일도 할 것이라"고 하신다. 예수님께서 지상에서 하신 일보다 더 큰 일, 곧 전도사역을 할 것이라는 것이다(행 2:41; 4:4; 5:20-21, 24). 이유는 예수님께서 아버지께로 가셔서 성령님을 보내주실 것이기 때문이다. 제자들이 이 땅에서 더 큰 사역을 할 수 있었던 것은 성령님께서 하셨기 때문이었다. 제자들은 예수님께서 떠나가시는 일 때문에 근심할 것이 아니었다. 성령님이 오셔서 엄청난 일들을 하시기 때문에 기뻐해야 할 것이었다.

6.제자들이 예수님의 이름으로 기도하면 응답하신다 14:13-15

요 14:13.너희가 내 이름으로 무엇을 구하든지 내가 행하리니 이는 아버지로 하여금 아들로 말미암아 영광을 받으시게 하려 함이라.

예수님은 앞에서 예수님을 믿는 제자들이 예수님이 하신 일을 할 수 있고 또 그 보다 큰일도 할 수 있다고 하셨는데(12절) 그렇게 하기 위해서는 제자들이 기도해야 한다고 본 절에서 말씀하신다. 기도 없이는 아무것도 할 수 없는 것이다.

예수님은 "너희가 내 이름으로 무엇을 구하든지 내가 행하시겠다"고 하신다(15:7, 16; 16:23-24; 마 7:7; 21:22; 막 11:24; 눅 11:9; 약 1:5; 요일 3:22; 5:14). 여기 "내(예수님) 이름으로"란 말은 '예수님을 믿고' 혹은 '예수님의 공로를 의지하고'란 뜻으로 예수님의 십자가 공로를 믿고 기도하라는 것이다. 예수님의 십자가 공로를 의지하고 기도하면 예수님께서 기도한 것과 같은 대접을 하나님으로부터 받는 것이다. 그리고 "무엇을 구하든지"란 말은 12절에서 말한 "내(예수님)가 하는 일과 그 보다 큰 일들"을 포함하는 말이다. 하나님께 영광 되는 일이라면 무엇이든지 구하면 예수님께서 응답하시겠다는 것이다. "내가 행하리니"란 말은 예수님께서 기도 응답을 하신다는 것이다. 예수님께서 하나님과 사람 사이의 중보자로서 기도를 응답하신다는 것이다. 결코 사람이 예수님께서 하신 "일보다 더 큰일"(12절)을 하는 것이 아니다.

예수님께서 행하시겠다는 것이다. 더 큰 일을 위해서 기도하면 예수님께서 이루어주신다는 것이다.

예수님께서 기도에 응답하시는 목적은 "아버지로 하여금 아들로 말미암아 영광을 받으시게 하기" 위해서라는 것이다. 여기 "아들로 말미암아"란 말은 '예수님의 중보로 말미암아'란 말로 예수님의 중보사역을 지칭하는 말이다. 예수님께서 기도 응답을 하실 때 결국은 하나님께 영광이 돌아간다는 것이다.

요 14:14.내 이름으로 무엇이든지 내게 구하면 내가 행하리라.

본 절이 바로 앞 절(13절)과 다른 점은 "내게"가 추가된 것이다. 본 절의 내용은 1)예수님께서 기도의 대상이 되신다는 것("내게"), 2)예수님께서 기도의 중보자라는 것("내 이름으로"), 3)예수님께서 기도에 응답하신다는 것이다("내가 행하리라"). 통상 성도들은 하나님께 기도하고 또 하나님께서 응답하시지만 하나님과 예수님은 일체(10:30)로서 함께 일하시는 고로 우리가 예수님께 기도할 수 있고(행 7:59), 또 예수님께서 기도에 응답하신다.

요 14:15.너희가 나를 사랑하면 나의 계명을 지키리라.

예수님은 제자들을 향하여 '너희가 나를 사랑하니 나의 계명을 지키라'고 명령하신다(21절, 23절; 15:10, 14; 요일 5:3). 여기 "사랑하면"(ἀγαπᾶτε)이란 말이 현재형으로 '계속적으로 사랑하고 따르는 것'을 지칭한다. 예수님을 계속해서 사랑하는 사람들은 "계명을 지켜야 한다"는 것이다(23-24절). 그런데 계명을 지켜야 한다는 본 절이 어느 구절과 관계가 있느냐 하는 것이다. 이 문제를 두고 몇 가지 의견이 있다. 본 절은 1)독립구라는 주장. 2)본 절은 20절과 21절 사이에 위치해 있어야 한다는 주장. 이유는 문맥 때문이라고 한다. 3)뒤(16절 이하)에 언급되고 있는 보혜사 성령 약속과 관련이 있다는 주장. 다시 말해 본 절의 계명 지키는 일은 바로 다음 절에 나오는 성령님의 은혜로만 가능한 것이니 다음 절과 밀접한 관계가 있다는 것이다. 4)바로 앞 절에 언급된 기도하라는 명령과 관련이 있다는 주장. 바로 이 마지막 주장이 옳은 것으로 보인다. 기도 생활을 하는 사람은 주님을 사랑하는 중에 계명을 지켜야 기도가 응답되는 것이다. 예수님은 기도에 대한 교훈을 말씀하실 때 계명을 지켜야 할 것을 말씀하신다(마 7:6-12; 막 11:20-25).

7.예수님께서 떠나신 후 보혜사가 제자들에게 오신다 14:16-17

요 14:16.내가 아버지께 구하겠으니 그가 또 다른 보혜사를 너희에게 주사 영원토록 너희와 함께 있게 하리니.

예수님의 위로 중에도 최고의 위로는 바로 성령님을 보내주신다는 것이다. 이유는 성령님께서 이 땅에 오셔서 제자들과 우리들을 계속해서 위로하실 것이기 때문이다.

성령님이 이 땅에 오시는 것은 예수님께서 "아버지께 구하심"으로 되었다. 실제로 예수님께서 아버지께 요청하셨기 때문에 성령님이 오셨다(행 2:33). 예수님께서 동등한 입장에서 아버지께 요청하시면 아버지께서 "또 다른 보혜사를 너희에게 주신다"고 말씀하신다(15:26; 16:7; 롬 8:15, 26). 여기 "다른 보혜사"(ἄλλον παράκλητον)란 말은 예수님과 '종류로 말하면 같은 종류이지만 다른 개체의 보혜사'란 뜻으로 성령님을 지칭하는 말이다. 예수님과 성령님은 똑 같은 보혜사이시다. 예수님과 성령님은 똑같은 하나님이시며 속성도 같으신 분(14:26; 15:26; 행 15:28; 롬 8:26; 고전 12:11; 딤전 4:1; 계 22:17)으로 사역만 다른 분이시다. 헬라어에는 두 개의 "다른"이란 말이 있는데 하나는 '종류가 서로 틀리다는 뜻으로의 다른 것(ἕτερος)'을 뜻하는 말이 있고 또 한 가지는 '종류는 같되 다른 개체를 뜻하는 다른 것(ἄλλον)'을 뜻하는 말이 있다. 그리고 "보혜사"(παράκλητον)란 말은 '대언자,' '변호자,' '안위자'란 뜻으로 성령님은 우리를 위한 대언자이시고(요일 2:1) 변호자이시며 위로자이시다. 우리에게는 두 분의 보혜사가 계신다. 한 분은 예수님이시고 또 한 분은 성령님이시다. 예수님은 육체를 입으신 분이시고 성령님은 육체를 입지 않으신 분이시다. 예수님은 지금 하나님 우편에 계시고 성령님은 지금 우리 가운데 계시다.

그런데 하나님은 성령님으로 영원히 우리와 함께 계시게 한다고 말씀하신다. 하나님은 성령님으로 하여금 "영원토록 너희와 함께 있게 하겠다"고 하신다. 예수님은 33년간 세상에 계셨으나 성령님은 영원히 우리와 함께 계신다는 것이다. 오순절은 다시 되풀이 되지 않는다. 성령님은 영원히 교회 안에 계시다.

요 14:17.그는 진리의 영이라 세상은 능히 그를 받지 못하나니 이는 그를 보지도 못하고 알지도 못함이라 그러나 너희는 그를 아나니 그는 너희와 함께 거하심이요 또 너희 속에 계시겠음이라.

"영원히 우리와 함께 하실"(앞 절) 성령님은 "진리의 영"(τὸ πνεῦμα τῆς ἀληθείας)이시다. 곧 '진리를 증거하고 밝혀주시는 영'이라는 뜻이다 (15:26-27; 16:13; 요일 4:6, Barrett, Bernard, Hendriksen, Morris). 성령님은 예수님을 가르쳐주시고 예수님의 말씀의 뜻이 무엇인지 밝혀주신다. 성령님이야말로 우리의 참 스승이시다. 그는 세상의 것을 가르치시는 분이 아니라 영적인 진리를 가르쳐주시는 영이시다. 우리가 전도자의 말씀을 듣고 또 성경을 볼 때 성령님께서 우리들에게 말씀의 뜻을 알게 하신다. 그래서 말씀의 맛이 꿀같이 달다.

그런데 예수님은 성령님과 세상과의 관계를 이렇게 말씀하신다. 곧 "세상은 능히 그를 받지 못하나니 이는 그를 보지도 못하고 알지도 못함이라"고 하신다(고전 2:14). '세상 사람들은 성령님을 받지 못한다'는 것이다. 이유는 세상 사람들은 성령님을 보지도 못하고 따라서 알지도 못하기 때문에 성령님을 받는 것은 생각도 못할 일이라고 하신다. 세상 사람은 사탄의 거짓말을 따르고 (8:44-45; 14:30) 영적인 분별력이 없으며(고전 2:12-14) 성령님을 인정하지 않는다(마 12:22-27; 행 2:12-17). 따라서 성령님을 영접할 수가 없다(3:3, 5).

세상 사람들에 비하여 제자들과 우리들은 "그를 아나니 그는 너희와 함께 거하심이요 또 너희 속에 계시겠음이라"고 한다(요일 2:27). 성도들은 성령님을 경험적으로 알게 된다는 것이다. 이유는 성령님께서 성도들과 함께 살게 되기 때문이고 또 성도들 안에 내주하시기 때문이다. 지금 성도들은 성령님을 모시고 성령님과 교제하면서 살기 때문에 성령님을 체험적으로 알게 된 것이다.

8.성령님을 통하여 예수님은 제자들에게 다시 오신다 14:18-24

요 14:18.내가 너희를 고아와 같이 버려두지 아니하고 너희에게로 오리라.

예수님은 앞(16-17절)에서 성령님이 오실 것을 말씀하시다가 갑자기 "내가... 너희에게로 오리라"고 하신다(3절, 28절; 마 28:20). 곧 오순절 성령 강림 때 예수님께서 오신다는 것이다. 성령님의 오심은 예수님의 오심이다. 성부 성자 성령은 삼위일체이시다. "성령님이 강림하시면 그리스도는 진실로 돌아오시는 것이다"(윌렴 헨드릭슨). 예수님은 십자가에 달리심으로 제자들을 잠시 떠나가시지만 성령님의 임하심과 함께 또 다시 제자들에게 오신다는 것이다. 예수님은 절대로 제자들을 고아와 같이 버려두지 않으신다. 고아야말로 불쌍한 존재들인데 예수님은 그를 따르는 제자들과 성도들을 결코 고아취급 하시지 않는다.

본 절의 "내가...너희에게로 돌아오리라"는 말씀에 대해 혹자는 그리스도의 재림으로 해석하고 또 혹자는 그리스도의 부활로 해석하기도 하나 문맥으로 보아 성령님의 강림으로 보아야 한다. 이유는 1)14장의 문맥이 성령 부어주심을 말하기 때문에 "내가...오리라"는 말씀을 성령 강림 때 예수님께서 오시는 것으로 보아야 한다. 2)다음 절(19절)의 문맥도 성령 강림을 지칭한다. 3)"내가...오리라"는 말씀은 예수님의 부활을 지칭하는 말이 아니라 성령님이 오실 때 예수님께서 오시는 것을 지칭한다. 예수님께서 부활하신 다음에는 오래 계시지 않았다. 그러나 예수님은 본 절에서 "고아와 같이 버려두지 않겠다"고 하신다. 그런고로 본 절은 예수님께서 오순절에 성령님이 오실 때 함께 오시는 것을 지칭하는 것이다. 4)"그 날에는 내가 아버지 안에, 너희가 내 안에, 내가 너희 안에 있는"(20절) 경험은 오순절의 경험이다.

요 14:19.조금 있으면 세상은 다시 나를 보지 못할 것이로되 너희는 나를

보리니 이는 내가 살아있고 너희도 살아 있겠음이라.

예수님은 "조금 있으면," 곧 '조금 지나면 내가 십자가에서 죽을 것이니' "세상은 다시 나를 보지 못할 것이라"고 하신다. 재림하실 때까지 다시 보지 못할 것이라는 것이다. 세상 사람들은 예수님을 다시 보지 못할 것이지만 제자들은 "나(예수님)를 보게 된다"고 하신(16:16). 여기 "나(예수님)를 보리니"(θεωρεῖτέ με)라는 말은 현재 시제로 여러 가지로 해석할 수 있다. 1)믿음으로 계속해서 예수님을 보게 된다는 뜻으로 해석할 수도 있고, 2)또 예수님께서 부활하신 후 제자들이 예수님을 본다는 뜻으로 해석할 수도 있으며, 3)예수님께서 재림하신 후에 예수님을 본다는 뜻으로도 가능하나, 4)문맥으로 보아 오순절 성령 강림 이후 예수님을 보게 된다는 뜻으로 해석해야 할 것이다. 이유는 이 부분 말씀이 오순절 성령 강림에 대해 예언하고 있기 때문이다(16-18절, 20절, 26-28절). 오순절 성령 강림 이후에 제자들과 성도들은 성령님 안에서 예수님을 영적으로 보게 된다는 것이다.

예수님은 오순절 이후 제자들이 예수님을 성령님 안에서 보게 된다는 말씀을 하고는(앞 문장), 이제는 오순절 이후에 풍성한 삶을 누릴 것을 예언하신다. 예수님은 "이는 내가 살아있고 너희도 살아 있겠음이라"(ὅτι ἐγὼ ζῶ καὶ ὑμεῖς ζήσετε)고 하신다(고전 15:20). 이 구절을 다시 번역하면 "내가 살아있는 고로 너희도 살 것이다"로 번역된다. 이 구절에서 "내(예수님)가 살아있다"는 말은 현재 시제이며 "너희(제자들)도 살 것이라"는 말은 미래형이다. 예수님은 항상 살아계신 분이시다. 그는 영원히 사시는 분이다(1:4; 5:26). 예수님의 생명은 제자들과 성도들의 생명의 원천이다. 예수님께서 살아계심으로 제자들과 성도들은 사는 것이다. 그런데 여기 "너희도 살 것이라"는 말씀을 혹자는 예수님의 재림 때 제자들이 부활할 것이라고 해석하기도 하나 문맥으로 보아 성령 강림 이후에 제자들의 생명이 풍성할 것을 지칭하는 말이다. 사실 제자들은 벌써 영생을 받았다(13:10; 15:3). 그런데 예수님은 오순절 성령 강림 이후 제자들의 생명이 풍성해질 것을 예언하신 것이다. 우리가 성령 충만에 이를 때 그리스도의 생명이 우리

안에서 충만한 것이다.

요 14:20.그 날에는 내가 아버지 안에, 너희가 내 안에, 내가 너희 안에 있는 것을 너희가 알리라.

예수님은 제자들이 오순절 성령 강림을 체험하면 성자와 성부의 연합의 사실을 알게 되며 또한 성자와 제자들과의 연합을 알게 될 것이라고 예언하신다. 본문의 "그 날"이란 말에 대하여 혹자는 그리스도의 부활의 날을 지칭한다 하고, 혹자는 재림의 날을 지칭한다고 하며, 혹자는 이 둘을 다 의미한다고 하나, 문맥으로 보아 '성령이 강림하신 날'을 지칭하는 것은 의심의 여지가 없다. 예수님은 오순절에 성령님이 강림하시는 날에 "내가 아버지 안에" 있는 것을 제자들이 알리라는 것이다. 다시 말해 성자께서 성부 안에 있는 것을 알게 될 것이라는 말이다. 성령님이 강림하시면 제자들은 성령님의 가르침을 받아 성자와 성부께서 연합되어 있음을 알게 될 것이라는 것이다. 제자들은 그 동안 두 분(성부와 성자)이 일체인 줄 모르다가 성령님의 가르침 속에서 이 사실을 알게 될 것이라는 것이다. 이 사실에 대해서는 오늘 우리도 알게 되었다. 우리는 지금 삼위(성부, 성자, 성령)께서 일체이심을 알게 되었다.

그리고 오순절에 성령 충만에 이르면 "너희가 내 안에, 내가 너희 안에 있는 것을 너희가 알리라"는 것이다(10절; 10:38; 17:21, 23, 26). 곧 제자들이 성자 안에, 그리고 성자께서 제자 들 안에 있는 것을 제자들이 알리라는 것이다. 예수님과 제자들이 연합되어 있는 사실을 알게 될 것이라는 것이다. 성령님의 역사에 의하여 성자께서는 제자들의 심령 속에 계시고(갈 2:20), 제자들은 성자 안에 있는 것을 알게 된다는 것이다. 오늘 우리도 역시 예수님께서 우리 안에 계신 사실을 알게 되었고 또 우리도 예수님을 믿음으로 예수님 안에 거하는 사실을 알게 된 것이다. 예수님 안에 거한다는 말은 예수님 말씀 안에 거한다는 말과 동일한 말이다. 본문에 "알리라"(γνώσεσθε)는 말은 미래 시제로 '경험적으로 알게 될 것'이라는 뜻이다. 그런데 이런 지식들은 경험적이기 때문에 점진적으로 발전되어 간다. 바울 사도도 다메섹 도상에서 예수님과 연합되었지만 그는 자신이 그리스도와 연합되었다는 사실을 더 알기 위해서 그리스도를 향하여 더욱 좇아간다고 고백한다(빌 3:8-14).

요 14:21.나의 계명을 지키는 자라야 나를 사랑하는 자니 나를 사랑하는 자는 내 아버지께 사랑을 받을 것이요 나도 그를 사랑하여 그에게 나를 나타내리라.
예수님은 "나의 계명을 지키는 자라야 나를 사랑하는 자"라고 하신다(15절, 23절; 요일 2:5; 5:3). 예수님께서 말씀하신 사랑의 계명(13:34)을 지키는 사람이 바로 예수님을 사랑하는 자라는 것이다. 그러니까 예수님께서 우리를 사랑하신 것처럼 사람을 사랑해야 하는 새 계명을 지키지 않는 사람들은 예수님을 사랑하는 사람이 아니다. 이 말씀은 15절의 말씀("너희가 나를 사랑하면 나의 계명을 지키리라")과 정반대로 배열되어 있다. 그러나 내용은 똑 같다. 다시 말해 15절의 '예수님을 사랑한다면 예수님의 계명을 지켜야 한다'는 말과 본 절의 '예수님의 계명을 지키는 자가 예수님을 사랑하는 자'라는 말은 결국 똑 같은 말이다. 예수님 사랑=계명 지킴(15절), 계명 지킴=예수님 사랑(본절)의 공식이다. 지금 우리는 사랑의 계명을 지키고 있는가. 그리고 지금 우리는 예수님을 사랑하고 있는가. 계명을 지키지 않고 있다면 예수님을 사랑하고 있지 않은 것이다.

그러면 예수님께서 왜 여기서 계명 지키는 문제를 꺼내셨을까. 그것은 예수님께서 제자들이 오순절 성령을 경험한 다음에는 계명을 얼마든지 지킬 수 있기 때문이었을 것이다. 예수님은 16절-20절에서 오순절 성령 강림을 말씀하셨다. 오순절에 성령을 경험한 다음에는 계명을 지킬 수가 있다는 것이다. 계명은 우리의 힘으로 지키는 것이 아니다. 온전히 성령님께서 주시는 힘으로 지키는 것이다. 우리는 우리의 힘으로 희생적인 사랑을 실천할 수가 없다. 성령으로야 가능한 것이다.

우리가 사랑의 새 계명을 지켜서 예수님을 사랑하면 우리에게 놀라운 보상이 따른다고 예수님은 말씀하신다. 첫째 "내 아버지께 사랑을 받을 것이라"는 것이다. 우리가 예수님을 사랑할 때 아버지께서 기뻐하시고 우리들을 사랑하신다는 것이다. 그리고 둘째, "나도 그를 사랑하여 그에게 나를 나타내리라"는 것이다. 우리가 예수님께서 주신 새 계명을 지켜 예수님을 사랑할 때 예수님께서 더욱 우리를 사랑하셔서 예수님께서 나타나 주실 것이라는 것이다(15:26; 16:13-15; 고전 2:10-11; 12:3-7). 그런데 "나도 그를 사랑하여 그에게 나를 나타내리라"는 말에 대해 혹자는 예수님의 재림 후에 예수님께서 자신을 나타내 주신다고 해석하나, 문맥으로 보아 오순절 성령 강림 이후에 예수님께서 성령으로 자신을 나타내실 것이라고 해석해야 할 것이다.

오늘 우리는 사람을 희생적으로 사랑하는 자에게 놀라운 보상이 있음을 기억해야 할 것이다. 혹자는 하나님의 무조건적 사랑만을 기대하고 산다. 다시 말해 하나님께서 십자가에서 그리스도를 내주신 무조건적 사랑만을 기대하고 산다(3:16; 13:34; 15:9, 12; 롬 8:35-37). 그러나 우리가 그리스도께서 주신 새 계명을 지켜 이웃을 희생적으로 사랑할 때 주시는 보상으로서의 사랑도 기대해야 하는 것이다.

요 14:22.가룟인 아닌 유다가 이르되 주여 어찌하여 자기를 우리에게는 나타내시고 세상에는 아니하려 하시나이까.

예수님께서 앞에서 "나도 그를 사랑하여 그에게 나를 나타내리라"(21절 하반)고 말씀하신데 대해 "가룟인 아닌 유다"에게 의문이 생겼다(눅 6:16). "가룟인 아닌 유다"라고 하는 사람은 '야고보의 아들 유다'를 지칭하는 말로서 이 사람은 12제자 중 하나였다(눅 6:16; 행 1:13). 유다도 역시 앞서 질문했던 도마와 빌립처럼 예수님의 말씀을 잘 이해하지 못해서 엉뚱하게 질문한 것이다. 유다의 질문은 "주여 어찌하여 자기를 우리에게는 나타내시고 세상에는 아니하려 하시나이까"라는 것이었다. '어찌해서 예수님 자신을 우리에게는 나타내시고 세상 사람들에게는 나타내시지 아니하려고 하시는 것입니까?'라는 의문이었다. 유다는 앞으로 예수님께서 놀라운 능력을 행하셔서 우리들에게만 보이시고 세상 사람들에게는 보여주지 않으시는 것이냐는 의문이 생긴 것이다. 유다는 예수님의 말씀을 듣고 답답하게 생각한 것 같다. 예수님께서 그렇게 처신하시는 것에 대해 불만이 있었던 것 같다. 세상 사람들에게 좀 놀라운 능력과 기적을 보여주셔서 제자들의 위신도 좀 올려주시기를 소원했던 것 같다. 유다의 이 미련한 질문에 대해 예수님은 또 다음 절에서(23-24절) 대답을 주신다.

요 14:23.예수께서 대답하여 이르시되 사람이 나를 사랑하면 내 말을 지키리니 내 아버지께서 그를 사랑하실 것이요 우리가 그에게 가서 거처를 그와 함께 하리라.

유다의 앞선 질문(22절)에 대하여 예수님은 21절에서 말씀하신 말씀으로 대답하신다. 다만 본 절의 "사람이 나를 사랑하면 내 말을 지킨다"는 말씀이 21절("나의 계명을 지키는 자라야 나를 사랑하는 자")의 말씀의 순서와는 뒤바뀐 것뿐이다. 그러나 내용은 똑 같다. 그리고 본 절은 15절의 말씀과 순서를 같이 하고 있다. 예수님은 "사람이 나를 사랑하면 내 말을 지킨다"고 하신다(15절). '사람이 예수님을 계속해서 사랑한다면 예수님의 말, 곧 계명을 지킨다'는 것이다. 사랑한다고 하면서도 예수님께서 주신 새 계명(13:34)을 지키지 않는다면 예수님을 사랑하지 않는 것이다.

예수님을 사랑하여 그가 주신 사랑의 계명(이웃 사랑-갈 5:14)을 지키는 사람은 큰 상급을 받는다는 것이다. 그 보상은 "내 아버지께서 그를 사랑하실 것이요 우리가 그에게 가서 거처를 그와 함께 하리라"는 것이다(요일 2:24; 계 3:20). 첫째, 아버지께서 사랑해 주실 것이고, 둘째, 성부와 성자께서("우리") "그에게 가서 거처(μονὴν)를 그와 함께 하신다"는 것이다. 곧 '그 사람에게 가서 영원히 함께 사실 것이라'는 것이다. 그리스도를 사랑하여 계명을 지키는 사람은 참으로 놀라운 복을 받는다. 성부 성자 성령과 함께 지상에서도 그리고 천국에서도 영원히 동거(同居)하게 된다(계 3:20; 21:3).

요 14:24.나를 사랑하지 아니하는 자는 내 말을 지키지 아니하나니 너희가 듣는 말은 내 말이 아니요 나를 보내신 아버지의 말씀이니라.

예수님을 사랑하지 않는 사람은 예수님께서 주신 새 계명을 지키지 않는다는 것이다. 본문에 "사랑한다"(ἀγαπῶν)는 말은 현재분사로 '계속해서 사랑한다'는 뜻이고, 또 "지킨다"(τηρει)는 말도 현재 시제로 '계속해서 지킨다'는 뜻이다. 그러니까 예수님을 계속해서 사랑하지 않는 사람은 예수님의 새 계명을 지키지 않는 사람이다.

예수님의 말씀은 예수님을 이 땅에 보내신 아버지의 말씀이라는 것이다(10절; 5:19, 38; 7:16; 8:28; 12:49). 예수님의 계명, 곧 하나님의 말씀을 지키지 않는 사람은 엄청난 죄를 짓는 사람이고 또한 큰 사랑을 받을 수 있는 기회를 놓친 사람이다.

9.성령님께서 제자들에게 진리를 가르쳐주시고 생각나게 하실 것이다 14:25-26

요 14:25.내가 아직 너희와 함께 있어서 이 말을 너희에게 하였거니와.

예수님은 제자들을 향하여 계명을 지킬 것을 주문하신(21-24절) 다음 이제 앞으로는 성령님이 오셔서 제자들을 교육하실 것을 말씀하신다(25-26절). 예수님은 "내가 아직 너희와 함께 있어서," 곧 '내가 아직 너희와 함께 있으면서' 이 말을 너희에게 하였다는 것이다. 여기 "이 말"(ταῦτα)이란 말은 그 날 밤에 가르친 말씀만 아니라 3년여 동안 있으면서 가르친 말씀 모두를 지칭하는 말이다. 그런데 앞으로 예수님께서 이 세상을 떠난 후에는 성령님께서 오셔서 제자들을 교육하실 것이라는 것이다. 시대가 바뀔 것을 예고하시는 말씀이다.

요 14:26.보혜사 곧 아버지께서 내 이름으로 보내실 성령 그가 너희에게 모든 것을 가르치고 내가 너희에게 말한 모든 것을 생각나게 하리라.

예수님은 앞으로는 "보혜사 곧 아버지께서 내 이름으로 보내실 성령 그가 너희에게 모든 것을 가르칠" 것이라고 하신다(16절; 15:26; 눅 24:49; 16:7). 예수님께서는 '보혜사는 아버지께서 내 이름으로 보내실 성령'이라고 하신다. 여기 "보혜사"에 대해서는 16절 주해를 참조할 것. 본문에 "내 이름으로"란 말은 '내 대신으로'라는 뜻이다(14:13주해 참조). 예수님은 성부 하나님을 대신하여 오셨고(5:43; 10:25), 성령은 성자를 대신하여 오신다는 것이다.

성령님께서 오셔서 하시는 일은 첫째, 제자들을 위해 "모든 것을 가르친다"는 것이다(2:22; 12:16; 16:13; 요일 2:20, 27). 여기 "모든 것"(πάντα)이란 말은 예수님께서 '최후의 만찬에서 가르친 것만 아니라 지난 3년여 동안 가르치신 모든 것'을 지칭하는 말이다. 그리고 "모든 것"이란 말 속에는 예수님께서 말씀하시지 않으신 것도 포함할 수 있는 말이다(예를 들어 예수님께서 승천하신 후에 하나님 우편에서 성도들을 위해 기도하시는 일 같은 것 등). 아무튼 성령님은 진리를 가르치는 영으로서(17절; 16:13; 요일 2:27) 예수님의 인격과 그가 하신 사역의 모든 것을 가르쳐 주신다. 제자들은 예수님께서 땅위에 계실 때 말씀하신 것을 다 알지 못했다가 훗날 오순절에 성령을 체험하고 나서 많은 것을 깨닫게 되었다. 그리고 둘째, "내가 너희에게 말한 모든 것을 생각나게 할 것이라"는 것이다. 예수님의 교훈을 필요로 한 때마다 생각나게 하시고 새롭게 하신다는 것이다.

10. 예수님께서 제자들에게 평안을 주신다 14:27

요 14:27. 평안을 너희에게 끼치노니 곧 나의 평안을 너희에게 주노라 내가 너희에게 주는 것은 세상이 주는 것 같지 아니하니라. 너희는 마음에 근심하지도 말고 두려워하지도 말라.

예수님은 앞(26절)에서 성령님이 오셔서 사역하실 것을 예언하시고는 이제 제자들에게 평안을 주실 것이라고 말씀하신다. 성령님의 사역은 평안과 밀접한 관계가 있다는 것이다. 곧 성령님께서 예수님의 구속 사역을 알게 하실 때 사람에게 평안이 임한다는 것이다. 예수님은 "평안을 너희에게 끼치노니 곧 나의 평안을 너희에게 준다"고 말씀하신다(빌 4:7; 골 3:15). 예수님은 이제 떠나시면서 평안을 유산으로 남기시겠다는 것이다. 심령 속의 평안, 곧 죄 사함을 얻었기에 가지는 평안, 주님으로부터 은혜를 받음으로 가지는 평안, 주님의 보호를 느낌으로 가지는 평안을 주시겠다는 것이다. 윌렴 헨드릭슨은

"27절의 평안이라는 단어는 영적 불안이 없는 것, 그리고 구원의 확신과 하나님과 그의 아들에 대한 믿음과 그의 은혜로운 약속들을 숙고함으로써 얻어지는 모든 환경에서 하나님의 사랑하심의 확신을 가리킨다"고 말한다.[49] 매튜 헨리는 "그리스도께서는 세상을 떠나실 때 그의 뜻을 정하셨다. 그는 그의 영혼은 아버지께 맡기고 그의 육신은 아리마대 요셉에게 맡겼다. 그의 옷은 군병들에게 던져졌고 그의 어머니는 요한에게 돌보라고 맡기셨다. 그러나 그를 위해 모든 것을 버리고 떠나온 그의 가엾은 제자들은 어디에다 맡기셔야 했을까? 그는 은도 없고 금도 갖고 있지 않았다. 그러나 그는 그보다 훨씬 좋은 것, 즉 그의 평안을 제자들에게 남기신 것이다"라고 말한다.

예수님께서 주시는 평안은 세상이 주는 평안과는 다르다고 하신다. 세상이 주는 평안은 재물이나 지위 권력 학력 등에서 오는 것으로 피상적이고 한시적이다. 세상은 외부적인 즐거움, 육신적인 안정, 향락, 명예를 주어서 평안을 얻게 한다. 이런 것들로부터 얻어지는 평안은 왔다가 금방 가고 만다.

예수님은 "너희는 마음에 근심하지도 말고 두려워하지도 말라"고 하신다. 예수님은 본 장 초두(1절)로 다시 와서 권고하신다. 그리고 1절에 있는 말씀에다가 한 가지 더 추가하신다. 곧 "두려워하지도 말라"는 것이다. 제자들은 지금 무척이나 두려워하고 있었다. 주님께서 떠나신다는 말씀은 그들을 심히도 두려워하게 한 것이다. 예수님은 그들을 향하여 두려워하지도 말라고 신신당부하신다. 예수님께서 주시는 평안이 마음에 들어오면 근심과 두려움 같은 것은 쫓겨나간다는 것이다.

11. 예수님께서 아버지에게 가시는 것은 제자들에게 복이 된다 14:28

요 14:28. 내가 갔다가 너희에게로 온다 하는 말을 너희가 들었나니 나를 사랑하였더라면 내가 아버지께로 감을 기뻐하였으리라 아버지는 나보다 크심이니라.

예수님께서는 가셨다가 다시 오신다고 여러 번 말씀하신 적이 있다(7:33;

---

49)윌렴 헨드릭슨, *요한복음 (하)*, 헨드릭슨 성경주석, p. 377.

13:33, 36; 14:2-3, 12, 18). 그런데 예수님은 제자들이 "나를 사랑하였더라면 내가 아버지께로 감을 기뻐했어야 한다"고 말씀하신다(12절; 16:16; 20:17). 본문에 "사랑하였더라면"(ἠγαπᾶτε)이란 말은 미완료 시제로 '계속해서 사랑하였더라면'이라는 뜻이고 "기뻐하였으리라"(ἐχάρητε)는 말은 제 2 부정(단순)과거형으로 '확실하게 기뻐했을 것이라'는 뜻이다. 그러니까 제자들이 예수님을 진정으로 사랑했더라면 예수님께서 떠나시는 것을 확실하게 기뻐했어야 한다는 말이다. 도무지 슬퍼할 이유가 없다는 것이다. 이 말씀은 제자들에게 예수님에 대한 사랑이 미흡했다는 것을 암시하는 말이기도 하다. 예수님께서 떠나시는 것을 기뻐할만한 이유는 "아버지는 나(예수님)보다 크시기" 때문이라는 것이다.[50] 다시 말해 예수님은 예수님 자신보다 크신 아버지께 가시기 때문에 제자들이 기뻐해야 한다는 것이다. 5:18; 10:30; 빌 2:6 참조. 예수님은 그 동안 육신을 입으셨기에 아버지보다 낮은 위치를 취하셨고 또 중보자이기 때문에 낮은 위치에 계셨었는데 이제는 아버지께로 가서 아버지와 동등 되는 위치를 취하시게 되었으니 제자들은 기뻐해야 한다는 것이다. 예수님께서 아버지께로 가시면 이 땅에 내려오시기 전에 가졌던 영화를 다시 찾으실 것이다.

12.미리 말한 이유는 일이 일어날 때에 믿게 하려는 것이다 14:29

요 14:29.이제 일이 이루기 전에 너희에게 말한 것은 일이 일어날 때에 너희로 믿게 하려 함이라.

예수님께서 무슨 일이 일어나기 전에 미리 말씀하신 이유는 제자들의 믿음을 강화하기 위해서라는 것이다(13:19; 16:4). 결코 제자들의 호기심을 자극하려거나 아니면 예수님께서 영웅시되시기 위해서 미리 말씀하신 것은 아니라는

50) 아리우스(Arius) 이단은 이 구절을 증거로 하여 예수님의 인성을 강조하여 예수님은 피조물 중에 머리라고 주장했다. 그러나 이 말씀은 예수님께서 피조물이라는 것을 증거하는 말이 아니라 예수님께서 인성을 취하시고 또 중보자라는 것을 알리는 말씀이다. 예수님께서 아버지는 나보다 크시다고 하신 말씀은 예수님께서 인성을 취하셨기에 하신 말씀이다. 예수님은 신성에 있어서는 아버지와 항상 동등하시다(10:30).

것이다. 예수님은 "일이 이루기 전에," 곧 '앞으로 십자가에 달리시기 전에 그리고 성령 강림 절에 성령으로 오시기 전에' 미리 말한 것은 "일이 일어날 때에 너희로 믿게 하려 함이라"는 것이다. 다시 말해 예수님께서 실제로 십자가에 달리실 때 제자들로 하여금 과연 예언하신대로 된 사실을 보고 예수님을 더욱 신뢰하게 되고 또 성령 강림 절에 성령님이 오시면 제자들은 예수님께서 말씀하신 것을 기억하고 더욱 예수님을 신뢰하게 될 것이라는 것이다. 예언은 믿음을 일으키는 것이다. 예수님께서 미리 말씀하시는 것은 제자들의 믿음과 위로를 위한 것이었다. 우리는 예수님의 수많은 예언을 들으면서 큰 위로를 받는다. 예수님께서는 자신의 재림을 예언하셨는데 우리는 앞으로 엄청난 위로를 받을 것이다.

13.예수님의 죽으심의 목적은 아버지의 명령을 지키는 것이다 14:30-31

요 14:30.이 후에는 내가 너희와 말을 많이 하지 아니하리니 이 세상의 임금이 오겠음이라 그러나 그는 내게 관계할 것이 없으니.

예수님께서 이제 말씀을 더 많이 하지 않으시고 죽으실 터인데 죽으시는 목적은 예수님에게 힘이 없어서가 아니라 아버지의 명령을 수행하기 위한 것이라고 하신다(30-31절). 이 말씀도 역시 제자들을 안심시키고 위로하시기 위한 말씀이다.

예수님은 "이 후에는 내가 너희와 말을 많이 하지 아니하겠다"고 하신다. 지금까지는 말씀을 많이 하셨다는 것이다. 13장-14장에 보면 예수님은 여러 가지 말씀을 하셨다. 특히 위로의 말씀을 많이 하셨다. 그런데 이제부터는 약간의 말씀만 하실 뿐이고, 많이 하시지는 않겠다고 하신다. 이유는 "이 세상의 임금이 오고 있기" 때문이라는 것이다. 곧 '사탄(12:31; 엡 6:12)이 오고 있기' 때문이라는 것이다. 사탄이 예수님을 향해서 오고 있다는 것이다. 사탄은 가룟 유다를 동원했고 또 대제사장들, 바리새인들, 산헤드린 공의회원들, 성전 지키는 자들, 그리고 로마 병정들을 동원하여 예수님을 잡으러 온다는 것이다. 그들은 사탄의 사주를 받고 예수님을 체포하러 오고 있었던 것이다.

그런데 예수님은 말씀하시기를 "그러나 그는 내게 관계할 것이 없다"고 하신다. 예수님은 사탄이 예수님에게 관계할 것이 없다고 하신다. 예수님에게 손댈 것이 없다는 말씀이다. 이유는 예수님에게는 죄가 전혀 없으시기 때문이다(18:38; 19:4, 6; 사 53:9; 히 4:15). 사탄은 예수님을 시험했음에도 아무런 해를 끼치지 못했다(마 4:1-11). 사탄은 이 세상의 어두움의 주관자이기 때문에 어두운 곳에서 어두운 일만 골라서 한다. 사탄은 교회에서도 어두운 사람들을 골라서 사용한다.

요 14:31.오직 내가 아버지를 사랑하는 것과 아버지께서 명하신 대로 행하는 것을 세상이 알게 하려 함이로라 일어나라 여기를 떠나자 하시니라.

예수님은 사탄의 지배를 받아서 수동적으로 행동하시는 것이 아니라 "아버지를 사랑하는 것과 아버지께서 명하신 대로 행하는 것을 세상이 알게 하려고 하신다"는 것이다(10:18; 빌 2:8; 히 5:8). 첫째, 예수님은 아버지를 사랑해서 자원하신다는 것이다. 예수님은 세상으로부터 택함 받은 사람들을 사랑하시고 (3:16) 하나님을 사랑하는 동기에서 십자가를 지신다는 것이다. 둘째, 아버지께서 명하신대로 행하기 위해서 자발적으로 십자가를 지신다는 것이다(10:11, 18; 18:1-11). 예수님은 이처럼 하나님을 사랑해서 그리고 하나님의 말씀을 순종하는 차원에서 십자가를 지신다는 것을 세상이 알기를 원하신다는 것이다. 예수님은 결코 억지로 십자가를 지시는 것이 아니라 자원해서 고난을 당하는 것을 세상이 알기를 소원하신 것이다.

예수님은 십자가를 지시기 위하여 분연히 "일어나라 여기를 떠나자 하셨다." 그러나 언제 떠나셨느냐는 문제를 두고 여러 해석이 가해졌다. 1)즉시 떠나셨다는 견해, 즉시 떠나서서 15장부터 17장 마지막까지는 겟세마네 동산으로 가시는 도중에 말씀하셨다는 견해, 2)즉시 떠나셨으면서도 17장의 대제사장의 기도만큼은 그 어느 장소에서 잠시 쉬시면서 하셨다는 견해, 3)14장을 마치고 떠나시기는 하셨는데 15장-17장의 말씀은 겟세마네로 가시는 도중에 말씀하신 것이 아니라 벌써 다락방에서 말씀하신 것인데 저자 요한이 14장

뒤로 배열했다는 견해, 4)"일어나라 여기를 떠나자"고 예수님께서 말씀하시고는 몇 분 동안 15장-17장을 말씀하시고 떠나셨다는 견해 들이 있다. 아마도 이 마지막 견해를 지지하는 것이 옳을 것으로 보인다. 이유는 18:1에 요한은 "예수께서 이 말씀을 하시고 제자들과 함께 기드론 시내 건너편으로 나가시니라"고 말했기 때문이다. 곧 "이 말씀," 곧 17장의 기도를 하시고 제자들과 함께 기드론 시내를 건넜다고 했으니 말이다.

제 15 장

포도나무와 가지들

XXXVII.그리스도와 제자들　15:1-17

예수님은 앞에서 제자들을 많이 위로하신(14:1-31) 후 이제는 예수님과의 관계에 있어서는 예수님 안에서 살고(1-11절) 또 사람과의 관계에 있어서는 예수님께서 주신 새 계명을 지켜 사람을 사랑하면서 살라고 말씀하신다(12-17절). 예수님은 자신이 포도나무이며 제자들은 가지라고 비유를 들어 설명하시면서 예수님 안에 거하여 살고 제자들 상호간에는 서로 사랑하면서 살라고 하신다. 예수님은 포도나무 비유에서 먼저 아버지의 역할을 말씀하고(1-2절), 사람이 예수님 안에 거하여야 열매를 많이 맺는다고 하신다(3-5절). 그리고 예수님 안에 거하지 않는 사람은 비참하게 될 것이라고 하시고(6절), 예수님과 상호 연합된 사람은 열매를 많이 맺을 수 있다고 하신다(7-8절). 그리고 예수님은 제자들에게 예수님께서 주신 새 계명을 지켜 예수님의 사랑을 받으며 살라고 하신다(9-17절).

1.예수님 안에서 살라　15:1-11

요 15:1.나는 참 포도나무요 내 아버지는 농부라.

예수님께서 포도나무 비유[51])를 말씀하신 것은 1)다락방의 성만찬의 포도주를

---

51) 요 15:1-17절을 두고 혹자는 비유, 은유, 혹은 풍유라고 정의한다. 그런데 풍유라고 보는 학자가 더 많다. James P. Berkeley, *Reading the Gospel of John* (Chicago: Judson Press, 1953), pp. 103-14. Milton S. Terry, *Biblical Hermeneutics: A Treatise on the Interpretation of the Old and New Testament* (Grand Rapids: Academie Books, n.d.), p. 302. R. Wade pascal, Jr., "Sacramental Symbolism and Physical Imagery in the Gospel of John," *Tyndale Bulletin* 32 (1981): p. 152. Warren W. Wiersbe, *Be Transformed: An Expository Study of John 13-21* (Wheaton, Ill., Victor Books, 1987), p. 39.

보시고 하셨다는 견해, 2)마침 밖에 있던 포도나무 가지가 창문을 통하여 방으로 들어온 것을 보시고 하셨다는 견해, 3)때마침 밝은 달빛 때문에 훤히 내다보이는 포도원을 바라보면서 비유를 들으셨다는 견해, 4)겟세마네 동산으로 옮기시면서 포도원을 보시면서 비유를 들으셨다는 견해, 5)겟세마네 동산으로 발을 옮기시는 중에 성전에 들어가셔서 성전 문에 그려져 있는 포도나무를 보시면서 이 비유를 들으셨다는 견해 등 많은 견해가 가해졌다. 어느 견해를 취하든지 14장-16장을 하나의 다락방 강화로 취급하는 전통적인 해석을 따르는 것이 좋을 것이다.

예수님은 "나는 참 포도나무"라고 하신다. 예수님은 "나는...이다"(ϵγώ ϵἰμι)라는 형식을 일곱 번째로 사용하신다(6:35; 8:12; 10:7, 9; 10:11, 14; 11:25; 14:6). 여기 "참"(ἀληθινὴ)이란 말은 거짓에 대한 '참'이란 뜻이 아니라 구약 시대의 예표에 대한 '참'이라는 뜻이다. 구약 시대의 이스라엘이 열매를 맺었어야 하는 포도나무로서(시 80:8-15; 렘 2:21; 겔 15:1-8; 19:10-14) 열매를 맺지 못했는데 예수님은 참 포도나무가 되신다는 것이다. 하나님의 백성들은 모두 참 포도나무에 붙어있어야 열매를 맺을 수 있다는 것이다. 제자들이나 성도들은 온전히 예수님에게 붙어야 한다.

예수님은 포도나무 비유를 말씀하시면서 "내 아버지는 농부라"고 하신다. 여기 포도원의 주인은 포도원의 주인으로 땅을 파고 포도를 심으며 물을 주고 또 전정하는 일을 한다. 그처럼 하늘 아버지는 예수님을 믿는 사람으로 하여금 많은 열매를 맺게 하도록 보살피신다. 보살피심에 대해서는 다음 절이 밝힌다.

요 15:2.무릇 내게 붙어 있어 열매를 맺지 아니하는 가지는 아버지께서 그것을 제거해 버리시고 무릇 열매를 맺는 가지는 더 열매를 맺게 하려하여 그것을 깨끗하게 하시느니라.

농부 역할을 하시는 하나님의 역할은 두 가지이다. 하나는 "무릇 내게 붙어 있어 열매를 맺지 아니하는 가지는 아버지께서 그것을 제거해 버리시는" 일을 하신다(마 15:13). 하나님은 예수님께 붙어 있어도 열매를 맺지 아니하는 제자들이나 성도들을 모두 제거해 버리시는 역할을 하신다는 것이다. 붙어있는 것처럼 보이는 제자나 성도는 참으로 믿는 자가 아니다. 열매를 맺지 아니하는 사람이 어찌 신자라고 할 수 있을 것인가. 자기가 믿는다고 허위로 말하는 사람이 교회 안에 많이 있다. 하나님께서는 그런 제자나 신자들을 제거하신다. 가룟 유다는 제거되었고 또 역사상에 교회 안에서 이단자나 가라지를 하나님께서 제거하셨다. 혹자는 "제거해 버리시고"(αἴρει)라는 말을 '북돋아주시는 것으로' 혹은 '포도넝쿨을 들어 올리시는 것으로' 해석하나 6절과 부합하지 않는다.

또 하나는 "무릇 열매를 맺는 가지는 더 열매를 맺게 하려하여 그것을 깨끗하게 하신다"는 것이다. "깨끗하게 하신다"(καθαίρει)는 말은 열매를 맺는 정상적인 가지로 하여금 더 열매를 맺도록 하나님께서 '정결하게 만드신다'는 것이다. 하나님은 성령의 아홉 가지 열매를 맺게 하시려고 성령으로 깨끗하게 하신다. 다시 말해 성화시키신다.

요 15:3.너희는 내가 일러 준 말로 이미 깨끗하여졌으니.

예수님은 본 절부터 5절까지 열매 맺는 제자들과 성도들을 향하여 더 분발하도록 촉구하신다. 예수님은 제자들을 향하여 "너희는 내가 일러 준 말로 이미 깨끗하여졌다"고 말씀하신다(13:10; 17:17; 엡 5:26; 벧전 1:22). '예수님께서 그 동안 일러주신 말씀으로 이미 중생했다'는 것이다.[52] 여기 "깨끗하여졌다"는 말씀을 '중생했다'는 말로 해석할 수 있는 이유는 13:10절로 돌아가보면 확실하다. 예수님은 13:10에서 "이미 목욕한 자는 발 밖에 씻을 필요가 없느니라 온 몸이 깨끗하니라"라고 하신다. 온 몸이 깨끗한 사람은 발밖에 씻을 필요가 없다고 하신다. 온 몸이 깨끗한 사람은 다시 목욕할 필요가 없다는 것이다. 중생한 신자는 다시 중생하거나 칭의의 선언을 더 기대하거나 할

52) R. A. Torrey는 "깨끗하여졌다"는 말을 '중생'으로 보고 George W. Clark도 역시 '중생'으로 본다.

필요가 없다는 것이다.

중생한 신자에게 필요한 것은 매일의 성화만 필요하다는 것이다. 혹자는 여기 "깨끗하여졌으니"란 말을 2절의 '깨끗하게 하시느니라'는 말과 동등시하지만 2절의 것은 성화를 지칭하는 말이고 3절의 깨끗하게 하심은 '이미 중생했다'는 뜻이다.[53)]

요 15:4.내 안에 거하라 나도 너희 안에 거하리라 가지가 포도나무에 붙어 있지 아니하면 스스로 열매를 맺을 수 없음 같이 너희도 내 안에 있지 아니하면 그러하리라.

예수님은 중생한 신자들을 향하여 "너희는 내 안에 거하라"고 부탁하신다(골 1:23; 요일 2:6). 여기 "너희는 내 안에 거하라"(μείνατε ἐν ἐμοι)는 말은 부정(단순)과거 명령형으로 '내 안에 확실하게 거하라'는 말이다. 다시 말해 '분명히 계속해서 믿으라'는 것이다. 우리가 중생(3절)하는 것은 전적으로 성령님의 역사로 되지만 중생 후에 우리가 예수님을 믿는 것은 우리의 의지도 필요하다는 것이다. 우리는 예수님을 개인의 주님으로 계속해서 믿어야 하는 것이다.

예수님은 중생한 신자들이 예수님을 계속해서 믿으면 "나도 너희 안에 거하리라"고 하신다. 곧 '우리 안에 계시면서 역사하시리라'는 것이다. 다시 말해 '우리 안에 계시면서 열매를 맺으신다'는 것이다. 중생한 신자들이 예수님을 믿지 않을 수는 없지만 그러나 한시적으로 느슨해지고 혹은 게을리 하는 수가 있는데 그런 일이 없기를 바라시는 것이다. 우리는 계속해서 예수님을 믿기 위하여 그리스도의 말씀을 심령 속에 품어야 한다(7절).

그리고 예수님은 중생한 성도들을 향하여 예수님을 계속해서 믿으라고

---

53) Tenney는 "깨끗하여졌다"는 말을 열한 제자들을 예수님에게 연합시킨 '신실한 헌신'이라고 말하고, Barrett는 '정화' 혹은 '정화의 과정'으로 보나 제자들이 예수님의 말씀으로 단번에 깨끗하게 된 중생으로 보아야 할 것이다(13:10). William Hendriksen은 "깨끗하여졌다"는 말을 '하나님의 칭의'로 보는데 이는 가능한 학설로 보인다. 이유는 칭의도 단번에 이룩된 일이기 때문이다.

부탁하시는 중에 만일 계속해서 믿지 않을 경우를 대비하여 경고하신다. 곧 "가지가 포도나무에 붙어 있지 아니하면 스스로 열매를 맺을 수 없음 같이 너희도 내 안에 있지 아니하면 그러하리라"고 하신다. 우리는 분명히 예수님 안에 있어야 한다는 것이다. 예수님을 믿어야 한다는 말이다.

요 15:5.나는 포도나무요 너희는 가지라 그가 내 안에, 내가 그 안에 거하면 사람이 열매를 많이 맺나니 나를 떠나서는 너희가 아무것도 할 수 없음이라.

예수님은 다시 예수님과 성도들과의 관계를 말씀하신다. 예수님과 성도들의 관계는 포도나무와 가지관계라고 하신다. 가지가 포도나무에 붙어있듯이 우리는 주님을 전적으로 의존해야 한다는 것이다. 그리고 주님은 "그가 내 안에, 내가 그 안에 거하면 사람이 열매를 많이 맺는다"고 하신다. 곧 '성도가 예수님 안에, 그리고 예수님께서 성도 안에 거하면, 다시 말해 상호 연합해 있으면 성도가 열매를 많이 맺는다'고 하신다. 사실 성도가 중생한 뒤에는 항상 예수님과 연합되어 있지만(한번 연합은 영원한 연합을 의미한다) 그러나 성도 측에서 그 연합을 느슨하게 해서는 안 되고 그 연합을 공고하게 해야 한다는 것이다. 혹자는 여기 "열매"를 '전도의 열매'만을 말한다고 하나 무엇이든지 성도들이 원하는 것을 성취할 수 있다는 것으로 해석해야 한다. 이유는 7절에 "무엇이든지"라고 언급하셨기 때문이다.

예수님은 또한 성도들을 향하여 "나를 떠나서는 너희가 아무것도 할 수 없음이라"고 하신다(호 14:8; 빌 1:11; 4:13). 주님을 믿지 않으면 아무 좋은 열매를 맺을 수 없다는 것이다. 결코 활동을 못한다는 뜻이 아니라 좋은 열매를 맺을 수 없다는 뜻이다. 윌렴 헨드릭슨은 "술주정뱅이, 도적, 살인자, 부도덕한 자 뿐만 아니라 산 믿음으로 그리스도를 품지 못하는 시인과 학자, 철학자들도 포함된다. 그들은 하나님 앞에 열납될 아무것도 내놓을 수 없다"고 말한다. 그리스도를 떠나면 누구든지 영적으로 비렁뱅이가 되는 것이다.

요 15:6.사람이 내 안에 거하지 아니하면 가지처럼 밖에 버려져 마르나니

사람들이 그것을 모아다가 불에 던져 사르느니라.

예수님을 거부하는 자들이나 혹은 거짓 신자들의 불행이 여기 열거된다. 첫째, 그는 가지처럼 버려진다(마 3:10; 7:19). 그는 벌써 심판을 받은 사람이고(3:18) 내쫓김을 당한 사람이다(6:37). 둘째, 말라빠진다. 영적으로 아무 기쁨이 없고 소망도 없으며 평안도 없다. 셋째, 이런 사람들은 불에 던져져 불살라지기 위해서 한 곳에 모아진다(마 13:41; 계 14:18). 최후의 비참한 단계에까지 간다. 넷째, 불에 던져 살라진다(마 25:46). 견딜 수없는 불속에서 고난을 당한다. 그리스도와 연합되지 않은 사람들은 뜨거운 아궁이에서 계속해서 뜨거워야 한다.

요 15:7.너희가 내 안에 거하고 내 말이 너희 안에 거하면 무엇이든지 원하는 대로 구하라 그리하면 이루리라.

본 절의 상반 절은 4절과 같은 내용이다. 그러나 본 절에서는 4절의 "나도 너희 안에 거하리라"는 말씀이 "내 말이 너희 안에 거하면"으로 변경되어 나온다. 곧 예수님께서 우리 안에 거하시는 것이나 예수님의 말씀이 우리 안에 거하는 것은 동일하다는 것이다. 우리는 예수님의 말씀을 우리 안에 품고 있어야 하고 묵상해야 하고 계속해서 연구해야 할 것을 권고 받는다.

우리가 예수님을 계속해서 의지하고 또 예수님의 말씀을 우리 안에 품고 있으면 그런 사람은 기도 응답을 잘 받을 수 있다고 예수님께서 말씀하신다. 곧 "무엇이든지 원하는 대로 구하라 그리하면 이루리라"고 하신다(16절; 14:13, 14; 16:23). 여기 "무엇이든지"라는 말씀은 하나님의 말씀이 허락하는 "무엇이든지"를 뜻하는 말이다. 아무 것이나 구하는 것이 아니라 말씀을 묵상하고 있는 자가 그 말씀이 허락하는 모든 것을 구할 수 있다는 것이다. 기도하는 사람들은 우리의 소원을 구하는 것이 아니라 말씀이 허락하는 것, 곧 예수님의 소원을 이루어야 한다.

요 15:8.너희가 열매를 많이 맺으면 내 아버지께서 영광을 받으실 것이요

너희는 내 제자가 되리라.

성도가 기도하여 전도의 열매, 성령의 열매를 많이 맺으면 "내 아버지께서 영광을 받으실 것이요 너희는 내 제자가 되리라"고 하신다. 두 가지 현상이 벌어진다는 것이다. 하나는 하나님께서 영광을 받으신다는 것이다(마 5:16; 빌 1:11). 하나님께서 기뻐하신다는 것이다. 또 하나는 "너희는 내 제자가 되리라"는 것이다(8:31; 13:35). 곧 제자 역할을 잘 하게 된다는 것이다. 열매를 맺지 않으면 말만 제자이지 실제로 제자 역할을 하지 못하게 되는 것이다.

요 15:9.아버지께서 나를 사랑하신 것같이 나도 너희를 사랑하였으니 나의 사랑 안에 거하라.

예수님은 "아버지께서 나를 사랑하신 것같이 나도 너희를 사랑하였다"고 하신다. 곧 '아버지께서 나(예수)를 사랑하셨기 때문에 나도 너희를 사랑하셨다'는 것이다. 여기 "사랑하신 것"(ἠγάπησέν)이란 말은 부정(단순)과거 시제로 '확실하게 사랑한 것'을 지칭하는 말이고 또 "사랑하였으니"(ἠγάπησα)이란 말도 역시 부정(단순)과거 시제로 '확실하게 사랑한 것'을 지칭하는 말이다. 아버지께서는 예수님을 확실하게 사랑하셨고 또 예수님도 제자들을 확실하게 사랑하셨다는 것이다. 그런데 아버지께서 예수님을 사랑하신 사랑이 어떠했는지 우리는 다 알 수 없다. 다만 몇몇 문장에서 아버지께서 예수님을 사랑하신다는 표현을 발견할 수가 있다. 3:35에 "아버지께서 아들을 사랑하사 만물을 다 그 손에 주셨다"는 말씀, 5:20에 "아버지께서 아들을 사랑하사 자기가 행하시는 것을 다 아들에게 보이시고 또 그보다 더 큰 일을 보이사 너희로 놀랍게 여기게 하시리라"는 말씀, 또 17:24에 "아버지여 내게 주신 자도 나 있는 곳에 나와 함께 있어 아버지께서 창세전부터 나를 사랑하시므로 내게 주신 영광을 그들로 보게 하시기를 원하옵나이다"라는 말씀 등에서 아버지께서 예수님을 사랑하신다는 것을 알 수 있다.

그리고 예수님은 "아버지께서 나(예수)를 사랑하신 것같이(곧 사랑하셨기 때문에) 나(예수)도 너희를 사랑하였다"는 것이다. 다시 말해 예수님께서 십자가에서 우리를 위해 대속의 죽음을 죽기까지 사랑하셨다는 것이다. 우리가 다 깨달을 수 없는 정도의 사랑을 하셨다는 것이다. 그런데 예수님은 "나의 사랑 안에 거하라"고 하신다. 곧 '내가 너희를 사랑한 그 사랑 안에 머물러 있으라'는 것이다. 우리는 예수님의 사랑 안에 머물러 있어야 하고, 그 사랑을 받아야 하며, 그 사랑을 힘입어야 하며 그 사랑 안에서 살아야 한다. 그 사랑 안에 거하는 방법은 예수님께서 말씀하신 계명을 지키므로 되는 것이다(다음 절).

요 15:10.내가 아버지의 계명을 지켜 그의 사랑 안에 거하는 것같이 너희도 내 계명을 지키면 내 사랑 안에 거하리라.

우리가 예수님의 사랑 안에 거하는 방법, 예수님의 사랑을 입는 방법, 사랑 안에서 사는 방법은 "내(예수)가 아버지의 계명(명령)을 지켜 그의 사랑 안에 거하는 것같이 너희(우리)도 내(예수) 계명을 지키면" 된다는 것이다(14:15, 21, 23). 예수님께서 아버지의 명령을 지키시는 것같이(10:17-18; 12:49-50) 우리도 성도끼리 서로 사랑하라는 예수님의 명령을 지키면 예수님의 사랑을 받으며 살 수 있게 된다는 것이다. 예수님의 계명을 지킨다는 것은 엄청난 복을 받는 비결이 아닐 수 없다. 그것은 성령님의 힘으로만 되는 것이다.

요 15:11.내가 이것을 너희에게 이름은 내 기쁨이 너희 안에 있어 너희 기쁨을 충만하게 하려 함이라.

예수님께서 "이것," 곧 '성도 간에 서로 사랑하여 예수님의 사랑을 받으라는 것'을 성도들에게 말하는 것은 "내(예수님) 기쁨이 너희 안에 있어 너희 기쁨을 충만하게 하려는 것"이라는 것이다(16:24; 17:13; 요일 1:4). 예수님께서 성도들을 향하여 서로 사랑하여 예수님의 사랑을 받으며 살라고 말씀하시는 것은 공연한 말이 아니라 예수님의 기쁨을 충만하게 가지도록 하기위한 것이라는 것이다. 우리는 성도들을 사랑하여 예수님의 기쁨 속에서 살아야 할 것이다.

몇 십 년을 믿어도 서로 사랑하지 못하고 싸우는 수가 얼마나 많은지 알 수 없다. 서로 싸우면서 무슨 진리를 싸움이라고 명분을 댄다. 사실 이단과의 싸움만이 진리를 위한 싸움이고 정통 교단 안에서의 싸움은 대체적으로 잘못된 싸움이다.

2.서로끼리 희생적으로 사랑하라 !5:12-17

요 15:12.내 계명은 곧 내가 너희를 사랑한 것같이 너희도 서로 사랑하라 하는 이것이니라.

예수님은 예수님의 계명(10절)이 무엇인가를 설명하신다. 예수님께서 제자들과 성도들을 위하여 대신 죽어주신 것 같이 제자들이나 성도들도 희생적으로 서로 사랑하는 것이라고 하신다(13:34; 살전 4:9; 벧전 4:8; 요일 3:11; 4:21).[54) 여기 "사랑한 것"(ἠγάπησα)이란 말이나 "사랑하라"(ἀγαπᾶτε)는 말은 모두 '희생적인 사랑'을 뜻한다. 다만 예수님께서 우리를 사랑하셨다는 말은 부정(단순)과거 시제이고 성도들끼리 서로 사랑하라는 말은 현재명령형이라는 것이다. 성도끼리 서로 사랑하는 단어가 현재형인고로 계속해서 서로 희생적으로 사랑해야 하는 것이다(요일 3:16). 예수님은 일방적으로 우리를 사랑하셨지만 성도들은 서로 사랑해야 하는 것이다. 인간끼리의 짝 사랑은 성립될 수가 없다. 그러나 우리는 상대방으로부터 사랑이 오지 않는다고 해도 비난하거나 중상모략해서는 안 된다.

요 15:13-14.사람이 친구를 위하여 자기 목숨을 버리면 이보다 더 큰 사랑이 없나니 너희는 내가 명하는 대로 행하면 곧 나의 친구라.

예수님은 제자들과 성도들을 "친구"로 알고 목숨을 버리신다는 것이다. 예수님은 이런 사랑보다 더 큰 사랑은 세상에 없다고 말씀하신다(10:11, 15; 롬 5:7-8;

---

54) 15:1-11절은 "내 안에 거하라"는 것을 말씀하고 15:12-17은 "서로 사랑하라"는 것을 말씀한다. 1-11절은 십계명의 첫 부분에 해당하고 12-17절은 십계명의 둘째 부분에 해당한다고 볼 수 있다(Godet).

엡 5:2; 요일 3:16). 그런데 누가 예수님의 친구냐 하는 것은 바로 "예수님께서 명하는 대로 행하는 사람"이라고 하신다(14:15, 23). 마 12:50 참조. 다시 말해 '예수님께서 명령하신대로 서로 희생적으로 사랑하는' 사람이 친구라는 것이다. 예수님은 그렇게 서로 희생적으로 사랑할 친구들을 위해서 자기의 목숨을 버리신다는 것이다. 여기서 제자들과 성도들은 예수님께서 명하신대로 행해야 할 것을 권고 받는다. 예수님은 우리들 측의 무한 책임을 말씀하신다. 우리는 서로 사랑해야 하는 것이다. 비록 우리가 예수님의 사랑을 온전히 모방할 수는 없어도 예수님의 사랑이 표준이 되어 우리들끼리 희생적인 사랑을 보여주어야 하는 것이다(요일 3:16; 4:11). 예수님은 그의 십자가의 대속의 죽음의 대상에서 서로 희생적인 사랑을 실천하지 않을 사람들을 제외하신다. 희생적인 사랑을 실천하지 않는 사람들은 넓은 길을 가는 사람들이다. 우리가 우리를 희생할 때 우리는 예수님의 친구인 것이다. 다시 말해 예수님의 친구가 된다는 것은 곧바로 우리가 그리스도의 말씀을 순종하는 것을 뜻한다. 성도끼리 서로 자기희생적인 사랑을 실행하는 것은 이처럼 귀한 것이다.

요 15:15.이제부터는 너희를 종이라 하지 아니하리니 종은 주인이 하는 것을 알지 못함이라 너희를 친구라 하였노니 내가 내 아버지께 들은 것을 다 너희에게 알게 하였음이라.

예수님은 그의 제자들을 향하여 "이제부터는 너희를 종이라 하지 아니하리니 종은 주인이 하는 것을 알지 못함이라"고 하신다. 예수님은 지금까지와는 다르게 이제부터는 제자들을 종이라고 하지 않겠다고 하신다. 지금까지는 예수님께서 하실 일을 제자들로 하여금 다 알게 하지 아니하셔서 종이라고 하셨다는 것이다(13:13-16; 마 13:27; 22:4; 눅 12:37). 그리고 구약에서도 하나님은 이스라엘 백성을 종이라고 하셨다(사 41:8-9; 65:9). 그러나 이제부터는 예수님께서 하실 일을 다 알게 하여 "친구"라고 하신다는 것이다. 예수님은 "너희를 친구라 하였노니 내가 내 아버지께 들은 것을 다 너희에게 알게 하였음이라"고 하신다(17:26; 행 20:27). 창 18:17 참조. 예수님의 제자들은 예수님께서 아버지로부터 들으신 것을 다 알게 하였기에 친구가 되었다는 것이다. 다시 말해 구원에 관한 모든 진리를 알려주셔서 친구가 되었다는 것이다(벧전 1:10-11). 그러니까 예수님은 사랑의 계명에 순종하는 제자들을 친구라 하시고(13-14절), 또 모든 계시를 주신 제자들을 친구라고 하신다(본절). 그럼에도 제자들은 그리스도의 사랑에 감복하여 자신들을 그리스도의 종이라고 부른다(롬 1:1; 빌 1:1; 약 1:1; 벧후 1:1).

요 15:16.너희가 나를 택한 것이 아니요 내가 너희를 택하여 세웠나니 이는 너희로 가서 열매를 맺게 하고 또 너희 열매가 항상 있게 하여 내 이름으로 아버지께 무엇을 구하든지 다 받게 하려 함이라.

예수님은 사도들과 친구 관계이지만 그러나 예수님께서 사도들을 주권적으로 택하셨다고 말씀하신다. 결코 "너희가 나를 택한 것이 아니요 내가 너희를 택하여 세웠다"고 하신다(6:70; 13:18; 요일 4:10, 19). '예수님께서 사도들을 택하여 사도의 일을 하도록 지명하셨다'는 것이다.

예수님께서 사도들을 사도로 택하신 목적은 세 가지라고 말씀하신다. 첫째, "가서 열매를 맺게 하시려고 택하셨다"는 것이다(마 28:19; 막 16:15; 골 1:6). '세상으로 가서 전도의 열매, 성령의 열매를 맺게 하시려고" 택하셨다는 것이다. 둘째, "너희 열매가 항상 있게 하려고" 택하셨다는 것이다. '계속해서 전도의 열매가 세상에 있게 하려는 것이며, 또 계속해서 성령의 열매가 세상에 있게 하려고' 택하셨다는 것이다. 사도들이 맺은 열매는 사도들이 세상을 떠난 후에도 계속해서 세상에 남아 있다. 교회도 남아 있고 또 성경도 남아 있다. 셋째, "내 이름으로 아버지께 무엇을 구하든지 다 받게 하려고" 택하셨다는 것이다(7절; 14:13). '예수님의 이름으로 아버지께 무엇을 구하든지 다 받게 하려고' 택하셨다는 것이다. 곧 복음을 전파할 때 생겨지는 어려움들을 아버지께 기도하여 다 해결 받게 하기 위해서 택하셨다는 것이다. 복음 전도자(언어와 문화가 같은 사람들에게 복음을 전하는 사람들)와 또 선교사들(언어와 문화가 다른 곳에 가서 복음을 전하는 사람들)은 자기 힘으로 복음을 전할 수 없고 하나님께 기도함으로 복음을 전해야 했다.

요 15:17.내가 이것을 너희에게 명함은 너희로 서로 사랑하게 하려 함이라.
본문의 "이것"(ταῦτα), 곧 '이것들'이 무엇이냐에 대해 학자들은 여러 견해를 내놓는다. 1)12절의 반복임과 동시에 1-17의 결론이다. 2)12절의 반복임과 동시에 13-16절의 결론이다. 3)15-16절의 말씀을 지칭한다. 4)18절 이하에 나오는 말씀을 가리킨다. 5)앞의 내용도 가리키고 뒤에 오는 말을 지칭하기도 한다. 이 여러 견해 중에서 2번의 것이 가장 합당한 듯이 보인다. 다시 말해 본문의 "내가 이것들을 명함은"이란 말은 12절의 반복이며 13-16절의 결론으로 보인다. 다시 말해 서로 사랑하라는 계명을 실행할 것을 권고하는 말로 보는 것이 가장 타당할 것이다. 그러면서 예수님께서 서로 사랑하라고 지금까지 명령한 것은 "너희로 서로 사랑하게 하려 함이라"는 것이다(12절). 제자들끼리 서로 사랑하지 않으면 앞으로 닥쳐올 세상의 미움(18-25절)을 이길 수가 없기 때문인 것이다. 해리슨(Everett F. Harrison)은 "제자들은 서로 사랑해야 했다. 이유는 제자들은 세상으로부터 사랑을 얻을 수 없기 때문이다. '사랑하라'는 단어는 이제 우리의 문단(18-27)에서 사라지고 대신 '미워하다' 혹은 '미움'이라는 단어만 나타난다"고 언급한다.[55] 오늘 성도들도 서로 사랑해야 하는 것이다. 세상의 미움과 박해를 이기기 위해서라도 서로 사랑하고 격려해야 한다.

XXXVIII.제자들은 세상에서 미움과 박해를 받는다 15:18-27

예수님은 제자들에게 예수님 안에 있어야 하고(1-11절) 또 서로 희생적으로 사랑해야 할 것(12-17절)을 말씀하신 다음 이제는 세상이 제자들을 미워할 것이라고 말씀하신다(18-27절). 예수님은 제자들에게 세상이 제자들보다 예수님을 먼저 미워한 줄 알라고 하시고(18절), 그리고 제자들이 세상의

55) Everett F. Harrison, "The Gospel According to John," *The Wycliffe Bible Commentary,* ed. by Everett F. Harrison, (Chicago: Moody Press, 1981), p. 1108.

미움을 받아야 하는 이유를 말씀하며(19-21절), 세상이 예수님과 제자들을 미워한 것은 죄라고 하신다(22-25절). 그리고 앞으로 그리스도를 위한 성령님의 증언이 사도들과 함께 할 것임으로 사도들은 박해를 이길 수 있다는 것이다(26-27절).

요 15:18.세상이 너희를 미워하면 너희보다 먼저 나를 미워한 줄을 알라.

세상이 사도들을 미워하면 사도들보다 먼저 예수님을 미워한 줄 알고 위로를 받으라는 것이다(요일 3:1, 13). 예수님께서 세상 사람들의 미움을 받는 이유는 예수님께서 세상의 행사를 악하다고 하시기 때문이고(7:7) 또 아무 이유 없이 미워한다는 것이다(25절). "미워한 줄"(μεμίσηκεν)이란 말은 현재완료형으로 과거에도 미워했고 그 미움이 계속되고 있다는 것이다. 오늘 성도들도 세상 사람들로부터 미움을 받을 때 주님께서 먼저 미움을 받으신 줄 알고 위로를 받아야 한다. 사람마다 자기가 가장 고생을 많이 하고 억울한 일을 가장 많이 당했다고 야단이다. 그러나 예수님께서 먼저 죄 없이 고생하시고 세상 사람들로부터 억울함을 당한 줄 알아야 할 것이다.

요 15:19.너희가 세상에 속하였으면 세상이 자기의 것을 사랑할 것이나 너희는 세상에 속한 자가 아니요 도리어 내가 너희를 세상에서 택하였기 때문에 세상이 너희를 미워하느니라.

본 절부터 21절까지는 예수님의 제자들이 세상 사람으로부터 미움을 받는 이유를 예수님께서 열거하신다. 첫째, 제자들이나 성도들이 세상 사람들로부터 미움을 받는 이유는 예수님의 "택함을 받았기 때문"이라는 것이다. 예수님의 제자들이 "세상에 속하였으면 세상이 자기의 것을 사랑할 터인데"(요일 4:5) 제자들은 세상에 속한 사람들이 아니고 도리어 "내(예수님)가 너희를 세상에서 택하였기 때문에 세상이 너희를 미워한다"는 것이다(17:14). 예수님께서 그들을 택하여 사도로 삼으셨기 때문에 세상이 미워하고 박해한다는 것이다. 우리도 예수님의 택함을 입어 예수님을 믿으니 세상이 우리를 그냥 놓아둘 리가 없는 것이다.

요 15:20.내가 너희에게 종이 주인보다 더 크지 못하다 한 말을 기억하라 사람들이 나를 박해하였은즉 너희도 박해할 것이요 내 말을 지켰은즉 너희 말도 지킬 것이라.

둘째(첫째 이유는 앞 절에 있음), 주인이신 예수님께서 박해를 받으셨으니 제자들도 박해를 받게 되어 있다는 것이다. 예수님은 제자들에게 "종이 주인보다 더 크지 못하다 한 말을 기억하라, 사람들이 나를 박해하였은즉 너희도 박해할 것이라"고 하신다(13:16; 마 10:24; 눅 6:40). 제자들이 꼭 기억해야 할 것은 세상 사람들이 예수님을 박해하였은즉 제자들을 박해하게 되어 있다는 것이다. 예수님과 제자들은 연합되어 있는 고로 세상 사람들이 예수님을 박해하면 제자들도 박해하고, 또 제자들을 박해하면 예수님도 박해를 받으신다는 것이다. 바울이 사도가 되기 전 사울의 이름을 가지고 있을 때 성도들을 박해하기 위하여 멀리 외국에까지 원정을 가는 중 다메섹 도상에서 예수님의 음성을 들었다. 예수님은 사울에게 "사울아 사울아 네가 어찌하여 나를 박해하느냐?"고 하셨다(행 9:4). 오늘 우리도 세상에 살면서 세상 사람들의 박해를 면하리라고 생각지 말아야 할 것이다.

그런데 세상 사람들이 예수님의 제자들을 박해만 하는 것이 아니라 또 한편으로는 전도를 듣는 사람들이 있을 것이라고 하신다. 예수님은 "내 말을 지켰은즉 너희 말도 지킬 것이라"고 하신다. 예수님의 말씀을 청종했은즉 제자들의 전도를 들을 것이라는 것이다(요일 4:6). 사도란 직임은 교회 역사에 오직 한번만 존재하는 직임인데 예수님의 말씀을 순종하는 사람들은 또한 사도들의 말을 순종할 것이라는 것이다(8:51; 14:15; 살전 2:13). 혹자는 여기 "지킨다"는 말을 '감시하다'로 해석하나 타당하지 않은 해석으로 보인다. 이유는 21절 처음에 "그러나"라는 말이 나오는 것으로 보아 여기 "지킨다"는 말을 '듣는다,' '순종한다'는 긍정적인 말로 해석해야 한다. 만약 여기 "지킨다"는 말이 부정적인 '감시한다'는 뜻이라고 하면 다음 절 초두에 "그러나"(ἀλλὰ)라는 말이 올 수 없을 것이다. "그러나"라는 말은 "지킨다"는 말이 긍정적인 의미인고로 이제 부정적인 말(21절)을 하기 위하여 앞에 내세운 접속사로 보아야 할 것이다.

요 15:21.그러나 사람들이 내 이름으로 말미암아 이 모든 일을 너희에게 하리니 이는 나를 보내신 이를 알지 못함이라.

셋째(둘째는 바로 앞 절에 있음), 세상 사람들이 "내 이름으로 말미암아 이 모든 일을 너희에게 할 것이라"는 것이다(16:3; 마 10:22; 24:9). 곧 '예수님 때문에 이 모든 일(미워하고 박해하는 일)을 제자들에게 할 것이라'는 것이다. 예수님의 제자들이 주님을 믿고 또 주님을 따르며 주님을 전하기 때문에 세상 사람들이 제자들을 미워하고(18-19절 박해할 것(20절)이라는 것이다.

세상 사람들이 이처럼 예수님의 제자들에게 이런 일들을 행하는 이유는 궁극적으로 그들이 "나를 보내신 이를 알지 못하기" 때문이라는 것이다. 바리새인들이나 서기관들이 예수님의 제자들을 미워하고 박해하는 이유는 궁극적으로 그들이 예수님을 이 땅에 보내신 하나님을 알지 못하기 때문이라는 것이다. 바울도 주님을 만나기 전 성도들을 미워하고 박해했는데 그가 훗날 회개한 다음에 "내가 믿지 아니할 때에 알지 못하고 행하였음이라"(딤전 1:13)고 말했다. 예수님을 모르면 결국 하나님을 모른다는 것이다. 하나님을 모른다는 것은 세상에서 최고의 무식이다.

요 15:22.내가 와서 그들에게 말하지 아니하였더라면 죄가 없었으려니와 지금은 그 죄를 핑계할 수 없느니라.

예수님은 세상 사람들(특히 유대인들)이 하나님을 모른다는 죄(앞 절)를 변명할 수 없게 되었다고 말씀하신다. 하나님을 몰라서 제자들을 박해하는 무식의 죄를 핑계할 수 없게 되었다는 것이다. 예수님은 "내가 와서 그들에게 말하지 아니하였더라면 죄가 없었을 것이라"고 하신다(9:41). 곧 '내(예수)가 와서 세상 사람들(특히 유대인들)에게 하나님의 말씀과 뜻을 선포하지 아니했더라면 무식 죄가 없었을 것'이라는 것이다. 그러나 "지금은 그 죄를 핑계할 수 없느니라"고 하신다(롬 1:20; 약 4:17). 이제 예수님께서 오셔서 하나님의 말씀과 뜻을 선포하셨으니 세상 사람들이 하나님에 대해서 무식해서는 안 된다는 것이다(7:16-17; 10:25, 37-38). 하나님의 뜻을 못 들어서 무식하다는 말이 통하지 않게 되었다는 것이다. 세상 사람들이 예수님을 통하여 하나님의 말씀과 뜻을 다 들었으니 이제 하나님을 몰라서 예수님의 제자들을 미워하고 박해한다는 것은 있을 수 없는 일이 되었다.

요 15:23.나를 미워하는 자는 또 내 아버지를 미워하느니라.

예수님을 미워하는 유대인들은 또 예수님을 보내신 아버지를 미워하는 것이라고 하신다(요일 2:23). 이유는 예수님과 성부 하나님은 일체이시고(10:30) 또 예수님은 성부 하나님을 이 땅에 계시하시기 위해서 오셨기 때문이다(8:19). 요한은 아들을 부인하는 자에게는 아버지도 없다고 말한다(요일 2:23). 예수님의 제자들을 미워하고 박해하는 것이나 예수님을 미워하고 박해하는 것이나 하나님을 미워하고 박해하는 것은 동일한 것이다. 성부 하나님을 사랑하고 있다고 하면서 예수님을 미워하고 박해한다는 것은 있을 수 없는 말인 것이다. 사랑하면 성부, 성자를 사랑하는 것이고 미워해도 성부, 성자를 미워하는 것이다.

요 15:24.내가 아무도 못한 일을 그들 중에서 하지 아니하였더라면 그들에게 죄가 없었으려니와 지금은 그들이 나와 내 아버지를 보았고 또 미워하였도다.

22절에서는 예수님이 와서 세상 사람들(특히 유대인들)에게 하나님의 말씀과 뜻을 선포하지 아니했더라면 무식 죄가 없었을 것이라고 하셨는데 이제 본 절에서는 "내가 아무도 못한 일을 그들 중에서 하지 아니하였더라면 그들에게 죄가 없었을 것"이라고 하신다(3:2; 7:31; 9:32). 곧 '예수님이 이적을 행하시지 않으셨더라면 그들에게 죄가 없었을 것이라'는 것이다. 여기 "아무도 못한 일"이란 '예수님께서 행하신 이적'을 지칭하는 말로 예수님께서 이적을 행하셔서 사람들에게 예수님이 하나님이라는 사실을 보여주셨는데도 사람들이 예수님을 믿지 않는 죄를 범했다는 것이다. 이적을 많이 보고도 예수님을 믿지 않는 것은 더욱 큰 죄라는 것이다.

그런데 예수님은 "지금은 그들이 나와 내 아버지를 보았고 또 미워하였도다"라고 하신다. 그들은 지금 예수님께서 행하신 이적을 많이 보았고 또 미워했다는 것이다. 예수님께서 행하신 이적을 많이 보고 또 미워했다는 말은 동시에 아버지 하나님을 보고 미워했다는 말과 같은 것이다. 이유는 예수님과 성부 하나님은 일체이시기 때문이다(10:30). 예수님을 본 것은 아버지를 본 것이고 예수님을 미워한 것은 아버지를 미워한 것이다.

요 15:25.그러나 이는 그들의 율법에 기록된바 그들이 이유 없이 나를 미워하였다 한 말을 응하게 하려함이라.

세상 사람들이 예수님의 제자들을 미워하는 것은 그 어떤 이유가 있어서가 아니라 "그들의 율법에 기록된바 그들이 이유 없이 나를 미워하였다 한 말을 응하게 하려함이라"는 것이다. 여기 율법이란 말은 시편을 지칭하는 말로 구체적으로 시 35:19; 69:4를 지칭하는 말이다. 유대인들은 시편도 율법이라고 말하기도 했다. 그러니까 구약 전체를 그저 율법이란 말로 부른 것이다(10:34; 12:34). 세상 불신자들은 그저 예수님을 미워하고 또 그를 따르는 자들을 미워한다는 것이다. 우리는 그들로부터 환영받을 생각을 말아야 한다.

요 15:26.내가 아버지께로부터 너희에게 보낼 보혜사 곧 아버지께로부터 나오시는 진리의 성령이 오실 때에 그가 나를 증언하실 것이요.

예수님은 세상 사람들이 사도들을 미워하고 성도들을 미워해도 사도들이나 성도들은 위축되지 않고 성령을 힘입어 세상 사람들의 박해 속에서도 굴하지 않고 예수님을 증언해야 할 것이라고 하신다. "내가 아버지께로부터 너희에게 보낼 보혜사 곧 아버지께로부터 나오시는 진리의 성령이 오실 때에 그가 나를 증언하실 것이라"고 하신다. 여기 "내가 아버지께로부터 너희에게 보낼 보혜사"란 말은 서방교회의 성령 교리가 되었고(14:17, 26; 16:7, 13; 눅 24:49; 행 2:33) "아버지께로부터 나오시는 진리의 성령이"란 말이 동방교회의 성령 교리가 되었다. 서방교회(오늘 개신교는 여기에서 나왔다)의 성령교리는 예수님께서 아버지께로부터 성령님을 보내시는 것으로 보았고(14:16; 14:26), 동방교회는 아버지께로부터 성령님이 나오시는 것으로 보았다. 성경은 어느 한 구절만 볼 것이 아니라 전체를 보아야 하는데 동방교회에서는 전체적으로 보지 못하고 어느 한 곳만 본데서 잘못 본 것이다.

예수님은 "진리의 성령이 오실 때 그가 나를 증언할 것이라"고 하신다(요일 5:6). "진리의 성령"이란 '진리를 가르치는 성령,' '진리를 증언하는 성령'이란 뜻이다. 이 진리의 성령님이 오셔서 "나(예수님)를 증언할 것이라"고 하신다. '예수님을 증언할 것'이란 말이다. 오순절 성령강림 때 성령님이 오셔서 예수님이 하나님의 아들이심을 증언하였다. 성령님이 오셔서 증언하시면 예수님을 미워하며 제자들을 미워하던 사람들도 별수 없이 그 증언을 받을 수밖에 없었다. 성령님은 예수님과 제자들을 미워하던 세상 한복판에서 세상을 책망하며 증언하시는 분이시다(16:8-9). 성도들은 위축될 필요가 없다. 온전히 성령님을 의지하면 되는 것이다.

요 15:27.너희도 처음부터 나와 함께 있었으므로 증언하느니라.

예수님은 제자들을 향하여 큰 위로의 말씀을 하신다. 제자들도 처음부터 예수님과 함께 있었으므로 예수님을 증언할 자격을 얻은 자들이 되었다고 하신다(눅 1:2; 요일 1:1-2). 성령님만 아니라 제자들도 역시 성령의 힘을 입어서 놀라운 증언자들이 된다는 것이다(눅 24:48; 행 1:8, 21-22; 2:32; 3:15; 4:20, 33; 5:32; 10:39; 13:31; 벧전 5:1; 벧후 1:16). 오늘 우리도 성령님의 능력을 힘입어 예수님을 증언하는 사람들이 되어야 하는 것이다. 우리를 미워하고 박해하는 이 세상에서 성령으로 더욱 충만함을 받아서 예수님을 높이는 사람들이 되어야 할 것이다.

제 16 장

성령이 오실 일과 십자가 및 부활에 대한 예언

XXXIX.성령이 오실 것이다 16:1-15

예수님은 앞에서(15:18-27) 제자들이 세상에서 미움을 받고 박해를 받을 것을 말씀하시다가 이제는 성령님이 오실 것을 예언하신다. 예수님은 먼저 제자들은 세상에서 박해를 받을 것을 말씀하시고(1-4절), 성령이 오실 것을 예언하시며(5-7절), 그리고 성령의 여러 사역을 말씀하신다(8-15절).

1.제자들은 세상에서 박해를 받을 것이다 16:1-4

요 16:1.내가 이것을 너희에게 이름은 너희로 실족하지 않게 하려 함이니.
예수님께서 "이것"(ταῦτα), 곧 '이것들'(15:18-25)을 제자들에게 말씀하는 목적은 제자들로 하여금 범죄 하지 않게 하려고 하신다는 것이다(마 11:6; 24:10; 26:31). '바로 앞에서 예수님께서 제자들이 세상 사람들로부터 미움을 받고 박해를 받을 것이라는 말씀(15:18-25)을 하신 목적은 제자들이 앞으로 출교를 당하거나 혹은 죽임을 당할 때(2절) 기독교의 신앙을 포기하거나 배교하는 일이 없도록 하기 위한 것'이라는 것이다. 예수님은 미리 말씀하셔서 잘 대처하도록 하신 것이다. 오늘 우리도 성경에 많은 예언을 보면서 미리 준비해야 할 것이다.

요 16:2.사람들이 너희를 출교할 뿐 아니라 때가 이르면 무릇 너희를 죽 이는 자가 생각하기를 이것이 하나님을 섬기는 일이라 하리라.

앞으로 유대인들이 사도들을 출교(유대공동체에서 쫓아내는 것)하고(9:22, 34; 12:42) 또 때가 이르면 사도들을 죽이는 사람들이 생각하기를 이렇게 하는 것이 하나님을 섬기는 일이라고 생각할 것이라고 하신다(행 8:1; 9:1; 26:9-11). 유대인들은 사도들을 쫓아내고 죽이는 것이야말로 하나님을 섬기는 유대인들로서 당연한 처신이라고 생각할 것이라는 것이다. 바울도 역시 성도들을 박해하는 것은 당연한 것으로 여긴 때가 있었다(행 22:3, 5; 26:9-12; 빌 3:6). 유대인들이 이렇게 된 이유는 하나님을 진정으로 몰라서 그렇게 된 것이다.

요 16:3.그들이 이런 일을 할 것은 아버지와 나를 알지 못함이라.

유대인들이 사도들을 출교하거나 혹은 죽이는 이유(15:21; 롬 10:2; 고전 2:8; 딤전 1:13)는 하나님과 또 하나님께서 이 땅에 보내신 예수 그리스도를 경험적으로 알지 못하였기 때문이다. 하나님께 대한 지식이 없으면 망할 수밖에 없다(호 4:6). 오늘 하나님께 대한 지식이 없는 사람들은 진화론을 따르고 공산주의 사상을 따르며 국민들을 잘 못된 데로 인도한다.

요 16:4.오직 너희에게 이 말을 한 것은 너희로 그 때를 당하면 내가 너희에게 말한 이것을 기억나게 하려 함이요 처음부터 이 말을 하지 아니한 것은 내가 너희와 함께 있었음이라.

예수님께서 "이 말씀"(15:18-25), 곧 '앞으로 박해가 닥쳐오리라고 하신 말씀을 하신 것은 실제로 제자들이 박해를 당하는 때가 오면 예수님께서 미리 말씀하신 것을 기억하고 용기를 내어 대처하라는 것이다(13:19; 14:20). 그러나 "처음부터 이 말씀", 곧 '처음부터 박해가 있으리라는 말씀'을 하지 아니한 것은 예수님께서 제자들과 함께 계셨기 때문이라고 하신다. 마 9:15 참조. 예수님께서는 처음에 박해에 대해서 아주 말씀하지 않으신 것은 아니지만(마 5:10-12) 그러나 그것은 비교적 가벼운 박해일 뿐이었고 또 박해는 주로 예수님에게 집중되었었다. 예수님은 이제 제자들을 떠나시면서 심각한 박해에 대해 말씀하신 것이다.

2.성령이 오실 것이다 16:5-7

요 16:5.지금 내가 나를 보내신 이에게로 가는데 너희 중에서 나더러 어디로 가는지 묻는 자가 없고.

예수님께서 성령을 보내시려고 지금 떠나실 터인데(10절, 16절; 7:33; 13:3; 14:28) 제자들 중에서 "나더러 어디로 가는지 묻는 자가 없다"고 하신다. 사실은 예수님께서 제자들의 발을 씻으신 후에 베드로가 "주여 어디로 가시나이까"(13:36)라고 묻긴 했으나 그 질문은 주님께서 가시는 장소를 알고자 물은 것이 아니라 그저 주님께서 어디론가 떠나려 하신다는 것에 놀라서 물은 것뿐이었다. 이제 본 절에서 예수님은 제자들이 주님께서 어디로 가시는지 열렬하게 질문하기를 소원하셨던 것이다. 질문했더라면 제자들이 알아야 할 지식을 더욱 공급해주셨을 것이다. 그들은 구하지 않아서 받지 못했다. 제자들은 주님께서 어디로 가시는지 열렬하게 질문하는 대신 근심에 사로잡혔다(다음 절).

요 16:6.도리어 내가 이 말을 하므로 너희 마음에 근심이 가득하였도다.

제자들은 주님께서 어디로 가시는지 질문했어야 했는데 그것은 하지 않고 주님께서 떠나가신다는 말씀을 했기 때문에 마음에 근심만 가득하게 되었다(22절; 14:1). 할 일은 안하고 할 필요가 없는 일은 했다. 우리는 평소에 지나친 슬픔에 잠길 것이 아니라 때를 따라 기도하여 슬픔도 억제하고 또한 때에 따라 기도하여 응답을 받아서 알고 살아야 할 것이다.

요 16:7.그러나 내가 너희에게 실상을 말하노니 내가 떠나가는 것이 너희에게 유익이라 내가 떠나가지 아니하면 보혜사가 너희에게로 오시지 아니할 것이요 가면 내가 그를 너희에게로 보내리니.

제자들의 마음에 근심이 가득하였을 때(앞 절) 예수님은 "그러나 내가 너희에게 실상을 말하노니 내가 떠나가는 것이 너희에게 유익이라"고 하신다. 여기 "실상"(τὴν ἀλήθειαν)이란 말은 '그 진리'란 말로서 예수님께서 진리를 말씀해주시겠다는 것이다. 예수님께서 말씀하시려는 진리는 다름 아니라 예수님께서 하나님 아버지께로 가시는 것이 제자들에게 유익이라는 것이다. 그냥 세상에 더 계시기보다는 떠나가시는 편이 예수님에게 유익하고 또 성령이 오심으로 제자들에게도 유익이 된다는 것이다(7:39; 14:16, 26; 15:26). 예수님 측으로는 하나님 나라에 가셔서 영광에 들어가시는 것이고 제자들 측으로는 각자가 성령님을 모시게 되니 유익이라는 것이다.

예수님께서 떠나시지 않으면 성령님이 오시지 않으신다는 것이다. 예수님께서 성부 하나님께 가셔서 성령님을 받아서 보내셔야 하는데(7:39) 가시지 않으면 그냥 예수님은 땅에 계시고 성령님은 그저 하늘에 계시게 된다는 것이다. 그래서 예수님은 "내가 그를 너희에게로 보낼 것이라"고 하신다(행 2:33; 엡 4:8).

3.성령의 여러 역할을 말씀하시다 16:8-15

예수님은 앞에서 성령이 오실 것(5-7절)을 말씀하신 다음 이제 성령님께서 하실 일들을 말씀하신다. 예수님은 성령님께서 죄가 무엇인지, 의가 무엇인지, 심판이 무엇인지를 사람들로 하여금 깨닫게 하실 것이며(8-11절), 제자들 스스로는 알 수 없는 진리를 알게 하시며(12-13절), 그리고 예수님이 얼마나 영광스러운 분임을 알게 하신다는 것이다(14-15절).

요 16:8.그가 와서 죄에 대하여, 의에 대하여, 심판에 대하여 세상을 책망하시리라.

예수님은 성령이 오신 후 사람들로 하여금 죄가 무엇인지, 의가 무엇인지, 그리고 심판이 무엇인지를 깨닫게 하실 것이라고 말씀한다. 본문에 "책망하시리라"(ἐλέγξει)는 말씀은 미래시제로 '시험하다,' '드러내다,' '설득시키다,' '확신시키다'는 뜻이다. 성령님은 죄가 무엇인지, 의가 무엇인지, 심판이 무엇인지를 드러내실 것이라는 것이다. 제자들 스스로나 성도들 스스로는 도무지 알 수 없었던 죄, 의, 심판의 뜻을 드러내실 것이라는 것이다. 그런 의미에서 성령님은 우리의 교사이시다.

요 16:9.죄에 대하여라 함은 그들이 나를 믿지 아니함이요.

성령님은, 성경말씀을 통하여 혹은 전도자의 설교를 통하여, 세상 사람들로 하여금 "죄에 대하여" 깨달음을 주신다는 것이다. 곧 죄가 무엇인지를 깨달음을 주시는데 죄란 "그들이 나(예수님)를 믿지 아니하는 것," 곧 '세상 사람들이 예수님을 믿지 않는 것'이라는 것이다(8:24; 15:22; 행 2:22, 37). 불신자들은 세상에서 나쁜 짓을 하는 것이 죄라 하고 신자들은 십계명을 지키지 않는 것이 죄라고 알고 있지만 궁극적으로는 예수님을 메시야로 믿지 않는 것이 죄라는 것이다. 모든 죄는 그리스도를 믿지 않는데서 나오는 것이다.

요 16:10.의에 대하여라 함은 내가 아버지께로 가니 너희가 다시 나를 보지 못함이요.

성령님은, 성경말씀을 통하여 혹은 전도자의 설교를 통하여, 세상 사람들로 하여금 "의에 대하여" 깨달음을 주신다는 것이다(행 2:32). 다시 말해 성령님은 "의"가 무엇인지 사람들로 하여금 확신케 하실 것이라는 말이다. 결론적으로 말해 성령님은 예수님 자신이 의(義)이심을 사람들로 하여금 확신케 하실 것이라는 것이다.

예수님은 "의로운 자"이셨는데 세상은 그를 불의한 분으로 알고 십자가에 못 박았다(18:30; 19:7). 그래서 그는 아버지께로 가심으로 하나님 아버지는 그를 온전히 받으셨다(3:14; 5:32). 우리는 예수님을 다시 육신적으로 보지 못하게 되었다. 예수님은 아주 아버지에게 받아지신 것이다. 예수님께서 의로운 분으로 받아지신 것이다. 예수님은 아버지 앞에서 의로운 자로 나타나셨다(8:46; 행 3:14; 7:52; 고후 5:21; 벧전 3:18; 요일 2:1). "의"란 바로 예수님 자신이시다. 예수님께서 의(義) 자체이신고로 우리가 예수님을 믿을 때 우리 역시 의를 얻게 되고 또 점점 의로워지는 것이다. 유대인들은 "의"(예수님 자신)를 박차버려 결국 불의한 사람들이 되고 말았다.

요 16:11.심판에 대하여라 함은 이 세상 임금이 심판을 받았음이라.

성령님은, 성경말씀을 통하여 혹은 전도자의 설교를 통하여, 세상 사람들로 하여금 "심판에 대하여" 깨달음을 주신다는 것이다(행 26:18). 성령님은 세상 사람들로 하여금 "심판"이 무엇인가를 드러내주신다는 것이다. 여기 "심판을 받았음이라"(κέκριται)는 말은 현재완료형으로 이 세상 임금이 '이미 심판을 받았고 그 받은 심판이 계속된다'는 뜻이다. "이 세상 임금," 곧 '사탄'(12:31; 14:30)이 심판을 받았다는 말은 원리적으로 이미 인류의 시초에 심판을 받은 것을 지칭하며(창 3:15) 또 예수님께서 십자가에 달리실 때에 심판을 받을 것(12:31; 눅 10:18; 엡 2:2; 골 2:15; 히 2:14-15; 요일 3:8; 5:18; 계 12:7-12)과 또 인류 최후에 심판을 받을 것을 지칭하는 말이다. 예수님을 표준하면 예수님께서 십자가에 못 박히실 일이나 세상 종말에 예수님께서 재림하실 일은 미래의 일이라 할지라도 이미 예수님께서 오심으로 사탄에 대한 심판이 시작되었는데(마 8:29; 막 1:24; 3:11; 눅 4:41) 그 심판이 계속된다는 뜻이다. 성령님은 사탄이 이미 심판을 받은 사실을 확신시킬 것이며 또 앞으로 세상 종말을 당하여 최후적인 심판을 받을 것을 깨닫게 하실 것이다. 사탄은 이미 그리스도로 말미암아 심판을 받은 악령인 줄 알고 우리는 위로를 받아야 할 것이다. 성령님은 우리의 위로자이시다.

요 16:12.내가 아직도 너희에게 이를 것이 많으나 지금은 너희가 감당하지 못하리라.

예수님께서 말씀하실 것이 더 많으나 성령님께서 오시기 전에는 제자들이 잘 깨닫지 못할 것이라고 하신다(막 4:33; 고전 3:2; 히 5:12). 예수님께서 십자가 죽음과 부활 같은 진리를 더 말씀하셔도 제자들은 당장에 다 깨닫지 못한다는 것이다. 그런 것들은 성령님의 강림을 기다릴 수밖에 없는 것이다.

요 16:13.그러나 진리의 성령이 오시면 그가 너희를 모든 진리 가운데로 인도하시리니 그가 스스로 말하지 않고 오직 들은 것을 말하며 장래 일을 너희에게 알리시리라.

예수님은 제자들이 당장은 예수님의 말씀을 깨닫지 못할 것이지만 "진리의 성령이 오시면 그가 너희를 모든 진리 가운데로 인도하실 것이라"고 하신다 (14:17; 15:26). 여기 "진리의 성령"이란 말은 '진리를 가르쳐주시는 성령,' '진리를 깨닫게 해주시는 성령'이란 뜻이다. 그리고 "모든 진리 가운데로(ἐν τῇ ἀληθείᾳ πάσῃ) 인도하신다"(14:26; 요일 2:20, 27)는 말씀은 성령님께서 오순절 성령 강림절에 오시면 제자들로 하여금 '모든 진리, 곧 구속 계시의 전(全) 영역 안으로 인도하신다'는 것이다(윌렴 헨드릭슨). 성령님은 제자들을 억지로 끌고 가시거나 혹은 강제적인 방법을 사용하지 않으시고 진리 체계로 인도하셔서 알게 해주신다. 이 말씀대로 오순절에 성령님께서 오셨을 때 제자들은 그리스도에 관한 모든 진리를 알게 되어 그리스도를 전파했고 또 훗날 성경을 집필했다.

그리고 성령님은 "스스로 말하지 않고 오직 들은 것을 말한다"고 하신다. 곧 '자기의 말을 하지 않고 오직 예수님에게서 들은 것(다음 절)을 말씀하신다'는 것이다. 예수님에게서 들은 것은 결국 "아버지께 있는 것"(15절; 5:19; 7:17; 8:26; 15:15)이라고 하신다. 성령님은 하나님에게 있는 진리, 곧 예수님에게 있는 진리를 말씀하신다는 것이다(성삼위의 신비로운 관계가 보인다). 성령님은 사도들을 통하여 진리를 말했고 또 신약 성경을 기록했다.

그리고 성령님이 하시는 일은 "장래 일을 너희에게 알리시리라"는 것이다. 성령님께서 사도들을 통하여 예수님의 십자가의 의의와 부활, 그리고 승천, 그리스도의 재림을 말씀하신다는 것이다. 성령님은 특히 요한 사도를 통하여 그리스도의 재림에 대해 기록했다. 그것이 요한계시록이다.

요 16:14.그가 내 영광을 나타내리니 내 것을 가지고 너희에게 알리겠음이라.

성령님께서 예수님을 영화롭게 하실 것이라고 하신다. 예수님의 십자가의 의와 부활, 그리고 승천과 재림 등을 말하시는 중에 예수님의 능력과 사랑과 거룩과 지혜 등을 말하여 예수님을 높일 것이라는 말이다. 성령님은 사도들을 통하여 예수님만 높이셨다. 그런데 성령님은 "내 것을 가지고 너희에게 알리실" 것이라고 한다. 곧 '예수님에게서 받아가지고 제자들에게 알려주실 것이라'고 하신다. 예수님은 아버지에게서 듣고 받으셔서 말씀하셨고(15절), 성령님은 예수님에게서 듣고 받으셔서 제자들에게 진리를 말씀하실 것이라는 것이다. 다시 말해 성령님은 예수님께서 이루어놓으신 구원에 대한 진리를 제자들에게 깨닫게 해주실 것이라는 말씀이다.

요 16:15.무릇 아버지께 있는 것은 다 내 것이라 그러므로 내가 말하기를 그가 내 것을 가지고 너희에게 알리시리라 하였노라.

예수님은 "무릇 아버지께 있는 것," 곧 '하나님께서 계획하신 구원계획은 모두' "다 내 것이라"고 하신다(3:35; 13:3; 17:10; 마 11:27). 곧 '다 내가 이루었다'는 것이다. 예수님은 "그러므로 내가 말하기를 그가 내 것을 가지고 너희에게 알리리라"고 하신다. 성령님은 예수님께서 이루신 구속 사역을 제자들에게 알리실 것이라는 것이다. 성부와 성자에게서 오신 성령님은 다른 것을 사람들에게 알리시는 것이 아니라 성부께서 계획하신 구원계획과 또 아들이 이룩하신 구원사역을 제자들에게 알리신다. 오늘 우리가 성령님께서 가르쳐주시는 것을 배우면 우리는 구원에 관한 모든 진리를 체득하는 것이다.

XL.십자가 죽음과 성령 강림에 대한 예언 16:16-33

성령님께서 오셔서 여러 가지 일을 하실 것을 말씀하시고(7-11절) 또 성령님께서 제자들을 진리 안으로 인도하실 것이며 장래의 일을 알려주실 것을 말씀하신(12-15절) 예수님은 이제 조금 후에 죽으셨다가 다시 성령으로 오셔서 제자들을 다시 보실 것이라고 하신다(16-24절). 그리고 예수님은 환난이 많은 세상에서 능히 이길 수 있도록 제자들에게 담대할 것을 권하신다(25-33절).

1.슬픔이 오고 그 뒤에 기쁨이 올 것이다 16:16-24

요 16:16.조금 있으면 너희가 나를 보지 못하겠고 또 조금 있으면 나를 보리라 하시니.

예수님은 조금 있으면 십자가에 죽으셨다가 부활하셔서 승천하실 것이므로 예수님을 보지 못할 것이라고 하신다(10절; 7:33; 13:33; 14:19). 그리고 "또 조금 있으면 나를 보리라"고 하신다. 여기 "조금 있으면 나를 보리라"는 말씀에 대한 해석은 최소 세 가지가 있다. 1)예수님께서 부활하실 것이므로 다시 볼 것이라는 해석, 2)예수님께서 성령으로 다시 오심으로 다시 볼 것이라는 해석, 3)예수님께서 재림 하실 것임으로 다시 볼 것이라는 해석이 있다. 이 세 가지 해석 중에 2번째 해석이 문맥에 가장 타당하다. 이유는 23, 26절의 "그 날"이란 말이 '성령께서 강림하신 날'을 지칭하기 때문이다. 만약에 여기 "그 날에"를 그리스도께서 부활하시는 날로 보면 논리에 맞지 않는다. 이유는 예수님께서 부활하시는 날에 제자들이 기도하면 응답된다는 말이 타당하지 않기 때문이다. 성령님이 강림하신 날에야 제자들이 주님의 이름으로 기도하여 응답을 받을 수 있었다. 예수님께서 성령으로 오신 후 사도들이나 성도들이 성령님의 인도를 받아 기도하여(롬 8:26) 응답을 받게 되었다.

요 16:17-18.제자 중에서 서로 말하되 우리에게 말씀하신바 조금 있으면 나를 보지 못하겠고 또 조금 있으면 나를 보리라 하시며 또 내가 아버지께로 감이라 하신 것이 무슨 말씀이냐 하고 또 말하되 조금 있으면이라 하신 말씀이 무슨

말씀이냐 무엇을 말씀하시는지 알지 못하노라 하거늘.
예수님의 말씀(앞 절)에 대해 제자들은 두 가지 의문이 생겼다. 첫째, 예수님께서 조금 있으면 예수님을 보지 못할 것이라고 말씀하시고 또 조금 있으면 다시 예수님을 볼 것이라고 말씀하시고는 또 다시 예수님은 자신이 하나님 아버지께로 영원히 가실 것처럼 말씀하시니 그 말씀 뜻이 무엇인지 몰라서 서로 수군거리며 자기들끼리 물었던 것이다(5절, 10절; 14:22, 28). 쉽게 말해 하나님께로 가신다는 말씀이 무슨 뜻인지 궁금했던 것이다. 둘째, "조금 있으면"이란 말도 잘 모를 말이라는 것이다(18절). 예수님께서 여러 번(16절부터 19절까지 7회가 나옴) "조금 있으면"이란 말씀을 하셨는데 그 뜻이 도대체 무엇이냐는 것이었다. 그들의 의문은 간단히 말해 두 가지였다. 하나는 하나님께로 가신다는 것이 무엇이며(17절), 또 하나는 "조금 있으면"이란 말이 무엇인지 알지 못하여 서로 수군거리고 서로 묻기를 계속한 것이다(18절). 아직 앞으로 진행될 일이고 또 아직 그들에게 성령님이 임하시지 않으셨으므로 그들이 알 길이 없었다.

요 16:19.예수께서 그 묻고자 함을 아시고 이르시되 내 말이 조금 있으면 나를 보지 못하겠고 또 조금 있으면 나를 보리라 하므로 서로 문의하느냐.
예수님은 그들이 서로 수군거리고 서로 묻고 있는 것을 들으시고 "조금 있으면 나를 보지 못하겠고 또 조금 있으면 나를 보리라 하므로 서로 문의하느냐"고 질문하신다. 예수님은 제자들의 의문에 대해 예민하시다. 그리스도께서는 모르시는 것이 없으시다(1:42, 47, 48; 2:24-25; 5:6; 6:64; 16:30; 21:17). 그래서 예수님은 제자들이 모르는 것을 알게 해주신다(2-22절까지).

요 16:20.내가 진실로 진실로 너희에게 이르노니 너희는 곡하고 애통하겠으나 세상은 기뻐하리라 너희는 근심하겠으나 너희 근심이 도리어 기쁨이 되리라.

예수님은 제자들이 알고 싶어 하는 것을 아시고 답을 주신다. 예수님은 본 절부터 22절까지 세 절에 걸쳐 답을 주신다. 첫째(둘째는 다음 절에 있음), 조금 있으면 제자들은 곡하고 애통할 것이지만(20:11)(세상은 예수님을 십자가에 못 박았으니 축제의 분위기일 것이다) 제자들의 근심이 도리어 기쁨이 된다고 하신다. 제자들은 곡하고 애통하는 때 세상 사람들은 기뻐한다는 것이다. 그러나 제자들이나 성도들이 기뻐하는 때 세상 사람들은 슬퍼한다.

요 16:21.여자가 해산하게 되면 그 때가 이르렀으므로 근심하나 아기를 낳으면 세상에 사람 난 기쁨으로 말미암아 그 고통을 다시 기억하지 아니하느니라.

둘째(셋째는 다음 절에 있음), 여자의 해산으로 비유하신다(사 26:17-19; 66:7-14; 렘 4:31; 6:24; 호 13:13-15). 해산 전과 해산 후를 비교하신 것이다. 여자들은 해산 전에는 다시는 애를 낳지 않는다고 맹세까지 하지만 해산 후에 자기의 아기를 보고 또 그 아기가 크는 것을 보고는 해산 전의 고통을 잊어버리듯이 제자들은 예수님께서 십자가에서 죽으셨을 때는 참으로 놀라운 슬픔을 맛보았고 허탈했으나 예수님께서 부활하시고 또 성령으로 다시 오셨을 때 그 기쁨은 형언할 길이 없었다. 지난날의 슬픔을 완전히 잊어버릴 수 있었다.

요 16:22.지금은 너희가 근심하나 내가 다시 너희를 보리니 너희 마음이 기쁠 것이요 너희 기쁨을 빼앗을 자가 없으리라.

셋째, 제자들은 십자가 때문에 근심하다가(6절) 성령 강림절에 성령으로 오신 예수님을 다시 보고는 너무 기뻐서 어떤 환난을 당해도 굴하지 않을 만큼 놀라운 기쁨을 가지게 된다는 것이다(14:1, 27; 20:20; 눅 24:41, 52; 행 2:46; 13:52; 벧전 1:8). 여기 "너희 기쁨을 빼앗을 자가 없으리라"는 말씀은 예수님의 부활 사건 때의 기쁨만을 말하지 않고 분명히 성령 강림으로 인한 제자들의 기쁨을 지칭하는 것이 분명하다. 성령 강림으로 인한 기쁨은 신약 시대에 계속하고 있다(16:7).

요 16:23.그 날에는 너희가 아무것도 내게 묻지 아니하리라 내가 진실로 진실로 너희에게 이르노니 너희가 무엇이든지 아버지께 구하는 것을 내 이름으로 주시리라.

여기 "그 날"은 '성령님이 오신 날'을 지칭한다. 성령님이 오신 날에는 첫째, "너희가 아무것도 내게 묻지 아니하리라"고 하신다. 곧 '제자들이 아무것도 예수님께 묻지 않을 것이라'고 하신다. 제자들이 성령을 받아 진리 가운데로 인도함을 받아 모든 진리 체계를 깨닫게 되니 예수님께 묻지 않게 된다는 것이다. 그 동안에는 제자들은 여러 가지 질문을 하였다(13:36; 14:5, 8; 22; 16:18). 그들은 감히 주님께 더 질문할 수 없어서 주저주저 했는데 이제는 주님께 더 묻지 않아도 되게 된 것이다(16:18). 둘째, "너희가 무엇이든지 아버지께 구하는 것을 내 이름으로 주시리라"는 것이다(14:13; 15:10; 마 7:7). 제자들이 진리문제만 아니라 무엇이든지 하나님 보시기에 합당한 것이라면 아버지께 구하는 것을 예수님 이름으로 주신다는 것이다. 여기 "내 이름으로"란 말은 '예수님의 이름으로 기도한 것을 하나님께서 보시고'라는 뜻이다. 우리가 예수님과 연합하여 주님의 이름을 의지하여 구하면 하나님은 그렇게 주님의 이름으로 기도한 것을 보시고 기쁘게 응답하신다. 우리가 아들을 귀하게 여기면서 기도할 때 아들을 귀하게 여기시는 하나님께서 우리의 기도에 응답하신다.

요 16:24.지금까지는 너희가 내 이름으로 아무것도 구하지 아니하였으나 구하라 그리하면 받으리니 너희 기쁨이 충만하리라.

예수님께서 십자가에 죽으실 때까지 제자들은 예수님의 이름으로 하나님께 아무것도 간구하지 않았다. 여기 "내 이름으로"란 말은 '예수님의 십자가 공로를 믿고,' '예수님의 구원을 믿고,' '예수님을 믿고'라는 뜻이다. 이제 예수님께서 승천하신 다음에는 제자들은 예수님의 이름으로 간구해야 한다는 것이다. 예수님은 제자들을 향하여 "구하라 그리하면 받으리니 너희 기쁨이 충만하리라"고 하신다(15:11). 여기 "구하라"(αἰτεῖτε)는 말은 현재 명령형으로 '계속해서 구하라'는 말이다. 우리는 기쁨이 충만한 삶을 살 수 있는 것이다. 바울 사도는 우리를 향하여 "쉬지 말고 기도하라"고 부탁한다(살전 5:17).

2.환난 많은 세상에서 담대하라 16:25-33

이 부분은 다락방 강화의 결론 부분이다. 예수님은 먼저 성령님이 오신 신약 시대에는 비유로 말씀하시지 않고 진리를 밝히 말씀하겠다고 하신다(25-30절). 그리고 예수님은 제자들이 흩어질 것을 예언하시며(31-32절), 환난 많은 세상에서 담대하라고 부탁하신다(33절).

요 16:25.이것을 비유로 너희에게 일렀거니와 때가 이르면 다시 비유로 너희에게 이르지 않고 아버지에 대한 것을 밝히 이르리라.

예수님은 "이것," 곧 '다락방 강화'(14:1-16:24)를 말씀하실 때 비유로 말씀하셨다는 것이다. 여기 "비유"란 말은 '뜻이 감추어진 말씀,' '수수께끼 같은 말씀'(윌렴 헨드릭슨)을 뜻한다(2:19; 3:3, 5; 4:10, 14; 6:35, 50-51, 53-58, 7:37-38, 8:8, 58; 13:18, 21; 16:16-19). 그러나 이제 "때가 이르면," 곧 '성령이 오시면' 다시는 비유로 이르지 않고 아버지에 대한 것을 밝히 이르겠다고 하신다. "여기 아버지에 대한 것"이란 말은 '아버지의 구원계획'을 지칭하는 말이다. 성령님이 오신 후 하나님의 구원 계획을 좀 더 분명하게 증언하셨다. 성령님은 성자에 대한 것을 밝히 증언하시고(16:14) 또 성부에 대한 것을 분명히 밝히신다. 예수님께서 말씀하신 대로 복음서보다는 바울의 서신서, 베드로의 서신서, 요한 서신들이 좀 더 분명하게 기록되어 있다.

요 16:26.그 날에 너희가 내 이름으로 구할 것이요 내가 너희를 위하여 아버지께

구하겠다 하는 말이 아니니.

"그 날," 곧 '성령이 강림하시면' 두 가지 현상이 임한다고 예수님께서 말씀하신다. 하나는, "너희가 내 이름으로 구할 것이라"고 하신다(23절). '제자들이 예수님의 십자가 공로를 의지하고 하나님께 직접 간구할 것이라'고 하신다. 또 하나는 "내가 너희를 위하여 아버지께 구하는 것"이 아니라고 하신다. 곧 '예수님께서 제자들과 성도들을 위하여 아버지께 대신 간구하는 것이 아니라'고 하신다. 예수님은 우리를 위하여 하나님 우편에서 간구하시지만(롬 8:34; 히 7:25; 9:24-26; 요일 2:1) 우리로서는 하나님께 직접 그리스도의 이름으로 구하게 된다는 것이다. 예수님은 승천하신 후에도 우리의 길이시고 중보자이시지만 우리는 그리스도의 이름으로 하나님께 직접 간구하는 은혜를 얻은 것이다. 우리와 하나님 사이에는 신인(神人) 교통이 이루어진 것이다.

요 16:27.이는 너희가 나를 사랑하고 또 내가 하나님께로부터 온 줄 믿었으므로 아버지께서 친히 너희를 사랑하심이라.

제자들이나 성도들이 하나님께 직접 당당하게 기도할 수 있게 된(앞 절) 이유는 "아버지께서 친히 너희를 사랑하시기" 때문이라는 것이다(14:21, 23). 하나님께서 사도들이나 우리들을 사랑하시기 때문에 하나님께 직접적으로 기도할 수 있게 된 것이다. 오늘 우리가 하나님께 직접 기도할 수 있게 된 것은 얼마나 다행한 일인지 알 수 없다.

그러면 하나님께서 우리를 사랑하시는 이유가 무엇인가. 하나님께서 우리를 사랑하시는 이유는 하나님의 사랑이 무한하시기 때문이지만(3:16) 또 한편 사도들이나 성도들이 "나(예수)를 사랑하고 또 내가 하나님께로부터 온 줄 믿었기" 때문이라는 것이다. 첫째, 사도들이나 성도들이 "예수님을 사랑하기" 때문에 하나님께서 사도들과 성도들을 사랑하신다는 것이다. 그런고로 예수님을 사랑하지 않는 성도들은 하나님의 사랑을 받지 못하기 때문에 하나님께 기도해도 응답을 받지 못하게 된다. 우리가 항상 예수님을 사랑해야 하는 이유는 예수님께서 대속의 죽음을 죽어주셨기 때문이고 또 하나님의 사랑을 더욱 받기 위해서인 것이다. 우리가 예수님을 참으로 사랑한다면 예수님을 믿는 성도들을 자기희생적으로 사랑해야 한다고 성경은 말씀한다(15:12-13). 둘째, "내(예수)가 하나님께로부터 온 줄 믿었기" 때문에 하나님께서 사도들과 성도들을 사랑하신다는 것이다(30절; 3:13; 17:8). 예수님을 믿는다는 것은 하나님의 아들을 믿는다는 것을 의미하는데 하나님의 사랑을 엄청나게 받을 이유인 것이다. 우리는 계속해서 예수님을 하나님께서 보내신 메시야로, 하나님의 아들로 믿어야 하는 것이다.

요 16:28.내가 아버지에게서 나와 세상에 왔고 다시 세상을 떠나 아버지께로 가노라 하시니.

예수님은 앞 절에서 자신이 "하나님께로부터 오셨다"고 하셨는데 본 절에서 그것을 좀 더 자세히 네 가지로 설명하신다. 첫째, "내가 아버지에게서 나왔다"고 하신다(13:3). 곧 '예수님께서 선재(先在)하시는 분'이라고 하신다. 요 1:1-2에 "태초에 말씀(예수님)이 계시니라 이 말씀이 하나님과 함께 계셨으니 이 말씀은 곧 하나님이시니라. 그가 태초에 하나님과 함께 계셨다"고 말씀한다. 둘째, "세상에 왔다"고 하신다. 사람의 몸을 입고 오셨다는 뜻이다. 셋째, "세상을 떠난다"고 하신다. '예수님께서 대속의 죽음을 죽으신다'는 것이다. 넷째, "아버지께로 가노라"고 하신다. "부활하셔서 승천하신다'는 뜻이다. 성도들이 이런 사실들을 믿을 때 하나님으로부터 사랑을 입어 당당히 하나님께 나아가 기도할 수 있게 된 것이다(26절; 히 4:16; 요일 5:14).

요 16:29.제자들이 말하되 지금은 밝히 말씀하시고 아무 비유로도 하지 아니하시니.

예수님께서 바로 앞 절(28절)에서 "내가 아버지에게서 나와 세상에 왔고 다시 세상을 떠나 아버지께로 가노라"고 말씀하신 것을 제자들이 듣고 "지금은 밝히 말씀하시고 아무 비유로도 하지 아니하신다"고 좋아한다. 예수님께서 아무 비유를 사용하시지 않고 밝히 말씀하신 것에 대해 제자들은 벌써 비유로 말씀하시지 않는 그 "때가 이른 줄"(25절) 착각한 것이다. 사실은 "다시 비유로 너희(제자들)에게 이르지 않고 아버지에 대한 것을 밝히 이르실"(25절) 때는 성령님이 강림하실 때이다. 그런데 제자들은 이미 그 때가 이른 줄 착각하고 좋아한 것이다. 예수님께서 직설적으로 한 가지를 말씀하셨다하여 벌써 그 때가 되었다고 단언할 수는 없는 일이다.

요 16:30.우리가 지금에야 주께서 모든 것을 아시고 또 사람의 물음을 기다리시지 않는 줄 아나이다 이로써 하나님께로부터 나오심을 우리가 믿사옵나이다.

제자들은 "우리가 지금에야 주께서 모든 것을 아시고 또 사람의 물음을 기다리시지 않는 줄 아나이다"라고 말한다(21:17). 제자들은 이제는 예수님께서 전지(全知)하신 것을 알게 되었고(19절, 2:24-25) 또 제자들의 질문을 기다리시지 않고 미리 아셔서 가르쳐주시는 것을 알게 되었다는 것이다. 제자들은 예수님의 전지성에 감명을 받아 "이로써 하나님께로부터 나오심을 우리가 믿사옵나이다"고 고백한다(27절; 17:8). 제자들은 앎으로부터 믿음에 이르렀다고 고백한다. 그러나 이들의 앎이나 믿음은 약한 것이었다. 이들은 알기는 알고 믿기는 믿으나 아직도 부족했고 또 약했다. 그래서 예수님은 의심의 눈초리로 31절처럼 물으신 것이다.

요 16:31.예수께서 대답하시되 이제는 너희가 믿느냐.

예수님은 제자들의 신앙고백(앞 절)을 들으시고 "이제는 너희가 믿느냐"(반어적 의문문-Calvin)고 하신다. 아직도 믿음이 크지 않은 것을 아시고 이렇게 질문하신 것이다. 이들의 믿음이 약했기에 이들은 다음 절에 예수님께서 말씀하신 것처럼 예수님께서 잡히실 때 뿔뿔이 흩어질 것이라고 하신다. 많은 사람들이 오늘도 믿는다고 하지만 기복신앙인수가 많다. 다시 말해 물량적인 복을 받기 위해 몸부림을 치는 수가 있다는 것이다. 사람은 성령으로 충만해야 잘 믿을 수 있는 것이다. 제자들도 성령 강림절을 기다려야 했던 것이다.

요 16:32.보라 너희가 다 각각 제 곳으로 흩어지고 나를 혼자 둘 때가 오나니 벌써 왔도다 그러나 내가 혼자 있는 것이 아니라 아버지께서 나와 함께 계시느니라.

예수님은 제자들의 신앙고백을 들으시고(30-31절) "보라 너희가 다 각각 제 곳으로 흩어지고 나를 혼자 둘 때가 오나니 벌써 왔다"고 하신다(20:10; 슥 13:7; 마 26:31; 막 14:27). 예수님이 십자가에 죽으시기 위해 잡히실 터인데 제자들은 뿔뿔이 흩어질 것이라고 하신다. 예수님은 그 때가 벌써 왔다고 말씀하신다. 예수님께서 잡히셨을 때 그 밤에 제자들은 도망하고 말았고(마 26:56) 끝까지 주님을 따르겠다고 하던 베드로도 세 번이나 주님을 부인하고 말았다(마 26:33-34). 그러나 이런 절망적인 시간에도 예수님은 "그러나 내가 혼자 있는 것이 아니라 아버지께서 나와 함께 계시느니라"고 말씀하신다(8:29; 14:10, 11). 예수님은 아버지께서 함께 하신다는 의식, 동행하신다는 의식으로 일관하셨다(8:16, 29). 우리는 항상 장담할 것이 아니다. 주님께서 붙들어 주시기를 기도해야 한다.

요 16:33.이것을 너희에게 이르는 것은 너희로 내 안에서 평안을 누리게 하려 함이라 세상에서는 너희가 환난을 당하나 담대하라 내가 세상을 이기었노라.

예수님께서 다락방 강화를 마치시면서 "이것을 너희에게 이르는 것은 너희로 내 안에서 평안을 누리게 하려 함이라"고 하신다(14:27; 사 9:6; 롬 5:1; 엡 2:14; 골 1:20). 여기 "이것"이란 말은 '14장-16장의 말씀들'을 지칭한다. 예수님께서 다락방 강화를 말씀하신 이유는 제자들로 하여금 예수님을 믿는 중에 평안을 누리게 하려고 말씀하신다는 것이다. 예수님이 주시는 평안은 세상이 주는 평안과는 다르다고 하신다(14:27). 예수님은 제자들을 위로하고 또 평안을 주시기 위해 "세상에서는 너희가 환난을 당하나 담대하라 내가 세상을 이기었노라"고 말씀하신다(14:1; 15:19-21; 롬 8:37; 딤후 3:12; 요일 4:4; 5:4). 곧 '공중의 권세 잡은 자(사탄)가 활동하는 세상에서는 너희(제자들)가 환난을 당하지만 담대하라 내(예수)가 너희(제자들)들에게 환난을 주는 세상을 이기었다'고 하신다. 여기 "이기었다"(νενίκηκα)는 말은 현재완료시제로 '벌써 이기셨고 또 지금도 이기고 계시다'는 뜻이다. 예수님은 아직 십자가 죽음을 앞에 놓고 계시기 때문에 부활하지도 않으셨고 또 승천하지도 않으셨지만 벌써 승리하신 것이나 다름없기 때문에 현재완료형을 사용한 것이다. 예수님의 승리는 아직 미래의 것이지만 현재완료형으로 표현한 이유는 승리가 확보되어 있기 때문이었다. 예수님은 영원히 승리하신 분이시다(롬 8:27). 오늘 우리는 주님 안에서 세상을 이기고 사는 사람들이다. 우리는 사탄을 이기고 세상을 이기고 사는 사람들인 고로 담대하게 살아야 한다.

제 17 장
대제사장이 기도하시다

XLI.대제사장이 기도하시다　17:1-26

다락방 강화를 마치시고 십자가에 달리시기 전 예수 그리스도께서 대제사장으로서 기도하신다. 요한은 예수님께서 공관복음서에서 드리신 기도(마 26:36-46; 막 14:32-42; 눅 22:42-46)를 생략하고 예수님께서 대제사장으로서 드리신 기도를 기록하고 있다. 예수님은 먼저 주님 자신을 위하여 기도하시고(1-5절) 다음 제자들을 위하여 기도하시며(6-19절), 마지막으로 고금동서의 모든 교회를 위하여 기도하신다(20-26절).

1.예수님께서 자신을 위하여 기도하시다　17:1-5

요 17:1.예수께서 이 말씀을 하시고 눈을 들어 하늘을 우러러 이르시되 아버지여 때가 이르렀사오니 아들을 영화롭게 하사 아들로 아버지를 영화롭게 하게 하옵소서.

예수님은 "이 말씀을 하시고" 기도하신다. 곧 '다락방 강화(고별설교)를 마치시고' 기도하신다. 예수님은 "눈을 들어 하늘을 우러러" 기도하신다. 예수님은 하나님 앞에서 거리낌 없는 태도로 기도하신다. 그리스도께서는 존귀하신 하나님을 우러러 보시며 기도하신 것이다(11:41). 예수님은 땅에 엎드려 기도하실 때도(마 26:39) 역시 마음은 하나님을 우러러 보며 기도하셨다. 세리는 감히 눈을 들지 못하고 하나님께 기도했다(눅 18:13). 그는 죄 많은 인간으로서 겸손하게 기도한 것이다. 예수님은 "아버지여 때가 이르렀사오니 아들을 영화롭게 하옵소서"라고 기도하신다(막 14:41). 하나님께서 정하신, 그리스도의 죽음의 때가 이른 고로(12:23; 13:32) 예수님 자신을 영화롭게 해주십사고 기도하신 것이다. 여기 "영화"란 예수님의 십자가와 부활, 승천을 지칭한다. 그리고 동시에 예수님은 "아들로 아버지를 영화롭게 하게 하옵소서"라고 기도하신다. '아들이 십자가에 죽고 부활하시며 승천하시면 인류구속 사역이 완성되는 고로 하나님께 영광이 되신다는 것이다. 다시 말해 예수님에게 영광 되는 것은 바로 아버지께 영광이 되는 것이다. 아들과 아버지는 일체이신고로(10:30) 아들의 영광은 아버지의 영광인 것이다.

요 17:2.아버지께서 아들에게 주신 모든 사람에게 영생을 주게 하시려고 만민을 다스리는 권세를 아들에게 주셨음이로소이다.

예수님은 먼저 영생을 얻어야 할 대상이 누구인가를 말씀하신다. 곧 영생을 얻어야 할 자는 "아버지께서 아들에게 주신 모든 사람"이라고 하신다(6절, 9절, 24절, 6:37). 다시 말해 아버지께서 택하셔서 아들에게 주신 모든 사람이라는 것이다(6:37, 44-45, 65; 롬 8:28). 하나님의 택함 받은 사람들이 영생을 얻을 자라는 것이다. 예수님은 그 택함 받은 사람들에게 영생을 주게 하시려고 하나님께서 "만민을 다스리는 권세를 아들에게 주셨다"고 말씀하신다(3:35; 5:27; 단 7:14; 마 11:27; 28:18; 고전 15:25, 27; 빌 2:10; 히 2:8). 아들은 하나님으로부터 받으신 권세를 가지고 사람들로 하여금 영생을 얻도록 하신다. 예수님은 사람들로 하여금 예수님을 알 수 있도록 여러 가지로 가르치시고 또 예수님을 알게 하신다(3절). 그리고 예수님을 믿지 않는 사람들에게는 하나님의 진노를 부으신다(3:35-36).

요 17:3.영생은 곧 유일하신 참 하나님과 그가 보내신 자 예수 그리스도를 아는 것이니이다.

"영생"이란 다름 아니라 "유일하신 참 하나님(고전 8:4; 살전 1:9)과 그가 보내신 자(3:34; 5:36, 37; 6:29, 57; 7:29; 10:36; 11:42) 예수 그리스도를 아는 것이다"(사 53:11; 렘 9:24). 다시 말해 영생이란 것은 메시야를 이 땅에 보내신 하나님과 또 하나님으로부터 보내심을 받은 그리스도를 경험적으로 또 사실적으로 아는 것이다(렘 9:24; 호 6:3). 본문에 "아는 것이라"(γινώσκωσιν)는 말은 현재 시제로 '계속해서 알아가는 것이라'는 뜻이다. 그리스도를 알지 못하면 하나님을 알지 못한다(1:18; 14:6). 성도는 그리스도를 현재 알 수 있기 때문에 영생은 현세에서 얻어지는 것이다. 우리는 그리스도를 더욱 알기 위해 노력해야 한다.

본 절의 문제는 "예수 그리스도"라는 칭호를 누가 사용하셨느냐 하는 것 것이다. 예수님께서 친히 사용하셨을 것이라고 보는 견해도 있으나 예수님 자신이 이 칭호를 사용하셨다고 보기 보다는 요한 사도가 자주 예수님의 말씀 뒤에 주석을 다는 것처럼(2:21; 7:39; 11:13; 12:43) 본 절도 역시 요한이 설명을 단 것으로 보는 것이 더 자연스러울 것이다. 그러나 요한이 해석적인 설명을 달았다고 해도 영생을 어떻게 얻는지를 잘 말하고 있는 것은 사실이다.

요 17:4.아버지께서 내게 하라고 주신 일을 내가 이루어 아버지를 이 세상에서 영화롭게 하였사오니.

예수님은 아버지께서 맡기신(14:31; 15:10) 사명을 성취하여 아버지를 이 세상에서 영화롭게 했다고 말씀하신다(13:31; 14:13). 예수님께서 아직도 하셔야 할 일들이 몇 가지 남았는데(남은 것은 십자가 죽음, 부활, 승천) 이렇게 다 이루신 것처럼 말씀하신 이유는 앞으로 그 일을 확실하게 이루실 것임으로 다 이루신 것처럼 말씀하신 것이다. 예수님은 사명을 완수하신 분이시다(4:34; 5:36; 9:3; 19:30). 우리는 주님 안에서 우리가 해야 할 일(주님께서 우리에게 맡기신 일들)을 완수해야 할 것이다.

요 17:5.아버지여 창세전에 내가 아버지와 함께 가졌던 영화로써 지금도 아버지와 함께 나를 영화롭게 하옵소서.

예수님은 창세전에 하나님 아버지와 함께 교제하는 중에 가지셨던(1:1-2; 10:30; 14:9; 빌 2:6; 골 1:15, 17; 히 1:3, 10) 그 영광의 자리에 되돌아가시기를 기도하신다. 예수님의 기도는 이기적인 기도가 아니라 창세전에 영광중에 계셨던 그 영광을 다시 회복하시기를 소원하신 것이다. 원래의 자리로, 원래의 영광을 도로 가지시기를 소원하는 것이 이기적인 것은 아니다. 예수님은 영원부터 존재하시는 분이시다(요 1:1-2; 3:13; 6:62; 16:28). 예수님은 그 영광의 자리를 내놓으시고 이 땅에 오셔서 고난을 당하신 것이다(빌 3:6-7). 그 동안 예수님은 택함 받은 사람들을 위하여 이 땅에 오셔서 고난을 받으셨다. 예수님은 "그 앞에 있는 기쁨을 위하여 십자가를 참으셨다"(히 12:2). 이제는 그 앞에 있는 그 기쁨을 되찾으셔야 한다. 그래서 예수님은 "지금도 아버지와 함께 나를 영화롭게 하옵소서"라고 기도하신다.

2.예수님께서 제자들을 위하여 기도하시다 17:6-19

예수님은 앞에서 자신의 영광의 회복을 위하여 기도하신(1-5절) 다음 이제는 제자들을 위해 기도하신다(6-19절). 예수님은 제자들이 하나가 되고(11절), 또 예수님의 기쁨을 가지며(13절), 타락하지 않고 거룩하게 보전되기를(15-19절) 위해 기도하신다.

1).제자들을 위해서 기도해야 할 이유 17:6-11a

제자들을 위해서 기도해야 할 이유는 제자들이 하나님과 예수님에게 속한 사람들이라는 것(6절) 또 아버지의 말씀을 지켰다는 것(6절), 예수님이 메시야라는 사실을 알았다는 것(8절), 제자들은 하나님의 것이며 동시에 예수님의 것이라는 것(9-10절), 그리고 그들은 세상에 더 있어야 한다는 것(11절 상반) 때문이라고 하신다.

요 17:6.세상 중에서 내게 주신 사람들에게 내가 아버지의 이름을 나타내었나이다 그들은 아버지의 것이었는데 내게 주셨으며 그들은 아버지의 말씀

을 지키었나이다.

예수님은 하나님께서 세상 중에서 예수님에게 주신 사도들(2절, 9절, 11절, 26절; 6:37, 39; 10:29; 15:19; 시 22:22)에게 "아버지의 이름을 나타내었다"고 하신다(4절과 내용이 같다). 여기 "아버지의 이름을 나타내었다"는 말씀은 '아버지의 속성들을 나타내셨다'는 뜻이다. 예수님은 공생애 사역 중에 하나님의 속성들(사랑, 능력, 지혜, 긍휼 등)을 보여주셨다. 그리고 예수님은 하나님 아버지께서(6:44) 예수님에게 주신 사도들(12:32)이 하나님 아버지의 말씀을 지켰다고 하신다. 예수님으로부터 배운 사도들이야 말로 교회의 기초인고로 예수님은 그들을 위하여 기도하신 것이다.

요 17:7.지금 그들은 아버지께서 내게 주신 것이 다 아버지로부터 온 것인 줄 알았나이다.

예수님은 지금 이 시간 제자들은 "아버지께서 내(예수)게 주신 것"이 다 아버지께로부터 온 것인 줄 알았다고 하신다(3:35; 16:30). 여기 "아버지께서 내(예수)게 주신 것"이란 말은 '하나님께서 예수님에게 주신 이적들과 모든 말씀들'을 지칭한다. 예수님은 제자들이 예수님의 말씀들, 이적들이 모두 하나님으로부터 온 것인 줄 알았다는 사실에 감사하신 것이다(16:30). 여기 "알았나이다"(ἔγνωκαν)라는 말은 현재완료시제로 '이미 과거로부터 경험으로 알게 되었는데 지금까지 알고 있다'는 뜻이다. 제자들은 예수님께서 전해주신 말씀들과 이적들이 하나님의 것인 줄 경험적으로 알게 되었고 지금도 알고 있다는 것이다. 우리는 예수님의 말씀을 점진적으로 알아가고 있다. 하루아침에 모두를 온전하게 알 수는 없다.

요 17:8.나는 아버지께서 내게 주신 말씀들을 그들에게 주었사오며 그들은 이것을 받고 내가 아버지께로부터 나온 줄을 참으로 아오며 아버지께서 나를 보내신 줄도 믿었사옵나이다.

본 절은 예수님께서 하신 일과 제자들이 한 일에 대해 언급한다. 예수님께서 하신 일은 하나님께서 예수님에게 주신 말씀들을 제자들에게 주신 것이다(8:28; 12:49; 14:10). 여기 예수님께서 제자들에게 "주셨다"(δέδωκα)는 말은 현재완료시제로 '과거에 예수님께서 주셨는데 지금도 그 주신 바가 계속해서 간직되어 있다'는 뜻이다. 우리는 예수님의 말씀을 간직하기 위해서 묵상하고 연구해야 한다.

그리고 제자들이 한 일은 첫째, 예수님께서 말씀하신 것을 받은 것이다. 여기 "받았다"(ἔλαβον)는 말은 제 2부정(단순)과거로 '분명하게 받았다'는 뜻이다. 제자들은 예수님께서 말씀을 주실 때 분명하게 받았다. 둘째, 예수님께서 아버지로부터 오신 줄을 "알게" 된 것이다(25절; 16:27, 30). "알았다"(ἔγνωσαν)는 말은 제 2부정(단순)과거 시제로 '경험적으로 확실하게 알았다'는 뜻이다. 셋째, 아버지께서 예수님을 보내신 줄 "믿은" 것이다. "믿었다"(ἐπί-στευσαν)는 말은 역시 부정(단순)과거 시제로 '확실하게 믿었다'는 뜻이다. 우리는 믿기 위하여 계속해서 말씀을 들어야 한다(롬 1:17).

예수님은 제자들이 "이것(말씀)을 받았다"고 하시고 또 "내(예수)가 아버지께로부터 나온 줄을 알았다"고 하시며 "아버지께서 나(예수)를 보내신 줄도 믿었다"고 하신다. 결국 말씀들을 받으면 예수님이 하나님으로부터 오신 것을 알게 되고 또 하나님께서 예수님을 보내신 것을 믿게 된다는 것이다. 우리는 말씀을 받을 때 놀라운 것을 알게 되고 믿게 되는 것이다.

요 17:9.내가 그들을 위하여 비옵나니 내가 비옵는 것은 세상을 위함이 아니요 내게 주신 자들을 위함이니이다 그들은 아버지의 것이로소이다.

예수님은 앞에서(6-8절) 제자들 때문에 하나님께 감사하시다가 이제는 위하여 비는 대상이 누군인가를 말씀하신다. 곧 "세상을 위함이 아니요(요일 5:19) 내게 주신 자들을 위함이라"고 하신다. 예수님께서 위하여 비는 대상은 '세상의 불택자들을 위하여가 아니라 하나님께서 예수님에게 주신 제자들을 위하여' 기도하신다는 것이다. 하나님의 아들이 불과 몇 안 되는, 갈릴리 어부출신 제자들을 위하여 이렇게 간절히 기도하시는 이유는 그들을 통하여 세상을 뒤집어놓기 위해서였다. 예수님은 그 제자들을 "아버지의 것이로소이다"라고 하신다. 그들은 하나님의 것이었다는 것이다. 하나님께서 그리스도 안에서 택한 사람들이라는 것이다. 그 별것 아닌 제자들은 천하보다 귀한 사람들이라는 것이다.

요 17:10.내 것은 다 아버지의 것이요 아버지의 것은 내 것이온데 내가 그들로 말미암아 영광을 받았나이다.

예수님의 제자들은 다 아버지의 것이요 또 아버지의 것은 예수님의 것이라고 하신다(16:15). 예수님은 또 "내가 그들로 말미암아 영광을 받았다"고 하신다. 그들이 예수님의 말씀을 받아 예수님을 알게 되었고 또 믿게 되었으니 영광을 받으신 것이고 또 앞으로도 계속해서 그들이 예수님의 말씀을 전파할 것이고 예수님을 전할 것이니 영광을 받으실 것이다. 본문에 "영광을 받았나이다"(δεδόξασμαι)란 말은 현재완료 시제로 '벌써 과거에 영광을 받으셨고 지금도 그 영광을 계속해서 받고 있다'는 뜻이다.

요 17:11a.나는 세상에 더 있지 아니하오나 그들은 세상에 있사옵고 나는 아버지께로 가옵나니.

예수님께서 제자들을 위하여 기도하시는 이유는 예수님은 이제 머지않아 승천하실 것이므로 세상에 더 계시지 않게 되시겠기 때문이라는 것이다(13:1; 16:28). 그러나 "그들은 세상에 있사옵고 나(예수)는 아버지께로 갈 것이기" 때문이라는 것이다. 육신적으로 예수님은 하늘로 가실 것이고 제자들은 세상에 더 있겠기 때문에 예수님은 그들을 위하여 기도하시는 것이다.

2).제자들로 하여금 하나가 되게 하옵소서 17:11b-13

요 17:11b.거룩하신 아버지여 내게 주신 아버지의 이름으로 그들을 보전하사 우리와 같이 그들도 하나가 되게 하옵소서.

예수님은 하나님께 기도하면서 "거룩하신 아버지여"라고 부르신다. 여기 "거룩하신"이란 말은 '죄로부터 구별되실 뿐 아니라 모든 피조물로부터 구별되신 특별하신 분'이라는 뜻이다(사 6:3). 예수님은 죄로부터 멀리멀리 떨어져 계시고 또한 모든 피조물로부터 구별되신 하나님께 기도하고 계신다. 매일 거룩하신 하나님께 기도하는 사람은 복된 사람이다.

예수님은 "내게 주신 아버지의 이름으로 그들을 보전하사(벧전 1:5; 유 1:1) 우리와 같이(10:30) 그들도 하나가 되게 하옵소서"라고 기도하신다(21절). 여기 "아버지의 이름"이란 말은 '하나님 자신'(1:12; 14:13), '하나님의 속성,' '하나님의 계시,' '하나님의 말씀'을 지칭하는 말이다. 존 라일은 "'아버지의 이름으로 보전하사'라는 표현은 놀라운 것이다. 나는 그 말이 '당신의 능력과 사랑과 그리고 지혜의 속성을 통하여'라는 뜻이라고 생각한다"라고 했다. 예수님은 제자들을 보전하시기를 기도하신다(8:51). 예수님은 제자들을 세상의 악과 시험으로부터 보호하시고 거짓 교리로부터 보호하시며 사탄의 궤계와 공격으로부터 보호해주시기를 기도하신 것이다.

그리고 예수님은 제자들을 악으로부터, 사탄의 궤계로부터 보호하셔서 결국은 "우리와 같이 그들도 하나가 되게 하시기를" 기도하신다. 여기 "하나가 된다"는 말은 매우 어려운 말이다. 그러나 이 말은 성부와 성자가 하나가 되신 것에서 우리는 어렴풋이 답을 찾을 수 있을 것이다. 사상으로 하나가 되는 것, 사랑으로 하나가 되는 것, 진리로 하나가 되는 것, 협력하는 것을 의미할 것이다. 결코 세상에 한 교단만 있어야 한다는 뜻은 아닐 것이다. 여러 교파가 있다고 하더라도 서로 협력하여 진리를 방어하고 예수님을 드러낸다면 하나가 된 것이라고 할 수 있다. 바울과 바나바가 의견의 차이로 헤어졌지만 훗날 서로 하나가 되었다. 다시 말해 그들은 주님을 위하여 같은 마음을 품은 것이다. 우리 교단들은 주님을 위하여 같은 마음을 품고 전진해야 할 것이다.

요 17:12.내가 그들과 함께 있을 때에 내게 주신 아버지의 이름으로 그들을

보전하고 지키었나이다. 그중의 하나도 멸망하지 않고 다만 멸망의 자식 뿐이오니 이는 성경을 응하게 함이니이다.

예수님은 앞에서 거룩하신 아버지에게 제자들을 보전해주시기를 기도하셨는데(앞 절) 이제는 예수님께서 제자들과 함께 계실 때에 "아버지의 이름으로 그들을 보전하고 지키었다"라고 말씀하신다(6:39; 10:28; 히 2:13). 곧 '아버지의 사랑과 지혜와 능력으로 그들을 보전하고 지키셨다'고 말씀하신다. 여기 "보전하사"(ἐτήρουν)라는 말은 미완료과거 시제로 '계속해서 보호하신 것'을 뜻하고 "지키었나이다"(ἐφύλαξα)라는 말은 부정(단순)과거 시제로 '확실히 지키셨다'는 뜻이다. 예수님께서 이렇게 비슷한 낱말 두 가지를 사용하신 것은 계속해서 보호하신 면(미완료 시제)과 확실하게 지키신 사실(부정과거 시제)을 드러내시기 위함일 것이다. 그런데 다만 멸망의 자식인 가룟 유다(6:70; 13:18)만 멸망했다고 하신다. 그 이유는 "성경을 응하게 하기" 위해서라고 하신다. 유다의 멸망은 우연한 것이 아니라 구약 성경에 예언되어 있는 대로 된 일이다(시 41:9; 55:12-15; 109:8; 마 23:15; 행 1:20).

요 17:13.지금 내가 아버지께로 가오니 내가 세상에서 이 말을 하옵는 것은 그들로 내 기쁨을 그들 안에 충만히 가지게 하려 함이니이다.

예수님께서 지금 아버지께로 가시게 되어 "이 말을 하신다"(ταῦτα λαλῶ)고 말씀한다. 그런데 "이 말을 하신다"(ταῦτα λαλῶ)는 말을 두고 혹자는 예수님께서 다락방 강화를 하신 것이라고 해석하나 '본 장의 1-12절까지의 기도'를 하시는 것으로 해석해야 할 것이다. 이유는 "이 말을 하다"라는 말이 현재형이기 때문이다. 예수님은 현재 제자들의 보전과 일치를 위해 하나님께 기도하고 계신다. 기도하시는 목적은 "그들로 내 기쁨을 그들 안에 충만히 가지게 하려 함이라"는 것이다. 예수님의 기도(보전과 일치를 위한 기도)가 응답되어 예수님의 기쁨이 그들에게 충만하게 임하도록 하신다는 것이다. 가룟 유다가 배신하고 나간 그 음산한 때에 예수님의 기도가 응답되면 그들은 예수님께서 가지신 기쁨을 누릴 것이다.

3).제자들로 하여금 악에 빠지지 않고 거룩하게 되게 하옵소서 17:14-19

요 17:14.내가 아버지의 말씀을 그들에게 주었사오매 세상이 그들을 미워하였사오니 이는 내가 세상에 속하지 아니함 같이 그들도 세상에 속하지 아니함을 인함이니이다.

예수님은 여기서 제자들을 위해 기도하셔야 할 이유를 말씀하신다. 제자들이 세상에서 미움을 받고 있기 때문이라고 하신다. 예수님은 "내가 아버지의 말씀을 그들에게 주었사오매 세상이 그들을 미워하였다"고 하신다(8절; 15:18-19; 요일 3:13). 예수님께서 아버지의 말씀을 제자들에게 "주셨다"고 하신다. "주셨다"(δέδωκα)는 말은 현재완료 시제로 '과거에 주셨는데 지금까지 그들이 그 말씀을 보유하고 있다'는 뜻이다. 그리고 세상이 그들을 "미워하였다"(ἐμίσησεν)는 말은 부정(단순)과거 시제로 '분명하게 미워하였다'는 뜻이다. 세상이 제자들을 미워하는 이유는 "내가 세상에 속하지 아니함 같이 그들도 세상에 속하지 아니함을 인함이라"고 하신다(16절; 8:23). '예수님께서 세상에 속하지 아니함과 같이 예수님의 말씀을 받은 제자들도 역시 세상에 속하지 않았기 때문이라'는 것이다. 제자들이 세상에 속하지 않았다는 것은 사탄에게 속하지 않았다는 것이고 또한 타락한 세상에 속하지 않았다는 것이다. 제자들은 이미 택함을 받은 자들이며(15:19) 또 거듭난 자들이고(1:13) 하나님의 말씀을 받은 자들이다.

요 17:15.내가 비옵는 것은 그들을 세상에서 데려가시기를 위함이 아니요 다만 악에 빠지지 않게 보전하시기를 위함이니이다.

예수님은 제자들이 세상에서 미움을 받는다고 해서(앞 절) 하나님께 "그들을 세상에서 데려가시기를" 기도하는 것은 아니라고 하신다. 제자들이나 성도들은 세상에서 미움을 받고 박해를 받아야 믿음이 자라기 때문에 미움을 받고 박해를 받는 일은 꼭 필요한 것이다. 그리고 제자들은 세상에서 복음을 전해야 하므로 예수님은 그들을 데려가시기를 위해 기도하시지 않으신다.

예수님께서 기도하는 것은 "다만 악에 빠지지 않게 보전하시기를 위하여" 하나님께 기도하신다는 것이다(마 6:13; 갈 1:4; 살후 3:3; 요일 5:18). 악에 빠지면 복음을 깨달을 수도 없고 또 복음을 전할 수도 없는 고로 "악에 빠지지 않게"(ἐκ τοῦ πονηροῦ) 보전하시기를 하나님께 기도하신다는 것이다. 우리는 자신이 악을 행하지 않도록 기도해야 할 것이며 또 교회가 악에 빠지지 않게 되기를 위해 기도해야 할 것이다.

요 17:16.내가 세상에 속하지 아니함 같이 그들도 세상에 속하지 아니하였사옵나이다.

본 절은 14절 하반절의 반복이다(15:19-20주해 참조). 우리가 기도할 때 진지하게, 간절하게 반복하는 것은 무방하다는 것을 보여주는 말씀이다. 예수님께서 제자들이 악에 빠지지 않기를 기도한(앞 절) 이유는 예수님께서 "세상에 속하지 아니함 같이 그들도 세상에 속하지 아니하였기" 때문이라는 것이다(14절). 제자들이 악한 세상에 속하지 않았기 때문에 악에 빠지지 않게 보전해 주시기를 기도하신 것이다.

요 17:17.그들을 진리로 거룩하게 하옵소서 아버지의 말씀은 진리니이다.

예수님은 제자들을 "진리로 거룩하게 하옵소서"라고 기도하신다(15:3; 행 15:9; 엡 5:26; 벧전 1:22). 예수님은 "진리"란 "아버지의 말씀"이라고 설명하신다(8:40; 삼하 7:28; 시 119:142, 151). 예수님께서는 제자들이 "악에 빠지지 않게 보전하시기를 위하여" 기도하신(15절) 다음 이제는 적극적으로 제자들을 하나님의 말씀으로 거룩하게 해주시기를 기도하신다. 하나님의 말씀은 성도들을 거룩하게 하신다(시 119:9). 여기 "거룩하게 하옵소서"라는 기도는 '죄와 세상으로부터 구별되게 하옵소서'라는 기도이다. 하나님의 말씀으로 중생한 성도(15:3)는 성령님으로 거룩해지고(16:13), 말씀으로 거룩해지며(시 119:9), 기도로 거룩해지고, 환난을 만나 거룩해져야 한다. 우리는 하나님의 말씀 읽기에 힘쓰며 묵상하기에 힘쓰고 연구하기에 힘써서 거룩에 이르러야 할 것이다.

요 17:18.아버지께서 나를 세상에 보내신 것같이 나도 그들을 세상에 보내었고.

예수님은 자신이 제자들을 위하여 기도하셔야 할 이유를 본 절에서 제시하신다. 곧 성부께서 성자를 세상에 보내신 것같이 예수님께서도 "그들을 세상에 보내었기" 때문이라고 하신다(20:21). 본문에 "...것같이"(καθὼς)란 표현이 요한복음에 많다(6:57; 10:14-15; 15:9-10; 17:22). 예수님은 제자들에게 사명을 주셔서 세상(8:23; 18:36)에 보내셨기에 기도하신다는 것이다.

요 17:19.또 그들을 위하여 내가 나를 거룩하게 하오니 이는 그들도 진리로 거룩함을 얻게 하려 함이니이다.

예수님은 세상에 보내신(앞 절) "그들(제자들)을 위하여 내가 나를 거룩하게 한다"고 말씀하신다(고전 1:2, 30; 살전 4:7; 히 10:10). 예수님은 제자들을 위하여 예수님 자신을 거룩하게 하신다는 것이다. 곧 '제자들의 거룩을 위하여 십자가에서 대속제물이 되실 것이라'는 것이다(1:29; 롬 3:25; 엡 5:25-26; 딛 2:14; 벧전 2:24; 히 9:14). 예수님께서 대속제물이 되시는 목적은 "그들도 진리로 거룩함을 얻게 하기" 위해서라는 것이다. 곧 '제자들도 속죄함을 받아 거룩해지도록 하기 위해서라'는 것이다. 다시 말해 예수님의 십자가 죽음을 통하여 제자들과 성도들의 완전한 구원을 이루는 것이다. 이 완전한 구원을 위하여 성령님의 역사가 따라야 하는 것은 사실이다. 제자들은 세상에서 증거자가 되기 위하여 십자가의 피로("진리로") 거룩해져야 한다. 예수님은 제자들과 성도들의 거룩을 위해 죽으신 것이다.

3.고금동서의 모든 교회를 위하여 기도하시다 17:20-26

요 17:20.내가 비옵는 것은 이 사람들만 위함이 아니요 또 그들의 말로 말미암아 나를 믿는 사람들도 위함이니.

예수님은 제자들만 아니라 "또 그들의 말로 말미암아 나를 믿는 사람들도 위함이라"고 하신다. 곧 '사도들의 전도로 말미암아 예수님을 믿는 사람들을 위하여' 기도하신다는 것이다. "사도들의 말로 말미암아"(διὰ τοῦ λόγου αὐτῶν)란 말은 '사도들의 설교와 가르침, 전도'를 포함하는 말이다. 지금 20억이 넘는 기독교인들도 모두 그 누군가의 "말로 말미암아" 믿게 된 것이다. 우리는 지금 누구에게 그리스도를 전하고 있는가. 그 누군가의 전도가 있을 때 예수님을 "믿는 사람들"이 생긴다는 것이다. 여기 "믿는"(πισ-τευόντων)이란 말은 현재 시제로 벌써 그리스도를 믿는 사람들이 이미 생긴 것을 암시하신다. 주님은 앞으로 사도들의 전도를 통하여 믿을, 미래의 성도들을 위하여 기도하신다. 그 새로운 신자들이 아래(21-22절)와 같이 되도록 기도하신 것이다.

요 17:21.아버지여 아버지께서 내 안에, 내가 아버지 안에 있는 것같이 그들도 다 하나가 되어 우리 안에 있게 하사 세상으로 아버지께서 나를 보내신 것을 믿게 하옵소서.

예수님은 훗날의 교회 공동체가 "하나가 되기를" 위해 기도하신다(11절, 22-23절; 10:16; 롬 12:5; 갈 3:28). 그들은 사도들의 "말(전도)로 말미암아 나(예수)를 믿기"(앞 절) 때문에 하나가 되는 것이다. 믿음은 사람들을 하나로 만든다. 그리스도를 믿는 사람들은 민족과 나라와 국경과 언어를 초월하여 하나가 된다. 예수님은 사도들의 전도를 통하여 그리고 훗날의 전도자들의 전도를 통하여 믿는 사람들이 생기기를 기도하시고, 그래서 하나가 되기를 기도하신다. 하나가 되기를 위해 기도하신 것은 인위적인 연합을 위해 기도하신 것이 아니고 사람들로 하여금 믿게 하셔서 하나가 되도록 하시는 것이다.

예수님은 "아버지께서 내 안에, 내가 아버지 안에 있는 것같이" 훗날의 교회 공동체가 하나 되기를 위해 기도하시는 것이다(10:38; 14:11). 아버지와 예수님은 서로 "안에" 계시다. 다시 말해 연합되어 계시다. 이것을 삼위의 연합이라고 칭한다. 그리고 예수님은 훗날의 교회 공동체가 하나 되어 "우리(성부와 성자) 안에 있게" 되기를 위해 기도하신다. 성도들이 성부 안에, 그리고 성자 안(연합을 뜻함)에 있게 되는 것은 예수님의 기도에 의해 하나님의 역사로 이루어지는 것이다. 그것은 우리의 노력이 전혀 들어가지 않는 이적이다. 하나님의 주권에 의해 이루어지는 것이다. 그런데 조심할 것은 성도들 사이의 연합과 또 성부와 성도들의 연합이나 성자와 성도들의 연합은 순간적으로 이루어지는 것이다. 예수님을 믿는 순간 모든 일이 이루어진다. 예수님은 그것을 위해 기도하신 것이다.

성도들이 서로 연합하고 또 성부와 도 성자와 성도들의 연합이 이루어지면 그 다음으로는 전도단체가 되어 전도하게 되는데 그럴 때 세상 사람들은 예수님의 기도로(앞 절) 예수님이 구주인 줄 믿게 되는 것이다. 예수님은 이렇게 기도하신다. 곧 "세상으로 아버지께서 나를 보내신 것을 믿게 하옵소서." 여기 "아버지께서 나를 보내신 것"이란 말은 '예수님은 하나님께서 보내신 메시야'라는 뜻이다. 예수님은 훗날 교회 성도들의 전도를 통하여 세상 사람들로 하여금 믿을 일까지 기도하신 것이다. 오늘 세상에 성도들이 20억이 넘었는데 이들이 믿게 된 것도 예수님의 기도의 열매인 것이다.

요 17:22.내게 주신 영광을 내가 그들에게 주었사오니 이는 우리가 하나가 된 것같이 그들도 하나가 되게 하려 함이니이다.

예수님은 본 절에서도 역시 제자들이 "하나가 되기를" 위해 기도하신다(14:20; 요일 1:3; 3:24). "우리(성부와 성자)가 하나가 된 것같이" 훗날의 성도들도 하나가 되도록 기도하신다. 그런데 예수님은 아버지께서 "예수님에게 주신 영광"을 훗날의 성도들이 하나가 되도록 하기 위해 주셨다고 말씀하신다. 그러면 여기 하나님께서 "내(예수)게 주신 영광"이 무엇이며 "내(예수)가 그들(훗날의 성도들)에게 주신" 영광이 무엇인가. 이 영광이 무엇이냐에 대해서는 많은 해석이 가해졌다. 1)제자들이 받은 표적을 행하는 권능이라는 해석. 이 해석은 문맥과 많이 동떨어져 있다. 2)신자들이 그리스도의 성결을 본받아 나아감을 의미한다는 해석. 이 해석 역시 문맥에 맞는 해석은 아닌 것 같다. 3)미래 천국에서의 영광이라는 해석. 오늘의 본문은 천국에 이르기 전에 세상에서 누리는 영광에 대해 말씀하고 있기 때문에 미래 천국에서의 영광이라는 해석은 타당하지 않은 것 같다. 4)예수님께서 창세전에 아버지와 함께 가졌던 영광(5절)과 지상(地上)의 모든 사역을 다 마친 후에 아버지와 함께 누릴 영광들을 모두 포함하고 또 그들에게 주어지는 영광이란 하나님의 자녀로서 그리스도와 함께 세세토록 왕 노릇하는 영광이요 영원히 사랑 가운데 거하는 축복이라는 해석(딤후 2:12; 계 20:4). 이 해석도 역시 문맥에 적합한 해석이 아니다. 5)성육신하신 말씀의 영광으로서 포도나무 가지에게 전해진 영광이라는 해석. 성육신 하신 말씀의 영광이라고 하면 메시야의 영광을 말함인데 그런 영광이 성도들에게 주어졌다고 보기는 어려울 것이다. 6)독생자의 영광으로서 믿는 자들은 그 영광을 함께 누린다는 해석. 그러나 성도들은 독생자의 영광은 가질 수 없다. 7)신자들이 하나님의 자녀 되는 영광이라는 해석. 이 해석도 문맥에 맞는 해석은 아닌 것 같다. 8)신자들이 하나님과 함께 거하는 영광이라는 해석. 이 마지막 해석이 타당하나 더 자세한 설명이 필요해 보인다. 우리는 여기 "영광"이란 것이 훗날의 교회 공동체 회원들이 하나가 되게 하기 위해 주신 영광이라는 것을 먼저 기억해야 할 것이다. 그러면 하나님께서 예수님에게 주시고 또 예수님께서 성도들에게 주신 영광이 구체적으로 무엇인가. 다시 말해 훗날의 성도들로 하여금 하나가 되게 하기 위해서 필요한 영광이라는 것이 무엇인가. 그것은 예수님께서 성도들 안에 내주(內住)하시는 영광이다. 그 해답이 다음 절(23절)에 나타나 있다. 곧 "내(예수)가 그들 안에 있고 아버지께서 내 안에 계시어 그들로 온전함을 이루어 하나가 되게 하려 한다"고 하신다. 예수님은 내주하시는 영광을 훗날의 성도들에게 주셨다("내게 주신 영광을 내가 그들에게 주었사오니"). 하나님은 이 내주의 영광을 먼저 예수님에게 주셨다("내게 주신 영광"). 예수님은 그 내주의 영광을 성도들에게 주셔서 하나가 되게 하신 것이다. 오늘 우리는 예수님의 내주의 영광을 가지고 있다. 예수님은 지금 성령으로 모든 성도들의 심령 속에 계시며 교회 공동체 안에 계시다. 그런데 성도들은 그 사실을 잘 인식하지 못하고 있다. 성도들은 자신이 가지고 있는 영광과 복을 모르고 있는 것이다. 바울은 자신이 가지고 있는 이 영광을 더욱 알기 위하여(빌 3:8-14) 그리스도를 향해서 계속해서 달려간다고 말한다.

요 17:23.곧 내가 그들 안에 있고 아버지께서 내 안에 계시어 그들로 온전함을 이루어 하나가 되게 하려 함은 아버지께서 나를 보내신 것과 또 나를 사랑하심 같이 그들도 사랑하신 것을 세상으로 알게 하려 함이로소이다.

예수님은 앞 절에 이어 본 절에서 세 가지를 위해 기도하신다. 첫째, 성도들의 '온전한 하나' 혹은 '온전한 일치'를 위해 기도하신다(골 3:14). 곧 "내가 그들 안에 있고 아버지께서 내 안에 계시어 그들로 온전함을 이루어 하나가 되게 하려 한다"고 기도하신다. '예수님께서 성도들 안에 계시므로 성도들이 온전한 일치(perfect in one)를 이룰 수 있도록' 기도하신다. 온전한 일치란 그 어떤 획일적인 일치를 말함이 아니다. 그 일치는 성령님의 역사에 의하여 이루어지는 것으로(엡 4:3) 믿음에 있어서의 일치이며 소망에 있어서의 일치이고 사랑에 있어서의 일치이다. 오늘 세상에 흩어져 있는 교회는 각각 다른 교파에 소속해있다고 할지라도 믿음으로 연결되어 있으며 사랑으로 연결되어 있고 바라보는 소망이 하나가 되어 있다. 예수님께서 기도하신 온전한 일치는 지금 점진적으로 되어 가고 있는 것이다. 둘째, 하나님께서 예수님을 이 땅에 보내신 사실을 세상이 알도록 기도하신다. 예수님은 "아버지께서 나(예수)를 보내신 것을...세상으로 알게 하려 함이로소이다." 다시 말해 '예수님은 하나님께서 보내신 메시야라는 사실을 세상이 알게 되도록' 기도하신다. 세상은 점점 예수님이 메시야이신 것을 알아가고 있다. 불교지역과 힌두교 지역과 회교지역도 점점 예수님께서 메시야이심을 알아가고 있다. 이것은 예수님의 기도의 응답이다. 셋째, 하나님 아버지께서 성도들을 사랑하고 계시다는 것을 세상이 알도록 기도하신다. 예수님은 "나(예수)를 사랑하심 같이 그들(성도들)도 사랑하신 것을 세상으로 알게 하려 함이로소이다"라고 기도하신다. 곧 '하나님께서 예수님을 사랑하신 것 같이 하나님께서 성도들을 사랑하신 사실을 세상이 알도록' 기도하신다. 세상의 다른 종교를 따르는 자들은 복을 받지 못하고 있는데 유독 예수님을 메시야로 믿는 사람들은 놀라운 복을 받고 있는 사실을 세상이 알아가고 있다. 기독교의 진리가 확산되는 곳마다 놀라운 복을 받고 있다. 다른 종교의 신봉자들은 도무지 따라오지 못하고 있다. 이렇게 되는 것은 예수님의 기도의 응답이다. 우리는 우리가 하나님의 사랑을 받고 있는 사실을 세상이 알도록 해야 할 것이다.

요 17:24.아버지여 내게 주신 자도 나 있는 곳에 나와 함께 있어 아버지께서 창세전부터 나를 사랑하시므로 내게 주신 나의 영광을 그들로 보게 하시기를 원하옵나이다.

예수님은 훗날의 성도들이 세상에서 온전한 일치를 이루기를 기도하신(앞절) 다음 이제는 1)그들이 천당에 가서 그리스도와 함께 있기를 하나님께 소원하신다. 예수님은 "내게 주신 자도 나 있는 곳(14:3)에 나와 함께 있기"를 소원하신다(12:26; 14:3; 살전 4:17). 여기 "내게 주신 자"란 말은 '하나님께서 택하셔서 예수님을 믿게 하신 성도들'을 지칭한다. 예수님은 그 성도들이 예수님과 함께 천당에서 살기를 소원하신다. 우리가 천당에 갈 수 있게 된 것은 예수님의 소원의 응답이다. 2)예수님은 성도들로 하여금 천당에 간 다음 예수님의 영광을 보게 하시기를 하나님께 소원하신다. 예수님은 "아버지께서 창세전부터 나를 사랑하시므로 내게 주신 나의 영광을 그들로 보게 하시기를 원하옵나이다"라고 소원하신다(5절). 예수님은 성육신하신 후 비천해지셨지만 창세전에 하나님으로부터 받으신 영광(시 17:15; 90:16; 고후 3:18; 요일 3:2)을 성도들로 하여금 보게 하시기를 하나님께 소원하신다. 이제 앞으로 성도들은 그리스도의 영광을 보게 될 터인데 그렇게 되는 것은 예수님의 기도의 응답이다. 우리는 앞으로 천국에 갈 것이고 그리스도의 영광을 볼 것이다. 이것은 전적으로 그리스도께서 소원하시는 것이다.

요 17:25.의로우신 아버지여 세상이 아버지를 알지 못하여도 나는 아버지를 알았사옵고 그들도 아버지께서 나를 보내신 줄 알았사옵나이다.

예수님은 이제 기도를 마치면서 "의로우신 아버지여"라고 부르신다(11절에서는 "거룩하신 아버지여"라고 부르셨다. 둘 다 하나님의 성품을 보여주는 말이다). "의로우신 아버지여"(πάτερ δίκαιε)라고 부르시는 이유는 "의로우신 아버지"(시 116:5 119:137; 렘 12:1; 롬 3:26; 요일 1:9; 계 16:5)께서 두 그룹(그리스도를 불신하는 그룹과 신앙하는 그룹)을 의롭게 판단해 주시기를 바라는 소원을 드러내신 것이다. 예수님은 "세상이 아버지를 알지 못한다"고 말씀하신다(15:21; 16:3). 예수님께서 세상에 오셔서 세상 사람들로 하여금 아버지를 알게 하도록 노력하셨건만 여전히 그리스도를 모르고 아버지를 알지 못한다는 것이다. 그런 사람들은 그리스도의 "영광"(앞 절)으로부터 제외된다고 말씀하신다.

그리고 반대로 "의로우신 아버지"께서 신앙 그룹("아버지께서 나를 보내신 줄 알게 된" 그룹)은 "영광"(앞 절)을 보게 하셔야 한다는 것이다. 예수님은 아버지에 의해 보내심을 받으신 분이시다(3:17, 34; 5:36-37; 8:18, 27, 29; 9:7). 예수님께서 아버지로부터 보냄을 받았다는 사실을 아는 제자들(성도들도)은 그 영광을 보게 되어야 한다는 것이다(8절; 16:27). 그러면 성도들이 어떻게 해서 예수님을 알게 되었는가. 예수님께서 알게 해주셨다는 것이다. 예수님께서 이렇게 말씀하신다. 곧 "나는 아버지를 알았사옵고"라고 말씀하신다(7:29; 8:55; 10; 15). 이 말씀 뜻은 26절에서 설명하고 있다. 곧 "내가 아버지의 이름을 그들에게 알게 하였고 또 알게 하리니"라고 하신다(26절). '예수님께서 지상에 계시는 동안 아버지의 이름을 그들에게 알게 하셨고 또 앞으로 성령으로 아버지의 이름을 알게 하실 것이라'고 하신다. 이렇게 예수님께서 아버지의 이름을 알게 하셨기에 제자들(성도들)이 예수님을 메시야로 알게 되었다는 것이다. 예수님은 그 사람들로 하여금 의로우신 아버지께서 예수님의 영광을 보게 하셔야 한다는 것이다.

요 17:26.내가 아버지의 이름을 그들에게 알게 하였고 또 알게 하리니 이는 나를 사랑하신 사랑이 그들 안에 있고 나도 그들 안에 있게 하려 함이니이다.

예수님은 지상에 계실 때 "아버지의 이름"을 제자들(성도들)에게 알게 하였고 또 앞으로 성령을 통하여 알게 할 것이라고 하신다(6절; 5:15). 여기 "아버지의 이름"이란 '아버지 자신,' '아버지의 속성,' '아버지의 본성'을 지칭하는 말이다(6절, 12절). 예수님은 3년 공생애 기간 중에 성도들에게 아버지 자신을 알게 하셨고 앞으로 성령님의 역사를 통하여 계속해서 알게 하실 것이라고 한다. 그렇게 하시는 목적은 두 가지이다. 첫째는 "나를 사랑하신 사랑이 그들 안에 있게" 하기 위해서라는 것이다(15:9). 곧 '예수님을 사랑하시는 아버지의 사랑이 성도들 안에도 있게' 하기 위해서 아버지를 그들에게 알리신다는 것이다. 아버지를 알게 하면 아버지의 사랑도 알게 되는 것이고 느끼게 되는 것이다(요일 4:8). 둘째는 "나도 그들 안에 있게 하려 함이라"는 것이다. 곧 '그들의 믿음으로 말미암아 그들 안에 영원히 거하게 하려 함이라'는 것이다(엡 3:17). 예수님은 제자들과 성도들 안에 그의 교훈을 통하여 그리고 성령님을 통하여 영원히 거하기를 소원하신다. 그렇게 되기 위해서 예수님은 제자들과 성도들에게 하나님 자신을 알려주시는 것이다.

제 18 장
그리스도께의 수난

XLII. 예수 그리스도께서 당하신 여러 가지 어려움들 18:1-40

예수님은 다락방 강화를 마치시고 또 대제사장으로서의 기도를 마치신 다음 이제는 여러 가지 어려움을 당하신다. 첫째 예수님은 원수들에게 체포되시고(1-11절), 안나스로부터 심문을 받으시며(12-14절, 19-24절), 시몬 베드로가 그리스도를 부인하는 슬픈 일을 당하시고(15-18절, 25-27절) 빌라도로부터 심문을 당하신다(28-40절).

1. 예수님께서 체포당하시다 18:1-11

요 18:1. 예수께서 이 말씀을 하시고 제자들과 함께 기드론 시내 건너편으로 나가시니 그곳에 동산이 있는데 제자들과 함께 들어가시니라.

예수님은 "이 말씀," 곧 '기도'(17장의 기도)를 마치시고 제자들과 함께 기드론 시내를 건너 겟세마네 동산으로 들어가셨다(마 26:36; 막 14:32; 눅 22:39). "기드론 시내"는 '성전 산과 감람산 사이의 움푹 파인 데를 따라 흐르는 시내'를 가리킨다(삼하 15:23). 그런데 이 기드론 시내는 항상 물이 흐르는 것이 아니라 겨울철에 비가 올 때만 잠시 물이 흐르는 간헐천(間歇川)이다. 예수님은 그 시내를 건너 겟세마네 동산 안으로 제자들과 함께 들어가신 것이다. 그런데 마태와 마가는 이 "동산"을 겟세마네라고 부르고(마 26:36; 막 14:32) 누가는 감람산이라고 부른다(눅 22:39). 요한은 공관복음에서 다루고 있는 겟세마네 기도를 생략하고 있다. 예수님은 인류의 죄를 대속하시기 위해 기드론 시내를 건너 겟세마네 동산으로 들어가신 것이다.

요 18:2.그곳은 가끔 예수께서 제자들과 모이시는 곳이므로 예수를 파는 유다도 그곳을 알더라.

예수님은 가끔 그곳에서 제자들과 모이셨다(눅 21:37; 22:39). 그런데 예수를 파는 유다도 그곳을 알고 있었다. 예수님은 잡히시기 위하여 자신을 숨기지 않으시고 유다가 잘 아는 곳을 택하여 가셔서 기도하신 다음 잡히셨다. 큰일을 앞두고 기도한다는 것만큼 중요한 것은 없다.

요 18:3.유다가 군대와 대제사장들과 바리새인들에게서 얻은 아랫사람들을 데리고 등과 횃불과 무기를 가지고 그리로 오는지라.

유다는 예수님을 잡는데 있어서 인도자였다(마 26:47; 막 14:43; 눅 22:47; 행 1:16). 그는 사탄 다음가는 인물이었다. 유다는 두 무리를 데리고 온 것이다. 하나는 "군대"였다. 로마 군대였다(이 중에 제일 높은 사람은 천부장이었다-12절). 그리고 또 한 무리는 "대제사장들과 바리새인들에게서 얻은 아랫사람들"이었다. 일단의 군대와 성전을 맡아 관리하는 경비병들을 이끌고 유다는 얼마의 돈을 받아 챙기고 옛 스승을 잡으러 겟세마네로 오고 있었다. 참으로 비참한 사람이었다. 유다 무리는 "등과 횃불과 무기"를 가지고 왔다. "등과 횃불"은 그 때가 밤이니까 필요했고(당시가 유월절 하루 전이니까 만월(滿月)이었지만 아마도 구름이 끼었던 것 같다) "무기"는 혹시 예수님의 제자들과 싸움이 벌어지면 사용할 무기였다. 만반의 준비를 하고 왔던 것이다. 이들은 계란으로 바위를 치러 온 것이다.

요 18:4.예수께서 그 당할 일을 다 아시고 나아가 이르시되 너희가 누구를 찾느냐.

예수님은 자신이 "당할 일을 다 아셨다"(6:64; 13:1, 11). 전지(全知)하신 분이시다. 그들을 마주 나아가 "너희가 누구를 찾느냐"고 물으신다. 누구를 찾는지 다 아시면서 물으신 것이다. 이렇게 물으신 것은 당당하게 잡히신다는 것을 보여주시기 위한 것이었다. 예수님은 이제 하나님의 때가 된 줄 아시고(17:1) 피하지 않으시고 당당하게 잡히시겠다는 뜻으로 물으신 것이다.

요 18:5.대답하되 나사렛 예수라 하거늘 이르시되 내가 그니라 하시니라 그를 파는 유다도 그들과 함께 섰더라.

그 누군가가 대답하기를 "나사렛 예수라"고 대답했다. 요한은 하나하나 세심하게 다 관찰했다. 주님의 이름으로 당시에 가장 보편적이었던 것이 "나사렛 예수"라는 이름이었던 것 같다(눅 4:34; 막 10:47; 마 26:71; 요 19:19; 눅 24:19; 막 16:6; 행 2:22-역사적인 순서). 원수들이 "나사렛 예수"라는 말에 예수님은 "내가 그니라"('Εγώ εἰμι)고 하신다(4:26; 6:20; 8:24, 28, 58). 예수님 자신이 신(神)이라는 표현이다. 예수님께서 "내가 그니라"고 답변하실 때 "유다도 그들과 함께 서 있었다." 어떻게 그 스승의 얼굴을 대할 수 있었을까. 사탄에게 쓰임 받는 사람은 이처럼 얼굴에 철판이 깔린다. 요한은 유다가 예수님에게 입을 맞추는 일은 생략하고 있다.

요 18:6.예수께서 그들에게 내가 그니라 하실 때에 그들이 물러가서 땅에 엎드러지는지라.

예수님께서 그 원수들에게 "내가 그니라"고 하실 때 그들이 "물러가서 땅에 엎드러지는지라"고 요한은 말한다. 그들이 서로 상의하고 물러가서 땅에 엎드러진 것이 아니라 일제히 예수님의 권위와 힘에 눌려서 갑작스럽게 물러가서 땅에 엎드러진 것이다. 예수님의 권위 앞에 수많은 세상의 세력은 맥없이 물러가서 엎드러진 것이다. 예수님은 하늘에서 열두 영 더 되는 천사를 내려오게 해서 순식간에라도 그들을 죽이실 수 있으셨다(왕하 19:35). 그러나 예수님은 잡혀서 우리의 대속 제물이 되시기 위하여 그의 권세를 쓰지 않으셨다.

요 18:7.이에 다시 누구를 찾느냐고 물으신대 그들이 말하되 나사렛

예수라 하거늘.

그들이 물러가서 엎드러졌을 때 다시 "다시 누구를 찾느냐고 물으신다." 예수님께서 다시 물으신 것은 꼭 죽으시기를 소원하신 것이다. 그들은 다시 말하기를 "나사렛 예수"라고 말했다. 그들은 물러가지 않고 계속해서 나사렛 예수를 찾고 있다. 이런 무례함은 사탄이 준 것이다.

요 18:8.예수께서 대답하시되 너희에게 내가 그니라 하였으니 나를 찾거든 이 사람들이 가는 것을 용납하라하시니.

예수님은 이미 대답하신 바와 같이 다시 내가 그 사람이라 하였으니 너희가 "나를 찾거든 이 사람들이 가는 것을 용납하라"고 하신다. 곧 너희가 '나를 찾는 것이 확실하니 이 열한 사람은 자기의 길을 가게 그냥 두라'고 하신다. 막 14:50에 의하면 제자들은 도주한 것으로 되어 있으나 요한은 예수님께서 제자들로 하여금 그 현장을 피하도록 길을 열어주신 것이라고 말한다. 아마도 예수님은 제자들이 피하도록 길을 열어주셨는데 제자들이 빨리 피한 것으로 보인다. 그래서 공관복음 저자는 제자들이 도망한 것으로 말한 것 같다. 예수님은 제자들을 한 사람도 잃지 않으시려고 배려하셨다(10:11).

요 18:9.이는 아버지께서 내게 주신 자 중에서 하나도 잃지 아니하였사옵나이다 하신 말씀을 응하게 하려 함이러라.

예수님께서 제자들의 육신 생명을 보호하신 것은 "내게 주신 자 중에서 하나도 잃지 아니하였다"(17:12)라는 말씀을 이루기 위한 것이라는 것이다. 그런데 17:12의 말씀은 예수님께서 제자들의 영적인 생명을 보호하셨다는 내용인데 비해 본 절은 예수님께서 제자들의 육신적인 생명을 보호하신 것을 말씀하시는 것이니 영적인 생명을 보호하는 것과 육신 생명을 보호하는 것과 서로 크게 차이가 있으니 본 절이 17:12의 말씀을 이룬 것이라고 말할 수 없다고 할 수 있을 것이다. 그러나 육신 생명을 보호하는 것도 영적인 생명을 위해 필요한 것이다. 예수님은 제자들의 육신생명을 보호하므로 영적인 생명을 얻는 일을 위해 필요하다는 것이다.

요 18:10.이에 시몬 베드로가 칼을 가졌는데 그것을 빼어 대제사장의 종을 쳐서 오른편 귀를 베어버리니 그 종의 이름은 말고라.

베드로의 과격한 행동이 나온다(마 26:51; 막 14:47; 눅 22:49-50). 제자들이 두 자루의 칼을 가지고 있는 중에 베드로가 한 개의 칼을 가지고 있으면서(눅 22:38) 그 칼을 빼어 대제사장의 종을 쳐서 오른편 귀를 베어버린 것이다. 베드로가 대제사장의 종 말고를 친 것은 말고가 남달리 얄밉게 행동했던 것 같다. 당시 많은 로마 군인들이 있었는데 그 중에 말고는 대제사장의 종으로서 똑 같은 유대인끼리 특별히 얄밉게 행동하는 것을 보고 그냥 눈뜨고 볼 수가 없어서 말고를 겨냥했던 것 같다. 베드로는 신앙인으로 못할 일을 행한 것이다.

요 18:11.예수께서 베드로더러 이르시되 칼을 칼집에 꽂으라 아버지께서 주신 잔을 내가 마시지 아니하겠느냐 하시니라.

예수님은 본 절에서 두 마디 말씀을 하신다. 첫째, "칼을 칼집에 꽂으라"는 것이다. 우리의 싸우는 대상은 혈과 육이 아닌 것이다(엡 6:12). 우리는 기독교는 무력을 사용하는 종교가 아니다. 둘째, "아버지께서 주신 잔을 내가 마시지 아니하겠느냐"는 것이다(마 20:22; 26:39, 42). '아버지께서 주신 십자가를 내가 지지 않겠느냐'는 것이다. 우리는 우리에게 태인 십자가를 피해서는 안 되는 것이다. 우리는 하나님께서 주시는 고난은 감사하게 받아야 한다.

2.안나스가 심문하고 베드로가 예수님을 부인하다 18:12-27

요 18:12.이에 군대와 천부장과 유대인의 아랫사람들이 예수를 잡아 결박하여.

이제 두 그룹, 곧 "군대"(천부장이 진두지휘)와 "아랫사람들"(성전 경비병들)이 행동을 개시했다. 그들은 먼저 예수님을 "잡았다." 여기 "잡았다"(συ-

$\nu\acute{\epsilon}\lambda\alpha\beta o\nu$)는 말은 부정(단순)과거 시제로 '함께 잡았다'는 뜻이다. 여럿이 함께 예수님을 잡은 것이다. 그리고 다음으로 예수님을 "결박했다." 우리에게 자유를 주시려고 예수님께서 결박당하신 것이다. 사탄으로부터의 자유, 죄악으로부터의 우리의 자유는 바로 예수님에 의해 얻어진 것이다. 우리는 예수님의 은총으로 지금 사탄으로부터 자유를 얻었고 죄로부터 자유를 얻어 그리스도 안에서 살고 있다.

요 18:13.먼저 안나스에게로 끌고 가니 안나스는 그 해의 대제사장인 가야바의 장인이라.

로마 군대와 성전 경비병들은 예수님을 결박한 채 "먼저 안나스에게로 끌고 갔다." 예수님은 사지(死地)로 가는 어린 양과 같이 죽음의 장소로 끌려가신 것이다. 그는 우리를 대신해서 그 죽음의 장소로 끌려가신 것이다. 사실은 안나스(눅 3:2)에게로 끌고 가서는 안 되는 일이었다. 이유는 그는 그 때에 현직 대제사장이 아니었다.[56] 그는 A.D. 6-15년 사이에 대제사장으로 있었다. 그리고 그 후에는 다른 사람이 대제사장으로 있다가 큰 아들이 뒤를 이었고 그 후 그의 사위 가야바가 대제사장으로 임명되어 일하고 있었다. 바로 이 가야바가 바로 예수님을 심문한 대제사장이었다. 당시 안나스는 전직 대제사장이었고 또 그의 아들도 전직 대제사장이었으며 또한 그의 사위가 현직 대제사장인고로(A.D. 18-36) 그는 아직도 막강한 권력을 가지고 있었기에 산헤드린 공의회의 평화를 위해서 안나스를 알아주어야 했던 것 같다. 요한은 예수님께서 당시 안나스에게로 끌려가서는 안 되었지만 일이 그렇게 될 수밖에 없었다는 것을 말하기 위해서

---

56) 죤 라일은 "안나스는 자신의 대제사장의 임기가 끝난 후에도 사위인 가야바와 함께 같은 궁전에서 살면서 가야바가 자기의 임무를 수행할 때 보좌역할을 하는 자요 조언자로서 조력하고 있었다. 안나스는 연령상으로나 관리로서의 경력상 그 일을 하기에 적격이었다...두 사람 사이는 매우 친밀했다. 그것은 누가복음서 3:2에 '안나스와 가야바는 대제사장이었다'라고 기록된 것을 보면 알 수 있다. 사도행전 4:6을 보면 안나스는 '대제사장'이라고 기록되어 있다"라고 말한다. 죤 라일, *요한복음서강해*(III), 죤 라일 강해시리즈 (7), 지상우역, (서울: 기독교문서선교회, 1986), p. 164

"안나스는 그 해의 대제사장인 가야바의 장인이라"고 덧붙이고 있다. 아직도 대단한 권력가라는 뜻이다. 아무튼 누가는 안나스를 눅 3:2와 행 4:6에서 대제사장으로 호칭하기까지 한다. 우리는 예수님께서 우리를 위하여 안나스에게로 끌려가신 것만을 생각하고도 무한한 감사를 드려야 할 것이다.

요 18:14.가야바는 유대인들에게 한 사람이 백성을 위하여 죽는 것이 유익하다고 권고하던 자러라.

11:50 주해 참조. 그 해의 현직 대제사장의 마음속에 벌써 예수님을 죽이려는 각오가 서 있었던 것이다. 심문은 형식에 지나지 않았다. 가야바가 예수님을 심문해서 무죄로 처리할 생각은 전혀 없었다. 가야바는 무의식중에 말한 예언(11:50)을 실천에 옮기고 있었다.

요 18:15.시몬 베드로와 또 다른 제자 한 사람이 예수를 따르니 이 제자는 대제사장과 아는 사람이라 예수와 함께 대제사장의 집 뜰에 들어가고.

예수님께서 안나스에게로 끌려 갈 때 두 사람이 따라간 것이다. 두 사람 중 한 사람은 베드로였다(마 26:58; 막 14:54; 눅 22:54). 베드로는 다른 제자들이 다 도망간 때에 그래도 수(首)제자로서 처신하기 위하여 여기까지 따라온 것이다. 일이 이렇게 진행된 것은 그가 예수님의 예언대로 예수님을 세 번 부인하기 위해서였다. 예수님의 예언이 반드시 이루어지기 위하여 일이 이렇게 된 것이다.

또 한 사람은 본문에 "다른 제자"라고 말하고 있다. "다른 제자"라고 말한 것은 본서의 문체로 보아 '요한 사도'를 지칭하는 것은 분명하다(13:23). "이 제자," 곧 '요한'은 "대제사장과 아는 사람이라 예수와 함께 대제사장의 집 뜰에 들어갔다." 요한이 대제사장과 어느 정도로 아는 사이인지는 확실히 알 수 없으나 대제사장의 집 뜰에 별 제재를 받지 않고 들어갈 정도로 아는 사람이었다. 베드로와 요한이 예수님을 따라간 것은 예수님을 향한 정(情) 때문에 따라간 것이고, 의리 때문에 따라간 것이며, 끝까지 따르겠다고 장담한 것을 지키기 위해서 따라간 것이다. 그런데 결국은 베드로는 세 번이나 예수님을 부인하고 말았다. 그런고로 그리스도를 따르는 일은 마음의 결심을 이루기 위해 따를 수도 없고 정 때문에 따를 수도 없는 것이다. 오직 우리는 하나님께 약한 사람임을 고백하고 성령의 힘을 얻어서만 따를 수 있는 것이다.

요 18:16.베드로는 문 밖에 서 있는지라 대제사장을 아는 그 다른 제자가 나가서 문 지키는 여자에게 말하여 베드로를 데리고 들어오니.

베드로는 문지키는 여자에게 걸려서 대 제사장의 집안까지 들어가지 못하고 문밖에 서 있었을 때(마 26:69; 막 14:66; 눅 22:54) 그 다른 제자, 곧 요한이 문밖에 나가서 문지키는 여종에게 말하여 베드로를 집안으로 데리고 들어갔다. 베드로가 그 집안으로 들어갔기 때문에 세 번 부인하는 일이 그리스도 앞에서 생겨나게 된 것이다. 결국 신앙상 큰 타격을 입은 것이다. 성도의 자신감(自信感)은 깨져야 하는 것이다. 우리는 오직 그리스도를 의지하기만 해야 한다.

요 18:17.문 지키는 여종이 베드로에게 말하되 너도 이 사람의 제자 중 하나가 아니냐 하니 그가 말하되 나는 아니라 하고.

드디어 문 지키는 여종(마 26:69-70; 막 14:66-67; 눅 22:56-57) 앞에서 낮 뜨거운 베드로의 첫 번 째 부인(否認)이 발생한다. 문지키는 여종은 베드로에게 "너도 이 사람의 제자 중 하나가 아니냐"고 물었다. 여종은 요한이 예수님의 제자인 줄 알았을 것이고 또 요한이 베드로를 잘 챙기는 것을 보고 베드로가 예수님의 제자 중에 한 사람일 것으로 알고 물은 것이다. 하나님은 그 여종으로 하여금 베드로를 알아보게 하신 것이다. 베드로는 "나는 아니라"고 말하고 말았다. 베드로의 비창(悲愴)한 심정은 말할 수가 없었을 것이다. 그러나 베드로는 아직도 자신이 두 번이나 더 예수님을 부인하게 될 것이라는 것은 생각지 못했을 것이다.

요 18:18.그 때가 추운 고로 종과 아랫사람들이 숯불을 피우고 서서 쬐니 베드로도 함께 서서 쬐더라.

베드로는 요한의 도움으로 그 대제사장의 집 뜰에 들어온 후 예수님의 제자가 아닌 것처럼 변신(變身)을 시도하고 있었다. "종과 아랫사람들(성전 경비병들)이 숯불(21:9)을 피우고 서서 쬐고" 있을 때 베드로도 그들과 한패인 듯이 자신을 은폐하기 위해 함께 불을 쬐고 있었다. 우리가 아무리 변신을 시도한다하더라도 하나님은 사람을 통하여 찾아내신다.

요 18:19.대제사장이 예수에게 그의 제자들과 그의 교훈에 대하여 물으니.

본 절부터 24절까지 예수님은 안나스에게 심문을 받으신다. 혹자는 예수님 당시 현직 대제사장이 안나스가 아니고 가야바라는 이유 때문에 본 절부터 24절까지의 심문을 가야바가 심문한 것으로 주장하나 13절과 24절에 의거하여 안나스로부터 예수님께서 심문을 받으신 것으로 보는 수밖에 없을 것이다. 안나스는 당시 전직 대제사장이었지만 현실적으로 그는 대제사장으로 불리고 있었다(눅 3:2; 행 4:6). 안나스는 예수님에게 그의 제자들과 그의 교훈에 대하여 집중적으로 심문했다. 대제사장은 물량주의에 빠져 예수님의 제자들의 단체가 얼마나 큰가를 알고 싶었으며 또 예수님의 교훈 속에 자기들에게 무슨 해로운 요소가 있는지를 알고 싶었을 것이다. 그는 결코 예수님의 교훈을 알아서 예수님을 믿고자 했던 생각은 전혀 없었다. 다음 절에 예수님께서 안나스의 질문에 답변하시는 것을 보면 안나스는 불순한 의도에서 질문했던 것이 분명하다. 마 2:2-8 참조.

요 18:20.예수께서 대답하시되 내가 드러내 놓고 세상에 말하였노라 모든 유대인들이 모이는 회당과 성전에서 항상 가르쳤고 은밀하게는 아무것도 말하지 아니하였거늘.

예수님은 안나스의 질문을 받으시고 한 가지를 말씀하신다. 곧 "드러내어 놓고 세상에 말씀하셨다"는 것이다(7:14, 26, 28; 8:2; 마 26:55; 눅 4:15). 예를 들면 "모든 유대인들이 모이는 회당(6:59; 막 6:2; 눅 4:16)과 성전(7:14, 28; 8:20; 10:23)에서 항상 가르쳤다"는 것이다. 결코 "은밀하게는 아무것도 말하지 아니하였다"는 것이다. 이렇게 세상에서 공개적으로 가르치셨는데 지금 예수님의 교훈에 대하여 질문하는 의도는 아주 불순한 동기에서 나온 것이다. 예수님은 그의 교훈 중에 하나도 숨길 것이 없었다고 주장하신다.

요 18:21.어찌하여 내게 묻느냐 내가 무슨 말을 하였는지 들은 자들에게 물어 보라 그들이 내가 하던 말을 아느니라.

예수님은 안나스를 향하여 나에게 질문하지 말고 나의 교훈을 "들은 자들에게 물어 보라"고 하신다. 증인을 불러다가 증인한테 물어보라고 하신 것이다. 재판에 증인도 불러오지 않고 불법적으로 하느냐고 추궁한 것이다. 예수님은 그 동안 너무 공개적으로 많이 가르치셔서 예수님의 교훈을 들은 자들이 "내가 하던 말을 안다"고 하신다.

요 18:22.이 말씀을 하시매 곁에 섰던 아랫사람 하나가 손으로 예수를 쳐 이르되 네가 대제사장에게 이 같이 대답하느냐 하니.

예수님의 정당한 말씀을 듣고 있던 성전 경비병 하나가 "손으로 예수를 쳐 이르되 네가 대제사장에게 이 같이 대답하느냐"고 말했다. 첫째, 그는 "손으로 예수님을 쳤다"(렘 20:2; 행 23:2). 가짜 대제사장을 옹호하기 위해 진짜 대제사장을 친 것이다. 이 경비병은 하나님의 아들을 손으로 친 최초의 사람이 되었다. 참으로 불행을 향해 달린 사람이 되었다. 그리고 몇 시간 후에 여러 사람들이 예수님을 쳤다(마 26:67; 막 15:15, 19). 둘째, 이 사람은 "네가 대제사장에게 이 같이 대답하느냐"고 큰 소리를 쳤다. 손으로는 때리고 입으로는 못할 말을 한 것이다. 누가 진짜 대제사장인 줄도 모르고 헛소리를 한 것이다. 이렇게 사람을 분간하지 못하고 행동하는 사람들은 오늘의 교회 안에도 많이 있다.

요 18:23.예수께서 대답하시되 내가 말을 잘못하였으면 그 잘못한 것을 증언하라 바른 말을 하였으면 네가 어찌하여 나를 치느냐 하시더라.

예수님은 "내가 말을 잘못하였으면 그 잘못한 것을 증언하라"고 요구하신다. 여기 "내가 말을 잘못하였으면"이란 말은 '방금 대제사장에게 말을 잘 못했다고 하면'(21절)이란 뜻이다. 혹자는 '예수님께서 평소에 제자들을 교훈하실 때 말을 잘못한 것이 있으면'(20절)이란 뜻으로 해석하나 문맥으로 보아 방금 대제사장에게 말을 잘 못한 것이 있으면 "그 잘못된 부분을 증언하라"는 뜻으로 보아야 할 것이다. 예수님은 자신이 대제사장에게 말을 잘 못했으면 그것도 증인을 세워서 증언했어야 한다고 주장하신 것이다.

예수님은 증인의 증언을 요구하시면서 이어서 "바른 말을 하였으면 네가 어찌하여 나를 치느냐"고 하신다. 성전 경비병이 예수님을 친 것은 잘 못된 것이라는 항의이다. 예수님을 치라고 명령을 받은 것도 아닌데 자신이 생각하여 예수님을 친 것은 위법이라는 것이다. 예수님의 이 말씀은 마 5:39에 말씀하신 교훈을 위반한 것은 아니다. 예수님은 마 5:39에 "악한 자를 대적하지 말라 누구든지 네 오른편 뺨을 치거든 왼편도 돌려대라"고 교훈하셨는데 예수님은 이 말씀을 어기신 것은 아니다. 예수님은 마 5:39에서 복수하거나 정죄하지 말라고 교훈하신 것이지 결코 악을 방관하라는 의미는 아니다. 예수님은 방금 사랑으로 악을 시정하고 계셨던 것이다. 우리는 결코 악을 방관할 수는 없다. 그러나 악한 자를 정죄하지는 말아야 한다.

요 18:24.안나스가 예수를 결박한 그대로 대제사장 가야바에게 보내니라.

안나스는 예수님의 바른 주장에 더 할 말이 없었다. 감당할 수 없었던 것이다. 그래서 그는 예수님을 결박한 그대로 대제사장 가야바에게 보낸 것이다(마

26:57). 본 절 초두에는 "그러므로" 혹은 "그래서"(οὖν)란 말이 있어서 안나스가 예수님을 더 감당할 수 없으므로 안나스가 예수님을 가야바에게 보낸 이유를 암시한다. 그런데 예수님이 가야바에게 보내지실 때 베드로는 다른 장소로 옮기지 않고 그냥 같은 장소에 있는 것을 보아(25절) 안나스와 가야바가 동일한 궁전에 살거나(죤 라일의 주장) 아니면 가야바가 자기의 장인 안나스 집에 다니러 왔다가 거기서 예수님을 심문한 것으로 보인다. 가야바는 현직 대제사장이었던 고로 유대 70인 공회를 소집할 수 있는 사람인고로 이제 예수님은 유대공의회 앞에서 심문을 받으시게 된 것이다.

요 18:25.시몬 베드로가 서서 불을 쬐더니 사람들이 묻되 너도 그 제자 중 하나가 아니냐 베드로가 부인하여 이르되 나는 아니라 하니.

베드로는 이제 제 2차로 예수님을 부인(否認)한다. 공관복음에서는 베드로가 가야바 법정에서 1,2,3차 부인한 것으로 되어 있으나(마 26:69-75; 막 14:66-72; 눅 22:54-62) 본서에서는 안나스의 심문이 있을 때 베드로가 1차로 예수님을 부인하고 2, 3차 부인은 가야바 법정에서 부인한 것으로 되어 있다.[57] 아마도 공관복음서 기자들은 현직 대제사장이 아닌 안나스가 심문한 것을 그저 당시 현직 대제사장인 가야바가 심문한 것으로 말하고 있는 것이다.

본문에 "불을 쬐더니"(θερμαινόμενος)란 말은 현재분사 시제로 '계속해

---

57) 베드로에게 질문을 하는 사람들이 누구냐를 두고 복음서들 사이에 약간의 차이가 보인다. 마태복음에서는 첫 번째 질문자와 두 번째 질문자가 "여종"이긴 하나 피차 다른 "여종"이었으며 세 번째 질문자는 "옆에 섰던 사람들"이었다(마 26:69-75). 그리고 마가복음에서는 첫 번째 질문자와 두 번째 질문자가 "여종"이었으며 세 번째 질문자는 "곁에 서 있는 사람들"이었다(막 14:66-72). 누가복음에서는 첫 번째 질문자가 "여종"이었으며 두 번째와 세 번째의 질문자는 서로 다른 사람이었다(눅 22:54-62). 그리고 요한복음에서는 첫 번째 질문자는 여종, 두 번째 질문자는 "사람들," 세 번째 질문자는 베드로의 칼에 찔렸던 말고와 친척관계에 있는 "종"이었다. 이렇게 복음서의 기록이 서로 다른 이유는 이런 문제는 그 복잡한 환경에서 관찰한 일인고로 기록이 서로 다를 수 있다는 것이다. 마태는 당시 도망간 신분이었고 마가는 베드로에게 들은 것을 기록하는 입장이었고 누가는 여러 증인의 입을 통해 듣고 기록하는 입장이었으며 또 요한은 가장 가까이서 목격한 입장인고로 서로 다를 수 있는 것이다. 아마도 요한의 기록이 가장 정확한 것으로 보면 무난할 것이다. 그렇다고 공관복음서 기자들의 말이 틀렸다고 해서는 안 될 것이다. 관찰의 차이라고 해야 할 것이다.

서 불을 쬔다'는 뜻이다. 베드로는 예수님께서 심문을 받으시는 동안 계속해서 불을 쬐는 일만 한 것 같이 보인다. 더욱이 그는 1차로 예수님을 부인하고 난 다음 그는 그 자리에서 도망할 수 있는 기회도 찾지 못하고 그저 불만 쬐고 있었다. 그런데 불 옆에서 함께 불을 쬐던 사람들은 "너도 그 제자 중 하나가 아니냐"고 묻는다(마 26:69, 71; 막 14:69; 눅 22:58). 베드로는 1차 부인한 경력이 있어서 이제 2차에도 쉽게 "나는 아니라"고 말하고 말았다. 참으로 비참한 심경이 되었을 것이다.

요 18:26.대제사장의 종 하나는 베드로에게 귀를 잘린 사람의 친척이라 이르되 네가 그 사람과 함께 동산에 있는 것을 내가 보지 아니하였느냐.
이제는 제 3차의 부인(否認)의 기회가 오고 있었다. 대제사장의 종 하나(이 종은 베드로가 귀를 벤 말고의 친척이었다)가 베드로를 향하여 '네가 그 사람과 함께 동산에 있는 것을 내가 보지 아니하였느냐"고 묻는다. '내가 너를 분명히 보았다'는 것이다.

요 18:27.이에 베드로가 또 부인하니 곧 닭이 울더라.
드디어 베드로는 3차로 예수님을 부인한다. "베드로가 또 부인하니"라고 말한다. 이제는 완전히 실의(失意)에 빠진 것이다. 이제는 주저할 것 없이 예수님을 부인하고 만 것이다. 그런데 마침 이 때 "곧 닭이 울더라"고 요한은 기록한다(13:38; 마 26:74; 막 14:72; 눅 22:60). 요한은 예수님의 예언이 정확하게 이루어졌다는 것을 보여주고 있다(13:38). 그 닭은 무엇인가 아는 것처럼 정확하게 시간을 맞춘 것이다. 세상 사람들은 이런 일을 두고 무슨 운명의 작란인가라고 말한다. 그러나 우리는 예수님의 예언이 정확하게 이루어지기 위해서 일이 그렇게 되었다고 말한다.

베드로가 예수님을 부인한 사건을 두고 우리는 몇 가지 교훈을 받는다. 1)자신감(自信感)을 가지고 큰 소리를 치는 사람은 언제인가 무너지는 때가 있다는 것이다. 사람은 자신(自身)을 약간만 믿어도 무너지는 것을 경험하게 된다. 우리는 그리스도만 의지해야 한다. 2)십자가의 공로는 예수님 홀로 세우셨다는 것이다. 예수님은 홀로 우리의 구속을 이루셨다. 베드로마저 예수님을 버린 것은 예수님께서 온전히 홀로 우리를 위해 십자가에 달려 고난을 받으셨다는 것을 보여준다. 3)오늘 구속함을 받은 사람들은 하나님만 바라보고 홀로 서야 한다는 것이다. 우리는 사람을 믿지 말고 오직 하나님만 바라보는 중에 힘을 얻어 사람을 구원하는 사람들이 되어야 한다.

공관복음에 보면 베드로가 예수님을 세 번 부인한 후에 "밖에 나가서 심히 통곡했다"고 기록하고 있다. 요한은 사람들이 다 아는 사실을 기록하기보다는 공관복음에 기록되지 않은 것을 기록하기 때문에 여기에 베드로가 통곡한 사실을 기록하지 않고 있다. 전통에 의하면 베드로는 그 때부터 새벽에 닭 울음소리를 들을 때마다 평생 울었다는 것이다. 오늘 우리도 매일 우리의 죄를 통회하면서 하루 한번 울어야 하는 것이다. 제일 좋은 시간으로 새벽을 택하는 것이 제일 좋을 것이다. 이유는 주님과 교제하기에 가장 좋은 시간이기 때문이다.

3.빌라도가 심문하다 18:28-40

안나스의 예비적인 심문과 가야바의 심문을 받으신 예수님은 이제 로마 총독 빌라도의 심문을 받으시면서 고난을 당하신다. 그런데 빌라도는 본 절부터 9:16까지에 걸쳐 예수님을 심문하면서 관정(빌라도의 관저) 안과 밖을 들락날락하면서 심문을 한다. 유대인들이 유월절에 이방인의 집에 들어가면 더러워진다고 하여 관정 안으로 들어가지 않았기 때문에 빌라도는 들락날락하면서 심판한 것이다.

요 18:28.그들이 예수를 가야바에게서 관정으로 끌고 가니 새벽이라 그들은 더럽힘을 받지 아니하고 유월절 잔치를 먹고자 하여 관정에 들어가지 아니하더라.

유대인들은 예수님을 가야바에게서 "관정," 곧 '빌라도의 관저'로 끌고 갔다

(마 27:2; 막 15:1; 눅 23:1; 행 3:13). 유대의 교권자들은 이미 예수님을 사형에 해당한 자로 정죄했으나(막 14:63-64) 사형을 집행할 권한은 없었으므로 사형 집행권이 있는 총독 빌라도의 관저로 끌고 온 것이다(총독의 관저는 가이사랴에 있었으나 큰 절기에는 예루살렘으로 옮겼다. 당시 예루살렘에 있는 헤롯궁을 관저로 사용했다고 한다).

그런데 예수님을 빌라도의 관저로 끌고 온 시간은 "새벽"(새벽 3-6시)이었다. 유대의 교권자들이 예수님을 밤에 심문한 것은 분명히 불법이었는데도 그들은 법을 어기면서 예수님을 심문한 것이다. 그리고 그들은 예수님을 심문한 당일에 유죄판결을 내렸다. 심문한 당일에 유죄 판결을 내리는 것도 불법이었는데 그들은 예수님을 죽이기 위하여 불법을 저지른 것이었다.

유대인들은 예수님을 빌라도의 관저까지 끌고 와서 관사 안으로 들어가지 않았다. 그 이유는 "그들은 더럽힘을 받지 아니하고 유월절 잔치를 먹고자 하여 관정에 들어가지 아니했다"는 것이다(행 10:28; 11:3). 유대인들은 이방인(빌라도는 이방인이었다)의 집에 들어가면 더럽힘을 받는다고 믿었다(행 10:28). 유대인들은 구약 율법을 확대해석하여 이방인의 집에 들어가면 더럽혀진다고 여긴 것 같다(신 7:3-4). 유대인들은 하나님의 아들 예수님을 죽이려고 하나님의 법을 어기면서도 사람이 확대해석한 규례는 잘 지키고 있었다. 놀라울 정도의 외식자들이었고 하나님의 법에 무식한 사람들이었다.

그런데 여기서 한 가지 짚고 넘어가야 할 것이 있다. 그것은 예수님은 제자들과 함께 유월절을 이미 잡수셨는데(13:1) 유대인들은 아직 유월절 잔치를 먹지 않았다고 말한다. 이에 대한 해석으로는 여러 가지 해석이 시도되었으나 그 중에 두 가지의 유력한 해석을 소개한다. 1)유대인들이 먹지 않았다는 유월절은 목요일 저녁의 것을 지칭하는 것이 아니라 7일 동안 매일 먹는 음식인 "차기가" (χηαγιγαη)를 의미한다는 것이다(죤 라일, 윌렴 헨드릭슨, 렌스키, Morris). 그럴듯한 해석이다(대하 30:22). 2)유대인들은 목요일 저녁에 유월절을 먹어야 했음에도 그들이 예수님을 잡아 결박하여 유대 교권주의자들의 심문을 거쳐 총독 관저에 까지 오느라 유월절 먹는 시간을 놓쳤기에 이제라도 유월절을 먹어야 한다는 뜻으로 해석한다(죤 라일, 윌렴 헨드릭슨). 이 두 해석 중에 아마도 둘째 해석이 더 타당한 해석으로 보인다.

요 18:29.그러므로 빌라도가 밖으로 나가서 그들에게 말하되 너희가 무슨 일로 이 사람을 고발하느냐.

유대인들이 빌라도의 관저 안으로 들어가지 않으므로 빌라도[58](주후 26-36 사이에 총독으로 재임했다)가 밖으로 나가서 유대인들에게 말하기를 "너희가 무슨 일로 이 사람을 고발하느냐"고 물어본다. 빌라도는 로마 사람으로 로마의 재판 절차에 따라 피고의 혐의 사실이 무엇인가하고 물은 것이다.

요 18:30.대답하여 이르되 이 사람이 행악자가 아니었더라면 우리가 당신에게 넘기지 아니하였겠나이다.

유대인들은 예수님을 "행악자"로 고소한다. "행악자가 아니었더라면 우리가 당신에게 넘기지 아니하였겠나이다"라고 당당하게 말한다. 벌써 "행악자," '악을 행한 자'로 정죄했으니 죽여만 달라는 식이었다. 예수님은 우리 대신 악인으로 취급을 받으신 것이다(사 53:4-5, 9; 고후 5:21). 그는 우리를 대신하여 빌라도의 법정에서 행악자로 정죄를 받으셨다. 그래서 우리는 의로운 사람이 된 것이다.

그런데 여기 유대인들이 예수님을 그저 "행악자"(κακὸν ποιῶν)로만 고소한 것은 정확한 죄명(罪名)이 아니었다. 정확한 죄명은 그들의 안목으로는

---

58) 빌라도에 대해서는 서로 엇갈리는 평이 있다. 혹자는 빌라도가 나약한 사람으로 어쩔 수 없이 그의 직위를 감당하기 위하여 예수님을 재판했다가 훗날 회개하고 순교자가 되었다고 말한다. 그러나 1세기의 유대인 철학자 필로(Philo)는 총독 빌라도라는 사람이 "잔인하고 오만하며 쉽게 분노하고 특히 유대인들과 사이가 좋지 않았으며 또 유대인들의 종교적 편견을 아주 싫어하였다"는 것이다. 이렇게 질이 좋지 않은 빌라도가 이 때 순순히 유대인들의 말을 들어 재판을 진행한 이유는 큰 절기에 혹시 폭동이 일어날지도 모른다는 두려움 때문이었다는 것이다. 그래서 그는 자기의 관저와 밖을 여러 번 드나들면서 재판을 진행했다는 것이다.

'신성모독죄를 지은 자'라고 해야 한다(마 26:63-66; 막 14:61-64). 유대인들은 예수님을 하나님의 아들로 믿지 않았는데 예수님께서 자신은 '하나님의 아들이시며 그리스도'(마 16:16)라고 주장하셨기 때문에 신성모독죄를 지었다는 것이다. 그러나 로마인들은 신성모독죄 같은 것은 죄로 여기지도 않았고 로마 황제 '가이사'를 반역하는 죄만 문제가 되었다. 그래서 유대인들은 로마 총독에게 예수님을 고소할 때 그저 "행악자"로 두루뭉술하게 죄명을 보고한 것이다. 더욱이 유대인들은 예수님이 계속해서 죄를 지었다고 보고한다. 헬라어 원문에 보면 "예수님은 악을 계속해서 행하고 있었다"(ἦν οὗτος κακὸν ποιῶν)고 말하고 있다. 여기 그들은 "계속해서...이었다"(ἦν)는 단어를 사용한 것이다. 당시 유대의 교권자들은 참으로 악한 사람들이었다. 사람이 신앙을 떠나면 이렇게 악해진다.

요 18:31.빌라도가 이르되 너희가 그를 데려다가 너희 법대로 재판하라 유대인들이 이르되 우리에게는 사람을 죽이는 권한이 없나이다 하니.

빌라도는 예수님을 재판하기를 원하지 않았다. 그래서 빌라도는 "너희가 그를 데려다가 너희 법대로 재판하라"고 말한다. 재판하기를 원치 않았던 이유는 예수님에 대해서 많이 소문을 들어서 두려운 존재임을 알았을 것이고 또한 빌라도가 보기에는 유대인들이 내놓는 죄목은 죄로 성립되지 않았기 때문이었을 것이다.

빌라도의 말에 유대인들은 그대로 순종할 수는 없었다. 그래서 그들은 아예 솔직하게 "우리에게는 사람을 죽이는 권한이 없나이다"라고 말한다. 유대나라가 로마의 직할이 된 이후 사형을 집행하는 권한을 박탈당한 것이다. 그래서 그들은 예수님을 죽이기 위해서 빌라도한테 아부한다. 참으로 그들이 예수님을 주님으로 믿었더라면 천국에 가고 안식을 누리련만 그것도 모르고 덤빈 유대교권주의자들은 불쌍한 사람들이었다. 세상에 태어나지 않은 사람들만 못한 사람들이 된 것이다. 그러나 일이 이렇게 된 것은 예수님의 예언이 이루어지기 위해서였다(3:14-15; 12:32-33; 마 20:19).

요 18:32.이는 예수께서 자기가 어떠한 죽음으로 죽을 것을 가리켜 하신 말씀을 응하게 하려 함이러라.

유대인들이 예수님을 죽여 달라고 야단한 것(앞 절)은 예수님께서 예언하신 말씀이 이루어지기 위해서라는 것이다. 예수님은 자신이 이방인의 손에 넘겨져 죽을 것이라 하셨고(막 10:33; 눅 18:32) 또 십자가에 달려 죽으실 것이라고 예언하셨다(3:14-15; 12:32-33; 마 20:19; 26:2). 예수님의 예언이 이루어지기 위해서는 유대교권자들이 쓰임을 받은 것이다. 하나님의 예언은 사람을 통하여 이루어지는 수가 많이 있다. 예수님은 예언하신대로 우리를 위하여 이루시고야 말았다.

요 18:33.이에 빌라도가 다시 관정에 들어가 예수를 불러 이르되 네가 유대인의 왕이냐.

예수님을 죽여 달라는 유대인들의 간곡한 소원을 듣고(31절) 빌라도는 다시 관정 안으로 들어가서 예수님을 불러 "네가 유대인의 왕이냐"고 질문한다(마 27:11). 빌라도가 이렇게 질문한 이유는 유대교권자들이 예수님을 세 가지 죄목을 붙여 고소했기 때문이었다. 첫째, 예수는 유대인들을 미혹한다는 것, 둘째, 로마 황제에게 세금 바치는 것을 금한다는 것, 셋째, 자신을 가리켜 유대인의 왕이라고 했다는 점 등을 들어 고발한 것이다(눅 23:2). 빌라도는 유대인들의 첫 번째 고발에 대해서는 유대민족끼리 해결할 수 있는 문제로 보고 예수님께 질문하지 않았고, 둘째 문제 곧 세금을 바치는 것을 금했다는 죄목에 대해서는 유대인들이 조작한 죄목으로 보고 질문하지 않은 것으로 보인다. 세금을 내지 말자는 운동은 사실 유대인들이 소원한 것으로 예수님이 그런 운동을 일으키지 않은 것으로 빌라도가 알았던 것 같다. 그리고 세 번째 질문에 대해서는 약간 가능성이 있는 것으로 보고 질문을 한 것 같다. 빌라도는 예수님을 향하여 당신 같은 사람이 무슨 유대인의 왕이 될 수 있겠느냐고 비웃는 식으로 질문한 것이다. 헬라어 원문에 보면 "당신 같은 이가 무슨 유대인의 왕이냐"(Σὺ εἶ ὁ βασιλεὺς τῶν Ἰουδαίων)라고 질문한 것이다. 당신 같은 사람이 대 로마에 반기를 들어 쿠데타를 일으킬 수 있느냐 하는 것이었다. 어림도 없는 소리라는 것이다.

요 18:34. 예수께서 대답하시되 이는 네가 스스로 하는 말이냐 다른 사람들이 나에 대하여 네게 한 말이냐.

예수님은 빌라도의 질문이 누구의 질문이냐고 규명할 필요가 있다고 하신다. 곧 '빌라도, 네 생각으로 질문한 것이냐? 아니면 다른 사람이 말하는 것을 네가 전달식으로 질문한 것이냐? 다시 말해 네 질문이냐, 아니면 유대인들의 질문을 받아 전달한 것이냐'고 물으신다. 누구의 질문이냐에 따라 답이 달라진다는 것이다. 만일 빌라도의 질문이라고 하면 그 질문은 정치적인 질문인고로 예수님은 '나는 정치적인 왕은 아니다'라고 답하셔야 하고, 만일 유대인들 중의 일부의 질문이라고 하면 그것은 예수님이 메시야냐고 질문하는 것이므로 예수님은 '그렇다'고 대답하셔야 한다는 것이다. 빌라도는 가볍게 질문을 했다가 예수님한테서 당하고 만 것이다. 사실은 유대인들은 예수님을 고소할 때 빌라도나 로마 당국에 걸리도록 정치적인 왕이라고 이해해주기를 바랐을 것이다.

요 18:35. 빌라도가 대답하되 내가 유대인이냐 네 나라 사람과 대제사장들이 너를 내게 넘겼으니 네가 무엇을 하였느냐.

빌라도는 예수님의 질문(앞 절)에 대하여 깊은 관심이 없었다. 자기는 유대인도 아니고 그저 유대인들과 대제사장들이 "너(예수)를 내게 넘겼으니 네가 무엇을 하였느냐"고 묻는 것뿐이라는 것이다. '도대체 무엇을 하였기에, 무슨 일을 하였기에, 너를 내게 넘겼느냐'는 것이었다. 빌라도가 이렇게 재판 건을 맡은 것은 빌라도의 소원에 의한 것이 아니라 유대인들과 대제사장들이 예수를 넘겨서 할 수 없이 일을 처리하게 되었는데 도대체 무슨 일을 하였기에 이렇게 이곳까지 오게 되었느냐고 묻는 것뿐이라는 것이다.

요 18:36.예수께서 대답하시되 내 나라는 이 세상에 속한 것이 아니니라 만일 내 나라가 이 세상에 속한 것이었더라면 내 종들이 싸워 나로 유대인들에게 넘겨지지 않게 하였으리라 이제 내 나라는 여기에 속한 것이 아니니라.
빌라도가 예수님을 향하여 "네가 무슨 일을 하였느냐"(앞 절)고 질문한데 대하여 예수님은 '무슨 일을 하셨다'는 대답은 직접적으로 하시지 않고 간접적으로 답하신다. 곧 "내 나라는 이 세상에 속한 것이 아니라"고 하신다(6:15; 8:15; 단 2:44; 7:14; 눅 12:14). 다시 말해 '예수님께서 세우시는 나라는 영적인 나라로서 이 세상에 속한 것이 아니라'고 하신다. 바꾸어 말해 예수님은 '현세적인 나라, 정치적인 나라를 세우려는 것이 아니라'는 것이다. 예수님은 "만일 내 나라가 이 세상에 속한 것이었더라면 내 종들이 싸워 나로 유대인들에게 넘겨지지 않게 하였으리라"고 하신다. 예수님께서 유대나라에 예수님의 왕국을 세우고 예루살렘에 수도를 둔다면 예수님의 "종들," 곧 '천사들'(마 26:53-"열두 영 더 되는 천사")이 싸워 예수님을 유대인들에게 넘겨지지 않게 하였을 것이라고 하신다. 그렇게 하시지 않으신 것은 예수님의 나라가 현세적인 나라가 아니라는 것을 증명해주는 것이라는 것이다. 예수님의 나라는 영적인 왕국으로 세상의 군대에 의하여 확장되거나 혹은 방어되는 것이 아니라고 하신다.

요 18:37.빌라도가 이르되 그러면 네가 왕이 아니냐 예수께서 대답하시되 네 말과 같이 내가 왕이니라 내가 이를 위하여 태어났으며 이를 위하여 세상에 왔나니 곧 진리에 대하여 증언하려 함이로라 무릇 진리에 속한 자는 내 음성을 듣느니라 하신대.
예수님의 말씀을 듣고 있던(앞 절) 빌라도는 신기하게 느껴졌다. 예수께서 이 현세적인 왕국의 왕이 아니라면 무슨 왕이냐고 신기하게 느껴진 것이다. 그래서 빌라도는 "그러면 네가 왕이 아니냐"고 질문한다. 이 질문에 대하여 예수님은 몇 가지로 대답하신다. 첫째, "네 말과 같이 내가 왕이라"고 답하신다. '왕은 왕이라'고 하신다. '사람을 영적으로 다스리는 왕이라'는 뜻이다.

사람을 영적으로 다스려 사탄으로부터 보호하시고 죄로부터 보호하시며 세상의 시험으로부터 보호하시고 질병으로부터 보호하시며 또한 사람을 돌보시고 또 필요한 것을 공급하시고 안식을 주시는 왕이라는 것이다. 둘째, "내가 이를 위하여 태어났으며 이를 위하여 세상에 왔나니 곧 진리에 대하여 증언하려 왔다"고 하신다. 예수님은 '자신이 영적인 왕이 되시기 위해서 육신을 입고 오셨다'고 하신다. 그리고 또 '진리를 증언하기 위해서 이 땅에 오셨다'고 말씀하신다. 예수님 자신이 진리이시기에 자신을 증언하러 오셨으며(14:6), 또한 자신이 하나님의 말씀이시기에 자신을 증언하러 오셨고 (1:1-3) 그는 하나님에게서 들은 것과 본 것을 증언하시기 위해 세상에 오셨다는 것이다(3:11, 32; 8:28, 38; 12:49; 14:10). 셋째, "무릇 진리에 속한 자는 내 음성을 듣느니라"고 하신다(8:47; 요일 3:19; 4:6). 여기 "무릇"이란 말은 '모든 사람'이란 뜻이다. '진리에 속한 자는 예수님의 음성을 듣는다'는 것이다. "진리에 속한 자"란 말은 '하나님의 택함을 받은 자,' '거듭난 자,' '주님을 따르는 자'를 지칭한다. 빌라도 자신도 진리에 속했다고 하면 예수님의 음성을 들어야 한다는 것을 암시하신다. 누구든지 하나님의 택함을 받고 거듭나서 예수님을 주님으로 믿는 자는 예수님의 음성을 들어야 하는 것이다.

요 18:38a.빌라도가 이르되 진리가 무엇이냐 하더라.

빌라도는 진리에 대해 캄캄했다. 그는 자기 앞에 서신 예수님이 진리인 줄도 몰랐고(14:6) 또 예수님의 말씀 중에 일부도 깨닫지 못하고 "진리가 무엇이냐"고 질문한다. 빌라도는 절대적인 진리를 예수님에게 물은 것이 아니라 보편적인 진리, 세상 사람들이 흔히 말하는 진리를 물은 것이다. 그는 소위 진리를 반대하는 사람도 아니고 그렇다고 진리를 탐구하는 사람도 아니었다. 그는 그런 것에 관심이 있었던 것이 아니라 세상 정치에 관심이 있었고 세상 돌아가는 것에 관심이 있었다. 그래서 예수님이 말씀하시는 진리 같은 것에 관해서는 별스럽게 생각했다.

요 18:38b. 이 말을 하고 다시 유대인들에게 나가서 이르되 나는 그에게서 아무 죄도 찾지 못하였노라.

빌라도는 예수님에게 "진리가 무엇이냐"고 질문을 한 다음 다시 유대인들에게 나가서 "나는 그에게서 아무 죄도 찾지 못하였노라"고 말한다(19:4, 6; 마 27:24; 눅 23:4). 예수님께서 자신이 왕이시라는 것을 알리기 위해 이 땅에 오셨다고 하시며 또 자신이 진리임을 알리기 위해서 오셨다고 하시는 것을 듣고 빌라도는 예수님에게 무슨 위험한 것은 없는 것을 확인하고는 '나는 예수에게서 아무 죄 같은 것을 찾지 못했다'고 말한다. 아무 죄도 없는 줄 알았으면 얼른 석방시켜야 했는데 그렇게 하지도 않고 결국 그는 예수님을 십자가에 못을 박도록 내주고 말았다. 진리를 모르는 사람들은 세상을 되는대로 산다.

요 18:39.유월절이면 내가 너희에게 한 사람을 놓아 주는 전례가 있으니 그러면 너희는 내가 유대인의 왕을 너희에게 놓아 주기를 원하느냐 하니.

빌라도는 예수님을 얼른 석방하지 않고 유대인들에게 엉뚱한 제안을 한다. 유월절에 총독의 사면권을 발휘하여 한 사람을 놓아주는 전례가 있는데(마 27:15; 막 15:6; 눅 23:17) "그러면 너희는 내가 유대인의 왕을 너희에게 놓아 주기를 원하느냐"고 묻는다. 빌라도는 정치가로서 불의한 타협을 시도한 것이다. 예수님을 죄가 있는 분으로 만든 다음 사면 형식으로 석방시키면 어떠냐고 유대 교권자들과 군중에게 물은 것이다. 진리를 모르니 진리대로 행하지 않고 사람의 입맛, 곧 사람의 뜻을 물은 것이다.

요 18:40.그들이 또 소리 질러 이르되 이 사람이 아니라 바라바라 하니 바라바는 강도였더라.

유대교권자들과 군중들은 또 소리를 질러(행 3:14) 말하기를 "이 사람이 아니라 바라바라"고 말한다. 유대인들은 예수님을 하나의 "사람"으로만 알았고 예수님보다 바라바를 석방하라고 외친다. 이 때 이들이 이렇게까지 야단한 것은 대제사장들과 장로들의 충동이 있었다(마 27:20; 막 15:11). 요한은 바라바가 누구인지 설명한다. 곧 바라바는 "강도"라는 것이다(눅 23:19). 바라바는 민란을 일으킨 죄로 투옥되었던 사람이다. 유대인들은 로마에 반기를 들고 반란을 일으켰던 바라바에 대해 호감을 가지고 바라바의 석방을 외쳤던 것 같다. 예수님은 유대의 교권주의자들 앞에서 그리고 유대인들 앞에서 강도보다 더 악한 사람으로 취급되었다. 예수님은 죄로 삼음이 되었다(고후 5:21). "예수는 남을 위해 자기의 생명을 바친 생명의 구주, 바라바는 자기를 위해 남의 생명을 빼앗는 살인 강도!"이다(이상근). 잘못 선택한 유대인들과 나약했던 빌라도의 처신 속에서 하나님의 섭리가 이루어졌다.

제 19 장

빌라도의 사형언도와 십자가 처형 및 예수님 시신 장례

XLIII.빌라도가 예수님에게 사형을 언도하다 19:1-16

요한 사도는 앞에서 예수님께서 겟세마네 동산에서 잡히셔서 안나스와 가야바 법정에서 심문을 받으신 것을 기록한(18:1-40) 다음 이제는 빌라도 앞에서 사형을 언도받으신 것을 기록한다(19:1-16). 빌라도가 궁여지책으로 예수님을 때리고 또 능욕을 가하면 석방할 수 있을까하여 시도했으나 제사장들과 유대인들이 예수님의 석방을 반대하고 나선다(1-7절). 빌라도가 예수님을 다시 심문하고 석방하려 하였으나 유대인들이 다시 반대한다(8-12절). 빌라도는 유대 군중의 압박에 못 견뎌 예수님을 군중들에게 내어주고 만다(13-16절).

1.총독 관저 안팎에서 그리스도는 여러 능욕을 당하시다 19:1-7

빌라도는 총독 관저 안에서 적어도 다섯 가지의 능욕을 가하고(1-3절) 총독 관저 밖에 나가서 예수님의 무죄를 주장해 보았으나 역시 대제사장들과 아랫사람들의 함성에 부딪혀 성사시키지 못한다(4-7절).

요 19:1.이에 빌라도가 예수를 데려다가 채찍질하더라.

빌라도가 예수님을 심문하는 중 유대인들의 기세가 꺾이지 않으므로 (18:28-40) "이에"(그러므로) 좀 더 강한 능욕을 가한 다음 무죄 석방을 시도해 볼까하고 다섯 가지의 능욕을 가한 것이다. 첫째, "빌라도가 예수를 데려다가 채찍질 한 것이다." 혹자는 여기서 빌라도가 채찍질을 한 것이 십자가형의 전제라고 말하나(마 마 20:19; 27:26; 막 15:15; 눅 18:33) 뒤에 나오는 빌라도의 무죄 석방운동(4-5절)을 볼 때 빌라도가 채찍질을 한 것은 백성들의 환심을 얻어 볼까하는 시도로 보아야 할 것이다. 당시의 "채찍질"은 무서운 능욕으로 채찍을 맞는 사람들이 채찍을 맞는 중 죽는 수가 많았다는 것이다. 채찍을 가할 때는 채찍에 맞는 사람을 기둥에 묶어놓고 나뭇가지나 혹은 가죽 채찍 끝에 납이나 예리한 못을 매달아 쳤다는 것이다. 2004년 4월 2일 멜 깁슨 감독의 '예수의 수난'(The passion of Christ)이라는 영화가 개봉되어 오랫동안 상영되었는데 미국을 비롯하여 세계 여러 나라에서 큰 반향을 일으켰다. 그 영화에서 예수는 인간으로 상상할 수 없는 정도로 매를 맞는 장면이 나왔다. 그래서 어떤 사람들은 그 장면이 나올 때마다 너무 끔찍해서 눈을 감고 있기도 하고 혹은 어떤 사람들은 흐느껴 울기도 하며 또 어떤 사람들은 화장실에 가서 있다가 오기도 하는 것을 볼 수 있었다. 예수님께서 이렇게 매를 맞으실 일에 대해서는 구약 이사야 53:5절에 기록되어 있다. 사 53:5에 "그가 채찍에 맞으므로 우리가 나음을 받았도다"라고 말씀하고 있다. 예수님께서 맞으심으로 우리는 나음을 입은 줄 믿어야 한다.

요 19:2.군인들이 가시나무로 관을 엮어 그의 머리에 씌우고 자색 옷을 입히고

둘째, "군인들이 가시로 관을 엮어 그의 머리에 씌웠다." 로마 군인들이 어떤 가시나무로 관을 엮었는지는 확실히 알 수 없다. 혹자는 예루살렘 부근에서 발견되는 가시나무의 일종으로 잘 휘어져 관을 만들기에 용이한 리시움 스피노숨(Lycium Spinosum)이라는 나무로 관을 만들었다고 한다. 가시나무로 관을 엮어 예수님의 머리에 씌웠으니 머리가 가시에 계속해서 찔리셨을 것이다. 성경은 "그가 찔림은 우리의 허물 때문이요"(사 53:5)라고 말씀한다. 우리의 허물은 너무 컸던 것이다. 또 이 가시나무 관은 왕관을 대신하여 씌운 것이다. 다시 말해 예수님은 가짜 왕이라는 뜻이었다(마 27:29; 막 15:17). 가짜들이 진짜 왕을 조롱한 것이다. 예수님이 왕이라고 주장하신 사실(18:37)에 대해서 그들은 죽도록 싫어한 것이다. 그들은 그리스도를 몰라 그리스도를 조롱했지만 그리스도야 말로 만왕의 왕이시다(딤후 6:15).

셋째, "자색 옷을 입혔다." "자색 옷"은 왕이 입는 옷인데 예수님을 가짜 왕이라는 뜻으로 자색 옷을 입힌 것이다(마 27:28; 막 15:17). 조롱하려면 그냥 조롱하지 자색 옷을 입히고 조롱한 것은 최대한의 능욕을 주려는 행위였다. 그리스도에 대한 말할 수 없는 미움을 보여준 행위였다. 그리스도께서는 우리 대신 말할 수 없는 능욕을 당하신 분이시다.

요 19:3.앞에 가서 이르되 유대인의 왕이여 평안할지어다 하며 손으로 때리더라.

넷째, 유대인들은 예수님을 왕처럼 분장해 놓고(2절) 예수님 "앞에 가서 이르되 유대인의 왕이여 평안할지어다"라고 거짓 인사를 한다(마 27:29; 막 15:18). 그 사람들은 예수님 앞에 가서 한 사람씩 "유대인의 왕이여 평안할지어다"라는 말을 하면서 인사를 한 것이다. 그런데 마태복음은 이 장면을 더욱 심각하게 묘사한다. 곧 "가시관을 만들어 그의 머리에 씌우고 갈대를 그 오른 손에 들리고 그 앞에서 무릎을 꿇고 희롱하여 이르되 유대인의 왕이여 평안할지어다 하며 그에게 침 뱉고 갈대를 빼앗아 그의 머리를 치더라"고 말한다(마 27:29-30). 예수님을 만왕의 왕으로 높여도 부족한데(빌 2:9-11; 딤후 6:15) 예수님에게 이런 모욕을 드렸으니 그들은 세상에 나지 않았더라면 좋았을 번한 사람들이 되었다. 다섯째, 그들은 예수님을 "손으로 때렸다." 채찍으로 때린 것은 육신적인 고통에 속하나(1절) 손으로 얼굴을 때린 것은 극도의 치욕임에 틀림없다. 빌라도가 이렇게 예수님에게 행한 것은 백성들의 마음을 누그러뜨려 예수님을 석방시켜 보려고 한 것이지만 아무 효험이 없었다. 빌라도는 예수님에게서 죄를 발견하지 못했으면 그냥 석방시켜야 했었다. 얄팍한 수단을 쓰는 것은 잠시 어려운 고비를 지나는 데는 통할지 모르나 궁극적으로는 아무 유익이 없는 것이다.

요 19:4.빌라도가 다시 밖에 나가 말하되 보라 이 사람을 데리고 너희에게 나오나니 이는 내가 그에게서 아무 죄도 찾지 못한 것을 너희로 알게 하려

함이로라 하더라.

빌라도는 총독 관저 안에서 예수님에게 고통을 드린(1-3절) 후 이제는 밖에 나가서 예수님의 모습을 보이면서 군중들의 동정을 얻어 보려고 한다. 빌라도는 "보라 이 사람을 데리고 너희에게 나오나니 이는 내가 그에게서 아무 죄도 찾지 못한 것을 너희로 알게 하려 함이로라"고 말한다(6절; 18:38). "아무 죄도 찾지 못한 것을 너희로 알게 하려 함이라"고 말했다면 총독의 권한으로, 재판장의 권한으로 그냥 석방했으면 되었을 것이지만 나약한 빌라도로서는 도저히 거기까지 이르지 못했다. 빌라도는 이번에도 석방에 성공하지 못한다(첫 번 시도는 18:38b에 있다).

요 19:5.이에 예수께서 가시관을 쓰고 자색 옷을 입고 나오시니 빌라도가 그들에게 말하되 보라 이 사람이로다 하매.

예수님은 수없는 채찍질을 당하시고(1절) "가시관을 쓰고 자색 옷을 입고 나오셨다." 예수님의 모습이야 말로 한없는 동정심을 일으킬 수 있었고 혹은 통쾌감도 일으킬 수 있었으며 혹은 두려운 공포감도 일으킬 수 있었을 것이다. 빌라도는 예수님을 이렇게 만들어 놓고 유대인의 동정을 얻어 보려고 "보라 이 사람이로다"라고 했다. 얼마 전에 총독의 관저에 들어갔던 예수와는 다른 사람이 아니냐 하는 말이다. '보라, 이 처참한 사람을!'이라는 뜻이었다(사 53:2-3). 이 사람에게 동정을 해보라는 것이었다. 그러나 유대인들은 절대로 동정하지 않고 세상에서부터 아주 없애버리라고 야단이다(6-7절). 우리의 메시야는 우리를 위해 처참한 모습이 되어야 했다. 우리가 그만큼 죄를 지었으니 말이다.

요 19:6.대제사장들과 아랫사람들이 예수를 보고 소리 질러 이르되 십자가에 못 박으소서 십자가에 못 박으소서 하는지라 빌라도가 이르되 너희가 친히 데려다가 십자가에 못 박으라 나는 그에게서 죄를 찾지 못하였노라.

대제사장들과 성전경비병들과 유대인들의 반응은 뻔했다(마 27:20; 막 15:8,

13). 그들은 "예수를 보고 소리 질러 이르되 십자가에 못 박으소서 십자가에 못 박으소서"라고 했다(행 3:13). 여기 "소리 질러"(ἐκραύγασαν)란 말은 '고함을 치다'라는 뜻이다. 유대인들이 악을 쓰면서 고함치는 소리를 듣고 빌라도는 기가 막혀 "너희가 친히 데려다가 십자가에 못 박으라 나는 그에게서 죄를 찾지 못하였노라"고 말한다. 자기는 더 관여하기를 원치 않는다는 것이다. 아예 손을 털겠다는 것이다. 이유는 예수님에게서 죄를 찾지 못하기 때문이라는 것이다. 이번의 3차 무죄주장(첫 번째는 18:38, 두 번째는 4절)도 결국은 성공하지 못하고 만다. 우리는 사탄과는 타협하지 않아야 한다.

요 19:7.유대인들이 대답하되 우리에게 법이 있으니 그 법대로 하면 그가 당연히 죽을 것은 그가 자기를 하나님 아들이라 함이니이다.
유대인들이 예수님을 십자가에 못 박으라고 주장(앞 절)하는 이유는 다름 아니라 자기네들의 법대로 판단할 때(레 24:16) 예수가 자기를 "하나님 아들"이라고 하기 때문이라는 것이다(5:18; 10:33; 마 26:65). 유대인들은 이제야 자기들의 속내를 드러낸다. 유대인들이 예수님을 고발하는 이유가 세 가지라고 했지만(눅 23:2-백성을 미혹하는 사람, 로마 가이사에게 세 바치는 것을 금하는 사람, 자칭 왕이라고 한다는 것) 그것은 고발하는 명분을 세우기 위한 것이었고 사실은 그 세 가지가 아니라 단 한 가지 종교적인 문제라는 것이다. 다시 말해 예수님을 십자가에 처형해야 하는 이유는 단 한 가지 "그가 자기를 하나님 아들이라"고 한다는 것이다(레 24:16). 유대인들은 예수님에 대한 시기심을 버리고 신중하게 살폈어야 했던 것이다. 그랬다면 니고데모나 아리마대 요셉처럼 예수님을 믿는 사람들이 되었을 것이다.

2.빌라도가 관정 안에서 예수님을 다시 심문하고 석방을 시도하다 19:8-12

요 19:8.빌라도가 이 말을 듣고 더욱 두려워하여.
빌라도는 자기의 소견을 주장하지 못하고 밀리고 밀려서 이제는 유대인들의 말을 듣고 두려워하는데 까지 이르고 말았다. 1)빌라도는 예수님께서 하나님 아들이라고 하는 유대인들의 말을 듣고 "더욱 두려워하게" 되었다. 혹시 예수님이라고 하는 분이 무슨 신(神)일지도 모른다는 생각이 든 것이다. 그리고 자기의 아내가 간밤에 꿈을 꾸고 "저 옳은 사람에게 아무 상관도 하지 마옵소서"(마 27:19)라는 말을 전달해 와서 빌라도는 두려움에 휩싸이게 된 것이다. 2)유대인들이 강경하여져서 폭동이 날지도 모른다는 생각이 들어 더욱 불안을 느꼈을 것이다. 우리는 세상에서 하나님의 말씀대로 바로 믿고 나가면 형통하게 되니 두려움 없이 살게 된 것을 감사해야 할 것이다.

요 19:9.다시 관정에 들어가서 예수께 말하되 너는 어디로부터냐 하되 예수께서 대답하여 주지 아니하시는지라.

빌라도가 두려움에 싸인 것이 확실한 것을 본 절이 증언한다(8절). 다시 말해 예수라고 하는 분이 신적인 인간인지도 모른다는 생각에서 두려워 한 것이 확실한 것은 빌라도가 다시 관정에 들어가서 예수님께 "너는 어디로부터냐" 하고 질문한 것을 보면 알 수 있다. 빌라도는 진짜 예수라고 하는 분이 하늘에서 왔을 수도 있을 것이라고 겁을 먹은 것이다. 그래서 "어디서부터 오셨습니까?" 라고 질문을 했는데 저자 요한은 "예수께서 대답하여 주지 아니하시는지라"고 말한다(사 53:7; 마 27:12, 14). 예수님께서는 이미 자기가 어떤 분임을 말씀하셨으니(18:36-37) 여기서 더 대답할 필요가 없으셨다. 예수님은 공연히 말씀을 많이 하는 분이 아니었다(사 53:7; 마 26:63; 막 15:5; 눅 23:8-9). 이미 한 번 두 번 말을 진지하게 한 다음에는 침묵이 참 대답인 수가 있다.

요 19:10.빌라도가 이르되 내게 말하지 아니하느냐 내가 너를 놓을 권한도 있고 십자가에 못 박을 권한도 있는 줄 알지 못하느냐.

빌라도는 이제 두려움에 사로 잡혀 예수님에게 조른다. "내게 말하지 아니하느냐"고 조른다. 빌라도는 예수님이 대답하시지 않는 것을 보고 약간 기분이 상한 것 같다. 그래서 자기가 가지고 있는 권한을 말하면서 설득한다. 자기에게 예수님을 놓을 권한도 있고 십자가에 못 박을 권한도 있다는 것이다. 빌라도는 자기가 최종적인 권한을 가지고 있는 줄 알았다. 무지한 사람이었다. 그가 무식했기에 그는 교만하게 예수님에게 자기의 권한을 말한 것이다. 무식하면 교만하기 마련이다. 우리는 우리 위에 하나님이 계신 줄 알고 겸손하게 살아야 할 것이다.

요 19:11.예수께서 대답하시되 위에서 주지 아니하셨더라면 나를 해할 권한이 없었으리니 그러므로 나를 네게 넘겨 준 자의 죄는 더 크다 하시니라.
예수님은 빌라도가 예수님의 생명을 좌지우지(左之右之) 할 수 있다고 하는 교만한 말에 "위에서 주지 아니하셨더라면 나를 해할 권한이 없었다"고 말씀하신다(7:30; 눅 22:53). 곧 '하나님께서 주지 아니하셨다면 예수를 해할 권한이 없었을 것이라'는 것이다. 빌라도는 자기의 권세가 하나님으로부터 온 줄 모르고 예수님께 교만하게 말한 것이다. 세상 왕들의 정치적인 권세, 대통령들의 정치적인 권세도 다 하나님께서 주신 권세이다(롬 13:1-4).

예수님은 "그러므로 나를 네게 넘겨 준 자의 죄는 더 크다"고 하신다. "그러므로," 곧 '예수님을 빌라도에게 넘겨 준 가야바는 빌라도와 같이 위에서부터 권한도 받지 않고 예수님을 빌라도에게 넘겨주었으므로' "나를 네게 넘겨 준 자(단수), 곧 가야바의 죄는 더 크다고 하신 것"이다. 빌라도도 죄가 있는 것은 사실이다. 그러나 그는 하나님으로부터 권한을 받고 일을 처리하는 것이지만 가야바(산헤드린 공의회)는 권한을 받지 않고 예수님을 십자가에 처형하도록 빌라도에게 넘겼으니 가야바의 죄는 더 크다는 것이다. 혹자는 가야바나 산헤드린이 빌라도보다 죄가 더 큰 이유는 빌라도는 무식하지만 가야바나 산헤드린은 모든 권세가 하나님으로부터 온다는 사실을 알면서도 예수님을 넘겼으니 지식을 가지고 지식을 거스른 죄를 지었으니 가야바의 죄가 빌라도의 죄보다 더 크다고 예수님께서 말씀하셨다는 것이다. 그러나 본문의 문맥을 살필 때 빌라도는 권한을 받았고 가야바는 그런 권한을 받지 않았다는 차원에서 고려해야 할 것이다. 본문에 대한 해석은 많으나 아무래도 문맥을 따라 권한을 받았느냐 혹은 안 받았느냐는 것을 중심하여 고찰해야 할 것이다.

요 19:12.이러하므로 빌라도가 예수를 놓으려고 힘썼으나 유대인들이 소리 질러 이르되 이 사람을 놓으면 가이사의 충신이 아니니이다 무릇 자기를 왕이라 하는 자는 가이사를 반역하는 것이니이다.

본 절은 빌라도가 예수님을 석방하려고 힘쓴 일과 유대인들이 예수님을 놓지 말고 십자가에 못 박으라고 빌라도를 압박하고 있는 것을 말한다. "이러하므로," 곧 '예수님의 무서운 말씀을 들었으므로' "빌라도가 예수를 놓으려고 힘썼다"는 것이다. 여기 "힘썼다"(ἐζήτει)는 말은 미완료 시제로 '계속해서 힘을 쓰고 있었다'는 뜻으로 빌라도는 계속해서 예수님을 석방하려고 힘을 쓰고 있었음을 뜻한다.

그러나 "유대인들이 소리 질러 이르되 이 사람을 놓으면 가이사의 충신이 아니니이다 무릇 자기를 왕이라 하는 자는 가이사를 반역하는 것이니이다"라는 소리는 빌라도를 심히 압박했다(눅 23:2; 행 17:7). 유대인들은 로마 황제 '가이사'(당시의 황제는 티베리우스, A.D. 14-37년 통치)를 지독히 싫어했지만 예수님을 죽이려는 일념을 실현해 나가기 위해서는 하지 못할 소리까지 다 들먹였던 것이다. 예수님을 석방시키면 가이사의 충신이 아니라는 말은 빌라도를 압박하는 소리 중에서 빌라도의 심경을 심하게 건드렸을 것이다.

3.빌라도가 유대 군중의 압박 때문에 예수님을 군중들에게 내주다 19:13-16

요 19:13.빌라도가 이 말을 듣고 예수를 끌고 나가서 돌을 깐 뜰(히브리 말로 가바다)에 있는 재판석에 앉아 있더라.

빌라도는 군중들의 아우성을 듣고 하는 수 없이 "예수를 끌고 나가서 돌을 깐 뜰에 있는 재판석에 앉아 있더라"고 요한은 말한다. 여기 "앉아 있더라"(ej-kavqisen)는 말은 자동사로 보아 빌라도가 앉아서 재판하는 것으로 보는 것이 옳을 것이다. 빌라도는 예수님을 석방시키려고 여러 번 시도했으나 군중들한테 결국 굴복하고 만다. 그는 자기의 직위를 걸고 예수님을 석방시킬 수는 없었다.

자기의 직위가 예수님보다 더 중요했다. 우리 기독교인들은 무엇보다 예수님을 더 귀하게 여겨야 하는 것이다(마 10:37). 그럴 때 나도 살고 내 직위도 보존되는 것을 알아야 할 것이다.

요 19:14.이 날은 유월절의 준비일이요 때는 제 육시라 빌라도가 유대인들에게 이르되 보라 너희 왕이로다.

요한은 예수님께서 십자가에 달리신 날과 시간을 정확하게 말하고 있다. 그는 진정 목격자였다. 요한은 "이 날은 유월절의 준비일이라"고 알려준다(마 27:62). 얼핏 읽으면 '이 날은 목요일이라'고 하는 것 같이 들린다. 그러나 "유월절의 준비일"이란 말은 공관복음에 의하면 '유월절 주간의 안식일에 대한 준비일'이라는 뜻이다(마 27:62; 막 15:42; 눅 23:54). 곧 '안식일 토요일 하루 전날 금요일'이라는 뜻이다. 예수님은 금요일에 죽으신 것이다.

그리고 "때는 제 6시라"고 한다. 이 시각은 예수님께서 빌라도에게 재판을 받으신 때이다. 요한 사도가 말하는 제 6시는 로마 시간으로 오전 6시를 지칭한다(우리나라 시간과 같다). 이 때 재판을 받으시고 십자가까지 가서 오전 9시에 십자가에 못 박히셨다. 그런데 마가복음(14:25)은 유대 시간을 사용하여 예수님께서 십자가에 못 박히신 때를 제 3시라고 말한다(유대 시간은 오전 6시부터 시작하여 계산하는고로 제 3시는 우리 시간으로 오전 9시이다).

빌라도는 아침 일찍 예수님을 재판하려고 하면서 유대인들에게 말하기를 "보라 너희 왕이로다"라고 말한다. '너희들의 왕을 보라!'고 외친다. 이 시간 빌라도의 심경 속에는 무슨 생각들이 있었을 것인가. 첫째, 빌라도는 유대민족을 심히 미워하는 마음으로 "보라 너희 왕이로다"라고 말한 것이다. '그렇게까지 죽이려고 할 것이 무엇이 있느냐. 참 이상도 하다'라는 심정이었을 것이다. 둘째, 빌라도의 분노가 포함된 말일 것이다. 그렇게까지 여러 번 석방을 시도했는데 결국은 수포로 돌아간 것에 분노가 포함된 것이다. 영국의 유명한 설교자 죤 라일은 "자신을 왕으로 내세우며 가이사의 원수가 된다고 너희가 고소한 이 사람을 보라! 피를 흘리며 연약하고 겸손하며 온유하고 아무 힘도 없는 이 죄수를 보라! 너희는 이 가엽고 악의 없는 자를 두려워하였고 나로 하여금 십자가에 못 박기를 소원하였다! 너희는 너희 자신의 왕이 사형에 처해지기를 원하느냐? 이것이 정녕 너희가 원하는 것이냐? 그를 보라. 그리고 말하라"고 말한다.

요 19:15.그들이 소리 지르되 없이 하소서 없이 하소서 그를 십자가에 못 박게 하소서 빌라도가 이르되 내가 너희 왕을 십자가에 못 박으랴 대제사장들이 대답하되 가이사 외에는 우리에게 왕이 없나이다 하니.

빌라도가 유대인들을 향하여 예수님을 이렇게까지 기어코 죽여야 하느냐고 말했을 때(앞 절) 그들은 하나도 후회하는 기색이 없이 빌라도를 향하여 "없이 하소서 없이 하소서 그를 십자가에 못 박게 하소서"라고 외친다. 일반 백성들은 교권주의자들의 꾐에 넘어가 막가고 있었다. 참으로 긍휼 없는 백성이요 잔인한 백성이었으며 흡혈귀 같은 사람들이었다. 빌라도는 그래도 다시 한 번 석방의 기회를 만들어 보려고 "내가 너희 왕을 십자가에 못 박으랴"고 물어본다. '너희 동족을 십자가에 못 박으랴'고 물은 것이다. 이 때 대제사장들은 "가이사 외에는 우리에게 왕이 없나이다"라고 속에도 없는 말을 한다(창 49:10). 그들은 로마 황제를 그토록 싫어하면서도 예수님을 죽이려는 계획을 실현하기 위하여 마음에도 없는 말을 큰 소리로 외친 것이다.

요 19:16.이에 예수를 십자가에 못 박도록 그들에게 넘겨 주니라.

빌라도는 이제 "예수를 십자가에 못 박도록 그들에게 넘겨주었다"(마 27:26, 31; 막 15:15; 눅 23:24). 그는 소위 몸조심하면서 자기로서는 최선을 다 했지만 유대의 교권자들과 백성들에게 떠밀려 예수님에게 사형을 선고하고 말았다. 그는 예수님을 심판했지만 이제 예수님의 심판을 기다리고 있다. 빌라도는 그리스도의 심판을 받기 전에 오늘도 수없는 성도들의 입에 오르내리고 있다. "본디오 빌라도에게 고난을 받으사 십자가에 못 박혀죽으시고" 우리는 매주일 사도신경을 외우면서 빌라도의 악행을 기억하고 있다. 예수님의 재림의 날까지!

XLIV.예수님께서 십자가에서 처형되시다 19:17-30

예수님께서 총독의 관저 안팎에서 육체적인 고난과 인격적인 모욕을 당하시다가 드디어 빌라도에 의해 유대인들에게 내어준 바 된 후(1-16절) 이제는 유대인들이 예수님을 맡아 십자가에 못을 박는다(17-30절). 예수님은 자기의 십자가를 지시고 골고다 언덕으로 가셔서 십자가에 못 박히신다(17-18절). 빌라도는 유대교권자들의 의사와는 달리 예수님을 위하여 "나사렛 예수 유대인의 왕"이라고 쓴 패를 만들어 십자가에게 붙이고(19-22절) 로마 군병들은 예수님의 겉옷을 나누어가지고 속옷에 대해서는 나누지 않고 제비 뽑아 한 사람이 가진다(23-24절). 예수님은 그 어머니를 요한 사도에게 맡기고(25-27절), 모든 일이 다 이루어진 줄 아시고 신 포도주를 받으시고 "다 이루었다"는 말씀을 남기시고 영혼이 떠나가신다(28-30절).

요 19:17.그들이 예수를 맡으매 예수께서 자기의 십자가를 지시고 해골(히브리 말로 골고다)이라 하는 곳에 나가시니.

"그들," 곧 '대제사장들과 유대인들'(14-15절)이 "예수를 맡으매 예수께서 자기의 십자가를 지시고(마 27:31, 33; 막 15:21, 22; 눅 23:26, 33) 해골(골고다)이라 하는 곳에 나가신다." 유대인들이 빌라도로부터 예수님을 "맡았을" 때 그들은 지극히 유쾌하였을 것이고 대단한 승리감에 도취되었을 것이다. 이제는 세상이 깨끗이 청소되어 자기들의 세상이 된 줄로 알았을 것이다. 예수님께서 부활하실 줄은 꿈에도 상상하지 못했을 것이다.

유대인들은 예수님을 맡은 후 예수님에게 십자가를 지우고 승리감에 도취되어 이른 아침 시간인데도 피곤한 줄 모르고 해골이라 하는 곳까지 전진했다(민 15:36; 히 13:12). 예수님께서 십자가까지 가시는 도중 예루살렘의 여자들은 예수님을 불쌍히 여겨 울면서 따라갔다. 그러나 예수님은 "예루살렘의 딸들아 나를 위하여 울지 말고 너희와 너희 자녀를 위하여 울라"고 하신다(눅 23:28). 인생은 예수님을 위하여 울 것이 아니라 죄로 찌들어버린 자신들을 위하여 울어야 한다.

예수님께서 십자가를 지시고 골고다까지 가시는 도중 구레네 시몬이 그 십자가를 대신 지고 갔다(마 27:32; 막 15:21; 눅 23:26). 예수님은 그 동안 너무 육신적으로 지치셔서 그 십자가의 무게를 감당하지 못하셨던 것이다. 유대인들이 예수님 사정을 보아 준 것이 아니라 한 시라도 빨리 못 박아 죽일 심산으로 이렇게 구레네 시몬을 이용한 것이다.

예수님께서 십자가에 못 박히신 곳이 해골이라고 이름 붙여진 곳이었는데 그렇게 이름 붙여진 이유는 그 지형이 사람의 두골같이 불쑥 나왔기 때문이었을 것이다(Zahn). 이 "해골"이라고 하는 곳은 히브리말로 "골고다"였다. 역시 '해골'이란 뜻이다. 예수님의 죽음은 만인을 위하여 죽는 죽음인고로 많은 사람들이 볼 수 있는 곳에서 죽으셔야 했다. 우리는 오늘도 그 골고다 언덕의 십자가를 쳐다보아야 한다.

요 19:18.그들이 거기서 예수를 십자가에 못 박을새 다른 두 사람도 그와 함께 좌우편에 못 박으니 예수는 가운데 있더라.

유대인들이 "해골" 언덕위에서 예수님을 십자가에 못 박았다. 그는 대신 죽음을 죽으러 오셨으니(마 20:28; 막 10:45) 드디어 십자가에 못 박히신 것이다. 십자가 처형은 사람을 처형하는 중에 가장 가혹한 처형 방법이었으므로 로마 사람에게는 적용하지 않았다. 예수님은 강도들과 똑 같은 대접을 받아 강도(행악자) "두 사람"과 함께 십자가에 못 박히셨다(마 27:38; 막 15:27; 눅 23:33). 한편 강도는 예수님께 죄를 회개하지 않고 끝까지 예수님을 욕했고, 또 한편 강도는 처음에는 예수님을 욕하다가 나중에 가서는 회개했다. 예수님은 죽으시는 순간까지 사람을 구원하시며 죽으셨다.

요 19:19.빌라도가 패를 써서 십자가 위에 붙이니 나사렛 예수 유대인의 왕이라 기록되었더라.

빌라도가 패를 써서 십자가 위에 붙였다. 그러니까 십자가 형틀은 패를 써서 붙일 수 있는 십자가 형틀이었다. 패에 기록된 글은 "나사렛 예수 유대인의 왕"이었다(마 27:37; 막 15:26; 눅 23:38). 예수님의 십자가 형틀에만 패가 있는 것이 아니라 다른 사람들의 십자가 형틀에도 패가 있었다. 죄수는 자기의 이름과 죄명을 쓴 패를 목에 걸고 가서 그 패를 십자가 형틀에 붙이고 죽는다. 그런데 사복음서에 기록된 예수님 패의 글은 약간씩 다르다. 마태복음에는 "이는 유대인의 왕 예수라(마 27:37)," 마가복음에는 "유대인의 왕이라(막 15:26)," 누가복음에는 "이는 유대인의 왕이라"(눅 23:38)고 기록되었다. 빌라도는 유대인들한테 밀려 예수님을 내주고 난 후 마음에 가책을 받고 있던 중 성령님의 역사가 있어 예수님의 패를 "나사렛 예수 유대인의 왕"이라고 쓴 것이다. 빌라도가 쓴 대로 예수님이야 말로 "왕"이시다. 그는 우주를 창조하셨고 또 우주를 통치하고 계시며 교회의 머리이시고 앞으로 재림하실 왕이신 것이다. 우리는 왕께 절대적으로 순종해야 할 것이다.

요 19:20.예수께서 못 박히신 곳이 성에서 가까운 고로 많은 유대인이 이 패를 읽는데 히브리와 로마와 헬라 말로 기록되었더라.

예수님께서 십자가에 못 박히시는 시간에 많은 사람이 예루살렘에서부터 왔다. 가깝기 때문이었다. 유대인들이 이 패를 읽는데 온 세상에 널리 통할만한 세 나라 언어(히브리어, 라틴어, 헬라어)로 기록되어 있어서 누구나 이 중에 한 가지 언어로 읽을 수 있었다. 예수님이 왕이신 줄을 누구나 다 알아야 하는 것이다. 예수님은 우주적인 왕이시었다.

요 19:21-22.유대인의 대제사장들이 빌라도에게 이르되 유대인의 왕이라 쓰지 말고 자칭 유대인의 왕이라 쓰라하니 빌라도가 대답하되 내가 쓸 것을 썼다 하니라.

대제사장들에게 이제 처음으로 기분이 언짢은 시간이 돌아온 것이다. 지금까지는 그래도 모든 것이 잘 진행된 편이었다. 예수에게 사형이 선고되었고 예수가 골고다까지 오게 되었으며 예수를 십자가에 못 박아 이제는 골치 아픈 일이 없어져서 기분이 꽤 좋은 편이었는데 그만 예수님의 패를 읽는 순간 기분이

나빠진 것이다. 그래서 대제사장들은 빌라도에게 "유대인의 왕이라 쓰지 말고 자칭 유대인의 왕이라 쓰라"고 부탁한다. "자칭"이란 말을 하나 삽입해달라는 것이었다.

그러나 빌라도는 이번만큼은 양보하지 않는다. "내가 쓸 것을 썼다"고 말한다. 이제는 더 밀리지 않겠다는 것이었다. 성령님의 역사였다. 잠언 21:1에 "왕의 마음이 여호와의 손에 있음이 마치 봇물과 같아서 그가 임의로 인도하시느라"고 말한다. 하나님은 빌라도의 마음을 약하게 하셔서 예수님을 유대인들에게 넘겨주게 하시므로 우리를 위한 대속의 죽음을 죽게 하셨고 이제는 강하게 하셔서 패를 고치지 않게 하신다. 세상의 모든 사람은 하나님의 손 안에 있어서 주장을 받는 것이다.

요 19:23.군인들이 예수를 십자가에 못 박고 그의 옷을 취하여 네 깃에 나눠 각각 한 깃씩 얻고 속옷도 취하니 이 속옷은 호지 아니하고 위에서부터 통으로 짠 것이라.

본 절과 다음 절은 로마의 군인들이 예수님을 십자가에 못 박은 다음 예수님께서 남기고 가신 두 종류의 옷(겉옷과 속옷)을 자기들 나름대로 취급한 것을 기록한다(마 27:35; 막 15:24; 눅 23:34). 그러나 그들은 자기들 입맛대로 취급했지만 그것도 구약 성경에 기록된 대로 되었음을 요한이 밝힌다(24절).

군인들은 먼저 예수님의 겉옷을 나누어 한 깃씩 얻는다. 곧 "네 깃에 나눠 각각 한 깃씩 얻었다." 여기 "옷"(τὰ ἱμάτια)은 '겉옷'을 말하는데 유대인들의 겉옷은 네 깃으로 되어 있었다. 예수님의 겉옷도 역시 네 깃으로 되어 있었다. 머리를 쌌던 수건, 몸을 두루 감고 있던 천(소매 없는 겉옷), 허리띠, 신발(샌들) 등이었다. 아마도 당시 예수님을 십자가에 못 박은 군인은 네 명인 듯이 보이는데(백부장은 따로 있고) 그들은 예수님의 곁에 지니셨던 것들을 하나씩 가졌다. 그런 다음 군인들은 속옷에 대해서는 찢지 말고 제비를 뽑아 한 사람의 군인이 가졌다. 곧 "속옷도 취하니 이 속옷은 호지 아니하고 위에서부터 통으로 짠 것이라"고 한다. 여기 "호지 아니하고"란 말은 이음새

없이 통으로 짠 것을 말한다. 군인들은 원피스 형식으로 된 속옷을 제비 뽑아 한 사람이 가진 것이다. 군인이 예수님의 속옷을 취한 다음에는 예수님은 벌거벗으신 상태로 되셨다. 예수님은 우리에게 의의 옷을 입혀주시기 위해서 자신은 옷이 벗겨지신 것이다.

요 19:24.군인들이 서로 말하되 이것을 찢지 말고 누가 얻나 제비 뽑자 하니 이는 성경에 그들이 내 옷을 나누고 내 옷을 제비 뽑나이다 한 것을 응하게 하려 함이러라 군인들은 이런 일을 하고.

군인들은 서로 말하기를 "이것을 찢지 말고 누가 얻나 제비 뽑자"고 제안했다. 겉옷은 사람 숫자에 딱 맞아서 다행이었는데 속옷은 하나인고로 찢으면 값어치가 없어진다. 그래서 누가 얻나 제비를 뽑은 것이다. 그들이 이처럼 무심중에 제비뽑기를 한 것도 역시 구약 성경에 기록되어 있다는 것이다. 구약 시편 22:18(70인 역)에 "그들이 내 겉옷을 나누고 내 속옷을 제비 뽑나이다"라고 하는 말씀이 이루어져야 하기 때문에 제비를 뽑았다는 것이다.

요한은 본 절 마지막에 "군인들은 이런 일을 했다"고 언급한다. 다시 말해 '이런 부끄러운 일, 이런 수치스러운 일을 했다'는 것이다. 예수님께서 대속의 죽음을 죽으시기 위해서 형언할 길 없는 고난을 당하시는 시간에 '겨우 이 따위 짓이나 했다'는 뜻이다. 그러나 그런 일을 했는데도 성경말씀을 성취한 것이다. 하나님은 사람들의 어처구니없는 일들을 통하여 하나님의 일을 이루신다.

요 19:25.예수의 십자가 곁에는 그 어머니와 이모와 글로바의 아내 마리아와 막달라 마리아가 섰는지라.

예수님께서 십자가에 못 박히시기 몇 시간 전 예수님의 제자들은 요한 사도 한 사람만 남고(다음 절) 다 흩어졌는데 여자들 몇 사람이 있었다. 마 27:55에는 "많은 여자가 거기 있어 멀리서 바라보고 있었다"고 말한다. 몇 명쯤 되었는지 확실히 알 수 없으나 요한은 네 여자만 기록한다. 먼저 "그 어머니" 마리아가 있었다(2:1, 3, 5, 12; 19:25-27). 그리고 "이모"가 있었다. 이모는 살로메로서 그는 세베대의 아내이며 야고보와 요한의 어머니이다(마 27:56; 막 15:40; 16:1). 주님과 요한은 이종 사촌이 되는 것이다. 또 "글로바의 아내 마리아"가 있었다. 글로바의 아내 마리아는 작은 야고보와 요세의 어머니일 것이다(마 27:56, 61; 28:1; 막 15:40, 47; 16:1). 그리고 "막달라 마리아"가 있었다. 막달라 마리아는 예수님의 권능으로 귀신이 나간 여인이다(마 27:56, 61; 28:1; 막 15:40, 47; 16:1, 9; 눅 8:2; 24:10; 요 20:1). 이 여자들은 예수님에 대한 뜨거운 사랑이 있었다. 이 뜨거운 사랑은 그들의 가슴 속에서 무서움을 내 몰은 것이다. 오늘날 교회에서도 여자들의 주님께 대한 사랑과 헌신은 기억되어야 할 일이다.

요 19:26. 예수께서 자기의 어머니와 사랑하시는 제자가 곁에 서 있는 것을 보시고 자기 어머니께 말씀하시되 여자여 보소서 아들이니이다 하시고.
예수님은 십자가에 달려 계신 시간에 자기의 어머니와 "사랑하시는 제자"(요한 사도-13:23주해 참조할 것)가 곁에 서 있는 것(20:2; 21:7, 20, 24)을 보시고 자기의 어머니를 향하여 "여자여(2:4주해 참조할 것) 보소서 아들이니이다"라고 말씀하신다. 곧 '요한을 보소서 아들입니다'라고 말씀하신 것이다. 다시 말해 '이 아들 요한이 앞으로 어머니를 봉양할 것입니다'라는 뜻이다. 예수님의 이 말씀은 예수님께서 십자가에 달려 계신 동안 말씀하신 일곱 마디 말씀 중에 세 번째 말씀이다.[59] 예수님은 1)그 고통의 시간에도 인륜(人倫)을 잊지 않으신다. 주님은 어머니 부양 의무를 요한에게 맡기고 가신다. 2)"그가 자기 어머니를 사랑하시는 제자에게 맡기신 것은 그의 보다 큰 사명, 곧, 영적 사명을 위한 것이다. 그것은 자연에 속한 것들이 모두 다 영(靈)에 속한 것을

59) 예수님께서 십자가에 달려계신 동안 말씀하신 일곱 마디 말씀은: 1)"아버지여, 저희를 사하여 주옵소서 자기의 하는 것을 알지 못함이니이다"(눅 23:34). 2)"오늘 네가 나와 함께 낙원에 있으리라"(눅 23:43). 3)"여자여, 보소서! 아들이니이다!...보라! 네 어머니라!"(요 19:26-27). 4)"나의 하나님, 나의 하나님, 어찌하여 나를 버리셨나이까?"(마 27:46; 막 15:34). 5)"내가 목마르다"(요 19:28). 6)"다 이루었다"(요 19:30). 7)"아버지여, 내 영혼을 아버지 손에 부탁하나이다"(눅 23:46).

위하여 수종들어야 할 것을 가르치시는 중대한 교훈이다"(박윤선). 3)예수님은 자기의 친 동생들에게 어머니를 부탁하시지 않고 이종 사촌 요한에게 부탁하신 것은 육적인 가족보다 영적인 가족이 더 중요함을 가르치신 것이다(마 12:50). 오늘도 누구든지 십자가에 더 가까운 사람이 내 진정한 가족임을 알아야 한다. 육신의 가족이나 혹은 친척을 싸고도는 것은 좁은 사람이다. 우리는 항상 영적으로 성찰해야 한다.

요 19:27.또 그 제자에게 이르시되 보라 네 어머니라 하신대 그 때부터 그 제자가 자기 집에 모시니라.

예수님은 제자 요한을 향하여 "보라 네 어머니라"고 하신다. 곧 '이제부터는 네 어머니로 모시라'는 뜻이다. 요한 사도는 "그 때부터 그 제자가 자기 집에 모셨다"(1:11; 16:32). 자식들이 부모에 대한 관심과 봉양이 필요하다는 것을 보여주는 말씀이다. 자식들은 부모에게 숙식만을 제공하는 것으로 다 한 것이 아니라 극진히 모셔야 하는 것이다.

요 19:28.그 후에 예수께서 모든 일이 이미 이루어진 줄 아시고 성경을 응하게 하려 하사 이르시되 내가 목마르다 하시니.

예수님은 십자가 위에서 네(四) 마디 말씀까지 하신 후에 "모든 일이 이미 이루어진 줄 아셨다." "여기 모든 일"이란 '그가 세상에 와서 이루고자 하시는 모든 일들'을 지칭한다. 곧 택한 백성들을 위해서 해야 하는 일체의 일들(속죄 사역)을 지칭한다. 예수님은 속죄 사역이 이미 이루어진 줄 아시고(1:42, 47-48; 2:24-25; 5:6; 6:64; 16:30; 21:17) 구약 성경의 말씀을 이루시려고 십자가상의 다섯 번째 말씀으로 "내가 목마르다"고 하셨다. 예수님은 구약 성경 시편 69:21의 "내가 목마르다"라는 말씀을 이루시려고 "내가 목마르다"고 하신 것이다. 예수님은 자신의 사역이 다 이루어진 것을 전지하신 성품으로 아신 다음에 자신의 목마름에 관한 문제를 거론하신 것이다.' 이 말씀은 예수님께서 심히 목마르셨던 사실을 보여준다. 예수님께서 목마르셨기에 우리가 목마르지 않게 된 것이다. 다시 말해 우리가 생수(성령)를 얻게 된 것이다. 예수님은 생수의 원천이시다(4:10-15; 7:37-39).

요 19:29.거기 신 포도주가 가득히 담긴 그릇이 있는지라 사람들이 신 포도주를 적신 해면을 우슬초에 매어 예수의 입에 대니.

예수님께서 십자가에 못 박히신 곳에 "신 포도주가 가득히 담긴 그릇이 있었다." 이 "신 포도주"는 '로마 군인들도 마시고 또 죄수에게도 공급하는 음료수'이다. 신 포도주가 죄수에게도 주기 위해서 준비된 음료수라는 증거는 해면(솜, 스펀지)을 준비해 놓고 또 우슬초 줄기를 준비해 놓은 것을 보면 알 수 있다. 그런데 예수님의 음성을 알아들은 어떤 사람들이 신포도주를 솜뭉치에 적셔서 그 포도주가 적셔진 솜뭉치를 우슬초에 매달아 예수님의 입에까지 올려서 예수님의 입에 댔다(마 27:48). 우슬초는 사막이나 혹은 이스라엘 지방의 마른 땅에 나는 식물로서 90cm-120cm 정도로 자란다. 마태와 마가에는 예수님의 입에 가져다가 대기 위해 사용된 줄기가 "갈대"라고 말한다(마 27:48; 막 15:36).

요 19:30.예수께서 신 포도주를 받으신 후에 이르시되 다 이루었다 하시고 머리를 숙이니 영혼이 떠나가시니라.

예수님께서 신 포도주를 받으신 후에 말씀하시기를 "다 이루었다"고 하셨다 (이 말씀은 십자가상의 여섯 번째 말씀이다). 예수님께서 '이루시고자하는 모든 것을 다 이루셨다'는 것이다(눅 18:31; 22:37; 행 13:29). 여기 "다 이루었다"(17:4)는 말씀은 현재완료시제로 '이루신 구속의 효과가 계속하는 것'을 지칭한다. 예수님은 이루시고자 하는 모든 것을 이룬 줄 아시고(28절) 이렇게 다 이루었다고 하신 것이다. 그리고 예수님은 한 마디를 더 하시고(눅 23:46-"아버지여 내 영혼을 아버지 손에 부탁하나이다.") "머리를 숙이니 영혼이 떠나가셨다." 예수님께서 반듯하게 누어계신 것이 아니고 십자가에 달려계시기 때문에 머리를 숙이시게 된 것이다. 그리고 예수님의 "영혼이 떠나가셨다." 여기 "떠나가시라"(παρέδωκεν)는 말씀은 부정(단순)과거 능동태 시제로 예수님은 자발적인 죽음, 자원하시는 죽음을 죽으신 것을 뜻한다(10:18). 세상적인 눈으로 보기에는 예수님은 원수들의 박해에 눌려 십자가형을 당하신 것처럼 보이지만 그러나 예수님은 전적으로 자발적인 죽음을 죽으신 것이다.

XLV.예수님께서 매장되시다 19:31-42

예수님께서 영혼이 떠나신 후(28-30절) 십자가 위에서 창으로 옆구리를 찔리신다(31-37절). 그리고 요셉과 니고데모에 의해 예수님의 시신은 매장되신다(38-42절).

1.예수님께서 십자가 위에서 창으로 찔리시다 19:31-37

요 19:31.이 날은 예비일이라 유대인들은 그 안식일이 큰 날이므로 그 안식일에 시체들을 십자가에 두지 아니하려 하여 빌라도에게 그들의 다리를 꺾어 시체를 치워 달라 하니.

유대인들은 예수님을 죽이고도 안식일은 잘 지키기를 원한다. 그들은 안식일 날 십자가 위에 시체들을 두기를 원하지 않았다. 그래서 안식일이 되기 전 시체들을 치우기 위해 야단이다. 그들은 두 강도의 시체를 치우기 위해서는 다리를 꺾었고 예수님에 대해서는 이미 죽은 것을 확인했기에 다리를 꺾지 아니하고 창으로 옆구리를 찔러 피를 흘리게 한 후 시체를 치운다.

"이 날은 예비일이라"는 말은 '이 날은 토요일 안식일을 예비하기 위한 예비일, 곧 금요일'이라는 뜻이다(42절; 막 15:42). 유대인들은 "그 안식일(토요일)이 큰 날이므로 그 안식일에 시체들을 십자가에 두지 아니하려 하여 빌라도에게 그들의 다리를 꺾어 시체를 치워 달라"고 요청한다. "안식일이 큰 날"이란 말은 '유대인들이 당하는 안식일이 유월절 중에 있었기 때문이고 더욱이 안식일 중에 첫날이라'는 뜻이다(출 12:16; 레 23:7). 안식일에까지 시체를 십자가에 두어서는 안 되었다(신 21:23; 수 8:29; 10:27). 그래서 빌라도에게 요청하여 아직 완전히 죽지 않은 두 사람의 다리를 꺾어 빨리 죽여 달라고 부탁한 것이다. 유대인들은 예수님은 죽였어도 안식일은 잘 지키려 하고 또 시체들을 밤새도록 나무에 달아놓지 말라는 율법은 잘 지켰다. 균형을 잃은 사람들이었다. 사람은 이렇게 쉽게 균형을 잃는다.

요 19:32-33.군병들이 가서 예수와 함께 못 박힌 첫째 사람과 또 그 다른 사람의 다리를 꺾고 예수께 이르러는 이미 죽은 것을 보고 다리를 꺾지 아니하고. 군병들은 빌라도의 명령을 받고 두 사람의 다리를 꺾었다. 이유는 아직 죽지 않은 두 사람을 빨리 죽이기 위해서였다. 십자가에 달린 사람들 중에는 2, 3일간 살아있는 수가 있다는 것이다. 그러나 예수님은 빨리 죽으신 것이다. 예수님은 스스로 목숨을 버릴 권세가 있으셨으므로 스스로 빨리 죽으신 것이다(30절; 10:18). 빌라도는 예수님의 빠른 죽음에 대해 놀라움을 표시했다(막 15:44-45). 군병들은 예수님께서 죽은 것을 확인했기 때문에 "다리를 꺾지 않았다." 그러니까 다른 두 사람의 다리를 꺾은 것은 빨리 죽게 하기 위한 방편이었던 것이다.

요 19:34.그 중 한 군병이 창으로 옆구리를 찌르니 곧 피와 물이 나오더라. 로마의 군병 중에 한 사람이 창으로 예수님의 옆구리를 찔렀다. 빨리 죽이기 위해서가 아니라 이미 죽었는지 확인하기 위해서였다. 그런데 예수님의 옆구리에서 "피와 물이 나왔다"(요일 5:6, 8). 분명히 죽은 것이다. 피와 물이 따로 나온 것은 이미 죽었다는 표시이다. 사람의 살을 찌르면 피와 물이 따로 나오지 않고 피가 나온다. 그런데 예수님의 옆구리에서는 피와 물이 따로 나온 것이다. 피와 물이 따로 나온 것을 두고 수많은 해석이 가해졌다. 그 중에 제일 유력한 학설은 예수님은 심장 파열을 일으켜 죽으셨다는 것이다. 만일 그렇게 주장한다면 예수님께서 자원해서 죽으신다는 예수님의 예언을 어떻게 해석할 것인가. 예수님은 모든 일이 이미 이루어진 줄 아시고 자원해서 죽으신 것이다(28절). 죽으신 이유가 심장 파열에 있는 것이 아니라 예수님께서 죽으시기를 원하셨다는 것이 중요한 것이다. 예수님은 우리를 위해 죽으신 것이다.

요 19:35.이를 본 자가 증언하였으니 그 증언이 참이라 그가 자기의 말하는 것이 참인 줄 알고 너희로 믿게 하려함이니라.

"이를 본 자"(ὁ ἑωρακὼς)는 '이를 본 남자'라는 뜻으로 '요한'을 지칭한다(십자가 옆에서 예수님의 옆구리에서 피와 물이 나온 것을 친히 본 남자는 요한뿐이었다). 요한은 자기를 드러내기를 원치 않고 그저 "이를 본 자"라고만 말한다. 요한은 자기가 증언한 것은 "참이라"고 말한다. 요한은 "그가 자기의 말하는 것이 참인 줄 알고 너희로 믿게 하려함이라"고 말한다(21:24). 요한은 자기가 말하는 것, 곧 예수님의 옆구리에서 피와 물이 나왔다는 것이 참인 줄 알고 편지의 수신자들로 하여금 믿게 하기를 원한다고 말한다. 특히 요한은 예수님의 가현설을 주장하는 사람들의 입을 막고 있다. 예수님은 참으로 우리를 위해 죽으신 것이다.

요 19:36.이 일이 일어난 것은 그 뼈가 하나도 꺾이지 아니하리라 한 성경을 응하게 하려함이라.

"이 일이 일어난 것," 곧 '다른 사람들의 두 다리는 꺾고 예수님의 다리는 꺾지 않고 창으로 옆구리를 찌르게 된 것'은 "그 뼈가 하나도 꺾이지 아니하리라 한 성경을 응하게 하기" 위해서였다는 것이다. "그 뼈가 하나도 꺾이지 아니하리라"는 성경은 구약 출애굽기 12:46과 민수기 9:12에 기록되어 있다(시 34:20). 이스라엘 민족이 유월절을 지킬 때 그 유월절 양의 뼈를 꺾지 말라는 말씀이 그대로 이루어지기 위해서 유월절 양이시었던 예수님(1:29; 고전 5:7-8)의 다리가 꺾이지 않았다는 것이다. 요한은 구약 성경이 예수님에게서 그대로 이루어진 것을 증거하며 독자들에게 예수님을 더욱 믿어야 할 것을 권장한다. 구약의 말씀은 예수님에게서 그대로 다 이루어졌다(28절).

요 19:37.또 다른 성경에 그들이 그 찌른 자를 보리라 하였느니라.

여기 "또 다른 성경"이란 말은 '구약의 출애굽기나 민수기를 제외하고 다른 성경'을 지칭하는 말이다(시 22:16-17). "다른 성경"이란 스가랴를 말함인데 슥 12:10을 가리킨다. 슥 12:10에 보면 "그들이 그 찌른 바 그를 바라보고 그를 위하여 애통하기를 독자를 위하여 애통하듯 하리라"는 말씀이 있다. 이 성경이 이루어지기 위해서 로마 군병이 예수님의 옆구리를 찔렀다는 것이다. 로마 군병만 아니라 유대 민족이 예수님을 찌른 것이고 또 그들이 예수님을 바라보고 오순절에 많이 통회 자복했다.

2.요셉과 니고데모가 예수님의 시신을 매장하다 19:38-42

요 19:38.아리마대 사람 요셉은 예수의 제자이나 유대인이 두려워 그것을 숨기더니 이 일 후에 빌라도에게 예수의 시체를 가져가기를 구하매 빌라도가 허락하는지라 이에 가서 예수의 시체를 가져 가니라.

요한은 "아리마대 사람 요셉은 예수의 제자라"고 말한다(마 27:57; 막 15:42; 눅 23:50). "아리마대"라고 하는 곳은 어디인지 확실히 알려지지 않았다. 혹자는 '라마다임소빔'(삼상 1:1)이라고 말하나 확실한 것은 아니다. "요셉"이라고 하는 사람은 부자였고(마 27:57), 경건한 자였으며(막 15:43; 눅 23:50), 하나님의 나라를 기다리는 자였고(눅 23:51), 산헤드린 공회 의원이었으며(막 15:43; 눅 23:51), 예수님을 정죄하는 일에 가담하지 않은 자였다(눅 23:51). 요한은 요셉이 예수님의 제자이나 유대인이 두려워 그것을 숨기고 지내다가(9:22; 12:42) 예수님께서 십자가에 못 박히신 후에 빌라도에게 예수님의 시체를 가져가기를 구하여 예수님의 시체를 가져갔다는 것이다.

요셉은 평상시에는 나타나지 않다가 일단 유사시에 용감하게 나타나는 의인이었다. 그는 하나님께서 엘리야 시대에 남겨두신 7,000명의 의인에 해당하는 남은 자였다. 오늘 우리도 낙심할 것이 없는 이유는 이렇게 남은 의인이 여기 저기 있기 때문이다.

요 19:39.일찍이 예수께 밤에 찾아왔던 니고데모도 몰약과 침향 섞은 것을 백 리트라쯤 가지고 온지라.

요한은 예수님의 시신을 장례한 사람으로 니고데모를 말한다. 그는 "일찍이 예수께 밤에 찾아왔던 니고데모"라고 말한다(3:1, 2; 7:50). 니고데모가 예수님에게 진리를 가르침 받으러 올 때 밤에 찾아왔던 것은 낮 시간에 바쁘기 때문에 밤에 온 것이 아니라 무슨 뜻이 있다는 것을 암시하고 있다. 다시 말해 니고데모도 숨은 신자라는 것이다. 니고데모는 이제부터 아리마대 요셉처럼 공개적으로 나타난 것이다. 니고데모는 "몰약과 침향 섞은 것을 백 리트라쯤 가지고 왔다." 몰약하고 침향하고 따로따로 가지고 오지 않고 섞어서 가지고 온 것이다. 섞은 것의 무게가 백 리트라쯤(35kg, 72파운드)이 된 것이다. 몰약(마 2:11)과 침향(aloes)[60]은 값이 비싼 향료로서 이것들을 섞어서 구약 시대에 왕들의 장례식에 사용했다(대하 16:14). 요셉은 묘실을 준비했고 니고데모는 향료를 준비해서 예수님의 시신을 장례한 것이다.

요 19:40.이에 예수의 시체를 가져다가 유대인의 장례법대로 그 향품과 함께 세마포로 쌌더라.

갑자기 나타난 두 의인들(요셉과 니고데모)과 그리고 십자가 옆에 예수님의 죽음을 지켜보고 있던 여인들은 예수님의 시체를 가져다가 "유대인의 장례법대로 그 향품과 함께 세마포로 싸서" 장례를 지냈다(행 5:6). "유대인의 장례법"은 창세기 50:2에 기록되어 있고 또한 신약에는 11:34, 44에 기록되어 있다. 요셉과 니고데모 그리고 여인들은 유대인의 장례법을 따라서 예수님의 시신을 세마포로 싸는 동안 니고데모가 가지고 온 향품을 뿌리면서 완전히 싼 다음 묘실에 시신을 두었다. 마지막까지 선을 행하는 사람들이 잘 하는 사람들이다.

요 19:41.예수께서 십자가에 못 박히신 곳에 동산이 있고 동산 안에 아직 사람을 장사한 일이 없는 새 무덤이 있는지라.

요한은 예수님이 묻히신 무덤의 위치와 형편을 잘 관찰하였다. 예수님께서 십자가에 못 박히신 곳으로부터 가까운 곳에 동산이 있었다. 나지막한 동산이

---

60) "침향"은 백합과에 속하는 식물로부터 채취되는 향료이다. 침향을 몰약과 섞으면 건조제와 방취제(防臭劑)로 사용된다고 한다(Tenney).

었다. 그리고 그 동산 안에 새 무덤이 있었다. 이 새 무덤은 아리마대 요셉이 파 두었던 요셉 가정의 무덤이었다(마 27:60). 그는 자기의 것을 아낌없이 주님을 위하여 내 놓은 것이다.

요 19:42.이 날은 유대인의 준비일이요 또 무덤이 가까운 고로 예수를 거기 두니라.

"이 날," 곧 '금요일'은 유대인의 안식일(토요일)을 위하여 준비하는 날이었다(31절). 또 아리마대 요셉 소유의 무덤이 십자가로부터 가까웠던 고로(안식일이 되어가고 있었으니 멀리 매장할 시간이 없었다) 예수님을 그 무덤에 두었다(사 53:9). 그리고 돌문으로 막았다(20:1). 이렇게 가까운데 묘실이 있었던 것도 하나님의 섭리였다. 하나님은 장례할 사람들과 묘실을 모두 준비하신 것이다. 오늘 우리를 위한 모든 것도 준비되어 있다.

제 20 장
예수님께서 부활하시고 또 여러 번 나타나시다

XLVI.예수님께서 죽은 자 가운데서 부활하시다 20:1-18

무덤에 계시던 예수님은(19:38-42) 안식 후 첫날 드디어 죽은 자 가운데서 부활하신다(1-18절). 부활하신 날 아침 막달라 마리아 일행이 먼저 무덤에 찾아가서 예수님의 시신이 없어진 것을 확인하고(1절) 두 제자에게 보고한다. 두 제자(베드로와 요한)는 무덤에 와서 예수님의 시신이 없어진 것만 확인하고 집으로 돌아간다(2-10절). 제자들이 집으로 돌아간 후에도 여자들은 끝까지 무덤을 떠나지 않고 예수님의 시신을 찾다가 결국은 예수님을 만난다(11-18절).

요 20:1.안식 후 첫날 일찍이 아직 어두울 때에 막달라 마리아가 무덤에 와서 돌이 무덤에서 옮겨진 것을 보고.

요한은 예수님께서 부활하신 날을 "안식 후 첫날," 곧 '안식일(금요일 해질 때부터 토요일 해질 때까지)이 지난 후 첫날(주일 날)'이라고 한다(마 26:1; 막 16:1; 눅 24:1). 그래서 오늘 기독교회는 주일날(일요일)에 주님의 부활을 기념하여 예배한다. 우리는 주님이 재림하실 때까지 주님이 부활하신 날을 기념해야 할 것이다. 예수님께서 부활하신 시간은 확실히 알 수는 없으나 "아직 어두울 때"쯤 이었다. 예수님께서 3일 만에 부활하신다고 말씀하신고로(마 16:21; 17:23; 20:19; 막 9:3; 10:34; 눅 9:22; 13:32; 18:33) 주일날이 되었을 때 부활하신 것은 틀림없다.

"일찍이 아직 어두울 때"에 막달라 마리아는 다른 몇 명의 여자들과 함께

(마 28:1; 막 16:1; 눅 24:10) 무덤에 와서 돌이 무덤에서 옮겨간 것을 보았다. 막달라 마리아와 여자들은 부활하신 주님을 만나려고 아직 어두울 때 무덤을 찾은 것은 아니었다. 예수님의 시신에 향을 바르려고 찾았던 것이다(막 16:1; 눅 24:10). 주님을 사모하는 사람들에게는 주님께서 큰 상을 주신다. 그들은 부활하신 주님을 결국 만났는데 제자들보다 먼저 만나게 되었다. 오늘도 주님의 말씀을 더욱 사랑하고 또 주님께 기도하는 성도들에게 예수님은 더욱 큰 상을 주신다(빌 3:4-14).

"막달라 마리아"는 소망 없는 여자였다. 그는 일곱 귀신이 들렸던 자였다(막 16:9; 눅 8:2). 막달라 마리아는 일곱 귀신이 나간 후 자기의 소유를 가지고 예수님을 섬겼다(눅 8:3). 그리고 예수님을 따르며 진리에 접하고 섬기는 중에 이렇게 부활하신 주님을 만나는 영광을 얻고 예수님의 부활을 전하는 전도자가 되었다. 오늘도 소망 없는 사람들이 지극히 복된 사람이 될 수 있는 것이다. 오늘 세속적인 무수한 행복론과 행복학 강사들은 막달라 마리아 앞에서 아무 의미가 없는 것이다.

막달라 마리아는 "무덤에 와서 돌이 무덤에서 옮겨간 것을 보았다." 그 돌은 무게가 있는 돌로서 여자들의 힘으로는 도저히 옮길 수 없는 돌이었다(막 16:3). 어떤 사람들은 예수님의 부활을 부인하기 위해 예수님은 죽었던 것이 아니고 십자가 위에서 너무 힘이 기절했다가 서늘한 무덤 속에 있는 중에 회생했다고 주장하는데 회생한 사람이 무슨 기운이 있어서 그 돌을 옮기고 나올 수 있을 것인가. 더욱이 무덤 문이 봉인되었는데 말이다(마 27:66). 무덤을 막고 있던 돌은 큰 지진에 의해서 옮겨진 것이다(마 28:2). 하나님께서 지진이 나게 하셔서 돌을 옮기신 것이다. 주님을 찾는 사람들에게 앞 길도 열린다는 것을 보여주는 사건이다.

요 20:2.시몬 베드로와 예수께서 사랑하시던 그 다른 제자에게 달려가서 말하되 사람이 주님을 무덤에서 가져다가 어디 두었는지 우리가 알지 못 하겠다 하니.

막달라 마리아는 무덤 속에 예수님의 시신이 없는 것을 보고 "시몬 베드로와 예수께서 사랑하시던 그 다른 제자(πρὸς Σίμωνα Πέτρον καὶ πρὸς τὸν ἄλλον μαθητὴν)에게 달려갔다"(13:23; 19:26; 21:7, 20, 24). 이 두 제자는 한 곳에서 유숙하지 않고 딴 곳에 유숙하고 있었던 것 같다(Bengel, 윌렴 헨드릭슨). 이유는 헬라어 원문에 "시몬 베드로에게 그리고 또 그 다른 제자에게"(요한)라고 말할 때 "...에게"(πρὸς)라는 말이 두 사람의 이름 앞에 각각 붙어 있기 때문이다. 그리고 이 때 요한은 예수님의 어머니 마리아를 모시고 있었기에 요한이 베드로와 딴 집에 유숙한 것 같이 보인다(19:27; 20:10). 막달라 마리아는 주님의 시신이 없어진 것을 확인하고 최대한 빠른 걸음으로 "달려갔다." 우리는 무엇을 하던지 최선을 다하는 사람들이 되어야 할 것이다.

막달라 마리아는 "사람이 주님을 무덤에서 가져다가 어디 두었는지 우리가 알지 못 하겠다"고 보고한다. 막달라 마리아는 보고할 때 "우리"가 알지 못하겠다고 한다. 공관복음에 여러 여자가 함께 무덤을 방문했다는 보고와 잘 조화가 되고 있다. 일은 혼자 하기보다는 협력해서 하는 것이 좋은 것이다.

요 20:3-4.베드로와 그 다른 제자가 나가서 무덤으로 갈 새 둘이 같이 달음질하더니 그 다른 제자가 베드로보다 더 빨리 달려가서 먼저 무덤에 이르러. 막달라 마리아의 보고를 듣고(2절) 베드로(눅 24:12)와 그 다른 제자(요한)가 집을 나서서 무덤으로 갈 때 두 사람이 달음질을 했다. 이런 충격적인 소식을 듣고 느릿느릿 걸을 사람이 없을 것이다. 우리는 무슨 일을 하던지 될 수 있는 대로 빨리빨리 해야 한다. 그러나 우리 한국인의 큰 약점인 "빨리빨리"를 아무데나 적용해서는 안 될 것이다. 위험을 초래하는 "빨리빨리"는 피해야 할 것이다.

요한은 "그 다른 제자가 베드로보다 더 빨리 달려가서 먼저 무덤에 이르렀다"고 말한다. 여기 "그 다른 제자"란 말은 요한 자신을 지칭함이니 자기가 베드로보다 더 빨리 달려가서 먼저 무덤에 도착했다는 뜻이다. 요한은 자기가 예수님으로부터 참으로 사랑을 받는 제자이며(13:23; 19:26) 또한 이렇게 경주에 있어서도 빠른 제자인고로 자기의 이름을 드러내지 않고 "다른 제자"라고 표현하고 있다. 우리 역시 될 수 있는 한 우리 이름을 직접적으로 내세우지 않는 것이 좋을 것이다.

요 20:5.구부려 세마포 놓인 것을 보았으나 들어가지는 아니하였더니.

요한이 베드로보다 더 빨리 무덤에 도착해서 "구부려 세마포 놓인 것을 보았으나 들어가지는 아니했다"(19:40). 여기 "구부려"(παρακύψας)라는 말은 '관찰하기 위해 몸을 구부려 들여다 본 것,' '가까이 그리고 자세히 관찰하기 위해 구부려 본 것'을 지칭한다. 요한이 '몸을 구부려 보니 예수님을 쌌던 세마포가 무덤 속에 질서 있게 놓여있는 것을 보았으나 들어가지는 아니했다'는 것이다. 예수님의 시신을 누군가가 도적해갔다고 주장하는 사람들은 여기 세마포가 그냥 무덤에 놓인 것을 보고 이제 고만 주장해야 할 것이다. 도적해가는 사람들이 세마포를 벗기고 나체 그대로 가지고 도적하는 사람들이 있을까. 요한이 무덤 속에 들어가지 못한 이유는 알 수가 없다. 젊은 사람이라 무서웠을 수도 있다. 아니면 예수님을 공경하는 마음에서 그랬을 수도 있다. 아니면 이제 곧 베드로가 도착할 터이니 나이가 더 많은 베드로(전통에 의하면 요한은 최연소자, 베드로는 최연장자로 알려져 있다)에게 일임할 생각에서 그랬을 수도 있다.

요 20:6-7.시몬 베드로도 따라와서 무덤에 들어가 보니 세마포가 놓였고 또 머리를 쌌던 수건은 세마포와 함께 놓이지 않고 딴 곳에 쌌던 대로 놓여 있더라.

뒤따라 온 시몬 베드로는 요한과는 달리 무덤에 들어가서 관찰했다. 몸을 쌌던 세마포가 가지런히 놓여있었고 또 "머리를 쌌던 수건은 세마포와 함께 놓이지 않고 딴 곳에 쌌던 대로 놓여있는" 것을 보았다(11:44). '머리를 쌌던 수건은 다른 곳에 쌌던 대로 놓여 있는 것'을 베드로가 보았다. 예수님께서 부활하신 증거였다. 누가 시신을 도적했다면 세마포나 수건 모두를 가져갔을 것이다. "그 장면은 무덤이라기보다 마치 어떤 분이 자고 나간 침실 같았다.

이 빈 무덤이야말로 인간 역사에 처음 되어진 일이요, 사망의 권세가 깨뜨려지고, 부활의 새 페이지가 시작되는 순간이었다. 그리스도교는 이 빈 무덤위에 세워진 종교이다. 그리스도교 신학사상 그리스도의 부활을 부정하려는 시도는 접종해서 일어났다. 그러나 이 빈 무덤은 언제나 주님의 육적인 부활을 증언하여 왔다"(이상근).

요 20:8.그 때에야 무덤에 먼저 갔던 그 다른 제자도 들어가 보고 믿더라.
"그 때에야," 곧 '베드로가 무덤에 들어간 본 후에야' "무덤에 먼저 왔던 그 다른 제자도 들어가 보고 믿었다." 곧 '무덤에 먼저 왔던 요한도 들어가 보고 믿었다'는 것이다. 요한이 예수님의 부활을 믿었다는 것이다. 요한은 빈 무덤을 생각하고 세마포가 그냥 놓여있는 것, 머리를 쌌던 수건이 개켜있는 것 등을 생각하며 예수님께서 부활하신 것 아닌가하고 믿은 것이다.

요 20:9.(그들은 성경에 그가 죽은 자 가운데서 다시 살아나야 하리라 하신 말씀을 아직 알지 못하더라).
요한이 무덤 속에 들어가 본 다음에 예수님께서 부활하신 것을 믿었지만 그러나 "그들은 성경에 그가 죽은 자 가운데서 다시 살아나야 하리라 하신 말씀을 아직 알지 못했다"는 것이다(시 16:10; 행 2:25, 31; 13:34-35). '구약 성경에 그리스도의 부활에 대해 예언한 말씀을 아직 알지 못했다는 것'이다. 다시 말해 아직은 성경적 신앙에는 도달하지 못했다는 것이다. 성경이 말했으니 당연히 믿어야 한다고 해서 믿는 믿음에는 아직 도달하지 못했다는 말이다. 예수님은 부활하신 다음 제자들에게 "내가 너희와 함께 있을 때에 너희에게 말한바 곧 모세의 율법과 선지자의 글과 시편에 나를 가리켜 기록된 모든 것이 이루어져야 하리라 한 말이 이것이라"고 하셨다(눅 24:44). 곧 모세의 율법과 선지자의 글과 시편에 기록된 것이 예수님의 부활을 예언하는 말씀이란 뜻이다. 그런데 제자들은 구약 성경에 예수님에 대해 기록한 말씀을 아직 알지 못했다는 것이다. 제자들은 아직 말씀 신앙에 이르지 못한 것이다.

요 20:10.이에 두 제자가 자기들의 집으로 돌아 가니라.

베드로와 요한은 각기 자기들이 유숙하는 집으로(unto their own home) 돌아갔다(2절; 19:27). 요한은 자기가 유숙하는 집에 돌아가 예수님의 육신의 어머니 마리아에게 이 사실을 다 고했을 것이다.

요 20:11.마리아는 무덤 밖에 서서 울고 있더니 울면서 구부려 무덤 안을 들여다보니.

두 제자(베드로와 요한)는 예수님의 부활의 사실을 어느 정도 믿고 돌아갔지만 "마리아는 무덤 밖에 서서 울고 있더니 울면서 구부려 무덤 안을 들여다보았다"(막 16:5). 곧 '막달라 마리아는 아직 부활하신 예수님을 보지 못했기에 무덤 밖에서 울고 또 울면서 구부려 무덤 안을 들여다보았다.' 막달라 마리아의 심성은 요한처럼 사색적이지도 못했고 베드로처럼 무덤 속으로 뛰어 들어가서 확인하지도 못하고 그저 무덤 밖에서 무덤 속을 들여다 본 정도였다. 그리고 마리아는 예수님의 부활의 사실을 확신하지 못한 채 그저 서글퍼서 울기만 한 것이다. "울다"(κλαίουσα)란 '소리 내어 울다,' '대성통곡한다'는 뜻이다. 사람은 성품에 따라 신앙 형태가 다르기는 하나 성령님이 임하시면 성령님의 지시대로 신앙의 걸음을 걷기 때문에 좌우로 치우치지 않는다.

요 20:12.흰 옷 입은 두 천사가 예수의 시체 뉘었던 곳에 하나는 머리 편에, 하나는 발편에 앉았더라.

예수님의 두 제자 베드로와 요한이 돌아간 뒤에 막달라 마리아가 무덤 속을 들여다보았을 때 "흰 옷 입은 두 천사가 예수의 시체 뉘었던 곳에 하나는 머리 편에, 하나는 발편에 앉은 것"을 보았다. 요한처럼(8절) 계시를 사색하지 못하는 마리아에게 하나님께서 두 천사를 보내어 예수님의 부활을 증언해주신 것이다(눅 24:4). 그런데 마태나 마가는 한 천사가 나타났다고 말한다(마 28:2; 막 16:5). 복음서 기자들에게 보인 천사의 숫자가 서로 다른 이유는 두 천사 중에 대표적으로 말하는 한 천사만 기록했을 수도 있고 또 복음서 기자에 따라 한 천사만 보일 수도 있는 것이다. 마리아에게 보인 천사의 숫자는 둘이었는데 하나는 머리 편에 앉아있었고 하나는 발편에 앉아있었다. 천사는 예수님의 계시 전달에 큰 역할을 하여 사람으로 하여금 진리를 깨닫게 하고 있음을 알 수 있다.

요 20:13.천사들이 이르되 여자여 어찌하여 우느냐 이르되 사람들이 내 주님을 옮겨다가 어디 두었는지 내가 알지 못함이니이다.

두 천사들은 대성통곡을 하고 있는 마리아를 향하여 "여자여, 어찌하여 우느냐"고 묻는다. 다른 여자들은 천사를 보고 무서워했으나(마 28:5; 막 16:8) 마리아는 주님에 대한 사랑 때문에 큰 소리를 내어 울고만 있었다. 마리아는 천사들에게 "사람들이 내 주님을 옮겨다가 어디 두었는지 내가 알지 못함이니이다"라고 말한다. 주님의 시신을 찾아야 하겠다는 것이다. 마리아는 아직도 주님의 부활을 믿지 못하고 있었다. 그러나 주님에 대한 이런 애정은 결코 무익하지 않았다. 마리아는 결국 주님을 만난다(14-18절). 우리는 주님을 만나기를 소원해야 한다.

요 20:14.이 말을 하고 뒤로 돌이켜 예수께서 서 계신 것을 보았으나 예수이신 줄은 알지 못하더라.

마리아는 천사에게 말을 한(앞 절) 다음 "뒤로 돌이켜 예수께서 서 계신 것을 보았으나 예수이신 줄은 알지 못했다"(21:4; 마 28:9; 막 16:9; 눅 24:16, 31). 마리아가 예수님인 줄 얼른 알지 못한 것에 대해 몇 가지 학설이 있다. 1)부활하신 주님의 형상이 더 영광스럽게 변화하셨기 때문에. 2) 전혀 이런 일이 있을 줄은 상상하지 못했기 때문에. 3) 더욱이 이 때 마리아는 눈물이 앞을 가려 주님을 알아보지 못했을 것이라고 말한다. 그러나 진정한 이유는 예수님께서 자신을 알게 해주시는 정도까지만 우리가 알 수 있다는 것이다. 엠마오로 가는 두 제자에게 예수님께서 나타나셨으나 그들은 예수님과 함께 길을 가면서도 예수님을 알아보지 못했다. 그들의 경우 눈물이 앞을 가리지도 않았는데 예수님을 얼른 알아보지 못한 것이다(눅 24:16). 그러다가 결국 예수님께서 알게 해주시는 시간이 되어서야 그들은 예수님인 줄 알게 되었다. 막달라 마리아도 예수님을 보고도 예수님인 줄 알지 못했다. 오늘 우리도 역시 그러하다. 우리가 성경에서 예수님의 말씀을 읽고 묵상하면서도 예수님을 만나지 못하고 알지 못하는 수가 있다. 그러다가 그 어떤 시점이 되어 예수님께서 성령님을 통하여 알게 해주시는 때에 알게 되는 것이다.

요 20:15.예수께서 이르시되 여자여 어찌하여 울며 누구를 찾느냐 하시니 마리아는 그가 동산지기인 줄 알고 이르되 주여 당신이 옮겼거든 어디 두었는지 내게 이르소서 그리하면 내가 가져가리이다.

마리아는 예수님을 보고도 예수님을 알지 못하다가(앞 절) 이제는 예수님을 보고 그가 동산지기인 줄로 알았다. "예수께서 이르시되 여자여 어찌하여 울며 누구를 찾느냐"고 물으셨을 때 마리아는 "그가 동산지기인 줄 알았다." 막달라 마리아는 예수님을 동산 관리자로 알았다. 아직까지 예수님은 마리아에게 온전히 자신을 계시하지 않으신 것이다(눅 9:45). 우리는 예수님께서 자신을 계시하는 정도만큼 예수님을 알게 된다. 이유는 우리는 죄가 큰 사람들이기 때문이다. 마리아는 이렇게 요청한다. "주여 당신이 옮겼거든 어디 두었는지 내게 이르소서 그리하면 내가 가져가겠다"고 말한다. 마리아는 아직 주님께서 부활하신 줄 믿지 못하고 죽은 줄로만 알고 있었다. 사람이 주님의 부활을 믿기란 참으로 불가능하다. 주님께서 알게 해주실 때까지 우리는 기다려야 하는 것이다. 우리는 참으로 미련한 사람들이다.

요 20:16.예수께서 마리아야 하시거늘 마리아가 돌이켜 히브리말로 랍오니 하니(이는 선생님이라는 말이라).

이제는 막달라 마리아가 예수님을 알아보는 단계에 도달했다. 마리아가 예수님을 알아볼 수 있었던 것은 예수님께서 "마리아야"하고 부르셨기 때문이다. 다시 말해 예수님께서 마리아에게 자신을 알아보게 해주셨기 때문이다. 예수님께서 마리아로 하여금 예수님을 알아보도록 해 주신 다음에야 마리아가 예수님을 향하여 몸을 돌이켜 히브리말로 "랍오니"라고 불렀다. 곧 '선생님'이라고 부른 것이다. 우리는 자력(自力)으로 예수님을 믿을 수가 없다. 예수님께서 믿게 해주셔야 믿을 수 있는 것이다.

요 20:17.예수께서 이르시되 나를 붙들지 말라 내가 아직 아버지께로 올라가지 아니하였노라 너는 내 형제들에게 가서 이르되 내가 내 아버지 곧 너희 아버지, 내 하나님 곧 너희 하나님께로 올라간다 하라 하시니.

예수님은 "랍오니"(나의 선생님)라고 부르면서 달려드는 막달라 마리아에게 "나를 붙들지 말라. 내가 아직 아버지께로 올라가지 아니하였노라"고 말씀하신다. 곧 '나를 붙잡아 두려고 하지 마라. 내가 아직 아버지께로 올라가지 아니했는데 올라가면 성령으로 다시 올 터이니 그 때가 되면 지금까지의 교제와는 전혀 다른 풍성한 교제를 하게 될 터이니 나를 잃을까보아 단단히 붙들지 말라'는 것이다.

그리고 예수님은 마리아에게 "너는 내 형제들에게 가서 이르되 내가 내 아버지 곧 너희 아버지, 내 하나님 곧 너희 하나님께로 올라간다"고 전하라고 하신다. 예수님은 사도들을 "형제들"이라고 부르신다(시 22:22; 마 28:10; 롬 8:29; 히 2:11). 얼마 전에는 "친구"라고 하셨는데(15:15) 이제 친밀감에 있어서 한층 더 가까운 관계인 "형제"로 격상하신다. 수난 주간 목요일 저녁에 요한만 빼 놓고 다 도망간 제자들, 심지어 예수님을 세 번이나 부인한 베드로를 향하여 "형제"로 불러주신다. 놀라운 사랑이요 놀라운 배려이시다.

마리아는 이제 제자들을 위한 전도자가 되어야 하는 것이다. 마리아와 다른 여인들이 제자들에게 가선 전해야 할 메시지는 "내(예수)가 내 아버지 곧 너희 아버지, 내 하나님 곧 너희 하나님께로 올라간다"는 메시지였다(16:28). 예수님은 이제 우리의 구원을 위하여 새로운 환경으로 옮기신다는 것이다. 그래야 성령님이 오시기 때문이다. 예수님은 자신을 제자들과 구별하신다. "내 아버지"와 "너희 아버지," "내 하나님"과 "너희 하나님"으로 구분하신다(엡 1:17). 예수님은 하나님의 독생자이시고(1:14) 제자들과 성도들은 양자가 되게 하는 성령을 받아서 양자가 된 것이다(롬 8:15). 예수님은 하나님의 특별한 아들이시고 우리는 모두 양자들이라는 점에서 서로 다른 것이다. 여자들이 전도자가 되어 예수님의 말씀을 전했다고 하면 오늘 우리도 예수님을 모르는 사람들에게 예수님이 누구이신지를 알려주어야 한다.

요 20:18.막달라 마리아가 가서 제자들에게 내가 주를 보았다 하고 또 주께서 자기에게 이렇게 말씀하셨다 이르니라. 막달라 마리아는 제자들에게 가서 두 가지를 말했다. 하나는 "주님을 보았다"는 것이고(마 28:10; 눅 24:10), 둘째는 주님께서 자기에게 앞 절처럼 말씀하셨다고 전했다. 앞 절에서 주님께서 말씀하신 것은 주님께서 승천하신다는 말씀이었다.

XLVII.예수님께서 제자들에게 나타나시다 20:19-31

무덤에 머물러 예수님의 시신을 찾으려던 여자들은 결국 부활하신 예수님을 만나 뵙고 예수님으로부터 부활의 소식을 전하라는 사명을 받고 제자들에게 전했는데(1-18절) 부활하신 예수님은 당일 저녁 제자들에게 첫 번째로 나타나신다(19-23절). 예수님은 한 주간이 지나 다시 제자들에게 나타나셔서 첫 번째 만남 때 빠졌던 도마에게 자신의 몸을 보이신다(24-29절). 그리고 요한은 자신이 복음서를 기록한 목적을 서술한다(30-31절).

1.예수님은 부활하신 날 저녁 때 제자들에게 나타나시다 20:19-23

요 20:19.이날 곧 안식 후 첫날 저녁 때에 제자들이 유대인들을 두려워하여 모인 곳의 문들을 닫았더니 예수께서 오사 가운데 서서 이르시되 너희에게 평강이 있을지어다.

"이날," 곧 '예수님께서 부활하신 날' 곧 "안식(토요일) 후 첫날(주일) 저녁때에 제자들이 유대인들을 두려워하여 모인 곳의 문들을 닫고 있었다"(막 16:14-18; 눅 24:36-49과 비교). 제자들은 유대인들이 예수님의 제자들을 없애버리려는 것을 두려워하여 마가의 다락방(눅 24:12; 행 1:13)에 모여 문들을 닫고 있었다. 때마침 "예수께서 오사 가운데 서서 이르시되 너희에게 평강이 있을지어다"라고 선언하신다. 여기 "예수께서 오사"란 말은 우리의 주의를 끈다. 예수님은 닫은 문을 열지 않으시고 그냥 들어오신 것이다. 예수님은 부활의 몸의 특징을 가지고 계셨다. 부활의 몸은 공간의 제약을 받지 않는다는 것이다. 부활체는 신비로운 것이다(고전 15:44 참조). 그리고 예수님은 문을 열지 않으시고 제자들 "가운데 서서" 말씀하신다. 예수님은 자신이 제자들의 중심에 서셔서 자신의 부활의 몸을 보이신 것이다. 부활은 부활하신 분이 먼저 확인시켜 주셨다. 예수님께서 부활하신 후에 여자들에게 보이신 것이고 제자들에게 보이시고 온 세계 사람들에게 알려지게 된 것이다.

예수님은 제자들의 중심에 서셔서 유대인들을 두려워하는 제자들에게 "너희에게 평강이 있을지어다"라고 선언하신다. "평강"(εἰρήνη)이란 '마음의 안정'을 뜻하는 말이다. 유대인들은 어느 집을 방문할 때(마 10:12) 그리고 헤어질 때(행 16:36) 그리고 서로 만날 때 인사말로 "평강이 있을지어다"라고 선언한다. 그러나 예수님께서 평강을 선언하시면 사람이 사람에게 평강이 임하기를 선언하는 것과는 다르다. 이유는 예수님께서는 십자가의 공로를 이루신 분이기에 예수님께서 비는 평강은 실제로 상대방에게 임하는 것이다. 곧 마음에 두려움이 없어지고 불안이 없어지며 근심과 걱정이 사라지고 마음에 안정이 임하고 담대함이 임하며 기쁨이 임하게 된다.

요 20:20.이 말씀을 하시고 손과 옆구리를 보이시니 제자들이 주를 보고 기뻐하더라.

예수님은 "이 말씀을 하시고," 곧 '제자들에게 평강을 선언하시고' 난 다음 "손과 옆구리를 보이셨다." 예수님은 제자들에게 못 박힌 두 손을 보이셨고 또 창에 찔리신 옆구리를 보이셨다. 예수님은 제자들에게 자신의 부활을 알리시기를 원하신 것이다. 사람들의 마음은 부정적인고로 무엇을 믿지 않으려는 고집을 가지고 있는데 예수님은 제자들로 하여금 반드시 믿도록 상처 난 곳마다

다 보여주셨다. 상처 난 두 발도 보여주셨다(눅 24:40). 제자들은 두 가지(옛날의 주님, 찔린 모든 상처들)를 확인하고 "주를 보고 기뻐했다"(16:22). 주님이 믿어지니 기쁨이 충만하게 된 것이다. 기쁨은 그리스도를 믿는 신앙으로부터 오는 것이다. 사람들의 마음이 사막화 되어가는 이유는 그리스도 신앙이 없어져 가기 때문이다. 우리는 더욱 그리스도를 바라보아야 한다.

요 20:21.예수께서 또 이르시되 너희에게 평강이 있을지어다 아버지께서 나를 보내신 것같이 나도 너희를 보내노라.

예수님은 "또 이르시되 너희에게 평강이 있을지어다"라고 선언하신다. 예수님은 방금 전에 "너희에게 평강이 있을지어다"라고 선언하셨는데(19절) 또 다시 평강을 선언하신다. 그 이유는 19절에서 선언하신 평강은 유대인들을 두려워하는 제자들에게 마음의 안정이 있기를 소원하신 것이고, 본 절에서 평강을 선언하신 것은 예수님을 대리하여 세상으로 나가는 제자들에게 마음의 담대함을 위하여 선언하신 것으로 보인다. 예수님은 "아버지께서 나를 보내신 것같이 나도 너희를 보내노라"고 하신다(17:18-19; 마 28:18; 히 3:1; 딤후 2:2). 예수님은 자신이 아버지의 보냄을 받으셨다고 여러 번 말씀하셨다(3:34; 5:36, 38; 6:57; 7:29; 8:42; 11:42; 17:3, 8). 예수님께서 아버지의 보냄을 받아 십자가 죽음을 감당하셨듯이 제자들도 역시 주님의 보냄을 받은 자들이 된 고로 생명을 걸고 주님께서 주신 복음을 전해야 한다는 것이다. 제자들이 주님을 의지하여 사명을 다하였듯이 오늘의 교역자들이나 성도들도 역시 주님으로부터 세상에 복음을 전하도록 보냄을 받은 자들이니 주님만을 의지하여 십자가 복음을 전해야 할 것이다.

요 20:22.이 말씀을 하시고 그들을 향하사 숨을 내쉬며 이르시되 성령을 받으라.

"이 말씀," 곧 '나도 너희를 보내노라는 말씀'(앞 절)을 하신 다음 예수님은 "그들을 향하사 숨을 내쉬며 이르시되 성령을 받으라"고 말씀하신다. 예수님은 세상에 보내시는 제자들을 그냥 보내시지 않고 성령 충만을 입혀 보내신다.

여기 "그들을 향하사 숨을 내쉬며"란 말은 하나의 상징적인 행위로 앞으로 오순절에 예수님께서 성령 충만을 입혀주실 것을 미리 보여주신 것이다. 오순절에 제자들이 성령 충만을 입을 것인데 오순절에 오실 성령은 예수님께서 부어 주신다는 것이다. 혹자는 제자들이 성령을 받은 것은 예수님께서 숨을 내쉬면서 성령을 받으라고 말씀하신 때라고 말한다. 그러나 제자들은 벌써 성령을 받았기에 예수님을 주님으로 고백한 것이다(마 16:16; 요 6:68). 또 혹자는 제자들이 예수님의 숨기운에 성령 충만을 받았다고 주장하기도 하나 오순절에 있을 일을 미리 보여주신 것뿐이다. 예수님은 성령을 보내시겠다고 약속하셨는데(14:16, 26) 오순절에 성령을 주셨다(행 2:1-4). 제자들은 예수님으로부터 사도로 보냄을 받으면서 평강도 받았고(21절), 또 오순절에 성령 충만도 받았다(행 2:1-4).

요 20:23.너희가 누구의 죄든지 사하면 사하여질 것이요 누구의 죄든지 그대로 두면 그대로 있으리라 하시니라.

예수님은 성령 충만을 입혀 제자들을 파송하시면서 "너희가 누구의 죄든지 사하면 사하여질 것이라"고 하신다(마 16:19; 18:18). 곧 '너희가 복음을 전하면 누구라도 너희가 전한 복음을 받고 예수님을 믿으면 죄 사함을 얻을 것이라'는 말씀이다(고후 5:18). 그리고 반대로 "누구의 죄든지 그대로 두면 그대로 있으리라"고 하신다. 다시 말해 '제자들이 복음을 전할 때 그 전하는 복음을 받지 않는 사람은 누구든지 죄 사함을 받지 못한다'는 것이다(고후 2;16). 제자들에게는 죄를 사하는 권한이 없다. 죄를 사하는 권세는 성부와 성자에게만 있는 것이다(마 9:2-6; 막 2:7). 제자들은 성령의 힘을 가지고 복음을 전할 때 사람들이 복음을 받고 죄 사함을 받게 되는 것이다.

2.예수님께서 도마에게 나타나시다 20:24-29

요 20:24.열 두 제자 중의 하나로서 디두모라 불리는 도마는 예수께서 오셨을 때에 함께 있지 아니한지라.

"열 두 제자 중의 하나로서 디두모(쌍둥이라는 뜻)라 불리는 도마"는 약간 엉뚱한 제자였다(11:16). 그는 모험심은 강한 사람이었으나 신앙은 없었고 (11:16) 영적으로 둔한 제자였다(14:5). 도마는 예수께서 첫 번 주일에 오셨을 때에 "함께 있지 아니했다." 예수님께서 부활하신 첫 번째 주일에 제자들이 함께 있었던 자리에 도마는 자리를 비운 것이다. 그래도 그 제자 때문에 예수님은 진리를 더 자세히 풀어주기도 하시고 다시 한 번 말씀하시기도 하셨다. 예수님은 도마 때문에 자신의 부활을 다시 한 번 증언하셨다(다음 절).

요 20:25.다른 제자들이 그에게 이르되 우리가 주를 보았노라 하니 도마가 이르되 내가 그의 손의 못 자국을 보며 내 손가락을 그 못 자국에 넣으며 내 손을 그 옆구리에 넣어 보지 않고는 믿지 아니하겠노라 하니라.

도마가 어디에 다녀온 후 제자들이 도마에게 말하기를 "우리가 주를 보았노라"고 했을 때 도마는 좀 지나치게 말한다. 곧 "내가 그의 손의 못 자국을 보며 내 손가락을 그 못 자국에 넣으며 내 손을 그 옆구리에 넣어 보지 않고는 믿지 아니하겠노라"고 한다. 사실은 다른 제자들이 주님을 본 것으로 만족하면 (20절) 될 터인데 도마는 보는 것은 말할 것도 없고 자기의 손을 그 못 자국에 넣어야 하고 자기의 손을 그 옆구리에 넣어야 믿겠다고 말한다. 도마에게 이런 엉뚱한 데가 있었기에 예수님께서 더욱 철저하게 보여주신 것이다. 아무튼 도마는 의심이 많은 사람이었으며 욕심이 많은 사람이었다. 그러나 그가 예수님을 믿으려고 하였기에 예수님은 다 보여주셨다. 열두 제자들 중에는 벼랑 끝을 좋아하는 과격한 성격의 베드로가 있었고 사실적인 침착한 요한이 있었으며 의심 많고 욕심 많은 도마가 있었다. 한 공동체 안에는 여러 성격의 사람들이 있다. 오늘의 공동체도 마찬가지이다. 그러나 믿음 중심하여 나간 열두제자 공동체는 큰 문제없이 잘 나갔다. 오늘도 예수님을 믿는 믿음만 중심하여 나간다면 잘 진행하게 된다.

요 20:26.여드레를 지나서 제자들이 다시 집안에 있을 때에 도마도 함께 있고

문들이 닫혔는데 예수께서 오사 가운데 서서 이르시되 너희에게 평강이 있을지어다 하시고.

한 주가 지난 후 주일에(행 20:7; 고전 16:2; 계 1:10) 제자들이 다시 같은 집안에 있을 때에 도마도 함께 있었는데 지난 주일처럼 "문들이 닫혔는데 예수께서 오사 가운데 서서 가라사대 너희에게 평강이 있을지어다"고 선언하신다(19절주해 참조). 이번 주일에는 예수님께서 도마 때문에 오셨을 것이다. 예수님은 한 제자라도 극진히 사랑하시고 돌보신다. 그런데 여기 한 가지 예수님께서 지난 주일에 이어 다시 "평강이 있을지어다"라고 인사하신 것은 평강은 계속해서 있어야 한다는 것을 보여준다.

요 20:27.도마에게 이르시되 네 손가락을 이리 내밀어 내 손을 보고 네 손을 내밀어 내 옆구리에 넣어 보라 그리하여 믿음 없는 자가 되지 말고 믿는 자가 되라.

다시 나타나신 주님은 도마에게 이르시기를 "네 손가락을 이리 내밀어 내 손을 보고 네 손을 내밀어 내 옆구리에 넣어보라. 그리하여...믿는 자가 되라"고 하신다. 예수님은 도마의 요구를 정확히 아시고 그 요구를 들어주신다. 사실은 도마는 다른 제자들에게만 이런 말을 했을 뿐인데(25절) 예수님께서 전지하신 성품을 가지고 도마의 요구를 다 아신 것이다. 본문에 예수님께서 "내 손을 보고(ἴδε)"란 말씀은 도마가 "그 손에 못 자국을 보며"란 말과 똑 같은 말이다. 예수님은 도마를 향하여 "믿는 자가 되라"고 명령하신다. 곧 '예수님의 부활을 믿는 자가 되라'는 것이다. 예수님께서 다시 사신 것을 믿으면 예수님을 믿는 자가 되는 것이다.

요 20:28.도마가 대답하여 이르되 나의 주님이시요 나의 하나님이시니이다.

도마의 유명한 신앙 고백이다. 도마는 예수님의 다시 사심을 확인하고 예수님을 "나의 주님이시라"고 고백한다. 여기 "나의 주님"(Ὁ κύριός μου)이란 말은 '나의 유일한 주님'이란 뜻이다. "주님"(Ὁ κύριός)이란 말은 구약의 여호와란 말과 똑 같은 말이다. 도마는 예수님을 구약의 여호와와 같은 분으로 인식한 것이다. 그리고 도마는 예수님을 "나의 하나님이시니이다"(ὁ θεός μου)라고 고백한다. '나의 유일한 하나님'이란 뜻이다. 도마는 예수님이야말로 자기의 유일하신 하나님이라고 믿은 것이다. 이제 도마는 더 이상 투정부리는 제자가 아니라 온전한 신앙인이 된 것이다. 오늘 이단들은 이 구절을 보고 예수님을 나의 주님이시고 나의 하나님으로 고백해야 할 것이다.

요 20:29.예수께서 이르시되 너는 나를 본 고로 믿느냐 보지 못하고 믿는 자들은 복 되도다 하시니라.

예수님은 도마를 향하여 "너는 나를 본고로 믿느냐 보지 못하고 믿는 자들은 복되다"고 하신다(고후 5:7; 벧전 1:8). '예수님의 부활체를 보고 믿는 자나 보지 못하고 믿는 자나 똑 같이 복되다'는 것이다(벧전 1:8). 도마는 이미 성령으로 거듭난 사람으로(마 16:16; 고전 12:3) 부활체를 보고 믿었고 훗날 성도들은 성령과 말씀으로 예수님을 믿게 된다. 둘 다 복된 것이다. 혹자는 보지 못하고 믿는 자가 더 복되다고 하는데 그렇게 되면 보지 못하고 믿는 성도들이 보고 믿은 사도들보다 더 복되다는 결론이 된다. 그런고로 보고 믿는 사람이나 보지 못하고 믿는 사람들이나 똑 같이 복된 것으로 알아야 한다.

3.요한이 복음서를 기록한 목적을 말하다 20:30-31

예수님께서 부활하셔서 두 번의 주일날에 나타나신 것을 기록한 요한(19-29절)은 이제 복음서를 기록하는 목적을 말한다.

요 20:30.예수께서 제자들 앞에서 이 책에 기록되지 아니한 다른 표적도 많이 행하셨으나.

요한은 예수님께서 제자들 앞에서 이 책에 기록한 7가지 표적이외의 다른 표적도 많이 행하셨다고 말한다(2:23; 3:2; 6:2; 7:31; 12:37). 요한은 다른 많은 표적들이 포함된 공관복음서를 읽어본 것을 암시하고 있다. 요한은 그 다른 많은 표적들도 예수님의 제자들 앞에서 행한 표적이라고 말한다. 사실은 이 책에 기록되지 아니한 다른 표적들이 모두 다 공관복음에 포함되었다고 말할 수도 없다. 공관복음서에 기록되지 않았을 수도 있다(21:25). 그러나 이 책에 기록한 7가지 표적과 그에 관한 예수님의 주석이나 요한의 주석을 기록한 목적, 곧 요한복음을 기록한 목적은 다음 절에 기록되어 있다.

요 20:31.오직 이것을 기록함은 너희로 예수께서 하나님의 아들 그리스도이심을 믿게 하려 함이요 또 너희로 믿고 그 이름을 힘입어 생명을 얻게 하려 함이니라.

요한은 "이것," 곧 '이것들'(본서에 포함된 일곱 가지 표적들과 그 표적들에 대한 예수님의 해설이나 혹은 요한의 해설들)을 기록한 목적은 수신자들로 하여금 예수님이 "하나님의 아들 그리스도이심을 믿게 하려 함이라"는 것이다(눅 1:4). 요한은 수신자들로 하여금 "믿고 그 이름을 힘입어 생명을 얻게 하려 한다"고 말한다(3:15-16; 5:24; 벧전 1:9).

혹자들은 여기 "이것," 곧 '이것들'이란 말을 '본 장(20장)에 기록된 부활의 여러 표적들'을 가리킨다고 주장한다. 그러나 요한이 "이것"을 '20장에 기록한 부활의 표적들'이라고만 주장하는 것은 문제가 있는 것으로 보인다. 첫째, 부활의 표적들만이 믿음을 일으키고 생명을 얻게 하는 것은 아니기 때문이다. 요한이 20장의 부활의 표적만을 염두에 두고 "이것을 기록함은 너희로 예수께서 하나님의 아들 그리스도이심을 믿게 하려 함이요 또 너희로 믿고 그 이름을 힘입어 생명을 얻게 하려 함이라"고 했다면 부활 이전에 행해졌던 다른 이적은 그런 기능이 없다는 말씀이 되기 쉽다. 그런고로 '이것들'이란 말은 요한 사도가 20장에 이전에 기록한 표적들과 또 그 표적들을 해설하신 예수님의 해석들도 다 포함해야 옳을 것이다. 둘째, 바로 앞 절(30절)에 요한은 "예수께서...이 책에 기록되지 아니한 다른 표적도 많이 행하셨다"고 말하여 지금 이 책에 기록된 표적(일곱 가지 표적)을 염두에 두고 31절의 말씀을 전개하고 있는 것이다. 요한은 부활의 표적만(20장)을 가지고 그의 주장을 전개하고 있는 것은 아니다. 다시 말해 요한은 20장의 이적만을 염두에 두고 말씀을 전개하는 것이 아니라 1-20장까지의 표적을 마음에 두고 그의 주장을 전개하는 것이라고 보아야 할 것이다.

요한이 그의 복음서를 기록하는 목적은 "예수께서 하나님의 아들 그리스도이심을 믿게 하려 함이라"는 것이다. 여기 "하나님의 아들"이란 말이나 "그리스도"라는 말은 동의어이다. 예수님이 "하나님의 아들"이란 말은 예수님께서 '하나님으로부터 독특하게 나신 독생자'라는 뜻이며(1:14) "그리스도"란 말은 '기름 부음 받은 자'라는 뜻으로 구주란 뜻이다. 하나님의 아들은 사람을 구원하는 일을 하시기에 구주란 말과 똑 같은 것이다. 요한이 그의 복음서를 쓴 이유는 이 복음서를 읽고 사람들로 하여금 예수님을 구주로 믿게 하려는 것이다.

요한은 사람들로 하여금 믿어서 생명을 얻게 하려고 복음서를 쓴다고 말한다. 요한은 "너희로 믿고 그 이름을 힘입어 생명을 얻게 하려고" 쓴다고 말한다. 여기 "믿고"(πιστεύοντες)란 말은 현재분사로 '계속해서 예수님을 믿어야 할 것'을 암시하는 말이다. 예수님을 계속해서 신앙할 때 "그 이름을 힘입어 생명을 얻게" 되는 것이다. 여기 "그 이름을 힘입어"(ἐν τῷ ὀνόματι αὐτοῦ)라는 말은 '예수님의 이름 안에서,' '예수님을 통하여,' '예수님으로 말미암아'란 뜻이다. "예수님의 이름"이란 '예수님 자신'을 지칭하는 것으로 바로 앞에 언급했던 "하나님 아들," "그리스도"를 지칭하는 말이다. 우리가 예수님을 믿을 때 하나님의 아들 그리스도께서 우리에게 생명을 주시는 것이다. 예수님께서 우리에게 영생을 주실 수 있는 이유는 그 자신이 생명이시기 때문이다(11:25; 14:6). 오늘 우리는 요한복음을 읽고 연구하여 예수님을 믿어서 생명을 얻은 것이다.

제 21 장
예수님께서 세 번째로 나타나시다

XLVIII.예수님께서 세 번째로 나타나시다 21:1-14

요한은 앞 장에서 예수님께서 부활하시고 난 후 두 번 나타나신 것을 말씀했고(20:19-29) 이제 본 장에서는 세 번째 나타나신 것을 기록한다(1-14절). 요한이 앞 장 30-31절에서 책의 결론을 맺었기에 본 장은 거기에 붙인 부록으로 보는 것이 대체적인 흐름이다. 그러면 본 장이 다른 사람에 의해 기록된 것이라고 주장하는 학자들이 있으나 본 장의 문체나 용어 등이 앞 장들(1-20장)과 똑 같은 것을 발견할 수가 있다. 심지어 전치사와 접속사도 앞 장들과 똑 같이 사용된 것을 볼 수가 있다.

요한 사도가 본 장을 보충한 이유는 본 장 15-19절에 기록된 것과 같이 예수님을 부인했던 베드로가 예수님에 의해서 제자들의 인도자로 세움 받은 것을 널리 알리고 또 베드로 사도가 요한 사도의 장래에 대해 예수님께 여쭈어 본 것은 잘 못이라는 것(20-23절)을 알리기 위해 본 장을 쓴 것으로 보인다.

요 21:1.그 후에 예수께서 디베랴 호수에서 또 제자들에게 자기를 나타내셨으니 나타내신 일은 이러하니라.

여기 "그 후에"란 말은 요한이 말을 새로 시작할 때에 흔히 쓰는 말로서 얼마의 시간이 지난 후를 지칭하는 말이다(5:1; 6:1; 19:18). 그런데 본 절의 "그 후"란 말은 아마도 '한 주 후에'란 뜻일 것이다(A.B. Simpson). 예수님은 부활하신 후 두 번째 주일에 나타나셨다가 도마에게 교훈하시고(20:24-29)

이제 한 주간이 지나 다시 일곱 제자에게 나타나신 것으로 보인다. 예수님은 주일에 나타나서서 예배를 받으신 것이다.

예수님은 "디베랴 호수에서 또 제자들에게 자기를 나타내셨다."[61] 여기 "디베랴 호수"란 '갈릴리 바다'(6:1) 또는 '게네사렛 호수'를 지칭하는 말이다(눅 5:1). 예수님께서 자기를 나타내시기 전에는 우리는 예수님을 볼 수 없는 것이다. 엠마오로 가던 제자들에게 나타나셨을 때에도 그 제자들은 얼른 주님을 알아보지 못했다. 예수님께서 자신을 분명하게 알게 하기까지는 예수님을 알 수가 없었다. 그리고 그리스도의 빈 무덤 주위에서 방황하던 막달라 마리아도 예수님을 보았을 때 얼른 알아보지 못했다. 예수님께서 자신을 분명하게 알려주실 때까지 마리아는 예수님을 알아보지 못했다. 오늘도 예수님께서 우리에게 자신을 분명하게 알려주시기 전에는 우리는 예수님을 알지 못한다.

요 21:2.시몬 베드로와 디두모라 하는 도마와 갈릴리 가나 사람 나다나엘과 세베대의 아들들과 또 다른 제자 둘이 함께 있더니.

여기 "가나 사람 나다나엘"(1:45)은 '바돌로매'이고(마 10:3) "세베대의 아들들"(마 4:21)은 야곱과 요한이다. 베드로를 따라 물고기를 잡으러 간 사람의 수가 일곱이다(다음 절).

요 21:3.시몬 베드로가 나는 물고기 잡으러 가노라 하니 그들이 우리도

---

61) 본 장은 예수님께서 부활하신 후 공식적으로 제자들에게 세 번째로 나타나신 것을 말한다. 그러나 공관복음을 참고하면 이번이 일곱 번째가 된다. 예수님께서 부활하신 후에 나타나신 것을 모두 종합하면 1)막달라 마리아에게 나타나심(막 16:9; 요 20:11-18). 2)무덤을 찾은 여인들에게 나타나심(마 28:9-10). 3)엠마오로 가는 제자들에게 나타나심(눅 24:13-35). 4)시몬에게 나타나심(눅 24:34; 고전 15:5). 5)제자들에게 첫 번째 나타나심(요 19:19-26). 6)도마가 있을 때 제자들에게 두 번 째 나타나심(요 20:26-29). 7)디베랴 호수에서 일곱 제자들에게 나타나심(요 21:1-14). 8)갈릴리 산에서 제자들에게 나타나심(마 28:16-20). 9)500여 성도들에게 나타나심(고전 15:6). 10)주님의 동생 야고보에게 나타나심(고전 15:7). 11)승천하실 때 감람산에서 11제자들에게 나타나심(눅 24:50-51; 행 1:4-9). 12)승천하신 후 다메섹 도상에서 바울에게 나타나심(행 9:3-7; 고전 15:8).

함께 가겠다 하고 나가서 배에 올랐으나 그 날 밤에 아무것도 잡지 못하였더니.

베드로가 바로 앞 절(2절)에 기록된 여섯 사람과 함께 디베랴 호수에서 고기잡이를 한 것을 두고 학자들은 여러 추측을 한다. 혹자는 베드로가 타락해서 옛날로 회귀했다고도 하고 혹자는 옛 직업을 다시 가지고 생활하기 위해서라고 말한다. 그러나 이들이 타락했다고 볼 수는 없다(20:26-29). 베드로 일행이 갈릴리 호수를 찾아와서 물고기를 잡은 것은, 1)그들이 사도이지만 살아가기 위해서는 생계비를 벌어야 하는 고로 이곳에 온 것으로 보인다. 사도가 일하는 것이 죄는 아니다. 베드로 일행은 특별히 배운 것도 없고 배운 것이 고기잡이인고로 갈릴리 호수로 온 것이다(행 18:3). 2)사도가 되었다고 해도 성령을 받기 전에는 힘 있게 일할 수가 없다는 것을 보여주는 사건이다. 3)베드로 일행은 다시 한 번 실패의 경험을 하고(고기를 못 잡은 것) 사도직을 감당하도록 하나님께서 이곳으로 보내신 것으로 보인다. 베드로는 사도로 부름을 받기 전에 한번 밤이 맞도록 고기를 잡으려 하였으나 아무것도 잡지 못하다가 예수님의 말씀에 의지하여(눅 5:5) 호수 깊은 곳에 그물을 던져서 그물이 찢어질 정도로 고기를 잡은 경험이 있었는데 그 경험이 다시 필요하여 이곳으로 하나님께서 보내신 것으로 보인다. 그런고로 베드로의 물 고기잡이는 영적으로 혹은 상징적으로 해석되어야 하는 것이다. 다시 말해 예수님이 계시지 않으면 실패하고 예수님이 계시면 열매를 얻을 수 있다는 것을 보여준 사건이었다(15:5). 오늘의 교역자도 역시 예수님을 모시고 사역을 하면 열매가 있고 예수님을 모시지 않고 사역하면 실패하는 경험을 하는 것이 좋다.

베드로 일행은 "배에 올랐으나 그 날 밤에 아무것도 잡지 못하였다." 여기 "배"(τὸ πλοῖον)란 말 앞에는 관사가 있어서 옛날에 쓰던 배를 지칭하는 것으로 보인다(6:17). 예수님께서 함께 하시지 않으면 아무것도 잡지 못한다. 성직자는 사람을 낚지 못하고 일반 성도는 자기의 사업에 열매를 맺지 못한다. "아무것도" 잡지 못하는 경험은 참으로 값진 경험이다. 그 쓰디쓴 경험을 가지고 일할 때 주님을 더욱 의지하게 된다.

요 21:4.날이 새어갈 때에 예수께서 바닷가에 서셨으나 제자들이 예수이신 줄 알지 못하는지라.

제자들은 "날이 새어갈 때"까지 물고기를 한 마리도 잡지 못했다. 좋은 경험을 한 것이다. 날이 새어갈 때에 "바닷가에 서셨으나 제자들이 예수이신 줄 알지 못한 것"(20:14)은 어두워서 몰라본 것이 아니라 주님께서 확실하게 자신을 알려주시기 전에는 아무도 주님을 알아볼 수 없다는 것을 보여준 것이다. 요한 사도가 이런 말을 한 것은 어두워서 알아보지 못했다는 것을 말하려는 것이 아니라 다음 절에서 암시하듯이 예수님께서 자신을 알려주시기 전에는 아무도 예수님을 알 수 없다는 것을 말하려는 것이다. 엠마오 도상으로 가던 제자도 예수님을 길에서 보기는 했으나 오래도록 예수님을 알아보지 못하다가 예수님께서 자신을 확실하게 계시하실 때에야 제자들이 예수님을 알아보았고(눅 24:13-34) 또 막달라 마리아도 예수님께서 부활하신 동산에서 얼른 예수님을 알아보지 못하다가 예수님께서 자신을 알려주시니 마리아가 예수님을 알아보았다(20:11-18).

요 21:5.예수께서 이르시되 얘들아 너희에게 고기가 있느냐 대답하되 없나이다.

예수님은 이제 본 절과 다음 절(6절)에서 자신을 계시하신다. 본 절에서는 예수님께서 "얘들아!"하고 부르시므로 자신을 알리신다. 제자들을 애칭(愛稱)으로 부르신 것이다. 그 갈릴리 호수 근처에서 누가 베드로 일행을 향하여 "얘들아!"라고 부를 사람들이 있을까? 주님은 자신을 알리기 시작하신 것이다. 그리고 "너희에게 고기가 있느냐"고 물으시므로 자신을 그들에게 가까이 접근하신다. 이런 식으로 예수님은 자신을 계시하시 시작하신다. 예수님은 사마리아 여자에게 "물 좀 달라"고 하시면서 접근하셨고 계시하시기 시작하셨다(4:7). 오늘도 예수님은 우리의 궁핍을 아시고 접근하신다. 제자들은 "없나이다!"라고 그 한 밤의 실패를 알려드린다. 우리도 솔직하게 실패했다면 실패했다고 보고해야 하는 것이다.

요 21:6.이르시되 그물을 배 오른편에 던지라 그리하면 잡으리라 하시니 이에 던졌더니 물고기가 많아 그물을 들 수 없더라.
예수님은 이제 "그물을 배 오른편에 던지라 그리하면 잡으리라 하신다"(눅 5:4-7). 예수님은 그의 전지하심을 그의 제자들에게 알리신다. 예수님은 제자들을 처음 부르실 때는 바다 깊은 데로 가서 그물을 내리라고 하셨다(눅 5:4). 제자들이 예수님의 말씀에 순종했을 때 "물고기가 많아 그물을 들 수 없게" 되었다. 예수님의 말씀에 순종할 때 그물이 찢어질 정도로 잡힌다는 것이다(눅 5:6).

요 21:7.예수께서 사랑하시는 그 제자가 베드로에게 이르되 주님이시라 하니 시몬 베드로가 벗고 있다가 주님이라 하는 말을 듣고 겉옷을 두른 후에 바다로 뛰어 내리더라.
요한이 베드로에게 주님께서 나타나셨음을 알리니 베드로가 예의를 갖추고 주님께 접근한다. 본문에 "예수께서 사랑하시는 그 제자"란 말은 요한을 가리키는 말이다(13:23; 20:2). 요한은 "베드로에게 이르되 주님이시라"고 알려주었다. 다시 말해 '주님이 바닷가에 오셨다'고 알려주었다. 요한은 처음에는 주님을 알아보지 못하다가(4절) 이제 주님의 말씀을 순종하여 고기를 많이 잡고 나서 과거의 일이 떠올랐다. 과거 대략 3년 전에 자신들이 처음 제자로 부름 받을 때 똑같은 호수에서 예수님의 말씀 따라서 그물을 내렸다가 고기를 많이 잡은 것을 기억하고 지금 바닷가에 서신 분이 예수님인 줄 알아본 것이다. 주님은 제자들로 하여금 자신을 알아볼 수 있도록 하신 것이다. 주님께서 우리로 하여금 주님을 알아볼 수 있도록 하실 때 우리는 주님을 알게 되는 것이다.

베드로 역시 주님을 알아보고 "벗고 있다가 주님이라는 말을 듣고 겉옷을 두른 후에 바다로 뛰어 내렸다." 그는 주님 앞에서 예의를 갖추고 주님께로 가려고 바다로 뛰어내린 것이다. 베드로는 항상 그의 급한 성격대로 행동한다. 각자는 각자가 가지고 있는 성격을 가지고 주님을 섬기되 주님 중심, 믿음 중심하여 섬기면 크게 탈선하지 않는다. 요한은 관찰에 빠르고 베드로는 행동에 빠른 사람이었다. 타고 난 것이 어떠하든 다 주님을 위해 쓰면 된다.

요 21:8.다른 제자들은 육지에서 거리가 불과 한 오십 칸쯤 되므로 작은 배를 타고 물고기 든 그물을 끌고 와서.

베드로가 먼저 바다에 뛰어내려 헤엄쳐 주님께로 가고 있는 중에, 나머지 제자들은 현재 자기들이 있는 곳이 육지에서 대략 50 칸쯤(πηχῶν διακοσίων-200규빗-90m쯤) 되는 고로 따로 준비해 달고 다니는 "작은 배"[62]를 타고 물고기가 든 그물을 배 뒤에다가 끌고 왔다. 그들은 그물에 물고기가 가득해서 그물을 배 위로 올리지 못하고 배 뒤에 매달고 육지로 올라온 것이다. 예수님은 그들에게 풍어(豊漁)를 낚게 하셨다.

요 21:9.육지에 올라보니 숯불이 있는데 그 위에 생선이 놓였고 떡도 있더라.

제자들이 모두 육지에 올라보니 놀라운 광경이 펼쳐져 있었다. 그 놀라운 광경이란 "숯불이 있는데 그 위에 생선이 놓여 있었고 떡도 있었다"는 것이다. 곧 '숯불 위에 생선(ὀψάριον) 한 마리와 떡(ἄρτον) 한 개가 놓여 있었다.' 헬라어 원문에 두 개의 명사("생선," "떡")가 단수라고 해서 반드시 하나씩이라고 할 수는 없으나(집합명사일수도 있으니 말이다) 13절에 "생선"이란 단어 앞에 관사가 있고 또 "떡"이란 말 앞에도 관사가 있는 것을 보면 생선이나 떡이나 다 같이 하나씩이라고 보는 것이 좋을 것이다(예수님은 제자들이 조반을 먹을 때 생선 하나, 떡 하나를 이적으로 많게 하신 것

62) 여기 "작은 배"가 어떤 배인지 확실히 알 수가 없다. 대체적으로는 큰 배가 바닷가에까지 들어 올수 없어서 작은 배를 가지고 다니는 것으로 해석하나 또 한편 요한은 같은 뜻을 표현할 때 단어를 수시로 바꾸는 습관이 있으므로(6:17, 19, 21) 여기 작은 배가 베드로 일행이 타고 나가서 고기잡이를 하던 그 배(3절)일 수도 있다는 것이다.

같다-13절). 예수님께서 벌써 제자들을 위해서 아침 식사를 마련해 놓으신 것이다. 예수님은 제자들과 성도들의 육신의 양식을 공급하시며(마 6:11) 또한 영력을 공급하신다. 예수님은 지금도 교회 공동체를 위하여 영육 간 큰 위로를 주시기를 원하신다. 그런데 여기 생선과 떡을 누가 준비했느냐를 두고 여러 견해가 있다. 그러나 우리는 예수님께서 이적으로 준비하셨다고 보아야 할 것이다(6:1-14). 예수님은 호수 가운데 있는 제자들로 하여금 엄청나게 많은 물고기를 잡게 하셨고 육지 위에서는 또 놀랍게 이적으로 음식을 준비해주셨다.

요 21:10.예수께서 이르시되 지금 잡은 생선을 좀 가져오라 하시니.

예수님께서 "지금 잡은 생선을 좀 가져오라"고 하신 것은 지금 잡은 생선이 예수님의 것이기 때문이다. 일곱 제자들은 밤이 새도록 한 마리도 잡지 못했는데 예수님께서 그 많은 고기를 잡게 하셨으니 그 고기 전체는 예수님의 것이다. 우리가 농장에서나 양식장에서나 혹은 일반 직장에서 얻은 수익은 실상 모두 주님의 것이다. 주님께서 수익을 얻게 하시지 않았더라면 조금의 수익도 얻을 수 없었을 것이다. 예수님은 지금도 우리의 것을 가져오라고 하신다. 가져오라고 하시는 이유는 1)모두가 주님의 것임을 알리시기 위하여 일부를 가져오라고 하신 것이다. 2)더 주시기 위하여 가져오라고 하신다(마 14:18). 우리는 우리의 것을 아낌없이 바쳐야 한다.

요 21:11.시몬 베드로가 올라가서 그물을 육지에 끌어 올리니 가득히 찬 큰 물고기가 백 쉰 세 마리라 이같이 많으나 그물이 찢어지지 아니하였더라.

시몬 베드로는 배위로 올라가서 그물을 풀은 다음 물을 이용하여 바닷가로 끌어올렸다. 그런 다음 그물에서 고기를 꺼내면서 누군가가 고기를 하나 둘 세었다. 그런데 생각밖에 153마리가 잡힌 것이다. 153마리의 고기가 잡힌 것을 가지고 여러 해석이 가해졌다. 그러나 우리는 예수님께서 이적으로 많이 잡히게 하셨다고 말할 뿐이다. 아마도 예수님께서는 153이란 숫자를 통해서 무슨 어려운 계시를 하시지는 않으셨을 것으로 보인다. 예수님은 이번의 고기잡이를 통하여 그저 많이 주시는 분이라는 것을 보여주신 것이다. 또한 요한은 "이같이 많으나 그물이 찢어지지 아니하였더라"고 말한다. 사람의 눈으로 보기에는 분명히 찢어질 것 같이 보였다. 그러나 예수님께서 그물이 찢어지지 않도록 섭리하셨을 것이다. 예수님은 전능하신 분이시다.

요 21:12.예수께서 이르시되 와서 조반을 먹으라 하시니 제자들이 주님이신 줄 아는 고로 당신이 누구냐 감히 묻는 자가 없더라.

고기의 숫자를 다 센 다음, 다시 말해 제자들의 심정이 참으로 기쁨으로 가득 차 있을 때 예수님께서 "와서 조반을 먹으라 하셨다"(행 10:41). 지치고 시장한 제자들에게 큰 위로가 아닐 수 없다. 사실은 자기들이 아침을 준비해서 드려야 하는데 주님께서 아침을 마련하셨으니 황송하기 그지없는 일이었다. 제자들은 아침상을 받으면서 예수님이 바로 "주님이신 줄 아는 고로 당신이 누구냐 감히 묻는 자가 없었다." 요한이나 베드로(이들은 벌써 주님을 알아보았다)를 제외하고 다른 제자들은 주님께서 아침밥을 먹으라는 주님의 말씀을 듣고 확실히 "주님이신 줄 알게 된 것"이다. 그래서 그들은 예수님을 향하여 주님이시냐고 여쭈어 볼 필요가 없었다. 제자들은 예수님께서 자신을 점점 계시하심에 따라 주님을 알아보게 된 것이다. 처음에는 "얘들아!"하고 부르실 때(5절), "그물을 배 오른 편에 던지라. 그리하면 잡으리라"고 하셨을 때(6절), 예수님께서 아침상을 준비하신 것을 보았을 때(9절), 그리고 153마리의 고기가 잡힌 것을 확인했을 때(11절), 그리고 "조반을 먹으라" 하셨을 때 그들은 점점 예수님을 알아보았다.

요 21:13.예수께서 가셔서 떡을 가져다가 그들에게 주시고 생선도 그와 같이 하시니라.

예수님은 두려움 때문에 감히 접근하지 못하는 제자들에게 가까이 나오셔서 떡과 생선을 주셨다. 제자들은 자기들이 이곳에 있는 줄 예수님께서 어떻게 아시고 오셨을까 하고 머뭇머뭇한 것 같다. 그리고 예수님께서 부활하고 나신 후 제자들은 자기들과 다른 세계의 사람으로 인식하고 아무래도 이상하게 느꼈던 것 같다. 그래서 예수님은 제자들에게 "가셔서" 떡과 생선을 주신 것 같다. 예수님은 자신이 부활하셨다는 것을 제자들에게 알리시기 위해 노력하신다. 예수님은 오늘도 우리들에게 자꾸 접근하신다.

예수님은 "떡을 가져다가 그들에게 주시고 생선도 그와 같이 하신다." 여기 "떡"(τὸν ἄρτον)도 단수요 "생선"(τὸ ὀψάριον)도 단수인고로 예수님은 이적으로 많게 하셔서 제자들에게 공급하신 것 같다(6:11 참조). 한 개의 떡으로, 그리고 한 마리의 생선으로 일곱 명의 제자들에게 이적으로 공급하신 것 같다(죤 라일, 윌렴 헨드릭슨). 예수님은 자신이 부활하셨다는 것을 알리시기 위해서 이렇게 아침 식사를 공급하신다. 그리고 그들에게 엄청난 위로와 격려를 주시기 위하여 아침 식사를 공급하신다. 예수님은 지금도 우리에게 영혼의 양식을 주시고 또 육신의 양식을 주신다. 예수님은 영원히 우리의 공급자이시다.

요 21:14.이것은 예수께서 죽은 자 가운데서 살아나신 후에 세 번째로 제자들에게 나타나신 것이라.

이번에 예수님께서 제자들에게 나타나신 것은 예수님께서 부활하신 후 세 번째라고 요한은 말한다. 첫 번째는 예수님께서 부활하신 날 저녁 때 도마가 빠진 10명의 제자들에게 나타나셨고(20:19-23), 두 번째는 한 주간이 지난날에 나타나셨다(20:26-29). 예수님께서 개인 성도들에게 나타난 것을 합치면 더 된다. 요한은 예수님께서 제자들의 단체에 나타나신 것만 계산한 것이다.

XLIX.예수님께서 베드로에게 사명을 맡기시다 21:15-23

갈릴리 호숫가에 나타나셔서 제자들에게 아침 식사를 제공하신 예수님(1-14절)은 이제 베드로를 위한 위임예식을 거행하시고(15-17절) 베드로가 순교할 것을 말씀하신다(18-19절). 그리고 예수님은 베드로가 요한의 장래에 관하여 예수님에게 여쭈어보는 것이 옳지 않다고 말씀하신다 (20-23절).

요 21:15.그들이 조반 먹은 후에 예수께서 시몬 베드로에게 이르시되 요한의 아들 시몬아 네가 이 사람들보다 나를 더 사랑하느냐 하시니 이르되 주님 그러하나이다 내가 주님을 사랑하는 줄 주님께서 아시나이다 이르시되 내 어린 양을 먹이라 하시고.

예수님의 제자들이 아침식사를 한 후에 예수님은 베드로를 향하여 예수님께 대한 사랑이 있는지를 세 번이나 질문하시고 베드로는 주님을 사랑한다고 고백한다. 예수님은 베드로의 고백을 들으실 때마다 양을 먹일 자격이 있다고 말씀하신다. 다시 말해 베드로의 직임을 회복시켜주신다.

일곱 명의 제자들이 아침 식사를 마친 후에 예수님은 "시몬 베드로에게 이르신다." 나머지 여섯 명의 제자들이 지켜보는 앞에서 예수님은 유독 베드로에게 주님께 대한 사랑이 있는지를 질문하시고 고백을 받으셨는데 그 목적이 무엇인가. 1)예수님께서 베드로의 우월의식을 고쳐주시기 위해서였을 것이다. 베드로는 다른 제자들보다 자기가 더 낫다고 생각하며 3년을 지냈다(마 26:33). 2)예수님은 베드로가 예수님의 수난 주간 목요일 밤에 세 번이나 부인한 치명적인 실수를 씻어주시기 위해서 베드로로 하여금 사랑의 고백을 하게 하신 것 같다. 사랑한다는 고백을 하지 않으면 베드로는 사도로서 큰 약점을 그냥 가지고 사역을 해야 했던 것이다. 그래서 예수님은 베드로의 그 치욕을 씻어주시기 원하셨을 것이다. 3)예수님은 베드로나 다른 사도들이나 똑 같이 사도로서 반드시 갖추어야 할 것이 무엇인가를 가르쳐 주시기 위해서 베드로에게 질문을 하신 것이다. 사도는 지식이나 용기나 열심보다도 예수님을 사랑하고 양떼를 사랑해야 한다는 것을 알려주시기를 원하신 것이다.

예수님은 베드로를 향하여 "요한의 아들 시몬아 네가 이 사람들보다 나를 더 사랑하느냐"고 물으신다.[63] 여기 예수님께서 베드로를 향하여 "요한의 아들 시몬아!"라고 부르신 이유는 무엇인가. 왜 "베드로" 혹은 "게바"라고 부르지 않으시고 3년 전 베드로가 사도로 부름받기 전의 "시몬"이란 이름으로 부르셨을까(1:42). 그것도 한번만 아니라 세 번 다(본 절, 16절, 17절) 자연인(自然人) 이름을 부르셨을까. 아마도 예수님께서 보시기에 베드로는, 1)제자들 사이에서 교만하였고("이 사람들보다"), 2)예수님을 향하여는 배신자였으니 베드로(반석)란 이름이 걸맞지 아니하여 3년전 까지 불려졌던 "시몬"란 이름을 부르신 것으로 보인다. 이제 옛날로 돌아가 다시 베드로를 세워주시기 위함이었을 것이다. 이제 예수님은 베드로를 회복시키려는 때를 맞이하여 옛날 이름을 부르신 것으로 보인다. 예수님은 결코 베드로의 사도직을 박탈하려거나 혹은 베드로를 정죄하시려는 뜻으로가 아니라 베드로로 하여금 겸손하게 해서 다시 세워주기 위해서였을 것이다.

예수님은 베드로를 부르시고 "네가 이 사람들보다"라는 말씀을 하시는 이유는 '다른 제자들이 나를 사랑하는 것보다 네가 나를 더 사랑하느냐?'고 물어보신 것이다. 얼마 전에 '너는 다른 사람 모두 다 주를 버릴지라도 너 자신은 언제든지 주님을 버리지 않겠노라'고 장담한 적이 있었는데(마 26:33; 막 14:29) 예수님은 베드로로 하여금 이전에 교만하게 말한 것을 기억나게 하신 것이다. 예수님은 베드로에게 지금 이 시간도 그런 교만을 가지고 있는지 물어보신 것이다. 이제 베드로의 답변에는 다른 제자들하고 비교하는 말을 일체 하지 않는다. 베드로는 예수님의 질문을 받고 "내가 주님을 사랑하는 줄 주님께서 아시나이다"라고 대답한다. '주님께서 내가 주님을 사랑하는 마음을 아시지 않습니까?'라고 대답한다. 이제 베드로의 마음속에는 과거의 교만한 마음, 다른 제자들과 비교해서 자신이 우월하다고 하는 마음은 없다. 우리는 다른 사람하고 비교하면서 살아서는 안 될 것이다. 그러나 불행하게도 남자들은 남자들 하고 비교하고 여자들은 여자들하고 비교하면서 산다는 것이다. 그래서 좀 자기가 낫다고 생각하며 산다는 것이다. 사람들은 자기는 자기가

---

63) 이 말씀은 달리 해석될 수도 있다. '그 자리에 있던 다른 제자들을 사랑하는 것보다 나를 더 사랑하느냐?'로 해석할 수도 있고 혹은 '베드로의 주위에 있었던 재산(예를 들면 배, 그물 등)보다 나를 더 사랑하느냐?'고 해석할 수도 있다. 그러나 문맥으로 보아 '다른 제자들이 나를 사랑하는 것보다 네가 나를 더 사랑하느냐?'로 해석하는 것이 타당하다.

좀 낫다고 하는 착각 속에서 교만한 마음을 품고 일생을 살아간다는 것이다.

예수님은 베드로를 향하여 "네가 나를 사랑하느냐"(ἀγαπᾷς με)고 질문하신다. 다시 말해 '희생적으로 사랑하느냐?,' '자신을 희생하면서 나를 사랑하느냐?,' '하나님께서 사람을 사랑하시는 것처럼 신적(神的)인 사랑을 하느냐'고 질문하신 것이다. 오늘 우리도 자신을 희생하고 자기 십자가를 지고 주님을 사랑해야 한다(마 10:37; 16:24).

베드로는 "네가 나를 사랑하느냐"는 예수님의 질문을 받고 "주님 그러하나이다. 내가 주님을 사랑하는 줄을 주께서 아시나이다"라고 대답한다. 베드로는 주님이 알아주시고 인정하시는 사랑을 가지고 있다고 말한다. 예수님은 베드로가 주님을 참으로 사랑하는 것을 확인하시고는 "내 양을 먹이라"고 하신다. '양들에게 말씀을 먹이고 돌보라'고 하신다. 예수님은 베드로에게 목자로서의 직위를 회복시켜 주신다. 주님을 사랑하는 그것만이 주님의 교회를 목양할 자격인 것이다. 주님을 사랑하는 사랑이 없으면 교회 안의 각종 성품의 소유자들을 오래 견딜 수 없다.

요 21:16.또 두 번째 이르시되 요한의 아들 시몬아 네가 나를 사랑하느냐 하시니 이르되 주님 그러하나이다 내가 주님을 사랑하는 줄 주님께서 아시나이다 이르시되 내 양을 치라 하시고.

베드로는 다른 제자들보다 자기가 예수님을 더 사랑한다고 하지 않았기에 예수님의 첫 번째 질문에는 잘 통과되었는데(앞 절) 이제 두 번째 질문을 맞이하여 심각하게 된 것이다. 똑같은 질문을 받았다는 것은 참으로 마음 무거운 것이다.

예수님은 베드로를 향하여 "네가 나를 사랑하느냐?"(ἀγαπᾷς με)고 첫 번째와 똑 같이 질문하신다. 베드로는 똑같은 질문을 두 번째 받고 자기가 예수님을 세 번 부인한 것을 기억하기 시작했을 것이다. 베드로는 "내가 주님을 사랑하는 줄 주님께서 아시나이다"(σὺ οἶδας)라고 대답한다. 베드로는 예수님의 첫 번째 질문이나 두 번째 질문을 받고 '내가 주님을 사랑하고 있다는 사실을 주님께서 아십니다'라고 대답한 것이다. 다시 말해 베드로는 주님께서 '직관적으로 내가 주님을 사랑하고 있다는 사실을 아시며 또 인정하실 것입니다'라고 대답한 것이다. 그는 이제 교만한 마음 없이 진정한 사랑을 고백하므로 그리스도의 인정을 받았다. 베드로의 고백을 받으시고 주님은 말씀하시기를 "내 양을 치라"(ποίμαινε)고 하신다(행 20:28; 히 13:20; 벧전 2:25; 5:2, 4). 여기 "양을 치라"는 말의 헬라어는 15절과 다르나 내용은 동일한 것으로 보인다(다음 절 주해 참조). 곧 '말씀을 먹이고 돌보라'는 것이다.

요 21:17.세 번째 이르시되 요한의 아들 시몬아 네가 나를 사랑하느냐 하시니 주께서 세 번째 네가 나를 사랑하느냐 하시므로 베드로가 근심하여 이르되 주님 모든 것을 아시오매 내가 주님을 사랑하는 줄을 주님께서 아시나이다 예수께서 이르시되 내 양을 먹이라.

예수님께서 세 번째로 베드로를 향하여 "네가 나를 사랑하느냐?"(φιλεῖς με)고 질문하셨을 때 베드로는 예수님께서 "세 번째 네가 나를 사랑하느냐" 하시므로 베드로가 근심했다는 것이다. 베드로는 근심 중에 "주님 모든 것을 아시오매 내가 주님을 사랑하는 줄을 주님께서 아시나이다"라고 대답한다 (2:24-25; 16:30). 베드로는 자기가 예수님을 사랑하는 줄을 예수님께서 진정으로 아신다고 대답하신다. 베드로의 신앙고백을 예수님께서 들으시고 베드로를 향하여 "내 양을 먹이라"고 하신다. 15절에서 명령한 말씀과 똑 같은 낱말을 사용하신다.

많은 유력한 학자들은 세 번의 문답(15-17절)에서 나타난 낱말의 변화가 뜻의 변화를 가져온다고 주장한다. 첫 번째 질문과 두 번째 질문의 "사랑한다"라는 헬라어(ἀγαπᾷς)가 세 번째 질문에 가서는 "사랑한다"는 헬라어단어(φιλεῖς)로 바뀐데 대해 '거룩한 사랑'으로부터 '인정적인 사랑'으로 바뀌었다고 주장한다. 그리고 첫 번째 대답과 두 번째 대답의 "아시나이다"라는 헬라어(οἶδας)가 세 번 째 대답에서는 "아시나이다"라는 헬라어(γινώσκεις)로 바뀐데 대해 '직관적인 앎'으로부터 '경험적인 앎'

으로 바뀌었다고 주장한다. 그리고 예수님께서 첫 번째 질문과 세 번째 질문을 하신 다음에 베드로를 향해 "양을 먹이라"는 헬라어(βόσκε)가 두 번째에서는 "양을 치라"는 헬라어(ποίμαινε)로 바뀐 것은 '양에게 먹을 것을 공급하라'는 뜻으로부터 '양을 보호하고 다스리라'는 뜻으로 바뀌었다고 주장한다. 그러나 뜻에는 변화가 없는 것으로 보는 것이 더 옳을 것이다. 그 이유는 요한이 똑 같은 내용을 표현할 때 어휘를 바꾸어 사용하는 관습이 있기 때문이다(6:17, 19, 21). 그저 어휘를 바꾸어 사용하는 요한의 관습 때문에 바뀐 것으로 보아야 할 것이다(Bernard, Bruce, W. F. Howard, Leon Morris, Moffatt).[64)]

요 21:18.내가 진실로 진실로 네게 이르노니 네가 젊어서는 스스로 띠 띠고 원하는 곳으로 다녔거니와 늙어서는 네 팔을 벌리리니 남이 네게 띠 띠우고 원하지 아니하는 곳으로 데려가리라.

예수님은 베드로를 회복시키시고 이제 본 절과 다음 절에서 베드로의 순교를 예고하시며 순교 때까지 예수님을 따를 것을 명령하신다. 예수님은 베드로가 앞으로 순교할 것이라고 예고하시는 말씀을 하시기 위해서 "진실로 진실로 네게 이른다"고 엄숙하게 말씀하신다. 예수님은 베드로를 향하여 "네가 젊어서는 스스로 띠 띠고 원하는 곳으로 다녔거니와 늙어서는 네팔을 벌릴 것"이라고 하신다(13:36; 행 12:3-4). 베드로가 "젊어서는 스스로 띠 띠고

---

64) F. F. Bruce는 요한이 15절-17절에서 동의어를 사용하고 있다고 보았다. 그는 "(1) 동사 *아가파오*와 *필레오*는 70인경에서 한 히브리어 단어를 번역하기 위하여 상호 교대적으로 사용된다(예를 들어서 창 37:3에서 야곱이 요셉을 편애하는 것이 '아가파오'로 표현되었는데, 그 다음 구절에서는 같은 사랑의 마음을 '필레오'로 표기하고 있다. (2) 동사 *아가파오*는 그 자체가 반드시 더 고상한 사랑을 함축하는 것은 아니라는 점이다. 문맥에서 그러한 의도로 사용된 것이 분명할 때에는 그러하다(반면에 딤후 4:10에서 데마가 세상을 '사랑'하는 서글픈 현실을 나타낼 때에는 바로 그 '아가파오'를 사용한다). (3) 우리가 지금 살펴보고 있는 일을 위하여 더 중요한 점은 요한 자신이 이 복음서에서 두 동사를 서로 상호 교환적으로 사용하고 있다는 점이다. 예를 들어 '아버지가 아들을 사랑한다'는 진술의 경우이다. 3:35에서는 *아가파오*를, 5:20에서는 *필레오*를 사용하고 있다. 또 '예수께서 사랑하시는 제자'를 가리켜 말할 때에도 그러하다. 13:23, 19:26; 21:7, 20에서는 *아가파오*를, 20:2에서는 *필레오*를 사용하고 있다. 그러니 여기서 두 동의어들 사이를 구분하는 것이 확실한 근거위에서 된 것이 아니다"라고 말한다.

원하는 곳으로 다녔다"는 말은 '지금은 중년이 되었지만 젊은 시절에는 자유롭게 마음껏 활동했다'는 뜻이다. 그리고 "늙어서는 네팔을 벌릴 것"이란 말은 '말년에는 베드로의 팔을 벌리게 되어 다른 사람들에 의해서 꽁꽁 묶이게 될 것'이란 뜻이다. 그리고 예수님은 "남이 네게 띠 띠우고 원하지 아니하는 곳으로 데려가리라"고 하신다. 곧 '베드로는 젊었을 때와는 달리 남(네로나 혹은 네로의 대리자)이 베드로의 팔을 벌리게 해서 묶어가지고 원하지 아니하는 사형 집행 장소로 끌려갈 것이다. 예수님은 베드로가 순교할 것을 미리 알게 하신 이유가 무엇인가. 그것은 1) 죽기 전에도 순교를 각오하고 복음을 전하라는 뜻이다. 2) 죽을 때 과연 예수님의 예언대로 되는 줄 알고 낙심하지 않고 순교를 대하게 될 것이기 때문이다. 우리도 순교의 각오로 그리스도를 전하며 살아야 할 것이다.

요 21:19.이 말씀을 하심은 베드로가 어떠한 죽음으로 하나님께 영광을 돌릴 것을 가리키심이러라 이 말씀을 하시고 베드로에게 이르시되 나를 따르라 하시니.

예수님께서 앞 절에서 말씀하신 것은 다른 것이 아니라 "베드로가 어떠한 죽음으로 하나님께 영광을 돌릴 것을 가리키심이라"는 것이다(벧후 1:14). 곧 '베드로가 순교하여 하나님께 영광을 돌릴 것을 예고하는 말씀이라'는 뜻이다. 주님을 따라 순교하는 것은 하나님께 영광이 된다는 것이다. 요한이 이 복음서를 쓸 때(주후 90년 경)는 베드로는 벌써 순교한(주후 64년) 후였는데 요한은 독자들을 위해 베드로의 순교를 사실적으로 표현하고 있는 것이다. 예수님은 베드로가 순교할 것을 예언하신 다음에 "베드로에게 이르시되 나를 따르라 하신다." 예수님은 베드로가 순교할 것을 예언하신 다음 실제적으로 예수님을 따라 고난 받고 예수님을 따라 순교하라고 명령하신 것이다.

요 21:20.베드로가 돌이켜 예수께서 사랑하시는 그 제자가 따르는 것을 보니 그는 만찬석에서 예수의 품에 의지하여 주님 주님을 파는 자가 누구오

니이까 묻던 자더라.
본 절부터 23절까지는 베드로가 "예수님께서 사랑하시는 그 제자"(13:23, 25; 20:2), 곧 '요한'의 장래는 어떻게 되겠느냐고 여쭈어 본 것을 기록하고 있는데 베드로는 예수님께 이 질문을 하다가 책망을 들었다. 이 부분을 기록한 궁극적인 목적은 요한에 대한 오해를 없애기 위한 것이다.

베드로는 뒤 돌아서 "예수께서 사랑하시는 그 제자가 따르는 것을 보았다." 여기 "예수께서 사랑하시는 제자"란 요한을 지칭하는 말이다(13:23; 21:7). 요한이 베드로와 예수님을 "따르고" 있었는데 요한은 자신에 대해서 설명하기를 "그는 만찬 석에서 예수의 품에 의지하여 주님 주님을 파는 자가 누구오니이까 묻던 자였다"는 것이다. 그는 만찬 석에서 예수님의 품에 의지하여 주님을 파는 사람이 누구였느냐고 질문했던 자라고 한다(13:25).

혹자는 20절의 "베드로가 돌이켜 예수께서 사랑하시는 그 제자가 따르는 것을 본 것"을 염두에 두고 이 부분 말씀(15-23절)이 바닷가의 대화가 아니라 바닷가에서 아침 식사를 마친 후 예수님께서 베드로와 함께 걸으면서 대화를 하셨다는 견해를 말한다. 그리고 혹자는 예수님께서 지금까지 제자들과 함께 대화하시다가 갑자기 그 자리에서 떠나 걸으셨다고 말한다. 어느 견해가 타당한지 분간하기 어렵다. 아무튼 길을 걷는 순서는 예수님-베드로-요한의 순서인 것 같다.

요 21:21.이에 베드로가 그를 보고 예수께 여짜오되 주님 이 사람은 어떻게 되겠사옵나이까.
베드로는 자신의 순교에 대해 예수님으로부터 예언을 받고 이제 자기와 함께 할 동료가 필요했던 것 같다. 베드로는 요한을 보면서 예수님께 여쭙는다. "주님 이 사람은 어떻게 되겠사옵나이까"하고 여쭙는다. 곧 '이 사람 요한의 장래는 어떻게 되겠습니까?' 베드로의 마음속에는 혹시 요한도 순교하지 않겠는지 질문한 것이다. 자기 혼자 순교한다는 것이 좀 고독한 것을 느끼고 이런 질문을 한 것이다. 오늘 우리는 우리가 받은 사명에 충실할 뿐 다른 사람과 나 자신을 비교하는 식으로 관심을 가질 것은 아니다.

요 21:22.예수께서 이르시되 내가 올 때까지 그를 머물게 하고자 할지라도 네게 무슨 상관이냐 너는 나를 따르라 하시더라.
베드로의 질문을 받으시고 예수님은 "내가 올 때까지 그를 머물게 하고자 할지라도 네게 무슨 상관이냐 너는 나를 따르라"고 하신다. 다시 말해 '내(예수님)내 재림할 때까지(마 16:27; 25:31; 고전 4:5; 11:26; 계 2:5; 3:11; 22:7, 20) 요한을 순교시키지 않고 그냥 세상에 둔다고 해도 너에게 무슨 상관이 있느냐? 너는 나를 따라 고난을 받다가 나를 따라 순교하라'고 하신다. 우리는 각자 주님께서 맡기신 사명에 충실하며 살아야 할 것이다.

요 21:23.이 말씀이 형제들에게 나가서 그 제자는 죽지 아니하겠다 하였으나 예수의 말씀은 그가 죽지 않겠다 하신 것이 아니라 내가 올 때까지 그를 머물게 하고자 할지라도 네게 무슨 상관이냐 하신 것이러라. 앞 절에 예수님께서 하신 말씀이 형제들에게 나가서 돌아다니기를 "그 제자(요한)는 죽지 아니하겠다"는 식으로 퍼져나갔다. 그래서 예수님은 그 말씀을 시정시키신다. 곧 "그가 죽지 않겠다 하신 것이 아니라 내가 올 때까지 그를 머물게 하고자 할지라도 네게 무슨 상관이냐 하신 것이었다." 예수님의 말씀의 의도는 '요한이 안 죽는다는 것이 아니라 예수님 재림 때까지 그냥 요한을 살게 할지라도 베드로에게 무슨 상관이 있는 것이냐 하는 것이었다.' 옛날이나 오늘이나 말은 참으로 이상하게 꼬여서 돌아다닌다. 더욱이 예수님의 말씀까지 이렇게 오해되어 돌아다닌다. 풍문은 교정되어야 한다. 우리는 풍문을 만들지 않는 사람들이 되어야 한다.

L.끝맺는 말 21:24-25

요 21:24.이 일들을 증언하고 이 일들을 기록한 제자가 이 사람이라 우리는 그의 증언이 참된 줄 아노라.

여기 본 절과 다음 절(25절)을 다른 사람이 썼다고 주장하는 학자들이 있다. 혹은 다음 절(25절)만 다른 이가 기록했다는 학설이 있다. 그러나 두 절 모두 요한 사도의 기록으로 보는 것이 옳다.

"이 일들"은 '복음서 전체'를 지칭하는 말이다. 혹자는 21장만을 지칭하는 것으로 보나 그렇게 보면 요한 사도가 21장만 기록한 것이 되니 타당하지 않다. 요한은 복음서 전체를 기록했다. 그리고 요한은 "우리는 그의 증언이 참된 줄 안다"고 말한다(19:35; 요삼 1:12). '요한과 복음서 독자들은 요한의 증언이 참된 줄 확신한다'고 말한다. 자신이 확신하지 않는 진리를 누가 쓸 것인가.

요 21:25.예수께서 행하신 일이 이 외에도 많으니 만일 낱낱이 기록된다면 이 세상이라도 이 기록된 책을 두기에 부족할 줄 아노라.

요한은 예수님께서 행하신 말씀들과 표적들이 자신이 기록한 복음서 이외에도 많다고 강조한다(20:30). 만일 낱낱이 기록한다고 하면 "이 세상이라도 이 기록된 책을 두기에 부족할 줄 아노라"고 말한다(암 7:10). 요한은 예수님께서 행하신 말씀과 표적들이 참으로 엄청나게 많다고 아무리 강조해도 다 강조하지 못한다고 말하는 셈이다. 예수님께서 말씀하신 내용은 너무 심오하다. 그리고 그가 행한 표적은 너무 그 깊이가 깊다. 우리는 다 헤아리기 힘들다. 우리는 사복음서 기자들을 통하여 받은 진리에 대하여 무한이 하나님께 감사하며 또 부지런히 연구하여 전해야 할 것이다.

-요한복음 주해 끝-

요한복음 주해

2007년 11월 12일 1판 1쇄 발행 (기독교연합신문)
2024년 5월 20일 2판 1쇄 발행

지은이 | 김수홍
발행인 | 박순자
펴낸곳 | 도서출판 언약
주 소 | 수원시 영통구 중부대로 271번길 27-9, 102동 1303호
전 화 | 031-212-9727
E-mail | kidoeuisaram@naver.com
등록번호 | 제374-2014-000006호

정가 24,000원

ISBN : 979-11-89277-0-0 (94230)(세트)
ISBN : 979-11-89277-4-8 (94230)